KB160782

이주민법연구

공익법총서 3

이주민법연구

법무법인(유한) 태평양
재단법인 동천　공동편집

景仁文化社

발간사

우리 사회에 체류 중인 외국인의 수는 매년 꾸준히 증가하여 2016년말 기준으로 200만 명을 넘어 서고 있습니다. 다문화가정은 지역에서 흔히 보는 가정형태가 되었고, 이주노동자들은 산업현장에서 필수적인 역할을 담당하고 있습니다. 이제 이주민은 우리 사회의 중요한 구성원으로 자리 매김하고 있습니다.

선진국들의 인구구성의 변화과정과 우리 사회의 급격한 저출산 고령화 현상에 비추어 볼 때, 우리 사회에서도 이주민과 관련한 정책의 수립과 법제도적 뒷받침이 중요한 시대적 과제가 되고 있습니다.

근래 우리 사회는 이주민에 관한 인식의 긍정적 변화와 더불어 제도적 정비도 이루어지고 있으나, 아직 많은 이주민이 법의 보호를 제대로 받지 못하고 이방인으로 살아가고 있는 것이 현실이기도 합니다.

그동안 이주민의 지위와 인권의 보호를 위해 많은 변호사들이 노력해 오고 있으며, 법무법인(유한) 태평양과 재단법인 동천도 일익을 담당해 오고 있습니다.

법무법인(유한) 태평양과 재단법인 동천은 2015년부터 매년 다양한 분야의 공익활동과 그에 관련된 법 제도를 심도 있게 조명, 검토하기 위하여 '공익법 총서'를 발간해 오고 있습니다. 제1편 '공익법인연구', 제2편 '장애인법 연구'에 이어, 이번에는 이주민 문제가 시대적 과제임을 인식하여 공익법 총서 제3편으로 '이주민법 연구'를 발간하게 되었습니다.

　　이번에 발간하는 '이주민법 연구'에는, 우리 사회 곳곳에서 함께 살아가고 있는 이주노동자, 이주여성 등 이주민을 둘러 싼 여러 문제에 관하여, 다양한 분야의 전문가들이 그동안 연구해 온 성과를 모두 담아 보고자 노력하였습니다. 그 결과, 관련 분야에서 꾸준히 연구를 계속해 온 학자들의 연구 성과뿐만 아니라, 여러 현장에서 이주민의 권익 보호를 위해 헌신하고 있는 공익 변호사들의 예리한 지적들을 비롯하여, 최근 이민행정과 이주민의 인권보호와 관련하여 첨예하게 문제되고 있는 주제들에 대한 여러 전문가들의 심도 있는 연구결과도 함께 실을 수 있게 되었습니다.

　　이 책에 실린 연구 내용이 이주민의 권익보호와 권리 보장을 위한 법정책적 논의를 촉진하는 밑거름으로 쓰일 수 있기를 기대합니다.

　　법무법인(유한) 태평양과 재단법인 동천은 앞으로도 이주민의 인권보호를 위해 꾸준히 노력함으로써 우리 사회에 다문화주의가 제대로 정착할 수 있도록 최선을 다하겠습니다.

　　마지막으로 소중한 논문을 집필해 주신 필자들과 애써 주신 편집위원들께 깊은 감사를 드립니다.

2017. 6.

재단법인 동천 이사장 차한성

차 례

주권과 인권의 사이에서: 이민법의 구조

이철우*

I. 들어가는 말

국경을 넘는 이동은 많은 현대인에게 일상사가 되었다. 이주를 목적으로 하지 않는 초국경 이동만 보더라도 세계 전체로 볼 때 1995년 5억 4천만 건에서 2014년 11억 6천만 건으로 증가했다.[1] 대한민국에 입국한 외국인의 수도 1980년대까지 연간 100만 명을 넘지 않던 것이 1990년대에 들어와 매년 300만을 넘었고, 2000년대 들어와 500만을 넘었으며 2016년에는 1,700만을 넘었다.[2] 이주 인구도 크게 늘고 있다. 유엔은 이주자(migrant)를 상주국(country of usual residence)을 변경한 사람으로 정의하고, 1년 이상 상주국이 아닌 곳에 체류하는 사람을 장기(long-term) 이주자로, 3개월 이상 1년 미만 비상주국에 체류하는 사람을 단기(short-term) 이주자로 정의한다.[3]

---

* 연세대학교 법학전문대학원 교수

1) World Bank, International Tourism, Number of Arrivals, http://data.worldbank.org/indicator/ST.INT.ARVL. 이 수치는 체류기간이 12개월을 넘지 않고 경제활동을 목적으로 하지 않는 비상주자의 입국 건수만을 집계한 것으로서 모든 나라에 통일된 기준을 적용한 결과는 아니다.

2) 한국관광공사, 월별 외래객 입국 (1975~2016), https://kto.visitkorea.or.kr/kor/notice/data/statis/profit/board/view.kto?id=379522&isNotice=true&instanceId=294&rnum=0

그러나 각국은 이주자를 자기의 출생국이 아닌 나라에 체류하는 사람 또는 국적국이 아닌 나라에 체류하는 사람으로 상이하게 정의하고 있어, 유엔은 둘 중 하나의 기준을 선택한 각국의 보고에 따라 이주자의 저량(stock)을 집계한다. 그에 따르면, 2015년 현재 세계의 이주자는 2억 4천 4백만 명에 이른다. 이는 1990년의 1억 5천 3백만에 비해 60% 증가한 것이다.[4] 대한민국에서는 2007년에 체류외국인이 처음으로 1백만을, 2016년에 2백만을 넘어섰다. 90일 이상 체류하는, 따라서 유엔의 통계에서 이주자로 취급되는 등록외국인도 2014년 1백만을 넘어섰다.[5] 1971년 등록외국인이 6,800명, 1990년에도 5만 명을 넘지 않았음을 감안하면 비약적인 증가라 할 수 있다.[6]

이주가 빈번해지고 이주민의 수가 늘어났다고 해도 세계 인구 전체에서 이주민이 차지하는 비율은 크지 않다. 이주민은 75억 세계 인구의 3.3%에 불과하며, 1990년의 2.9%와 비교할 때 지난 4반세기 동안 그 비율이 크게 변하지 않았다.[7] 북한을 제외한 대한민국의 이주민 비율은 세계 평균보다 훨씬 낮아 2%가 조금 넘는 정도이다. 세계적으로 불법체류자에 대한 파악이 어려워 이주 인구의 집계가 정확하지 않음을 감안해 이주 인구를 늘려 잡더라도 세계 인구 대비

---

3) 이혜경, "이민과 이민정책의 개념", 이혜경·이진영·설동훈 외 5인, 이민정책론, 박영사 (2016), 4-5.

4) United Nations Department of Economic and Social Affairs (UNDESA), International Migration Report 2015, 1. 유엔의 조사에 응한 232개국 중 188개국은 외국에서 태어난 사람의 수를, 44개국은 외국인의 수를 보고했다. 각국이 택한 기준이 달라 장기와 단기 이주자는 구별되고 있지 않다. OECD는 외국인 인구와 해외출생 인구를 모두 집계하며, 1년 이상 국적국 또는 출생국을 떠난 이주자를 영주(permanent) 이주자와 준영주(permanent-type) 이주자로 구별한다. 이혜경, 위의 글, 5-6.

5) 법무부 출입국·외국인정책본부, 출입국·외국인정책통계월보 2016. 12.

6) 이철우, "세계화와 시민권의 변용", 이숙종·장훈 공편, 세계화 제2막: 한국형 세계화의 새 구상, 동아시아연구원 (2010), 204.

7) UNDESA, International Migration Report 2015, 2.

그 정도 규모의 이주가 대단하다고 단정할 수는 없다. 1846년에서 1939년까지의 기간에 5억 9천만 명이 유럽을 떠나 미주 대륙과 오세아니아, 남아프리카에 정착하였는바, 일각에서는 인구의 크기를 고려할 때 이 시기의 이주가 상대적 규모 면에서 더 컸다고 말한다.[8]

그렇다면 오늘날을 왜 "이주의 시대"라고 부르며 국제이주를 중대한 사회현상인 것처럼 말하는가? 현재의 이주가 19세기와 20세기 전반기, 나아가 20세기 후반 냉전시대에 비해 어떤 면에서 새로운 것인가? 첫째, 삶의 터전을 옮기는 이주는 절대적 비율 면에서 제한되어 있다 하더라도 이동이 용이하고 이동에 소요되는 비용이 낮아져 이주 가능 인구의 규모가 커졌다고 할 수 있다. 둘째, 세계 전역이 이주회로(migration circuit)에 편입되었고 이주의 방향이 다양화되었다. 즉 이주가 지구화(globalization)되었다. 과거에는 어느 한 지역에서 특정 지역으로의 이주가 대량으로 이루어졌고 이주의 방향이 일방적이었다면, 이제는 세계 대부분의 나라가 이민을 내보내기도 하고 받아들이기도 하는 지위로 변하였다. 이민송출국으로 알려졌던 남유럽 국가와 터키, 대한민국에 상당히 많은 이민자가 유입되고 있고, 많은 전통적 이민송출국이 소위 이주전환(migration transition)을 경험했다. 즉 순이민유입국(net immigration countries)으로 변모했다. 아울러 각국의 이주 유형도 다양화되었다. 이주회로에 편입된 대부분의 나라가 영구적 경제 이주, 단기순환이주, 결혼이주, 난민 등 모든 이주 유형을 경험하고 있다.[9] 셋째, 주권(主權)의 심화와 함께 외국인 인구 유입에 국가들이 예민해졌으며 출입국관리에 대한 관심과 노력이 폭증했다. 역사적 연고에 따라 대량으로 이주가 이루

---

8) Stephen Castles, Hein de Haas & Mark J. Miller, The Age of Migration: International Population Movements in the Modern World, 5th ed., New York: The Guildford Press (2014), 5. 이 책 제4판의 번역본으로는 Stephen Castles & Mark J. Miller (한국이민학회 옮김), 이주의 시대, 일조각 (2013).

9) Castles, De Haas & Miller, 위의 책, 5-17.

어졌고 개별 이주자에 대한 통제가 느슨했던 과거와 달리, 국가들은 경제적인 득실을 계산해 선별적으로 이민을 수용하는 한편 개별 이주자를 철저하게 파악, 취급, 통제하게 되었다.

전세계적으로 이민법의 중요성이 증대되고 수요가 늘어나고 있음은 적확한 지표를 제시하지 않더라도 실감할 수 있다. 이는 사회의 법제화(juridification) 수준이 전반적으로 높아지는 것의 일환임과 동시에 이주에 대한 국가의 관리와 통제가 심화되고 있음을 뜻한다. 아울러 이주민의 권리 보호를 향한 동력이 강화되기 때문이기도 하다. 그렇다면 이민법은 종래 어떤 특징을 지녀왔으며, 이주 현실의 변화는 이민법에 어떤 영향을 미치고 있고, 국가와 이주민의 관계는 이민법을 통해 어떻게 재조정되고 있는가? 본 장에서는 이민법을 주권과 인권이 만나는 현장으로 보고, 이주 주체의 위치와 이주의 단계에 따라 주권과 인권이 어디에서 균형점을 찾는가를 살핌으로써 이민법의 구조적 특질을 드러내 보이고자 한다. 여기에서는 주권과 인권의 관계, 그리고 국가와 이주민의 관계를 세 개의 큰 주제영역으로 나누어 논구한다. 세 주제영역은 각각 II, III, IV절에서 천착한다.

첫째는 주권의 보유자이자 행사 주체로서의 국민과 주권의 행사 대상인 외국인의 준별이라는 문제이다. 이민법이 당연한 전제로 삼는 이 구별은 특정 집단이 어느 시점에 스스로를 타자와 경계짓는 결단을 수행함으로써 만들어내는 것으로서 그 근거에 대해서는 왜 거기에서 경계가 그어지는가라는 논리적 의문이 제기될 수 있다. 그 구별은 이민법의 근본적 토대를 이루고 이민법에 특징을 부여한다. 이민법은 근대 국가의 대부분의 법과 달리 법제정의 시원적 권력 주체인 주권자와 법의 적용 대상인 수범자의 불일치를 특징으로 한다. 오늘날의 입법은 치자와 피치자의 동일성이라는 민주주의 원리에 기초한 주권인민의 자기규제라는 의미를 지닌다. 이에 비해 이민법은 주권적 의사결정에 참여하지 못하는 타자들을 규율 대상으로 삼는다. 이민법은 법공동체와 정치공동체의 불일치를 보여주는 대표적인 분야이다. 체계이론(systems theory)의 언어를 빌어 표현하자면, 이주민의 삶을 지배하는 많은 기능체계들 - 학문, 교육, 노동 등 - 은 국가의 경계에 갇히지 않는다. 그러한 기능체계들과 접속하는 법의 여러 하위체계들 - 정신적 자유를 규율하는 법, 교육서비스 관련법, 노동법 등 - 은 비록 국가제정법의 형식을 띠더라도 그 작동은 주권자를 떠받들지 않으며 필요로 하지도 않는다.[10) 그것은 국가의 안과 밖이라는 경계를 지니지 않는다. 반면 국가를 단위로 분절화(segmentation) 또는 분절적으로 분화(segmentary differentiation)된 정치체계 및 국가에로의 분절화 논리를 수용한 법의 하위체계들 - 출입국관리법 등 - 은 수범자가 국가에 소속되었는지 아닌지를 끊임없이 문의하며 그가 참여하는 다른 기능체계들을 자극한다. 나중에 보겠지만, 이와 같은 체계들 사이의 대립과 인터페이스 속에서 이주민이 향유하는 권리의 범위가 정해진다.

둘째는 주권 행사의 공간적 범위와 국경관리의 지점, 그리고 이주민 인권 보호의 관계이다. 국가주권과 이주민 인권이 부딪히는 것은 주권이 미치는 공간적 범위 속에서이다. 영토 밖에 있는 외국인은 해당 국가와 아무 관계를 맺지 않든지 입국의 의사를 전하는 수준에서 관계를 맺을 뿐이다. 그는 배제를 당해도 구제받을 수 없는 위치에 있다. 그가 영토에 발을 딛고자 할 때 비로소 국가는 폭력을 발동한다. 바로 이때부터 국가는 입국하려는 개인의 인권과 맞닥뜨린다. 주권적 폭력이 행사되는 지점에서 비로소 법의 보호가 시작된

---

10) "즉 법체계는 - '법치국가' 형식을 취하더라도 - 주권자가 없이도 얼마든지 가능하다. 다시 말해 법체계는 더 이상 주권자를 떠받들 이유가 없으며, 법체계의 역설을 다른 방식으로 해소할 수 있기 때문에 주권자를 필요로 하지도 않는다." Niklas Luhmann (윤재왕 옮김), 사회의 법, 새물결 (2014), 554.

다는 아이러니가 발생한다. 그런데 어느 정도로 법의 보호를 받을 수 있다는 말인가? III절에서는 입국에 대한 통제와 이주민의 권리 구제의 실상을 살핌으로써 타자를 상대로 하는 주권의 크기를 가늠해 본다. 입국의 통제만큼 사람들에게 주권의 강고함을 각인시키는 국가의 작용은 없으며, 다른 나라에 입국할 때 거치는 고통스런 절차만큼 개인이 일상적 수준에서 국가성(stateness)을 실감하는 계기는 없다. 그런데 여기에서 행사되는 주권은 주권의 여러 종류 중 하나에 불과하며 다른 종류의 주권과 크기와 강도에서 반드시 비례적 관계에 있지 않다. 국제관계 이론가 크라스너(Stephen Krasner)는 주권을 국내(domestic) 주권, 상호의존(interdependence) 주권, 국제법적 주권, 베스트팔렌 주권의 넷으로 구별한다. 국경을 넘는 인력과 물자의 이동을 통제하는 권력이 상호의존 주권이다. 크라스너는 네 주권이 반드시 필연적 동반관계에 있지 않음을 보여준다.[11] 외세에 휘둘리는 나라, 즉 베스트팔렌 주권을 제대로 행사하지 못하는 나라도 상호의존 주권은 제대로 행사할 수 있는 반면, 베스트팔렌 주권을 강고하게 지키면서도 국경관리를 소홀히 하는 나라도 있다. 현재와 같은 국경관리, 상호의존 주권의 행사를 가능하게 만든 기술적 조건은 제1차 세계대전을 전후하여 비로소 형성되었다. 여권의 통용이라는 ID혁명이 일어난 것이다.[12] 그 전까지 많은 나라에서 국경관리와 입국통제는 제대로 이루어지지 못했다. 상호의존 주권의 역사는 다른 종류의 주권이 성장해 온 역사와 반드시 일치하는 것이 아니었다. "국제관계의 구성 원리로서 국가주권이 최고수위를 맞았다"고

---

11) Stephen D. Krasner, Sovereignty: Organized Hypocrisy, Princeton: Princeton University Press (1999).

12) John Torpey, "The Great War and the Birth of the Modern Passport System", in Jane Caplan & John Torpey (eds.), Documenting Individual Identity: The Development of State Practices in the Modern World, Princeton: Princeton University Press (2001).

평가되는 19세기말,[13] 많은 나라는 국경을 넘는 이주를 제대로 통제하지 못했다. 상호의존 주권을 위한 기술적 조건의 형성은 주권과는 계보를 달리하는 권력이 작용한 결과이다. 그것은 푸코(Michel Foucault)가 생명권력(biopower)이라 부르는, 사람의 삶을 관리하는 앎과 힘의 작용이며, 푸코가 통치성(governmentality)이라 부르는, 인구를 총체로서 관리함과 동시에 그에 속한 개별자를 심층적으로 파악하는 합리성의 소산이다.[14] III절에서는 통치성과 생명권력이 어떻게 상호의존 주권에 의해 전유되는가를 최신의 국경관리 기법을 소개함으로써 보여준다. 아울러 국경관리의 탈영토화를 통해 상호의존 주권과 베스트팔렌 주권이 맺는 새로운 관계를 엿보게 한다.

세 번째의 주제는 영토 안에 들어온 이주민의 권리이다. 국민과 외국인의 준별이 근대 국민국가의 핵심 원리라 해서 국민은 전부를 가지고 외국인은 아무 것도 가지지 못하는 것이 아님은 물론이다. 이주민은 하나의 집단이 아니다. 이민법은 공리적, 정책지향적 성격을 가지며, "도움이 되는 이주민"과 그렇지 않은 이주민을 차별적으로 취급한다.[15] 도움이 되는 이주민에게는 많은 혜택이 주어지며, 국민과의 차이는 중요하지 않다.[16] 그러나 국가가 공리적 견지에서 부여하는 이익과 어떤 상황에서도 요구할 수 있는 권리는 같지 않

---

13) Kim Rubenstein & Daniel Adler, "International Citizenship: The Future of Nationality in a Globalized World", 7 Indiana Journal of Global Legal Studies 519, 531 (2000).

14) Michel Foucault, "Governmentality", in Graham Burchell, Colin Gordon & Peter Miller (eds.), The Foucault Effect: Studies in Governmentality, Chicago: The University of Chicago Press (1991).

15) 물론 그 차별은 외국인이 수행하는 기능에 기초한 차별로서 상이한 체류자격의 부여로 나타나며, 인종차별이나 성차별과 같은, 기능체계의 요구와 무관한 차별을 뜻하지 않는다.

16) 많은 개발도상국에서 엘리트 외국인은 일반 국민이 가지지 못하는 특권을 누린다.

다. 이주민이 누리는 이익이 보편적 권리인지의 여부는 최말단에 위치하는 이주민, 소위 메틱(metics)이라 불리는 초청노동자와 비정규(irregular) 이주자들이 그것을 주장할 수 있는지를 통해 알 수 있다.[17] Ⅳ절에서는 통상 시민권의 내용으로 알려진 시민적 권리(자유권), 정치적 권리, 사회적 권리를 이주민이 어느 정도 향유하고 있는지를 개관한다. 흔히 자유권은 모든 인간의 권리이고 참정권은 국민의 권리, 사회권은 원칙적으로 국민의 권리로 관념하지만 Ⅳ절의 논의는 각 권리의 향유 여부를 세밀하게 관찰해야 함을 보여준다. 자유권이라 해서 외국인에게도 당연 개방되어 있지 않고, 사회권이라 해서 외국인이 주장할 수 없는 것이 아님을 알 수 있다. 사회적 권리의 향유와 관련해서는, 불법체류 상태에 있는 외국인을 등장시켜 그를 둘러싼 권리의 지형도를 알아본다.[18] 비정규이주자도 사회적 권리를 누릴 수 있음은 그가 "인간"으로서 참여하는 사회적 기능체계들이 국가에 의해 경계지어지지 않으며, 정치체계와 출입국관리 법체계의 간섭으로부터 스스로를 지켜냄을 뜻한다고 설명하게 될 것이다.

이주민이 시민권의 내용을 이룬다고 간주되는 여러 권리를 누리는 것은 새로운 현상인가? 그렇게 됨으로써 시민권은 더 이상 국가에 억매이지 않게 되는가? 탈국가적(postnational) 시민권의 시대가 도래한 것인가? 본절의 맺음말에서는 이 문제를 논급할 것이며, 그

---

17) 메틱이라는 용어에 대해서는 Will Kymlicka, Politics in the Vernacular: Nationalism, Multiculturalism, and Citizenship, Oxford: Oxford University Press (2001), 153.

18) 본서의 필진 사이에서는 "불법체류"라는 용어가 체류자격을 갖추지 못한 이주민 집단에 부정적 낙인을 부여할 우려가 있다는 점에서 사용을 자제하자는 합의가 있었으나, 어떤 사람의 입국이나 체류가 해당 국가의 실정법상 적법한지는 인식되어야 할 중요한 사실이므로 본절에서는 맥락에 따라 "불법체류"라는 용어를 사용하고, "불법체류자"를 비정규(irregular) 이주자, 미등록(undocumented) 이주자와 혼용한다.

러한 진단이 적절치 않음을 지적할 것이다. 아울러 현재의 변화를 어떻게 설명할 것인지에 대한 시론을 제시한다.

이 글은 이 책의 각 절이 탐구하는 많은 주제들을 다루게 될 것이다. 견해가 다를 수도 있을 것이다. 그러나 차이의 많은 부분은 용도에서 비롯된다. 이 절에서는 각 절과 같이 이주인권의 개별 영역에 대한 깊이 있는 탐구를 목표로 하지 않는다. 이 글은 주권과 인권이 부딪히는 현장인 이민법의 구조적 특질을 보여주기 위한 방편으로 이주인권의 각 영역에서 법이 어떤 태도를 가지고 있는지를 소개하는 한편 필요한 만큼 그것을 이론적으로 설명하는 데 주안점을 둔다. 각 절이 해당 분야의 현행법을 비판적으로 평가하고 바람직한 법의 방향을 제시하고자 한다면, 이 절에서는 현재의 법상황이 어떠한지를 사실로서 접근하고, 규범적 평가를 최소화하고자 한다. 그러한 목적과 접근방법의 차이가 각 절의 서술과 이 글 사이에 내용적 불일치를 가져올 수도 있다.

이 글은 국내 법령에서, 외국법, 그리고 국제인권협약에 이르기까지, 국내 판례에서 여러 나라 법원의 판례, 그리고 국제법원의 판례에 이르기까지, 여러 층위와 넓은 범위에서 수집된 사례들을 소개하고 분석한다. 이 글의 접근방법은 일종의 부조적(浮彫的) 수법(手法)이다. 즉 일관된 비교의 기준을 가지고 적실성을 가지는 사례들을 비교하는 것이 아니라 여기저기에 널린, 두드러진 사례들로부터 부분적으로 필요한 정보를 얻을 뿐이다. 이 글은 비교법적 연구를 지향하는 것이 아니라 중요한 쟁점들을 제시하고 그것을 조명하는 것을 목적으로 하며, 쟁점의 조명에 적합한 범위에서 사례들을 활용한다.

II. 국민과 외국인, 그 가름의 패러독스

이민에 대한 규제는 규제를 가하는 사람과 규제의 대상자의 이분 법적 구획을 특징으로 한다. 규제를 가하는 사람은 주권의 집합적 보유 주체인 국민이며, 규제의 대상자는 주권의 행사에 전혀 참여할 수 없는 외국인이다. 외국인은 그 정의에서부터 타자로 규정된다. 즉 외국인은 "국민이 아닌 사람"이다.[19] 이와 같은 집단적 자아와 타자의 구별은 이민 규제의 전제를 이룬다. 나라에 따라서는 집단적 자아, 즉 국민이 누구인지를 헌법에서 언급하기도 하지만 국민됨의 상세한 요건은 법률로 정하는 것이 일반적이다. 대한민국은 국민됨 의 요건을 헌법의 위임에 따라 법률로 정한다.

그런데 대한민국의 헌법과 법률(국적법) 어디에도 최초의 국민이 누구인지를 정하는 규정이 존재하지 않는다. 제헌헌법 제3조는 "대 한민국의 국민되는 요건은 법률로써 정한다"고 규정했고 그에 따라 1948년 12월에 제정된 국적법 제2조는 "출생한 당시에 부(父)가 대 한민국의 국민인 자" 등 선천적 대한민국 국민을 몇 개의 요건에 따 라 정의했지만, 그러한 국민에게 국적을 전해준 시원적(始原的) 대 한민국 국민이 누구인지에 대해서는 침묵했다. 심지어 규정 자체에 모순이 있는 것처럼 느껴지기도 한다. 대한민국 헌법이 제정되고 정 부가 수립된 지 몇 달 지나지도 않았는데 "부(父)가 대한민국 국민 인 자"를 언급한다면, 그때의 "대한민국"은 무엇인가라는 의문이 제 기되는 것이다. 국적법 기초자들은 의도적으로 그에 침묵했다. 그것 은 여기에서의 대한민국은 고래로부터 내려오는 한민족의 국가를 지칭하는 것으로서 한민족의 국가는 한번도 국권이 단절된 적이 없 었다는 믿음 때문이었다.[20] 한편 대한민국 법원은 미군정기에 공포

---

19) 최윤철, "외국인의 법적 지위", 이철우·이희정 외 8인, 이민법, 박영사 (2016), 43.

된 국적에 관한 임시조례라는 법령이 정하는 바에 따라 "조선"의 국적을 가지게 된 사람이 대한민국 헌법의 제정과 함께 대한민국 국적을 취득하였다고 해석함으로써 국적법 기초자들과는 다소 다른 논리를 채택했다.[21] 1948년 5월 제정된 국적에 관한 임시조례 제2조는 "조선인을 부친으로 하야 출생한 자" 등 몇 가지 요건에 해당하면 조선의 국적을 가진다고 규정했다. 그러나 "조선의 국적"이 무엇이며 "조선인"이 누구인지에 대해서는 규정을 결여했다. 일각에서는 최초의 국민이 누구인지를 정하는 규정을 결여하고 있음을 문제 삼는다.[22] 그러나 대한민국이든 조선이든, 최초의 국민이 누구인지를 규정한다고 해서 문제가 해결되는 것은 아니다. 대한제국의 신민(臣民)으로서 제국의 주권에 복속하였던 자를 대한민국 국민으로 본다 또는 조선 국적을 가진 자로 본다고 규정했더라도 그런 사람이 누구인지는 여전히 정의되어야 한다.[23] 더 근본적인 문제는 그러한 정의를 누가 어떤 자격으로 하는가이다. 대한민국 국민, 즉 대한민국의 주권자가 누구인지 정하는 법에 선행하여 대한민국 국민을 정의할 수 있는 사람은 누구인가의 문제이다. 이 문제는 모든 독립의 선언 행위, 모든 국가의 창설 행위에 수반된다. 자크 데리다(Jacques Derrida)는 미국 독립선언서를 소재로 이 패러독스를 지적했다. 미국

---

20) 정인섭, "법적 기준에서 본 한국인의 범위", (임원택교수 정년기념) 사회과학의 제문제, 법문사 (1988), 661-662.

21) 서울고등법원 1995. 12. 8. 선고 94구16009 판결; 대법원 1996. 11. 22. 선고 96누1221 판결. 이철우, "국적의 취득과 상실", 이철우·이희정 외 8인, 앞의 책(주 19), 261-262.

22) 석동현, 국적법, 법문사 (2011), 308-331; 노영돈, "우리나라 국적법의 몇 가지 문제에 관한 고찰", 국제법학회논총 제41권 제2호 (1997), 53-57; 이장희, "통일시대를 대비한 한국 국적법의 개정방향 검토", 이장희 엮음, 통일시대를 대비한 국적법의 개정방향, 아시아사회과학연구원 (1998), 58-62.

23) 정인섭, "우리 국적법상 최초 국민 확정기준에 관한 검토", 국제법학회논총 제43권 제2호 (1998), 246-247.

독립선언은 인민의 이름으로 발화(發話)되었지만 그 인민이 선언에 앞서 존재하는 것이 아니라 역으로 서명에 의해 스스로를 탄생시켰다는 것이다.[24]

그렇다면 그렇게 탄생하는 인민의 인적 경계는 우연히 결정될 뿐인가? 함재학과 김성호는 시원적 헌법제정권력의 주체인 인민은 그들의 주권을 선언하는 헌법 제정의 행위를 통해 주체로서 등장한다고 하면서도 그러한 제헌의 행위는 그에 선행하는 역사적 경험에 터잡은 기억들을 소재로 하고 있음을 인정한다.[25] 그렇다면 주체로서의 주권인민이 누구인지를 규정하는 기억은 어떤 기억인가? 흔히 한국인은 스스로를 피를 나눈 단일민족으로 간주하며, 한국인을 외부에서 관찰하는 사람들도 한국인이 매우 강한 종족적(ethnic) 또는 혈연적 민족 관념을 가지고 있음을 지적하는 경우가 많다.[26] 그러나 그러한 정체성은 오랜 기간 일정한 영토 안에서, 그리고 단일한 국가권력의 지배를 받고 살아온 경험에서 비롯되는 기억들과 중첩되어 있다. 즉 1천 년이 넘는 기간 동안 같은 영토 위에서 하나의 왕권에 복속한 특이한 역사적 경험에 터잡은 정체성과 종족적 정체성 사이에 큰 구별이 없는 것이다. 이렇게 종족과 영토라는 이중적 준거를 가지는 정체성이 현재의 대한민국 국민을 경계 짓는 데 작용했다.[27]

그러나 그러한 경계의 내부에 속한 집단이 고스란히 대한민국 국민으로 전화한 것은 아니다. 앞에서 언급한 국적법 기초자들이 대한

---

24) Jacques Derrida (진태원 옮김), "독립선언들", 법의 힘, 문학과지성사 (2004).
25) Chaihark Hahm and Sung Ho Kim, Making We the People: Democratic Constitutional Founding in Postwar Japan and South Korea, Cambridge: Cambridge University Press (2015), chap. 1.
26) 신기욱, 한국 민족주의의 계보와 정치, 창비 (2009), 제10장.
27) Chulwoo Lee, "The Law and Politics of Citizenship in Divided Korea", 6(1&2) Yonsei Law Journal 3, 7-10 (2015).

민국 국민임을 전제한 사람들, 즉 대한제국의 신민과 그 자손을 어떻게 식별해내는가의 문제가 있다. 미군정기와 대한민국 정부수립 이후의 실무는 일제시대 조선호적에 등재된 것을 조선인 또는 대한민국 국민의 중요한 표지로 삼았다. 물론 일본으로의 송환대상을 결정하는 데 호적 등재와 무관하게 혈통을 근거로 했고 제헌국회를 구성하기 위한 유권자를 확정하는 데 조선인으로부터의 출생을 하나의 근거로 삼기도 했지만, 대한민국의 행정에서는 호적에의 등재를 가장 확실한 표지로 취급했다.28) 그러나 대한제국 또는 그 이전 조선의 신민이었던 자 중에는 국가의 낮은 인구관리능력으로 말미암아 국가의 관료적 시선에서 벗어나 있었던 사람들이 적지 않았고 그 중 통감부시대의 민적(民籍) 및 일제하 조선호적에 입적되지 못하고 한반도를 떠난 사람도 있었다. 더 나아가 호적에의 등재와 무관하게 중국이나 러시아로 이주했다가 돌아오지 못한 사람들도 있다. 그런 사람들은 대한민국과의 접촉이 차단되었고 결국 대한민국 국민임을 부정당하였다.29) 이들이 대한민국 국민인지의 여부를 결정하는 주권적 결정에 참여하지 못한 채 배제된 사실은 국민과 외국인을 가름하는 행위에 내재하는 패러독스를 예시한다.

국민은 데리다가 말하는 것처럼 누가 국민인지 결정하는 행위에 참여함으로써 역으로 규정되는 것만은 아니다. 예를 들어, 북한인은 그 결정에 참여하지 못했지만 대한민국 국민의 지위를 일방적으로 부여받고 있으며, 그들의 남한으로의 이주는 국제이주가 아니므로 이민법의 대상이 되지 않는다. 그러나 국제이주자로서, 이민법의 대상이 되는 사람 중에는 대한민국 국민의 인적 경계를 정하는 행위

---

28) 정인섭, "법적 기준에서 본 한국인의 범위".

29) 중국의 조선족동포는 1997년 법무부의 중국동포국적업무처리지침에 의해 1949년 10월 1일자로 대한민국 국적을 상실한 것으로 취급되었다. Chulwoo Lee, "How Can You Say You're Korean? Law, Governmentality, and National Membership in South Korea," 16(1) Citizenship Studies 85, 91 (2012).

에 선행하는, 그 경계 내부에 있는 사람들과 다르지 않은 경험과 배경을 가졌음에도 불구하고 결정에서, 그리고 결정에 의해 구획된 경계로부터 배제되어 타자로 취급되는 사람들이 있는 것이다.

Ⅲ. 주권과 기본권의 공간적 범위와 국경관리의 논리

1. 입국할 권리

현대 사회로 올수록 사회가 분화되고, 그에 따라 사람의 지위는 자기의 의지와 무관하게 출생 등에 의해 가지게 되는 귀속지위(ascriptive status)에서 성취지위(achieved status) 중심으로 바뀌게 된다. 그러나 여전히 강력하게 존속하고 있고 심지어는 더 강화되는 면까지 보이는 귀속지위가 바로 국적이다. 어느 나라 사람으로 태어났는가는 그 사람의 삶을 결정하는 가장 중요한 조건의 하나이다. 이는 확대되고 심화되는 기능적 분화(functional differentiation)에도 불구하고 세계는 여전히 국민국가(nation-state)로 분절화되어 있다는 점에서 비롯된다. 국민과 외국인의 준별이 실제의 권리 배분에서 그렇게 의미 있는지 반문하는 사람도 있겠지만 여전히 국민과 외국인의 격차는 매우 크다. 국민과 외국인 사이의 가장 큰 권리상의 차별화는 입국의 권리에서 나타난다. 세계인권선언(Universal Declaration on Human Rights) 제13조 제2항은 "자국으로 돌아올 권리"를 선언하고, 시민적 및 정치적 권리에 관한 국제규약(International Covenant on Civil and Political Rights) 제12조 제4항은 "자국에 입국할 권리"를 명시하고 있다. 인종차별철폐협약(International Convention on the Elimination of All Forms of Racial Discrimination)은 "자국으로 돌아올 권리"를 인정하는 데에서 인종차별을 금지하고 있다(제5조 제d항 제ii호). 시민적 및 정치적 권리에 관한 국제규약의 제정 과정에서 입국 대상국을 "국적국(country of nationality)"으로 명기할 것인가 "자국(his own country)"으로 느슨하게 규정할 것인가를 둘러싼 논쟁이 있었음은 입국 대상국을 국적국보다 넓게 인정하려는 의도가 있었음을 말해준다. 자국을 국적국으로 제한하지 않으려는 해석론은 해당 국가와 "진정하고 실효성 있는 유대(genuine and effective link)"를 가진 무국적자, 국적피박탈자, 정주외국인 기타 이해관계자를 입국의 권리의 주체에 포함하고자 한다.30) 그러나 어떤 연고관계를 입국의 권리의 근거로 삼을 것인가에 대해서는 "국적국" 대신 "자국"을 고집한 사람들 사이에서도 의견이 일치되지 않았고 현재에도 그러하다. 위의 규약에 의해 설립된 인권위원회(Human Rights Committee, 구 인권이사회)는 국제법에 반하여 국적을 박탈당한 사람, 국적국이 타국에 편입된 사람, 거주국 국적을 취득하지 못하는 무국적자가 그에 해당한다고 볼 뿐 연고 있는 이주민에까지 권리를 연장하려 하지 않는다.31) 한편 유럽인권협약(Convention for the Protection of Human Rights and Fundamental Freedoms, 약칭 European Convention on Human Rights) 제4추가의정서(Protocol 4) 제3조 제2항과 미주인권협약(American Convention on Human Rights) 제22조 제5항은 국적국에의 입국 권리만을 명기하고 있다. 대한민국은 입국권 또는 귀국권을 국민에 한정하고 있는데, 영주자격을 가진 사람도 일반 외국인과 동일하게 취급하는 것이 적절한지에 대해 의문이 제기된다.32) 출국과

---

30) Kathleen Lewand, "The Right to Return of Palestinians in International Law", 8(4) International Journal of Refugee Law 532 (1996).

31) Human Rights Committee, General Comment 27, Freedom of Movement (Art. 12), U.N. Doc CCPR/C/21/Rev.1/Add.9 (1999).

32) 차용호, 한국이민법, 법문사 (2015), 298; 이현수, "외국인의 입국", 이철우·

귀국의 권리에 관한 1987년의 스트라스부르선언(Strasbourg Declaration on the Right to Leave and Return)은 "국적국"보다는 "자국"이라는 용어를 선택하였음에도 불구하고(제6조) 별도의 조문으로 영주권자와 무국적자에 대해 규정하고 있다(제7·8조). 입국의 권리는 국민에 한정하더라도 강한 연고를 가졌거나 인도적 고려가 필요한 비국민을 그에 준해 취급해야 한다는 이상을 표현한 것으로 읽힌다. 지금까지 살펴본 바로 볼 때, 입국의 권리는 예외적인 경우가 아니면 국민에 제한된다는 것이 일반적인 믿음임을 알 수 있다. 그렇다고 입국의 허용 여부에 대한 국가의 결정이 전혀 규범의 제한을 받지 않는 것은 아니다. 후술하듯이, 가족재결합을 위한 입국과 체류를 허용해야 한다는 요구가 규범력을 더해가고 있다. 그러나 그것은 입국권의 주체가 넓어졌다기보다는 별개의 인권법적 원리가 국가의 출입국행정을 제한한 결과이다. 1985년 유엔총회 결의로 채택된 비국민인권선언(Declaration on the Human Rights of Individuals Who are not Nationals of the Country in which They Live)은 이를 다음과 같이 표현한다. "이 선언의 어떠한 내용도 외국인의 불법 입국이나 체류를 합법화하는 것으로 해석되지 아니하며, 어떠한 조항도 외국인의 입국과 체류의 기한 및 조건에 관한 법령을 공포하고, 자국민과 외국인간의 구별을 설정하는 국가의 권리를 제한하는 것으로 해석되지 아니한다. 다만 그 같은 법령은 인권 분야를 포함한 해당국의 국제적 법적 의무와 양립할 수 없는 것이어서는 아니된다"(제2조 제1항).

2. 입국을 통제하는 권력과 입국하려는 사람의 권리

외국인의 입국에 대해 국가가 가지는 재량권에 비해 일단 입국한

이희정 외 8인, 앞의 책(주 19), 76.

외국인을 취급하는 국가의 권력은 상당한 제약을 받는다.[33] 일단 영토 내에 발을 들여놓은 외국인은 인간으로서 누리는 나름의 권리가 있다. 대한민국 헌법은 제6조 제2항에서 "외국인은 국제법과 조약이 정하는 바에 의하여 그 지위가 보장된다"고 규정할 뿐이지만 그것이 외국인은 헌법상의 기본권을 누릴 수 없음을 뜻하는 것은 아니다. 헌법이 기본권의 주체를 "국민"으로 명시하고 있음을 근거로 외국인의 기본권 주체성을 원칙적으로 부정하는 해석론이 없지는 않지만, 헌법재판소는 성질에 따라 기본권을 인간의 권리와 국민의 권리로 분류하여 인간의 권리에 해당하는 기본권은 외국인도 향유할 수 있다는 입장을 견지해왔다.[34] 외국인을 포함하여 모든 인간이 보편적으로 향유하는 권리로는 인간의 존엄과 가치, 신체의 자유, 주거의 자유 등이 포함된다. 이는 불법체류 상태에 있는 외국인에게도 적용된다. 따라서 일단 입국한 외국인의 신병을 확보하여 퇴거시키는 과정에는 헌법상의 제약이 따른다. 외국인이 누리는 기본권에 의한 제약이 있고 헌법 제12조 제1항이 규정하는 적법절차 원칙에 따른 제약도 있다. 외국인이 입국하여 오랜 기간 체류할수록 그러한 제약은 더욱 커진다. 이는 대부분의 법치국가에 공통적이다. 그런 제약을 피하기 위해 각국은 외국인의 입국을 규제하는 데 총력을

---

33) "일반적으로 대한민국에 입국하려는 외국인보다 대한민국에 일단 입국한 외국인의 경우가 경제적 내지 사회적으로 대한민국과 좀더 많은 연관성을 가지고 있을 것이고, 이러한 대한민국과 관련된 당해 외국인의 경제적 내지 사회적 이익을 보호할 필요성이 있기 때문이다. 강제퇴거와 관련하여, 재량권의 범위가 입국심사시에 허용되는 재량권의 범위보다 좁다." 서울행정법원 2014. 9.23. 선고 2014구합5842 판결, 차용호, 한국이민법, 534에서 재인용.

34) 헌재 2011. 9. 29. 선고 2007헌마1083, 2009헌마230·352(병합) 결정의 법정의견 및 외국인의 기본권 주체성을 원칙적으로 부정하는 김종대 재판관의 반대의견 참조. 최윤철, "외국인의 법적 지위", 이철우·이희정 외 8인, 앞의 책(주 19), 47-58.

기울인다.

그렇다면 입국을 규제하는 데 국가는 얼마나 막강한 권한을 가지는가? 위에서 언급한 외국인의 입국 권리에 대한 국제법 해석론과 무관하게, 실제로 국가들은 외국인의 입국을 용인하거나 불허하는 데 어느 정도의 자율적 결정권을 행사하는가? 그리고 그것은 어떤 원리에 근거하는가? 이 문제를 바라보는 데 중요한 단서를 제공해 주는 것이 미국의 법리이다. 미국 이민법은 입국의 통제에서 시작했다고 해도 과언이 아니다.

1875년까지 미국의 이민규제는 각 주가 가지는 경찰권의 범위에 속해 있었고 이민의 통제는 실질적으로 이루어지지 않았다. 국경관리가 충실히 이루어지기 위해서는 이민규제가 연방의 권한에 포섭되어야 했다. 1875년에 이르러 전과자와 성매매 여성의 입국을 규제하는 연방 법률을 제정했다. 개별 사유에 기초한 이 같은 규제를 넘어 연방의 정책적 이민규제가 제도화된 것은 확대되는 중국인 이민에 대한 규제 요청 때문이었다. 1868년 미국과 중국은 벌린게임(Burlingame)조약을 체결하여 상대국으로부터 입국하는 여행자에게 최혜국대우를 제공하기로 합의했다. 이로써 중국인의 미국 이주가 확대되었는데, 이에 대해 캘리포니아가 반발하면서 중국인을 차별적으로 처우하자 이민규제의 연방화가 가속화되었다. 캘리포니아 정부가 중국인 승객의 상륙에 보증금을 요구하는 데에서 비롯된 한 사건에서 연방대법원은 외국인의 입국허가에 관한 법률의 제정권은 연방의회의 권한임을 선언했다.[35] 한편 연방의회와 정부도 반(反)중국인 정서를 반영하는 이민정책을 추진했다. 1880년에는 중국인 이민을 규제할 수 있도록 조약을 개정했다. 이에 근거해 제정된 역사적인 법률이 1882년의 중국인입국불허법(Chinese Exclusion Act)이었

---

35) Chy Lung v. Freeman, 92 U.S. 275 (1875).

다.36) 이 법률은 중국인 노동자의 입국을 10년간 금지하는 한편 일시 귀국했다가 돌아오는 중국인에게는 재입국허가서를 지참하도록 했다. 1884년에는 법을 개정하여 중국인 노동자를 중국국적자에 제한하지 않고 중국 출신자를 뜻하는 것으로 넓게 정의하고 노동자는 미숙련과 숙련을 모두 포함함을 명시하는 한편 재입국허가서만을 입국허가를 위한 근거 서류로 못박았다. 1888년에 이르러서는 재입국허가서를 더 이상 인정하지 않고 개정법률의 발효 이후의 모든 재입국을 불허하였다. 이로 인해 약 30,000 명의 중국인이 실효한 재입국허가서를 들고 귀환을 부정당했다. 동법은 1892년에 중국인 노동자가 아닌 모든 "중국인"을 대상으로 10년간 연장되었고, 이미 거주하던 중국인도 거주확인증을 제시하지 않으면 불법체류로 추정하여 강제퇴거하도록 했다. 1902년에는 한시법의 탈을 벗고 영구적으로 중국인 이민을 봉쇄했다.37)

1875년에 캘리포니아에 이주했다가 1887년 재입국허가서를 발급받아 출국한 후 1888년 법 개정에 의해 입국을 불허당한 중국인 사건에서 연방대법원은 매우 중요한 법리를 선언했다. 외국인의 입국을 통제하는 권한은 주권의 내재적 속성에서 비롯되는 것이라 함으로써 이민행정의 권한이 무엇으로부터 도출되는지에 대한 논란을 잠재웠다.38) 그러한 권한에는 심지어 이미 부여한 입국허가를 취소할 자유도 포함된다고 보았다. 주권은 입국을 허가한다는 일종의 계약에 의해 방기되거나 제한될 수 없다는 것이었다. 이 판결은 이민

---

36) 이 법률을 중국인배제법 또는 중국인배척법이라 번역하기도 하나 여기에서의 exclusion은 입국을 불허하는 조치를 뜻하는 출입국관리법상의 용어이다.

37) Gabriel J. Chin, "*Chae Chan Ping* and *Fong Yue Ting*: The Origins of Plenary Power", David A. Martin & Peter H. Schuck (eds.), Immigration Stories, New York: Foundation Press (2005), 5-29.

38) 미합중국 헌법은 귀화에 관한 통일된 규정을 연방의회가 정한다는 것을 규정할 뿐(제1조 제8항) 출입국관리에 대해서는 명시적 규정을 결여하고 있다.

규제 권한이 연방의회의 소위 전권(全權, plenary power)에 속한다는,
즉 이민규제는 의회의 입법권과 행정부의 정책집행권에 전적으로
복속하며 사법부는 이들의 정책적 결정에 대해 실질적으로 심사하
지 못한다는 소위 전권이론(plenary power doctrine)의 발원지로 알려
져 있다.[39] 이 법리는 이민정책의 추진을 위해 의회는 광범위한 입
법재량을 가지며 의회로부터 폭넓은 권한을 위임받은 행정부 역시
넓은 재량을 발휘하여 처분을 할 수 있고 사법부는 그러한 의회와
행정부의 권력 행사를 존중해야 한다는 것이다. 전권이론은 미국 정
부의 출입국관리 권한을 설명하는 기본 법리로 자리 잡았으며 여전
히 건재하다.[40] 전권이론은 미국 특유의 법리로서, 이민정책과 행정
에 대한 의회와 행정부의 권력 행사를 유달리 강력하게 보호한다.
그러나 많은 나라들이 그만큼 강력하게 의회와 행정부의 자율성을

---

[39] Chae Chan Ping v. United States, 130 U.S. 581 (1889). 이 사건을 중국인입국
불허사건(Chinese Exclusion Case)으로 부르기도 한다. 이 사건과 함께 전권
이론의 발원지로 여겨지는 사건으로 Fong Yue Ting v. United States, 149
U.S. 698 (1893)가 있다. 1892년 개정 법률의 적용에 의해 거주확인증이 없
음을 이유로 강제퇴거를 당하게 된 3인에 대해 연방대법원은 입국불허와
추방은 모두 주권국가의 내재적이고 양도불가능한 권리에 속한다고 판시
하면서 이를 위한 의회의 결정을 사법부는 존중해야 한다고 언명했다. 두
판결에 대한 상세한 해설로는 Chin, "*Chae Chan Ping* and *Fong Yue Ting*: The
Origins of Plenary Power".

[40] 최근의 판례를 인용하면, "연방대법원은 '외국인을 추방하거나 입국불허하
는 권한을 사법적 통제로부터 벗어나 정부의 정치적 부처들이 행사하는 주
권의 근본적 속성으로 오래도록 인정'해왔다." "이 전권을 의회가 집행부에
위임하는 경우 집행부의 결정 또한 일반적으로 행정심사나 사법심사로부터
보호된다." Cardenas v. United States, 826 F.3d 1164 (2016). 그러나 정치적 기
관의 판단을 존중하거나 그것을 보호해야 한다는 것이 반드시 정치문제
(political question)와 같이 사법적 판단에 적합하지 않음을 이유로 각하해야
한다는 뜻은 아니다. 입법을 통해 사법심사를 배제하거나 주권국가의 고권
적 행위이므로 사법심사의 대상이 아니라 하여 각하하는 경우도 있고, 본안
에 대해 심판하되 입법과 행정의 재량을 존중하여 청구를 기각하는 경우도
있다.

인정하지 않는다고 해도, 적어도 입국의 통제에 대해서는 주권 행사의 불가침성에 대한 강도 높은 믿음을 대부분 공유하고 있다. 그렇다고 입국통제에 아무런 규범적 제약이 가해지지 않는 것은 아니다. 어느 정도의 규범적 제약이 가해지는가?

대한민국의 출입국관리 행정을 기준으로 보자면, 누구를 입국하게 할 것인가 말 것인가의 결정에는 두 단계가 있다. 첫 단계는 입국금지와 입국거부로서, 입국금지는 출입국관리법 제11조 제1항이 규정한다. 공중위생, 공공안전, 경제질서, 사회질서, 선량한 풍속, 정신장애 또는 무자력으로 인한 구호 부담 가능성, 강제퇴거의 전력, 일제강점기의 학살과 학대 전력, 이상에 준하는 사정과 같이 사전적 기준에 의해 미리 입국을 할 수 없는 사람을 지정하는 것이다. 동조 제2항은 다른 나라가 대한민국 국민에 대해 대한민국의 입국금지 사유 외의 사유로 입국을 금지하는 경우 그와 동일한 사유로 상대국 국민의 입국을 거부할 수 있게 하고 있다. 공직선거법과 같은 다른 법률에서 입국금지 사유를 규정하는 경우도 있다. 입국금지는 어떤 사유에 해당하는 사람 전체를 대상으로 삼고 있지만, 그에 해당하는 특정인을 미리 출입국관리정보시스템에 등록하고 그의 입국의 허용 여부를 그 정보에 따라 판단하도록 하는 경우가 많다. 입국을 금지하는 사전적 기준의 설정이 포괄적이라 하여 명확성 결여라는 입법상의 하자가 있다고 보지는 않는 것이 법원의 입장이나, 법무부장관에 과도한 재량권을 부여하여 자의적 법해석의 우려가 있다는 비판이 있다.41) 앞에서 언급했듯이, 미국에서는 전권을 행정부에 위임함으로써 행정부가 포괄적 기준에 입각하여 폭넓은 재량을 행사하여 입국의 허용 여부를 정할 수 있도록 하고 있다. 그러나 누구를 입국시킬 것인가를 결정하는 것이 국가에 고유한 주권의 행사라 해

---

41) 차용호, 한국이민법, 297-307 및 그(307면)에 인용된 황필규의 관점.

서 보편적 인권에 반하는 입국금지 사유를 용인할 수는 없다. 예를 들어, 위에서 본 미국의 중국인입국불허법을 지금 시행한다면 국제 인권법과 헌법에 반하여 용인되지 않을 것이다. 민족적 출신에 따른 차별에 해당하기 때문이다.42)

그러나 사전적으로 입국금지 사유를 규정하는 것을 다투기는 어렵다. 그에 해당하는 사람을 특정하는 정부의 조치를 사법적 수단을 통해 다툴 수 있는지에 대해서는, 그것이 행정 내부의 정보제공 행위에 불과하며 상대방인 외국인에 대한 의사표시에 이른 것은 아니라는 이유로 항고소송의 대상이 되는 처분이 아니라는 견해도 있으나,43) 처분성을 인정해 본안판단을 한 사건도 있다.44) 그 중 하나는 병역면탈을 위해 미국시민권을 취득했다는 이유로 비난받은 연예인의 사건이었다.45) 그렇다고 한국 사회와 전혀 연고가 없이 해외에 있는 외국인에 대한 입국금지가 처분성이 있다고 할 수 있을지는 의문이다. 입국금지 조치 자체의 처분성을 떠나 실제로 다툼은 입국금지가 실현되었을 때 발생한다. 입국금지는 사증발급신청 등 구체적인 입국 시도 행위가 있고 행정부가 그것을 거부할 때 현실적으로 실현된다. 사증발급을 거부한 조치에 대해서는 어느 정도로 다툴 수 있는가? 한국은 명시적 법규정이 없는 가운데, 상이한 판결례가 나와 있다. 결혼이민사증을 거부한 결정에 대해서는 행정소송법상의 처분성을 인정하지만, 방문취업사증에 대해서는 판례의 입장이 일정하지 않다.46) 재외동포법상의 외국국적동포를 위한 재외동포사

---

42) 중국인의 이민 배제는 아시아인 전체에 확대되었다. 그러한 차별은 1965년 이민법 개정 때까지 계속되었다. 인종차별철폐협약 제1조 제1항에 따르면 "이 협약에서 '인종차별'이라 함은 인종, 피부색, 가문 또는 민족이나 종족적 출신에 근거를 둔 어떠한 구별, 배척, 제한 또는 우선권을 말하며...."
43) 이현수, "외국인의 입국", 107-108.
44) 차규근, "[법률칼럼] 당신의 입국을 거부합니다...②", 재외동포신문, 2016. 11. 23.
45) 서울행정법원 2016. 9. 30. 선고 2015구합77189 판결.

증에 대해서는 신청의 권리가 있음을 이유로 처분성이 있다고 본
판례도 있다.[47] 사증의 종류가 표상하는 한국 사회와의 연고 및 잠
재적 밀착도에 따라 구제절차의 가용 여부가 결정된다 볼 수 있다.
영국과 같이 법령으로 거부당했을 때 사법적 구제가 가능한 사증의
종류와 그렇지 않은 것을 명시적으로 구별하는 나라도 있다. 미국에
서는 영토 밖에 있는 사증신청자가 사증발급거부에 대한 사법심사
를 청구할 수 없다는 법리가 확립되어 있다.[48] 다만 국민인 초청자
또는 배우자가 사증발급 거부로 인해 기본권을 침해당했다고 주장
하면서 소송을 제기하는 길은 열어놓고 있다.[49] 이에 비해 한국에서
는 외국인을 초청하는 국민이 사증발급인정서 발급거부로 인해 침
해받은 이익을 구제받기 위한 소송의 원고적격을 가지는지에 대해
다수의 판례는 부정적이다.[50] 물론 사법적 구제절차가 있다 하더라

---

46) 이현수 외 3인, "권익 보호 절차", 이철우·이희정 외 8인, 앞의 책(주 19), 237-238; 차규근, 앞의 글.

47) 서울행정법원 2016. 9. 30. 선고 2015구합77189 판결.

48) 이를 consular nonreviewability라는 용어로 표현한다.

49) 저명한 맑스주의 경제학자 어네스트 만델(Ernest Mandel)에 대한 사증발급을 거부한 데 대해 만델 본인 및 절차적 적법절차와 헌법상 표현의 자유 침해를 주장하는 초청기관 종사자 등이 제기한 소송이 중요한 사례이다. Kleindienst v. Mandel, 408 U.S. 753 (1972). 이 판결을 통해 외견적으로 정당한(facially legitimate) 그리고 선의의(bona fide) 이유로 내린 행정부의 결정을 존중해야 한다는 소위 만델 법리가 탄생했다. 만델 기준에 합치하는 이유를 설시하였음을 근거로 결혼이민사증의 발급을 거부당한 사람의 배우자가 제기한 소송에서 적법절차 위배 주장을 배척한 근래의 판결 Kerry v. Din, 576 U.S. ___ (2015) 참조.

50) 차규근, "[법률칼럼] 당신의 입국을 거부합니다...②". 초청자의 원고적격을 인정하고 사증발급인정불허처분을 취소한 사례로서 제주지방법원 2006. 6. 7. 선고 2005구합733 판결. 판례와 행정심판례의 동향에 대한 이현수 외 3인, "권익 보호 절차", 238-239에서는 이를 예외적인 사례로 취급하고 있다. 원래 사증발급인정서의 신청주체를 초청자로 하였으나, 2002년 법개정을 통해 신청자를 외국인으로 하고 초청자는 단지 신청을 대리할 수 있도록 했다. 이현수, "외국인의 입국", 104.

도 사증발급 여부는 광범한 재량에 속하여, 행정청의 결정을 다투는 것은 실질적으로 매우 어렵다.

3. 출입국항에서의 통제와 국경관리의 테크닉

입국관리의 두 번째 단계는 출입국항의 입국심사이다. 이 단계의 결정이 입국허가 또는 입국불허이다. 이 단계의 통제에 대한 규범적 제한은 어떠한가? 출입국관리법은 입국금지와 입국거부에 이어 제12조에서 출입국항에서의 입국심사를 규정하면서도 입국이 불허되었을 때 어떤 구제수단이 있는지를 규정하지 않고 있어 입국불허에 대한 사법적 구제 가능성을 둘러싼 견해의 대립이 있다.51) 미국에서는 처음 또는 새로이 입국하려는 자가 입국을 불허당하는 경우 청문을 거치지 않고 강제출국시킬 수 있도록 허용하는 법률도 입법재량에 속한다는 법리가 확립되어 있다.52) 그 후 입법과 판결에 의해 사법심사가 가능하게 되었으나 일반 이주자에 그러한 권리가 헌법상 보장됨을 선언한 것은 아니다.53) 입국불허는 당사자가 즉시 귀환을 거부함으로써 송환을 위한 대기 상태에 들어가면서 다툼의 대상이 되며, 입국불허를 다투는 것은 곧 강제력을 행사하여 출국을 강

---

51) 차용호, 한국이민법, 311-314.

52) United States ex rel. Knauff v. Shaughnessy, 338 U.S. 537 (1950); Shaughnessy v. United States ex rel. Mezei, 345 U.S. 206 (1953). 이 두 사건 모두 미국 시민의 배우자의 입국이 안보상의 이유로 거부된 사례로서 연방대법원은 "입국이 거부된 외국인에 대해서는 의회가 승인한 모든 절차는 적법절차이다"라는 유명한 명제를 되풀이했다. 후자 사건의 당사자는 19개월 해외 체류 후 귀환했으나 입국을 불허당한 후 송환할 다른 나라가 없자 입국전 구금 수용시설(악명 높은 뉴욕의 엘리스섬, Ellis Island)에 무기한 수용되었다. 연방대법원은 아무런 사법적 구제절차 없이 무기한 구금하더라도 입국 전의 외국인이므로 조치를 다툴 헌법상의 권리를 가지지 않는다고 판시했다.

53) Immigration and Nationality Act §235.

제하거나 입국을 막기 위해 인신을 구속하는 조치를 다투는 것이
된다. 그래서 미국에서는 입국불허에 대한 구제는 주로 인신보호
(habeas corpus) 청구에 의한다.[54] 대한민국 출입국관리법은 입국심
사의 결과 입국이 허가되지 않은 외국인을 "48시간을 초과하지 아
니하는 범위에서 외국인보호실에 일시보호할 수 있다"고 규정하고,
부득이한 사유가 있는 경우 48시간 이내에서 1회 연장할 수 있도록
하고 있다(제56조). "보호"가 헌법 제12조가 규정하는 체포와 구속
에 포함되는지, 적법절차, 영장주의, 구속적부심 등 형사절차에 적용
되는 원칙들을 얼마나 적용하여야 하는지를 둘러싸고 논란이 있지
만,[55] 입국이 불허된 사람의 송환을 위한 기술적인 이유에서 수행되
는 일시보호를 일반보호 또는 강제퇴거의 집행을 위한 보호와 동일
하게 취급할 수는 없을 것이다. 그럼에도 불구하고 인신보호법이 정
하는 구제절차는 출입국관리법에 의한 보호에는 적용되지 않는다
(제2조 제1항). 반면 출입국관리법 제76조에 의해 송환의 의무를 가
지는 운수업자에 해당하는 항공사들의 운영협의회(AOC)에 의해 운
영된다는 형식을 가지고 있는 송환대기실은 출입국관리법상의 외국
인보호시설이 아니므로 인신보호법의 적용을 받는다는 판결이 있
다.[56] 그럼에도 불구하고 쟁송을 통해서야 변호사접견권을 확보할
수 있었다.[57] 현재 송환대기실은 개방형으로 전환했다고는 하지만

---

54) 이민국적법(Immigration and Nationality Act)의 해석상 입국불허 사건에 대해
　　연방지방법원에 인신보호청구와 무효확인의 소를 제기할 수 있다고 본
　　Brownell v. Tom We Shung, 352 U.S. 180 (1956).
55) 최계영, "외국인의 출국", 이철우·이희정 외 8인, 앞의 책(주 19); 하명호,
　　"외국인 보호 및 강제퇴거절차와 구제절차에 대한 공법적 고찰", 고려법학
　　제52호 (2009), 167-212.
56) 이 판결은 송환대기실이 외부와의 출입이 통제되는 공간이 되어서는 안된다
　　고 선언했다. 인천지방법원 2014. 4. 30. 선고 2014인라4 결정; 대법원 2014.
　　8.25. 선고 2014인마5 결정.
57) 헌법재판소 2014. 6.5. 선고 2014헌사592 결정.

여전히 사실상 수개월 동안 신체의 자유를 제약당하고 머무는 열악한 환경의 장소로 알려져 있다.[58]

이상에서 살핀 입국의 단계를 넘게 되면 훨씬 강력한 인권의 보호를 받는다. 대부분의 나라에서 입국심사 단계에서 입국을 불허당한 사람을 송환하는 절차와 불법적이라도 일단 체류를 시작한 사람을 강제퇴거하는 절차를 구별하여 후자에 더욱 강한 구제수단을 제공한다.[59] 마찬가지로 일단 출입국항에 들어온 사람은 그에 발을 디디지 못한 사람에 비해 강한 보호를 받는다. 이를 보면서, 과연 "입국"이라는 행위나 과정은 어느 단계에서 시작하는가라는 문제를 재검토할 필요를 느끼게 된다. 입국은 출입국항의 입국심사대를 통과하는 행위를 의미하는가 아니면 영토, 영해, 영공에 진입하는 행위를 의미하는가?

출입국관리법은 "대한민국 밖의 지역에서 대한민국으로 입국"하는 행위를 "입국"이라 하면서도(제6조 제1항) 많은 경우 출입국항의 입국심사를 거치는 행위에 "입국"이라는 용어를 적용한다. 전자를 물리적 의미의 입국으로, 후자를 규범적 의미의 입국으로 구별해 봄직하다.[60] 이미 영토 안에 진입하였더라도 입국심사를 받지 않았다면 법의 눈으로 볼 때 입국했다고 할 수 없다는 점에서 그와 같은 구별은 유용하다. 그러나 모든 물리적 입국은 규범적 효과를 가진다. 판례는 외국인을 집단으로 불법입국시키는 범죄의 기수시기를 영해 또는 영공에 진입하는 때로 보고 있다.[61] 또 무단으로 국경을 넘어 입국하는 밀입국자, 즉 규범적 의미의 입국을 하지 않은 자를 내쫓는 절차는 입국심사대를 거쳐 들어왔다가 불법체류하는, 즉 규

---

58) 난민네트워크·대한변호사협회, 한국의 공항, 그 경계에 갇힌 난민들: 공항만에서의 난민신청 실태조사 보고서 (2016).

59) Shaughnessy v. United States ex rel. Mezei, 345 U.S. 206 (1953)

60) 이현수, "외국인의 입국", 81-85.

61) 대법원 2005. 1. 28. 선고 2004도7401 판결; 위의 글, 83.

범적 의미의 입국을 하였으나 규범을 어긴 외국인에 대해서와 마찬가지로 강제퇴거절차이다. 규범적 의미의 입국을 시도하였다가 입국을 불허당한 사람의 취급과 다르다. 이는 규범적 의미의 입국의 시도조차 없는 물리적 입국만으로도 큰 규범적 효과가 발생함을 보여준다.62) 그렇기 때문에 각국은 원치 않는 외국인의 물리적 입국을 막으려는 노력을 기울인다. 과거 미국은 레이건, 부시, 클린턴 행정부를 일관하여 도항하는 아이티인의 신병을 공해상에서 확보하여 영토 밖인 관타나모에 수용하거나 심사 없이 돌려보내어 이주인권단체들의 공분을 산 바 있다. 이로부터 제기된 소송 사건에서 연방대법원은 난민지위협약(Convention relating to the Status of Refugees) 위반을 인정한 원심을 파기하면서 난민지위협약이 요구하는 송환금지(non-refoulement)가 영토 밖에서 이루어질 수 없다고 설시하였다.63) 호주가 난민심사를 결코 자국 내에서 시행하지 않고 나우루(Nauru) 등에 난민수용시설을 설치하여 역외에서 시행하고 있음도 좋은 예이다. 일부 동유럽 국가는 중동 사태로 발생한 대량난민의 유입을 막기 위해 국경에 펜스를 높이고 입국심사 장소를 양국 펜스 사이에 설치함으로써 물리적 의미의 입국과 규범적 의미의 입국을 일치시키려 하고 있다.64)

---

62) 대한민국 출입국관리법은 밀입국자와 함께 조건부 입국을 한 후 조건을 위반한 자를 강제퇴거의 대상으로 삼아 입국불허결정을 받아 송환 대상이 된 사람에 비해 강력한 절차적 보호를 받도록 하고 있는데, 전자가 후자에 비해 규범적 비난가능성이 더 큼에도 불구하고 그렇게 하고 있는 것은 일단 한국 사회에 발을 들여놓은 사람은 사회와의 연고가 발생했을 가능성이 크고 그를 쫓아내기 위해서는 그만큼 더 강한 강제력을 동원하게 되는 문제가 있기 때문이다. 이에 대한 비판으로는 위의 글, 84-85 및 116-119.

63) Sale v. Haitian Centers Council, 509 U.S. 155 (1993).

64) 이주의 규제 방식을 입국통제에 주안점을 두는 섬나라와 미국 등의 유형과 체류통제에 주안점을 두는 유럽대륙시스템으로 구별하기도 한다. 이현수, "외국인의 입국", 72-75. 그러한 차이는 지리적 조건에서 비롯되는 바가 크다. 그러나 다수의 국가가 내륙의 국경을 맞대고 있는 유럽에서도 셴엔법규

근래 들어 국경관리는 더욱 과학화하고 있다. 전자여권의 도입으로 개인의 신원은 디지털 방식으로 새로운 "카드와 코드에 봉안"되었으며 개인의 생물학적 정보가 신원증명의 중요한 재료로 사용되고 있다.[65] 축적된 국경관리 정보는 국가들 사이에 공유된다. 유럽연합(EU)은 셍엔정보시스템(Schengen Information System), 사증정보시스템(Visa Information System)을 구축하여 공동의 외부국경(external borders) 관리에 활용한다. 미국과 캐나다도 9.11 직후 스마트국경행동계획(US-Canada Smart Border Action Plan)을 수립하여 국경관리 공조시스템을 구축해왔는데 정보공조가 중요한 부분을 이룬다.[66] 한국 등 여러 나라가 현재 사전승객정보시스템(Advanced Passenger Information System, APIS)을 도입하여 탑승 정보를 미리 제공 받아 입국예정자를 조속히 파악해 대처한다. 이를 들어, 사실상 국경의 개념이 출국지점으로 이동하였다고 말하기도 한다.[67]

이러한 변화는 두 개의 새로운 양상을 수반한다. 하나는 국경관리의 민영화이다. 사전승객정보시스템은 출입국당국과 운송업체의

들(Schengen acquis)을 통해 내부국경을 개방하는 대신 외부국경의 공동관리 강화 그리고 입국규제의 강화를 추진해왔다(Schengen Borders Code).

65) "카드와 코드에 봉안(奉安)"되었다는 표현은 서호철, "국민/민족 상상과 시민권의 차질, 차질로서의 자기정체성", 한국문화 제41호 (2008), 97. 한국 출입국관리에서 생물학적 정보의 활용에 대해서는 Chulwoo Lee, "How Can You Say You're Korean"; Jaeeun Kim, "Establishing Identity: Documents, Performance, and Biometric Information in Immigration Proceedings", 36(3) Law & Social Inquiry 760 (2011) 참조.

66) 한 국가에서 수집, 관리되는 개인의 신원 정보를 다른 국가가 공유하여 인구관리 및 이민정책에 활용되는 것을 필자는 초국가적 통치성(transnational governmentality)이라 명명했다. Chulwoo Lee, 위의 글, 96. 개별 국가의 통치성 증대는 국가간의 공조가 없더라도 이주의 증대로 인해 필연적으로 통치성의 초국가화를 가져온다.

67) 신지원·한태희, "국경관리: 촉진과 통제의 균형", 정기선 엮음, 한국 이민정책의 이해, 백산서당 (2011), 443-446.

공조에 의해 운영된다. 국가들은 운송업체에 출입국관리 기능의 상
당 부분을 위탁하고 있는데, 여기에는 강력한 제재가 작용한다. 1944
년 시카고에서 체결된 국제민간항공협약(Convention on International
Civil Aviation)은 승객의 관리와 정보제공에 관한 많은 의무를 항공
사에 부과하고 있으며, 이에 기초한 운송자제재(carrier sanction)를
통해 국가는 운송업체로 하여금 입국통제에 필요한 기능을 수행하
도록 강제한다. 전술한 항공사운영협의회에 의한 인천공항 송환대
기실의 운영이 좋은 예이다. 국가들은 항공사연락관(airline liaison
officer, ALO)을 해외에 파견하여 항공사와의 공조를 추진한다.[68] 신
원정보관리의 과학화가 대세를 이루는 사정에서 민관공조는 불가피
한 추세이지만, 이는 국가의 인권보호 의무를 우회할 위험을 가져온
다. 난민의 탑승을 거부하게 되면 송환금지의 원칙에 반하는 효과를
가져올 수 있는데, 출입국당국이 민간 항공사의 행위를 통해 이 원
칙의 적용을 피해갈 가능성이 있다.[69]

　또 하나의 양상은 국경관리의 탈영토화(deterritorialization)이다.
국가들은 이민연락관(immigration liaison officer, ILO)을 타국에 파견
하여 불법이주와 이민범죄에 대처하도록 하며, 그들 사이에 네트워
크를 구축하여 국제적 공조를 도모한다.[70] 이러한 수준을 넘어 아예
타국에서 국경관리의 주권을 행사하는 경우도 있다. 미국과 캐나다
는 1974년 캐나다-미국항공운송사전검색협정(Canada-US Air Transport
Preclearance Agreement)을 체결하여 토론토공항에 파견된 미국의 검
사관이 현지 검사관과 함께 미국행 승객의 검색을 수행하도록 했다.
이 검색공간에는 양국의 법이 함께 적용된다. 이러한 공조 모델은

---

68) 위의 글, 445.
69) Tilman Rodelhäuser, "Another Brick in the Wall: Carrier Sanctions and the
　　Privatization of Immigration Control", 26(2) International Journal of Refugee Law
　　223 (2014).
70) 신지원·한태희, "국경관리: 촉진과 통제의 균형", 444.

현재 여러 곳에서 시행되고 있다.[71] 송환금지의 원칙과 같은 국제규범이 이러한 탈영토화된 행정을 통해서도 우회될 수 있다는 우려가 있다. 앞에서 본대로, 미국 연방대법원은 송환금지의 원칙이 자국 영토 안에서만 적용된다고 판시했다. 그러한 문제에 대처하여, 유엔 난민기구(UNHCR)는 "송환금지 의무의 역외 적용"이라는 권고적 의견을 발하여 송환금지원칙이 당사국이 사실상 실효적으로 관리하는 모든 구역에 적용된다는 원칙을 확립하고자 했다.[72] 이탈리아 당국이 리비아로부터 도항하는 소말리아와 에리트리아 난민을 공해에서 차단하여 리비아로 돌려보낸 사건에서 유럽인권재판소는 이 원칙을 원용했다. 그리하여 이탈리아의 행위가 이탈리아의 영토 밖에서 이루어졌다 하더라도 비인도적 처우로부터의 자유를 보호하는 유럽인권협약 제3조와 집단적 추방을 금하는 제4추가의정서 제4조에 반한다고 판결했다.[73]

IV. 이주민의 지위와 권리

1. 인간의 권리와 국민의 권리

외국인이 일단 영토에 발을 딛게 되면 주권과 인권은 새로운 균

---

71) Mark B. Salter, "Governmentalities of an Airport: Heterotopia and Confession", 1 International Political Sociology 49 (2007).

72) UNHCR, Advisory Opinion on the Extraterritorial Application of Non-Refoulement Obligations under the 1951 Convention relating to the Status of Refugees and its 1967 Protocol (2007).

73) Hirsi Jamaa and Others v. Italy, Application no. 27765/09, 23 February 2012. 영해에서의 난민 추방과 강제송환금지 원칙의 적용에 대해서는 이규창, 추방과 외국인 인권, 한국학술정보 (2006), 166-168.

형점을 찾는다. 합법적 이주민은 물론 불법입국자, 불법체류자도 인간이기 때문에 일정한 법의 보호를 받는다. 이주민이 누리는 법적 지위와 권리에 대해서는 본서 중 황필규가 집필한 "이주민 기본권의 재구성"에서 체계적으로 설명하고 있고 본서 각장이 각각의 분야에서 상술하고 있다. 그럼에도 여기에서는 국민국가로 분절화된 세계에서 산다는 것이 무엇이며 그러한 질서에 국제이주가 어떤 도전을 가하고 있는지를 시사하는 목적에서 국민과 이주민의 지위를 비교해 본다.

국가에 소속된 지위와 그에 수반하는 권리와 의무의 총체를 흔히 시민권(시티즌십citizenship)이라 한다.74) 시민권이 어떤 내용을 가지는지를 논할 때 가장 빈번히 원용되는 것이 영국의 정치철학자 마샬(T. H. Marshall)의 개념이다. 마샬은 시민권을 시민적(civil) 권리, 정치적 권리, 사회적 권리로 구별하고 시민권의 지평이 시민적 권리에서 정치적 권리에로, 그리고 사회적 권리에로 넓혀져 간다고 보았다.75) 영국 복지국가의 발전을 시민권의 개념으로 포착하려 한 마샬의 강연은 외국인의 권리와는 아무 관계가 없는 것이었지만 언제부터인지 외국인의 권리 신장을 논하는 척도를 제공해 주는 것으로 원용되기 시작했다. 외국인이 시민적 권리, 정치적 권리, 사회적 권리를 각각 얼마나 누리는지를 살핌으로써 한편으로는 국민과 외국인의 차이를 상기하고 다른 한편으로는 시민권이 어떻게 국민 지위에 결박된 상태로부터 벗어나는가를 타진하는 것이다.

시민적 권리는 시민적 및 정치적 권리에 관한 국제규약에서 보듯이 자유권을 의미한다. 앞에서 언급했듯이, 인간의 존엄과 가치, 신

---

74) Chulwoo Lee, "Citizenship, Nationality, and Legal Status", in Immanuel Ness (ed.), The Encyclopedia of Global Human Migration, Oxford: Blackwell (2013).

75) T. H. Marshall, Citizenship and Social Class and Other Essays, Cambridge: Cambridge University Press (1950), chap. 1.

체의 자유, 주거의 자유, 양심의 자유, 표현의 자유, 종교의 자유 등
은 인간으로서 누리는 권리로서 국민 자격을 요건으로 하지 않는다.
자유권을 외국인도 누릴 수 있음은 새삼스런 일이 아니다. 프랑스가
제정한 첫 근대 헌법이라 할 수 있는 1789년의 인간과 시민의 권리
선언(Déclaration des droit de l'homme et du citoyen)이 열거하는 권리
중 시민(국민)의 권리에 관한 것은 참정권과 공무담임권에 관한 제6
조, 표현의 자유에 관한 제11조 후단, 조세동의권과 감시권에 관한
제14조에 불과하며, 그 중 제11조는 전단에서 사상과 의견의 자유로
운 소통을 인간의 권리로 명시했다. 따라서 동 선언이 열거한 자유
권 - 일반적 자유권(제1·4·5조), 평등권(제1조), 신체의 자유(제7·8·9
조), 의견표명의 자유(제10조), 사상·의견의 소통 자유(제11조), 재산
권(제17조) - 은 모두 외국인이 누릴 수 있는 권리로 관념한 것으로
보인다. 1791년 권리장전(Bill of Rights)이라 불리는 10개조를 부가
하여 기본권을 규정하기 시작한 미합중국 헌법은 "모든 인간(all
persons)"이나 "인민(the people)"을 기본권의 주체로 명시하기도 하
지만 많은 조항에서는 주체를 언급하지 않으며, 남북전쟁 종전 후
부가된 수정 제14조에 이르러서야 시민의 권리와 인간의 권리를 구
별하는 의식이 등장했다고 평가된다.76) 그러나 종교 및 언론·출판의
자유(수정 제1조), 신체의 자유(수정 제4·5·8조), 주거의 자유(수정
제3·4조), 중죄에 대한 재판에서 대배심(grand jury)에 의한 기소 원
칙(수정 제5조), 적법절차의 보장(수정 제5조 및 제14조), 사유재산
권(수정 제5조), 민·형사 배심에 의해 재판을 받을 권리(수정 제6·7
조), 강제노역으로부터의 자유(제13조), 출생에 의한 시민권 취득권
(제14조), 평등권(제14조)은 인간의 권리를 선언한 것으로 해석된다.

---

76) Gerald L. Neuman, "Immigration and Judicial Review in the Federal Republic of
   Germany", 23 New York University Journal of International Law and Politics 35,
   75-81 (1990).

독일 기본법은 인간의 권리와 독일인의 권리를 세심하게 구별하는 것으로 유명하다. 동 헌법이 규정하는 인간의 권리로는 인간의 존엄(제1조 제1항), 인격발현의 자유(제2조 제1항), 생명권과 신체의 자유(제2조 제2항), 평등권(제3조), 신앙·양심·종교·신조의 자유(제4조), 표현의 자유(제5조 제1항), 예술·학문·연구·강의의 자유(제5조 제3항), 자녀의 양육권 및 모성보호를 받을 권리(제6조 제2·4항), 자녀의 종교수업 결정권(제7조 제2항), 통신의 자유(제10조), 강제노역으로부터의 자유(제12조 제2·3항), 주거의 자유(제13조), 재산권과 상속권(제14조 제1항), 정치적 망명권(제16a조 제1항)이 있다.

위의 열거 사항들로부터 간취되듯이, 모든 자유권이 모든 인간에게 개방된 것은 아니다. 인간의 권리로 선언된 것들도 매우 높은 추상 수준에서 그렇다는 것이지 실제로 현실에서 그것이 어느 정도 보장되고 있는지를 세세히 들여다보면 다른 모습, 다양한 모습이 나타난다.

2. 자유권에 의한 이주규제의 제한

독일 기본법은 거주·이전의 자유를 인간의 권리가 아닌 국민의 권리로 명시하고 있다. 시민적 및 정치적 권리에 관한 국제규약에서 보듯이, 거주·이전의 자유를 보편적 인권으로 규정하는 경우에도 그것은 해당 국가의 영토 내의 거주와 이전에 한정된다(제12조 제1항). 이미 강조했듯이, 거주·이전의 자유의 중요한 요소인 입국의 자유는 국제인권법상으로도 보편적 인권으로 인정되고 있지 않다. 어떤 외국인을 입국시켜 체류 및 거주하게 할 것인지를 결정하는 것은 주권국가의 최후의 보루라 할 만큼 고유하고 본질적인 권한이다. 그러나 그러한 권한이 인권규범에 의해 제한되고 있음을 간과해서는 안

된다. 난민의 요건을 갖춘 자를 난민으로 처우할 의무, 특히 박해의 위험 있는 국가로의 송환금지의 원칙은 새삼 언급할 필요가 없다. 송환금지의 원칙은 고문방지협약(Convention against Torture and Other Cruel, Inhuman or Degrading Treatment or Punishment) 및 일부 인권협약에서도 보장한다. 유럽에서는 고문 및 비인도적 대우를 금지하는 유럽인권협약 제3조가 송환금지의 근거로 활용된다. 유럽인권재판소는 마약범죄로 복역한 후 합법적으로 강제퇴거의 대상이 된 자라 할지라도 후천성면역결핍증(AIDS)이 진행된 상태에서 돌보아 줄 사람도 없고 치료 시설이 결핍된 출신국으로 추방되어 치료를 받을 수 없음이 예견된다면 추방할 수 없다고 판결했다.77)

가족재결합은 주권 행사를 제한하고 이주민의 지위를 강화하는 또 하나의 근거이다. 가족재결합을 이주민의 권리로 선언하는 국제적 문서는 많지 않다. 구속력을 가지지 않는 비국민인권선언 제5조 제4항은 "국가의 법률과 적절한 허가가 적용되는 전제 하에" 배우자, 미성년자 및 피부양 아동과의 결합을 위한 입국의 권리를 선언하며, 이주노동자권리협약(International Convention on the Protection of the Rights of All Migrant Workers and Members of their Families) 제44조에서는 "당사국은 이주노동자 가족들의 결합의 보호를 보장하기 위하여 적절한 조치를 취한다"(제1항), "당사국은 이주노동자가 그의 배우자나 해당 법률에 따르면 혼인과 동등한 취급을 받는 관계에 있는 자 및 미혼의 피부양 미성년 자녀와 재결합하는 것을 촉진하기 위하여 자신의 권한 내에서 적절한 조치를 취한다"(제2항), 그리고 "취업국은 이주노동자의 다른 가족에 대하여도 인도적 견지에서 본조 제2항에 규정된 것과 동등한 대우를 부여함을 호의적으로 고려한다"(제3항)고 규정할 뿐이다. "가족의 재결합을 위하

---

77) D. v. United Kingdom, Application no. 30240/96 (145/1996/767/964), 2 May 1997.

여 아동 또는 그 부모가 당사국에 입국하거나 출국하기 위한 신청
은 당사국에 의하여 긍정적이며 인도적인 방법으로 그리고 신속하
게 취급되어야 한다"고 규정한 아동권리협약(Convention on the
Rights of the Child) 제10조 제1항이 가족재결합의 원칙을 규정한 것
인가에 대해서는 논란이 있으나 그렇지 않다는 것인 지배적인 견해
이다.78) 그러나 인권보호의 일반적 요청에 따라 가족재결합에 대한
고려는 이주관리를 위한 주권의 행사에 상당한 영향을 미친다. 인권
위원회는 이주민에 대한 시민적 및 정치적 권리에 관한 국제규약의
적용에 대해 다음과 같이 해설한다. "규약은 외국인이 한 당사국 영
토에 진입하거나 거주할 권리를 인정하지 아니한다. 누구를 영토에
들어오게 할 것인지는 원칙적으로 그 국가가 결정할 문제이다. 그러
나 사정에 따라서는 외국인이 입국 및 거주와 관련해서도 규약의
보호를 받을 수 있다. 예를 들면, 차별금지, 비인간적 처우의 금지,
가족생활의 존중을 고려할 때 그러하다".79) 인권위원회는 한 개인통
보(communication) 사건에서 이민법 위반을 이유로 당해국에서 출생
하여 자란 자녀와 분리하여 부모를 추방하는 것이 가족에 대한 자
의적 간섭으로부터의 자유(제17조 제1항), 가족보호의 원칙(제23조
제1항), 아동보호의 원칙(제24조 제1항)을 선언한 규약에 대한 침해
가 될 수 있다는 견해를 밝혔다.80)

유럽인권재판소는 가족생활을 존중받을 권리를 규정한 유럽인권

---

78) OHCHR, Migration Paper: Family Reunification (2005), 3-5.

79) Human Rights Committee, CCPR General Comment No. 15: The Position of
Aliens Under the Covenant, 11 April 1986, United Nations, International Human
Rights Instruments, Vol. 1, Compilation of General Comments and General
Recommendations Adopted by Human Rights Treaty Bodies, HRI/GEN/1/Rev.9
(Vol. 1), 27 May 2008, para. 5.

80) Winata and Li v. Australia, Communication No. 93/2000, U.N. Doc. CCPR/C/72/D/
930/2000 (2001).

협약 제8조를 근거로 하여 가족재결합을 위한 입국과 체류의 허부를 판단한다. 이 규정에 기초하여 체류불허와 강제퇴거명령을 다룬 첫 번째 사건은 네덜란드에서 네덜란드 여인과 결혼하여 딸을 가지게 된 모로코 남성의 사건이었다. 그 남성은 네덜란드 국민과의 동거 목적의 체류자격을 얻어 생활하던 중 배우자와 이혼하였고 딸과도 동거할 수 없게 된 상태에서 체류자격의 연장과 변경에 실패하여 강제퇴거명령까지 받았다. 그러다가 임시 체류자격을 받았고 배우자와 다시 결혼함으로써 합법적으로 거주할 수 있게 되었으나, 그렇게 되기까지 정부의 조치가 위법하였음을 확인받고 손해를 배상받기 위해 소를 제기했다. 유럽인권재판소는 이혼하여 자녀와 동거하지 않으나 매주 4회 교섭하는 등 밀접하게 자녀와의 관계를 유지하였음에 비추어 볼 때 네덜란드의 조치는 가족생활을 침해하는, 비례성을 상실한 처분으로서 조약 제8조에 반한다고 판결했다.[81] 그 후 여러 건의 사건에서 유럽인권재판소는 구체적 사정을 살펴 가족생활에 대한 위법한 침해인지의 여부를 판단했다.[82]

인권규범이 이민정책과 이주민 체류관리의 방식을 바꾸어나갈 수 있음을 보여준 사례는 적지 않다. 초청노동자(guestworker) 제도를 통한 이주가 결국 영구 정착으로 이어짐을 법적으로 인정한 독일의 경험이 대표적이다. 서독은 1955년부터 남유럽과 터키, 북아프리카로부터 단기 이주노동자를 수입하다가 1973년 오일쇼크를 계기로 노동력 수입을 중단했다. 초청노동자제도의 취지에 따르면 체류

---

81) Berrehab v. The Netherlands, Application no. 10730/84, 21 June 1988. 위나타(Winata) 사건을 비롯한 인권위원회의 견해와 베레하브(Berrehab) 사건 등 유럽인권재판소의 판결을 통한 강제퇴거 제한 사례에 대해서는 이규창, 추방과 외국인 인권, 187-194 참조.
82) 가족생활을 존중하는 것이 어디에서 거주하는 것이 좋을지에 대한 부부의 선택을 존중하는 것이 아니라고 언명한 판결로서 Gül v. Switzerland, Application no. 23218/94, 19 February 1996 참조.

중인 노동자는 귀환해야 했다. 그러나 한 인도인 노동자의 사건이 다른 법리를 가져왔다. 1961년에 연수 목적으로 서독에 입국, 2회에 걸쳐 체류허가를 갱신하여 12년째 거주한 그 인도인에 대해 1973년 주 당국은 체류허가 갱신을 거부했다. 주 행정법원은 그러한 처분을 적법하다고 보았다. 그러나 1978년 연방헌법재판소는 갱신 거부가 기본법 제2조 제1항이 보장하는 일반적 행동자유권을 침해했다고 판시했다.[83] 그간의 체류허가 갱신이 계속적 거주에 대한 신뢰이익을 형성했고 이것이 헌법의 보호를 받는다는 것이었다. 이 판결은 10년 넘게 거주해온 팔레스타인 학생에 대해 테러를 옹호하는 조직의 성원이었음을 이유로 출국명령을 내린 것이 비례성의 원칙에 반한다고 선언한 이전의 판결과 결합하여, 이미 입국하여 체류 중인 외국인의 지위를 보호하는 근거로 활용되었다.[84] 입국허가와 체류의 연장은 모두 행정청의 재량에 속하지만 이미 체류 중인 사람은 새로 입국하는 사람과 달리 헌법의 다른 원칙 및 권리에 의해 보호된다는 법리는 이주노동자의 정주를 촉진하고 승인하는 결과를 가져왔다.

3. 신체의 자유의 보호와 침해

시민적 권리(자유권)의 보편성에 따라 외국인도 상당한 보호를 받게 됨을 많은 사례가 보여주지만 주권과 인권이 구체적으로 어디

---

83) 일반적 행동자유권은 제정 경위로 볼 때 인격발현의 자유의 내용을 이루는 것으로 해석된다. 김선택, "헌법재판소 판례에 비추어 본 행복추구권", 헌법논총 제9집 (1998), 18.

84) 1 BvR 525/77 (BVerfGE 49, 168); 1 BvR 23, 155/73 (BVerfGE 36, 382). 사건을 해설한 Neuman, "Immigration and Judicial Review in the Federal Republic of Germany", 48-54; Christian Joppke, Immigration and the Nation-State: The United States, Germany, and Great Britain, Oxford: Oxford University Press (1999), 72-74 참조.

에서 균형점을 찾는지는 보다 면밀한 검토를 필요로 한다. 자유권의
발생사를 상징적으로 보여주는 신체의 자유만 하더라도 출입국관리
와 이민행정에서 충분히 보호되지 않는 경우가 적지 않다. 불법입국
한, 문자 그대로 "문서없는(sans papier)" 외국인을 포함한 비정규이
주민은 강제퇴거의 위험을 안고 살아간다. 강제퇴거를 위해서는 강
력한 물리력이 행사된다. 한국에서 그러한 물리력 행사는 행정상 즉
시강제로 분류되어 범죄 피의자의 체포와 구속과는 다르게 취급된
다. 이때 대두하는 문제는 영장주의가 적용되는가이다. 출입국관리
법이 이에 대해 침묵하고 있는 까닭에 다양한 학설이 있지만, 현실
에서는 영장주의가 제대로 지켜지지 않고 있으며, 사법부는 급박성
을 이유로 영장주의를 배제하는 것을 용인하고 있다.85) 개념적으로
는 불법체류 단속 및 강제퇴거를 집행하기 위한 강제력 행사를 형
사절차와 동일하게 볼 것인지, 그와 구별되는 절차로 볼 것인지에
따라 인권 보호를 어떤 방식으로 할 것인지가 달라질 수 있다. 프랑
스와 영국에서는 형사절차 또는 그에 준하는 절차로 보는 반면, 미
국, 독일, 일본, 한국은 형사절차와 구별되는 절차로 본다고 한다.86)
출입국사범을 형사절차와 동일하게 다루는 것은 형사절차에서의 인
신구속에 대한 규제를 적용하여 신체의 자유를 더 철저히 보장할
수도 있는 반면 도덕적 함의를 크게 가지지 않았던 이민법 위반 행
위에 대한 부정적 인식을 강화시키고 범죄와 형벌의 균형을 깨뜨리

---

85) 박정훈·김환학·플로랑스 르누치·홍기원, 미국 등 주요 선진국가의 행정조
    사와 영장주의: 출입국관리법상 행정강제와 영장주의에 관한 비교법적 고
    찰, 법무부 연구용역보고서 (2011. 12), 5-6; 최계영, "외국인의 출국", 198-199;
    하명호, "외국인 보호 및 강제퇴거절차와 구제절차에 대한 공법적 고찰",
    184-191.
86) 박정훈 외 3인, 위의 보고서에서 보듯이, 독일은 이민사범의 단속을 형사절
    차와 구별하면서도 법관이 발부하는 영장을 요구한다는 점에서 특기할 만
    하다. 최계영, "외국인의 출국", 199.

는 딜레마가 있다.[87] 그러나 두 접근방법의 차이는 이민범죄화 (crimmigration)의 경향 속에 희석되고 있다.

출입국관리법은 "보호"라는 이름으로 강제퇴거의 대상자를 구금할 수 있도록 하고 있다(제6장 제3절). 전술했듯이, 인신보호법이 정하는 구제절차는 출입국관리법에 의한 보호에는 적용되지 않는다 (제2조 제1항). 따라서 동법이 정하는 적부심청구도 할 수 없어 신속하고 효율적인 권리구제가 어려울 수 있다. 그러나 헌법재판소는 체포와 구속에 대한 적부심을 규정한 헌법 제12조 제6항을 출입국관리법상의 보호에 적용하지 않는 것은 입법재량에 속한다고 판정했다.[88]

미국에서는 연방의 이민규제가 시작되었을 때부터 배제하고자 하는 외국인에 대한 구금은 법적 통제의 핵심적 요소로 자리잡았다. 불법체류자 단속에서 영장주의를 배제하는 미국에서는 강제퇴거의 집행을 위한 구금에서도 인권 침해의 위험을 적지 않게 가지고 있다. 전술했듯이, 이민법의 집행을 위한 구금은 형사소송이나 행형을 위한 구금과 다르게 취급함으로써 오히려 엄격한 절차적 규범으로부터 벗어나는 문제가 있다. 미국은 1996년 불법이민개혁 및 이민자 책임법(IIRIRA)을 통해 입국불허자의 출국강제절차와 불법체류자의 강제퇴거절차를 통합했는데,[89] 이미 체류하고 있는 사람을 입국허가를 받지 않은 자에 비해 두텁게 보호하는 일반적 원리에 비추어 볼 때 체류자 통제를 대폭 강화하는 추세를 단적으로 보여준 것으로 해석된다. 동법의 집행은 9.11 이후 더욱 엄격해졌다. 총기 절도

---

87) 박정훈 외 3인, 위의 보고서, 137.
88) 헌법재판소 2014. 8. 28. 2012헌마686 결정.
89) Hiroshi Motomura, "Immigration Law and Federal Court Jurisdiction Through the Lens of Habeas Corpus", 91 Cornell Law Review 459, 464 (2006). 이 글에서는 불법체류자의 강제퇴거(deportation)와 통합된 퇴거(removal) 절차를 편의상 모두 강제퇴거로 번역한다.

등으로 복역한 한국계 재미 영주권자 김형준에 대한 강제퇴거명령
및 구금으로 야기된 인신보호청구 사건에서 미 연방대법원은 범죄
전력을 이유로 한 강제퇴거명령을 집행하기 위해 도주 또는 범죄의
위험을 심사하지 않고 법률이 정하는 대로 무조건적 구금을 시행한
조치가 적법절차에 반하지 않는다고 판시하면서 다음과 같이 언명
했다. "의회는 귀화와 이민에 대해 폭넓은 권한을 행사함에 있어서
국민에게 적용한다면 받아들일 수 없는 규칙도 정례적으로 제정한
다."[90] 6세에 미국으로 이주한 영주권자에 대해 내려진 이 판결은
9.11 이후 이민법 운용의 보수화를 보여주는 대표적 사례로 간주된
다.[91] 테러방지를 명분으로 의회는 미합중국애국자법(US Patriot
Act)을 제정해 외국인의 입국금지, 퇴거, 구금의 요건을 완화했고 신
원증명법(REAL ID Act)을 제정하여 강제퇴거 대상자의 인신보호청
구에 대한 연방지방법원의 관할권을 배제했다.[92]

유럽인권협약은 제5조 제1항에서 "불법입국을 방지하기 위하여
또는 강제퇴거나 범죄인인도를 위한 절차가 행하여지고 있는 사람
의 합법적 체포 또는 구금"을 신체의 자유를 제한하는 6개의 체포
및 구금 형태에 포함시키고 있다. 제5조는 범죄 피의자의 구금에 적
용되는 권리구제 조항과 모든 구금에 적용되는 권리구제 조항을 두
고 있는바, 후자에 의하면 법원의 심사를 통해 구금의 합법성을 지
체 없이 판정해야 한다(제4항). 구금의 합법성의 기준은 여러 판례

---

90) Demore v. Kim, 538 U.S. 510, 521 (2003). 위의 문장은 1976년의 선례
   (Matthews v. Diaz)로부터 인용되었다.
91) Daniel Wilsher, Immigration Detention: Law, History, Politics, Cambridge:
   Cambridge University Press (2012), 75-77.
92) 신원증명법(REAL ID Act)은 신원증명서의 요건과 기능을 강화하는 내용 외
   에도 출입국관리와 이민규제에 관한 규정을 포함하고 있다. Jennifer Norako,
   "Accuracy or Fairness?: The Meaning of Habeas Corpus after Boumediene v.
   Bush and Its Implications on Alien Removal Orders", 58 American University
   Law Review 1611 (2009) 참조.

에 의해 제시되었는데 그 중 가장 널리 인용되는 것 중 하나가 차할 (Chahal) 사건이다. 인도 출신 시크교도로서 1971년 영국에 이주해 무기한 체류허가(indefinite leave to remain)를 얻은 차할은 라지브 간디 인도 수상을 살해하기 위한 음모 혐의로 조사를 받았으나 증거 불충분으로 방면되었다. 그러나 1986년 한 시크교 활동과 관련된 난동 사건에 연루되어 폭행 등으로 1심에서 수개월의 징역형을 선고받은 후 항소심이 진행되던 1990년 강제퇴거가 예정되어 구금되었고 1991년 강제퇴거명령을 받았다. 강제퇴거명령 직전 항소법원은 그에게 무죄를 선고했으나 영국 정부는 그가 안보에 위협이 된다는 이유로 강제퇴거를 강행하려 했다. 차할은 인도에 돌아가면 박해가 우려됨을 이유로 비호(asylum)를 신청했으나 안보 위험을 이유로 거부되었다. 영국에서 권리구제에 실패한 차할의 제소에 의해 사건을 다룬 유럽인권재판소는 차할을 인도로 송환하는 것의 적법성, 6년간 지속된 구금의 적법성, 강제퇴거와 구금을 다투는 사법심사의 가용성에 대해 판단한 결과 그를 인도로 송환하는 것은 고문 및 비인도적 대우를 금지하는 협약 제3조에 반하고 그 문제에 대한 사법심사가 미흡한 것이 협약 제13조 위반에 해당하며, 비호거부, 강제퇴거 및 구금을 다투는 절차도 사법심사라 할 수 없는 성격의 것이었고 영국 법원에 제소가 가능하였다 해도 국가안보를 이유로 실질적 심사를 배제했기 때문에 협약 제5조 제4항이 보장하는 사법심사에 미치지 못한다고 판정했다. 그러나 흥미롭게도, 구금 자체는 범죄 또는 도주의 위험에 대한 판단 없이도 단지 강제퇴거를 목적으로, 그리고 강제퇴거절차를 진행하는 동안 이루어졌으며, 상당한 주의(due diligence)를 기울였고 자의성에 대한 예방조치가 있었으므로 6년이라는 장기에 걸쳐 지속되었어도 협약 위반이 되지 않는다고 판결했다.[93] 그러나 구금의 기간을 제한하지 않는 입법은 논란의 대상이 되었고, 비교적 근래의 한 판결에서는 강제퇴거를 위한 구금에 기간

제한을 두고 있지 않으면서 2년 3개월을 구금한 것이 예견가능성을
훼손하여 유럽인권협약 제5조 제1항에 반한다고 판정했다.[94]

앞에서 언급했듯이, 비정규이주의 규제를 형사법적 절차에 의할
것인지 그와 구별되는 행정적 절차에 의할 것인지에 대한 접근방법
의 차이가 있지만, 근래의 이민범죄화(crimmigration) 경향은 그러한
구별의 의미를 감소시킨다.[95] 이민범죄화는 9.11 이후 미국에서 두
드러진 경향이지만 유럽에서도 2000년대 들어와 이민통제의 형사화
와 이민법 위반의 범죄화가 뚜렷한 현상으로 등장했다.[96] 영국, 네
덜란드, 프랑스에서 이민사범의 구금은 2000년대 들어와 폭증했
다.[97] 중동사태로 인한 대량 난민의 발생은 유럽 각국의 이주에
대한 통제 능력에 심각한 의문을 가져오고 있으며, 통제의 위기는

---

93) Chahal v. United Kingdom [GC], Application no. 22414/93, 15 November 1996.
94) Mathloom v. Greece, Application no. 48883/07, 24 April 2007에 대한 Press
Release, ECHR 178 (2012). 이 사건은 그리스에서 성폭력 범죄로 복역하다
가석방된 이라크인의 강제퇴거를 위한 구금이 문제가 되었다. 이라크가 입
국에 필요한 서류 발급을 거부하여 송환할 수 없게 되었다는 점에서 미 연
방대법원 판례 Zadvydas v. Davis, 533 U.S. 678 (2001)와 사실관계 면에서 유
사하다. 후자에서 연방대법원은 구금을 90일까지 허용하되 법무부장관의
결정에 의해 무기한 구금을 계속할 수 있게 하는 법률이 위헌임을 선언하
면서 강제퇴거의 즉각 실시가 불투명한 상태의 구금은 60일을 넘기지 않아
야 한다는 기준을 만들어내었다.
95) "비행(非行)을 감소하기 위해 행정적 조치를 활용할 때, '자유를 제한하기
전에 특정 비행에 대한 공개된 입증을 요하고 그러한 제한행위를 비례성의
요청에 복속'시킨다는 점에서 오히려 형사화(criminialisation)를 선호해야 한
다. 그러나 '이민범죄화' 법규의 한계에 대한 논의가 보여주는 것은 형법에
통상적으로 부여된 안전장치가 이민사범에 와서는 옆으로 밀려난다는 점
이다." Joanna Parkin, "The Criminalisation of Migration in Europe: A State-of-
the-Art of the Academic Literature and Research", CEPS Paper in Liberty and
Security in Europe, No. 61 (2013), 12.
96) 미국에 대해서는 Juliet Stumpf, "The Crimmigration Crisis: Immigrants, Crime,
and Sovereign Power", 56 American University Law Review 367 (2006).
97) Parkin, 앞의 글, 13-14.

테러리즘의 빈발과 결합하여 이민범죄화 경향을 더욱 강화시키고 있다.[98]

4. 재산권, 근로의 권리와 직업의 자유

비국민인권선언은 "국내법에 따라 단독으로 또는 타인과 함께 재산을 소유할 권리"를 천명하며(제5조 제2항 d호), "어떠한 외국인도 합법적으로 취득한 재산을 자의적으로 박탈당하지 아니한다"고 선언한다(제9조). 그러나 외국인의 재산권을 국민과 동등하게 보장해야 할 국가의 의무는 없다. 예를 들면, 일정한 산업 부문에 외국인 투자를 금지하거나 외국인의 토지소유를 제한하는 것은 인권에 반하지 않는다. 위에서 "국내법에 따라" 그리고 "합법적으로"라는 조건은 경제정책에 따른 재산권의 차별화가 각국의 입법재량에 속함을 전제로 한다. 그러나 일단 취득한 재산을 박탈하는 것은 다른 문제이다. 그것은 적법절차와 같은 헌법상의 원칙에 의해서도 금지된다.

외국인이 입국하고 체류할 권리를 일반적으로 가지지 않는다면, 국내 시장에 진입하여 영업을 하거나 직업을 구해 소득을 얻을 자유를 인정하기 어려움은 당연하다. 외국인도 근로의 권리와 직업의 권리를 가지는지에 대해서는 그러한 권리의 정의가 무엇인지에 따라 다른 결론이 도출되겠으나, 그것을 취업의 권리 또는 소득을 발생시키는 경제활동(gainful economic activity)을 할 권리로 본다면 그 성질상 외국인도 당연히 향유하는 권리라고는 할 수 없다.[99] 다만

---

98) Maartje van der Woude, Vanessa Barker & Joanne van der Leun, "Crimmigration in Europe", 14(1) European Journal of Criminology 3 (2017).

99) 마샬은 근로의 권리(right to work)를 선택한 장소에서 선택한 직업을 수행하는 권리로 정의한다. Marshall, Citizenship and Social Class and Other Essays, 15.

대한민국 헌법재판소는 근로의 권리에 "일할 자리에 관한 권리"만
이 아니고 "일할 환경에 관한 권리"도 포함된다고 보고, 합리적 근
로조건의 보장을 요구할 수 있는 권리를 포함하는 "일할 환경에 관
한 권리"는 인간의 존엄성 보장을 위한, 외국인에게도 인정되는 권
리라고 해석한다.[100] 한편 근로의 권리에 근로계약을 체결할 자유가
포함된다고 본다면 그러한 자유는 일반적 행동자유권의 내용을 이
루는 것으로서 외국인도 주체로 인정된다.[101]

헌재는 직업의 자유에 대해서는 그것이 "자신이 원하는 직업 내
지 직종을 자유롭게 선택하는 직업선택의 자유와 자신이 선택한 직
업을 자기가 결정한 방식으로 자유롭게 수행할 수 있는 직업수행의
자유를 모두 포함"하며 이는 행복추구권과 밀접한 관련을 갖는다고
보았다. 그리고 직업선택의 자유에는 직장선택의 자유가 포함되며
이는 단순히 국민의 권리가 아닌 인간의 권리로서 "외국인도 제한
적으로라도 직장선택의 자유를 향유할 수 있다"고 보았다.[102] 그런
데 고용허가제로 입국해 노동해온 외국인근로자가 외국인고용법의
사업장 이동 3회 제한을 다투는 사건에서와는 달리, 비의료인의 의
료행위를 금지하는 의료법 규정을 다투는 외국인에 대해서는 직업

---

100) 헌법재판소 2016. 3. 31. 선고 2014헌마367 결정; 최홍엽, "외국인근로자와
전문외국인력", 이철우·이희정 외 8인, 앞의 책(주 19), 369-371. 전광석은
외국인의 일할 환경에 관한 권리를 인정한 헌재 2007. 8. 30. 선고 2004헌
마670 결정에서 근로의 권리의 일부인 일할 환경에 관한 권리가 자유권의
성격을 가진다고 본 것을 비판하였다. 자유권의 성격을 갖는지 의문시될
뿐만 아니라 그러한 논리가 사회적 기본권을 외국인에게 인정하지 않는다
는 결론으로 이어질 수 있기 때문이다. 전광석, "다문화사회와 사회적 기본
권 – 헌법적 접근을 위한 시론", 헌법학연구 제16권 제2호(2010), 129-130.
101) 헌법재판소 2011. 9. 29. 선고 2007헌마1083, 2009헌마230·352(병합) 결정에
서 재판관 목영준, 이정미의 별개의견. 근로계약의 자유는 재판관 목영준,
이정미가 부정한, 그리고 법정의견이 외국인에게 인정한 직장선택의 자유
보다 더 자유권적 성격이 강하다.
102) 위의 결정.

의 자유가 국민의 권리로서 외국인이 주체가 될 수 없다는 이유로
심판청구를 각하했다. 다만 이미 근로관계가 형성된 예외적인 경우
에 제한적으로 직업의 자유를 누릴 수 있다고 부언했다.[103] 독일 기
본법은 제12조 제1항에서 "직업, 직장 및 직업훈련장을 자유로이 선
택할 권리"를 선언하면서 이를 독일인의 권리로 명시하고 있다.

5. 외국인의 정치적 권리

대한민국 헌법은 제21조 제1항에서 "모든 국민은 언론·출판의 자
유와 집회·결사의 자유를 가진다"라 규정하고 있다. 자유권으로 알
려진 이 권리들을 외국인도 응당 누릴 수 있는가? 있다면 어느 범위
에서 누릴 수 있는가? 시민적 및 정치적 권리에 관한 국제규약은 표
현의 자유(제19조 제2항), 평화적 집회의 자유(제21조), 결사의 자유
(제22조 제1항)를 보편적 인권으로 규정하고 있으며, 비국민인권선
언도 표현의 자유와 평화적 집회의 자유(제5조 제2항) 및 결사의 자
유(제8조 제1항)를 선언하고 있다. 반면 인간의 권리와 독일인의 권
리를 구별하는 데 철저한 독일 기본법은 집회와 결사의 자유를 독
일인의 권리로 명시하고 있다(제8조 제1항 및 제9조 제1항).

시민적 및 정치적 권리에 관한 국제규약이 언급하듯이, 표현의
자유와 집회·결사의 자유는 국가안보, 공공질서, 도덕의 보호 등을
이유로 제한할 수 있다. 유럽인권협약은 표현의 자유(제10조)와 집
회·결사의 자유(제11조)를 보장하면서도 그것들이 "체약국이 외국인

---

103) 재판관 김이수, 강일원은 직업의 자유에 대한 외국인의 기본권 주체성을
    인정하면서, 법정의견에 따를 경우 이미 근로관계가 형성된 경우에 기본
    권 주체성을 인정하는 것은 법률에 의해 취업이 허용됨으로써 헌법상 기
    본권이 발생하는 논리적 문제점이 발생한다고 비판했다. 헌법재판소 2014.
    8.28. 선고 2013헌마359 결정.

의 정치활동에 대하여 제한을 부과하는 것을 금지하는 것으로 간주
되지 아니한다"고 부언하고 있다(제16조). 한국의 출입국관리법은
"대한민국에 체류하는 외국인은 이 법 또는 다른 법률에서 정하는
경우를 제외하고는 정치활동을 하여서는 아니된다" 그리고 "법무부
장관은 대한민국에 체류하는 외국인이 정치활동을 하였을 때에는
그 외국인에게 서면으로 그 활동의 중지명령이나 그 밖에 필요한
명령을 할 수 있다"고 규정한다(제17조 제2·3항).

달리 말하자면, 표현의 자유와 집회·결사의 자유는 자유권으로서
보편적 인권이지만 외국인이 정치적 표현, 정치적 집회·결사의 주체
가 될 때 자유권의 일반적 속성보다는 정치적 권리로서의 한계가
문제시된다. 외국인에게 정치적 표현 및 집회·결사의 자유를 허용하
지 않으려는 것은 외국인이 국민의 정치적 의사형성에 개입하지 않
도록 하기 위함과 함께 국제정치적 긴장을 야기하지 않으려는 의도
를 반영한다. 유럽인권협약이 체결된 1950년대에는 그와 같은 고려
가 강한 영향을 미쳤음을 쉽게 짐작할 수 있다.104) 예를 들어, 국제
정치에서 중립을 표방하던 스웨덴은 제2차 세계대전 당시 나찌 독
일로부터 도래한 난민의 정치활동에 극히 민감하게 반응했으며 발
틱 3국이 소련에 편입된 후 에스토니아 임시정부운동을 비롯해 발
틱 국가 난민의 정치활동도 철저히 규제했다. 1960년대에 이르러 외
국인도 정치활동의 자유가 있음을 선언했지만 스웨덴 국익에 반하
는 행위를 이유로 한 강제퇴거명령권을 법률에 유보했다. 정도의 차
이는 있지만 많은 유럽 국가가 그러한 정치·외교적 고려하에 이주
민의 정치적 표현과 집회·결사를 규제했다. 프랑스는 1981년까지 외

---

104) 유럽인권협약의 체결 당시 외국인의 정치활동을 금지할 수 있음을 국제관
    습법으로 인식하여 제16조를 삽입했다고 한다. Hélène Lambert, The Position
    of Aliens in Relation to the European Convention on Human Rights, Strasbourg:
    Council of Europe Publishing (2007), 25.

국인이 단체를 조직하기 위해서는 내무장관의 허가를 얻도록 했다. 독일은 1950년대부터 외국인의 집회·결사의 자유를 법률로 허용했고 심지어 외국인의 정당가입도 용인했다.105) 그럼에도 적어도 90년대까지는 상대적으로, 예를 들어 인근국 네덜란드에 비해, 외국인의 정치활동에 훨씬 엄격한 태도를 가지고 있었다. 문제를 야기하는 정치활동은 주로 이주민이 재외국민으로서 모국 정치에 관여하는 활동이었다. 독일은 1983년 극좌파 터키인 조직 데브솔(Dev Sol)을, 1993년에는 쿠르드노동자당(PKK) 독일 지부를 해산하기까지 했다.106) 2017년 4월의 터키 개헌 국민투표에 즈음해서는 야당 성향의 정치활동을 억압하고 에르도안 개헌안에 대한 지지를 넓히려는 터키 본국의 개입과 압력 및 보수 성향의 터키인 단체의 활동이 논란을 불러일으켰다. 독일 정부는 외무장관을 통해 터키인 단체에 우려를 전달하는가 하면 일부 집회를 불허하기도 했다. 네덜란드와 벨기에 정부도 일부 활동에 대해 규제조치를 취하였다.107)

이와 같은 문제에도 불구하고 국제인권법은 외국인의 정치적 표현 및 집회·결사의 자유를 보장하는 방향으로 발전해 갔다. 외국인의 정치활동 자유를 보장해야 한다는 요구는 유럽평의회(Council of Europe) 내부에서도 제기되어, 1977년 유럽평의회 의원총회(Parliamentary Assembly)는 유럽인권협약 제16조의 삭제를 권고했다.108) 제16조 불요론은 표현의 자유와 집회·결사의 자유를 보장하는 제10조와 제11

---

105) Tomas Hammar, Democracy and the Nation State: Aliens, Denizens and Citizens in a World of International Migration, Aldershot: Avebury (1990), 127-141.

106) Eva Kristine Østergaard-Nielsen, "Transnational Political Practices and the Receiving State: Turks and Kurds in Germany and the Netherlands", 1(3) Global Networks 261, 275 (2001).

107) Alison Smale, "Referendum Inflames Concerns Over Turkey's Grip in Germany", New York Times, 15 April 2017.

108) Parliamentary Assembly of the Council of Europe, Political Rights and Position of Aliens, Recommendation 799 (1977).

조가 국가안보, 공공안전, 질서유지, 도덕의 보호 등을 이유로 하는 제한을 허용하고 있으므로 별도로 외국인에 대해서만 정치활동을 금할 이유가 없다고 본다.[109] 유럽평의회 주도로 1992년에 체결된 외국인의 지방공공생활 참여에 관한 협약(Convention on the Participation of Foreigners in Public Life at Local Level)의 A장(Chapter A)은 명시적으로 표현·집회·결사의 자유의 보장을 목적으로 하고 있는바, 비록 제한의 사유를 상세히 규정하고 있긴 하지만(제9조) 인권협약 제16조와 같은 유보 조항을 두고 있지는 않다. 이 조약의 당사국은 소수이지만 A장은 적어도 외국인의 정치활동을 보장하는 것이 국제규범의 추세임을 보여준다. 즉 유럽인권협약은 제16조에도 불구하고, 외국인의 정치적 표현·집회·결사의 자유를 보편적 인권으로 규정하면서 일반적 제한 사유를 통해 규제하고 있는 시민적 및 정치적 권리에 관한 국제규약의 태도와 궤를 같이 하게 된 것이다.[110] 이와 같은 추세에 비추어 보면, 대한민국 출입국관리법의 외국인 정치활동 금지 규정이 과도하게 포괄적임을 알 수 있다. 국제규범을 따르게 되면, 단지 정치적 성격을 가지는 표현 행위 또는 집회·결사의 행위를 한다는 이유로 규제하는 것은 허용되지 않고, 표현·집회·결사의 자유에 대해 헌법이 승인하는 제한 요건을 갖춘 경우에 한하여 규제가 가능하게 된다.

유럽에서 외국인의 정치적 표현과 집회·결사에 대한 규제를 완화한 입법례들은 외국인에 지방참정권을 부여하는 움직임과 상관관계를 보였다. 위에서 언급한 네덜란드와 독일의 차이도 그것을 반영한다. 스웨덴에서도 외국인에게 지방참정권을 부여한 1960년대 후반

---

109) Nuala Molew & Catherine Meredith, Asylum and the European Convention on Human Rights, Strasbourg: Council of Europe Publishing (2010), 204-205.

110) 후자의 입장에서 외국인의 정치적 표현 등의 자유를 해석한 T. Alexander Aleinikoff & Douglas Klusmeyer, Citizenship Policies for an Age of Migration, Washington DC: Carnegie Endowment for International Peace (2002), 43-45 참조.

부터 외국인의 정치활동에 대한 규제를 완화했다.[111] 그러나 정치적 표현·집회·결사의 자유를 보호하는 것을 넘어 선거를 통해 외국인을 정치에 참여시키는 나라는 예외적이다. 2005년 당시 일정 자격을 갖춘 외국인에게 모종의 선거권을 부여하는 나라는 전 세계에 45개 국으로 조사되었다. 그 중 뉴질랜드, 말라위, 칠레, 우루과이의 4개 국이 국정선거권을 부여하고 있었다.[112] 지방선거권만을 부여하는 나머지 나라 중 절반 이상은 유럽연합(EU) 시민에게 지방참정권과 유럽의회(European Parliament) 선거·피선거권을 부여해야 하는 유럽 연합 회원국이었다. 그 중 유럽연합시민이 아닌 외국인에게도 지방 선거를 개방하는 나라는 극소했다. 전술한 외국인의 지방공공생활 참여에 관한 협약의 C장(Chapter C)은 5년 이상 거주한 외국인에게 지방선거권과 피선거권을 부여하는 것을 목표로 하였는데, 이 조약 은 11개국이 서명해 8개국만이 비준했고 그 중 두 나라는 C장을 유 보했다.[113] 독일에서는 1989년 사민당이 장악한 쉴레스비히-홀스타 인(Schleswig-Holstein)과 함부르그(Hamburg) 의회가 외국인에게 지방 선거권을 부여하는 조례를 제정하자 기민(CDU)/기사(CSU) 소속의 연방하원 의원들이 헌법재판소에 심판을 제청했고 헌재는 "모든 국 가권력은 인민으로부터 나온다"는 헌법 제20조 제2항의 "인민 (Volk)"을 국민으로 해석하여 외국인에게 지방선거권을 부여하는 것 이 위헌임을 선언했다.[114] 반면 일본 최고재판소는 지방자치단체 조

---

111) Hammar, Democracy and the Nation State, 132.

112) Rainer Bauböck, "Expansive Citizenship: Voting beyond Territory and Membership", 38(4) Political Science and Politics 683, 684-685 (2005).

113) 1960년대 후반부터 외국인 지방참정권을 인정한 덴마크, 핀란드, 아이슬란 드, 네덜란드, 노르웨이, 스웨덴의 6개국만이 C장의 당사국이다. 이철우, "탈국가적 시민권은 존재하는가", 조희연·지주형 엮음, 지구화시대의 국가 와 탈국가, 한울 (2009), 348-349.

114) Gerald L. Neuman, "'We Are the People': Alien Suffrage in German and American Perspective", 13 Michigan Journal of International Law 259, 283-91 (1992);

례에 의해 외국인에게 지방선거권을 부여하는 것이 위헌이 아니라
판정했으나 국회가 선거법 개정을 통해 외국인의 선거 참여를 가능
하게 하지 않고 있다.115) 한국은 2005년에 공직선거법을 개정하여
2006년 처음으로 외국인이 참여하는 지방선거를 치렀다. 외국인 유
권자가 7,000명이 채 못 된 때였다. 유권자의 수가 너무 적어 변수가
될 수 없었고 그래서 반발을 불러일으킬 리도 없는 이 변화 덕분에
한국은 아시아 최초로 외국인에게 참정권을 부여한 나라로 자리매
김할 수 있었다.116)

6. 외국인의 사회적 권리

마샬이 본 시민권 확대의 3단계를 구성하는 사회적 권리는 어떠
한가? 먀샬은 시민적(civil), 정치적, 사회적 권리에로의 지평 확장이
기계적으로 시간의 추이에 따라 진행된 것은 아니었다고 부언한다.
그에 따르면 사회적 권리는 지역과 직능단체의 성원 자격으로부터
기원했다. 한편 구빈법(Poor Law)과 공장법(Factory Acts) 등의 사회
입법이 여성, 아동, 빈곤자 등 공적 주체의 자격을 가지지 못하는,
즉 시민이 아닌 사람을 대상으로 하면서 오히려 사회적 권리는 시
민권으로부터 분리되었다. 20세기의 변화는 시민권으로부터 분리되
었던 사회적 권리가 다시 시민권의 내용을 이루게 된 것으로 요약
된다.117) 그럼으로써 사회적 권리는 20세기 시민권의 왕관을 차지했

Christian Joppke, Immigration and the Nation-State (1999), 194-199.

115) 이윤환, "헌법상 외국인의 지방참정권", 국제인권법 제4호 (2001), 100-103.

116) 엄밀히 말하여 최초의 참정 사례는 2005년 제주도 행정구역 개편 주민투
     표였다. Chulwoo Lee, "South Korea: The Transformation of Citizenship and the
     State-Nation Nexus", 40(2) Journal of Contemporary Asia 230, 243 (2010).

117) Marshall, Citizenship and Social Class and Other Essays, chap. 1. 이렇게 본다
     면 사회적 권리는 시민권에 선행하였다고도 할 수 있다. 이다혜, "시민권

다.118) 사회적 권리가 시민권의 일부가 된 것과 함께 사회보장은 국가의 급부 기능에 의존하게 되었다. 국가의 급부 능력은 상대적인 것이어서 사회적 권리를 보장하는 국가의 의무 역시 절대적이지 않다. 사회적 권리의 헌장이라 할 수 있는 경제적·사회적 및 문화적 권리에 관한 국제규약(International Covenant on Economic, Social and Cultural Rights)은 "자국의 가용 자원이 허용하는 최대한도까지" 조치를 취할 것을 약속한다고 규정한다(제2조 제1항). 그렇기 때문에 사회적 권리의 주체를 "모든 인간"으로 규정하지만 각국의 태도에 따라 외국인의 주체성은 제한된다. 비국민인권선언 제8조는 작업장의 안전, 급여, 건강보호, 사회보장, 교육, 휴가 등과 관련한 권리를 외국인에게 보장하도록 요구하는데, 시민적 권리(자유권)의 보장은 국내법에 따르고 "국제적 의무"에 기속된다고 한 제5조와 달리 "국내법에 따라" 향유한다고 규정할 뿐이다. 대부분의 나라는 경제적·사회적 및 문화적 권리에 관한 국제규약에 가입하고 있지만 많은 나라는 규약이 선언하는 권리를 헌법으로 보장하지 않거나 헌법상의 권리로 삼으면서도 시행을 위한 입법·행정의 조치를 취하지 않는다.119) 그러나 다른 한편으로는 국민과 외국인의 준별이 상대화되는 면도 있다. 전광석은 사회적 기본권이 국가권력에 의한 매개를 필요로 하기 때문에 누가 사회적 기본권의 주체인가의 여부가 헌법문제로서 가지는 의미는 상대적이라 말한다.120) 한편 사회적 권리가 시민권의 내용을 이루게 되었다고 해도 사회적 기능집단에 소속된 지위로부터 도래했다는 발생사적 연원은 외국인의 권리주체성을 자연스럽게 만든다. 일각에서는 외국인이 사회적 권리를 향유하는 것

과 이주노동", 사회보장법연구 제3권 제1호 (2014), 230-231.
118) Christian Joppke, Citizenship and Immigration, Cambridge: Polity (2010), 148.
119) 박찬운, 인권법 (개정판), 한울아카데미 (2011), 88.
120) 전광석, "다문화사회와 사회적 기본권", 115.

을 시민권의 탈국가화를 보여주는 현상으로 대서특필하기도 하지만, 비스마르크 사회입법에서 이미 국적이 아닌, 노동시장에의 참여 여부를 기준으로 사회적 권리를 배분했음을 잊어서는 안된다.[121]

사회적 권리도 단일의 성질을 가지는 것이 아니므로 구체적으로 분류해서 보아야 한다. 외국인이 노동시장에 참여하는 한 그는 노동자로서의 지위를 가진다. 그는 근로의 권리 중 일할 자리를 달라는 권리를 가지지는 않으나, 전술한대로 일할 환경에 관한 권리와 함께 계약자유의 일환으로서 근로계약을 체결할 권리를 가진다. 판례는 이미 1990년대 전반기에 산업연수생, 심지어 불법체류자도 근로기준법상의 근로자로서의 지위를 가지며 산업재해보상보험법상의 급여를 청구할 권리를 가짐을 인정했다.[122] 특히 불법체류자의 권리를 인정한 1993년의 서울고등법원 판결은 이주노동자의 인권 침해가 심각한 사회 문제로 대두되던 시기에 나온 판결로서 노동부의 지침 변경을 가져왔다.[123]

이주노동자의 노동조합을 통한 단결권은 외국인의 집회·결사의 자유의 가장 중요한 내용을 이룬다. 노동자의 단결권은 경제적·사회적 및 문화적 권리에 관한 국제규약이 상세하게 규정하고 있을 뿐만 아니라(제8조) 시민적 및 정치적 권리에 관한 국제규약도 선언하고 있다(제22조). 1948년에 제정된 ILO협약 제87호는 결사의 자유와

---

121) Christian Joppke, Immigration and the Nation-State, 271-272.
122) 대법원 1995. 12.22. 선고 95누2050 판결; 1995. 9.15. 선고 95누12067 판결. 후자 판결에서는 이미 형성된 근로관계의 유효성을 인정할 뿐 장래를 향해서는 계약이 정지된다고 보았다. 일찌감치 이를 비판한 최홍엽, "외국인 근로자의 노동법상 지위에 관한 연구", 서울대학교 법학박사학위논문 (1997), 79-81 참조. 후술할 취업자격 없는 노동자의 노동조합 결성권에 대한 대법원 판결을 앞두고 이 문제를 분석한 이승욱, "불법체류 외국인 근로자의 노동조합 설립과 활동", 노동법연구 제37호 (2014), 85-156 참조.
123) 서울고등법원 1993. 11.26. 선고 93구16774 판결; 최홍엽, "외국인근로자와 전문외국인력", 402-403.

단결권을 규정한다. 일반 노동자의 단결권을 이주노동자도 누릴 수 있음은 당연하다. 문제는 비정규이주노동자이다. ILO위원회는 지위와 무관하게 모든 이주노동자가 단결권을 누린다고 본다.[124] 이는 위의 두 국제인권규약의 해석에도 적용된다. 따라서 두 국제인권규약 그리고 ILO협약이 선언하는 단결권에는 체류자격과 관계없이 이주노동자가 노동조합을 결성할 자유가 포함된다. 취업자격이 없는 이주노동자가 노조에 가입하는 것을 넘어 스스로 자기들의 노동조합을 결성할 권리를 가지는가는 한국에서 뜨거운 쟁점으로 떠올랐다. 2005년에 제소되어 10년간 지속된 분쟁에서 대법원은 "취업자격 없는 외국인"이라도 노동조합법상의 근로자로서 노동조합을 결성할 권리가 있음을 인정했다.[125] 한국이 가입하지 않은 이주노동자권리협약 제26조가 이주노동자의 노동조합 가입권과 노동조합을 통한 집회 및 활동의 권리를 규정하면서도 노동조합을 결성할 권리에 대해서는 조심스럽게 침묵하고 있는 것과 비교된다.[126]

위의 대법원 판결의 반대의견에서는 "시대와 장소를 초월하여 보편타당한 정의를 추구하는 법의 이념을 현실의 실정법이 그대로 구현한다면 더 말할 나위 없이 이상적일 것이다"라 말함으로써 불법체류 상태의 외국인에게 노동조합 결성권을 인정하는 것이 자연법적 원리의 무리한 도출임을 암시적으로 지적하지만, 임노동에 종사한다는 사실로부터 국적, 심지어 체류자격과 무관하게 노동자로서의 권리를 인정받는 것은 사회의 분화에 따른 자연스런 결과이다. 이것은 경제체계와 정치체계의 분화가 심화하면서, 분화하는 경제체계로부터의 자극을 독자적인 코드와 프로그램을 가지고 작동하는

---

124) Office of the United Nations High Commissioner on Human Rights (OHCHR), The Economic, Social and Cultural Rights of Migrants in an Irregular Situation, United Nations (2014), 123.

125) 대법원 2015. 6.25. 선고 2007두4995 판결.

126) 본서 전형배, "이주민의 노동권" 부분 참조.

법체계 중 노동인권을 규정하는 하위체계가 자기의 언어로 수용함
으로써, 국가로 분절화된 정치체계가 요구하는 국경관리의 논리로
부터 통일성을 부여받은 출입국관리법과의 인터페이스를 통해 정치
체계가 다른 체계를 침해하여 포섭력을 행사하는 것에 대항하는 체
계 분화의 동력이 작용한 결과라 설명할 수 있다.[127]

　　이주민이 거주국 사회와 밀착하는 정도에 따라, 그리고 급부의
성격에 따라 국적과 무관하게 사회보장의 혜택을 누리는 것도 사회
분화가 진행하는 양상으로 설명할 수 있다. 자유권의 주체마저도
"모든 국민"으로 못박은 대한민국 헌법은 인간다운 생활을 할 권리
의 주체도 응당 "모든 국민"으로 명시하고 있다(제34조). 사회보장
기본법도 권리의 주체이자 서비스의 객체를 "모든 국민"으로 규정
했다. 이는 정치체계의 복지국가화를 보여주는 한 단면이다. 그러나
복지국가가 행정의 대상으로 삼는 사회는 서로 다른 코드에 의해
움직이는 체계들로 분화되어 있다. 노동시장의 참여자들이 국적 및
체류자격과 무관하게 권리를 향유하듯이, 다른 논리에 의해 움직이
는 각 체계들은 복지국가를 통한 정치체계의 소통에 그대로 반응하
지 않으며, 그들과 소통하기 위해 복지국가는 자기가 설정한 급부의
경계를 허물 수밖에 없다.[128] 사회적 권리를 누리는 사람이 국민의

---

127) Luhmann, 사회의 법 및 루만의 체계이론으로 인권법의 논리를 설명한 양
　　천수, "인권법체계의 자기생산적 구조 - 법사회학의 측면에서 접근한 시
　　론", 부산대학교 법학연구 제48권 제2호 (2008), 33-58; 홍성수, "인간이 없
　　는 인권이론 - 루만의 체계이론과 인권", 법철학연구 제13권 제3호 (2010),
　　251-280; Gert Verschraegen, "Systems Theory and the Paradox of Human
　　Rights", in Michael King and Chris Thornhill (eds.), Luhmann on Law and
　　Politics: Critical Appraisals and Applications, Oxford: Hart (2006).

128) 복지국가에 대한 체계이론의 설명은 Michael King & Chris Thonhill, Niklas
　　Luhmann's Theory of Politics and Law, Basingstoke: Palgrave (2003), 78-82, 고
　　봉진, "자기준거적 체계로서 복지체계 - 예비적 고찰", 법철학연구 제12권
　　제1호 (2009), 315-334 참조.

경계를 넘어 다양해지는 것이 그것을 보여준다. 그와 같은 동력의
작용을 고려할 때 상호주의를 채택하여 서비스의 제공 여부를 대상
자가 속하는 국가의 태도에 따르게 하는 것은 현지 사회와 생활상
의 밀착도를 높여가며 다양한 체계에 참여하는 이주민들의 생활관
계를 그들이 속한 국가의 정책에 의존시키는 것으로서 속도를 더해
가는 사회분화로부터 도래하는 변화의 동력과 충돌한다. "국내에 거
주하는 외국인에게 사회보장제도를 적용할 때에는 상호주의의 원칙
에 따르되, 관계 법령에서 정하는 바에 따른다"는 사회보장기본법의
규정은 그러한 관점에서 비판할 수 있다.[129] 한편 관계 법령이 정하
는 바에 따라 사회보장을 외국인에게 확대할 수 있음은 분화하는
체계, 즉 국경이 없는 다른 기능체계의 자극을 국가로 분절화된 정
치체계가 수용할 수 있음을 확인한 것이라 볼 수 있다.

한국의 사회보장은 사회보험, 공공부조, 사회서비스로 구별된다.
사회보험은 산업재해보상보험, 고용보험, 국민건강보험, 국민연금이
라는 4대 보험을 근간으로 하고 있다. 이 중 산업재해보상보험과 고
용보험은 노동시장에의 참여를 조건으로 하며, 4개 모두 자기기여를
수혜의 근거로 한다. 즉 사회보험은 경제체계의 논리에 기반하고 있
다. 따라서 원리적으로 볼 때 국적을 기준으로 수급 자격의 유무를
정하는 것은 사회보험의 본질에 반한다.[130] 경제적·사회적 및 문화
적 권리에 관한 국제규약 제9조는 "모든 인간이 사회보험을 포함한

---

129) 상호주의의 문제점에 대해서는 노호창, "외국인의 사회보장", 이철우·이희
정 외 8인, 앞의 책(주 19), 458-461. 사회보장의 섭외적 차원에서 상호주의
의 적용 영역들에 대해서는 전광석, 국제사회보장법론, 법문사 (2002).
130) 노호창, 위의 글, 460-462. 노호창은 사회보험수급권이 재산권의 성격을 가
진다고 본다. 사회보험인 4대 보험 외에 고용허가제 4대 보험 - 출국만기보
험, 보증보험, 귀국비용보험, 상해보험 - 이 따로 있는데 이는 사회보험과
다르다. 노재철·고준기, "외국인근로자에 대한 사회보험법상의 문제점과 개
선방안", 한양법학 제24권 제3집 (2013), 124.

사회보장에 대한 권리를 가지는 것을 인정한다"고 규정한다.

전술한대로, 산업재해보상보험법은 비교적 일찍 국적 및 체류자격과 무관하게 운영되는 방향으로 변모했다. 그러나 불법체류자는 급여를 청구할 때 출입국관리법 위반 사실이 적발될 수 있고 사용자의 입장에서도 제재를 받을 수 있으므로 실질적으로 급여 청구를 하기 어려운 면이 있다. 즉 출입국관리법이라는 하위법체계에서의 위법성이 경제체계 등 다른 기능체계에의 참여를 저해하는 것이다. 그래서 자진신고 및 사용자 처벌 감면과 같은 방안이 제안되는데,131) 이는 체계의 분화 및 각 체계의 자율성을 긍정하고 촉진하는 의미를 가진다. 고용보험은 이주노동자를 원칙적으로는 제외하고 예외적으로 일정한 체류자격을 가진 이주노동자에게 수급 자격을 부여하는 형식을 취하는데, 거주(F-2), 재외동포(F-4), 영주(F-5) 외에도 취업활동을 할 수 있는 여러 체류자격이 포함되어 있다(고용보험법시행령 제23조). 국민건강보험은 원칙적으로 등록외국인에게 개방되어 있다. 비정규이주자는 가입할 수 없으므로 '외국인근로자 등 소외계층 의료서비스 지원사업'과 같은 정책적 지원을 제공하고 있다.132) 국민연금은 불법체류 또는 일부 체류자격을 제외하면 가입할 수 있으나 상호주의를 기본 원칙으로 삼고 있어 이주민의 출신국 정책에 크게 좌우된다. 아울러 사회보장협정이 특히 중요하게 작용한다.133)

공공부조는 사회보험과 달리 최저한도의 인간다운 생활을 할 권리를 보장하기 위한 것으로서 시장의 논리에 따르지 않는다. 국민기초생활보장제가 공공부조의 가장 대표적인 제도이다. 한국은 국민

---

131) 노재철, "미등록외국인근로자의 문제점과 해결방안", 노동법논총 제18집 (2010), 68-69.
132) 노호창, "외국인의 사회보장", 472.
133) 위의 글, 472-475.

기초생활보장법을 통해 제공하는 부조의 수급권자를 원칙적으로 국
민으로 제한하면서 예외적으로 국민을 임신하거나 국민인 미성년자
를 양육하는 결혼이민자 또는 배우자의 직계존속으로서 국민인 사
람과 생계나 주거를 같이하는 등록외국인에 대해서만 수급을 허용
한다(국민기초생활보장법 제5조의2; 국민기초생활보장법시행령 제4
조). 국민의 출산, 양육, 부양에의 기여를 요건으로 공공부조 수급
자격을 주는 것은 이례적이며 공공부조의 취지에 비추어 볼 때 이
질적이다.[134]

　　사회서비스에는 의료서비스, 교육서비스 등이 포함된다. 경제적·
사회적 및 문화적 권리에 관한 국제규약 제12조는 "모든 인간이 도
달 가능한 최고 수준의 신체적·정신적 건강을 향유할 권리를 가지
는 것을 인정한다"고 선언하며, 경제적·사회적·문화적권리위원회
(Committee on Economic, Social and Cultural Rights)는 이것이 모든
사람에 대해 일차의료와 응급의료를 보장하고 "예방, 치료, 완화 의
료서비스"에 대한 접근에서 비정규이주자를 비롯한 어느 누구도 접
근이 거부 또는 제한되게 해서는 안된다는 뜻이라 해석한다.[135] 이
주노동자권리협약은 이주노동자와 그 가족이 "해당국 국민과의 평
등한 대우를 기초로 하여 생명의 유지와 회복 불가능한 건강상의
피해를 방지하기 위하여 긴급하게 요구되는 진료를 받을 권리"를
가지며 "응급의료는 그의 체류나 취업이 비정규적임을 이유로 거절
되어서는 아니된다"고 규정한다(제28조). 세계 각국이 실제로 이주
민에게 제공하는 의료서비스의 폭은 구구하다. 크로아티아 가입 전
EU 27개국 중 19개국은 비정규이주자에게 응급의료만을 제공하며

---

134) 전광석, "다문화사회와 사회적 기본권", 140.
135) CECSR, General Comment No. 14: The Right to the Highest Attainable Standard
　　of Health (Art. 12), adopted at the 22nd Session of the Committee on Economic
　　Social and Cultural Rights, on 11 August 2000, Document E/C.12/2000/4, para.
　　34.

그 중 11개국은 치료비의 사후징수제를 가지고 있는 것으로 조사되었다.136) 대한민국의 응급의료에 관한 법률은 "국내에 체류하고 있는 외국인"도 응급의료 대상자임을 분명히 하고 있고 응급환자의 정의에서도 외국인을 배제하고 있지 않다(제2조 제1호 및 제3조). 비공무원인 의료종사자는 불법체류 사실을 통보할 의무가 없고 공공보건의료기관에 종사하는 공무원도 통보의무를 면제받고 있으므로(출입국관리법시행령 제92조의2 제2호) 불법체류자라 하여 의료서비스에서 배제되지 않음을 알 수 있다. 한국은 또 응급의료 대불제도를 가지고 있어 미수응급의료비를 정부가 지원하고 있으나 수급의 절차가 복잡하여 환자인 비정규이주자에게 사전 청구하거나 그를 돕는 NGO 등의 보증을 요구하는 문제가 있다고 알려져 있다.137)

7. 교육을 받을 권리와 평등권

교육을 받을 권리는 보편적 인권으로서의 성격이 특히 강한 사회적 권리이다. 경제적·사회적 및 문화적 권리에 관한 국제규약은 모든 사람에 대해 초등교육을 무상의무교육으로서 실시할 것을, 적당한 수단에 의해 그리고 무상교육의 점진적 도입에 의해 중등교육을 일반적으로 이용하게 하고 모든 사람에 개방할 것을 규정한다(제13

---

136) 독일은 비정규이주자를 난민신청자와 동등하게 취급하여 응급의료 이상을 제공하지만 응급의료에 한해 진료 사실을 비밀로 하며 그 외의 진료에 대해서는 의료비를 환급받을 수 있게 하는 한편 환급 담당 공무원은 불법체류자를 발견하면 신고하도록 되어 있기 때문에 실제로 비정규이주자를 위한 의료서비스는 응급의료에 제한되어 있다. European Union Agency for Fundamental Rights, Fundamental Rights of Migrants in an Irregular Situation in the European Union (2011), 71-83.

137) OHCHR, The Economic, Social and Cultural Rights of Migrants in an Irregular Situation, 43-44.

조 제2항). 아동권리협약은 점진적으로 무상의무 초등교육 제공과 중등교육 발전을 규정함으로써 경제적·사회적 및 문화적 권리에 관한 국제규약에 비해 다소 낮은 수위에서 권리를 선언하고 있다(제28조 제1항). 이주노동자권리협약 제30조는 이주노동자의 자녀가 해당국 국민과 평등하게 교육을 받을 기본권을 가진다고 하면서 부모또는 자녀의 체류가 합법적이지 않다는 이유로 교육에의 접근이 거부되어서는 안된다고 규정한다. 이주노동자권리보호위원회(CMW)는 그것이 경제적·사회적 및 문화적 권리에 관한 국제규약 제13조에 합치하는 것이라 해석한다.[138] 경제적·사회적·문화적권리위원회또한 외국인도 법적 지위를 불문하고 평등하게 교육을 받을 권리를가진다고 선언했다.[139] 이를 종합하면, 불법체류자의 자녀 또는 불법체류 아동도 무상으로 제공되어야 마땅한 초등교육을 누려야 하며 국민과 동등하게 중등교육을 받을 권리를 가진다는 것이 국제규범의 입장이라 해석할 수 있다.

이러한 국제규범이 각국에서 동일한 통용력을 가지지 못하고 있음은 물론이다. 각국의 태도는 비정규이주아동에 대해서는 ① 명확한 규정을 두어 정규이주아동 및 국민과 동등하게 교육에 대한 권리를 누리게 하는 유형(벨기에, 이탈리아, 네덜란드, 아르헨티나, 베네수엘라, 태국), ② 비정규이주아동에 대해 명확하게 규정하지는 않지만 묵시적으로 교육을 받을 권리를 인정하는 유형(프랑스, 스페인, 폴란드, 영국, 알제리), ③ 합법적 체류자격을 취학의 요건으로 명시하면서도 그러한 자격을 가지지 않는 이주아동에게 교육을 제공하는 유형(헝가리), ④ 비정규이주아동의 교육을 받을 기회를 법적으

---

138) CMW, General Comment No. 2 on the Rights of Migrant Workers in an Irregular Situation and Members of Their Families, CMW/C/GC.2, 28 August 2013, para. 75.

139) CESCR, General Comment No. 13: The Right to Education, E/C.12/1999/10, 8 December 1999, para. 34.

로 배제하는 유형(중국)으로 나누어 볼 수 있다.[140] 대한민국은 ②유형에 속한다. 한국의 법령은 비정규이주아동의 교육을 받을 권리에 대해 언급하지 않으나 2008년 2월 초·중등교육법시행령을 개정하여 외국인 자녀의 초등학교 입학을 위해 제출하는 서류에 출입국 또는 외국인등록사실의 증명서류를 갈음할 서류로서 임대차계약서 또는 거주사실에 대한 인우보증서를 인정하였고(제19조), 2010년에는 중학교 입학절차에 이를 준용함으로써(제75조) 비정규이주아동이 입학할 수 있도록 했다.[141]

미국은 각 주의 교육정책이 달라 위의 ①~④의 유형을 모두 가지고 있었는데, 1970년대 텍사스에서 벌어진 한 쟁송 사건에 대한 연방대법원의 판결을 통해 비정규이주민의 자녀도 주민 및 합법체류자 자녀와 동등한 조건하에 공립 초·중등학교에 수학할 수 있도록 했다.[142] 이 사건에서는 합법적으로 입국하지 않은 이주민 자녀에 대해 공립학교가 주의 재정을 지출할 수 없도록 하는 한편 (즉 그들에 대해 학교가 지출한 교육비를 주 정부가 지원하지 않음으로써 해당 학교가 수업료를 징수하도록 방임) 각 학군의 결정으로 미등록 이주아동의 입학을 거부할 수 있도록 하는 1975년 텍사스의 입법을 다투었다. 연방대법원은 그러한 입법이 수정 제14조가 규정하는 평등보호의 원칙에 반한다고 판결했는데, 법정의견을 요약하면 다음과 같다.

---

140) Platform for International Cooperation on Undocumented Migrants (PICUM), Undocumented Children in Europe: Invisible Victims of Immigration Restrictions (2008), 16-21; CMW, Concluding Observations of the Committee on the Protection of the Rights of All Migrant Workers and Members of Their Families: Argentina, CMW/C/ARG/CO/1, 2 November 2011, para. 5; OHCHR, The Economic, Social and Cultural Rights of Migrants in an Irregular Situation, chap. 4.

141) 이에 대해서는 노호창, "이주민의 사회보장권 기타 사회권에 관한 연구" 부분 참조.

142) Plyler v. Doe, 457 U.S. 202 (1982)

— 수정 제14조는 각 주가 "그 관할권에 속하는 어떠한 인간에 대해서
　도 법의 평등보호를 거부해서는 안된다"고 규정하고 있는데, 이 규
　정에서 언급하는 "인간"에는 불법체류 상태에 있는 외국인도 포함
　된다.

— 각 주는 해당 주의 영역에 존재하면서 그 주의 법에 복속하는 인간
　중 특정 부류를 "그 관할권에 속하지 아니함"을 이유로 평등보호의
　대상에서 배제할 수 없다.

— 평등보호의 적용 여부, 즉 무엇이 같고 다른가를 판별하는 기준은 입
　법부가 정할 수 있으되, 그 분류는 적법한 공공목적에 대해 공정한
　관계성을 가져야 한다. 체류자격의 합법성과 불법성을 가르는 연방
　의 판별 기준을 주가 그대로 가져다가 실제로 강제퇴거될 것인지 불
　분명한 미등록이주아동을 교육으로부터 배제하는 근거로 사용할 수
　는 없다.

— 불법입국자는 스스로의 선택에 의해 위법 상황을 만들어내었으나 그
　들의 자녀는 그들의 지위 및 부모의 지위에 대해 영향을 미칠 수 없
　다. 자기들의 책임이 아닌 체류자격의 위법성을 이유로 교육으로부
　터 그들을 배제하는 것은 잘못이다.

— 교육을 받을 권리는 기본권(fundamental right)은 아니다. 그러나 교육
　은 사회의 가치를 전승하고 시민적(civic) 제도에 개인들을 편입시키
　는 중요한 기능을 수행한다. 그로부터의 배제는 개인에게 말할 수
　없는 해악을 끼치며 사회에 기여할 수 있는 가능성을 앗아간다. 결
　국 실업, 복지 지출, 범죄로 인한 비용을 늘이는 데 기여한다.

— 미등록이주아동에 대해 공립교육을 제공하지 않는 것이 불법체류를
　줄이거나 일반인에 대한 공교육의 질을 높이는 데 기여한다는 증거
　는 없다.

— 교육의 비용과 필요에 비추어 볼 때 미등록아동은 합법적으로 거주
　하는 외국인 아동과 "기본적으로 구별되지 않는다."

교육을 받을 권리의 주체에 대한 이러한 정식은 체계 분화의 양상으로 설명할 수 있다. 즉 사회분화가 심화되면서 가정 등에서 이루어지던 사회화는 공교육의 등장과 함께 독립성을 가지게 된 교육체계에 자리를 내어주게 된다. 교육체계는 사회적 구성물로서의 "인간(person)"을 보편적 인격의 도야라는 명분 아래 사회의 기능체계들의 요구에 부합시키는 역할을 담당한다. 보편적 내용의 학습과 인격의 도야를 목적으로 하는 공교육은 계층과 신분을 넘어 만인의 포섭을 지향한다. 위의 사건은 그러한 분화된 교육체계의 요구와 국가로 분절화된 정치체계의 논리가 충돌한 경우로서 만인의 포섭을 지향하는 교육체계가 국가에 의해 보증되는 국민교육에 의존하면서도 국가의 안과 밖을 가르는 정치체계의 간섭으로부터 스스로를 지켜낸 것으로 설명할 수 있다.143) 또한 교육을 받을 권리를 보편적 인간의 권리로 확립하려는 국제규범의 직접적 지시를 받지 않더라도 체계 분화의 동력이 국내 헌법의 장치를 통해 작용함으로써 국가적 멤버십의 경계를 넘어 권리를 확대할 수 있음을 보여준다.

V. 맺음말: 지구화시대의 이민법

VI절을 보면 소위 메틱이라 불리는 열악한 지위의 이주민조차 상당히 많은 권리를 누릴 수 있는 것처럼 느끼기 쉽다. 과거에 시민만이 누려온 권리를 많은 이주민들이 누리게 되었다고 박수를 치는 사람들은 국적, 즉 국민국가에 소속된 지위가 이제는 좋은 삶을 보장하는 전제조건이 아니며, 타국에 외국인으로 거주하면서도 얼마든지 질 좋은 삶을 누릴 수 있다고 말한다. 한국에서도 지구화의 진

---

143) 교육체계의 논리에 대해서는 Niklas Luhmann (이철·박여성 옮김), 사회의 교육체계, 이론출판 (2015) 참조.

전에 의해 국민국가를 초극하는 "탈근대적"이고 "초국민적" 시민권
이 등장하고 있다는 현실 진단이 있다. 그렇게 말하는 사람들은 지
구화의 결과로서 "국적이라는 특수주의적 기준이 아니라 인간됨
(personhood)이라는 보편주의적 기준에 따라 인간의 권리를 보장해
야 한다는 담론"이 힘을 얻음으로써 국민과 외국인의 권리 격차가
줄어들고 "국민적 시민권 제도"가 "지구적 시민권 제도"로 변화한
다고 본다.[144] 이와 같은 소위 "탈국가적(postnational)" 시민권 테제
는 서양의 이민학계에서도 상당한 반향을 불러일으킨 적이 있다. 그
에 따르면, 보편적 인간지위가 국민국가에의 소속을 대체하며, 국제
인권법이 보편적 인간으로서 이주민을 보호함으로써 주권적 통제가
약화되고 국민-외국인의 구별이 동요한다. 탈국가적 시민권의 도래
를 경축하는 사람들은 말한다. "국민에게만 귀속되었던 권리들이 이
제는 외국인들에게 연장됨으로써 국가적 시민권의 기초를 와해시키
고 있다."[145] "사회적, 시민적(civil), 경제적, 심지어 정치적 권리도
국적이 아닌 거주에 근거하게 되었다."[146]

과연 그러한가? "탈국가론"은 변화의 크기와 정도를 과장하는 경
향이 있다.[147] 탈국가론자들의 진단과 달리 국경을 관리하고 인구를
통제하는 국민국가의 권력은 건재하며, 이를 규율하는 국제적 레짐
(regime)의 발전은 낮은 수준에 머물러 있다. 오히려 국가간의 공조

---

144) 최현, "탈근대적 시민권 제도와 초국민적 정치공동체의 모색", 조희연·지
　　주형 엮음, 지구화시대의 국가와 탈국가, 한울 (2009).
145) Yasemin Nuhoğlu Soysal, Limits of Citizenship: Migrants and Postnational
　　Membership in Europe, Chicago: University of Chicago Press (1994), 137.
146) David Jacobson, Rights across Borders: Immigration and the Decline of
　　Citizenship, Baltimore: The Johns Hopkins University Press (1997), 9.
147) 이철우, "탈국가적 시민권은 존재하는가"; "세계화와 시민권의 변용", 이숙
　　종·장훈 엮음, 세계화 제2막: 한국형 세계화의 새 구상, 동아시아연구원
　　(2010); Chulwoo Lee, "South Korea: The Transformation of Citizenship and the
　　State-Nation Nexus".

는 국경관리와 입국통제를 강화하는 데 기여한다. 탈국가적 시민권을 말하는 사람들은 한편으로는 외국인이 과거부터 누려온 권리들을 과소평가하면서 다른 한편으로는 그들이 현재 누리는 권리를 과대평가한다. 앞에서 보았듯이, 시민적 권리는 프랑스혁명 이래 보편적 권리로서 인식되었지만 다른 한편으로는 여전히 모든 외국인이 모든 시민적 권리를 향유하는 것은 아니다. 국적 없이도 거주와 경제활동을 비롯한 여러 영역에서 일반 외국인에 비해 안정된 권리를 누리는 정주외국인, 특히 영주권자의 지위는 탈국가적 시민권의 대표적인 모습으로 주목된다. 하마르는 신민(subject)과 외국인의 중간에 위치하는 지위를 나타내는 데니즌십(denizenship)이라는 영국 중세법의 범주를 안정된 지위의 정주외국인을 가리키는 분석적 개념으로 개발, 유통시켰다.148) 그러나 데니즌도 정치적 권리는 일반적으로 누리지 못하며, 범죄와 안보상의 이유로 추방될 수 있는 위험에 노출되어 있다.149) 합법이주민의 의료, 식료공급, 노인 및 장애자 지원 등 복지혜택을 대폭 삭감한 1996년 미국의 복지개혁법(Welfare Reform Act)은 데니즌의 사회적 권리의 취약함을 보여주었다. 이 법 제정의 또 하나의 논리는 시민권과 영주권의 격차가 적어 시민권이 평가절하되어 있는 상태를 극복하기 위하여 시민권과 영주권의 격차를 벌려야 한다는 것이었다. 영주권을 열악하게 만듦으로써 격차를 벌린다는 것이다. 이 법 제정을 전후한 반이민적 분위기 속에 라틴아메리카 출신 이민자의 귀화율이 급등했음은 그러한 전략이 일시적으로라도 성공했음을 말해준다.150)

---

148) Hammar, Democracy and the Nation State.
149) 앞에서 언급한 Demore v. Kim, 538 U.S. 510 (2003).
150) 이철우, "충성과 소속의 분열과 조화: 이중국적과 시민권의 정치사회학", 정인섭 엮음, 이중국적, 사람생각 (2004), 265-267. 헌법학자이자 이민법학자인 셔크는 복지개혁법이 뉴딜(New Deal) 이후 사회정책상 가장 큰 변화에 해당하는 사건이라 평가했다. Peter S. Schuck, "The Re-Evaluation of

탈국가적 시민권을 예찬하는 사람들이 주목하는 또 하나의 징후는 인간이 국가의 상하위에 형성된 여러 층위의 정치공동체에 소속된다는 것이며 그것을 보여주는 최고의 사례로 손꼽히는 것은 유럽연합의 시민권이다. 그러나 유럽연합기능조약(Treaty on the Functioning of the European Union)은 유럽연합시민권이 국가적 시민권에 부가적인 것이지 그것을 대체하는 것이 아님을 명시적으로 확인하고 있다(제20조 제1항). 연합시민권은 회원국 국적으로부터 자동적으로 유래하며 그것만을 요건으로 하고 있다. 거기에는 회원국 국적을 초월하는 권리의 확대가 없다. 따라서 연합시민권은 "기존 시민권 레짐의 논리를 넓은 영토로 이전한 것"에 불과하다.151) 연합 차원의 공동이민정책은 주권의 공동출자(pooling)를 통해 국경관리와 역외 이주자에 대한 취급에서 효율성을 기하고자 한다. 더블린규정(Dublin Regulation)에 바탕을 둔 공동유럽비호체제(Common European Asylum System)는 난민신청을 제약하고 인정 기준을 엄격히 하는 것을 목적으로 한다.152)

그러나 탈국가적 시민권 개념에 대해 이렇게 반론을 제기하고 만다면, 이 글 본문에서 언급한 복잡한 현실은 시야에서 사라지게 된다. 탈국가적 시민권 개념이 변화를 과장함을 비판해야 하지만, 그

American Citizenship", in Christian Joppke (ed.), Challenge to the Nation-State: Immigration in Western Europe and the United States, Oxford: Oxford University Press (1998), 193-194. 영국도 1999년 비호이민법(Asylum and Immigration Act)을 통해 일정기간이 지나지 않은 이민들의 복지혜택을 대폭 제거했다. Aleinikoff & Klusmeyer, Citizenship Policies for an Age of Migration, 68.

151) Oliver Schmidtke, "Transnational Migration: A Challenge to European Citizenship Regimes", 164(1) World Affairs 3, 13 (2001); Christian Joppke, "Immigration Challenges the Nation-State", in Christian Joppke (ed.), Challenge to the Nation-State, 29-30; Linda Bosniak, "Citizenship Denationalized", 7 Indiana Journal of Global Legal Studies 447 (2000), 57-59.

152) 이철우, "EU시민권과 이주자의 권리", 박덕영 외 16인, EU법강의 (제2판), 박영사 (2012), 262-263.

렇다고 전혀 아무런 변화가 일어나지 않는 것은 아니다. 시민권을
그것을 이루는 권리 요소들로 분해한 후 개별적 권리가 어떻게 국
민과 인간에게 귀속되는가를 살핀 이 글 본문에서 보았듯이, 시민권
을 이루는 권리 중 상당수는 이주민에게 개방되어 있다. 그렇다고
해서 그것을 시민권의 해체(disaggregation)라고 말하는 것은 적절치
않다. 그것은 새삼스런 현상이 아니기 때문이다. 시민권을 이루는
요소들은 시민권의 생성 때부터 다양한 형태로 비(非)성원에 의해
향유되었기 때문이다. 지금의 변화는 사회분화의 격화와 함께 체계
의 자율성이 급속도로 상승하고 이것이 보편성을 주장하는 권리 담
론을 더욱 자극하고 이주인권을 둘러싼 공방을 더욱 치열하게 만들
고 있음을 보여준다.

　이주민의 권리 주장은 국제인권법에 의해 강화되지만 권리의 인
정이 국제인권법의 직접 적용에 의한 것만은 아니다. 탈국가적 시민
권 테제에 대한 반론 중 하나는 그 테제가 가정하는 것과 달리 국제
인권법의 구속력이 미약하다는 것이다. 국제인권협약이 권리를 부
여한다고 해도 그것을 국가에 강제할 수 있는 제도적 기반은 매우
취약하다. 많은 나라에서 이주인권은 국제인권법이 아닌 국내 헌법
을 통해 보호된다. 미국에서는 특히 그러하다. 탈국가적 시민권을
말하는 사람들도 이주민을 보호하는 규범은 국가의 법제를 통해 집
행된다는 점에 동의한다.153) 반대로, 국가는 국제인권법보다는 자국
법에 의해 외국인을 취급하려는 경향이 강하지만 자의적 기준에 의
해 그러지는 않는다. 국제인권협약에 가입했는지 여부에 관계없
이 국가의 행동은 보편성을 내세우는 규범의 영향을 받는다. 준거가
국제인권법이든 자국 헌법이든 이주민의 권리가 확대된다면 그것은
삶의 영역이 다양화되어가기 때문, 즉 사회분화의 진전과 체계 자율

---

153) Soysal, Limits of Citizenship, 143.

성의 강화 때문이다. 즉 국가로 분절화되어 있는 정치체계에 고유한
의사소통으로부터 자극받지 않는 체계에의 참여 동력이 권리의 보
편성을 주장하는 형태로 작용하게 된다. 그 과정에서 사법(司法)의
역할이 중요하다. 서두에서 지적했듯이, 이민법은 법제정의 시원적
권력 주체인 주권자와 법의 적용 대상인 수범자의 불일치를 특징으
로 한다. 즉 이민법은 주권적 의사결정에 참여하지 못하는 타자들을
규율 대상으로 삼는다. 이주민은 정치체계가 작동하는 입법과정에
참여하지 못하므로 자기들의 이익을 위해 사법에 호소하는 동인을
가지게 된다. 법원은 이주민의 권리를 인정함으로써 이민정책에 영
향을 미친다. 정치의 사법화는 이민정책의 분야에서 두드러진다.154)
법원은 법체계의 하위체계로서 법체계의 내측 중심에 위치하고 있
다. 즉 법체계에 가해지는 자극이 가장 늦게 전달되는 곳에 위치한
다. 사법은 정치와 행정의 자극을 받지만 그것을 법의 독자적인 코
드와 프로그램으로 수용한다.155) 이민법은 주권의 작용을 뒷받침하
는 내용을 담고 있지만 이주민이 참여하는 여러 체계들과 접속하고
그들의 자극을 자기의 소통 논리로 수용한다. 이를 매개하는 법원의
판결은 이주민을 "인간"으로 취급하는 권리 담론을 프로세싱하는
데 상대적으로 적합하다.

　그러나 이민정책의 사법화는 권리의 유무라는 이항대립적 코드
에 의한 판단만으로 이주민에 대한 처우를 결정하게 되어 이민정책

---

154) 이철우, "정치의 사법화와 사법을 통한 정책결정 - 이민정책을 중심으로",
　　(연세대학교) 법학연구 제26권 제1호 (2016), 329-377; Christian Joppke and
　　Elia Marzal, "Courts, the Constitutionalism and Immigrant Rights: The Case of
　　the French Conseil Constitutionnel", 43(6) European Journal of Political Research
　　823 (2004). 반면 입법/행정부의 이민정책을 존중하는 법원의 소극주의적
　　태도를 강조하는 연구로 Nora Hui-Jung Kim, "The Janus-Faced Court of
　　Naturalisation: Marriage and Kinship in Naturalisation Litigation in South
　　Korea", 42(9) Journal of Ethnic and Migration Studies 1536 (2016).
155) Luhmann, 사회와 법, 제7장.

을 협소한 틀에 가둘 가능성이 있다. 이민정책은 정치체계의 하위체계인 행정체계와 이주민이 참여하는 경제체계 및 기타 여러 사회적 체계들이 접속하는 지점이다. 그에 대한 인식을 바탕으로 이민행정을 이민조종(Migrationssteurung)의 개념으로 재정의하려는 움직임이 있음이 주목된다. 조종을 이민행정법의 주된 수단으로 수용하자고 제의하는 김환학은 다음과 같이 말한다.

> 주권범위 내에서만 존재하는 국가와 국경을 넘으려 하는 자본 및 인간의 욕구 사이의 긴장은 영역국가의 발생과 더불어 시작됐지만 세계화 추세에서 더욱 두드러진다. 산업구조 변동에 따른 인력수요는 인간의 이동을 촉발시키고, 이러한 경제적 요인은 문화적 갈등과 통합으로 이어진다. 여기서 외국인의 체류욕구 및 이익은 리스크요소로서 일응 국가질서와 긴장관계에 서게 된다. 세계화로 인해 국민국가의 주권이 상대화하는 반면에 국가가 자본과 인간의 흐름에 대해 공동체를 위한 조절기제로 작동할 필요성 역시 그만큼 높아진다. 세계화의 흐름 안에서 자본의 자유이동과 규제만이 아니라 인간의 이동과 사회적 통합도 공동체의 주요관심사이고 이러한 이민현상에 대한 조종은 행정법의 임무이다.[156]

그에 따르면, 통제하기 힘든 이주의 물결 속에서 이주민의 통합이라는 복합적 과제를 실현해야 하는 현실에서, 이주에 대한 법의 대응을 경찰법적 위험방지 및 체류법적 질서유지에 그치게 하지 않고, 질서와 경제, 사인의 권리, 통합과 공존, 국제협력이라는 다준거적 정책 목표를 달성하기 위해 명령적 조종과 콘텍스트 조종, 연성적 규율과 도덕적 호소, 경제적 설득 또는 장려 지원 등 다양한 수

---

156) 김환학, "이민행정법의 구축을 위한 시론", 행정법연구 제32호 (2012), 194-195.

단을 적용하는 복합적 규제로 재정립하자는 것이다.157) 법을 리스크
관리를 위한 유연한 수단으로 활용하고자 하는 이러한 움직임은 법
체계와 행정체계 사이의 구조적 결합(structural coupling)을 이루는
행정적 재량을 적절하게 활용하면서도 법체계의 자율성을 훼손하지
않는 것을 관건으로 한다.

---

157) 반면 김환학은 다수의 비국가적 행위자와의 협치를 수반하는 이민거버넌
스에 대해서는 회의적이다. 이주민 단체가 잘 조직화되지 않고 국가가 협
력 파트너로 삼을 만한 역량과 공공의지를 가진 내국인 조직도 활성화되
지 않은 상태에서 거버넌스를 논하는 것은 시기상조라는 것이다. 위의 글,
199-201.

참고문헌

* 저자를 특정할 수 없는 문헌은 각주에만 기재함

[국내문헌]

고봉진, "자기준거적 체계로서 복지체계 - 예비적 고찰", 법철학연구 제12권 제1호 (2009).

김선택, "헌법재판소 판례에 비추어 본 행복추구권", 헌법논총 제9집 (1998).

김환학, "이민행정법의 구축을 위한 시론", 행정법연구 제32호 (2012).

노영돈, "우리나라 국적법의 몇 가지 문제에 관한 고찰", 국제법학회논총 제 41권 제2호 (1997).

노재철, "미등록외국인근로자의 문제점과 해결방안", 노동법논총 제18집 (2010).

노재철·고준기, "외국인근로자에 대한 사회보험법상의 문제점과 개선방안", 한양법학 제24권 제3집 (2013).

노호창, "외국인의 사회보장", 이철우·이희정 외 8인, 이민법, 박영사 (2016).

박정훈·김환학·플로랑스 르누치·홍기원, 미국 등 주요 선진국가의 행정조사 와 영장주의: 출입국관리법상 행정강제와 영장주의에 관한 비교법 적 고찰, 법무부 연구용역보고서 (2011. 12).

박찬운, 인권법 (개정판), 한울아카데미 (2011).

법무부 출입국·외국인정책본부, 출입국·외국인정책통계월보, 2016. 12.

서호철, "국민/민족 상상과 시민권의 차질, 차질로서의 자기정체성", 한국문 화 제41호 (2008).

석동현, 국적법, 법문사 (2011).

신기욱, 한국 민족주의의 계보와 정치, 창비 (2009).

신지원·한태희, "국경관리: 촉진과 통제의 균형", 정기선 엮음, 한국 이민정 책의 이해, 백산서당 (2011).

양천수, "인권법체계의 자기생산적 구조 - 법사회학의 측면에서 접근한 시
　　론", (부산대학교) 법학연구 제48권 제2호 (2008).

이규창, 추방과 외국인 인권, 한국학술정보 (2006).

이다혜, "시민권과 이주노동", 사회보장법연구 제3권 제1호 (2014).

이승욱, "불법체류 외국인 근로자의 노동조합 설립과 활동", 노동법연구 제
　　37호 (2014).

이윤환, "헌법상 외국인의 지방참정권", 국제인권법 제4호 (2001).

이장희, "통일시대를 대비한 한국 국적법의 개정방향 검토", 이장희 엮음,
　　통일시대를 대비한 국적법의 개정방향, 아시아사회과학연구원
　　(1998).

이철우, "충성과 소속의 분열과 조화: 이중국적과 시민권의 정치사회학", 정
　　인섭 엮음, 이중국적, 사람생각 (2004).

이철우, "탈국가적 시민권은 존재하는가", 조희연·지주형 엮음, 지구화시대
　　의 국가와 탈국가, 한울아카데미 (2009).

이철우, "세계화와 시민권의 변용", 이숙종·장훈 엮음, 세계화 제2막: 한국형
　　세계화의 새 구상, 동아시아연구원 (2010).

이철우, "EU시민권과 이주자의 권리", 박덕영 외 16인, EU법강의 (제2판), 박
　　영사 (2012).

이철우, "국적의 취득과 상실", 이철우·이희정 외 8인, 이민법, 박영사 (2016).

이철우, "정치의 사법화와 사법을 통한 정책결정 - 이민정책을 중심으로",
　　(연세대학교) 법학연구 제26권 제1호 (2016).

이현수, "외국인의 입국", 이철우·이희정 외 8인, 이민법, 박영사 (2016).

이현수·이희정·최계영·최윤철, "권익 보호 절차", 이철우·이희정 외 8인, 이
　　민법, 박영사 (2016).

이혜경, "이민과 이민정책의 개념", 이혜경·이진영·설동훈 외 5인, 이민정책
　　론, 박영사 (2016).

전광석, 국제사회보장법론, 법문사 (2002).

전광석, "다문화사회와 사회적 기본권 - 헌법적 접근을 위한 시론", 헌법학
연구 제16권 제2호 (2010).

정인섭, "법적 기준에서 본 한국인의 범위", (두남 임원택 교수 정년기념) 사
회과학의 제문제, 법문사 (1988).

정인섭, "우리 국적법상 최초 국민 확정기준에 관한 검토", 국제법학회논총
제43권 제2호 (1998).

차규근, "[법률칼럼] 당신의 입국을 거부합니다...②", 재외동포신문, 2017. 11.
23.

차용호, 한국이민법, 법문사 (2015).

최계영, "외국인의 출국", 이철우·이희정 외 8인, 이민법, 박영사 (2016).

최윤철, "외국인의 법적 지위", 이철우·이희정 외 8인, 이민법, 박영사 (2016).

최현, "탈근대적 시민권 제도와 초국민적 정치공동체의 모색", 조희연·지주
형 엮음, 지구화시대의 국가와 탈국가, 한울아카데미 (2009).

최홍엽, "외국인 근로자의 노동법상 지위에 관한 연구", 서울대학교 법학박
사학위논문 (1997).

최홍엽, "외국인근로자와 전문외국인력", 이철우·이희정 외 8인, 이민법, 박
영사 (2016).

하명호, "외국인 보호 및 강제퇴거절차와 구제절차에 대한 공법적 고찰", 고
려법학 제52호 (2009).

홍성수, "인간이 없는 인권이론 - 루만의 체계이론과 인권", 법철학연구 제
13권 제3호 (2010).

[외국문헌]

Aleinikoff T. Alexander & Douglas Klusmeyer, Citizenship Policies for an Age of
Migration, Washington DC: Carnegie Endowment for International Peace
(2002).

Bauböck Rainer, "Expansive Citizenship: Voting beyond Territory and Membership",

38(4) Political Science and Politics 683 (2005).

Bosniak Linda, "Citizenship Denationalized", 7 Indiana Journal of Global Legal Studies 447 (2000).

Castles, Stephen & Mark J. Miller (한국이민학회 옮김), 이주의 시대, 일조각 (2013).

Castles, Stephen, Hein de Haas & Mark J. Miller, The Age of Migration: International Population Movements in the Modern World, 5th ed., New York: The Guildford Press (2014).

Chin, Gabriel J., "Chae Chan Ping and Fong Yue Ting: The Origins of Plenary Power", in David A. Martin & Peter H. Schuck (eds.), Immigration Stories, New York: Foundation Press (2005).

Committee on Economic, Social and Cultural Rights (CESCR), General Comment No. 13: The Right to Education, E/C.12/1999/10, 8 December 1999.

Committee on Economic, Social and Cultural Rights (CESCR), General Comment No. 14: The Right to the Highest Attainable Standard of Health (Art. 12), E/C. 12/2000/4, 11 August 2000.

Committee on Migrant Workers (CMW), Concluding Observations of the Committee on the Protection of the Rights of All Migrant Workers and Members of Their Families: Argentina, CMW/C/ARG/CO/1, 2 November 2011.

Committee on Migrant Workers (CMW), General Comment No. 2 on the Rights of Migrant Workers in an Irregular Situation and Members of Their Families, CMW/C/GC.2, 28 August 2013.

Derrida, Jacques (진태원 옮김), "독립선언들", 법의 힘, 문학과지성사 (2004).

European Union Agency for Fundamental Rights, Fundamental Rights of Migrants in an Irregular Situation in the European Union (2011).

Foucault, Michel, "Governmentality", in Graham Burchell, Colin Gordon & Peter

Miller (eds.), The Foucault Effect: Studies in Governmentality, Chicago: The University of Chicago Press (1991).

Hahm, Chaihark and Sung Ho Kim, Making We the People: Democratic Constitutional Founding in Postwar Japan and South Korea, Cambridge: Cambridge University Press (2015).

Hammar, Tomas, Democracy and the Nation State: Aliens, Denizens and Citizens in a World of International Migration, Aldershot: Avebury (1990).

Human Rights Committee, General Comment 27, Freedom of Movement (Art. 12), U.N. Doc CCPR/C/21/Rev.1/Add.9 (1999).

Human Rights Committee, CCPR General Comment No. 15: The Position of Aliens Under the Covenant, 11 April 1986, United Nations, International Human Rights Instruments, Vol. 1, Compilation of General Comments and General Recommendations Adopted by Human Rights Treaty Bodies, HRI/GEN/1/Rev.9 (Vol. 1), 27 May 2008.

Jacobson, David, Rights across Borders: Immigration and the Decline of Citizenship, Baltimore: The Johns Hopkins University Press (1997).

Joppke, Christian, Immigration and the Nation-State: The United States, Germany, and Great Britain, Oxford: Oxford University Press (1999).

Joppke Christian, Citizenship and Immigration, Cambridge: Polity (2010).

Joppke, Christian and Elia Marzal, "Courts, the Constitutionalism and Immigrant Rights: The Case of the French Conseil Constitutionnel", 43(6) European Journal of Political Research 823 (2004).

Kim, Jaeeun, "Establishing Identity: Documents, Performance, and Biometric Information in Immigration Proceedings", 36(3) Law & Social Inquiry 760 (2011).

Kim, Nora Hui-Jung, "The Janus-Faced Court of Naturalisation: Marriage and Kinship in Naturalisation Litigation in South Korea", 42(9) Journal of

Ethnic and Migration Studies 1536 (2016).

King, Michael & Chris Thonhill, Niklas Luhmann's Theory of Politics and Law, Basingstoke: Palgrave (2003).

Krasner, Stephen D., Sovereignty: Organized Hypocrisy, Princeton: Princeton University Press (1999).

Kymlicka, Will, Politics in the Vernacular: Nationalism, Multiculturalism, and Citizenship, Oxford: Oxford University Press (2001).

Lambert, Hélène, The Position of Aliens in Relation to the European Convention on Human Rights, Strasbourg: Council of Europe Publishing (2007).

Lee, Chulwoo, "South Korea: The Transformation of Citizenship and the State-Nation Nexus", 40(2) Journal of Contemporary Asia 230 (2010).

Lee, Chulwoo, "How Can You Say You're Korean? Law, Governmentality, and National Membership in South Korea," 16(1) Citizenship Studies 85 (2012).

Lee Chulwoo, "Citizenship, Nationality, and Legal Status", in Immanuel Ness (ed.), The Encyclopedia of Global Human Migration, Oxford: Blackwell (2013).

Lee, Chulwoo, "The Law and Politics of Citizenship in Divided Korea", 6(1&2) Yonsei Law Journal 3 (2015).

Lewand, Kathleen, "The Right to Return of Palestinians in International Law", 8(4) International Journal of Refugee Law 532 (1996).

Luhmann, Niklas (윤재왕 옮김), 사회의 법, 새물결 (2014).

Luhmann, Niklas (이철·박여성 옮김), 사회의 교육체계, 이론출판 (2015).

Marshall, T. H., Citizenship and Social Class and Other Essays, Cambridge: Cambridge University Press (1950).

Molew, Nuala & Catherine Meredith, Asylum and the European Convention on Human Rights, Strasbourg: Council of Europe Publishing (2010).

Motomura, Hiroshi, "Immigration Law and Federal Court Jurisdiction Through the Lens of Habeas Corpus", 91 Cornell Law Review 459 (2006).

Neuman, Gerald L., "Immigration and Judicial Review in the Federal Republic of Germany", 23 New York University Journal of International Law and Politics 35 (1990).

Neuman Gerald L., "'We Are the People': Alien Suffrage in German and American Perspective", 13 Michigan Journal of International Law 259 (1992).

Norako, Jennifer, "Accuracy or Fairness?: The Meaning of Habeas Corpus after Boumediene v. Bush and Its Implications on Alien Removal Orders", 58 American University Law Review 1611 (2009).

Office of the United Nations High Commissioner on Human Rights (OHCHR), Migration Paper: Family Reunification (2005).

Office of the United Nations High Commissioner on Human Rights (OHCHR), The Economic, Social and Cultural Rights of Migrants in an Irregular Situation, United Nations (2014).

Østergaard-Nielsen, Eva Kristine, "Transnational Political Practices and the Receiving State: Turks and Kurds in Germany and the Netherlands", 1(3) Global Networks 261 (2001).

Parkin, Joanna, "The Criminalisation of Migration in Europe: A State-of-the-Art of the Academic Literature and Research", CEPS Paper in Liberty and Security in Europe, No. 61 (2013).

Parliamentary Assembly of the Council of Europe, "Political Rights and Position of Aliens", Recommendation 799 (1977).

Platform for International Cooperation on Undocumented Migrants (PICUM), Undocumented Children in Europe: Invisible Victims of Immigration Restrictions (2008).

Rodelhäuser, Tilman, "Another Brick in the Wall: Carrier Sanctions and the Privatization of Immigration Control", 26(2) International Journal of Refugee Law 223 (2014).

Rubenstein, Kim & Daniel Adler, "International Citizenship: The Future of Nationality in a Globalized World", 7 Indiana Journal of Global Legal Studies 519 (2000).

Salter, Mark B., "Governmentalities of an Airport: Heterotopia and Confession", 1 International Political Sociology 49 (2007).

Schmidtke, Oliver, "Transnational Migration: A Challenge to European Citizenship Regimes", 164(1) World Affairs 3 (2001).

Schuck, Peter S., "The Re-Evaluation of American Citizenship", in Christian Joppke (ed.), Challenge to the Nation-State: Immigration in Western Europe and the United States, Oxford: Oxford University Press (1998).

Smale, Alison, "Referendum Inflames Concerns Over Turkey's Grip in Germany", New York Times, 15 April 2017.

Soysal, Yasemin Nuhoğlu, Limits of Citizenship: Migrants and Postnational Membership in Europe, Chicago: University of Chicago Press (1994).

Stumpf, Juliet, "The Crimmigration Crisis: Immigrants, Crime, and Sovereign Power", 56 American University Law Review 367 (2006).

Torpey, John, "The Great War and the Birth of the Modern Passport System", in Jane Caplan & John Torpey (eds.), Documenting Individual Identity: The Development of State Practices in the Modern World, Princeton: Princeton University Press (2001).

United Nations High Commissioner for Refugees (UNHCR), Advisory Opinion on the Extraterritorial Application of Non-Refoulement Obligations under the 1951 Convention relating to the Status of Refugees and its 1967 Protocol (2007).

United Nations Department of Economic and Social Affairs (UNDESA), International Migration Report 2015.

Verschraegen, Gert, "Systems Theory and the Paradox of Human Rights", in Michael King and Chris Thornhill (eds.), Luhmann on Law and Politics: Critical Appraisals and Applications, Oxford: Hart (2006).

Wilsher, Daniel, Immigration Detention: Law, History, Politics, Cambridge: Cambridge University Press (2012).

Woude, Maartje van der, Vanessa Barker & Joanne van der Leun, "Crimmigration in Europe", 14(1) European Journal of Criminology 3 (2017).

이주민 기본권의 재구성

황필규*

I. 이주민 기본권 : 기존 논의에 대한 문제제기[1]

1. 헌법 제6조 제2항의 "외국인" 규정

『대한민국헌법』[전부개정 1987. 10. 29 헌법 제10호]은 전문, 제1장 총강, 제2장 국민의 권리와 의무, 제3장 국회, 제4장 정부, 제5장 법원, 제6장 헌법재판소, 제7장 선거관리, 제8장 지방자치, 제9장 경제, 제10장 헌법개정, 부칙 순으로 구성되어 있다. 법률에 대하여 우위에 있는 『헌법』에서 외국인을 어떻게 바라보는지는 모든 법률의 입법, 해석 및 운영의 지표가 된다. 『헌법』제6조 제2항은 "외국인은 국제법과 조약이 정하는 바에 의하여 그 지위가 보장된다."고 규정하고 있고 동조 제1항은 "헌법에 의하여 체결, 공포된 조약과 일반적으로 승인된 국제법규는 국내법과 같은 효력을 가진다."고 명시하고 있다.[2] 헌법재판소도 『헌법』제6조 제1항에 대하여는 "헌법 제6조

---

* 공익인권법재단 공감 변호사, 법학박사
1) 황필규, "한국 이민관련법", 정기선, 이선미, 황필규, 이민경, 이규용, 한국
이민정책의 이해, 백산서당 (2011), 64-67 참조.
2) 이는 헌법 전문에서 '항구적인 세계평화와 인류공영에 이바지'할 것을 표방
하고 있는 국제평화주의의 실현의 한 형태로서 국제법질서를 존중하여 최

제1항의 국제법 존중주의는 우리나라가 가입한 조약과 일반적으로 승인된 국제법규가 국내법과 동일한 효력을 가진다는 것" 이라는 언급을 통하여 그 의미를 재확인하고 있다.3)

헌법상 외국인의 지위를 규정한 헌법 제6조 제2항에 대해 통설적인 견해는 외국인의 기본권 주체성의 긍정, 부정 여부를 불문하고, 그 '국제법과 조약'의 내용을 논하지 않고 '상호주의'를 규정하고 있는 것으로 해석하고 있다.4) 한편 헌법재판소는 헌법 제6조 제2항 위반이 문제된 사건에서 "위 예규는 외국인 산업연수생에 대하여 근로기준법의 일부 조항을 적용하지 않는다는 것으로서 외국인이라는 이유만으로 차별하는 것이 아니므로(외국인 일반 근로자, 연수취업자, 피고용허가자 모두 위 예규의 적용을 받지 않는다) 헌법 제6조 제2항에 반한다고 할 수 없다."5)고 판시하여 역시 '국제법과 조약'의 내용을 논하지 않고 있고, 외국인 일반에 대한 차별금지조항으로 해석하는 듯한 태도를 취하고 있다. 다만 국내에 주소 등을 두고 있지 아니한 원고에 대한 법원의 소송비용 담보제공명령이 문제된 사건에서는 "국제법과 조약 중 국내에 주소 등을 두고 있지 아니한 외국인이 소를 제기한 경우에 소송비용 담보제공명령을 금지하는 국제법이나 조약을 찾아볼 수 없을 뿐만 아니라, 구 민사소송법 제117조 제1항은 그 적용대상을 외국인으로 한정하고 있지 아니하다"는 이유로 헌법 제6조 제2항 위반이 아님을 설시했다.6) 다만 외교기관

소한 외국인의 지위에 관한 국제법상의 확립된 기준에 의하여 외국인을 보호하겠다는 국제법 존중의 정신을 담고 있는 것으로 이해되고 있다. [권영성, 헌법학원론(보정판), 법문사 (2001), 301; 김철수, 헌법학개론(제14전정신판), 박영사 (2002), 230; 허영, 헌법학원론(제4판), 박영사 (2004), 175].

3) 헌법재판소 2001. 4. 26. 선고 99헌가13 결정.
4) 신옥주 외 공저, "외국인의 헌법적 지위 및 권리의 보장을 위한 비교법적 연구", 헌법재판소 헌법재판연구 제27권 (2016), 15.
5) 헌법재판소 2007. 8. 30. 선고 2004헌마670 결정.
6) 헌법재판소 2011. 12. 29. 선고 2011헌바57 결정.

인근에서의 집회금지가 문제된 사건에서는 헌법 제6조 제2항과 그 내용을 이루는 '외교관계에 관한 빈 협약' 내용을 근거로 그 집회금지 입법 목적의 정당성 및 수단의 적합성을 논하고 있다.[7]

2. 헌법 제2장 "국민"의 해석

『헌법』은 기본권의 주체를 "국민"으로만 표현하고 있다(제2장 국민의 권리와 의무). 그러나 헌법재판소는 "기본권의 보장에 관한 각 헌법규정의 해석상" "국민과 유사한 지위에 있는 외국인은 기본권 주체가 될 수 있다."고 명시하면서 "인간의 존엄과 가치, 행복추구권은 인간의 권리로서 외국인도 주체가 될 수 있고, 평등권도 인간의 권리로서 참정권 등에 대한 성질상의 제한 및 상호주의에 따른 제한이 있을 뿐이다."라고 설시하고 있다.[8] 그러나 헌법재판소의 일부 의견은 "우리 헌법 문언상 외국인은 기본권의 주체가 될 수 없다." "국가와 헌법 그리고 기본권과의 근본적인 관계에 관해서 보더라도 우리나라 국적을 가진 국민만이 대한민국 헌법상의 기본권 주체가 될 수 있다고 보아야 한다."는 등의 이유로 외국인의 기본권 주체성을 전면적으로 부정하고 있다.[9]

한국 헌법학계의 경우 기본권 보장에 관한 헌법 제2장의 표제가 '국민의 권리와 의무'라고 되어 있으므로 '국민'의 권리만을 보장한 것이지 외국인을 포함하여 널리 '인간'의 권리까지 실정 헌법상 보장되는 것이 아니라는 일부 견해[10]가 있기는 하다. 그러나 성질상

---

7) 헌법재판소 2010. 10. 28. 선고 2010헌마111 결정.
8) 헌법재판소 1994. 12. 29. 선고 93헌마120 결정, 헌법재판소 2001. 11. 29. 선고 99헌마494 결정.
9) 헌법재판소 2011. 9. 29. 선고 2007헌마1083등 결정 재판관 김종대의 반대의견(각하의견).
10) 박일경, 신헌법학, 법경출판사(1990), 199.

인간의 권리로 볼 수 있는 기본권은 외국인에게도 보장되어야 하고
그 밖의 기본권은 상호주의에 따라야 한다는 견해,[11] 한국 국민의
동화적 통합을 해치지 않고 외국인들을 한국사회에 동화시키는 데
필요한 범위 내에서 기본권의 주체가 될 수 있다는 견해,[12] 외국인
의 한국 사회경제적 공동체 편입 여부를 기준으로 외국인의 기본권
주체성을 판단해야 한다는 견해,[13] 등 외국인의 기본권 주체성을 원
칙적으로 인정하는 견해들이 주류를 이루고 있다. 결국 헌법의 해석
상 외국인도 원칙적으로 기본권의 주체이며 『헌법』 제11조 평등조
항의 차별금지사유 중에 '국적'도 당연히 포함된다고 볼 수 있다.[14]

헌법학계의 통설은 생존권적 기본권 혹은 사회적 기본권 등은 국
민의 권리로서 외국인에게 당연히 보장되는 것은 아니라는 입장, 즉
'기본권성질론'을 취하고 있다.[15] 헌법재판소도 사회권적 기본권의
경우 국민에 대하여만 인정된다는 입장을 취하고 있고,[16] 참정권,

---

11) 권영성, 앞의 책, 301; 김철수, 앞의 책, 285; "자유권·청구권적 기본권도 원
    칙적으로 외국인에게 인정된다. 다만 자유권도 일정한 경우에 제한될 수 있
    고, 청구권적 기본권도 원칙적으로 상호주의원칙에 따라 제한될 수 있다.
    그러나 사회권(생존권)과 참정권은 원칙적으로 외국인에게 인정되기 어려
    운 문제점이 있다." 성낙인, 헌법학(제12판), 법문사 (2012), 341.
12) 허영, 앞의 책, 176, 234.
13) 전광석, 한국헌법론(제10판), 집현재 (2015), 232.
14) 황필규, "국제인권기준에 비춰본 미등록 이주민의 인권현실", 2008 제주인
    권회의: 시장과 인권 - 생존과 존엄사이, 한국인권재단 (2008. 6. 28. 발표),
    345.
15) 권영성, 앞의 책, 304; 김철수, 앞의 책, 287.
16) "근로의 권리가 "일할 자리에 관한 권리"만이 아니라 "일할 환경에 관한 권
    리"도 함께 내포하고 있는바, 후자는 인간의 존엄성에 대한 침해를 방어하
    기 위한 자유권적 기본권의 성격도 갖고 있어 건강한 작업환경, 일에 대한
    정당한 보수, 합리적인 근로조건의 보장 등을 요구할 수 있는 권리 등을 포
    함한다고 할 것이므로 외국인 근로자라고 하여 이 부분에까지 기본권 주체
    성을 부인할 수는 없다. 즉 근로의 권리의 구체적인 내용에 따라, 국가에 대
    하여 고용증진을 위한 사회적·경제적 정책을 요구할 수 있는 권리는 사회
    권적 기본권으로서 국민에 대하여만 인정해야 하지만, 자본주의 경제질서

입국의 자유도 '국민의 권리'로서 이주민은 이들 기본권의 주체가 될 수 없다는 설시를 한 바 있다.[17] 다만 헌법재판소는 외국인의 기본권 주체성이 인정되는 인간의 권리라고 하더라도, "기본권 주체성의 인정문제와 기본권 제한의 정도는 별개의 문제이므로, 외국인에게 직장 선택의 자유에 대한 기본권 주체성을 인정한다는 것이 곧바로 이들에게 우리 국민과 동일한 수준의 직장 선택의 자유가 보장된다는 것을 의미하는 것은 아니라고 할 것이다."고 설시하여 국민과의 차별가능성을 원칙처럼 제시하고 있다. 그리고 "외국인근로자의 사업장 변경제한은 외국인근로자의 무분별한 사업장 이동을 제한함으로써 내국인근로자의 고용기회를 보호하고 외국인근로자에 대한 효율적인 고용관리로 중소기업의 인력수급을 원활히 하여 국민경제의 균형 있는 발전이 이루어지도록 하기 위하여 도입된 것"이라고 하여 그 차별의 정당성을 논하고 있다.[18]

3. 헌법상 이주민의 기본권

기존 논의를 종합해보면 헌법학계의 통설과 헌법재판소의 입장은 기본적으로 1) 외국인의 지위에 관한 유일한 헌법의 명문의 규정인 제6조 제2항을 상호주의로 선험적으로 규정하여 이를 이주민 기본권 논의에서 배제시키고, 2) 사회권적 기본권은 국민의 권리로서 이주민은 그 주체가 될 수 없음을 확인하고, 3) 이주민에게 인정되

하에서 근로자가 기본적 생활수단을 확보하고 인간의 존엄성을 보장받기 위하여 최소한의 근로조건을 요구할 수 있는 권리는 자유권적 기본권의 성격도 아울러 가지므로 이러한 경우 외국인 근로자에게도 그 기본권 주체성을 인정함이 타당하다." 헌법재판소 2007. 8. 30. 선고 2004헌마670 전원재판부 결정.

17) 헌법재판소 2011. 9. 29. 선고 2007헌마1083 등 결정.
18) 헌법재판소 2011. 9. 29. 선고 2007헌마1083 등 결정.

는 기본권조차도 그 제한에 대하여 입법자에게 "광범위한 입법재량"[19])을 부여하고, 4) 취약한 집단으로서의 이주민의 특별한 보호에 대해서는 별다른 언급이 없는 입장이라고 볼 수 있다.

그러나 '인간의 권리'와 '국민의 권리'를 구별하는 기준과 경계가 너무 모호하고,[20]) 그러한 획일적인 이분법적 접근이 과연 타당한지 의문이다. 외국인의 기본권 주체성 인정의 판단척도는 좀 더 명확해져야 하고 시대적 변천을 반영할 수 있어야 한다.[21]) '차별금지와 내외국인평등주의를 원칙으로 하는, 한국이 가입, 비준한 국제인권조약 등은 국내법과 동일한 효력을 가질 뿐만 아니라 이들 조약을 통한 외국인의 인권 보장은 헌법상 명문의 규정에 의한 요청이라고 볼 수 있다.[22]) 1948. 7. 1. 헌법 제정 당시 국회 본회의 논의 결과를 보면 권리·의무의 주체를 모두 '국민'으로 규정함으로써 1) 권리·의무의 주체를 모두 '국민'으로 하고 해석상 외국인에게도 인정되는 권리를 확인하면 된다는 주장과 2) '국민'이나 '인민' 모두 국가의 구성원을 지칭하고 외국인의 지위는 일차적으로 국제조약에 의하는 것이라는 주장 중 하나 혹은 둘 모두가 채택된 것으로 해석할 여지가 있다.[23]) 1948. 7. 7. 논의에서는 헌법을 제정하는 데 있어서 외국인의 법적지위를 보장하지 않는 것은 있을 수 없다는 것을 확인했다.[24]) 결국 헌법 제6조 제2항과 그 내용을 이루는 '국제법과 조약'을 이주민 기본권의 헌법상 명문의 근거이자 해석의 근거로 해석하는 것이 유기적이고 합리적인 해석일 수 있다. 그리고 참정권과 출입국

---

19) 헌법재판소 2011. 9. 29. 선고 2007헌마1083 등 결정.
20) 김수연, "기본권주체로서의 외국인", 유럽헌법연구 제7호 (2010. 6.), 306.
21) 정광현, 외국인의 기본권 주체성, 심인 (2017), 3.
22) 황필규, "외국인 기본법에 관한 의견", 재한외국인 처우 기본법 제정안 마련을 위한 공청회, 법무부 (2006. 9. 29. 발표), 199.
23) 제1대 국회 제1회 제22차, "국회본회의 속기록", (1948. 7. 1.) 참조.
24) 제1대 국회 제1회 제27차, "국회본회의 속기록", (1948. 7. 7.) 참조.

상의 직접적인 제한 외에는 취업비자 유형에 따라 취업 업종을 제한하는 것(직업선택의 자유의 제한), 단기관광객의 국민연금가입을 제한하는 것(사회보장급부청구권의 제한) 등 출입국 관리의 목적에 직접적으로 부합하고 기본권 제한 없이는 그 목적을 달성할 수 없는 경우에 한정하는 것이 '기본권' 보장의 취지에 부합한다고 보아야 한다. 그리고 이주민이 처해 있는 취약한 상황에 주목하고 특별한 보호를 위한 조치를 고려하고 이행하는 것이 사회적 약자를 보호하고자 하는 헌법과 국제인권법의 취지에 맞다고 보아야 한다.

II. "*Living*" 헌법과 국제인권법, "*Transnational*" 접근[25)

1. 국제법과 국내법의 이분법에 대하여

가. 문제의식

국내법적 접근과 국제법적 접근의 차이를 인식하고 그 간극을 좁히고 통합적으로 접근하기 위한 모색이 필요하다. 조약이 헌법-법률-대통령령-국무총리령-부령의 국내법 질서에서 어떠한 효력을 가지는 규범인가의 문제와 조약이 헌법재판에서 그 재판규범 혹은 해석기준이 될 수 있는가의 문제는 구별될 필요가 있다.

---

25) 황필규, "이주민과 북한이탈주민에 대한 자의적 구금 토론 : "Living" 헌법과 국제인권법, "Transnational" 접근을 위하여", 2015년 인권법학회 학술대회 : 시민적 및 정치적 권리에 관한 국제규약의 국내 이행, 인권법학회, 서울대 인권센터(2015. 12. 19. 발표) 참조.

나. 국내법적 접근과 국제법적 접근의 통합

국제법적으로 국가가 조약에 가입하면 헌법을 포함한 국내법 규정 내용에도 불구하고 조약을 이행할 법적 의무를 지는 반면,26) 국내법적으로는 조약이 헌법에 위배될 수 없다.27) 따라서 조약 미가입, 가입 시 일부조항 유보, 국내 입법 시 조약 합치성 심사 등을 통해 상충되는 상황이 발생하지 않도록 하여야 하며, 정부나 국회가 관련 권한을 남용하거나 의무를 해태했을 때 그 불이익을 국민 등에게 돌려서는 안 된다.

국내적으로는 헌법 부칙 제5조, "대한국민"28)의 정치적 결단인 헌법의 최고규범성에 비추어 조약이 일반적으로 법률로서 효력을 갖는다고 보는 것이 합리적이고 헌법-법률-대통령령-국무총리령-부령의 국내법체계상 헌법과 법률 사이에 중간적 법영역 혹은 가치가 있다는 것은 받아들이기 곤란하다. 또한 헌법 제60조 제1항29)을 근거로 조약의 비준·체결에 대한 국회의 동의가 없는 경우 법률이 아닌 법규명령의 성격을 갖는다는 것도 지극히 형식적인 접근이다. 즉 1) 입법사항에 관한 조약에 대하여 국회가 동의하지 않은 경우가 아닌 동의권의 단순 불행사의 경우, 그 불이익을 국민 등에게 돌릴 수

---

26) 조약법에 관한 비엔나협약, 1980. 1. 27. 대한민국 발효, 제27조 (국내법과 조약의 준수) 어느 당사국도 조약의 불이행에 대한 정당화의 방법으로 그 국내법 규정을 원용해서는 아니 된다.

27) 대한민국헌법 부칙 제5조 이 헌법   시행 당시의 (중략) 조약은 이 헌법에 위배되지 않는 한 그 효력을 지속한다.

28) 대한민국헌법 전문 유구한 역사와 전통에 빛나는 우리 대한국민은 (중략) 1948년 7월 12일에 제정되고 8차에 걸쳐 개정된 헌법을 이제 국회의 의결을 거쳐 국민투표에 의하여 개정한다.

29) 대한민국헌법 제60조 제1항 국회는 상호원조 또는 안전보장에 관한 조약, 중요한 국제조직에 관한 조약, 우호통상항해조약, 주권의 제약에 관한 조약, 강화조약, 국가나 국민에게 중대한 재정적 부담을 지우는 조약 또는 입법사항에 관한 조약의 체결·비준에 대한 동의권을 가진다.

는 없고, 2) 아동의 권리에 관한 협약 등 입법사항에 관한 조약을 국
회의 동의가 없었다는 형식적인 이유로 다른 국제인권조약과 효력
을 달리 평가하는 것은 불합리하고, 3) 조약에 대한 유보 철회는 국
회의 동의를 요하지 않는데, 유보 철회가 있는 경우 전체 조약은 법
률적 효력을 갖지만 유보 철회된 조항만 법규명령적 효력을 갖는다
는 기이한 결과를 낳을 수 있다.

다. 조약의 이중적 지위

헌법에 의하여 체결·공포된 조약과 일반적으로 승인된 국제법규
는 국내법과 같은 효력을 가진다.[30] 따라서 유엔헌장, 한국이 가입
한 유엔인권조약 기타 인권 관련 조약 등과 관련 국제관습법은 국
내에서 직접적인 법적 효력을 가진다. 따라서 이러한 국제인권법은
인권과 관련하여 입법, 사법, 행정의 법적 근거가 되고, 경우에 따라
서는 국내법을 해석하는 기준이 되거나 보완하는 역할을 수행할 수
도 있다.[31] 예컨대 기존 법률 혹은 새로운 법률은 국제인권법과 배
치되지 않도록 심사되고,[32] 국제인권법은 구체적인 재판규범으로
적용된다. 행정의 경우 국제인권법은 모든 행정작용의 기초가 될 뿐
만 아니라, 행정주체 혹은 공무원이 이를 어겼을 경우 국가배상,[33]

---

30) 대한민국헌법 제6조 제1항.
31) 황필규, "국제인권기준에 비추어 본 한국 인권현실: 유엔인권이사회 국가별
    인권상황 정례검토 NGO보고서와 정부보고서 초안의 비교·평가를 중심으
    로", 2008년 제1차 인권세미나: 국제인권현안과 국제인권법, 국제엠네스티
    한국지부 법률가위원회 (2008. 3. 22. 발표), 1-2.
32) 대한민국은 유엔인권기구에 제출한 국가보고서에서 지속적으로 유보조항
    과 관련된 사항을 제외하고는 국내법적 효력을 가지는 국제인권법이 기존
    국내법과 배치되지 않으며 새로운 입법 시에도 반드시 기존 인권조약 등과
    배치되지 않도록 하는 절차가 마련되어 있음을 강조하여 왔다.
33) 국가배상법 제2조.

직무유기,[34] 성실의무 위반[35] 등 민형사상 책임과 법적 징계로 이어
지게 된다.

평화적 집회에 대한 형법상 일반교통방해죄 및 업무방해죄의 적용

제주지방법원 2016. 2. 18. 선고 2014노589 판결 (업무방해)

"국제적으로도 평화적 집회의 자유 행사에 대하여 형법상 일반교통방해죄와
업무방해죄를 적용하는 것이 대한민국이 가입, 비준한 '시민적 및 정치적 권
리에 관한 국제규약' 제19조[36]에 정한 표현의 자유 및 제21조[37]에 정한 평화로
운 집회의 권리 등 국제인권기준에 부합하지 아니한다는 문제가 꾸준히 제기
되고 있는 점도 고려되어야 할 것이다.[38]"

---

34) 형법 제122조.
35) 국가공무원법 제56조.
36) 시민적 및 정치적 권리에 관한 국제규약, 1990. 7. 10. 대한민국 발효, 제19
   조 제1항 모든 사람은 간섭받지 아니하고 의견을 가질 권리를 가진다.
   제2항 모든 사람은 표현의 자유에 대한 권리를 가진다. 이 권리는 구두, 서
   면 또는 인쇄, 예술의 형태 또는 스스로 선택하는 기타의 방법을 통하여 국
   경에 관계없이 모든 종류의 정보와 사상을 추구하고 접수하며 전달하는 자
   유를 포함한다.
   제3항 이 조 제2항에 규정된 권리의 행사에는 특별한 의무와 책임이 따른
   다. 따라서 그러한 권리의 행사는 일정한 제한을 받을 수 있다. 다만, 그 제
   한은 법률에 의하여 규정되고 또한 다음 사항을 위하여 필요한 경우에만
   한정된다.
   (a) 타인의 권리 또는 신용의 존중
   (b) 국가안보 또는 공공질서 또는 공중보건 또는 도덕의 보호
37) 시민적 및 정치적 권리에 관한 국제규약, 1990. 7. 10. 대한민국 발효, 제21
   조 평화적인 집회의 권리가 인정된다. 이 권리의 행사에 대하여는 법률에
   따라 부과되고, 또한 국가안보 또는 공공의 안전, 공공질서, 공중보건 또는
   도덕의 보호 또는 타인의 권리 및 자유의 보호를 위하여 민주사회에서 필
   요한 것 이외의 어떠한 제한도 과하여져서는 아니된다.
38) "2013. 6. 7.자 마가렛 세카기야(Magaret Sekaggya) 유엔 인권옹호자 특별보

조약은 비록 국제법적으로는 국가가 조약상 의무 불이행을 지게 되더라도 국내적으로는 법률로서 위헌법률심판의 대상이 된다고 보아야 한다. 다만 조약, 특히 국제인권조약의 경우 헌법의 기본권 조항에 규정된 '법률'의 내용을 구성하여 헌법 제12조 제1항,[39] 제27조 제1항,[40] 제37조 제2항[41] 등에서 주로 기본권 구체화적 법률유보의 구체적 내용을 구성하여 간접적으로 "살아있는" 헌법 해석의 기초가 된다.

조약은 헌법과 직접 상충되지 않는 한, 1) 헌법 해석의 기준이 되고 헌법재판규범성이 인정되는 헌법 전문[42]의 "항구적인 세계평화와 인류공영에 이바지"한다는 국제협조주의, 2) 헌법 제6조 제1항[43]과 조약법에 관한 비엔나협약 제27조 등의 국제법 존중주의,[44] 3)

고관(UN Special Rapporteur on the situation of Human Rights Defenders)의 대한민국 주요 인권 논란에 관한 제1차 조사 내용 발표", 제주소리, http://www.jejusori.net/news/articleView.html?idxno=130290, (2015. 10.) 대한민국에 대한 유엔 자유권규약위원회 심의에서 대한민국이 제출한 국제보고서 관련 주제목록, "유엔 평화적 집회 및 결사의 자유 특별보고관 방한 결과 보고서", http://freeassembly.net/news/statement-republic-of-korea-korean/ (2016. 1. 29) 등."

39) 대한민국헌법 제12조 제1항 모든 국민은 신체의 자유를 가진다. 누구든지 법률에 의하지 아니하고는 체포·구속·압수·수색 또는 심문을 받지 아니하며, 법률과 적법한 절차에 의하지 아니하고는 처벌·보안처분 또는 강제노역을 받지 아니한다.

40) 대한민국헌법 제27조 제1항 모든 국민은 헌법과 법률이 정한 법관에 의하여 법률에 의한 재판을 받을 권리를 가진다.

41) 대한민국헌법 제37조 제2항 국민의 모든 자유와 권리는 국가안전보장·질서유지 또는 공공복리를 위하여 필요한 경우에 한하여 법률로써 제한할 수 있으며, 제한하는 경우에도 자유와 권리의 본질적인 내용을 침해할 수 없다.

42) 헌법재판소 1992. 3. 13. 선고 92헌마37 등 결정.

43) 대한민국헌법 제6조 제1항 헌법에 의하여 체결·공포된 조약과 일반적으로 승인된 국제법규는 국내법과 같은 효력을 가진다.

44) 헌법재판소 1991. 7. 22. 선고 89헌가106 결정. "국제연합(UN)의 "인권에 관한 세계선언"은 법적 구속력을 가진 것은 아니고, 우리나라가 아직 국제노동기구의 정식회원국은 아니기 때문에 이 기구의 제87호 조약 및 제98호

헌법 제10조 후문[45]와 헌법 제37조 제1항[46]의 국가의 기본권 확인·보장의무, 열거되지 않은 기본권 보장주의 등을 근거 혹은 매개 규정으로 헌법재판의 재판규범 혹은 해석기준의 성격을 동시에 가지고 있다고 보아야 한다.

이처럼 두 가지 다른 성격을 하나의 틀로 규정하는 기존 논의 방식은 불필요한 혼란과 합의될 수 없는 논란의 계속만을 가져왔다. 헌법재판규범 혹은 해석기준으로서의 성격과 입법, 사법, 행정의 기준이자 위헌심판의 대상인 법률로서의 성격이라는 이중적 지위의 문제는 법원이 법률과 법규명령을 재판규범으로 삼으면서 동시에 법원이 위헌법률심판제청권을, 대법원이 명령·규칙 등의 위헌·위법 법률심판권 등을 가지고 있는 점[47]에 비추어 보아도 전혀 이상한 것이 아니다. 또한 어떤 법규의 해석 근거 여부는 제정 당시의 논의, 학설 등에서 알 수 있는 바와 같이 그 근거의 내용 혹은 규정의 형식이나 법적 구속력에 의해 좌우되는 것이 아니다.

조약이 국내법적 효력을 갖는 것은 아니지만(헌법 제6조 제1항, 위 87호 조약 제15조 제1항, 98호 조약 제8조 제1항 참조), 다년간 국제연합교육과학문학기구의 회원국으로 활동하여 오고 있으며, 국회의 동의를 얻어 국제연합의 인권규약의 대부분을 수락한 체약국으로서 위 각 선언이나 조약 또는 권고에 나타나 있는 국제적 협력의 정신을 존중하여 되도록 그 취지를 살릴 수 있도록 노력하여야 함은 말할 나위도 없다."

45) 대한민국헌법 제10조 (중략) 국가는 개인이 가지는 불가침의 기본적 인권을 확인하고 이를 보장할 의무를 진다.

46) 대한민국헌법 제37조 제1항 국민의 자유와 권리는 헌법에 열거되지 아니한 이유로 경시되지 아니한다.

47) 대한민국헌법 제107조 제1항 법률이 헌법에 위반되는 여부가 재판의 전제가 된 경우에는 법원은 헌법재판소에 제청하여 그 심판에 의하여 재판한다. 제2항 명령·규칙 또는 처분이 헌법이나 법률에 위반되는 여부가 재판의 전제가 된 경우에는 대법원은 이를 최종적으로 심사할 권한을 가진다.

2. 해석/구체화 있는 국내법과 해석/구체화 없는 국제인권법의 이분법에 대하여

가. 문제의식

국제조약의 법률적 성격으로 인하여 반드시 국제조약을 재판규범을 적용하여야 하는 법원이나 국제조약의 이중적 성격으로 인하여 국제조약을 재판규범 혹은 헌법의 해석기준으로 적용하여야 하는 헌법재판소 모두 사안을 판단함에 있어 국제조약을 적용하는 경우는 극히 선별적이고 제한적이다. 법원이나 헌법재판소가 국제조약을 재판규범으로 적용하거나 해석기준으로 인용하는 경우에도 국제조약에 대한 충분한 해석을 전제로 하는 경우는 거의 없고 개별조항의 문언 자체만을 언급하는데 그치고 있다. 이는 마치 헌법, 민법, 형법 규정에 대하여 축적된 학술적 논의나 판례를 모두 무시한 채 그 규정 문언만을 가지고 판단을 하는 것과 유사한 상황이다. 입법부와 행정부 역시 국제인권법은 추상적인 규정내용만이 입법 및 행정의 기준이 되고 있다.

나. 조약의 해석 기준[48]

조약의 해석과 관련해서는 『조약법에 관한 비엔나협약』(이하 '비엔나협약')이 이를 규정하고 있다. 이 협약 상 조약의 해석과 관련된 규정은 일반적으로 국제관습법의 지위를 인정받고 있다.[49] 조약은

---

48) 황필규, "난민의 지위에 관한 협약상 '충분한 근거가 있는 공포'", 법학박사 학위논문, 서울대학교 (2010), 30-37 참조.

49) Malcolm N. Shaw, International Law(6th ed.), Cambridge: Cambridge University Press (2008), 933; Kasikili/Seduda Island (Botswana v. Namibia), Preliminary

원칙적으로 조약문의 문맥 및 조약의 대상과 목적으로 보아 그 조약의 문맥에 부여되는 통상적 의미에 따라 성실하게 해석되어야 한다. 그 문맥은 조약 본문, 전문 및 부속서, 조약체결과 관련하여 당사자들이 작성한 문서 등을 포함한다.50) 이는 문언주의에 입각한 객관적 해석에 목적론적 해석을 가미한 것이라고 볼 수 있다. 문맥의 요소 중 조약의 대상과 목적을 명시적으로 천명하고 있는 전문과 조약 본문은 특히 중요한 의미를 가진다.

비엔나협약 제31조 제3항은 조약의 해석에 있어 문맥과 함께 "(a) 조약의 해석 또는 그 조약규정의 적용에 관한 당사국간의 추후의 합의, (b) 조약의 해석에 관한 당사국의 합의를 확정하는 그 조약적용에 있어서의 추후의 관행, (c) 당사국간의 관계에 적용될 수 있는 국제법의 관계규칙" 등이 참작되어야 한다고 규정하고 있다. 이러한 자료들에 대한 종합, 분석 및 평가가 조약의 해석을 명확히 하고 구

Objections, I.C.J. Rep., 1996, 803, para. 812; Territorial Dispute (Libyan Arab Jamahiriya v. Chad), I.C.J. Rep., 1994, 6, para. 21; Arbitral Award of 31 July 1989 (Guinea-Bissau v. Senegal), I.C.J. Rep., 1991, 53, para. 69.

50) 조약법에 관한 비엔나협약, 1980. 1. 27. 대한민국 발효, 제31조 (해석의 일반원칙) 제1항 조약은 조약문의 문맥 및 조약의 대상과 목적으로 보아 그 조약의 문맥에 부여되는 통상적 의미에 따라 성실하게 해석되어야 한다. 제2항 조약의 해석 목적상 문맥은 조약문에 추가하여 조약의 전문 및 부속서와 함께 다음의 것을 포함한다.
(a) 조약의 체결에 관련하여 모든 당사국간에 이루어진 그 조약에 관한 협의
(b) 조약의 체결에 관련하여, 1 또는 그 이상의 당사국이 작성하고 또한 다른 당사국이 그 조약이 관련되는 문서로서 수락한 문서
제3항 문맥과 함께 다음의 것이 참작되어야 한다.
(a) 조약의 해석 또는 그 조약규정의 적용에 관한 당사국간의 추후의 합의
(b) 조약의 해석에 관한 당사국의 합의를 확정하는 그 조약적용에 있어서의 추후의 관행
(c) 당사국간의 관계에 적용될 수 있는 국제법의 관계규칙
제4항 당사국의 특별한 의미를 특정용어에 부여하기로 의도하였음이 확정되는 경우에는 그러한 의미가 부여된다.

체화하는 데 있어서 실제로 결정적인 역할을 할 수도 있다.

비엔나협약 제32조에 의하면 조약교섭시의 기록 또는 체결 시 사정 등도 조약의 의미를 결정하기 위한 수단이 될 수 있다.51) 다만 교섭 기록 등에 대한 의존은 조약상의 표현이 그 표현 자체와 드러난 문맥상 그 의미가 명확하지 않을 때 보충적으로 필요한 해석방법이라고 볼 수 있다.

비엔나협약상의 원칙에 기초한 조약의 해석에 있어서 제31조가 규정하고 있는 다양한 요소들이 위계질서를 구성하고 있는 것으로 이해되어서는 안 된다. 즉 제31조 전체는 하나의 '일반원칙'으로서 다양한 요소들이 상호작용을 하는 단일한 통합된 해석 작용을 전제로 한다. 그리고 비록 제32조가 보충적 해석의 수단으로 제31조를 보완하는 성격을 가진 것은 분명하지만 경우에 따라서는 조약상 표현의 의미를 명료히 하는 데 상당한 기여를 할 수도 있음을 고려할 필요가 있다.52)

한편 조약, 특히 국제인권조약의 해석에 있어 그 적용 당시의 구체적인 상황과 맥락이 적극적으로 고려될 필요가 있다. "(유럽인권)협약은 살아있는 문헌(living instrument)으로서 오늘날 상황에 기초하여 해석되어야 한다."53) "국제조약은 해석 당시에 지배적인 전체

---

51) 조약법에 관한 비엔나협약, 1980. 1. 27. 대한민국 발효, 제32조 (해석의 보충적 수단) 제31조의 적용으로부터 나오는 의미를 확인하기 위하여 또는 제31조에 따라 해석하면 다음과 같이 되는 경우에 그 의미를 결정하기 위하여 조약의 교섭 기록 및 그 체결시의 사정을 포함한 해석의 보충 수단에 의존할 수 있다.
   (a) 의미가 모호해지거나 또는 애매하게 되는 경우 또는
   (b) 명백히 불투명하거나 또는 불합리한 결과를 초래하는 경우

52) International Law Commission, "Draft Articles on the Law of Treaties with commentaries", Yearbook of the International Law Commission, vol. II (1966), 219-220; Ian Brownlie, Principles of Public International Law(6th ed.), Oxford: Oxford University Press (2003), 603-604.

53) Tyrer v. United Kingdom, Application No. 5856/72, European Court of Human

법체계의 틀 안에서 해석되고 적용"되어야 하고[54] "인권에 영향을
미치는 조약은 그 적용 당시의 이해에 비추어 인권을 부정하는 방
식으로 적용되어서 안 된다."[55]

다. 유엔인권권고[56]의 법적 성격[57]

유엔인권권고는 실체적인 측면으로뿐만 아니라 절차적인 측면에
서도 국내법적 효력을 가지는 국제인권법에 근거한다. 유엔인권이
사회의 국가별 인권상황 정기검토(UPR)와 특별절차의 경우, 국내법
적 효력을 가지는 유엔헌장 명문의 규정[58]과 법적 기구인 유엔총회
의 결의 등에 기초하고 있다. 한편 인권조약과 관련된 권고의 경우,
권고의 주체인 조약기구의 구성과 임무가 조약상 명문으로 규정되
어 있을 뿐만 아니라, 그 권고가 이루어지는 절차에 대하여도 명문
의 규정[59]을 두고 있다. 따라서 국가보고서가 제출되고 유엔인권권

Rights (25 April 1978).

54) Legal Consequences for States of the Continued Presence of South Africa in Namibia, I.C.J. Rep., 1971, 6.

55) Gabcikovo-Nagymaros Project (Hungary/Slovakia), I.C.J. Report, 1997, 6, paras. 114-115.

56) 유엔인권권고는 유엔총회 및 유엔인권이사회의 결의, 조약기구의 조약에 대한 일반적·추상적 유권해석인 일반논평(General Comments) 혹은 일반권고 (General Recommendations), 개별적·구체적 유권해석인 국가보고서에 대한 최종평가(Concluding Observations), 개인통보에 대한 의견(Views 또는 Opinions), 유엔특별절차의 연례보고서(Annual Reports), 국가방문 보고서(Mission Reports), 개인통보에 대한 의견(Opinions) 등이 모두 포함되는 개념이다.

57) 황필규, "유엔인권권고 이행 메커니즘 확립 방안", 제2회 유엔인권권고 분야별 이행사항 점검 심포지엄, 대한변호사협회, 유엔인권정책센터 (2012. 12. 6. 발표), 151-153 참조.

58) 국제연합헌장, 1991. 9. 18. 대한민국 발효, 제1조 제3항, 제13조 제1항 (b), 제55조 (c), 제56조, 제62조 제2항, 제68조, 제76조 (c) 등.

59) 시민적 및 정치적 권리에 관한 국제규약, 1990. 7. 10. 대한민국 발효, 제40

고가 이루어지는 절차는 법률에 근거한 법적 절차라고 볼 수 있다. 유엔인권기구의 권고는 그 권고가 실체적·절차적 측면에서 국내에서 법적 구속력을 갖는 국제인권법의 명문의 규정에 근거한다는 점에 비추어 비엔나협약 제31조 제3항상 조약의 해석기준인 "조약의 해석 또는 그 조약규정의 적용에 관한 당사국간의 추후의 합의"나 "조약의 해석에 관한 당사국의 합의를 확정하는 그 조약적용에 있어서의 추후의 관행"에 해당할 수 있다. 또한 국내법과 명백히 배치되지 않는 한 충분히 존중되고 그 취지가 충분히 반영될 수 있도록 국내적으로 해석·적용되어야 한다.[60]

예컨대, 『난민의 지위에 관한 협약』의 해석에 있어서는 특히 국제연합 난민고등판무관사무소(UNHCR, 약칭 "유엔난민기구")의 각종 문헌을 통해서 드러나는 난민협약의 해석이 중요한 의미를 지닌다. UNHCR의 편람, 지침, 집행이사회(Executive Committee) 결정 등은 1) 난민협약의 명문의 규정[61]상 난민협약의 적용을 감독할 임무가 있는 유엔난민기구가 의사결정구조, 즉 집행이사회 검토 혹은 결정을 통해 마련하였다는 점, 2) 난민협약 당사국의 법제와 관행에 근거하고, 당사국의 자문과 권고에 기초하여 마련되었다는 점, 3) 그 이행을 위한 활동이 이루어지는 과정에서 당사국의 명시적인 반대의견 표명이 없었다는 점 등에 비추어 비엔나협약 제31조 제3항에서 이야기하는 "조약의 해석 또는 그 조약규정의 적용에 관한 당사국간의 추후의 합의" 혹은 "조약의 해석에 관한 당사국의 합의를 확정하는 그 조약적용에 있어서의 추후의 관행"에 해당할 수 있다. 난민협약은 그 전문에서 UNHCR이 "난민의 보호에 관하여 정하는 국

조, 경제적, 사회적 및 문화적 권리에 관한 국제규약, 1990. 7. 10. 대한민국 발효, 제16조, 제17조 등.
60) 황필규, "외국인의 인권과 차별금지", 인권과 정의 제365호 (2007. 1.), 49.
61) 난민의 지위에 관한 협약, 1993. 3. 3. 대한민국 발효, 전문.

제협약의 적용을 감독하는 임무를 가지고 있다."는 점을 확인하고 있고 협약 제35조는 체약국이 UNHCR의 임무 수행에 있어서 협력하여야 하고, 특히 UNHCR이 난민협약 규정의 적용을 감독하는 책무를 수행함에 있어서 편의를 제공하여야 함을 명시하고 있다. 결국 난민협약 자체에서 UNHCR이 난민협약의 이행에 있어서 그 해석을 포함하여 어느 정도 권한을 부여받고 있음이 명문화되어 있다고 볼 수 있고, 따라서 UNHCR의 난민협약에 대한 해석은 특별히 존중될 필요가 있다. '항구적인 세계평화와 인류공영에 이바지함'(헌법 전문)을 목적으로 하는 헌법정신과 법적 구속력이 없더라도 유엔기구의 "권고에 나타나 있는 국제적 협력의 정신을 존중하여 되도록 그 취지를 살릴 수 있도록 노력하여야" 한다고 판시한 헌법재판소의 결정62)에 비추어보면 더더욱 그러하다. 한편 유엔인권조약과 지역별 인권조약은 비엔나협약 제31조 제3항의 "당사국간의 관계에 적용될 수 있는 국제법의 관계규칙"으로 작용할 수 있다. 따라서 난민협약의 해석과 적용은 이들 조약과의 관계 속에서 이루어질 필요가 있다.

유엔난민기구의 난민편람의 법적 성격

서울행정법원 2013. 10. 10. 선고 2013구합13617 판결
(강제되거명령및보호명령취소)

" "난민의 지위에 관한 1951년 협약과 1967년 의정서에 의한 난민지위 인정기준 및 절차편람"(이하 "난민편람"이라 한다) 제192항 (vii)호는 "신청자는 … 관할기관에 의하여 그의 신청이 명백히 남용적인 것이 아니라고 증명되지 않는 한, 심사기간 동안 그 국가에서의 체류가 허용되어야 한다. 또한 상급행정기관이나 법원에 이의신청을 하고 있는 동안 그 국가에서의 체류가 인정되어야 한다."고 기술하고 있는데, 난민편람은 국제연합 난민고등판무관사무소(UNHCR,

---

62) 헌법재판소 1991. 7. 22. 선고 89헌가106 결정.

약칭 "유엔난민기구") 국제보호국이 발행한 난민지위인정에 관한 실무지침서
로서, 그 전문에서 난민편람이 체약국 정부공무원을 위한 지침서로 사용되도
록 만들어졌다고 기술하고 있으므로 체약국 정부가 난민편람의 내용에 구속
되는 것은 아니지만, 「난민의 지위에 관한 협약」(이하 '난민협약'이라 한다) 전
문에 따라 유엔난민기구가 체약국의 난민협약 이행을 감독할 임무를 맡고 있
는 점이나, 체약국이 유엔난민기구의 이러한 임무가 원활히 수행되도록 편의
를 제공할 의무가 있는 점(난민협약 제35조 제1항) 등을 고려하면, 체약국은
난민협약의 해석 및 적용에서 난민편람의 내용을 존중함이 마땅하다."

유엔인권권고의 수용, 권고의 이행 혹은 이행 노력의 약속은 국
제법적으로는 조약에 의한 의무부담의 의사표시일 수 있다. 유효한
모든 조약은 그 당사국을 구속하며 또한 당사국에 의하여 성실하게
이행되어야 한다.[63] 어느 당사국도 조약의 불이행에 대한 정당화의
방법으로 그 국내법 규정을 원용해서는 안 된다.[64] 한편 이러한 약
속은 국내법적으로는 법적 기관의 권고에 대한 의무부담의 의사표
시로서 행정작용의 의미를 지닌다. 따라서 비록 유엔인권권고 자체
는 법적 구속력이 없다고 하더라도 그에 대한 행정상 의사표시에는
신뢰보호의 원칙의 적용가능성 등 법적인 효과가 발생하게 된다고
보아야 한다. 한편 유엔인권권고가 국가인권정책기본계획 등에 반
영되는 경우 이는 행정계획의 일부로서의 법적 성질을 가지게 된다.

---

63) 조약법에 관한 비엔나협약, 1980. 1. 27. 대한민국 발효, 제26조.
64) 조약법에 관한 비엔나협약, 1980. 1. 27. 대한민국 발효, 제27조.

3. 국제인권법상 차별금지 원칙, 내외국인평등주의 의 수용[65]

헌법 제6조 제2항은 명문의 규정 그 자체로 보나 연혁적으로 보나 이주민 기본권에 관한 헌법적 근거규정이자 헌법해석의 기초로 보아야 한다. 즉 헌법 제2장의 기본권조항들에서 '인민'이 아니라 '국민'이라는 표현을 사용함으로써 야기된 이주민의 기본권 보장상의 결손을 제헌헌법 제7조 제2항을 도입함으로써 보완하게 된 것이라고 보아야 한다.[66] 오늘날에 있어 국제공법과 국제사법 공히 이주민의 법적 지위는 내국인과 동일하게 취급되고 있고, 헌법 제6조 제2항을 통해 이러한 이주민의 법적 지위는 '법률상 지위'가 아닌 '헌법상 지위'로 고양되었다고 보아야 한다.[67] 이러한 해석방법론은 그 기준이 모호한 '기본권 성질론'에만 의존하여 선험적으로 이주민의 기본권 주체성을 논하던 기존 관행에서 벗어나, 헌법 제6조 제2항과 결합한 국제인권조약상의 실정규정에 대한 해석을 통해 결론의 법적 타당성과 설득력을 제고시킬 수 있다.[68]

오늘날 헌법 제6조 제2항은 '국제법과 조약'은 차별금지 원칙, 내외국인평등주의를 그 내용으로 한다. 『세계인권선언』은 제2조 제1항에서 "모든 사람은 인종, 피부색, 성, 언어, 종교, 정치적 또는 그 밖에 견해, 민족적 또는 사회적 출신, 재산, 출생, 기타의 지위 등에 따른 어떠한 종류의 구별도 없이, 이 선언에 제시된 모든 권리와 자유

---

65) 황필규, "한국의 이주민 법제의 시각과 관련 쟁점", 조선대학교 법학논총 제16집 제2호 (2009), 3-6 참조.
66) 정광현, 앞의 책, 16.
67) 이종혁, "외국인의 법적 지위에 관한 헌법조항의 연원과 의의: 제헌국회의 논의와 비교헌법적 검토를 중심으로", 서울대학교 법학 제55권 제1호 (2014), 560.
68) 정광현, 앞의 책, 69.

를 누릴 자격이 있다."고 규정하고 있고,[69] 『시민적 및 정치적 권리에 관한 국제규약』('『자유권규약』')[70]과 『경제적, 사회적 및 문화적 권리에 관한 국제규약』('『사회권규약』')[71]도 각각 제2조에서 이와 유

---

69) 헌법재판소는 '세계인권선언이 모든 국민과 모든 나라가 달성하여야 할 공통의 기준을 선언하는 의미는 있으나, 그 선언 내용인 각 조항이 보편적인 법적 구속력을 가지거나 국내법적 효력을 갖는 것으로 볼 것은 아니다'라고 하였으나, [헌법재판소 1991. 7. 22. 선고 89헌가106 결정], 세계인권선언 전체가 국제관습법을 구체화한 것인가에 관하여는 논란이 있으나 유엔총회의 결의로 채택된 세계인권선언이 적어도 일부 인권보호 관련 국제관습법상의 국가의무를 제시하고 있다는 점은 국제사회에서 일반적으로 받아들여지고 있다. [Robert McCorquodale & Martin Dixon, Cases and Materials on International Law(4th ed.), Oxford: Oxford University Press (2003), 182-202]; 국제사법재판소는 Teheran의 인질과 관련된 사건의 의견에서 "세계인권선언에서 선언된 근본원리들"이 이란에 대하여, 특히 "자유의 위법한 박탈 및 고통스런 상황에서의 신체적 제약"을 가하는 경우와 관련하여서는, 법적 구속력을 가지는 것으로 명확히 인용하였다. United States Diplomatic and Consular Staff in Teheran (United States of America v. Iran), Judgment, I.C.J. Rep. 1980(May 24), 42, para. 91 참조.
70) 일반적으로 규약에 규정된 권리는 상호주의나 국적 혹은 무국적상태와 무관하게 모든 사람에게 적용된다. 따라서 규약상 각각의 권리가 국민과 외국인간에 차별 없이 적용되어야 함은 일반적인 원칙이다. 외국인은 규약상 보장된 권리와 관련하여 제2조에 규정된 차별금지의 일반적인 요청의 혜택을 누린다. 이 보장은 국민과 외국인 모두에게 같이 적용된다. 예외적으로 규약상 인정된 일부 권리는 명시적으로 국민에게만 적용가능하거나(제25조 참정권), 외국인에게만 적용된다(제13조 추방). UN Human Rights Committee (HRC), CCPR General Comment No. 15: The Position of Aliens Under the Covenant, 11 April 1986, paras. 1-2.
71) 규약은 수록된 권리를 특성상 당사국에 대하여 "권리의 완전한 실현을 점진적으로 달성하기 위하여" "자국의 가용자원이 허용하는 최대한도까지 조치를 취할 것"을 요구하고 있으나(제2조 제1항), 이러한 권리의 "점진적" 달성은 국적이나 출입국자격의 차별 없이 이루어져야 한다. UN Committee on Economic, Social and Cultural Rights (CESCR), General Comment No. 14: The Right to the Highest Attainable Standard of Health (Art. 12 of the Covenant), UN 문서 E/C.12/2000/4, 11 August 2000; 또한 규약은 개발도상국은 인권과 국가 경제를 고려하여 외국인에게는 규약상의 경제적 권리를 제한할 수 있다고

사한 내용을 규정하고 있다. 즉 대부분의 국제인권법은 모두 몇몇 예외적인 조항, 예컨대 『자유권규약』이 제25조에서 참정권의 주체를 "모든 시민"으로 규정한 것 등을 제외하고는 "모든 사람"을 그 권리의 주체로 함으로써 국적에 의한 차별을 배제하고 적용상의 상호주의를 부정함으로써 내외국인 평등주의를 엄격하게 규정하고 있다.

『모든 형태의 인종차별 철폐에 관한 국제협약』('『인종차별철폐협약』') 제1조 제1항은 "인종차별"의 개념을 명확히 하고 있는데 협약 제1조 제2항은 국민과 외국인을 달리 취급할 수 있는 가능성을 열어놓고 있다. 그러나 이는 차별의 기본적 금지를 훼손함을 방지하는 방향으로 해석되어야 한다. 즉 『세계인권선언』, 『자유권규약』, 그리고 『사회권규약』에서 규정되고 인정된 권리와 자유를 어떠한 방식으로든 회피하는 방향으로 해석되어서는 안 된다.72) 비록 시민적, 정치적, 경제적, 사회적 및 문화적 권리 중 참정권과 같은 권리는 국민에게 한정될 수 있더라도 모든 사람은 원칙적으로 인권을 향유할 수 있어야 한다. 당사국은 국민과 외국인(무국적자 포함)의 평등한 권리의 향유를 국제법이 인정하는 범위까지 보장하여야 할 의무가 있다.73) 국적이나 출입국자격에 기초한 상이한 취급의 기준이 협약의 목적에 비추어 합법적 목적에 따르지 않고 적용되거나 이러한 목적의 달성에 비례하지 않는다면 협약상 이러한 상이한 취급은 차별을 구성할 수 있다.74) 당사국은 인종차별을 금지하는 입법적 보장

규정하고 있다(제2조 제3항). 세계은행 등의 기준에 비추어 한국은 개발도상국으로 분류될 수 없다는 점에서 이 조항은 별다른 의미를 가질 수 없는데, 이 외에도 "인권과 국가경제를 고려"하여야 한다는 점, 제한되는 권리가 "경제적 권리"에 국한된다는 점을 지적할 필요가 있다.

72) UN Committee on the Elimination of Racial Discrimination (CERD), CERD General Recommendation XXX on Discrimination Against Non Citizens, 1 October 2002, para. 2.

73) CERD, 위의 문서, para. 3.

74) CERD, 위의 문서, para. 4.

이 출입국자격과 무관하게 외국인(무국적자 포함)에게 적용되고, 법령의 적용이 외국인(무국적자 포함)에게 차별적 효과를 가지지 않도록 보장하여야 하고,75) 출입국정책이 인종, 피부색 또는 민족이나 종족의 기원에 기초한 차별적 효과를 가지지 않도록 보장하여야 한다.76) 당사국은 비록 취업허가가 없는 외국인(무국적자 포함)에게 일자리 제공을 거부할 수는 있지만, 모든 사람이 고용관계가 시작되면 그것이 종료될 때까지 집회와 결사의 자유를 포함한 근로와 고용과 관련된 권리를 부여받았음을 인정하여야 한다.77) 모든 인권조약의 중심에 놓인 차별금지는 국민과 이주민 모두에게 평등한 보호를 제공하여야 한다.78) 이주민 특히 미등록 이주민의 상황의 악화를 막는 유일한 방법은 이 집단의 인권을 인정하고 차별금지의 원칙을 적용하는 것일 수밖에 없다.79)

또한 차별금지의 원칙은 국제관습법으로서 인정되기도 한다.80) 인권위원회(Human Rights Committee, '자유권위원회')는 "차별금지의 원칙은 법 앞의 평등 및 차별 없는 법의 평등한 보호와 더불어 인권의 보호와 관련된 기본적이고 일반적인 원칙을 구성한다."81)고 밝힌 바 있고, 국제사법재판소도 Barcelona Traction Light and Power Co.

---

75) CERD, 위의 문서, para. 7.
76) CERD, 위의 문서, para. 9.
77) CERD, 위의 문서, para. 35.
78) Office of High Commissioner for Human Rights(OHCHR), Migration and Development: a Human Rights Approach, High Level Dialogue on International Migration and Development, New York, 14-15 Sept. 2006, para. 2.
79) Gabriela Rodriguez Pizzrro, Report of the Special Rapporteur on rights of migrants, UN문서 E/CN.4/2005/85, 27 Dec. 2005, para. 75.
80) 일부 국가들은 헌법에서 차별금지의 원칙을 불분명하게 규정하거나 이주민과 같은 일부 집단에게 적용하지 않는 경우가 있는데 이러한 경우 국제관습법에 관한 논의는 특별히 그 의미가 크다.
81) UN Human Rights Committee (HRC), CCPR General Comment No. 18: Non-discrimination, 10 November 1989, para. 1.

Ltd. 사건에서 "차별금지의 원칙은 특히 인종과 관련된 경우, 오랫동안 국제관습법으로 간주되어 왔다."[82]고 판시하였으며 South West Africa 사건에서 Tanaka 재판관은 반대의견을 통해 "평등의 원칙은 유엔헌장의 불가결한 부분으로서 또는 일반국제법의 독립된 연원으로서 직접 적용이 가능"하며 "인종에 기초한 차별 혹은 분리금지의 규범은 국제관습법이 되었다."고 주장한 바 있다.[83]

차별금지의 원칙은 국제관습법일 뿐만 아니라 강행규범(Jus Cogens)[84]일 수 있다. 인종차별철폐위원회는 인종차별금지가 국제법상 강행규범임을 언급한 바 있다.[85] 국제법위원회(International Law Commission)는 일반적인 차별금지가 아닌 인종차별금지가 명확하게 수용되고 인정된 강행규범임을 지적하고 있는데, 인종차별금지가 강행규범으로 간주된다면 "인권의 이론과 유엔의 원칙"상 성이나 국적, 기타 다른 사유에 따른 차별금지가 배제되어야할 이유나 정당화사유는 존재하지 않는다고 보아야 한다.[86] 평등권은 유엔헌장에 규정된 유일한 권리라는 점 외에도 평등과 차별금지는 모든 사람의 고유한 성질과

---

82) Barcelona Traction Light and Power Co. Ltd. (Belgium v. Spain), Second Phase Judgment, I.C.J Rep. 1970 (Feb. 2)

83) Dissenting Opinion of Judge Tanaka, South West Africa (Ethiopia v. South Africa) (Liberia v. South Africa), Second Phase Judgment, I.C.J. Rep. 1966 (July 18)

84) 조약법에 관한 비엔나협약, 1980. 1. 27. 대한민국 발효, 제53조(일반 국제법의 절대규범(강행규범)과 충돌하는 조약) 조약은 그 체결 당시에 일반 국제법의 절대규범과 충돌하는 경우에 무효이다. 이 협약의 목적상 일반 국제법의 절대 규범은 그 이탈이 허용되지 아니하며 또한 동일한 성질을 가진 일반 국제법의 추후의 규범에 의해서만 변경될 수 있는 규범으로 전체로서의 국제 공동사회가 수락하며 또한 인정하는 규범이다.

85) UN Committee on the Elimination of Racial Discrimination (CERD), Statement on racial discrimination and measures to combat terrorism, UN문서 A/57/18, Chapter XI (C), 2002, para. 4.

86) Bruno Simma & Philip Alston, "The Sources of Human Rights Law: Custom, Jus Cogens and General Principles", Australian Yearbook of International Law, vol. 12, (1988-1989), 93.

존엄성이라는 근본적인 관념으로부터 도출되고 평등권의 부정은 개인의 가치에 존재하는 인권의 기초의 부정임을 주목할 필요가 있다.[87] 미주인권재판소는 "국내적 국제적 공공질서의 전체적인 법적 구조가 법 앞의 평등, 법의 평등한 보호 및 차별금지의 원칙에 기초하고 있고 이 원칙은 모든 법에 스며들어 있는 근본적인 원칙이라는 점에서 이는 강행규범에 속한다."고 판시하고 있다.[88]

III. 이주민의 헌법상 기본권 주체로서의 지위 문제[89]

1. 외국인을 사회권적 기본권 주체에서 배제하는 이분법에 대하여

가. 문제의식

'자유권적 기본권 = 외국인을 포함한 인권의 권리', '사회권적 기본권 = 외국인을 제외한 국민의 권리'라는 이분법이 연혁적으로, 이론적으로, 시대적으로 정당한지를 살펴볼 필요가 있다.

---

87) Dinah Shelton, "Are There Differentiations among Human Rights? Jus Cogens, Core Human Rights, Obligations Erga Omnes and Non-Derogability", UNIDEM Seminar: The Status of International Treaties on Human Rights, Coimbra, Portugal (7-8 Oct. 2005), http://www.venice.coe.int/docs/2005/CDL-UD(2005)020rep-e.asp, (2017. 5. 1. 확인).

88) Inter-American Court of Human Rights, Judicial Conditions and Rights of the Undocumented Migrants, Advisory Opinion OC-18/03 of September 17, 2003.

89) 황필규, "이주민과 북한이탈주민에 대한 자의적 구금 토론 : "Living" 헌법과 국제인권법, "Transnational" 접근을 위하여" 참조.

나. "인간의 권리 v 국민의 권리" 이분법의 극복

헌법 제정 당시 국회 본회의[90]에서 헌법안 제2장 '국민의 권리·의무'의 '국민'을 외국인을 포함하는 모든 사람을 의미하는 '인민'으로 바꾸자는 안이 제시된 바 있다. 1) 권리·의무의 주체를 모두 '국민'으로 하고 해석상 외국인에게도 인정되는 권리를 확인하면 된다는 주장, 2) 모두 '인민'으로 규정하고 해석에 의해 국민만의 권리·의무를 파악하면 된다는 주장, 3) 각각의 권리·의무에 관해 '국민' 또는 '인민'을 주체로 달리 규정해야 한다는 주장, 4) '국민'이나 '인민' 모두 국가의 구성원을 지칭하고 외국인의 지위는 일차적으로 국제조약에 의하는 것이라는 주장 등 다양한 주장이 제시되었으나 외국인에게 인정되는 권리가 무엇인지에 대한 논의는 없었다. 그리고 '인민'으로 바꾸자는 안은 재적인원 167인, 가 32인, 부 87인 등 과반수로 부결된다.

헌법 제정 후 일부 헌법학자들이 독일의 (구) 헌법이론을 내세워 사회권적 기본권은 국민의 권리로서 외국인은 그 주체가 될 수 없다는 (취지의) 주장을 제시하였고, 그 후 수십 년간 대다수의 헌법학자들이 이를 무비판적으로 수용하였고 헌법재판소 역시 이를 그대로 받아들인 것으로 파악된다.[91]

그러나 현재 명시적으로는 물론 묵시적으로도 이러한 헌법상 기본권 이분법을 받아들이고 있는 국가는 거의 없고, 독일의 경우에도 연방헌법재판소 2012. 7. 18 판결에서 헌법상 인간의 존엄성 규정을

---

90) 제1대 국회 제1회 제22차, "국회본회의 속기록", (1948. 7. 1.) 참조.
91) 자유권적 기본권에 대해서도 헌법의 명문 규정상, 그리고 비교법적 관점에서도 '보편적으로 국민에게 유보되고 있는 기본권', 예컨대 국민의 정치적 활동과 관련된 기본권으로서 집회결사의 자유 등에 대해서는 한국 헌법도 외국인의 기본권 주체성을 배제하고 있다고 보아야 한다는 주장이 있다. 한수웅, 헌법학(제4판), 법문사 (2014), 386 참고.

근거로 난민신청자에 대하여 헌법상 사회권적 기본권인 생활보호급
부청구권을 인정한 바와 같이92) 이러한 이분법을 따르고 있지 않고,
외국인의 인권을 포함한 모든 사람의 인권을 규정한 국제인권조약
의 경우에도 직접적인 참정권의 불허 가능성, 출입국상의 통제 가능
성의 예외를 제외하고는 원칙적으로 외국인에게도 모든 인권을 보
장하고 있다.93) 헌법재판소의 일부견해의 경우 비록 외국인의 기본
권 주체성을 부정하는 입장이기는 하지만 이러한 이분법은 그 객관
적 기준이 불분명하고 구체적인 헌법적 판단에 있어 그 판단의 순
서가 역행되는 문제점이 있음을 지적하고 있다.94)

---

92) Zitierung: BVerfG, 1 BvL 10/10 vom 18. 7. 2012, Absatz-Nr 참조.
93) 시민적 및 정치적 권리에 관한 국제규약, 1990. 7. 10. 대한민국 발효, 제13
    조 합법적으로 이 규약의 당사국의 영역 내에 있는 외국인은, 법률에 따라
    이루어진 결정에 의하여서만 그 영역으로부터 추방될 수 있으며, 또한 국가
    안보상 불가피하게 달리 요구되는 경우를 제외하고는 자기의 추방에 반대
    하는 이유를 제시할 수 있고 또한 권한 있는 당국 또는 동 당국에 의하여
    특별히 지명된 자에 의하여 자기의 사안이 심사되는 것이 인정되며, 또한
    이를 위하여 그 당국 또는 사람 앞에서 다른 사람이 그를 대리하는 것이 인
    정된다.
    제25조 모든 시민은 제2조에 규정하는 어떠한 차별이나 또는 불합리한 제
    한도 받지 아니하고 다음의 권리 및 기회를 가진다.
    (a) 직접 또는 자유로이 선출한 대표자를 통하여 정치에 참여하는 것
    (b) 보통, 평등 선거권에 따라 비밀투표에 의하여 행하여지고, 선거인의 의
    사의 자유로운 표명을 보장하는 진정한 정기적 선거에서 투표하거나 피선
    되는 것
    (c) 일반적인 평등 조건하에 자국의 공무에 취임하는 것.
94) "헌법상 기본권들을 인간으로서의 권리와 국민으로서의 권리로 분류하는
    것 자체가 객관성이 없고 명확하지 않은데다가 심지어 하나의 기본권을 내
    용에 따라 어떤 부분은 인간의 권리고 어떤 부분은 국민의 권리라고 나누
    기까지 한다면 그 구별기준이 더욱 불명확해진다. 특히 다수의견 중 재판관
    5인의 의견은 청구인들의 이 사건 심판청구는 직업선택의 자유 중 직장 선
    택의 자유에 관한 것으로서 헌법 제10조의 행복추구권과 밀접한 관련을 맺
    고 있어 외국인에게도 기본권 주체성을 인정해야 한다고 하나, 헌법상 인정
    되는 기본권 중 행복추구권과 관련을 맺지 못할 기본권이 과연 무엇인지

난민신청자의 생존권 : 독일 헌법재판소 판례

Zitierung - BVerfG, 1 BvL 10-10 vom 18.7.2012, Absatz-Nr. (1-40)

"기본법 제1조 제1항은 인간의 존엄성의 불가침성을 선언하고 있고, … 이 기본권은 독일에 거주하는 독일인과 외국인들에게 똑같이 적용된다. … 기본법 제1조 제1항에 다른 객관적 의무에 상응하여 개인적 급부신청권이 도출된다."

"존엄한 최소한의 삶의 보장은 법률적 청구권으로 강제되어야 한다. 도움이 필요한 이는 주관적 권리로 보장되지 않는 국가 또는 제3자의 자발적 지원에 의존하도록 해서는 안 된다. 만일 입법부가 최소한의 생존의 결정에 관한 헌법적 의무를 충분히 이행하지 않는다면 법률은 그 부족한 내용의 범위에서 위헌이다."

"만일 존엄한 최소한의 삶을 설정함에 있어 입법부는 수혜자의 체류자격을 이유로 차등을 두어서는 안 된다. 입법부가 특정 집단이나 개인의 특성을 반영하기를 원한다면 그러한 차등은 생존에 필요한 급부에 대한 수요가 다른 수요자와 현저히 다르고 그것이 합리적이고 내용적으로 투명한 절차에서 해당 집단의 실질적 수요에 의해 입증될 수 있는 경우에만 가능하다."

알 수 없다. 또 기본권의 주체가 될 수 있는 일반적·추상적 자격이 기본권 주체성의 문제라고 할 것인데, 청구인이 주장하는 권리의 구체적인 내용에 들어가 그 성질을 검토해 본 후에야 기본권의 주체성 인정 여부가 결정된다는 것은 판단의 순서가 역행되어 부당하다." 헌법재판소 2011. 9. 29. 선고 2007헌마1083등 결정 재판관 김종대의 반대의견(각하의견); 인권의 권리인지, 국민의 권리인지가 불명확한 기본권에 대해서는 원칙적으로 외국인에게도 기본권 주체성이 인정되어야 한다는 견해가 있다. 이준일, 헌법학강의 (제5판), 홍문사 (2013), 318 참조.

난민신청자의 생존권 : 서울행정법원 판례

서울행정법원 2013. 10. 10. 선고 2013구합13617 판결
(강제퇴거명령및보호명령취소)

"피고가 난민신청자인 원고에 대하여 생계지원 없이 난민신청일로부터 1년이 지난 후부터 극히 제한적으로 체류자격 외 취업활동을 허가하고 난민불인정 결정 후에서는 허가기간을 연장하지 않으면서, 그 허가기간 외에 취업활동을 하였음을 이유로 강제퇴거명령을 한 것은 행정의 획일성과 편의성만을 일방적으로 강조하고 난민신청자의 인간으로서의 존엄성은 무시한 조치로서, 이를 통해 달성하고자 하는 공익에 비해 원고가 입는 불이익이 현저하게 커 위법하다."

"우리나라 정부는 난민신청자에 대하여 아무런 생계지원을 제공하지 않았다. 이런 상황에서 취업활동을 일체 불허하는 것은 난민신청자의 생존을 난민지원 비정부단체나 자선단체 등의 호의에 전적으로 맡기는 것이어서 인간의 존엄성을 수호하고 생존권을 보장하여야 할 문명국가의 헌법정신에 어긋난다."

"행정지체는 난민이 야기한 것이 아니며, 난민신청자 전부를 난민이 아닌 것으로 추정하여 취업활동을 할 수 없게 하는 것은 보호의무를 방기하는 것이다. 지연된 정의는 정의가 아니다."

헌법재판소의 경우, 기본권 이분법을 고수하면서도 이 틀의 현실부적합성을 "기본권 쪼개기"로, 예컨대 사회권적 기본권인 근로의 권리를 사회권적 기본권인 국민의 "일할 자리에 대한 권리"와 자유권적 기본권인 인간의 "일할 환경에 대한 권리"로[95] 규정하는 방식으로 보완하고 있다. 일반적으로 사회권적 기본권으로 분류되는 직업의 자유 중 직장 선택의 자유에 대해서는 "인간의 존엄과 가치 및 행복추구권과도 밀접한 관련을 가지므로 인간의 권리로 보아야 한다."고 판시하고 있다.[96] 그러나 이러한 접근방식은 외국인의 기본

---

95) 헌법재판소 2007. 8. 30. 선고 2004헌마670 결정.
96) "직업의 자유 중 이 사건에서 문제되는 직장 선택의 자유는 인간의 존엄과

권을 보장하기 위한 근본적인 해결의 접근 방법이라고 보기 어렵다.

우선 사회권적 기본권은 자유와 평등을 실질적으로 향유할 수 있기 위한 조건을 확보해주는 역할을 하는 바 사회권적 기본권과 자유권적 기본권의 상호불가분성 및 상호의존성과 상호연관성에 주목할 필요가 있다. 자유행사의 실질적 조건을 형성하지 않아서 최소한의 인간다운 생활이 위협받는다면, 이는 결국 인권의 존엄에 반하게 되고, 그로써 판례와 다수설이 말하는 소위 '인간의 권리'인 '자유권적 기본권'이 침해되게 된다는 점에 이분법이 가지는 맹점이 있다.[97]

또한 위와 같은 이분법은 헌법의 명문의 규정과 이에 근거한 국제법규의 대부분이 차별금지 혹은 내외국인 평등주의를 채택하고 있는 현실에 대한 검토를 배제한 채 이론적인 접근만을 하고 있다는 측면에서, 특히 '상호주의'를 선험적으로 전제하고 있다는 점에서 적절하지 못하다.[98] 즉, 유엔이나 국제노동기구에서 채택한 국제

가치 및 행복추구권과도 밀접한 관련을 가지는 만큼 단순히 국민의 권리가 아닌 인간의 권리로 보아야 할 것이므로 권리의 성질상 참정권, 사회권적 기본권, 입국의 자유 등과 같이 외국인의 기본권 주체성을 전면적으로 부정할 수는 없고, 외국인도 제한적으로라도 직장 선택의 자유를 향유할 수 있다고 보아야 한다. 한편 기본권 주체성의 인정문제와 기본권 제한의 정도는 별개의 문제이므로, 외국인에게 직장 선택의 자유에 대한 기본권 주체성을 인정한다는 것이 곧바로 이들에게 우리 국민과 동일한 수준의 직장 선택의 자유가 보장된다는 것을 의미하는 것은 아니라고 할 것이다." 헌법재판소 2011. 9. 29. 선고 2007헌마1083 등 결정.

97) 정광현, 앞의 책, 19.

98) 황필규, "국제인권법과 한국 이주노동자의 인권: 조약에 기초한 유엔인권체제를 중심으로", 세계이주노동자의 날 기념 토론회: 산업연수제 10년이 남긴 것과 외국인력 제도의 나아갈 길, 민주사회를위한변호사모임, 외국인이주노동자대책협의회, 참여연대 (2004. 12. 16. 발표), 2; 현행법에서 규정하고 있는 상호주의는 적극적으로 외국의 정책을 고려하여 처우를 개선한다는 의미로 해석되어야 하고 기본적 인권과 관련되어 헌법질서상 양보할 수 없는 사항에 대해서는 상호주의를 고려해서는 안 될 것이다. 이순태, 다문화 사회의 도래에 따른 외국인의 출입국 및 거주에 관한 법제연구, 한국법제연

법규에서 외국인에 대하여 근로의 권리, 노동3권 등 생존권적 기본
권이 보장되어야 한다는 입장을 취하고 있음이 명확한 추세임에 비
추어 생존권적 기본권 역시 원칙적으로 자국의 영토 안에 있는 모
든 '사람'에게 보장되어야 할 성질의 것으로 보아야 할 것이다.99) 사
회권이란, 일반적으로 (최소한의) 인간다운 생활을 할 권리, 사회적
위험으로부터 보호받을 권리, 자신이 속한 사회의 자원을 배분받을
권리, 자신이 속한 구성원으로서 그 사회에 참여하고 헌신할 권리
등을 포함하는 개념이다.100) 사회권을 '인간존엄유지에 적절한 생활
수준을 누릴 권리'로 이해하는 관점에서, 사회적 기본권 또한 우리
삶의 필수적인 기초로서의 인권이므로 외국인에게도 기본적으로 기
본권 주체성이 인정되어야 한다.101) 외국인의 사회경제공동체 편입
을 전제로 참정권 등 명백히 외국인에게 인정되기 어려운 기본권을
제외한 모든 기본권 주체성을 인정하는 접근도 가능하다고 보아야
한다.102)

　　구원 (2007), 256-259 참조.
 99) 김지형, "외국인 근로자의 헌법상 기본권 보장: 현행 산업연수생제도의 위
　　　헌성 검토를 중심으로", 저스티스 제70호 (2002. 12.), 14-15.
100) 강현아, "이주노동자 자녀의 사회권에 대한 논쟁", 아동과 권리 제13권 제1
　　　호 (2009), 59.
101) 최유, "외국인의 사회권 주체성에 관한 작은 연구", 충남대학교 사회과학
　　　연구소 사회과학연구 제19권 가을호 (2009), 122-131; 권영호, 지성우, 강현
　　　철, 사회통합을 위한 다문화가정관련법에 대한 입법평가: "다문화가족지원
　　　법"에 대한 입법평가를 중심으로, 한국법제연구원 (2009), 131.
102) 전광석, "다문화사회와 사회적 기본권 - 헌법적 접근을 위한 시론", 헌법학
　　　연구 제16권 제2호 (2010), 123 참조.

2. 외국인에 대한 '상호보증', '상호주의'라는 헌법 적 해석에 대하여

가. 문제의식

'외국인은 국제법과 조약이 정하는 바에 의하여 그 지위가 보장 된다.'는 헌법 제6조 제2항의 규정의 의미에 대하여 다수의 헌법학 자들은 이를 외국인에 대한 상호주의를 규정한 것으로 해석하고 있 는 바 과연 이러한 해석이 타당한지를 살펴볼 필요가 있다.

나. 근거 없는 해석상 '상호주의'의 극복

헌법 제정 당시 국회 본회의 속기록[103])을 살펴보면 현행 헌법 제 6조 제2항[104])과 사실상 동일한 조항을 헌법안에 신설하는 수정동의 안이 제안되었다. "헌법을 제정하는 데 있어서 외국인의 법적지위를 보장하지 않는 것은 밖으로 헌법 체제에 있어서 좋지 못한 그런 점", "헌법이 세계의 한 법으로 되어가지고 이러한 조항이 없으면 대단 히 유감"인 점 등이 근거로 제시되었고, "국제상 관계로 남의 나라 에 우리나라 사람이 살고 있는 이때에 그런 조문이 없다고 하면 남 들이 생각하더라도 우리만 생각한다는 웃음을 받을 것"이라는 동의 의견이 있었으나 그 조약의 내용에 어떤 것들이 있는지 혹은 들어 가야 하는지에 대해서는 전혀 언급이 없었다. 재석의원 157인, 가 109인, 부 2인 등으로 수정안이 가결되었다.

---

103) 제1대 국회 제1회 제27차, "국회본회의 속기록", (1948. 7. 7.) 참조.
104) 대한민국헌법 제6조 ② 외국인은 국제법과 조약이 정하는 바에 의하여 그 지위가 보장된다.

이 조항에 대해서도 헌법 제정 후 일부 헌법학자들이 관련 '국제
법'이나 '조약'의 내용에 대한 검토를 전혀 하지 않은 채 이를 '상호
주의'를 규정한 것으로 해석하였고 그 후 수십 년간 대다수의 헌법
학자들이 이를 무비판적으로 수용하였다. 국제법과 조약은 기본적
으로 상호주의에 지배됨을 강조하기도 하고[105] 청구권적 기본권의
경우 원칙적으로 상호주의원칙에 따라 제한될 수 있다는 주장이 제
시되기도 한다.[106] 헌법재판소 역시 외국인의 기본권 주체성의 경우
"상호주의에 따른 제한"이 있다고 설시하여[107] 이를 그대로 받아들
인 것으로 파악된다. 헌법재판소의 일부견해는 헌법 제6조 제2항을
근거로 "외국인의 지위는 상호주의를 기본으로 해서 보장해야 한다
는 것이 우리 헌법의 기본원칙이다."라고 주장하고 있다.[108]

---

105) 전광석, 앞의 책, 233.
106) 성낙인, 앞의 책, 341.
107) 헌법재판소 1994. 12. 29. 선고 93헌마120 결정, 헌법재판소 2001. 11. 29. 선
　　 고 99헌마494 결정.
108) "헌법 제6조 제2항은, "외국인은 국제법과 조약이 정하는 바에 의하여 그
　　 지위가 보장된다."라고 규정하고 있다. 위 규정은 국제법 존중의 원칙에
　　 입각하여 외국인의 지위에 관한 국제법상의 일반원칙을 우리 법질서가 수
　　 용하기 위한 헌법상의 근거조항이며, 오늘날 외국인의 보호에 관하여 국
　　 제법적으로 확립된 관례는 상호주의원칙이기 때문에 우리 헌법도 상호주
　　 의원칙을 존중하겠다는 뜻을 분명히 밝힌 것이기도 하다. 그렇다면 적어
　　 도 기본권의 주체성을 주장하는 외국인이 속한 국가의 헌법도 우리나라
　　 국민에 대해서 기본권 주체성을 인정할 경우에만 우리도 그 국가 국민에
　　 대해 기본권 주체성을 인정해야 할 것인데, 다수의견은 이 사건 청구인이
　　 어느 나라 국민인지 그 나라의 헌법은 우리 국민을 어떻게 처우하는지 묻
　　 지 않고 널리 외국인에게도 기본권의 성질에 따라 기본권 주체성을 인정
　　 하겠다는 것인바, 이는 국제관계에서의 상호주의원칙을 취한 우리 헌법에
　　 어긋난다 할 것이다. 우리의 헌법은 대한민국헌법이지 국제헌법이 아니다.
　　 그런데도 우리 헌법의 역사적 배경을 무시하고 과잉 세계화로 나가는 것
　　 은 우리 헌법을 지키는 올바른 길이 아니라고 본다." 헌법재판소 2011. 9.
　　 29. 선고 2007헌마1083 등 결정 재판관 김종대의 반대의견(각하의견).

그러나 외국인의 인권을 포함한 모든 사람의 인권을 규정한 국제
인권조약의 경우 거의 예외 없이 "모든 사람"을 그 권리의 주체로
함으로써 국적에 의한 차별을 배제하고 적용상의 상호주의를 부정
함으로써 내외국인 평등주의를 엄격하게 규정하고 있다.109) 즉, 이
주민 지위와 관련하여 오늘날 국제법이 인정하는 기준은 상호주의
원칙이라기보다는 오히려 평등주의 원칙이다.110)

우선 상호주의를 외국인의 기본권 주체성에 대한 판단기준으로
삼는 접근방식은 외국인의 기본권 주체성이 인정될 때 비로소 상호
주의에 따른 제한이 논의될 수 있다는 점에서 부당하다.111) 헌법 제
6조 제2항은 국제조약이 외국인의 헌법상 지위와 관련해서도 제6조
제1항 등에 따른 이중적인 지위를 지님을 전제로, 특히 헌법상 기본
권 전반에 걸친 일반적 기본권 구체화적 법률유보의 성격을 가진다
는 점, 그리고 이 특별조항으로 인하여 국내 법률에 우선하는 특별
법의 성격을 가진다는 점을 규정한 것으로 해석하는 것이 그 규정
의 명문과 헌법 전문 등의 취지상 합리적이라고 볼 수 있다.112)

다. 국가배상법 및 범죄피해자구조법상 상호주의의 문제점113)

『국가배상법』은 제7조에서 "이 법은 외국인이 피해자인 경우에는

---

109) UN Human Rights Committee (HRC), CCPR General Comment No. 15: The
    Position of Aliens Under the Covenant, 11 April 1986, paras. 1-2 참조.
110) 이종혁, 앞의 글, 524-525.
111) 전광석, 앞의 책, 236-237.
112) 이에 대해서는 조약 및 국제법에 의하여 정해지는 외국인의 지위는 법적
    효력을 갖지만, 헌법상의 기본권에 관한 논의를 구속하지는 않으며 따라
    서 외국인의 법적 지위를 국제법과 조약이 정하는 바에 의하여 보장하는
    헌법 제6조 제2항은 외국인의 기본권 주체성에 직접 관련된 규정이 아니
    라는 주장이 있다. 전광석, 위의 책, 233 참조.
113) 황필규, "한국의 이주민 법제의 시각과 관련 쟁점", 20-22 참조.

상호의 보증이 있는 때에 한하여 적용한다."114)고 규정하고 『범죄피
해자구조법』은 제10조에서 "이 법은 외국인이 피해자이거나 유족인
경우에는 상호의 보증이 있는 경우에 한하여 적용한다."고 규정하여
공무원의 직무상 불법행위에 대한 국가의 손해배상과 타인의 범죄
로 인한 생명, 신체피해자에 대한 국가의 구조에 있어서 상호주의를
취하고 있다.

　미국의 경우 헌법에 국가배상을 별도로 규정하고 있지 아니하지
만 헌법상의 기본권 주체가 "인간"인 이상 외국인에게도 국가배상
청구권이 당연히 인정되는 것으로 해석된다. 독일의 경우 선거권을
제외하고 기본권 주체를 '인간'으로 보고 있고 헌법 제34조에서 "한
사람이 자기 공직 내에서 제3자에게 지켜야 할 의무를 준수하지 아
니하면 그것의 책임은 그가 소속되어있는 국가나 조직이 진다. 고의
나 과실행위의 경우에는 잘못한 자가 책임을 져야 한다. 국가배상청
구를 위한 소송의 방법을 막아서는 아니된다."고 하여 명문으로 국
가배상청구권을 인정하고 있다. 따라서 국가배상청구권의 주체에는
국민뿐만 아니라 외국인도 포함된다고 보아야 하며 경찰법에서도 국
가배상을 규정하면서 국민과 외국인의 차별을 두고 있지 아니한다.

　국가배상의 상호주의를 규정한 나라는 거의 그 예를 찾아보기 어
려우나 한국의 법제에 상당한 영향을 준 일본의 경우 이를 규정하
고 있다. 즉 일본의 국가배상법 제6조는 "이 법률은 외국인이 피해
자인 경우에는, 상호보증이 있는 때에 한하여 이를 적용한다."고 규
정하고 있다. 그러나 이에 대해서는 공무원의 불법행위에 대한 피
해자의 구제여부를 피해자 본국 법제에 관련시키는 것은 합리성을

---

114) "중화민국 민법 제188조, 제192조, 제197조에 외국인도 중화민국을 상대로
　　피용인의 직무집행시의 불법행위에 인한 재산상 및 정신상 손해를 배상하
　　도록 규정되어 있으므로 중화민국과 우리나라 사이에 국가배상법 본조에
　　이른바 외국인이 피해자인 경우에 상호의 보증이 있는 때에 해당한다." 대
　　법원 1968. 12. 3. 선고 68다1929 판결.

결여하고 있고 조리에 맞지 아니하며 일본 헌법 제17조 및 제14조 제1항의 정신에 비추어 외국인의 인권을 합리적인 이유 없이 제한하고, 차별적 취급을 하는 것으로 위헌의 소지가 있다는 비판이 있다. 또한 판례도 상호보증은 유연하게 해석하고 있다. 상호보증의 유무를 누가 입증하여야 하는가에 대하여 피고인 국가 또는 공공단체가 상호보증이 없는 것을 입증한 경우에 한하여 국가배상법의 적용이 부정된다고 해석하고 있고,[115] 외국의 법제가 배상한도액을 정하고 있거나 별도의 면책사유를 규정하고 있는 경우에도 이를 구체적으로 고려하지 아니하여도 된다고 판시하고 있다.[116] 또한 피해자가 이중국적인 경우, 어느 한 쪽 국가에 상호보증이 있으면 된다고 해석하고 있고,[117] 무국적의 경우에는 당연히 상호보증이 있는 것으로 간주한다. 지금까지 한국, 노르웨이, 독일연방공화국, 중화민국, 영국 등에 대하여 상호보증을 인정하였고 판례상 상호보증이 없다고 판단한 나라는 지금까지 단 한 건도 없다.[118]

이미 국내법과 같은 효력을 지니는 국제법과 배치되거나 심지어는 헌법의 정신과 명문의 규정에도 반한다고 볼 수 있는 위 상호주의 규정들은 삭제되거나 개정될 필요가 있다. 즉, 상호주의를 전혀 언급하고 있지 않은 헌법상의 관련조항인 제29조와 제30조와 비교하여 보아도 불합리할 뿐만 아니라 이는 『자유권규약』 제9조 제1항과 제5항의 신체의 자유와 안전에 대한 권리, 제2조 평등권, 제26조 법 앞의 평등 등을 침해하는 것이고 『자유권규약』 제2조 제3항의 국가의 구제조치 보장의무를 위반하는 것이며, 『인종차별철폐협약』 제1조, 제5조, 제6조에도 정면으로 배치된다.[119]

---

115) 大分地判昭和 60. 2. 20.
116) 名吉室高判昭和 41. 9. 30.
117) 京都地判昭和 48. 7. 12.
118) 上村榮治, 行政法教室 (2000), http://uno.law.seikei.ac.jp/-uemura/chap17.html, (2009. 8. 31. 확인).

3. 주권에 기초한 출입국 통제의 추상성과 헌법적 함의에 대하여

가. 문제의식

출입국상의 통제 가능성이 모든 기본권 보장에 우선시되는 경향이 있는데 전체적으로 외국인의 헌법적 지위를 어떻게 이해할 것인가에 대한 근본적이고 전향적인 패러다임 변화의 필요성에 대한 논의가 이루어져야 한다.

나. 국가주권과 이주통제에 관한 이해[120]

유엔인권시스템에서 외국인에 대한 차별금지의 원칙의 유일한 명시적인 예외는 참정권과 강제추방과 관련된다. 이는 국가들의 영토적 권한, 즉 외국인의 출국과 입국을 통제하고 국적을 부여할 권한을 묵시적으로 확인하고 있는 것이다. 국적에 대한 권리와 참정권은 국가의 구성원으로서의 지위와 그 국가의 운명을 결정할 수 있는 권리와 관련된다. 이런 면에서 이주민의 참정권을 제한하는 것은 일면 합리적이라고 볼 수 있지만, 이주민의 사회구성원으로서의 지위는 어떻게 볼 것인가, 이주민 자신과 직접적으로 관련된 문제들에 대한 대표성의 결여는 불가피하게 이들의 근본적인 취약성을 규정한다고 했을 때 이를 어떻게 볼 것인가, 지방 차원에서의 참정권도

---

119) 이에 더하여 상호주의는 조약체결을 유도하기 위한 외교상 원칙이고 그 압력의 객체는 국가인데 상호주의의 적용 결과로 외국인 개인이 희생되는 것은 개인은 목적이지 수단이 될 수 없다는 의미에서 헌법상 인간의 존엄과 조화될 수 없다는 의견이 있다. 전광석, 앞의 책, 237 참조.
120) 황필규, "한국의 이주민 법제의 시각과 관련 쟁점", 11-13 참조.

국가주권의 문제인가 등의 문제는 여전히 남는다.

많은 경우, "이주통제에서의 국가주권"에 관한 주장은 그 개념의 불가분성을 전제로 한다. 예컨대, "국가는 외국인을 아예 받아들이지 않을 수 있기 때문에, 국민의 권리보다 적은 권리를 부여할 수도 있고, 제한된 조건 하의 일정한 권리를 부여할 수도 있다."[121]는 주장이 그러하다. 그러나 이러한 주장은 합리적이지도 않으며, 국제법의 관점에서도 받아들이기 어렵고, 모든 차별적인 법과 관행을 합리화시키는 데 활용될 수 있다. 국제인권조약도 국가들의 영토적 권한, 즉 외국인의 출국과 입국을 통제하고 국적을 부여할 권한을 묵시적으로 확인하고 있다. 그러나 외국인을 받아들인다는 것은 단순히 입국을 허용하는 것이거나 생산요소 혹은 개발인자를 도입하는 것이 아니라, 오히려 그 외국인이 그를 받아들이는 국가의 관할권 내에 들어오게 되면 원칙적으로 차별금지의 원칙 하에서 국제법 및 국내법제가 보장하는 모든 권리를 그 외국인에게 부여한다는 국가의 주권적 결정을 포함하는 것이다. 따라서 외국인 수용국의 비용-이익 분석도 처음부터 모든 관련된 권리를 고려하면서 이루어져야 하는 것이다.

입국, 체포, 구금 및 강제퇴거 상의 절차적 권리는 국가주권과는 아무런 관련이 없다. 이는 법의 지배와 잔혹한, 비인도적인 또는 굴욕적인 대우로부터 보호받을 권리와 같은 근본적인 권리의 보호의 문제일 뿐이다. 외국영토에 거주하는 이주민의 시민적, 정치적, 경제적, 사회적 및 문화적 권리는 그 체류의 기간이나 정규성과 무관하게 그 국가의 영토 혹은 관할권 하의 모든 이의 권리를 차별 없이

---

121) Linda S. Bosniak, "Human Rights, State Sovereignty and the Protection of Undocumented Migrants under the International Migrant Workers' Convention", Barbara Bogusz, Ryszard Cholewinski, Adam Cygan, Erika Szyszczak, eds., Irregular Migration and Human Rights: Theoretical, European and International Perspectives, Leiden: Martinus Nijhoff Publishers (2004), 331.

증진하고 보호할 국가의 의무와 직접적으로 관련된다. 따라서 이러한 면에서의 어떠한 제한이나 차별은 국가주권의 문제가 아니며 정당한 목적과 균형성의 심사의 대상이 될 뿐이다.

따라서 "특정 국가의 이민법을 위반하고 그 국가에 입국한다고 하여 인권기준에 입각한 이주민의 근본적인 권리들이 박탈당하지는 않으며 또한 이것이 비정규적 상황에 놓인 이주민을 보호하여야 할 국가의 의무에 영향이 미치지도 않는다."122) "고용국가가 한 개 또는 그 이상의 부문에서 국가의 생산을 보호하기 위해 불법이주노동자들을 고용하여 그들을 착취하여 고용주에 비해 취약한 그들의 상황을 이용하거나 낮은 임금을 제공하거나 법정에 노동권이 침해되었다고 신고하지 못하도록 함으로써 그들의 노동을 착취하도록 권장하거나 용인해서는 안 된다. 국가가 이민 정책을 포함한 공공정책의 목적을 달성하기 위해 법 앞에서의 평등의 원칙과 차별 금지의 원칙을 경시할 수 없다. 이 일반적인 원칙은 항상 존중되고 보장되어야 하고 이에 반하는 행동 또는 태만은 국제인권협약에 위배되는 것이다."123)

"특정 국가의 이민법을 위반하고 그 국가에 입국한다고 하여 인권기준에 입각한 이주민의 근본적인 권리들이 박탈당하지는 않으며 또한 이것이 비정규적 상황에 놓인 이주민을 보호하여야 할 국가의 의무에 영향이 미치지도 않는다."124) 결국, 이주통제에서의 국가주권의 문제는 체류의 허용 (기간 포함), 취업의 허용 (기간, 종류 포함), 비정규 이주민, 그리고 법이 특정한 경우 정규 이주민의 강제추방 그 자체와만 관련이 있다고 보아야 한다.

---

122) Global Commission on International Migration(GCIM), Migration in a interconnected world: New directions for action (2005), 55.
123) Inter-American Court of Human Rights, Judicial Conditions and Rights of the Undocumented Migrants, Advisory Opinion OC-18/03 of September 17, 2003.
124) GCIM, 위의 문서, 55.

미등록 이주노동자의 노동3권

2006누2774 노동조합설립신고서반려처분취소 사건 준비서면 (2006. 12.)

"모든 형태의 인종차별 철폐에 관한 국제협약"의 일반권고(CERD General Recommendation)에서도 "당사국은 취업허가가 없는 외국인에게 일자리 제공을 거부할 수는 있지만, 모든 사람이 고용관계가 시작되면 그것이 종료될 때까지 집회와 결사의 자유를 포함한 근로와 고용과 관련된 권리를 부여받았음을 인정하여야 한다"라고 유권해석을 내려 체류자격 없는 외국인근로자의 노동3권을 보장하고 있음을 명시적으로 확인하고 있습니다.

체류자격 없는 외국인근로자에게 노동과 관련된 인권을 보장하는 근거에 대하여 미주인권재판소는 자신의 권고의견에서 매우 분명하게 제시하고 있습니다.

"8. 개인의 이민 지위는 이민자로부터 노동과 관련된 인권을 포함한 인권을 누리고 행사할 수 있는 권리를 박탈하는 것을 정당화하는 수단이 될 수 없다. 고용관계가 성립되었을 때 이주민은 피고용인으로서 고용 국가 내에서의 체류의 합법성과 관계없이 인정받고 보장되어야 하는 권리를 획득한다. 이러한 권리들은 고용관계로부터 발생하는 것이다...... 10. 노동자들은 노동권을 소유하는 자로서 노동권을 적절하게 행사할 수 있는 수단을 가져야 한다. 불법이주노동자들 역시 고용 국가에서의 다른 노동자들과 마찬가지로 이러한 노동권을 가지며, 국가는 노동권이 인정되고 현실에서 부합되는 것을 보장하는 데 필요한 조치를 취해야 한다."

이처럼 체류자격 없는 외국인근로자라고 하더라도 실질적인 근로관계가 형성되는 한 출입국관리법상의 위반여부와 관계없이 근로기준법상 혹은 노노법상의 근로자의 지위를 가진다고 할 것이므로 이들 역시 노노법상의 근로자로서 노동조합의 주체가 되는 것은 너무나도 당연한 결과라고 할 것입니다. 이러한 권리들은 고용관계로부터 발생하기 때문입니다.

미등록 이주노동자의 노동3권 : 판례 (노동조합설립신고서반려처분취소)

서울행정법원 2006. 2. 7. 선고 2005구합18266 판결

"불법체류 외국인은 출입국관리법상 취업이 엄격히 금지되어 있고 때문에 이 들은 장차 적법한 근로관계가 계속될 것임을 전제로 근로조건의 유지·개선과 지위향상을 도모할 법률상 지위에 있는 것으로는 보이지 아니하므로 불법체류 근로자들이 … 노동조합가입이 허용되는 근로자에 해당한다고 보기 어렵다."

서울고등법원 2007. 2. 1. 선고 2006누6774 판결

"근로 3권의 입법취지에다가 외국인의 지위를 보장한 헌법 제6조, 국적에 따 른 근로조건의 차별대우를 금지한 근로기준법 제5조, 조합원에 대하여 이종 등에 의한 차별대우를 금지한 노노법 제9조의 입법취지 및 헌법에 의한 근로 자의 단결권·단체교섭권 및 단체행동권을 보장하여 근로조건의 유지·개선과 근로자의 경제적·사회적 지위의 향상을 도모한다는 노노법의 목적을 더하여 보면, 불법체류 외국인이라 하더라도 … 노동조합을 설립할 수 있는 근로자에 해당한다고 보아야 한다… 출입국관리법(은) … 취업자격 없는 외국인의 고용 이라는 사실적 행위 자체를 금지하고자 하는 것에 불과할 뿐…이다."

대법원 2015. 6. 25. 선고 2007두4995 판결

"노동조합법상 근로자란 타인과의 사용종속관계 하에서 근로를 제공하고 그 대가로 임금 등을 받아 생활하는 사람을 의미하며, 특정한 사용자에게 고용되 어 현실적으로 취업하고 있는 사람뿐만 아니라 일시적으로 실업 상태에 있는 사람이나 구직 중인 사람을 포함하여 노동3권을 보장할 필요성이 있는 사람 도 여기에 포함되는 것으로 보아야 한다(대법원 2004. 2. 27. 선고 2001두8568 판 결, 대법원 2014. 2. 13. 선고 2011다78804 판결, 대법원 2015. 1. 29. 선고 2012두 28247 판결 등 참조). 그리고 출입국관리 법령에서 외국인고용제한 규정을 두 고 있는 것은 취업자격 없는 외국인의 고용이라는 사실적 행위 자체를 금지하 고자 하는 것뿐이지, 나아가 취업자격 없는 외국인이 사실상 제공한 근로에 따른 권리나 이미 형성된 근로관계에 있어서 근로자로서의 신분에 따른 노동 관계법상의 제반 권리 등의 법률효과까지 금지하려는 것으로 보기는 어렵다 (대법원 1995. 9. 15. 선고 94누12067판결 등 참조).
따라서 타인과의 사용종속관계 하에서 근로를 제공하고 그 대가로 임금 등을 받아 생활하는 사람은 노동조합법상 근로자에 해당하고, 노동조합법상의 근 로자성이 인정되는 한, 그러한 근로자가 외국인인지 여부나 취업자격의 유무 에 따라 노동조합법상 근로자의 범위에 포함되지 아니한다고 볼 수는 없다."

헌법재판소는 적어도 '인간의 권리'는 "인류보편적인 성격"125)을 지닌 권리이고, 이러한 기본권은 법령에 의한 체류 자격의 합법성 여부에 따라 그 인정여부가 달라지지 않는다고 보았다.126) 그런데 다른 한편으로 "기본권 주체성의 인정문제와 기본권 제한의 정도는 별개의 문제"이고 이주민의 "직장 선택의 자유"나 "근로의 권리"에 대한 기본권 주체성을 인정한다는 것이 곧바로 국민과 동일한 수준의 자유나 권리가 보장되는 것이 아니라는 설시를 하고 있다.127)

헌법재판소는 사업장 이동의 제한에 대해서는 "내국인근로자의 고용기회를 보호하고 외국인근로자에 대한 효율적인 고용관리로 중소기업의 인력수급을 원활히" 하고자 함을 강조하고 있다.128) 그러나 "내국인근로자의 고용기회를 보호"는 이미 사용자의 내국인 구인 의무와 내국인 인력 채용 불가 시에 고용허가라는 법제를 통해 보장되고 있다.129) 결국 "효율적인 고용관리"라는 편의적인 이유로 사실상 '강제노동'에 이를 수 있고, 수요와 공급의 원칙에 따른 사용자와 노동자간의 근로계약 체결이라는 시장경제질서에도 배치되는 상황을 초래하게 된다. 한편 헌법재판소는 출국만기보험금의 지급 시기를 출국 후 14일 이내로 하는 것에 대해서는 이주노동자의 "불

---

125) 헌법재판소 2014. 8. 28. 선고 2013헌마359 결정.
126) 헌법재판소 2012. 8. 23. 선고 2008헌마430 결정.
127) 헌법재판소 2011. 9. 29. 선고 2007헌마1083 등 결정, 헌법재판소 2016. 3. 31. 선고 2014헌마367 결정.
128) 헌법재판소 2011. 9. 29. 선고 2007헌마1083 등 결정.
129) 외국인근로자의 고용 등에 관한 법률 제6조(내국인 구인 노력) 제1항 외국인근로자를 고용하려는 자는 「직업안정법」 제2조의2제1호에 따른 직업안정기관(이하 "직업안정기관"이라 한다)에 우선 내국인 구인 신청을 하여야 한다.
제8조(외국인근로자 고용허가) 제1항 제6조제1항에 따라 내국인 구인 신청을 한 사용자는 같은 조 제2항에 따른 직업소개를 받고도 인력을 채용하지 못한 경우에는 고용노동부령으로 정하는 바에 따라 직업안정기관의 장에게 외국인근로자 고용허가를 신청하여야 한다.

법체류 방지"라는 목적을 강조하고 있다.[130] 그러나 임금과 퇴직금 등 급여에 관한 권리는 노동자의 기본권 중의 기본권이라고 할 수 있는데 단지 불법체류의 가능성이 있다는 이유로 이를 일괄적으로 출국과 연계시켜 사실상 담보로 제공하도록 하는 것은 노동자의 기본권을 근본적으로 침해하는 것이라고 볼 수 있다.

이러한 헌법재판소의 태도는 입국의 자유 혹은 출입국 통제와 간접적으로라도 관련된 다른 기본권 제한을 폭넓게 허용하겠다는 취지이고 이주민과 관련된 사안이라면 무엇이든 입국의 자유 쟁점으로 환원시킬 수 있다는 태도로서, 결과적으로 출입국 통제의 관점이 거의 모든 기본권에 우선하여 이주민의 기본권 보호 전반을 무력화시키게 된다. 결국 이주민의 체류는 국가의 허락을 '조건'으로 하는 것이기 때문에 사실상 이주민이 개인으로서 가지는 '고유한' 기본권은 없다는 의미가 된다.[131] 이주민의 기본권의 문제가 단순히 입출국의 국가주권의 문제로 환원될 수는 없으며, 이주민이 국가의 관할권 내에 있는 한 동등하게 헌법적 보호를 제공받아야 하고,[132] 이주민의 기본권 제한은 출입국 관리의 목적에 직접적으로 부합하고 기본권 제한 없이는 그 목적을 달성할 수 없는 경우에 한정하여야 한다.

다. 출입국 통제 절차와 구금의 통제 필요성

인신보호법이 구금 후 "일회성" 구제신청절차를 규정하고 있기는 하지만 인신보호에 직접적이고 효과적인 구금 성립과정 및 구금 중 헌법이 표방하는 "법률과 적법절차"는 부재한 경우가 많다. 출입

---

130) 헌법재판소 2016. 3. 31. 선고 2014헌마367 결정.
131) 김지혜, "이주민의 기본권: 불평등과 '윤리적 영토권'", 헌법학연구 제22권 제3호 (2016. 9.), 235.
132) 김지혜, 위의 글, 246-247.

국 통제와 관련해서는 아무런 법적 근거 없는 난민신청자의 송환대기실 장기구금이 대표적인 예이다.

최소한 법원 등 독립된 기관에 의한 구금의 결정, 변호인의 조력을 받을 권리 보장, 구금의 목적, 요건과 절차에 관한 구체적이고 명확한 법률의 규정, 행정절차법 등이 보장하고 있는 절차의 예외 없는 적용 등이 반드시 확보되어야 한다.

헌법 제12조 제6항은 "누구든지 체포 또는 구속을 당한 때에는 적부의 심사를 법원에 청구할 권리를 가진다."고 규정하고 있고, 헌법재판소는 이에 대하여 헌법에 제12조에 규정된 '신체의 자유'는 수사기관 뿐만 아니라 일반 행정기관을 비롯한 다른 국가기관 등에 의하여도 직접 제한될 수 있으므로 최소한 모든 형태의 공권력 행사기관이 '체포' 또는 '구속'의 방법으로 '신체의 자유'를 제한하는 사안에 대하여는 헌법 제12조 제6항이 적용된다고 판시한 바 있다.[133] 그런데 이를 구체화하기 위하여 마련된 『인신보호법』은 제2조 제1항에서 "피수용자"의 정의를 "자유로운 의사에 반하여 국가, 지방자치단체, 공법인 또는 개인, 민간단체 등이 운영하는 의료시설, 복지시설, 수용시설, 보호시설 … 에 수용, 보호 또는 감금되어 있는 자"로 규정하면서 "출입국관리법에 따라 보호된 자"를 그 적용범위에서 배제하고 있다. 즉 미등록이라는 이유 하나만으로 헌법이 보장한 인신보호를 부정하고 있는 것이다.

한편 출입국관리법에 의하면 강제퇴거명령을 받은 자의 경우 "여권 미소지 또는 교통편 미확보 등의 사유로 즉시 대한민국 밖으로 송환할 수 없으면 송환할 수 있을 때까지" 수용할 수 있고, 그 기간이 3개월을 넘는 경우에는 3개월마다 법무부장관의 사전 승인이 있어야 하고,[134] 법무부장관의 승인이 있으려면 보호기간 연장의 필

---

133) 헌법재판소 2004. 3. 25. 선고 2002헌바104 결정 참조.
134) 출입국관리법 제63조 제1항, 제2항.

요성이 소명되어야 한다.[135) 비록 대법원이 "출입국관리법 제63조 제1항의 보호명령은 강제퇴거명령의 집행확보 이외의 다른 목적을 위하여 이를 발할 수 없다는 목적상의 한계 및 일단 적법하게 보호명령이 발하여진 경우에도 송환에 필요한 준비와 절차를 신속히 마쳐 송환이 가능할 때까지 필요한 최소한의 기간 동안 잠정적으로만 보호할 수 있고 다른 목적을 위하여 보호기간을 연장할 수 없다는 시간적 한계를 가지는 일시적 강제조치"[136)라고 해석하고 있기는 하지만 외국인에 대하여는 내국인과는 달리 형의 선고나 특별한 장애가 없어도 장기 구금할 수 있도록 법이 보장하고 있음은 부정할 수 없다.

일견 1) 구금에 정기적 타당성 심사가 이루어지고, 2) 그 구금 필요성의 소명 책임이 관련 당국에 있고, 3) 그 심사의 주체가 책임 있는 행정기관의 장으로 규정되어 있는 것으로 보인다. 그러나 수용기간의 연장을 배제하기 위한 요건이 법령에 전혀 규정되어 있지 않기 때문에 강제퇴거명령 당시 그 명령이 집행되지 않고 수용이 이루어졌던 사유가 해소되지 않는 한 정기적 심사는 아무런 의미가 없고 사실상 동일한 당국인 법무부장관이 특단의 사정 변경이 없는 한 보호를 해제할 근거는 없다. 즉 위 조항은 무기한 장기구금을 명시적으로 규정한 조항이라고 보아야 한다.

즉 이처럼 무기한 장기구금을 명시적으로 예정하고 있는 구금에 대하여도 "보호 자체에 대한 적법여부를 다툴 수 있는 기회를 최소한 1회 이상 제공"[137)하는 것으로 인신보호가 이루어졌다고 판단하는 것이 정당한지 의문이다. 헌법재판소의 표현을 차용하면 적어도

---

135) 출입국관리법 제78조 제2항.
136) 대법원 2001. 10. 26 선고 99다68829 판결 참조.
137) 헌법재판소 2004. 3. 25. 선고 2002헌바104 결정, 헌법재판소 2014. 8. 28. 선고 2012헌마686 결정 참조.

인신보호청구권을 "행사할 수 있는 절차적 기회가 불합리하게 박탈된 영역이 존재"하여 "그 범위 내에서 입법형성의무의 불이행으로 인한 법적 공백상태가 발생"138)한 경우라고 보아야 할 것이다.

이주민 구금 : 유엔자유권위원회 최종견해 (2015. 11.)

난민신청자의 구금

38. 위원회는 대한민국의 2013년, 난민법과 그 시행령 및 시행규칙의 제정을 환영하는 한편, 이주구금의 기간에 법적 상한이 없는 것과 이주 아동의 구금, 그리고 이주 구금 시설의 열악한 환경에 대해 우려한다. (제9조, 24조)

39. 대한민국 정부는 이주구금의 기간을 제한해야 하며, 구금이 최단 기간 동안 최후의 수단으로만 사용되도록 보장해야 한다. 또한 대한민국 정부는 일반논평(General Comment) 35번에 부합하도록 아동의 최선의 이익을 고려한 뒤에, 최단 기간 동안 최후의 수단으로 사용되는 경우를 제외하고는, 아동의 자유가 박탈되지 않도록 해야 한다. 또한 이주구금시설의 생활 조건이 국제기준에 부합하도록 하며, 정기적이며 독립적인 심사를 받을 수 있도록 보장해야 한다.

10여년 가까운 논의의 종지부를 찍고 출입국관리법상 관련 규정의 개정이 이루어져야 한다. 출입국관리법 개정 방향으로서 무엇보다도 중요한 것은 일련의 절차를 헌법과 국제인권법상 기본권의 법률제한 원칙 및 법치주의 관점에서 법률에서 명확하게 규정하고, 절차적 통제를 마련하는 것이며, 그 동안 출입국관리 행정에 과도하게 부여된 재량권을 제도적으로 제한하고, 절차적인 통제가 가능한 시스템을 구축하는 것이다. 출입국관리법을 인권의 기초 위에 세워야 한다.139)

---

138) 헌법재판소 2004. 3. 25. 선고 2002헌바104 결정.
139) 황필규, "이주노동자의 인권", 대한변호사협회 인권보고서 2005년도 제20

단속	보호 (위반조사)	강제퇴거결정	보호 (퇴거집행)	강제퇴거집행
1. 법적 근거 (적법절차) 2. 건조물 출입·조사 영장주의 적용	신청에 의한 보호적부심	1.강제퇴거 사유제한 2. 이의신청 심의위원회	1. 집행불능의 경우 보호해제 2. 신청에 의한 보호적부심	집행정지제도

4. 이주민의 취약성, 인종차별, 인종주의와 외국인 혐오주의에 대하여[140]

가. 문제의식

이주민은 정치, 경제, 사회, 문화적으로 다양한 취약성에 노출되어 있고 이에 대한 특별한 보호는 국제인권법적 요청임에도 불구하고 현실은 오히려 그 취약성을 강화시키는 방향으로 흐르기 쉽다. 인종차별, 인종주의나 외국인혐오주의라는 용어는 아직도 한국에서는 생소한 단어다. 그러나 한국의 법제나 관행, 정부의 정책, 일부 법원의 태도를 보면 입법, 행정, 사법 전 영역에 걸쳐 인종차별, 인종주의와 외국인혐오주의는 매우 깊게 뿌리를 내리고 있고 점점 확산되는 경향을 보이고 있다. 이러한 흐름은 헌법적으로 어떻게 해석되어야 하고 이러한 방향을 돌리기 위해서는 무엇이 필요한가는 국가적으로도 매우 중요한 과제일 수밖에 없다.

집 (2006), 246-260 참조.

140) 황필규, "지정토론문", 서울행정법원 개원 15주년 기념 학술대회: 다문화·국제화 시대의 사회통합과 행정재판, 서울행정법원 (2013. 9. 6. 발표), 115-130 참조.

나. 이주민의 취약성(Vulnerability)[141]

'취약성' 개념은 국제인권(법)에 관한 논의에서 가장 광범위하게 사용되는 용어 중의 하나이다. 그러나 현재까지 '취약성'이 국제인 권법상 인정된 개념이라고 볼 수는 없고 또한 그 개념의 정의나 개 념요소들에 대해서 명확한 합의가 존재하지도 않는다. 그렇지만 그 국제인권법상의 정의나 의미를 규명하려는 노력은 꾸준히 있어 왔 다. 예컨대, 이주민의 인권에 관한 정부 간 전문가 실무그룹은 '취약 성'이 국가 혹은 국가 간 권력구조에 의하여 개인에게 부과된 권한 혹은 권력의 부족 혹은 부재('lack of empowerment or powerlessness') 상황으로 이해될 수 있다고 하였다.[142] 또한 경제적, 사회적 및 문화 적 권리에 관한 위원회('사회권위원회')는 적절한 먹거리에 대한 권 리와 관련하여 "사회적으로 취약한 집단"을 "특별한 프로그램을 통 한 보호를 필요로 하는 특히 빈곤한 인구의 구성부분"이라고 정의 하였고,[143] 일부 학자들 역시 '취약성'을 인권의 관점에서 특별한 보 호나 관심을 받는 혹은 받아야하는 인구의 구성부분으로 설명하고 있다.[144] '취약성'의 개념이 국제인권문헌에서 광범위하게 사용되고 있고, 아래에서 보는 바와 같이 특히 차별금지의 원칙과 관련하여 여러 중요한 기능을 수행한다는 점에서 국제인권법상의 개념으로

---

141) 황필규, "한국의 이주민 법제의 시각과 관련 쟁점", 7-11 참조.
142) Jorge Bustamante, Working paper of the working group of intergovernmental experts on the human rights of migrants, UN문서 E/CN.4/AC.46/1998/5, 1998, para. 28.
143) UN Committee on Economic, Social and Cultural Rights (CESCR), General Comment No. 12: The Right to Adequate Food (Art. 11 of the Covenant), 12 May 1999, para. 13.
144) Alexander H. E. Morawa, "Vulnerability as a Concept of International Human Rights Law", Journal of International Relations and Development, vol. 6, No. 2 (June 2003), 139.

인정될 필요가 있다.

첫째, '취약성'의 개념은 차별금지사유와 차별적인 법과 관행과 밀접하게 관련되어 있다. 상당수의 유엔인권조약이 여성, 아동, 소수 인종, 고문의 (잠재적) 피해자 등 특정한 취약 집단을 직접적인 대상 으로 한다. 둘째, 일부 취약 집단에 대한 구별은 엄격한 심사와 차별 의 추정을 수반한다. 예컨대, 성과 같이 국제인권장전에 명시적으로 규정된 차별금지사유는 특별한 취약성을 의미하는 것으로 보아야 하며, 이를 판단함에 있어서는 지속적인 차별의 역사뿐만 아니라 현 시점에서의 이들 집단의 상황이 충분히 고려되어야 한다. 셋째, 특 정집단의 사회적 취약성의 구조적인 성격은 인종차별 등의 문제를 해결하기 위한 적극적 평등실현조치를 허용한다. 넷째, 장애인이나 수용자 등 대부분의 취약집단에 대하여 실질적인 평등을 보장하기 위해서는 특별한 보호조치 혹은 절차가 필요한 경우가 대부분이다. 다섯째, 차별금지 원칙의 실질적 실현을 위하여, 적극적 평등실현조 치나 특별한 보호조치 외에도 기존의 권리에서 유래하고 발전되어 온 독립된 권리가 요구되기도 한다. 예컨대 자유권규약상의 소수민 족의 권리(제27조)는 이들의 일반적인 문화, 종교 혹은 언어에 대한 권리와는 명확하게 구별된다. 여섯째, 차별행위를 평가함에 있어서 법익형량은 취약성에 의하여 상당하게 영향을 받게 된다.[145] 다양한 사회적 집단의 인권상황을 분석하고 이들 집단에 대한 차별을 해소 하기 위한 정책적 조치들을 마련함에 있어서 '취약성'의 개념을 적 극적으로 활용함은 소위 적극적 권리와 소극적 권리의 이분법을 극 복하는 데에도 도움이 될 수 있다. 또한 특정 집단의 취약성의 원인 과 결과 및 성격에 대한 분석은 취약 집단에 대한 미시적, 거시적

---

145) Alexander H. E. Morawa, "The Concept of Non-Discrimination: An Introductory Comment", Journal of Ethnopolitics and Minority Issues in Europe, Issue 3/2002 (2002), 1-7.

차원에서의 총체적인 접근을 가능하게 해주며 바람직한 권리에 기초한 포괄적인 접근을 가능하게 해준다.

국제인권법에 의하더라도 이주민의 정치적 대표성의 부재와 상시적인 강제추방의 가능성은 정당화될 수 있다. 자국에서 떠나있다는 사실 자체가 이주민의 취약성의 출발점이다. 이것은 문화적 및 언어적 장벽, 거주국의 법과 관행에 대한 무지를 수반한다. 노동자, 여성 혹은 아동으로서 이들은 다중의 차별에 노출되어 있다. 인종주의와 외국인혐오주의와 관련되거나 이에 의하여 강화되는 사회적 배제와 차별에 의하여 이들의 삶은 더욱 힘들어지고 이들은 종종 거주국의 안보위험의 혐의자 혹은 희생양이 되기도 한다. 결국 차별은 이주민의 취약성의 기초가 된다. 차별은 성, 인종, 종교 등과 맞물려 더욱 강화되는데 사업장에서의 근로조건, 사회서비스, 사법제도, 교육, 주거, 건강 및 의사결정과정의 참여 등에의 접근을 포함한 사회생활 전반에 걸쳐 영향을 미치는 배제, 불이익 및 침해의 상호 강화의 패턴을 만들어낸다.146) 특히 미등록 이주민의 경우, 비록 이주민의 권리가 국내법에 규정되어 있는 경우에도 그들의 권리행사의 노력은 그들로 하여금 좀 더 안정된 체류의 박탈 혹은 강제추방 그리고 출입국과 관련된 처벌에 노출시킨다. 이러한 "보복의 두려움"은 이주민의 권리행사의 능력과 의지를 체계적이고 제도적으로 방해하는 역할을 한다.147) 따라서 국가는 미등록 상황에 놓인 모든 이주민들이 보복의 두려움 없이 그들의 권리의 침해에 대한 이의절차를 제기할 수 있도록 효과적이고 접근 가능한 통로들을 마련하여야 한다.148)

---

146) OHCHR, 앞의 문서, paras. 61-74 참조
147) Linda S. Bosniak, 앞의 글, 323.
148) UN Committee on the Protection of the Rights of All Migrant Workers and Members of their Families (CMW), Contribution to the High-Level Dialogue on Migration and Development of the General Assembly, 2006, para. 15(f).

유엔 이주민의 인권에 관한 특별보고관은 2006년 유엔인권위원회에 제출한 보고서에서 체류자격 없는 외국인근로자가 처할 수 있는 인권 취약성에 대하여 언급하고 있다. 즉, 미등록 이주민과 관련하여 발생하는 인권침해는: 많은 경우에 여성과 아동이 포함된 인신매매와 밀입국알선의 상황; 국경통제과정에서 발생하는 생명권과 인격권의 침해; 처벌받지 않고 사인에 의하여 이루어지는 다양한 형태의 경제적, 사회적 및 문화적 권리의 침해, 예컨대 장시간 근로, 법에 의하여 보장되는 최저임금이하의 임금지급, 가혹하고 위험한 근로조건 등; 자유와 안전의 권리의 침해와 같은 추방절차에서의 다양한 부적절한 상황, 특히 이주민이 행정적 구금 하에 놓인 경우, 공정한 청문의 자유의 침해, 부적절한 구금조건, 동반자 없는 아동 등 취약한 사람의 보호의 부족, 부실한 처우 등을 포함한다.149)

다. 이주 관련 법제의 문제점150)

한국의 법제는 이주민에 대하여 철저한 차별과 배제에 기초하고 있다. 우선 외국인에 대한 기본법이라고 볼 수 있는 『재한 외국인 처우 기본법』은 제2조 제1호에서 "재한외국인"의 정의를 "대한민국의 국적을 가지지 아니한 자로서 대한민국에 거주할 목적을 가지고 합법적으로 체류하고 있는 자"로 규정하여 미등록 이주민을 그 개념 정의에서부터 배제하고 있다. 또한 소위 "불법체류외국인"은 단지 체류자격 있는 이주민에 관한 기본계획을 효율적으로 수립함에 있어 실태조사가 되어야 할 대상일 뿐이다(『재한 외국인 처우 기본법』 제9조 제1항). 결국 '재한외국인 처우 기본법'은 외국인에 대한

---

149) Jorge Bustamante, Report of the Special Rapporteur on the human rights of migrants, UN문서 E/CN.4/2006/73, 2006, para. 54.

150) 황필규, "한국의 이주민 법제의 시각과 관련 쟁점", 13-18 참조.

기본법도 아니고, 외국인정책의 '총체적, 장기적 접근'의 시작도 아니다. 본 법은 법무부의 예산과 인력을 확충하기 위한 조직법의 측면이 강하고, 미등록이주민을 한국에 존재하는 외국인('재한외국인')의 범주에서 배제하고 있고,[151] 대부분의 조항이 '할 수 있다.'로 끝나는 재량적 시혜조치만을 나열하고 있다.

"외국인근로자"의 개념에 있어서도 『외국인근로자의 고용 등에 관한 법률』 제2조에서 "대한민국의 국적을 가지지 아니한 자로서 국내에 소재하고 있는 사업 또는 사업장에서 임금을 목적으로 근로를 제공하고 있거나 제공하고자 하는 자"라고 규정하면서도 대통령령을 통해 미등록 이주노동자를 포함한 상당수의 이주노동자를 그 개념에서 배제하고 사실상 고용허가제로 들어온 이주노동자만을 "외국인근로자"의 개념에 포섭시키고 있다.[152] 이를 통하여 특히 정부는 미등록 이주민의 노동기본권의 주체성을 부정하려고 하고 있고, 사회보장법제에서는 명시적, 묵시적으로 그 사회적 권리를 철저하게 부정하고 있다.

국내에서 법률차원에서 유일하게 "다문화"와 관련된 정의를 내리고 있는 『다문화가족지원법』 제2조 제1호에 의하면 "다문화가족"이란 "결혼이민자와 출생 시부터 대한민국 국적을 취득한 자로 이

---

151) 재한외국인 처우 기본법 제2조(정의) 이 법에서 사용하는 용어의 정의는 다음과 같다.
  1. "재한외국인"이란 대한민국의 국적을 가지지 아니한 자로서 대한민국에 거주할 목적을 가지고 합법적으로 체류하고 있는 자를 말한다.
152) "산업연수생은 … 기술, 기능 또는 지식을 목적으로 하고 있으므로 근로기준법 및 노동조합법상의 근로자로 볼 수 없다." 근기 68207-1974, 1994. 12. 13. 시행; "산업연수생이 연수라는 명목 하에 사업주의 지시, 감독을 받으면서 사실상 노무를 제공하고 수당명목의 금품을 수령하는 등 실질적인 근로관계에 있는 경우에도, 근로기준법이 보장한 근로기준 중 주요사항을 외국인 산업연수생에 대하여만 적용되지 않도록 하는 것은 합리적인 근거를 찾기 어렵다." 헌법재판소 2007. 8. 30. 선고 2004헌마670 결정.

루어진 가족” 또는 “귀화허가를 받은 자와 출생 시부터 대한민국 국
적을 취득한 자로 이루어진 가족”만을 의미한다. 즉, 한국 국민이 포
함된 가족만이 다문화가족이 될 수 있고 이주민으로만 구성된 가족
은 다문화가족이 아니라는 것이다. 또한 이주민, 특히 이주노동자의
주요한 체류자격인 산업연수(D-3), 고용허가제 하의 이주노동자들의
비전문취업(E-9), 대다수 취업 재외동포의 방문취업(H-2) 등은 가족
동반을 원천적으로 배제하고 있기 때문에 많은 경우 이주민가족의
존재 가능성 자체가 부정되고 있다.153) 이주민은 한국인과 결혼하더
라도 그의 신분이 바로 한국인이 되지 않는다. 그는 한국 가정으로
편입은 되었으나 한동안 여전히 ‘외국인’으로 살아가야 하는 것이
다. 국제결혼한 이주민이 1년을 산 뒤에는 체류연장 허가를 받아야
하고, 2년을 살고 나서는 국적신청을 통해서만 귀화허가를 받을 수
있다. 체류연장과 국적신청을 할 때에는 한국인 배우자의 도움이 필
수적이다. 결혼생활이 유지되고 있는데도 한국인 배우자가 의도적
으로 체류연장과 국적신청을 돕지 않는다면 외국인 배우자는 강제
퇴거의 위험에 노출된다. 따라서 2년이라는 기간 동안 국제결혼한
이주민의 신분은 매우 불안정적이며, 이와 같은 상황은 때때로 한국
인과 외국인 부부 사이를 위계적인 관계로 자리매김하도록 작용하
고 있다.154) 한편 베트남과 필리핀에서는 영리목적 결혼중개업이 불
법으로 규정되어 있는데,155) 한국 정부는 1,000개가 넘은 국제결혼

---

153) 출입국관리법 시행령 별표 1: 외국인의 체류자격 28. 동반(F-3): 문화예술
(D-1) 내지 특정활동(E-7)자격에 해당하는 자의 배우자 및 20세 미만의 자
녀로서 배우자가 없는 자[산업연수(D-3)자격에 해당하는 자는 제외].
154) 소라미, “국제결혼 이주여성의 인권 실태와 관련 법적 쟁점”, 민주사회를
위한 변호사모임, 2007 한국인권보고서 (2008), 413-414.
155) “베트남은 2002년 발표된 68호 명령(Decree No. 68) 제2조에서 국제결혼이
보호됨을 재확인함과 동시에 국제결혼을 통해 인신매매, 노동착취, 성폭행
기타 착취행위가 금지됨을 명시하고(제1항), 이윤을 목적으로 한 결혼중개
를 엄중히 금지하였다(제2항). 필리핀은 1990년 6월 13일 우편주문 신부

중개업자들의 현지에서의 위법행위를 사실상 방치하고 있다.[156]

재외동포에게 출입국과 취업에 있어서 상당한 권리를 부여하고
있는 『재외동포의 출입국과 법적 지위에 관한 법률』은 이것이 사실
상 재중동포와 재러동포 등 일반적으로 그리고 상대적으로 가난한
국가의 가난한 동포들을 그 적용대상에서 배제함으로써 위헌결정을
받은 바 있다. 현재 이 법이 제2조에서 재외동포를 "대한민국의 국
적을 보유하였던 자(대한민국 수립 이전에 국외로 이주한 동포를 포

금지법(Anti-Mail Order Bride Act)을 제정하여 제2조에서 ① 우편주문방식
이나 개인적 소개 방식으로 필리핀 여성과 외국인과의 결혼을 알선할 목
적으로 사업체를 설립하거나 사업을 하는 행위, ② 전술한 금지된 행위들
을 조장할 목적으로 소책자 등의 선전물을 광고, 출판, 인쇄, 배포하는 행
위, ③ 필리핀 여성으로 하여금 영리를 위해 우편주문방식이나 개인소개를
통해 외국인과의 결혼 알선을 목적으로 하는 단체나 협회의 회원이 되도
록 소개, 유혹, 등록, 권유하는 행위 등을 '불법'으로 선언하고 이를 위반
한 자에 대하여는 6년 이상 8년 이하의 징역 또는 8,000페소 이상 20,000페
소 이하의 벌금 부과하도록 규정하였다." 소라미, 위의 글, 420-421에서 재
인용.

156) 결혼중개업의 관리에 관한 법률 제11조 (외국 현지법령준수 등) 제1항 국
제결혼중개업자는 외국 현지에서 국제결혼중개를 하는 경우 이 법, 외국
현지 형사법령 및 행정법령을 준수하여야 한다.
제2항 외교부장관은 외국 현지에서 국제결혼중개업자가 이 법, 외국 현지
형사법령 또는 행정법령을 위반한 경우 관련 내용을 여성가족부장관에게
통보하여야 하고, 여성가족부장관은 이를 시·도지사에게 통보하여야 한다.
이 경우 통보절차에 관하여 필요한 사항은 대통령령으로 정한다.
제18조(영업정지 등) 제1항 시장·군수·구청장은 결혼중개업자가 다음 각
호의 어느 하나에 해당하는 경우 등록을 취소하거나 영업소 폐쇄 또는 1
년 이내의 기간을 정하여 영업의 정지를 명할 수 있다. 다만, 국내결혼중
개업자가 제1호 또는 제2호에 해당하거나 1년 이내에 3회 이상 제24호에
해당하는 경우 영업소의 폐쇄를 명하여야 하며, 국제결혼중개업자가 제1
호·제2호·제23호 또는 제24호에 해당하는 경우 등록을 취소하여야 한다.
15. 제11조제2항에 따라 외국 현지 형사법령 또는 행정법령을 위반하여 여
성가족부장관에게 통보된 경우(제2호에 해당하여 등록을 취소하는 경우는
제외한다).

함한다) 또는 그 직계비속으로서 외국국적을 취득한 대통령령이 정하는 자" 등으로 규정하여 형식적으로 모든 재외동포를 이 적용범위에 포함시키고 있는 것이 사실이다. 그러나 이 법에 의해 주어지는 활동제한 없는 재외동포(F-4) 체류자격의 경우 "단순노무행위"를 목적으로 하는 경우에는 그 적용을 배제하고 있고(『출입국관리법 시행령』 제27조의2 제3항), 중국, 러시아 등 이주노동자들이 들어오는 거의 모든 국가들을 불법체류다발국가로 고시하여 이들 국가의 재외동포의 입국과 체류에 대해서는 엄격한 자격요건을 강요하고 있는 등(『법무부장관 불법체류다발국가 고시』) 기본적으로 가난한 재외동포는 『재외동포의 출입과 법적 지위에 관한 법률』상의 혜택을 받는 재외동포가 될 수 없음을 선언하고 있다.

"행정의 공정성·투명성 및 신뢰성을 확보"(제1조)를 목적으로 하는 『행정절차법』은 "출입국"에 대하여는 적용되지 아니한다(제3조 제2항 제9호). 법원도 "행정절차법 제3조 제2항 제9호에 의하면 외국인의 출입국에 관한 사항에 대하여는 행정절차법이 적용되지 아니한다 할 것이므로, 이 사건 퇴거명령의 경우에 피고가 원고에게 처분의 이유를 제시하지 아니하고, 불복방법 등을 고지하지 아니하였다 하더라도 그 사유로 이 사건 처분이 위법 하다고 할 수 없다."고 판시하여 이를 확인하고 있다.157) 결국 이주민은 행정절차에 있어서의 절차보장, 예컨대 이유부기, 청문, 관련 자료 열람등사 등의 권리가 법적으로 부정되고 있는 것이다.

---

157) 서울행정법원 2005. 1. 26. 선고 2004구합28570 판결 참조.

라. 정부 정책의 문제점

(1) '순혈주의'와 정부 정책

법무부는 '글로벌 시대를 맞아 순혈주의만 고집하기도 어렵게 되었다'[158]고 주장한다. 그러나 소위 '글로벌 시대'가 아니더라도 '순혈주의'는 존재할 수 없고 존재하지 않았다. '순혈'('pure blood')주의는 나치 시대에나 볼 수 있었던 용어다. 과거에 '우리'가 고집하였다는 '순혈주의'의 실체는 무엇인가. "역사적으로 한국은 스스로를 단일민족사회로 바라보았다."[159] "그러나 한국이 민족적 단일성을 강조하는 것은 그 영토 내에 거주하는 다른 민족 집단 간의 이해, 관용, 우의를 증진시키는 데 저해가 될 수 있다. 한국에서 여전히 쓰이고 있는 '순혈'과 '혼혈'과 같은 용어, 그리고 그러한 용어가 야기할 수 있는 인종우월주의는 한국사회에서 지속적으로 광범위하게 존재한다."[160]

(2) 외국인정책 환경

법무부는 1) 이민자 통합 강화, 2) 치열한 우수인재 유치 경쟁, 3) 비자정책을 통한 관광객 적극 유치 등을 외국인정책의 세계적 흐름으로 나열하고 있다.[161] 그러나 이는 범주를 달리하는 현상을 기계

---

158) 김창석, "외국인정책의 현황과 목표", 서울행정법원 개원 15주년 기념 학술대회: 다문화·국제화 시대의 사회통합과 행정재판, 서울행정법원 (2013. 9. 6. 발표), 18.

159) Jorge Bustamante, Report of the Special Rapporteur on the human rights of migrants: Mission to the Republic of Korea, UN문서 A/HRC/4/24/Add.2, 14 Mar. 2007, para. 53.

160) UN Committee on the Elimination of Racial Discrimination (CERD), Concluding observations: Republic of Korea, UN문서 CERD/C/KOR/CO/1, 17 August 2007, para. 11.

161) 김창석, 앞의 글, 19-21.

적으로 조합한 것에 불과하다. 국민에 대한 정책으로 1) 사회 통합
강화, 2) 우수인재 양성, 3) 소비 진작 등을 나열하는 것만큼이나 어
색하다. 외국인정책의 핵심은 이민자의 사회통합과 사회적 갈등 조
정이다. 불완전한 사회 구조 혹은 그 변화로 인한 사회 갈등의 형성
은 지극히 자연스러운 현상이다. 문제는 정책의 입안·집행자가 갈등
의 본질과 현상을 구분하여 정확히 파악하고, 그 조정을 위해 노력
하고, 그 과정에서 사회적 약자로서의 이주민의 목소리를 얼마나 경
청하는가이다.

그러나 법무부는 갈등 조정을 이야기하면서도 정책대상에 따른
정책의 차별화와 위계적 분할162)이라는 통제의 기조를 초지일관 유
지하고 있다. 즉 "① 결혼이민자 및 재외동포의 동화·차별적 포섭과
전문기술인력의 수용, ② 단순노무인력 및 미등록이주민의 통제·배
제로 특징 지워진 국가주의, 배타적 민족주의적 접근"의 틀을 벗어
나지 못하고 있다.163)

(3) 외국인정책의 기본방향

법무부는 『2013~2017 제2차 외국인정책 기본계획』의 정책 실패
로 인한 사회적 갈등의 표출, 반다문화 정서의 형성 등에 대한 엄정
한 평가와 반성, 그리고 이를 극복하기 위한 구체적인 대안 제시로
나아가기 보다는 반다문화주의, 외국인혐오주의, 인종주의 경향을
국민의 인식으로 규정하고 이를 정책에 어떻게 반영할 것인가의 문
제로 접근하고 있다. 이는 필연적으로 사회적 갈등을 더욱더 심화시

---

162) 정정훈, "노동 관련 국내법 현황 및 국제기준의 이해", 국가인권위원회 대
　　구인권사무소, 이주관련 국내법 현황 및 국제기준 이해 (2009), 13.
163) 황필규, "한국에서의 미등록 이주아동의 교육권", 미등록 이주아동 교육권
　　보장을 위한 토론회, 미등록 이주아동 합법체류보장 촉구연대 (2008. 2. 20.
　　발표), 1-2.

키고 외국인혐오주의, 인종주의를 확대 재생산하는 결과를 초래할 수밖에 없다.

즉, 문제는 법무부가 외국인 혐오주의, 인종주의 경향을 통제하고 극복되어야 할 부정적인 사회현상으로 파악하기 보다는 정책에 적극 반영하여야 할 객관적인 '국민의 인식'으로 판단하여 이를 방치하고 오히려 부추기고 있다는 점이다.

외국인정책위원회 - 최근 정책관련 국민의 인식 (2012. 12)[164]

* 외국인 범죄, 인종적·문화적 갈등에 대한 우려
- 최근 외국인들의 범죄 및 쓰레기 무단투척, 주취폭력 등 기초사회질서 위반 행위에 대한 제재가 제대로 이루어지지 않아 이와 관련한 국민의 불만이 증가하는 추세
* 反 다문화현상의 표출 및 외국인에 대한 균형 잡힌 정책 요구
- 일자리 경쟁에서 밀려난 저소득계층, 국제결혼 피해자 등을 중심으로 '국민에 대한 역차별', '다문화 정책 반대'정서가 싹트고 있으며, 다문화가족 편중지원 시책들이 이러한 현상을 가속화
- 최근 이민자에 의해 발생한 살인 사건 등의 영향으로 외국인에 대한 국가의 지원에 반대하는 목소리가 높아지는 한편, 외국인의 질서위반 행위에 대한 국가적 관리가 미흡하다는 비판 제기
* 대한민국의 정체성에 대한 위기감 증대
- 최근 다양한 문화가 급속히 유입되고 있으나 이에 대한 국민적 합의가 완전하지 않은 상황에서 '한국적 가치'를 확립하지 못한 이민자 및 이민 2세의 국적취득 등에 따른 정체성 혼란 우려 증가

더욱 심각한 문제는 정부가 단지 이러한 외국인 혐오주의, 인종주의적 경향을 정책에 반영하는데 그치는 것이 아니라 제2차 외국인정책기본계획이 이전 정책과 다른 핵심적인 내용으로 이들 경향의 반영을 명시하고 있다는 데 있다. 법무부는 존재한 적이 없는 '과

---

164) 외국인정책위원회, "2013-2017 제2차 외국인정책기본계획", 법무부 출입국·외국인정책본부 (2012. 12.), 18-19.

거' 외국인에 대한 인권, 다문화 존중, 민원편의 제공 등의 가치가 '절대시' 되었던 시점[165]과 '최근' 국가주권, 국가정체성, 질서와 안전 등의 가치도 중요하다는 국민 인식의 확산을 대비시키며 외국인 혐오주의에 대한 '관용'과 갈등 증폭의 정책 방향을 합리화시키고 있다.

외국인정책위원회 - 「제1차 기본계획」과의 차별성 (2012. 12)[166]

○ 「제2차 기본계획」은 국민의 다양하고 상반된 요구들을 최대한 반영하여 균형 잡힌 정책 기조 유지로 안정적인 미래 준비
○ 「제2차 기본계획」은 질서와 안전, 이민자의 책임과 기여를 강조하는 국민 인식 반영

법무부는 또한 지역 주민들이 혐오시설로 생각해 반대하거나 반대할 것이라는 이유로 헬기장, 하수처리장이 위치한 주거지역이 아닌 외딴 곳에 난민지원센터의 설치를 진행해왔고,[167] 주민들이 반대한다는 이유로 그 명칭도 '출입국'지원센터로 둔갑시켰다. 완공 전 주민들의 반발이 있자 센터 입소자는 두 단계에 걸쳐 '위해성'을 검증한 사람들[168]이라며 난민신청자의 공항 입국심사와 시설 이용 심

---

165) "고용, 혼인, 주거, 교육 및 인간관계를 포함한 삶의 모든 영역에서, 이주노동자와 민족 간 결합을 통하여 출생한 자녀를 포함한 외국인에 대하여 광범위한 사회적 차별이 지속되고 있다." UN Committee on the Elimination of Racial Discrimination (CERD), Concluding observations: Republic of Korea, UN 문서 CERD/C/KOR/CO/1, 17 August 2007, para. 11.
166) 외국인정책위원회, 앞의 문서, 21.
167) 연합뉴스, "난민인권센터 영종도 '난민촌' 건립 반대", 네이버뉴스, (2010. 4. 28. 14:55), http://news.naver.com/main/read.nhn?mode=LSD&mid=sec&sid1=102&oid=001&aid=0003249388.
168) 법무부 출입국·외국인정책본부, 소통하고 협력하는 열린 출입국지원센터 (2013. 8.).

사를 ‘위해성’ 심사로 둔갑시켰다. 법무부와 경찰청은 전국적으로
그리고 지속적으로 외국인 범죄에 대한 정보를 언론에 제공하고 있
고, 대부분의 경우 범죄율이 아닌 절대수의 증가를 강조하면서 이주
민에 대한 경계 심리와 위기의식을 부추기고 있는데[169] 외국인의
범죄율은 내국인의 범죄율의 1/2에 불과하다.[170] 이처럼 의도하건
의도하지 않았건 정부가 나서서 외국인 혐오주의를 조장하는 행태
가 벌어지고 있다.

　인터넷상 반다문화 카페들로 대변되는 한국의 반다문화 담론, 외
국인혐오주의, 인종주의는 자본과 민족 문제는 물론이고 종교와 음
모론에 이르기까지 다양한 분야에서 인식공격과 희생양 만들기, 그
리고 협박에 가까운 공포심 유발 등을 통해 자신들의 영역을 구축
하고 있다.[171] 개인의 표현의 자유에 대한 기본적인 권리가 인종 우
월주의적인 사상을 유포하거나 인종 혐오를 선동하는 행위까지 보
호하는 것은 아님에도 불구하고 이주민을 향한 인종주의적 혐오발
언은 정부로부터 그 어떠한 통제를 받지 않고 대중매체와 인터넷에
서 더욱 확산되고 노골적이 되어가고 있다.[172] 한국에는 현재 온라
인상에 ‘다문화정책 반대 카페(회원 수 1만여 명)’[173]등 反 다문화
카페가 20여 개 개설되어 활동 중이고,[174] 가장 영향력 있는 온라인

---

169) 연합뉴스 “외국인 범죄자 3년여간 8만8천여명”, 네이버뉴스, (2012. 9. 26. 14:09),
　　http://news.naver.com/main/read.nhn?mode=LSD&mid=sec&sid1=102&oid=001&aid=
　　0005838898.
170) 2008년 기준으로 외국인이 전체 한국 내 인구의 2.34%를 차지하지만 외국
　　인 범죄는 전체 한국 내 범죄의 1%에 불과하다. 임준태, 외국인 범죄대책
　　수립을 위한 기초연구, IOM이민정책연구원 (2010), 31.
171) 강진구, “한국사회의 반다문화 담론 고찰 : 인터넷 공간을 중심으로”, 강원
　　대학교 인문과학연구소 인문과학연구 제32집 (2012. 3.), 5-34.
172) UN Committee on the Elimination of Racial Discrimination (CERD), Concluding
　　observations: Republic of Korea, UN문서 CERD/C/KOR/CO/15-16, 31 August
　　2012, para. 10.
173) http://cafe.daum.net/dacultureNO/, (2017. 5. 1. 확인).

상 카페 중의 하나인 일간베스트저장소[175] 등도 강한 외국인혐오주의 경향을 보이고 있다. 이들은 이주민들과 이주민들의 권리를 옹호하고자 하는 개인과 단체들에 대하여 무차별적인 온라인상의 공격을 하고 있고, 오프라인으로 그 활동의 범위를 넓혀나가고 있다.

　2012년 10월 20일 한국의 가장 영향력 있는 포털사이트인 네이버에 '난민법'이 급상승 검색어 1위에 올랐다. 난민법은 2011년 12월에 국회를 통과하여 2013년 7월 시행 예정이었기 때문에 갑자기 '난민법'이 급상승 검색어가 될 이유가 없었다. 결국 이러한 상황은 외국인 혐오주의 경향이 강한 온라인 카페 일간베스트저장소가 의도적이고 조직적으로 개입한 결과였고, 며칠 동안 인터넷과 트위터 등 SNS에 '난민은 성범죄자들이다', '난민은 AIDS를 한국에 퍼뜨린다' 등의 수만 개의 댓글이 올라왔다. 난민법을 발의한 국회의원, 관련 인권단체들에 대한 욕설과 협박성 글들도 상당수 존재했다. 최근 들어서는 이주민 혹은 난민에 대하여 우호적인 기사가 나오기만 하면 이들 외국인 혐오주의 단체들이 조직적으로 부정적인 댓글을 다는 것이 파악된다. 이들은 또한 국회에 발의된 차별금지법에 대하여 차별금지사유 중 '인종', '출신국가', '국적' 등을 배제하는 운동을 펼치고 있다.

　이처럼 외국에서도 그 예를 찾아보기 힘든, 무차별적이고 폭력적으로 확대 강화되고 있는 반 다문화 경향에 대하여 법무부는 '외국인범죄 피해자 등을 중심으로 전개되고 있는 반 다문화 현상 등 외국인관리에 대한 국민적 우려 해소'라는 '새로운' 정책 방향으로 응답하고 있다. 상당 부분 법무부의 정책 실패로 기인하는 외국인 혐오주의와 인종주의라는 파괴적인 경향의 발호에 대해 그 어떠한 정책 마련이나 대응 조치 없이 피해자격인 이주민을 갈등의 주범, 갈

---

174) 외국인정책위원회, 앞의 문서, 18.
175) http://www.ilbe.com/, (2017. 5. 1. 확인).

등유발자로 낙인찍고 이들에 대한 억압과 통제를 통해 갈등을 '해소'하려는 기이한 행보를 취하고 있는 것이다. 이러한 국가주의적 '새로운' 정책 방향이 외국인 혐오주의와 인종주의의 발호를 더더욱 부추길 것이라는 점은 자명하다.

(4) '사회통합적 관점'

법무부는 그동안의 '통합정책'의 실패의 원인을 '다문화 정책', '다문화주의'에서 찾고 있다. 문화다양성 정책 때문에 '정책 간의 혼선, 부처 간 정책의 중복, 예산 비효율화'의 부작용을 낳았다고 주장한다. 법무부는 '다문화 현상'과 '다문화 정책'이 혼동된 점, '다문화 정책'에 대한 사회적 논의나 국민적 합의 없었던 점 등을 지적하면서 '다문화 정책'을 '다문화가족에 대한 지원정책' 혹은 '인종이나 문화의 차이 등으로 인한 차별 금지' 정도로 인식한다. 그리고 여기서 더 나아가 무분별한 '다문화 정책'이 '국가 정체성', '공동가치'의 훼손에 대한 국민적 우려를 낳았다고 주장한다. 법무부는 또한 사회통합을 '대한민국의 헌법정신, 기초법질서를 존중하는 외국인을 우리사회 구성원으로 받아들이는 것'이라고 규정하고 국적제도, 영주제도, 사회통합프로그램 등이 이와 관련된다고 언급한다.176)

그동안 정부가 표방하였던 '다문화정책'은 진정한 의미에서의 다문화정책이 아니었다. 국민재생산의 문제를 해결하기 위해 인신매매성 국제결혼까지도 사실상 방치하면서 어쩔 수 없이 국민의 가족이 된 이들에 대한 경우에 따라서는 과도한 시혜적 조치를 통해 빠른 시일 내에 이들을 동화시키려고 했던 것이 기존 '다문화정책'의 본질이다. 결국 인권 방치와 시혜적 조치가 혼합된 국가주의적, 민족주의적 결혼이주민 동화정책이 '다문화정책'과 동일시되었던 것

---

176) 김창석, 앞의 글, 29-30.

이다. 그렇다고 다문화정책이 법무부가 이야기하는 '인종이나 문화의 차이 등으로 인한 차별 금지'만을 의미하는 것도 아니다. 다문화정책의 핵심은 다양한 문화가 상존하게 되는 과정과 그 상존에서 야기될 수 있는 인권 침해, 사회적 갈등을 최소화하고 각자가 독립된 사회 주체로서 공존할 수 있는 사회시스템을 구축하는 과정인 것이다. 법무부가 이야기하는 '국가 정체성', '공동가치'의 훼손은 본래의 의미의 다문화주의와는 상관이 없으며, 이는 사회통제 강화를 정당화시키기 위한 법무부의 구실에 불과하다.

'대한민국의 헌법정신 존중'은 중요하다. 그러나 법무부가 헌법 제6조 제2항으로 대표되는 관련 헌법 규정과 관련 조약 및 권고 등을 출발점으로 하여 외국인정책을 수립하였다고 볼 수 없다. 법무부가 이야기하는 '대한민국의 헌법정신 존중'이 무엇인가. 결국 법무부의 통합정책 '법질서 존중'으로 포장된 강화된 통제정책 그 이상도 그 이하도 아니다.

법무부는 또한 통합정책의 핵심 제도로 국적제도, 영주제도, 사회통합프로그램 등을 들고 있는데 이 제도들은 귀화(예정)자, 영주권(예정)자만을 위한 제도이고 그 대상은 주로 소위 '우수인력'과 결혼이주민이다. 그리고 그 제도의 개선 방향은 '우수인력'에 대해서는 다양한 특혜와 선택권을, 결혼이주민에 대해서는 강화된 통제를 예정하고 있다. 결국 법무부는 외국인정책의 핵심이라고 할 수 있는 사회통합정책에서 미등록이주민뿐만 아니라 이주민의 다수를 차지하고 있는 이주노동자를 그 대상에서 사실상 배제하고, '우수 인력'을 제외한 모든 외국인에 대한 통제강화를 '통합정책'이라고 주장하고 있는 것이다. '배제와 통제의 관점'이 법무부의 '사회통합적 관점'이다.

마. 법원 태도의 문제점

이민정책은 '대의정치의 밖에 존재하는 사람들'을 대상으로 하고, '국가주권'을 기초로 한다. 문제는 이것이 이민정책에서 외국인을 바라보는 시각, 그리고 법관의 양심[177]에서 구체적으로 어떤 내용을 띠게 되는가이다. 1) '출입국관리=주권의 문제'로 바라보면서 기본권에 대한 출입국관리의 우위 및 행정청의 광범위한 재량권을 인정할 것인가, 아니면 2) 출입국관리를 주권의 문제와 동일시하지 않으면서 출입국관리와 무관한 기본권 존중을 인정하고 행정청의 재량권 행사의 한계를 명확하게 하고자 할 것인가.

1) 이주민을 '우리의 것'을 가져가는 혹은 가져가려고 하는 '타자'로 볼 것인가, 아니면 2) 차별금지원칙이 관철되어야 하는 취약성에 노출된 사회적 약자로 볼 것인가. 이민정책이 광범위한 재량권이 인정된다는 이유로, 특히 난민사건의 경우 충분한 증거 없이 장래의 가능성을 판단하여야 한다는 이유로 법관의 가치관이 결정적인 역할을 한다. 유사한 민주화 활동을 한 미얀마 난민신청자들에 대한 대비되는 아래 두 판례는 이러한 가치관의 차이를 극명하게 드러내주고 있다.

---

177) 대한민국헌법 제103조 법관은 헌법과 법률에 의하여 그 양심에 따라 독립하여 심판한다.

난민인정불허처분취소 사건 (청구인용 사례)

서울행정법원 2006. 2. 3. 선고 2005구합20993 판결

"비록 위 원고들이 미얀마 군사정부의 박해를 피해 대한민국에 입국한 것이 아니라 산업연수 등의 목적으로 대한민국에 입국하였고, 위 원고들이 2000. 5. 16. 이 사건 난민인정신청을 할 당시에는 NLD-LA 한국지부에서 지도적인 지위에 있지 아니하였을 뿐만 아니라 반정부시위에 참가한 회수도 3 내지 5회에 불과하였던 사정이 인정된다. 그러나 피고가 위 원고들의 이 사건 난민인정 신청일로부터 이 사건 각 처분일까지 약 5년간 난민인정여부에 대한 결정을 보류하는 동안 위 원고들이 NLD-LA 한국지부의 회원으로서 미얀마 군사정부의 민주세력에 대한 정치적 탄압을 국제사회에 알림으로써 미얀마인들의 인권을 위한 적극적인 활동을 계속하여 온 점,

위 원고들이 미얀마대사관 앞에서 군사정권타도 등의 슬로건을 외치며 반정부시위를 할 당시 미얀마 대사관원이 위 원고들의 활동을 비디오로 촬영하기도 한 점, 위 원고들과 정치적 활동을 함께 하였던 NLD-LA 한국지부의 회원 약 21명 중 8명(일본국에서 인정된 1명 포함)이 모두 난민지위를 인정받은 점, 미얀마 군사정부가 2002년 당시에는 일시적으로 아웅산 수지를 가택연금에서 해제하고 유화적인 조치를 취하기도 하였으나 2003년 이래로 NLD의 정치활동을 탄압하고 그 지도자뿐만 아니라 일반 당원의 경우에도 정치범으로 감금을 하여 오고 있는 점 등에 비추어 보면,

위 원고들은 NLD-LA 한국지부의 회원으로서 대한민국에서의 적극적으로 반정부활동을 계속해 온 것에 의해 미얀마 정부로부터 위와 같은 활동이 파악되어 있을 가능성이 높다. 따라서 위 원고들은 이미 인정 된 난민과 결합하거나 거주국에서 정치적 의견을 표명하는 자신의 행동 결과로서 대한민국 현지에서 체제 중 난민이 되었다고 할 것이다(편람 제96항 참조)."

난민인정불허처분취소 사건 (청구기각 사례)

서울행정법원 2009. 8. 13. 선고 2009구합10277 판결

"(나) 미얀마에서 반정부활동을 하였다는 원고들은 미얀마 정부로부터 본인들 이름으로 된 여권을 정상적으로 발급받아 대한민국에 입국하였다.

(다) 원고들은 이른바 '체재 중 난민'에 해당한다고 주장하면서 박해받을 우려가 있는 사유로 주로 버마행동의 대한민국 내 반정부활동을 들고 잇다. 그런데 위 단체는 당초 주한 미얀마대사관이 여권 재발급시 부과하는 수수료 경감 등을 주된 목적으로 결성되었고 그 규모나 활동수준도 미미한 편이며 미얀마 본국에 있는 반정부단체나 민주국민연맹과는 아무런 연계도 없다(원고들은 버마행동이 2005년경부터 반정부 무장단체에 매달 미화 400달러 정도를 후원하고 있다고 주장하나 이를 인정할 증거도 없다).

(라) 버마행동의 일반회원인 원고들이 2~3개월에 1 차례 정도 1인 시위를 하거나 매월 수차례 행사에 참석하는 등의 소극적인 활동을 한 사실만으로 미얀마 정부가 주목할 만한 반정부 정치활동을 한 것으로 보기는 어렵다(더구나 원고 8은 2005. 6.경 위 단체를 탈퇴하였다). 또한, 원고들이 참여하는 미얀마공동체는 친목단체에 불과하고 특별히 정치적 활동을 하는 단체로는 보이지 않는다.

(마) 원고들은 경제적 목적으로 대한민국에 입국하여 여러 해 동안 경제적 활동에만 주력하다가 대한민국 정부의 불법체류자 단속이 강화된 이후에서야 이 사건 난민신청을 하였다.

(바) 버마행동은 원고들이 이 사건 난민신청을 할 무렵부터 당초 결성목적과는 다른 여러 가지 활동을 시작하였는데 주로 미얀마 대사관 앞에서 집회를 열거나 1인 시위를 계속적으로 진행시키는 등 시위자들의 얼굴을 노출시키는 방식을 사용하였다.

(사) 원고들이 가입하여 활동한 버마행동의 결성시기와 목적, 조직원의 수와 활동내역 추이 등에 비추어 원고들은 미얀마 정부로부터 박해를 받게 될 것이라는 공포를 느껴 이 사건 난민신청을 한 것이라기보다는 불법체류자로서 본국에 송환되면 더 이상 대한민국 내에서의 경제적 활동이 곤란해질 것이라는 염려에서 이 사건 난민신청을 한 것으로 추단된다."

또한 앞서 언급한 미등록 이주노동자의 노동3권 관련 서울행정
법원의 2005구합18266 판결 판시내용은 이주민을 바라보는 태도의
몇 가지 심각한 문제를 드러내주고 있다. 첫째, 근로자의 근로3권의
보장에 단지 국가기관 등의 형식적인 행정작용이 개입된다는 이유
만으로 이를 부정하는 것은 전혀 그 취지와 법리를 달리하는 기본
권의 영역과 특수한 행정작용인 출입국관리를 혼동하는 것이고, 체
류자격 없는 외국인근로자의 기본권 문제를 출입국관리라는 행정작
용에 종속시켜서 파악하는 위험한 발상이다. 둘째, 근로자의 근로3
권은 실질적 근로관계로부터 도출되는 근로자성과 사용자와의 관계
에서의 사회적 약자성에서 도출되는 것인데, 2005구합18266 판결의
논리로 일관한다면 체류자격 없는 외국인근로자는 그 근로자성이
매 찰나 긍정과 부정을 반복하는 것이거나, 단속 혹은 강제퇴거를
정지조건부로 하는 근로자성을 가진다는 기이한 결론이 도출되게
된다. 기본권의 행사라는 것은 당연하게도 "장래"를 전제로 하는 것
인데 그 "장래성"을 부정하는 것은 결국 그 권리 자체를 부정하는
것이 될 수밖에 없는 것이다. 셋째, 근로3권은 개인이자 경제적 약
자로서의 근로자에게 헌법과 법률에 의하여 부여된 기본권으로 경
제적 강자인 사용자와의 관계에서 의미를 가지는 권리이고 이를 통
하여 비로소 노사관계에 있어서 실질적 평등이 실현되게 되는 것인
데, 출입국관리법이 미등록 이주민의 취업과 한국인의 그 고용의 행
위의 위법성을 동일하게 평가하면서도 개인이자 경제적 약자의 위
치에 있는 이주민의 노사관계에서의 권리를 전면적으로 부정하는
것은 국가가 나서서 사인간의 차별 혹은 불평등을 조장하는 것이
되는 것이다.

법무부의 현실 인식과 이민정책의 방향이 법관의 양심과 법관의
행정청의 재량권의 범위 판단에 어느 정도 어떠한 영향을 미치는지
는 알 수 없다. 다만 그것이 법무부의 이민정책이든지, 편견과 선입

견이 녹아 있는 언론의 보도이든지, 그리고 무엇보다도 첫 단추가 잘못 끼워진 상태에서 관성으로 유지되어 온 기존 판례의 영향이든지, 헌법상 법관의 양심은 그것을 넘어서야 한다.

IV. 이주민 기본권의 재구성을 위하여

헌법 제6조 제2항이라는 외국인의 지위에 관한 명문의 규정은 도외시한 채 그 기준도 모호하고 현실적합성도 떨어지는 '기본권성질론'의 이분법, 상호주의, 출입국 통제 환원론 등 이주민 기본권을 배제하는 논리들이 너무도 오랜 시간 헌법을 지배해왔다. 차별금지와 내외국인평등주의, 취약한 집단의 특별한 보호의 관점에서 이주민의 기본권은 재구성되고 재해석되어야 한다.

해석론에서 나아가 기본권 주체성은 헌법에서 이를 분명하게 명문으로 확인할 수 있도록 하는 것이 바람직하다. 즉, 참정권이나 입국의 자유 등과 관련하여서는 그 기본권의 주체를 원칙적으로 '국민'으로 규정할 수도 있겠지만, 다른 여타 권리에 관하여는 '모든 사람'을 그 기본권의 주체로 규정함이 타당하다. 또한 헌법 제11조 평등권 조항의 차별금지대상에 현재 시점에서 그 권리 보호가 특별히 요구된다고 판단되는 장애 등 다른 사회적 소수자 범주와 함께 인종, 민족, 국적 등을 명문으로 규정하여 이들 범주와 관련된 인권 보호를 강조하는 것을 적극적으로 사고할 필요가 있다고 판단된다. 한편 현행 헌법은 "민족의 단결을 공고히 하고"(헌법 전문), "민족문화의 창달에 노력하며"(헌법 제69조) 등 단일민족성을 표방하는 규정만을 두고 있는데, 다문화, 다민족사회를 현실로서 받아들이고, 이를 헌법에 어떻게 반영할 수 있는지를 연구하여 보는 것도 필요하다고 하겠다.[178] 국회에서도 헌법 전문에 세계주의적 성격의 가미, 헌법

제11조에 출생, 인종, 언어 등 차별금지사유의 추가, 다문화현상에 대처하기 위하여 외국인의 기본권 주체성의 명시, 지방선거에서의 외국인 선거권 인정규정, 다문화가정 및 아동의 보호규정 등의 필요성이 논해지고 있다.[179) 이주민의 헌법상의 지위와 관련된 규정 정비와 전반적인 관련 법령의 정비가 반드시 필요한 시점이다.

---

178) 황필규, "이주노동자의 인권", 197-200; 헌법적 관점에서 다문화주의는 접근되어야 하고, [최유, "헌법적 관점에서 바라 본 다문화주의", 외국인정책 및 다문화에 관한 법제의 동향과 과제, 한국법제연구원 (2007)] 현행 헌법에 있어서 허용되는 다문화주의의 범위와 한계를 명확히 할 필요가 있다. [이순태, 앞의 책, 76-91].

179) 미래한국헌법연구회, 대한민국 헌법의 바람직한 개헌방향에 관한 연구 (2008), http://ebook.assembly.go.kr/ebooklnk/research/pdf/research63182658.pdf, (2017. 5. 1. 확인); 헌법연구자문위원회, 헌법개정자문위원회 결과보고서 (2009), 23, 76.

참고문헌

강진구, "한국사회의 반다문화 담론 고찰 : 인터넷 공간을 중심으로", 강원
　　대학교 인문과학연구소 인문과학연구 제32집 (2012. 3.).

강현아, "이주노동자 자녀의 사회권에 대한 논쟁", 아동과 권리 제13권 제1
　　호 (2009).

권영성, 헌법학원론(보정판), 법문사 (2001).

권영호, 지성우, 강현철, 사회통합을 위한 다문화가정관련법에 대한 입법평
　　가: "다문화가족지원법"에 대한 입법평가를 중심으로, 한국법제연구
　　원 (2009).

김수연, "기본권주체로서의 외국인", 유럽헌법연구 제7호 (2010. 6.).

김지형, "외국인 근로자의 헌법상 기본권 보장: 현행 산업연수생제도의 위헌
　　성 검토를 중심으로", 저스티스 제70호 (2002. 12.).

김지혜, "이주민의 기본권: 불평등과 '윤리적 영토권'", 헌법학연구 제22권
　　제3호 (2016. 9.).

김창석, "외국인정책의 현황과 목표", 서울행정법원 개원 15주년 기념 학술
　　대회: 다문화·국제화 시대의 사회통합과 행정재판, 서울행정법원
　　(2013. 9. 6. 발표).

김철수, 헌법학개론(제14전정신판), 박영사 (2002).

미래한국헌법연구회, 대한민국 헌법의 바람직한 개헌방향에 관한 연구
　　(2008), http://ebook.assembly.go.kr/ebooklnk/research/pdf/research63182658.pdf,
　　(2017. 5. 1. 확인).

박일경, 신헌법학, 법경출판사 (1990).

법무부 출입국·외국인정책본부, 소통하고 협력하는 열린 출입국지원센터
　　(2013. 8.).

성낙인, 헌법학(제12판), 법문사 (2012).

소라미, "국제결혼 이주여성의 인권 실태와 관련 법적 쟁점", 민주사회를 위

한 변호사모임, 2007 한국인권보고서 (2008).

신옥주 외 공저, "외국인의 헌법적 지위 및 권리의 보장을 위한 비교법적 연구", 헌법재판소 헌법재판연구 제27권 (2016).

연합뉴스, "난민인권센터 영종도 '난민촌' 건립 반대", 네이버뉴스, (2010.4.28. 14:55), http://news.naver.com/main/read.nhn?mode=LSD&mid=sec&sid1=102&oid=001&aid=0003249388.

연합뉴스, "외국인 범죄자 3년여간 8만8천여명", 네이버뉴스, (2012.9.26. 14:09), http://news.naver.com/main/read.nhn?mode=LSD&mid=sec&sid1=102&oid=001&aid=0005838898.

외국인정책위원회, "2013-2017 제2차 외국인정책기본계획", 법무부 출입국·외국인정책본부 (2012. 12.).

이순태, 다문화사회의 도래에 따른 외국인의 출입국 및 거주에 관한 법제연구, 한국법제연구원 (2007).

이종혁, "외국인의 법적 지위에 관한 헌법조항의 연원과 의의: 제헌국회의 논의와 비교헌법적 검토를 중심으로", 서울대학교 법학 제55권 제1호 (2014).

이준일, 헌법학강의(제5판), 홍문사 (2013).

임준태, 외국인 범죄대책 수립을 위한 기초연구, IOM이민정책연구원 (2010).

전광석, "다문화사회와 사회적 기본권 - 헌법적 접근을 위한 시론", 헌법학연구 제16권 제2호 (2010).

전광석, 한국헌법론(제10판), 집현재 (2015).

정광현, 외국인의 기본권 주체성, 심인 (2017).

정정훈, "노동 관련 국내법 현황 및 국제기준의 이해", 국가인권위원회 대구인권사무소, 이주관련 국내법 현황 및 국제기준 이해 (2009).

최유, "외국인의 사회권 주체성에 관한 작은 연구". 충남대학교 사회과학연구소 사회과학연구 제19권 가을호 (2009).

최유, "헌법적 관점에서 바라 본 다문화주의", 외국인정책 및 다문화에 관한 법제의 동향과 과제, 한국법제연구원 (2007).

한수웅, 헌법학(제4판), 법문사 (2014).

허영, 헌법학원론(제4판), 박영사 (2004).

헌법연구자문위원회, 헌법개정자문위원회 결과보고서 (2009).

황필규, "국제인권기준에 비추어 본 한국 인권현실: 유엔인권이사회 국가별 인권상황 정례검토 NGO보고서와 정부보고서 초안의 비교·평가를 중심으로", 2008년 제1차 인권세미나: 국제인권현안과 국제인권법, 국제엠네스티 한국지부 법률가위원회 (2008. 3. 22. 발표).

황필규, "국제인권기준에 비춰본 미등록 이주민의 인권현실", 2008 제주인권회의: 시장과 인권 - 생존과 존엄사이, 한국인권재단 (2008. 6. 28. 발표).

황필규, "국제인권법과 한국 이주노동자의 인권: 조약에 기초한 유엔인권체제를 중심으로", 세계이주노동자의 날 기념 토론회: 산업연수제 10년이 남긴 것과 외국인력 제도의 나아갈 길, 민주사회를위한변호사모임, 외국인이주노동자대책협의회, 참여연대 (2004. 12. 16. 발표).

황필규, "난민의 지위에 관한 협약상 '충분한 근거가 있는 공포'", 법학박사 학위논문, 서울대학교 (2010).

황필규, "유엔인권권고 이행 메커니즘 확립 방안", 제2회 유엔인권권고 분야별 이행사항 점검 심포지엄, 대한변호사협회, 유엔인권정책센터 (2012. 12. 6. 발표).

황필규, "외국인 기본법에 관한 의견", 재한외국인 처우 기본법 제정안 마련을 위한 공청회, 법무부 (2006. 9. 29. 발표).

황필규, "외국인의 인권과 차별금지", 인권과 정의 제365호 (2007. 1.).

황필규, "이주노동자의 인권", 대한변호사협회 인권보고서 2005년도 제20집 (2006).

황필규, "이주민과 북한이탈주민에 대한 자의적 구금 토론 : "Living" 헌법과 국제인권법, "Transnational" 접근을 위하여", 2015년 인권법학회 학술대회 : 시민적 및 정치적 권리에 관한 국제규약의 국내 이행, 인권법학회, 서울대 인권센터 (2015. 12. 19. 발표).

황필규, "지정토론문", 서울행정법원 개원 15주년 기념 학술대회: 다문화·국
제화 시대의 사회통합과 행정재판, 서울행정법원 (2013. 9. 6. 발표).

황필규, "한국에서의 미등록 이주아동의 교육권", 미등록 이주아동 교육권
보장을 위한 토론회, 미등록 이주아동 합법체류보장 촉구연대 (2008.
2. 20. 발표).

황필규, "한국 이민관련법", 정기선, 이선미, 황필규, 이민경, 이규용, 한국 이
민정책의 이해, 백산서당 (2011).

황필규, "한국의 이주민 법제의 시각과 관련 쟁점", 조선대학교 법학논총 제
16집 제2호 (2009).

Alexander H. E. Morawa, "The Concept of Non-Discrimination: An Introductory
Comment", Journal of Ethnopolitics and Minority Issues in Europe, Issue
3/2002 (2002).

Alexander H. E. Morawa, "Vulnerability as a Concept of International Human
Rights Law", Journal of International Relations and Development, vol. 6,
No. 2 (June 2003).

Bruno Simma & Philip Alston, "The Sources of Human Rights Law: Custom, Jus
Cogens and General Principles", Australian Yearbook of International
Law, vol. 12, (1988-1989).

Dinah Shelton, "Are There Differentiations among Human Rights? Jus Cogens,
Core Human Rights, Obligations Erga Omnes and Non-Derogability",
UNIDEM Seminar: The Status of International Treaties on Human Rights,
Coimbra, Portugal (7-8 Oct. 2005), http://www.venice.coe.int/docs/2005/
CDL-UD(2005) 020rep-e.asp, (2017. 5. 1. 확인).

Gabriela Rodriguez Pizzrro, Report of the Special Rapporteur on rights of
migrants, UN문서 E/CN.4/2005/85, 27 Dec. 2005.

Global Commission on International Migration(GCIM), Migration in a interconnected world: New directions for action (2005).

Ian Brownlie, Principles of Public International Law(6th ed.), Oxford: Oxford University Press (2003).

International Law Commission, "Draft Articles on the Law of Treaties with commentaries", Yearbook of the International Law Commission, vol. II (1966).

Jorge Bustamante, Report of the Special Rapporteur on the human rights of migrants: Mission to the Republic of Korea, UN문서 A/HRC/4/24/Add.2, 14 Mar. 2007.

Jorge Bustamante, Report of the Special Rapporteur on the human rights of migrants, UN문서E/CN.4/2006/73, 2006.

Jorge Bustamante, Working paper of the working group of intergovernmental experts on the human rights of migrants, UN문서 E/CN.4/AC.46/1998/5, 1998.

Linda S. Bosniak, "Human Rights, State Sovereignty and the Protection of Undocumented Migrants under the International Migrant Workers' Convention", Barbara Bogusz, Ryszard Cholewinski, Adam Cygan, Erika Szyszczak, eds., Irregular Migration and Human Rights: Theoretical, European and International Perspectives, Leiden: Martinus Nijhoff Publishers (2004).

Malcolm N. Shaw, International Law(6th ed.), Cambridge: Cambridge University Press (2008).

Office of High Commissioner for Human Rights(OHCHR), Migration and Development: a Human Rights Approach, High Level Dialogue on International Migration and Development, New York, 14-15 Sept. 2006.

Robert McCorquodale & Martin Dixon, Cases and Materials on International Law(4th ed.), Oxford: Oxford University Press (2003).

UN Human Rights Committee (HRC), CCPR General Comment No. 15: The Position of Aliens Under the Covenant, 11 April 1986.

UN Human Rights Committee (HRC), CCPR General Comment No. 18: Non-discrimination, 10 November 1989.

UN Committee on Economic, Social and Cultural Rights (CESCR), General Comment No. 12: The Right to Adequate Food (Art. 11 of the Covenant), 12 May 1999.

UN Committee on Economic, Social and Cultural Rights (CESCR), General Comment No. 14: The Right to the Highest Attainable Standard of Health (Art. 12 of the Covenant), UN문서 E/C.12/2000/4, 11 August 2000.

UN Committee on the Elimination of Racial Discrimination (CERD), CERD General Recommendation XXX on Discrimination Against Non Citizens, 1 October 2002.

UN Committee on the Elimination of Racial Discrimination (CERD), Concluding observations: Republic of Korea, UN문서 CERD/C/KOR/CO/1, 17 August 2007.

UN Committee on the Elimination of Racial Discrimination (CERD), Concluding observations: Republic of Korea, UN문서 CERD/C/KOR/CO/15-16, 31 August 2012.

UN Committee on the Elimination of Racial Discrimination (CERD), Statement on racial discrimination and measures to combat terrorism, UN문서 A/57/18, Chapter XI (C), 2002.

UN Committee on the Protection of the Rights of All Migrant Workers and Members of their Families (CMW), Contribution to the High-Level Dialogue on Migration and Development of the General Assembly, 2006.

上村榮治, 行政法敎室 (2000), http://uno.law.seikei.ac.jp/-uemura/chap17.html, (2009. 8. 31. 확인).

이주민의 구금과 적법절차

최계영*

Ⅰ. 서론

1. 이민구금, 출입국 통제, 적법절차

이민구금(immigration detention)이란 이민을 통제하는 과정에서 이민통제 권한에 근거하여 이루어지는 구금을 가리킨다. 이민구금은 외국인에 대하여 이민통제 권한에 근거해서 이루어진다는 특성 때문에 법적 통제와 적법절차의 보장수준이 다른 종류의 구금에 비해 낮게 나타나는 경향이 있고,[1] 이는 우리나라에서도 마찬가지이다. 출입국에 관하여 외국인에게는 입국과 체류의 자유가 보장되지 않고 출입국에 관한 통제권한의 행사는 국가주권 행사의 성격을 가진 것으로 이해되고 있으며, 그 결과 출입국관리에 관해서는 입법의 단계에서나 집행의 단계에서 광범위한 재량이 인정되고 있다.[2] 그런데 외국인에게 입국의 자유는 인정되지 않지만, 인간의 권리인 신

---

* 서울대 법학전문대학원 부교수

[1] Daniel Wilsher, Immigration Detention - Law, History, Politics, Cambridge: Cambridge University Press (2012), ix.
[2] 이에 대한 비판은 최계영, "출입국관리행정, 주권 그리고 법치", 행정법연구 제48호 (2017. 2.), 31 이하 참조.

체의 자유는 외국인에게도 보장된다. 그럼에도 불구하고 이민구금에 대하여는 인신구금으로서의 성격보다 출입국 통제에 부수된 수단으로서의 성격에 중점을 두어,3) 적법절차의 보장 수준이 통상적인 신체의 자유 제한에 요구되는 것보다 낮아도 무방한 것으로 바라보는 시각이 있고, 이러한 경향은 입법·행정·사법의 실무에서 모두 발견할 수 있다.

우리나라에서 특히 최근 문제가 되는 현상은 난민신청자에 대한 무기한의 장기구금 문제이다. 난민신청자는 난민 인정 여부에 대한 최종 판단이 내려지기 전까지는 강제송환할 수 없다. 그런데 난민신청자에 대해 강제퇴거명령과 보호명령이 발해지면, 행정부와 사법부에서 난민 인정 여부에 대한 최종 판단이 내려질 때까지 난민신청자는 계속하여 구금된다. 법률상 구금기간에 상한도 없고, 사법적 통제를 포함한 객관적·중립적 통제도 제대로 이루어지지 않는다. 이로 인해 뒤에서 볼 바와 같이 구금기간이 3년이 넘어가는 초장기 구금도 나타나고 있는 실정이다. 이민구금에 대한 적법절차원칙의 보장수준이 적정한지 점검할 필요가 있는 시점이다.

2. 출입국관리법의 '보호'

우리나라 출입국관리법(이하 이 글에서 '법'이라고만 하면 출입국관리법을 가리킨다)에서는 출입국 통제 과정에서 이루어지는 구

---

3) "출입국관리법상 보호는 내·외국인의 출입국과 외국인의 체류를 적절하게 통제·조정함으로써 국가의 이익과 안전을 도모하는 국가행정인 출입국관리행정의 일환으로 외국인의 체류자격의 심사 및 체류자격 없는 외국인의 강제퇴거절차의 집행을 위하여 이루어지는 것인바, 출입국관리행정 중 이와 같이 체류자격의 심사 및 퇴거 집행 등에 관한 사항은 광범위한 정책재량의 영역에 있다"(헌법재판소 2005. 3. 31. 선고 2003헌마87 결정, 헌법재판소 2014. 4. 24. 선고 2011헌마474 결정 등 참조).

금을 '보호'라 부르고 있다. 이는 강제퇴거의 심사와 집행을 위한 외
국인의 구금을 뜻한다. 원래는 법률상 보호의 정의규정이 없었으나
보호의 개념이 사전적 의미와는 달리 사용되고 있다는 비판이 제기
되어 2010년 정의규정이 신설되었다.4) 현행법에서는 보호를 "강제
퇴거 대상에 해당된다고 의심할 만한 상당한 이유가 있는 사람을
출국시키기 위하여 외국인보호실, 외국인보호소 또는 그 밖에 법무
부장관이 지정하는 장소에 인치하고 수용하는 집행활동"(법 제2조
제11호)이라고 정의하고 있다. 위와 같은 법 개정으로 보호가 신체
의 자유를 제한하는 실질적인 인신구속이라는 점은 입법적으로5) 명
백해졌다. 그러나 정의규정만 신설되었을 뿐 인신구속에 걸맞는 권
리보호 장치는 마련되지 않았다는 점에서 비판이 제기된다.6)

　보호는 '강제퇴거 심사를 위한 보호'(법 제51조, 이하 '심사보호'
라고 한다)와 '강제퇴거 집행을 위한 보호'(법 제63조, 이하 '집행보
호'라고 한다)로 나뉜다. 전자는 강제퇴거 대상자에 해당하는지를
조사하기 위한 보호이고, 후자는 강제퇴거명령이 내려졌지만 즉시
송환할 수 없을 때 강제퇴거 집행을 확보하기 위해 송환할 수 있을
때까지 보호하는 것이다. 강제퇴거 심사를 위한 보호는 다시 '일반
보호'와 '긴급보호'로 구별된다. 일반보호는 사전에 보호명령서를
발급받아 보호하는 것이고(법 제51조 제1항), 긴급보호는 보호명령
서를 발급받을 여유가 없을 때 먼저 보호한 후 사후에 보호명령서

---

4) 2010. 5. 14. 법률 제10282호.
5) 판례상으로는 이미 대법원 2001. 10. 26. 선고 99다68829 판결에서 "실질적
　인 인신구속"이라고 평가하였다.
6) 형식적으로 '보호'의 법률적 정의규정을 신설하는 것에 그칠 것이 아니라,
　외국인과 관련된 인신행정작용(인치 및 수용 등)에 형사사법절차에 준하는
　권리보장체계를 마련하여 실질적 법치주의가 실현될 수 있도록 노력하는
　것이 바람직하다는 국가인권위원회 2007. 12. 28.「출입국관리법 일부개정법
　률안」에 대한 의견표명 참조.

를 발급받는 것이다(같은 조 제3항).

3. 이 글의 구성

이 글은 현행 출입국관리법상의 보호 제도가 적법절차원칙에 부합하는지 살펴보고 현행법의 개선방안을 제시하는 것을 목표로 한다. 보호에 관한 결정과 통제 권한 문제(Ⅱ.)와 보호기간의 문제(Ⅲ.)를 중점적으로 살펴볼 것이다. 각각의 부분에서 현행법의 체계(1.), 관련 헌법재판소 결정(2.), 유럽연합·독일·프랑스 법제에 대한 비교법적 고찰(3.)의 순서로 살펴볼 것이다. 이를 토대로 Ⅳ.에서 현행 보호 제도의 개선방안을 제안한다. 여기에 덧붙여 마지막으로 출입국항 송환대기실에서의 사실상 구금 문제를 함께 살펴보기로 한다(Ⅴ.).

Ⅱ. 보호에 관한 결정과 통제 권한

1. 현행법의 체계

가. 보호의 개시와 연장

보호에 관한 최초의 결정권한은 일반보호와 집행보호는 지방출입국·외국인관서의 장(이하 '소장 등'[7]이라 한다)에게, 긴급보호는 출입국관리공무원에게 있다(법 제51조, 제63조). 그러므로 구금을

---

7) 법률에서는 "지방출입국·외국인관서의 장"이라고만 규정하고 있는데, 시행령에서 출입국관리사무소의 장, 출입국관리사무소 출장소의 장, 외국인보호소의 장으로 구체화하고 있다(법 시행령 제63조 참조).

개시할 권한은 전적으로 행정기관에 부여되어 있고, 영장 제도는 배제되어 있다.

보호에 관한 최초의 결정 후 일정 시간이 지나면 자동적으로 통제가 이루어진다. 일반보호는 10일 이상 보호하기 위해서는 소장 등의 연장허가가 필요하고(법 제52조 제1항), 긴급보호는 보호 개시 후 48시간 내에 소장 등으로부터 보호명령서를 발급받아야 하며(법 제51조 제5항), 집행보호는 3개월마다 미리 법무부장관의 승인을 받아야 한다(법 제63조 제2항). 즉, 일정 기간 경과 후 일반보호, 긴급보호에 대해서는 소장 등에 의해, 집행보호는 법무부장관에 의해 통제가 이루어진다. 그러므로 구금 개시 후 이루어지는 자동적인 통제도 전적으로 행정기관에 맡겨져 있다.

나. 보호에 대한 권리구제절차

외국인의 신청에 의하여 권리구제절차가 개시되면 그 절차에서 보호의 적법성이 통제될 수 있다. 우선 출입국관리법상 마련된 권리구제절차로는 이의신청 제도가 있다. 그러나 이의신청을 심사하여 결정하는 기관은 법무부장관으로서(법 제55조 제1항, 제63조 제6항) 역시 행정기관이다. 다음으로 보호된 외국인은 행정소송절차를 통해 권리구제를 도모할 수 있다. 보호는 권력적 사실행위로서 '처분'(행정소송법 제2조 제1항 제1호)에 해당하기 때문에 행정소송(취소소송)을 제기하여 다툴 수 있다. 또한 그 절차에서 보호의 집행정지를 구하여(행정소송법 제23조 제2항) 종국적인 판단이 내려지기 전이라도 구금 상태에서 벗어날 수 있는 길도 있다. 이와 같이 사법적 절차를 통해 보호의 적법성을 통제할 수 있는 가능성이 열려 있기는 하지만 일반적인 행정소송절차는 뒤에서 볼 바와 같이 신체의 자유를 제한하는 공권력 행사에 대한 통제수단으로는 충분하지 않은 측면이 있다. 행정기관에 의한 신체의 자유 제한을 통제하기 위한 특별한 보호장치로는 인신보호법상의 구제청구절차가 있다. 그러나 인신보호법은 명문으로 "출입국관리법에 따라 보호된 자"를 인신보호법상 구제청구를 할 수 있는 피수용자의 범위에서 제외하고 있다(같은 법 제2조 제1항 단서). 그 결과 보호에 대한 사법적 통제는 일반적인 행정소송절차를 통해서만 가능하다.

다. 소결론

전체적으로 보면, 보호 여부를 결정하고 통제할 권한은 대부분 행정기관, 즉 법무부장관과 그 하급행정기관인 소장 등, 출입국관리 공무원에 맡겨져 있다. 사법기관에 의한 통제는 보호된 외국인이 권리구제를 청구한 경우에만 작동할 수 있고, 그 방식도 일반적인 행정소송절차에 한정된다.

2. 헌법재판소의 판단

현재의 출입국관리법상 보호 제도에 신체의 자유를 보장하기 위한 충분한 통제장치가 마련되어 있는지의 문제가, 헌법재판소 2016. 4. 28. 선고 2013헌바196 결정에서는 적법절차원칙 위반 문제로, 헌법재판소 2014. 8. 28. 선고 2012헌마686 결정에서는 적부심청구권의 침해 문제로 다루어졌다. 이하에서 차례로 살펴본다.

가. 적법절차원칙 위반 여부
– 헌법재판소 2016. 4. 28. 선고 2013헌바196 결정 –

위 결정에서는 현행 출입국관리법상의 보호 제도가 적법절차원칙에 반하는지 여부가 쟁점이 되었다. 비록 다수의견은 재판의 전제성이 없음을 이유로 각하결정을 내렸지만,[8] 4인의 반대의견(이하 '[반대의견]'이라 한다)과 2인의 다수의견에 대한 보충의견(이하 '[보충의견]'이라 한다)은 적법절차원칙 위반 여부에 관하여 실체적 판단을 하였다. [반대의견]은 적법절차원칙에 반한다는 입장인 반면, [보충의견]은 반하지 않는다는 입장이다. 세부적인 논거를 비교하면 다음과 같다.

① 우선 [반대의견]은 출입국관리법상의 외국인 보호는 형사절차상 '체포 또는 구속'에 준하는 것으로서 외국인의 신체의 자유를 박탈하는 것임을 전제로 하는 반면, [보충의견]은 피보호자가 자진 출국함으로써 언제든지 보호대상에서 벗어날 수 있다는 점에서 일반적인 형사상 구금과 차이가 있으므로 보다 완화된 기준에 의한 심사가 가능하다는 것을 전제로 한다. ② 보호가 신체의 자유에 미치는 영향에 대한 위와 같은 인식의 차이를 토대로, [반대의견]은 엄격한 영장주의는 아니더라도 적어도 출입국관리공무원이 아닌 객관적·중립적 지위에 있는 자가 그 인신구속의 타당성을 심사할 수 있는 장치가 있어야 한다는 입장인 반면, [보충의견]은 출입국관리에 관한 공권력 행사와 관련하여 그 업무를 동일한 행정기관에서 하게 할 것인지, 서로 다른 행정기관에서 하게 하거나 사법기관을 개입시킬 것인지는 입법정책적인 문제이며, 반드시 객관적·중립적 기관에 의한 통제절차가 요구되는 것은 아니라고 한다.[9] ③ 신체의 자유를

---

8) 청구인에 대한 보호가 완전히 해제되어 당해 사건인 보호명령 취소소송이 부적법하여 각하될 수밖에 없는 상황이었다. 이에 대해 반대의견은 외국인의 신체의 자유와 직결되는 매우 중요한 헌법문제라는 이유로 예외적 심판의 이익을 인정하였다.

9) 오히려 출입국관리와 같은 전문적인 규제분야에서는 동일한 행정기관으로 하여금 여러 업무를 동시에 수행하게 하는 것이 행정의 경험과 전문성을 살리고, 신속한 대처를 통한 안전한 국경관리를 가능하게 하며, 외교관계

보장하기에 충분한 사법적 통제장치가 있는지에 관해서도, [반대의견]은 강제퇴거명령이나 보호명령에 대한 행정소송과 같은 일반적·사후적인 사법통제수단만으로는 우리나라 사법시스템이나 국어에 능통하지 못한 외국인의 신체의 자유를 충분히 보장하기에 미흡하다는 생각인 반면, [보충의견]은 강제퇴거명령이나 보호명령에 대해 취소소송을 제기할 수 있고 집행정지신청을 할 수 있으므로 객관적·중립적 기관에 의한 통제절차가 없다고 볼 수도 없다는 생각이다.

나. 적부심청구권 침해 여부
    - 헌법재판소 2014. 8. 28. 선고 2012헌마686 결정 -

앞서 본 것처럼 출입국관리법에 따라 보호된 자는 인신보호법상 구제청구를 할 수 없다(인신보호법 제2조 제1항 단서). 위 조항이 "누구든지 체포 또는 구속을 당한 때에는 적부의 심사를 법원에 청구할 권리를 가진다."고 정하고 있는 헌법 제12조 제6항에 위반되는지 쟁점이 되었다. 앞서의 헌법재판소 2016. 4. 28. 선고 2013헌바196 결정에서는 - [반대의견]이든 [보충의견]이든 - 출입국관리법상 보호에 대해서는 헌법 제12조 제3항의 영장주의가 적용되지 않는다는 것을 전제로 하고 있는 반면, 이 결정에서는 헌법 제12조 제6항의 체포·구속적부심청구권은 보호를 비롯한 행정상 인신구속 일반에 대해 적용된다는 것을 전제로 하고 있다. 헌법 제12조 제6항의 "체포 또는 구속"은 포괄적 개념으로서 수사기관 뿐만 아니라 일반 행정기관을 비롯한 모든 형태의 공권력행사기관이 체포 또는 구속의 방법으로 신체의 자유를 제한하는 사안에 적용된다는 것이다. 이는 헌법 제12조 제3항[10]과 달리 헌법 제12조 제6항의 문언에는 수사절

및 급변하는 국제정세에 맞춰 적절하고 효율적인 출입국관리를 가능하게 하는 길이라고 볼 수도 있다고 한다.

차에만 특유하게 적용될 수 있는 부분이 없기 때문에 가능한 해석
일 것이다.

그런데 위 결정에서는 출입국관리법상의 보호에 대해서도 헌법
제12조 제6항이 적용된다는 점을 논의의 출발점으로 삼았음에도, 결
론적으로는 인신보호법상의 배제 조항이 위헌은 아니라고 판단하였
다. 그와 같은 결론이 가능한 이유는 헌법 제12조 제6항에 의해 요
구되는 절차가 갖추어야 할 요건을 완화하여 해석하기 때문이다. 입
법자는 "행정상의 체포·구속에 대하여도 체포·구속된 원인관계 등
에 대한 최종적인 사법적 판단절차와는 별도로 체포·구속 자체에
대한 적법 여부를 법원에 심사청구할 수 있는 절차"를 마련하여야
하지만, 절차를 구체화함에 있어서는 상대적으로 광범위한 입법형
성권을 가지고 있다. 특히 출입국관리법상 보호는 외국인의 체류자
격의 심사 및 체류자격 없는 외국인의 강제퇴거절차의 집행을 위하
여 이루어지는 것이므로, 그 구체적 절차에 관한 사항은 광범위한
정책재량의 영역에 있다고 한다.

위와 같은 심사기준을 토대로 헌법재판소는, 보호명령 자체의 취
소를 구하는 행정소송이나 그 집행의 정지를 구하는 집행정지신청
을 통해 출입국관리법상 보호의 적법 여부를 다툴 수 있는 이상 헌
법 제12조 제6항이 요구하는 체포·구속 자체에 대한 적법 여부를 법
원에 심사청구할 수 있는 절차가 없다고 할 수 없다고 판단하였다.
나아가 출입국관리법에 사전적 절차규정[11] 및 법무부장관에 대한
이의신청이라는 사후적 보호수단이 마련되어 행정소송이나 집행정
지신청이 가지고 있는 한계를 충분히 보완하고 있다고 평가하였다.

---

10) "검사의 신청에 의하여", "현행범인인 경우와 장기 3년 이상의 형에 해당하
　　는 죄를 범하고"
11) 보호기간의 제한(법 제52조, 제63조 제2항), 보호명령서의 제시(법 제53조,
　　제63조 제6항), 법정대리인 등에 대한 통지(법 제54조, 제63조 제6항).

3. 비교법적 고찰

가. 유럽연합

유럽연합은 2008년 송환지침(Return Directive)12)을 제정하여 위법하게 체류 중인 제3국 국민13)의 송환에 적용할 공통 기준과 절차를 정하였다. 송환지침에 따르면 구금에 관한 결정은 사법기관뿐만 아니라 행정기관도 할 수 있다(송환지침 제15조 제3항 1문). 그러나 사법기관이 아니라 행정기관에게 구금에 관한 결정권한을 부여하였을 때에는 신속한 사법심사가 보장되어야 한다. 그 방법은 두 가지이다. 당사자의 신청에 관계없이 자동적으로 사법기관이 심사하도록 하거나, 당사자에게 사법심사를 신청할 권리를 부여하는 것이다.14) 사법심사는 신속하여야 한다. 자동적으로 사법심사가 시작되도록 하였다면 구금이 개시된 때로부터 가능한 한 신속하게, 당사자의 신청에 의하여 사법심사를 하도록 하였다면 심사절차가 개시된 때로부터 가능한 한 신속하게, 구금의 적법성에 관한 결정이 내려져야 한다. 또한 자동적인 사법심사가 보장되지 않고 당사자의 신청으로 사법심사가 시작되도록 하였다면, 회원국은 사법심사를 구할 수 있는 절차가 있음을 당사자에게 즉시 고지하여야 한다(같은 항 2문). 구금에 대한 심사를 담당하는 법원에게는, 구금의 적법성에 관해 결

---

12) Directive 2008/115/EC of the European Parliament and of the Council of 16 December 2008 on common standards and procedures in Member States for returning illegally staying third-country nationals.

13) 유럽연합 시민 이외의 자를 의미한다(송환지침 제3조 제1호 참조).

14) 지침 제정과정에서, 원칙적으로 구금은 사법기관의 결정으로 하도록 하는 안과 구금 개시 후 72시간 내에 사법기관의 승인을 받도록 하는 안(자동적인 사법심사)이 제안되었지만 받아들여지지 않았다. Kay Hailbronner & Daniel Thym(ed.), EU Immigration and Asylum Law(2nd ed.), München: C.H.Beck (2016), Part C Ⅶ Art. 15 MN 13 참조.

정하고 구금이 위법하다면 석방을 명령할 수 있는 권한이 부여되어 야 한다.[15]

　모든 사안에서, 구금은 주기적으로 심사되어야 한다. 심사 사이 의 기간 간격은 합리적이어야 한다(송환지침 제15조 제3항 1문). 심 사 사이의 기간 간격이 어느 정도이어야 지나치게 길지 않고 합리 적이라고 볼 수 있는지는 일률적으로 말할 수 없다. 그렇지만 주기 적 심사 사이에 발생한 사정변경을 불합리한 지체 없이 심사에 반 영하여, 새로이 발생한 요소에 따르면 구금이 사후적으로 위법하게 되었다고 결정할 수 있어야 한다.[16] 위 규정에 따른 심사는 반드시 사법기관에 의한 심사일 필요는 없고 행정기관에 의한 심사로도 충 분하다. 그러나 구금기간이 연장된 경우라면, 주기적인 심사는 사법 기관에 의한 심사이어야 한다(같은 항 2문).

　유럽연합 송환지침은 회원국의 입법을 통해 각국의 국내법으로 전환된다. 이하에서는 독일과 프랑스가 구체적으로 송환지침을 어 떻게 전환하였는지를 살펴본다.

나. 독일

　독일 체류법(Aufenthaltsgesetz)[17]에서는 퇴거를 위한 구금으로 두 종류의 구금, 즉 '퇴거 심사를 위한 준비구금'(Vorberitungshaft, 이하 '준비구금'이라 한다)과 '퇴거 집행을 위한 확보구금'(Sicherungshaft, 이하 '확보구금'이라 한다)을 두고 있다. 전자는 우리나라의 심사보 호에 유사한 것이고, 후자는 집행보호에 유사한 것이다. 준비구금과

---

15) Kay Hailbronner & Daniel Thym(ed.), 위의 책, Part C Ⅶ Art. 15 MN 19.
16) Kay Hailbronner & Daniel Thym(ed.), 위의 책, Part C Ⅶ Art. 15 MN 29.
17) Gesetz über den Aufenthalt, die Erwerbstätigkeit und die Integration von Ausländern im Bundesgebiet.

확보구금 모두 법관의 영장을 필요로 한다(준비구금에 관해서는 체류법 제62조 제2항, 확보구금에 관해서는 같은 조 제3항). 즉, 독일은 최초의 구금 개시 단계에서부터 사법기관의 결정을 요구한다. 이는 독일 기본법 제104조 제2항의 영장주의(또는 법관유보 Richtervorbehalt)가 이민구금에도 관철되기 때문이다. 신체의 자유 박탈이 적법한지 결정할 권한은 법원에 배타적으로 귀속되어야 한다.18) 일정한 사유가 있으면 예외적으로 법관의 사전영장 없이 행정기관의 결정으로 구금할 수도 있다. 그러나 그 경우에도 지체 없이 법관 앞에 인치하여 법관이 구금 여부를 결정하도록 하여야 한다(체류법 제62조 제5항). 구금의 개시와 연장은 모두 사법기관의 결정으로 이루어진다. 또한 법원은 영장에서 정한 구금기간이 지나기 전이라도 구금사유가 소멸하면 직권으로 구금을 취소하여야 한다.19)

다. 프랑스20)

프랑스에서는 구금에 대한 최초의 결정, 연장결정, 그리고 이에 대한 통제의 권한이 행정기관과 사법기관에 나뉘어 있다. 외국인을 구금하기로 하는 최초의 결정은 행정기관에 의해 이루어지지만, 연장결정과 통제는 사법기관이 맡는다. 최초의 구금결정에 관한 권한을 갖는 기관은 행정기관인 지사(Préfet)21)이다. 지사의 결정에 의한

---

18) 비공식적인 구금이 이루어졌던 나치 시대의 경험으로 인해 구금에 대한 강력한 헌법상 보호장치가 마련되었다고 한다.

19) § 406 Abs. 1 FamFG.

20) 이민구금에 관한 프랑스 법체계를 파악함에 있어서는 Marie-laure Basilien et al., "Immigration Detention and the Rule of Law - National Report: France", Bingham Center for the Rule of Law (2013. 6.)의 도움을 받았다.

21) 지사라고 통상 번역되지만, 우리나라의 지방자치단체 장에 해당하는 기관은 아니고, 중앙정부가 중앙정부를 대표하여 지방자치단체에 파견한 기관이다.

구금기간의 상한은 48시간이다. 48시간이 지난 후에도 계속 구금하기 위해서는 지사는 법관에게 구금기간의 연장을 신청하여야 한다.[22] 구금기간 연장결정을 담당하는 법관은 '자유와 구금 담당 법관'(Juge des libertés et de la détention, 통상 JLD라고 줄여 부른다, 일반법원 소속이다)이다. 최초의 구금결정과 연장결정 모두 사법기관에 의해 통제된다. 2016년 이전에는 지사의 최초 구금결정에 대한 통제권한은 행정법원에, JLD의 구금기간 연장결정에 대한 통제권한은 일반법원에 각각 나뉘어 있었다.[23] 그러나 2016년의 법 개정[24]으로 통제권한이 일원화되었다. 최초 구금결정에 대한 통제도 행정법원이 아니라 일반법원 소속인 JLD가 담당한다.[25]

III. 보호기간

1. 현행법의 체계

일반보호의 보호기간은 10일 이내로 하되, 다시 10일 이내의 범위에서 한 차례만 연장할 수 있다. 연장은 '부득이한 사유'가 있어야 하고, 연장허가의 권한은 최초에 보호명령서를 발급한 소장 등에게

---

22) CESEDA, Article L.551-1. CESEDA는 'Code de l'entrée et du séjour des étrangers et du droit d'asile'(외국인의 입국·체류 및 망명권에 관한 법전)의 약칭이다.
23) 행정에 대한 재판도 행정작용으로 보는 프랑스 특유의 권력분립원칙에 따라 행정사건을 관할하는 행정법원은 사법부가 아니라 행정부에 소속되어 있다. 다만 행정법원은 소속이 행정부일 뿐 재판의 독립을 향유하는 실질적인 사법기관이다.
24) LOI n° 2016-274 du 7 mars 2016 relative au droit des étrangers en France.
25) CESEDA, Article L.512-1, III, mod. par LOI n°2016-274 du 7 mars 2016 - art. 33, I.

있다(법 제52조 제1항), 긴급보호는 48시간 내에 보호명령서를 발급받아야 하므로 기간의 상한은 48시간이다(법 제51조 제4항). 집행보호는 "송환할 수 있을 때까지" 보호할 수 있다고 규정되어 있을 뿐 기간의 상한이 정해져 있지 않다(법 제63조 제1항). 다만 그 기간이 3개월을 넘는 경우에는 3개월마다 미리 법무부장관의 승인을 받아야 한다(같은 조 제2항). 다른 국가로부터 입국이 거부되는 등의 사유로 송환될 수 없음이 명백하게 된 경우에는 소장 등은 보호를 해제할 수 있지만(같은 조 제4항), 반드시 해제해야 하는 것은 아니다.

2. 헌법재판소의 판단
- 헌법재판소 2016. 4. 28. 선고 2013헌바196 결정-

앞서 본 헌법재판소 2016. 4. 28. 선고 2013헌바196 결정에서는 보호기간 설정의 필요성에 관해서도 [반대의견]과 [보충의견]이 다른 입장을 취하였다. [반대의견]은 보호기간의 상한을 설정하고 있지 않아 무기한 보호가 가능한 것 자체가 신체의 자유에 대한 과도한 제한이라고 보았다. 기간의 상한이 정해져 있지 않은 보호는 "자신이 언제 풀려날지 전혀 예측할 수 없게 한다는 점에서 실제 보호기간의 장단과 관계없이 그 자체로 심각한 정신적 압박감"을 가져온다는 것이다. 반면 [보충의견]은 '송환할 수 있을 때까지' 보호하여야만 송환이 가능해진 시점에 신속하게 강제퇴거를 이행할 수 있고, 언제 송환이 가능해질 것인지 미리 알 수 없는 이상 특정한 일시까지 보호기간을 한정하지 않는 것은 입법목적 달성을 위해 불가피하므로 과잉금지 원칙에 반하지 않는다고 판단하였다.

3. 비교법적 고찰

가. 유럽연합

회원국은 구금기간의 상한을 설정해야 하고, 원칙적으로 그 상한은 6월을 넘어서는 아니 된다(지침 제15조 제5항). 예외적으로 12월을 한도로 구금기간을 연장할 수 있지만 이는 지침에서 규정한 사유가 있을 때에 한한다. 연장이 허용되는 사유는 아래의 두 가지 경우이다. ① 당사자가 협력하지 아니하거나, ② 제3국으로부터 필요한 서류를 확보하는 것이 지체되어, 모든 합리적인 노력에도 불구하고 퇴거의 집행에 시간이 더 필요한 경우이다(같은 조 제6항).[26] 유럽사법재판소는 2014년 Mahdi 결정[27]에서 지침 제15조 제6항의 해석기준, 즉 구금 연장사유의 판단기준을 제시하였다. 그 내용은 다음과 같다.[28]

- 연장결정의 시점에서 판단할 때 퇴거가 집행될 수 있다는 합리적인 가능성이 있어야 한다.
- 최초의 구금결정시 적용되는 실체적인 요건[29]의 존부를 다시 심

---

26) 집행위원회의 최초의 제안은 6월을 단일하게 구금기간의 상한으로 하는 것이었다. 이에 대해 유럽의회는 '3+15월'을 제안하였다. 일정한 사유가 있을 때에만 3월을 넘는 구금이 가능하도록 하되 그 경우에도 연장된 기간은 15월을 넘지 못하도록 하는 것이다. 반면 평의회는 6월을 원칙으로 하되, 일정한 사유가 있으면 기간의 제한 없는 구금도 가능하도록 하는 안을 제안하였다. Kay Hailbronner & Daniel Thym(ed.), 앞의 책, Part C Ⅶ Art. 15 MN 14 참조.

27) ECJ, Mahdi, C-146/14 PPU, EU:C:2014:320.

28) Kay Hailbronner & Daniel Thym(ed.), 앞의 책, Part C Ⅶ Art. 15 MN 60.

29) ① 도주의 위험이 있거나 ② 당사자가 송환 준비 또는 퇴거 절차를 회피하거나 방해하여야 한다(지침 제15조 제1항).

사하여야 한다.

— 연장 여부를 결정하는 법관에게는, 개별 사건의 구체적인 사실관
계를 완전하게 심사한 후에, 구금에 관한 기존의 (행정기관 또는
법관의) 결정을 자신의 결정으로 대체하여, 연장 여부에 관한 결
정뿐만 아니라 구금에 대한 대안 또는 석방을 명할 수 있는 권한
이 있어야 한다.

— 법관은 행정기관이 제시한 사유에 한정하지 말고 연장 여부 결정
과 관련된 모든 요소를 직권으로 심사하여야 한다.

— 연장사유로 오로지 신분증명서가 없다는 점만이 제시되었다면 구
금을 연장하여서는 아니 된다. 구금의 예외적 연장사유는 지침 제
15조 제6항에 열거된 두 가지 사유에 한정되기 때문이다. 신분증
명서가 없다는 점은 구금요건인 도주의 위험성(지침 제15조 제1
항) 판단에 영향을 미치는 요소 중의 하나로만 고려하여야 한다.

— 당사자가 협력하지 아니하였다는 이유로 구금을 연장하고자 한다
면 당사자의 행위와 퇴거 집행이 지체되고 있다는 사실 사이에
인과관계가 있어야 한다. 만약 다른 사유로 퇴거 집행에 시간이
더 걸리게 된 것이고 인과관계가 없다면 당사자가 협력하지 않았
다는 사유로 구금을 연장하는 것은 정당화되지 않는다.

— 행정기관이 모든 합리적인 노력을 하였음에도 예상보다 퇴거 집
행이 지체되었다는 점이 증명되어야 한다. 신분증명서가 없어서
퇴거를 집행하지 못하고 있는 경우라면 행정기관이 신분증명서의
발급을 위해 적극적으로 노력하였다는 점이 증명되어야 한다.

지침 제15조 제5항, 제6항에 따른 전체 18월(6월+12월)의 기간 제
한은 절대적이다. 위 기간이 지나면 어떠한 사유가 있더라도 당사자
를 즉시 석방하여야 한다. 이 점은 유럽사법재판소가 Kadzoev 결
정[30])에서 확인하였다. 유효한 신분증명서가 없다거나, 당사자의 행

동이 공격적이라거나, 생계를 유지할 능력이 없고 회원국에 의하여 주거나 생계유지수단이 제공되지 않는다고 하더라도,[31] 18월이 지나면 구금을 연장할 수 없다.

나. 독일

(1) 비례원칙과 구금기간의 상한

독일 체류법에서는 구금에 관한 조문의 첫 번째 조항에서 비례원칙을 선언하면서, 시간적 측면에서도 구금은 가능한 한 짧은 기간으로 제한되어야 한다고 규정하고 있다(체류법 제62조 제1항 2문). 나아가 구금의 종류별로 구금기간의 상한을 정한다. 준비구금은 6주를 넘을 수 없다(같은 조 제2항 2문). 확보구금은 원칙적으로 6월을 넘을 수 없다(같은 조 제4항 1문). 그러나 예외적으로 외국인이 퇴거의 집행을 방해하였다면 최대 12월을 연장하여 구금할 수 있다(같은 항 2문). 준비구금의 기간은 확보구금의 기간에 산입된다(같은 항 3문).

(2) 퇴거 집행의 가능성 고려

위와 같이 구금기간의 상한이 설정되어 있을 뿐만 아니라, 일정한 기간 내에 퇴거가 집행될 가능성이 있어야만 구금이 개시되거나 계속될 수 있도록 하여, 구금의 장기화를 막기 위한 추가적인 안전장치를 두고 있다. 외국인에게 책임 없는 사유로 3월 이내에 퇴거가 집행될 수 없다는 점이 증명되면 확보구금은 허용되지 않는다(같은

---

30) ECJ, Kadzoev, C-357/09 PPU, EU:C:2009:741.
31) 구금기간의 상한을 모두 채워 석방된 자의 법적 지위(취업활동이 가능한지, 사회보장수급권이 있는지 등)에 관해서는 송환지침이 아무런 규정을 두지 않고 있다. 입법적 공백으로 인한 문제점을 지적하는 글로는 Daniel Wilsher, 앞의 책, 197, 204 이하 참조.

조 제3항 4문). 처음부터 구금의 개시가 허용되지 않는 것이다. 3월 이내에 퇴거가 집행될 가능성이 없다면 3월보다 짧은 기간이라도 구금을 명할 수 없다.[32] 구금이 개시된 후에 이러한 상황이 밝혀졌다면 즉시 구금은 종료되어야 한다.[33] 퇴거명령에 대한 행정소송에서 퇴거명령의 집행이 정지된 경우, 임신 중인 경우, 여권이나 여행증명서를 확보하기 어려운 경우, 송환국에서 외국인을 받아들이고자 하지 않는 경우, 운송수단이 없는 경우 등은 책임 없는 사유로 볼 수 있다.[34] 3월 내에 퇴거가 집행될 수 있는지에 대한 판단은 예측적인 성격을 갖는다. 그렇지만 신체의 자유에 대한 제한이므로 법원은 해당 사안의 구체적 사실관계에 기초하여 완전하게 심사하여야 한다.[35]

확보구금의 원칙적 상한은 6월이지만, 3월 이내에 퇴거 집행의 가능성이 없으면 구금이 허용될 수 없다는 위 조항의 취지에 비추어, 판례는 통상적인 경우라면 구금기간은 3월을 넘을 수 없다고 판단하였다. 법률상 상한이 6월이더라도 그것만으로 바로 6월의 구금이 비례원칙에 합치된다고 할 수 없다는 것이다. 첫 번째의 3월의 구금기간 동안 퇴거가 집행되지 않은 것이 외국인의 책임 있는 사유로 인한 것이 아니라면, 다시 기간을 연장하는 것은 허용되지 않는다.[36]

---

32) Bertold Huber(hrgb.), Aufenthaltsgesetz(2. Aufl.), München: C.H.Beck (2016), §62 Rn. 24.
33) LG Bremen InfAuslR 2001, 449.
34) Bertold Huber(hrgb.), 앞의 책, §62 Rn. 24.
35) BVerfG, 2 BvR 538/07, Beschluss vom 27. Februar 2009.
36) BGH, V ZA 9/10, Beschluss vom 25. März 2010.

다. 프랑스[37]

프랑스에서 구금기간의 상한은 최대 45일(48시간+28일+15일)이다. 앞서 본 것처럼 행정기관의 결정에 의한 구금기간의 상한은 48시간이다. 48시간 이상 계속 구금하고자 할 경우 지사는 법관(JLD)에게 구금기간의 연장을 신청하여야 한다.[38] 연장할 수 있는 기간의 상한은 28일이다. 30일(48시간+28일)이 지난 후에도 계속 구금할 필요성이 있다면 15일을 상한으로 두 번째 연장을 신청할 수 있다. 다만, 두 번째 연장의 경우 연장사유는 제한된다. 두 번째 연장은 ① 절대적으로 긴급한 경우, ② 공공질서에 대한 중대한 위험이 있는 경우, ③ 퇴거 집행이 불가능한 원인이 당사자에 의한 신분증명서 또는 여행증명서의 분실 또는 훼손이나 고의적인 퇴거 절차의 방해로 인한 경우에 한한다. 또한 지사는 퇴거의 집행을 위해 모든 합리적인 노력을 하였음을 증명하여야 한다.[39] 45일의 기간이 모두 지나면 피구금자를 석방해야 한다. 이 때에는 주거의 제한, 전자감시와 같은 구금에 대한 대안적 조치를 취하게 된다.[40]

테러 관련자에 대해서는 예외적으로 구금기간의 상한이 높아진다. 테러행위로 형사처벌을 받은 자 또는 테러와의 관련을 이유로

---

37) 헌법재판소 2016. 4. 28. 선고 2013헌바196 결정의 [보충의견]에서는 구금기간의 상한이 없는 나라 중 하나로 프랑스를 열거하고 있다. 그러나 아래에서 보는 바와 같이 구금기간의 상한이 법률에 명시되어 있으므로(CESEDA, Article L.552-1, L.551-7) 그러한 판단은 의문이다. 프랑스는 독일과 마찬가지로 유럽연합 송환지침의 적용을 받으므로 구금기간의 상한을 설정할 의무가 있다. 또한 상한이 송환지침 제정 이후에 비로소 설정된 것도 아니다. 오히려 과거에는 12일이었던 상한이 2003년에 32일로, 2011년에 45일로 늘어난 것이다. Marie-laure Basilien et al., 앞의 보고서, 27, 28 참조.

38) CESEDA, Article L.552-1.

39) CESEDA, Article L.551-7.

40) Marie-laure Basilien et al., 앞의 보고서, 30, 31.

퇴거명령을 받은 자에 대해 JLD는 1월의 구금을 명할 수 있고 이는 연장가능하다. 그러나 그 전체 기간은 6월을 넘을 수 없다. 또한 퇴거가 집행될 수 있는 합리적인 가능성이 있고, 주거 제한으로는 해당 외국인을 충분히 통제하기 어려운 사정이 있어야 한다.[41]

IV. 현행 보호 제도의 개선방안

1. 사법적 통제의 강화

(1) 현행 법체계의 문제점

헌법 제12조 제3항은 신체의 자유에 대한 특별한 보호장치로서 영장주의를 규정하고 있다. 영장주의의 본질은 신체의 자유를 침해하는 강제처분을 함에 있어서는 중립적인 법관이 구체적 판단을 거쳐 발부한 영장에 의하여야 한다는 데에 있다.[42] 앞서 본 바와 같이 현행법은 외국인에 대한 구금을 개시하고 연장할 권한을 전적으로 행정기관에게 부여하고 있다. 이러한 현행 법체계가 헌법상의 영장주의에 위반되는지,[43] 또는 입법론적으로 영장 제도를 도입할 필요

---

41) CESEDA, Article L.551-7.
42) 헌법재판소 1997. 3. 27. 선고 96헌바28 결정.
43) 영장주의에 위반되지 않는다는 입장으로는 김경제, "대한민국 출입국관리법에 대한 비판적 고찰", 일감법학 제29호 (2014. 10.), 17 이하; 하명호, "외국인 보호 및 강제퇴거절차와 구제절차에 대한 공법적 고찰", 고려법학 제52호 (2009), 185 이하 참조. 반면 영장주의에 위반된다는 입장으로는 정승규, "외국인근로자에 대한 강제퇴거처분과 절차적 구제수단의 모색", 노동법논총 제17집 (2009), 360; 홍예연, "강제퇴거처분 취소소송의 위법성 판단기준", 사법논집 제51집 (2011), 605 등 참조. 신체의 자유를 직접적으로 침해하는 구금의 성격을 가지므로 형사절차상의 체포, 구속과 실질적으로 차

성이 있는지[44]는 논란의 대상이다. 사견으로는 헌법 제12조 제3항
에 위반된다고 단언하기는 어렵다고 생각한다. 헌법 제12조 제3항의
문언이나 입법연혁이 수사절차를 전제로 하고 있기 때문이다.[45] 그
러나 엄격한 의미의 영장주의가 적용되거나 관철되지 않는다고 하
더라도 곧바로 현행 법체계가 합헌적이라거나 바람직하다는 결론에
이르게 되는 것은 아니다. 구금의 개시와 연장에 관한 결정을 모두
법관의 판단에 의하도록 해야 하는 것은 아니더라도, 신체의 자유가
갖는 중요성을 생각해보면, 일반적인 행정작용보다 통제를 강화할
필요가 있기 때문이다. 보호의 개시와 연장에 관한 권한을 모두 행
정기관, 그것도 상하관계에 있는 행정기관에 맡기고 있는 현재의 체
계는 개선이 필요하다.[46]

　　이가 없다는 점을 논거로 한다.
44) 집행보호에 대해 보호영장을 도입하는 법률안이 현재 국회에 계류 중이다.
　　임종성 의원 발의, "출입국관리법 일부개정법률안", 5364, (2017. 2. 1.)[계류
　　중]. 위 법률안에는 보호영장 제도의 도입 이외에도, ① 보호기간의 상한 설
　　정(6월을 상한으로 하되, 6월 이내에서 1차에 한하여 갱신 가능), ② 보호에
　　대한 적부심사, ③ 보호의 사유가 없거나 소멸시 법원에 의한 보호의 직권
　　취소 등의 내용이 담겨 있다.
　　반면 법무부는 현행법이 영장주의에 위반되지 않을 뿐만 아니라 입법적으
　　로도 영장 제도를 도입할 필요가 없다는 입장이다. "우리나라로부터 추방되
　　는 경우에는 곧바로 신체의 자유가 회복된다는 면에서 형벌의 집행을 목적
　　으로 하는 형사소송법상의 체포·구속과 달리 보아야" 하고, 강제퇴거사유
　　인 불법체류나 불법취업 등은 쉽게 불법 여부를 판단할 수 있어 고도의 사
　　법적 판단이 불필요하며, 행정소송을 통해 사법적 통제가 가능하다는 점 등
　　을 근거로 한다. 법무부, 출입국관리법 해설 (2011), 19 이하 참조.
45) 상세한 내용은 하명호, 앞의 글, 185 이하 참조.
46) 보호의 개시 또는 연장에 관한 권한을 법관에게 부여해야 한다는 입장으로
　　는 공진성, "출입국관리법상 '보호' 및 '강제퇴거'와 외국인의 기본권 보호",
　　공법학연구 제14권 제1호 (2013. 2.), 233-234; 김대근, 난민의 인권보장을 위
　　한 구금관련 규정 정비 방안, 형사정책연구원 연구총서 (2015. 12.), 62 이하
　　참조. 미국과 일본의 예를 들어 (법관의 개입까지는 요구되지 않더라도) 결
　　정(심사)기관과 집행기관이 행정조직상 분리되어야 한다는 입장으로는 최

이에 대해 취소소송과 집행정지신청을 통하여 충분한 사법적 통제가 이루어지고 있다는 반론도 생각해 볼 수 있다. 헌법재판소 2016. 4. 28. 선고 2013헌바196 결정의 [보충의견]과 헌법재판소 2014. 8. 28. 선고 2012헌마686 결정은 공통적으로 이와 같은 입장을 피력하고 있다. 그러나 보호가 개시 당시에는 적법하였으나 사후적으로(예를 들어 보호기간이 길어지면서) 위법하게 된 경우에는 취소소송은 적합한 구제수단이 될 수 없다.47) 제소기간의 제한과 위법판단의 기준시 때문이다. 취소소송은 처분이 있음을 안 날부터 90일 이내에 제기하여야 하므로(행정소송법 제20조 제1항 본문) 보호명령을 교부받은 후 90일이 지나면 취소소송의 제기는 부적법하다. 취소소송의 위법판단 기준시는 판결시가 아니라 처분시이므로 처분시 이후에 발생한 사정변경은 위법성 판단에 영향을 미치지 못한다.48) 집행정지 역시 본안소송이 계속 중이고 적법할 것을 전제로 하므로 보호가 사후적으로 위법하게 된 때에는 마찬가지 이유로 집행정지신청도 적합한 구제수단이 될 수 없다. 요컨대 신체의 자유에 대한 침해의 정도가 큰 장기구금의 문제에 대해, 취소소송과 집행정지신청은 적합한 구제수단이 되지 못한다.49)

홍엽, "외국인의 강제퇴거절차와 관련한 몇 가지 쟁점", 민주법학 제33호 (2007. 3.), 370-375; 하명호, 앞의 글, 201-202 참조. 엄격한 영장주의는 아니더라도 중립적 지위에 있는 자가 인신구속의 타당성을 사전이든 사후든 심사할 수 있는 장치가 있어야 한다는 입장으로는 하태훈 등, "영장제도의 현황 및 개선방안 연구", 국가인권위원회 연구용역보고서 (2013. 9.), 186 이하 참조.

47) 이일, "출입국관리법 제63조에 따른 기간의 제한이 없는 구금 및 출입국관리법에 따라 보호된 사람의 인신보호법 미적용의 문제", 출입국관리법과 적법절차, 국회토론회 (2015. 8. 27. 발표), 43.

48) 대법원 2008. 7. 24. 선고 2007두3930 판결 참조.

49) 현행법 틀 안에서 이 문제를 돌파하기 위해 몇 가지 방법을 생각해 볼 수 있다. ① 이의신청에 대한 법무부장관의 기각결정(법 제55조 제2항), ② 법무부장관의 보호기간 연장승인(법 제63조 제2항), ③ 보호해제(법 제63조 제3

(2) 법관에 의한 연장결정

그러므로 일반 행정소송절차 이외의 방식으로 법관이 개입할 수 있는 장치를 마련할 필요성이 있다. 물론 이를 위한 가장 강력한 수단은 독일처럼 보호의 개시 단계에서 법관의 결정에 의하도록 하는 것일 것이다. 그러나 법원의 인적 자원이나 업무 부담을 고려하면, 출입국관리법상의 보호 전부에 대해 법관이 결정하도록 요구하는 것은 업무 부담을 과중하게 하여 오히려 형식적인 심사로 흐르게 될 우려도 있다. 구금기간이 연장된 경우 사법기관에 의한 주기적 심사를 요구하는 유럽연합 송환지침이나, 행정기관에 의한 구금 개시 후 일정 기간이 지나면 법관의 연장결정을 요구하는 프랑스의 예를 참조하면, 보호의 개시는 지금처럼 행정기관에게 맡기되 일정 기간이 지나면 법관의 연장결정을 받도록 하는 방안을 고려해 볼 수 있다. 헌법재판소 2016. 4. 28. 선고 2013헌바196 결정 [보충의견]도 (현행 법제도가 합헌이라고 판단하면서도) 외국인의 인권보호를 위해 바람직한 입법정책적 방향은 보호기간이 3개월을 넘는 경우 연장에 대한 판단을 사법부가 결정하도록 하는 것이라는 의견을 제시하고 있다.50)

항) 신청에 대한 소장 등의 거부결정을 보호명령과 구별되는 별개의 처분으로 구성하여 취소소송을 제기하는 것이다.

그러나 ①은 권리·의무에 변동을 가져오지 않으므로 원결정과 별개로 처분이 되기 어렵다고 판단될 가능성이 높다(대법원 2016. 7. 27. 선고 2015두45953 판결 참조, 위 헌법재판소 2016. 4. 28. 선고 2013헌바196 결정의 [반대의견]에서는 '이의신청에 대한 기각결정'에 대한 행정소송을 제기할 수 있다고 하고 있으나 기존의 대법원 판례에 따르면 가능할지 의문이다). ② 역시 승인의 상대방이 피보호자가 아니라 소장 등이어서 행정기관 상호간의 내부행위라는 이유로 처분성이 부정될 가능성이 높다(대법원 1997. 9. 26. 선고 97누8540 판결 참조). 거부처분의 요건으로 신청권을 요구하는 판례의 태도에 따르면, ③ 또한 보호해제는 행정청의 직권에 의한 것이고 피보호자에게 이를 구할 신청권은 없다는 이유로 각하될 가능성이 적지 않다.

연장결정 단계에서부터 법관이 개입하도록 할 경우, 어느 정도 기간까지의 보호를 행정기관에게 맡기고 어느 시점부터 법관의 개입을 요구할지는 보호기간을 결정하는 요인에 대한 실증적 고찰을 거쳐 결정할 문제일 것이다. 2015년도 8월 기준 통계를 보면, 보호 중인 외국인 중 난민신청자가 아닌 자(528명)의 평균 보호기간은 약 12일 정도이다.51) 대부분 교통편을 확보하기까지 소요되는 시간일 것으로 보인다. 평균적인 보호기간을 넘어 구금이 장기화되는 상황은 난민신청자의 경우와 그 밖의 경우로 나누어 볼 수 있다. 앞서의 통계에 따르면, 보호 중인 난민신청자(16명)의 평균 보호기간은 약 425일에 달한다고 한다.52) 난민신청 이외의 사유로 평균적인 보호기간보다 길게 보호되는 경우도 있는데, 임금체불, 소송 계속, 질병의 치료, 여행증명서 신규발급 등의 사유로 퇴거 집행이 곤란하거나 적합하지 않은 경우이다. 이 경우에는 보호기간이 약 2-3개월 정도라고 한다.53)

실제 입법을 위해서는 정확한 통계가 뒷받침되어야 하겠지만, 교통편이 확보되기까지 보호되는 경우를 기준으로 할 수 있을 것이라 생각된다. 교통편 확보를 위해 통상 소요되는 기간을 기준으로 하여 그 기간 내의 보호는 굳이 법관이 (당사자의 권리구제신청 없이) 자동적으로 개입할 필요성은 크지 않을 것이다. 앞서의 통계에 따르면

---

50) 한편 사법부가 아닌 다른 '공정하고 중립적인' 기관에 의한 통제 제도를 도입하는 방법도 생각해볼 수 있다. 그러나 이를 위해서는 준사법적 성격의 행정기관(예를 들어 외부의 민간전문가가 다수 참여하는 합의제 위원회)을 새로이 설치하여야 할 것인데, 기존의 법원을 활용하는 것보다 비용은 더 들면서도 통제의 공정성·중립성의 수준은 낮을 것이라 생각된다. 개시결정이 아니라 연장결정의 단계에서부터 통제장치를 도입한다면 굳이 새로운 행정조직을 만들 필요성은 크지 않다.

51) 헌법재판소 2016. 4. 28. 선고 2013헌바196 결정 중 반대의견 참조.

52) 헌법재판소 2016. 4. 28. 선고 2013헌바196 결정 중 반대의견 참조.

53) 이일, 앞의 글, 34.

열흘 내외의 단기간이고, 즉시 송환할 수 없는 사정도 이례적이지 않기 때문이다. 이렇게 접근하면 상당수의 사안은 법관의 연장결정이 요구되는 시점 이전에 퇴거 집행이 완료될 것이므로 법원의 업무부담도 크지 않다. 난민신청이나 그 밖의 사정으로 그보다 보호기간이 길어지게 되는 소수의 사안에 대해서만 사법부가 자동적으로 개입하게 된다. 이러한 사안은 구금상태가 장기화된다는 것만으로도 심사의 필요성이 클 뿐만 아니라, 구체적 사안별로 퇴거 집행의 가능성이나 그 시기를 개별적으로 심사할 필요가 크다. 집행보호가 강제퇴거명령의 집행 확보를 목적으로 하는 이상, 퇴거 집행의 가능성이 낮거나 그 집행에 오랜 시간이 소요될 것으로 예상되는 경우까지 보호를 계속하는 것은 정당화되기 어렵고, 이에 대한 법관의 심사가 요청되기 때문이다.

(3) 인신보호법상의 구제청구

헌법재판소 2014. 8. 28. 선고 2012헌마686 결정은 보호명령에 대한 취소소송과 집행정지신청을 통해 헌법 제12조 제6항의 요청이 충족된다고 판단하였다. 그러나 일반 행정소송절차는 인신보호법상의 구제청구와 비교할 때 신체의 자유에 대한 보장수단으로는 한계가 있다.

우선 권리구제의 신속성에서 차이가 있다. 행정기관에 의한 인신구속도 행정소송법상의 처분에 해당하므로 취소소송을 제기할 수 있다.54) 인신보호법이 없었던 시절에도 취소소송이나 집행정지신청

---

54) 행정작용 분류체계에 따르면 행정상 인신구속은 권력적 사실행위로 분류된다. 행정법학계의 통설은 권력적 사실행위도 처분에 포함된다고 보고 있다. 판례는 권력적 사실행위라는 범주적 개념을 사용하지는 않지만, 직접적인 법적 효과의 발생을 의도하지 않은 행정작용도 "국민의 권리·의무에 직접적으로 영향을 미치는 행위"라면 처분으로 판단하고 있고, 권력적 사실행위

을 통해 행정상 인신구속으로부터 신체의 자유에 대한 침해를 방어할 수 있는 사법적 통제장치는 있었던 셈이다. 그럼에도 불구하고 입법자가 인신보호법을 제정하여 "위법한 행정처분…으로 인하여 부당하게 인신의 자유를 제한당하고 있는 개인의 구제절차"(인신보호법 제1조 참조)를 마련한 이유는 기존의 행정소송절차로는 신속한 구제가 보장되지 못하는 문제점이 있기 때문이다.[55] 그런데 위 헌법재판소 결정에서는 인신보호법상 구제절차도 행정소송절차와 비교할 때 그다지 더 신속하다고 볼 수 없음을 근거로 행정소송절차를 통한 구제가 미흡하다고 할 수 없다고 판단하고 있다. "인신보호법상 구제절차에서는 구제청구일부터 2주일 정도 후에 심문기일이 열리고 통상 2개월 내지 4개월의 심리기간이 소요"된다는 것이다. 인신보호사건의 처리기간에 대한 헌법재판소의 인식이 정확한지는 검증하기 어렵다.[56] 그러나 위와 같은 방식의 논증은 의문이 있다. 위 결정에서는 심문기일이 2주일 정도 '후'에 열린다고 하고 있는데, 대법원규칙에 따르면 ("특별한 사정이 없는 한"이라는 조건이 붙어 있기는 하지만) 청구가 있는 날로부터 2주일 '내'에 심문기일을 열어야 한다(인신보호규칙 제10조).[57] 만약 실제로 2주일 정도 후에야 비로소 심문기일이 열린다면 이는 대법원규칙에 반하는 관행으로서 개선되어야 할 관행이지 행정소송절차와의 비교에서 준거로 삼을만한 관행은 아닐 것이다. 심리기간이 2개월 내지 4개월이라는 점도 인신구속에 대한 신속한 구제절차를 마련한다는 인신보호

임을 이유로 처분성을 긍정한 원심판결의 판시를 그대로 원용한 예도 있다 (대법원 2014. 2. 13. 선고 2013두20899 판결 참조).

55) 이우영, "미국 인신보호영장제도(Habeas Corpus) 분석 - 헌법적 논점을 중심으로", 공법연구 제35권 제4호 (2007. 6.), 478 참조.

56) 대법원에서 제공하는 사법연감과 법원통계월보에 인신보호사건의 처리현황은 포함되어 있지만 처리기간은 포함되어 있지 않기 때문이다.

57) 위 조항은 인신보호규칙 제정(대법원규칙 제2179호)시부터 있었던 조항이다.

법의 제정취지에 비추어 바람직한지 의문이다.[58][59] 그리고 현실이 그렇다고 하더라도 규범적 차원에서 보면, 인신보호법에는 신속한 구제를 목표로 하여 심리와 결정의 신속성을 요구하는 규정(인신보호법 제8조 제1항, 제13조 제1항)이 있는 반면, 취소소송이나 집행정지신청에 관해서는 그러한 규정이 없다는 점도 구제수단을 비교할 때 고려되어야 할 것이다.

다음으로 앞서 본 바와 같이 보호가 개시 당시에는 적법하였으나 사후적으로 위법하게 된 경우에는 제소기간의 제한과 위법판단의 기준시 때문에 취소소송과 집행정지신청은 적합한 구제수단이 될 수 없다. 반면 인신보호법상의 구제청구는 수용이 계속 중인 이상 수용이 개시된 때로부터 시간이 얼마나 지났는지와 상관없이 구제청구가 가능하다. 그리고 구제사유에는 수용이 위법하게 개시된 경우뿐만 아니라 "적법하게 수용된 후 그 사유가 소멸되었음에도 불구하고 계속 수용"되어 있는 경우도 포함된다(인신보호법 제3조 본문).

마지막으로 절차의 세부적인 구성에서도 양자는 차이가 있다. 인신보호법상 구제청구는 원칙적으로 심문기일을 열어야 하고, 피수용자 등을 출석하게 할 수 있으며, 이 경우 수용자는 피수용자를 출석시킬 의무가 있다(인신보호법 제10조).[60] 반면 집행정지절차에서

---

58) 이는 인신보호법이 심리의 신속성에 관해 모호하게 규정하고 있기 때문에 가능한 현상이다. 인신보호법에 따르면 법원은 "지체 없이" 심리를 개시하여야 하고(인신보호법 제8조 제1항), 심리한 결과 그 청구가 이유 있다고 인정되는 때에는 수용을 "즉시" 해제할 것을 명하여야 한다(같은 법 제13조 제1항). 확정기한을 정하고 있는 미국법의 입법태도와 비교하여 이를 비판하는 입장으로는 심희기, "인신보호법이 나아가야 할 방향", 저스티스 제122호 (2011. 2.), 20 참조.

59) 덧붙여 현재 구제청구 사건 중 다수는 정신질환자의 강제입원에 대한 것인데, 사건의 특성상 전문가의 의견조회(인신구제법 제8조 제2항)를 거치는 등 심리에 일정한 시간이 소요될 수밖에 없기 때문에 나타난 현상이 아닌가 조심스레 추측해 볼 수 있다.

60) 영미에서 본래 인신보호영장은 특정인의 신병을 법관의 면전에 출두시키라

는 반드시 변론을 거치거나 심문을 할 필요가 없고, 집행정지절차의 변론기일이나 심문기일 또는 취소소송의 변론기일에 법원이 행정청에게 피보호자를 출석시킬 의무를 부과할 수도 없다. 또한 인신보호법상 구제절차에서는 국선변호인 제도가 마련되어 있어, 빈곤이나 그 밖의 사유로 변호인을 선임할 수 없는 경우 법원은 직권으로 변호인을 선정하여야 한다(인신보호법 제12조 제2항). 그러나 행정소송절차에서는 국선변호인 제도가 없다. 이러한 차이는 인신보호법상 구제청구 제도가 신체의 자유 침해에 대한 특별한 보호장치라는 점에 기인한다.

덧붙여 위 헌법재판소 결정에서는 법무부장관의 이의신청을 통해 행정소송이나 집행정지신청이 가지고 있는 한계가 충분히 보완된다고 하였으나, "2015년 8월 기준 현재까지 이의신청 인용 사례가 단 한 건도 없다"[61]는 점을 고려하면, 이의신청에 대한 위와 같은 평가에는 동의하기 어렵다. 이처럼 일반 행정소송절차는 인신보호법상의 구제청구에 비하면 한계가 있고, 이의신청 역시 일반 행정소송절차를 보완한다고 볼 수 없으므로, 출입국관리법에 의해 보호된 자에 대해서도 인신보호법상의 구제청구가 허용되거나 그와 유사한 제도가 도입되어야 할 것이다.[62]

앞서 논의한 연장결정을 법관이 하도록 하는 방안과 비교해 보

는 취지로 발부되는 영장이다. 이우영, 앞의 글, 472-473 참조.
61) 헌법재판소 2016. 4. 28. 선고 2013헌바196 결정의 [반대의견]
62) 출입국관리법상 보호된 자를 구제청구권자의 범위에서 제외한 입법태도에 대한 비판은 - 현행법을 위헌이라고 평가할 것인지 입법정책상 바람직하지 않다고 평가할 것인지에 대해서는 다소간 차이가 있으나 - 많은 문헌에서 찾아볼 수 있다. 김대근, 앞의 보고서, 68; 김학성, "인신보호법에 대한 비판적 고찰 - 특히 보충성 원칙을 중심으로", 강원법학 제44호 (2015. 2.), 43-46; 심희기, 앞의 글, 14; 이호중, "인신보호법의 제정의미와 활용성", 형사정책 제21권 제1호 (2009), 310; 정형근, "인신보호법에 관한 연구", 인권과 정의 제390호 (2009. 2.), 93-94; 하명호, 앞의 글, 205-206; 홍예연, 앞의 글, 605 등.

면, 연장결정을 통한 통제는 당사자의 신청 없이 자동적으로 개시되는 사법적 통제인 반면, 인신보호법상의 구제청구는 당사자 등의 신청을 계기로 개시되는 사법적 통제이다. 양자는 상호보완적인 측면이 있으므로 연장결정 권한을 법원에게 부여하더라도 인신보호법상 구제청구도 허용되는 것이 바람직할 것이다. 만약 현재처럼 연장결정을 행정기관이 하는 체계가 계속된다면, 인신보호법상의 구제청구는 - 있으면 바람직한 정도가 아니라 - 반드시 가능하여야 할 것이다. 또한 최초에 행정기관의 결정만으로 보호할 수 있는 기간이나 연장결정을 다시 받아야 하는 주기가 길면 길수록, 중간의 사정변경을 반영할 수 있는 인신보호법상 구제청구 제도의 필요성은 커질 것이다.

2. 보호기간 관련 규정 정비

(1) 보호기간 상한 설정의 필요성

현행 출입국관리법에 따르면 집행보호는 보호기간의 상한이 없어 무기한의 구금도 가능하다. 그러나 구금이 언제 끝날지 알 수 없는 것은 그 자체로 피구금자에게 매우 큰 정신적 압박감을 가져온다.[63] 형법에서 자유형의 상한이 반드시 미리 정해져 있어야 하는 것이 법치주의의 중요한 요소인 것처럼, 출입국관리법상의 보호에 있어서도 구금기간의 상한은 법률로 미리 확정되어 있어야 할 것이다.[64] 이 점에서 집행보호는 퇴거의 집행확보를 위한 것이니 퇴거가

---

63) UNHCR/OHCHR Summary Conclusion from Global Roundtable on Alternatives to Detention of Asylum-Seekers, Refugees, Migrants and Stateless Persons [2011] § 11.

64) Michael Fordham et al., "Immigration Detention and the Rule of Law -

가능해질 때까지 기간의 제한 없이 보호할 수 있다는 헌법재판소 2016. 4. 28. 선고 2013헌바196 결정의 [보충의견]은 행정의 목적 달성만을 앞세우고 피구금자의 인권을 지나치게 경시하고 있는 것이다. 2015. 8. 5. 기준으로 화성외국인보호소에 3년 이상 구금된 피보호자가 2명, 2년 이상 구금된 피보호자는 3명, 1년 이상은 구금된 피보호자는 10명이었다고 한다.[65] 단지 이민통제의 대상이 되었을 뿐이고 범죄를 저지른 것도 아닌데 1년 이상, 심지어 3년 이상 시설에 구금되는 것은 지나치게 가혹하다. 이러한 점을 고려하여 위 헌재결정의 [보충의견]에서도 보호기간의 상한을 설정하는 방안을 검토할 필요가 있다고 덧붙인 것으로 보인다. 앞서 본 유럽연합 송환지침에서도 최대 18월로 구금기간의 상한을 정하고 있고(그것도 6월이 원칙이고, 이를 넘는 구금은 예외적 상황에 한정된다), 독일도 이와 유사하게 송환지침을 국내법으로 전환하였다. 프랑스는 상한이 훨씬 낮아 심지어 테러행위에 관련되었다고 의심되는 경우도 최대 6월이다. 적정한 상한이 어느 정도인지는 우리나라의 실정을 고려하여 논의하여야 할 것이지만, 그 기간을 넘어서게 되면 절대적으로 석방되어야 할 보호기간의 상한은 법률에 명확하게 규정되어야 할 것이다.

(2) 퇴거 집행의 가능성 고려

출입국관리법은 "다른 국가로부터 입국이 거부되는 등의 사유로 송환될 수 없음이 명백하게 된 경우"에는 소장 등은 "보호를 해제할 수 있다"(법 제63조 제4항)고 규정하고 있다. 이를 문언 그대로 해석

Safeguarding Principles", British Institute of International and Comparative Law (2013. 6.), 84.
65) 이일, 앞의 글, 34 이하 참조.

하면, 송환이 불가능함이 명백하더라도 보호를 해제할지 여부는 행정청의 재량에 맡겨져 있고 해제하지 않는 것도 가능하다. 그리고 송환이 불가능한 상황임에도 행정청이 보호를 해제하지 않는다면 결국 무기한의 장기간 구금으로 귀결될 수밖에 없다. 보호의 목적은 송환을 통해 퇴거집행을 확보하기 위한 것이어야 하므로 송환이 불가능한 상태에서 구금을 계속하는 것은 목적상의 한계[66]를 벗어난 위법한 구금으로 평가할 수밖에 없다. 따라서 위 조항은 행정청에게 재량을 부여하는 것이 아니라 의무를 부과하는 조항으로, 즉 송환될 수 없음이 명백하게 된 경우에는 보호를 해제'하여야' 하는 것으로 개정되어야 할 것이다.

나아가 송환될 수 없음이 명백하게 된 경우뿐만 아니라, 일정한 기간 내에 송환될 가능성이 낮은 경우에도 보호의 개시나 연장이 억제되어야 할 것이다. 집행보호가 퇴거의 집행이라는 본래의 목적에 기여하지 못하고 구금상태만 장기화될 우려가 크기 때문이다. 앞서 살펴본 것처럼 독일에서는 3월 내에 퇴거가 집행될 가능성이 있어야만 구금이 개시되거나 계속될 수 있다. 헌법재판소 2016. 4. 28. 선고 2013헌바196 결정의 [보충의견]은 "각 나라의 사정이나 절차 진행 상황 등에 따라 소요기간이 달라질 수밖에 없으므로 언제 송환이 가능해질 것인지 미리 알 수가 없"기 때문에 무기한의 구금이

---

66) 대법원 2001. 10. 26. 선고 99다68829 판결 참조. 판례는 출입국관리법 제63조 제1항의 규정취지로부터 '목적상의 한계'와 '시간상의 한계'를 도출하였다. ① "강제퇴거명령의 집행확보 이외의 다른 목적을 위하여 이를 발할 수 없"고(목적상의 한계), ② "일단 적법하게 보호명령이 발하여진 경우에도 송환에 필요한 준비와 절차를 신속히 마쳐 송환이 가능할 때까지 필요한 최소한의 기간 동안 잠정적으로만 보호할 수 있고 다른 목적을 위하여 보호기간을 연장할 수 없다"(시간상의 한계). 송환이 가능한 상황임에도 고소사건의 수사를 위한 검사의 요청으로 구금 상태가 계속된 사안이다. 법원은 위와 같은 구금은 보호의 목적상·시간상 한계를 넘는 위법한 구금이라고 판단하였다.

허용된다고 하였다. 그러나 앞서 본 것처럼 독일의 법원은 예측적 성격의 판단이더라도 신체의 자유에 대한 제한이기 때문에 구체적 사실관계에 기초하여 완전하게 심사하여야 한다고 한다. 우리의 경우에도 즉시 송환이 불가능한 사유가 무엇인지에 따라 - 난민신청자인지, 소송 계속 중인지, 치료 중인지 등 - 대략 앞으로 상황이 어떻게 전개될 것인지는 경험칙에 비추어 예측할 수 있을 것이다. 만약 일정한 기간 내의 퇴거 집행이 애당초 불가능한 상황이어서 구금이 장기화될 수밖에 없다면, 구금의 대안을 모색하여 할 것이고, 언제 집행될 수 있을지 모를 퇴거를 대비해 구금을 개시하는 것은 행정의 편의만을 앞세운 것이다. 우리나라와 유사하게 구금기간의 상한이 설정되어 있지 않은 나라로 영국이 있다. 그렇지만 영국은 판례법상의 법리로 "합리적인 기간 안에 강제퇴거를 집행할 수 없음이 명백해졌다면, 행정청은 구금권한을 행사하여서는 아니 된다"는 원칙이 정립되어 있다.[67] 우리나라도 유사한 내용을 입법하거나 적어

---

67) 영국은 구금기간의 상한이 규정되어 있지 않고[송환지침에 참여하지 않기로(opt-out) 결정하여 송환지침의 적용을 받지 않기 때문에 다른 유럽연합 국가들과 달리 국내법상 이민구금의 상한을 정하지 않는 것이 가능하다. Kay Hailbronner & Daniel Thym(ed.), 앞의 책, Part C Ⅰ MN 5, Part C Ⅶ Art. 1 MN 13 참조.] 구금기간도 비교적 장기간이어서 비판의 대상이 되고 있다. Alexis Cooke, "Immigration Detention and the Rule of Law - National Report: United Kingdom", Bingham Center for the Rule of Law (2013. 5.), 26-28 참조. 그렇지만 이민구금을(특히 그 기간을) 통제하기 위한 법리가 판례로 발달하였다. 이를 Hardinal Singh 원칙이라 부른다[R(Hardinal Singh) v Governor of Durham Prison[1984] 1 WLR에서 처음 등장한 법리여서 이러한 명칭이 붙여졌다]. 위 원칙은 R(I) v Secretary of State for the Home Department [2002] EWCA Civ 888 판결에서 네 개의 하위원칙으로 정리되었다. 본문에서 언급한 내용은 그 중 세 번째 원칙이다.
첫째, 행정청은 대상자를 강제퇴거할 것을 의도하여야 하고 강제퇴거의 목적을 위해서만 구금할 수 있다. 둘째, 모든 상황을 고려할 때 구금의 기간은 합리적인 기간 동안이어야 한다. 셋째, 위의 합리적인 기간이 지나기 전에 이미, 합리적인 기간 안에 강제퇴거를 집행할 수 없음이 명백해졌다면, 행

도 출입국관리법 제63조의 해석에 반영할 필요가 있을 것이다.

3. 보론 - 긴급보호의 긴급성 판단

현행법에 의하면 보호에 대한 사전적 통제장치의 역할을 하는 것은 소장 등의 보호명령서이다. 위에서 본 것처럼 보호명령서는 그 발부주체가 집행기관인 출입국관리공무원의 상급자이어서 적법절차원칙을 충족하였다고 평가하기에 부족하다. 그런데 긴급보호의 요건을 넓게 해석하면 보호명령서를 통한 통제조차도 작동하지 않게 된다. 이 점에서 헌법재판소 2012. 8. 23. 선고 2008헌마430 결정의 다수의견에서 제시한 해석론은 우려스럽다.

위 사건에서는 두 명의 외국인이 같은 날 약 40분 정도의 차이만을 두고 서로 다른 장소에서 긴급보호되었다. 위 외국인들은 이주노동자조합의 위원장과 부위원장으로 활동하면서 각종 집회와 행사에 공개적으로 참석하였고 그 활동이 언론에 보도되기도 하였다. 단속된 시간대는 사람들의 활동과 이동이 적은 시간대였고, 단속된 장소는 각각 이주노조 사무실과 주거지 부근이었으며, 당시 두 사람 이외에 단속된 외국인은 단 한 명뿐이었다. 소수의견(2인)에서 판단한

정청은 구금권한을 행사하여서는 아니 된다. 넷째, 행정청은 합리적인 수준에서 성실하고 신속하게 강제퇴거를 집행하여야 한다.

Hardinal Singh 원칙은 공법상 위법성에 관한 판례법이 이민구금에 관한 성문법상의 권한에 적용된 결과이다. 위 원칙은 의회가 이민구금 권한이 무제한적일 것을 의도하지 않았을 것이라는 추정에서 출발한다. 첫 번째 원칙은 권한은 부여된 목적과 합치되게 행사되어야 한다는 Padfield 원칙이, 나머지 원칙은 권한을 부여받은 행정청은 합리적으로 행동할 의무가 있다는 Wednesbury 원칙이 적용된 것이다. Graham Denholm & Rory Dunlop, 앞의 책, 8.05 참조. 앞의 세 개의 원칙을 위반하면 구금이 위법해지지만, 마지막 원칙을 위반한 경우에는 위반이 없었다면 구금되었을 기간보다 구금이 장기화된 경우에만 구금이 위법하다. Graham Denholm & Rory Dunlop, 앞의 책, 8.09 참조.

바와 같이 사전에 "인적 사항과 소재를 파악한 후 계획적으로 신병 확보에 나섰을 가능성"이 큰 상황이다. 그럼에도 불구하고 다수의견은 "외국인등록을 하지 않은 외국인에 대해서는 인적 동일성이나 주거지 등을 확인할 수 있는 객관적인 자료가 없으므로, 외국인등록을 하지 않은 강제퇴거 대상자를 사전에 특정하여 보호명령서를 발부받은 후 집행하기는 현실적으로 어"려우므로 "외국인등록을 하지 아니한 채 오랜 기간 불법적으로 체류하면서 스스로 출국할 의사가 없는" 외국인들을 보호한 것은 긴급성의 요건을 충족한다고 판단하였다.

그러나 외국인등록을 하지 않은 외국인의 인적 동일성이나 주거지를 파악하기 어렵다는 것은 일반적인 유형적 판단일 뿐이다. 긴급보호가 신체의 자유를 제한하는 공권력 행사인 이상 그 요건 충족 여부는 해당 사안의 구체적 상황을 기초로 하여야 할 것이다. 다수의견의 해석론에 따르면, 외국인등록을 하지 않거나 등록된 주거지와 다른 곳에 거주하는 외국인의 경우, 그러한 사정만으로 바로, 행정청이 실제로 인적 사항과 소재를 알 수 있었는지를 불문하고, 긴급보호가 허용되는 셈이다. 이렇게 광범위하게 긴급보호를 허용할 경우, 긴급보호를 일반보호에 대한 예외로 규정한 출입국관리법의 본래 취지와 달리, 긴급보호가 보호의 원칙적인 모습이 될 우려가 있다. 긴급체포가 영장주의원칙에 대한 예외로서 예외적으로만 허용[68]되어야 하는 것처럼, 긴급보호 역시 예외적으로만 허용되어야 할 것이다. 이 점에서 긴급보호의 긴급성 요건을 엄격하게 해석하고[69] 당해 사안의 구체적 상황을 기초로 요건의 충족 여부를 판단한 소수의견의 접근방법이 타당하다고 할 것이다.

---

68) 대법원 2003. 3. 27. 선고 2002모81 결정 참조.
69) "긴급보호는 강제퇴거의 대상이 되는 외국인을 우연히 발견하여 즉시 신병을 확보할 필요가 있음에도 보호명령서를 발부받을 수 없는 경우와 같이 보호명령서를 사전에 발부받을 수 없는 부득이한 경우에 예외적으로 허용되는 것으로 보아야 한다."

V. 출입국항 송환대기실에서의
사실상 구금 문제[70]

출입국항(공항)에 설치된 송환대기실('출국대기실'이라고 부르기
도 한다)은 입국을 허가받지 못한 외국인이 대기하는 장소이다. 원
래 송환되기 전까지 임시적으로 짧은 기간 머무를 것을 예정한 시
설이지만, 대기기간이 길어지는 상황이 생기면서 문제가 되고 있다.
바로 출입국항에서의 난민인정신청에 대해 불회부결정이 내려지고
이에 대해 소송으로 다투는 경우이다. 출입국항에서 하는 신청(난민
법 제6조)은 통상의 난민인정신청(난민법 제5조)과 달리 난민인정
여부가 아니라 난민인정 심사에 회부할 것인지 여부만을 결정하는
절차이다. 심사에 회부하기로 결정을 하면 입국허가 또는 조건부 입
국허가를 받아 입국하게 되고(난민법 시행령 제5조 제4항), 심사에
회부하지 않기로 결정을 하면 입국이 불허되고 송환대기실에 머무
르게 된다. 그런데 불회부결정은 행정소송법상 처분이므로 항고소
송을 제기하여 다툴 수 있다. 이 경우 당사자는 소송이 계속 중인
동안 송환대기실에서 장기간 지내게 되는 것이다(다만, 하급심 법원
에서 불회부결정에 대한 취소판결이 선고되면 판결 확정 전이라도
행정청이 재량으로 입국을 허가하기도 한다). 난민법은 난민인정신
청서 제출시부터 심사 회부 여부 결정시까지의 처우에 대해서는 규
정을 두고 있다. 출입국항에 있는 일정한 장소에 7일의 범위에서 머
무르게 할 수 있고, 기본적인 의식주를 제공하여야 한다(난민법 제6
조 제4항). 그러나 불회부결정에 대한 소송이 계속 중인 동안의 처
우에 대해서는 아무런 규정이 없다.

---

70) 이 부분을 작성하는 과정에서 공익법센터 어필의 이일 변호사님의 조언이
큰 도움이 되었다. 지면을 빌어 감사의 말씀을 전한다. 물론 오류가 있다면
이는 전적으로 필자의 책임이다.

송환대기실의 실제 운영방식을 보면, 송환대기실에서 난민신청
자를 대기하도록 하는 행위의 실질은 구금에 해당한다. 이 점은 5개
월 동안 송환대기실에 머무른 난민신청자가 제기한 인신보호법상
구제청구 사건에 대한 결정[71]에서 확인된 바 있다. 외부와의 출입이
통제되어 난민신청자 자신의 의사에 따라 대기실 밖으로 나가는 것
이 불가능하기 때문이다. 법원은 "외부와의 출입이 통제되는 한정된
공간에 장기간 머무르도록 강제하는 것은 법률상 근거 없이 인신의
자유를 제한하는 것으로서 인신보호법이 구제대상으로 삼고 있는
위법한 수용"이라고 판단하였다.[72] 위 대법원 결정 이후 송환대기실
의 운영방식은 일부 변화하였다. 난민신청자로 하여금 '송환대기실
이용신청서'를 작성하도록 하고 있고, 일부 외출도 허용하고 있다.
그러나 신청서의 내용을 알지 못한 채 서명한 경우가 많고, 외출도
운영자의 허가가 있는 경우에 제한적으로만 가능하여 전체적으로
보면 출입이 자유롭지 않으므로, 구금으로서의 실질에는 변화가 없
는 것으로 평가되어야 할 것이다.[73] 그렇다면 송환대기실 수용이 위
법한 수용이라는 점에는 변함이 없으므로 대법원 결정의 취지에 따
르면 인신보호법상의 구제청구를 통하여 수용으로부터 해제될 수
있을 것이다. 그러나 송환대기실 수용에서 해제되더라도 입국이 허
가되지 않는 이상 공항의 환승구역에 머무를 수밖에 없고, 환승구역

---

71) 인천지방법원 2014. 4. 30. 선고 2014인라4 결정과 그 재항고심인 대법원
2014. 8. 25. 선고 2014인마5 결정. 재항고심 당시에는 이미 수용이 해제되어
구제청구의 이익이 없어 각하할 수밖에 없는 상황이었다. 그럼에도 대법원
은 결정이유에서 송환대기실 대기가 위법한 수용임을 확인하였다.
72) 송환대기실에 대기하고 있는 난민신청자는 인신보호법 제2조 제1항 단서의
"출입국관리법에 따라 보호된 자"가 아니기 때문에 앞서의 논의와는 달리
인신보호법상의 구제청구가 가능하였다.
73) 운영방식에 관한 상세한 실태조사 결과는 난민지원네트워크·대한변호사협
회, "2016년도 한국의 공항, 그 경계에 갇힌 난민들 - 공항에서의 난민신청
실태조사 보고서"(2016), 39 이하 참조.

에서 기본적인 의식주를 해결하는 것이, 특히 식품을 구입하는 것이 난민신청자의 경제적 사정상 쉽지 않으므로, 인신보호법상 구제청구를 하는 것은 현실적으로 선택하기 어려운 길이다.[74]

이러한 상황을 타개하기 위한 방안으로는 두 가지를 생각해 볼 수 있다. 하나는 송환대기실을 완전한 개방형으로 시설로 전환하는 것이다. 즉, 난민신청자의 의사에 따라 자유롭게 출입할 수 있는 형태로 운영하여 더 이상 구금의 실질을 갖지 않도록 하는 방안이다. 다른 하나는 일정한 기간이 경과하거나 하급심에서라도 불회부결정 취소판결이 선고되면 입국허가 또는 조건부 입국허가를 해야 할 의무를 행정청에 부과하는 것이다. 현재는 불회부결정 취소소송에 대한 하급심의 결과에 따라 행정청이 재량으로 입국을 허가하고 있다. 그러나 소송의 장기화는 난민신청자의 책임 있는 사유로 인한 것이라 볼 수 없고, 거주에 적합하지 않은 시설인 공항에서 장기간 머무르도록 하는 것 자체가 난민신청자에게 가혹한 침해라고 할 것이다. 위의 두 가지 방안은 구금과 관련된 측면에서만 개선방안을 제안한 것이다. 출입국항 난민인정신청 제도의 전체 맥락에서 보면, 불회부 사유(난민법 시행령 제5조 제1항)를 심사회부 제도의 취지에 맞게 한정하여 불회부결정의 비율을 낮추고, 불회부결정에 대한 소송을 신속하게 심리할 수 있는 절차를 마련하는 방안이 함께 강구되어야 할 것이다.

VI. 결론

이 글에서 제시한 개선방안을 요약하는 것으로 글을 맺고자 한

---

74) 실제로 위 사건 이후 인신보호법상 구제청구를 한 예는 없는 것으로 알려져 있다.

다. 우선 일반 행정소송절차는 신체의 자유 침해에 대한 구제절차로
는 한계가 있으므로 출입국관리법상 보호에 대한 사법적 통제를 강
화하여야 한다. 이를 위한 구체적 방안으로 보호에 대한 연장 여부
를 행정기관이 아닌 법관이 결정하도록 하는 방안과 현행 인신보호
법을 개정하여 출입국관리법에 의해 보호된 자도 구제청구가 가능
하도록 하는 방안을 제시하였다. 둘 다 도입되는 것이 가장 바람직
할 것이지만, 그것이 여의치 않다면 인신보호법상의 구제청구라도
반드시 가능해야 할 것이다. 다음으로 보호기간에 관한 규정을 정비
할 필요가 있음을 지적하였다. 보호기간의 절대적인 상한을 법률에
명확히 규정해야 할 것이다. 또한 보호의 목적이 강제퇴거명령의 집
행을 확보하기 위한 것이라는 점을 고려할 때, 퇴거 집행의 가능성
이 없으면 반드시 보호를 해제하도록 현행 출입국관리법을 개정하
여야 할 것이고, 가까운 일정한 기간 내에 퇴거가 집행될 가능성이
없으면 보호의 개시나 연장은 억제되어야 할 것이다. 출입국항 송환
대기실에서 이루어지는 사실상의 구금에 대해서는 송환대기실을 개
방형 시설로 바꾸고, 일정한 기간이 경과하거나 하급심에서라도 불
회부결정 취소판결이 선고되면 입국허가 또는 조건부 입국허가를
해야 할 의무를 행정청에 부과하는 것이 바람직하다.

참고문헌

공진성, "출입국관리법상 '보호' 및 '강제퇴거'와 외국인의 기본권 보호", 공법학연구 제14권 제1호 (2013. 2.).

김경제, "대한민국 출입국관리법에 대한 비판적 고찰", 일감법학 제29호 (2014. 10.).

김대근, 난민의 인권보장을 위한 구금관련 규정 정비 방안, 형사정책연구원 연구총서 (2015. 12.).

김학성, "인신보호법에 대한 비판적 고찰 - 특히 보충성 원칙을 중심으로", 강원법학 제44호 (2015. 2.).

박정훈 등, "미국 등 주요 선진국가의 행정조사와 영장주의", 법무부 연구용역보고서 (2011. 12.).

심희기, "인신보호법이 나아가야 할 방향", 저스티스 제122호 (2011. 2.)

이우영, "미국 인신보호영장제도(Habeas Corpus) 분석 - 헌법적 논점을 중심으로", 공법연구 제35권 제4호 (2007. 6.).

이일, "출입국관리법 제63조에 따른 기간의 제한이 없는 구금 및 출입국관리법에 따라 보호된 사람의 인신보호법 미적용의 문제", 출입국관리법과 적법절차, 국회토론회 (2015. 8. 27. 발표).

이호중, "인신보호법의 제정의미와 활용성", 형사정책 제21권 제1호 (2009. 6.).

정승규, "외국인근로자에 대한 강제퇴거처분과 절차적 구제수단의 모색", 노동법논총 제17집 (2009).

정형근, "인신보호법에 관한 연구", 인권과 정의 제390호 (2009. 2.).

최홍엽, "외국인의 강제퇴거절차와 관련한 몇 가지 쟁점", 민주법학 제33호 (2007. 3.).

하명호, "외국인 보호 및 강제퇴거절차와 구제절차에 대한 공법적 고찰", 고려법학 제52호 (2009).

홍관표, "인권 보장 강화를 위한 「인신보호법」 개정방안 연구", 법학논총 제 35권 제1호 (2015. 4.).

홍예연, "강제퇴거처분 취소소송의 위법성 판단기준", 사법논집 제51집 (2011).

법무부, 출입국관리법 해설 (2011).

김선희, "난민신청자의 권리에 관한 헌법적 검토 - 기본권적 보호의 시도 - ", 헌법재판연구원 (2015).

난민지원네트워크·대한변호사협회, "2016년도 한국의 공항, 그 경계에 갇힌 난민들 - 공항에서의 난민신청 실태조사 보고서" (2016).

하태훈 등, "영장제도의 현황 및 개선방안 연구", 국가인권위원회 연구용역 보고서 (2013. 9.).

Alexis Cooke, "Immigration Detention and the Rule of Law - National Report: United Kingdom", Bingham Center for the Rule of Law (2013. 5.).

Bertold Huber(hrgb.), Aufenthaltsgesetz(2. Aufl.), München: C.H.Beck (2016).

Carolin Moller & Katharina Poth, "Immigration Detention and the Rule of Law - National Report: Germany", Bingham Center for the Rule of Law (2013. 5.).

Daniel Wilsher, Immigration Detention - Law, History, Politics, Cambridge: Cambridge University Press (2012).

Graham Denholm & Rory Dunlop, Detention under the Immigration Acts - Law and Practice, Oxford: Oxford University Press (2014).

Kay Hailbronner & Daniel Thym(ed.), EU Immigration and Asylum Law(2nd ed.), München: C.H.Beck (2016).

Kevin R. Johnson, Understanding Immigration Law(2nd ed.).

Marie-laure Basilien et al., "Immigration Detention and the Rule of Law - National Report: France", Bingham Center for the Rule of Law (2013. 6.).

Michael Fordham et al., "Immigration Detention and the Rule of Law - Safeguarding Principles", British Institute of International and Comparative Law (2013. 6.).

출입국관리법상 강제퇴거사유에 관한 소고

박영아*

Ⅰ. "위 사람에 대해 출입국관리법 제46조에 따라 대한민국 밖으로 강제퇴거를 명합니다"

출입국관리법 제46조는 국내 거주 외국인을 강제로 국외로 퇴거시킬 수 있는 사유를 규정하고 있다. 출입국관리법 제46조 제1항 본문에 따르면 지방출입국·외국인관서의 장은 같은 항 각 호의 어느 하나에 해당하는 외국인을 대한민국 밖으로 강제퇴거시킬 수 있다. 여기서 눈에 띄는 것은 두 가지다. 우선, 강제퇴거사유가 있는 외국인을 반드시 국외로 추방하도록 하지 않고, 퇴거시킬 것인지 말 것인지에 대해 출입국당국에 재량을 부여하고 있다는 점이다. 그 다음에, 강제퇴거 권한을 법무부장관이 아닌 일선 지방출입국·외국인관서의 장에게 부여하고 있는 점이다.[1] 사증발급, 입국금지, 체류자격 부여, 변경, 연장 등에 관한 권한을 법무부장관에게 부여하고 있는 것[2]과는 대조적이다.

---

* 공익인권법재단 공감 변호사
1) 출입국관리법 제46조.
2) 출입국관리법 제7조, 제20조, 제23조, 제24조, 제25조 등.

처분을 할 것인지 말 것인지를 결정할 수 있는 재량을 통상 결정 재량이라 한다. 한편, 불확정 개념의 사용은 처분대상 해당 여부를 판단할 때에도 행정기관에 상당한 재량 또는 판단의 여지가 인정되는 것으로 귀결되는데, 아래에서 자세히 보는 바와 같이 출입국관리법 제46조 제1항 각 호 중 일부는 고도의 불확정성을 특징으로 하는 개념을 포함하고 있다. 요컨대, 출입국당국의 시야에 들어온(한 번도 시야에서 벗어난 적이 없다고 하는 것이 더 정확한 표현이겠지만) 외국인의 체류를 불허 또는 허용할 것인지 여부를 판단하는 출입국당국에 현행법령상 다른 영역에서 보기 어려운 수준의 폭넓은 재량이 인정되고 있다. 그러나 재량은 언제나 의무에 합당한 재량이며,[3] 행정청에 재량이 인정된다 하더라도 행정청의 임의나 자의를 허용하겠다는 취지일 수 없다. 외국인이라는 이유만으로 통제받지 않는 권력에 노출시키는 것이 정당화된다고 보지 않는 이상, 아래의 질문에 대한 검토가 필요하다.

II. 출입국관리법에 따라 출입국당국에 부여된 재량이 법치주의의 요청과 부합하는 것인가?

1. 출입국관리와 법치행정

법치국가는 형식적 의미로는 모든 국가권력의 행사가 법률로써 예측이 가능한 국가를 말한다. 한편 실질적 의미로는 정의의 이념에 근거하고 정의의 실현을 추구하는 국가를 법치국가라고 부른다. 헌법상 법치주의는 양자의 개념을 모두 포함하는 것으로 이해된다.[4]

---

3) 홍정선, 행정법원론(상)(제18판), 박영사 (2010), 312.

행정에서의 법치주의의 반영이 법치행정이다. 법치행정의 의의는 행정이 자의로부터 개인을 보호하고 아울러 행정작용의 예견가능성을 보장하고자 하는 데 있다.[5]

출입국관리법에 따른 여러 처분 중 외국인의 체류와 관련된 (불이익한) 행위로는 사증발급거부, 입국허가거부, 체류기간연장거부, 체류자격부여거부, 체류자격변경거부, 체류허가취소, 출국권고, 출국명령, 강제퇴거명령 등을 들 수 있다.

여러 처분 중 사유가 비교적 구체적으로 규정된 것은 입국금지[6]

---

4) 홍정선, 위의 글, 44.
5) 홍정선, 위의 글, 46.
6) 제11조(입국의 금지 등) ① 법무부장관은 다음 각 호의 어느 하나에 해당하는 외국인에 대하여는 입국을 금지할 수 있다.
  1. 감염병환자, 마약류중독자, 그 밖에 공중위생상 위해를 끼칠 염려가 있다고 인정되는 사람
  2. 「총포·도검·화약류 등의 안전관리에 관한 법률」에서 정하는 총포·도검·화약류 등을 위법하게 가지고 입국하려는 사람
  3. 대한민국의 이익이나 공공의 안전을 해치는 행동을 할 염려가 있다고 인정할 만한 상당한 이유가 있는 사람
  4. 경제질서 또는 사회질서를 해치거나 선량한 풍속을 해치는 행동을 할 염려가 있다고 인정할 만한 상당한 이유가 있는 사람
  5. 사리 분별력이 없고 국내에서 체류활동을 보조할 사람이 없는 정신장애인, 국내체류비용을 부담할 능력이 없는 사람, 그 밖에 구호(救護)가 필요한 사람
  6. 강제퇴거명령을 받고 출국한 후 5년이 지나지 아니한 사람
  7. 1910년 8월 29일부터 1945년 8월 15일까지 사이에 다음 각 목의 어느 하나에 해당하는 정부의 지시를 받거나 그 정부와 연계하여 인종, 민족, 종교, 국적, 정치적 견해 등을 이유로 사람을 학살·학대하는 일에 관여한 사람
    가. 일본 정부
    나. 일본 정부와 동맹 관계에 있던 정부
    다. 일본 정부의 우월한 힘이 미치던 정부
  8. 제1호부터 제7호까지의 규정에 준하는 사람으로서 법무부장관이 그 입국이 적당하지 아니하다고 인정하는 사람
  ② 법무부장관은 입국하려는 외국인의 본국(本國)이 제1항 각 호 외의 사

와 강제퇴거7)이다. 강제퇴거는 외국인이 국내에서 생활관계가 어느

유로 국민의 입국을 거부할 때에는 그와 동일한 사유로 그 외국인의 입국
을 거부할 수 있다.
7) 제46조(강제퇴거의 대상자) ① 지방출입국·외국인관서의 장은 이 장에 규정
된 절차에 따라 다음 각 호의 어느 하나에 해당하는 외국인을 대한민국 밖
으로 강제퇴거시킬 수 있다.
1. 제7조를 위반한 사람
2. 제7조의2를 위반한 외국인 또는 같은 조에 규정된 허위초청 등의 행위
로 입국한 외국인
3. 제11조제1항 각 호의 어느 하나에 해당하는 입국금지 사유가 입국 후에
발견되거나 발생한 사람
4. 제12조제1항·제2항 또는 제12조의3을 위반한 사람
5. 제13조제2항에 따라 지방출입국·외국인관서의 장이 붙인 허가조건을 위
반한 사람
6. 제14조제1항, 제14조의2제1항, 제15조제1항, 제16조제1항 또는 제16조의2
제1항에 따른 허가를 받지 아니하고 상륙한 사람
7. 제14조제3항(제14조의2제3항에 따라 준용되는 경우를 포함한다), 제15조
제2항, 제16조제2항 또는 제16조의2제2항에 따라 지방출입국·외국인관서의
장 또는 출입국관리공무원이 붙인 허가조건을 위반한 사람
8. 제17조제1항·제2항, 제18조, 제20조, 제23조, 제24조 또는 제25조를 위반
한 사람
9. 제21조제1항 본문을 위반하여 허가를 받지 아니하고 근무처를 변경·추
가하거나 같은 조 제2항을 위반하여 외국인을 고용·알선한 사람
10. 제22조에 따라 법무부장관이 정한 거소 또는 활동범위의 제한이나 그
밖의 준수사항을 위반한 사람
10의2. 제26조를 위반한 외국인
11. 제28조제1항 및 제2항을 위반하여 출국하려고 한 사람
12. 제31조에 따른 외국인등록 의무를 위반한 사람
12의2. 제33조의2를 위반한 외국인
13. 금고 이상의 형을 선고받고 석방된 사람
14. 그 밖에 제1호부터 제10호까지, 제10호의2, 제11호, 제12호, 제12호의2
또는 제13호에 준하는 사람으로서 법무부령으로 정하는 사람
② 제10조제1항에 따른 체류자격 중 대한민국에 영주할 수 있는 체류자격
을 가진 사람은 제1항에도 불구하고 대한민국 밖으로 강제퇴거되지 아니
한다. 다만, 다음 각 호의 어느 하나에 해당하는 사람은 그러하지 아니하다.
1.「형법」제2편제1장 내란의 죄 또는 제2장 외환의 죄를 범한 사람

정도 형성된 후에 국가가 그 당사자의 의사에 반하여 강제적으로 이미 형성된 생활관계를 종료시킨다는 점에서 개인에게 미치는 영향이 상당하고,[8] 때로는 형벌보다 가혹하다. 그런데 출입국관리법상 강제퇴거사유에서 주목할 필요가 있는 것은 입국금지사유가 가사 입국 후에 발생한 것이라 하더라도 모두 강제퇴거사유가 된다는 점이다(출입국관리법 제46조 제1항 제3호, 제11조 제1항). 아래에서 보는 바와 같이 그 중 가장 문제가 되는 것은 제46조 제1항 제3호에 의해 준용되는 제11조 제1항 제3호 및 제4호이다. 제11조 제1항 제3호와 제4호의 포괄성 때문이다.

출입국관리법 제11조 제1항 제3호는 "대한민국의 이익이나 공공의 안전을 해치는 행동을 할 염려가 있다고 인정할 만한 상당한 이유가 있는 사람"을, 동항 제4호는 "경제질서 또는 사회질서를 해치거나 선량한 풍속을 해치는 행동을 할 염려가 있다고 인정할 만한 상당한 이유가 있는 사람"을 입국금지대상으로 삼고 있다. "대한민국의 이익", "공공의 안전", "경제질서 또는 사회질서", "선량한 풍속"은 모두 포괄적이고 불확정적인 뜻을 가지고 있다. 특정 행동이 대한민국의 이익, 선량한 풍속 등을 "해치는" 것인지 여부, 그리고 그러한 행동을 할 "염려가 있다고 인정할 만한 상당한 이유"가 있는지 여부도 모두 정성적 평가를 전제로 한다. 위 규정을 준용한 법 제46조 제1항 제3호는 이웃으로 두기가 껄끄러운 사람을 언제든지 국외로 추방할 수 있도록 한 것이라는 해석까지도 가능하다고 볼 수 있고, 일부 판례는 실제로 그렇게 해석하는 경향을 보인다.[9] 특

---

2. 5년 이상의 징역 또는 금고의 형을 선고받고 석방된 사람 중 법무부령으로 정하는 사람

3. 제12조의3제1항 또는 제2항을 위반하거나 이를 교사(敎唆) 또는 방조(幇助)한 사람

8) 차용호, '한국이민법', 법문사(2015), 523.

9) 서울행정법원 2009. 6. 5. 선고 2009구합10523 판결 등. 위 판결은 출입국관

정 인구를 단순히 껄끄럽다는 이유로 배제할 수 있도록 하는 것이
과연 사회구성의 일반원칙으로 바람직한가의 보다 근본적인 물음까
지 가지 않더라도, 먼저 일방적 국가권력작용에 의해 개인에게 실현
되는 그와 같은 배제가 법치주의의 기본원칙에 부합하는지에 대한
해명이 필요하다.

그런데 강제퇴거 규정의 포괄성 및 지나친 불확정개념의 사용이
무엇보다 법치주의의 주요 요청 중 하나인 예견가능성을 심각하게
떨어뜨리고 있음은 부인하기 어렵다. 예측가능성의 어려움은 강제
퇴거에 관한 결정권한이 일선 지방출입국·외국인관서의 장에게 부
여됨으로 인해 더욱 가중되고 있는 것으로 보인다. 일관성이 없고,
같은 사안이라도 출입국관리사무소마다, 심지어 담당자마다 달리
처리하고 있다는 것이 출입국관리행정의 자의성에 대한 지적을 낳
는 주요 원인 중 하나이다. 법무부는 내부적으로 강제퇴거기준을 구
체화한 체류관리지침을 만들어 시행하고 있지만 그 내용은 공개하
지 않고 있어 체류관리지침의 내용이나 일관성 있게 시행되고 있는
지를 검증할 수 있는 방법이 없다.

한편, 정주하는 외국인의 대표적인 경우에 해당하는 영주권자에
대한 강제퇴거사유가 법상 엄격히 제한되어 있어 강제퇴거사유 일
반의 포괄성이 크게 문제될 이유가 없다는 의견이 있을 수 있다. 그
러나 영주권 취득 자체가 까다로운 상황에서 국내 정주 외국인이
영주권자로 한정된다고 보기 어렵다. 정주하는 외국인 중 체류기간
연장을 반복하며 체류하는 비율이 상당히 높기 때문이다.[10] 뿐만 아

리법 제11조 제1항 제3,4호가 "주권의 본질적 속성"에서 도출되는 "바람직
스럽지 않은 외국인을 추방할 권리"를 규정한 것이라고 보고 있다.

10) 우리나라는 국적법은 영주권 취득을 귀화의 요건으로 하는 영주권 전치주
의를 채용하지 않아 한국에서 정주하는 대부분의 결혼이주민은 영주권 신
청과 귀화 신청 중 하나를 택일하는 경향을 보이며, 여성가족부의 「2015년
다문화가족실태조사」에 따르면 결혼이민자의 84%가 한국에서 5년 이상 거

니라, 정주가 아닌 취업이나 유학을 목적으로 입국한 경우에도, 정도의 차이가 있을 뿐, 보호받을 만한 이해관계가 없다고 단정할 수 없다. 해외에서의 취업이나 유학이 인생계획의 매우 중요한 대목에 해당하고, 상당한 비용과 기회비용을 수반했을 것임을 어렵지 않게 짐작할 수 있기 때문이다.

2. 범죄혐의와 강제퇴거 - 재량 한계의 문제

출입국관리법의 규정만 보아서는 예견하기 어려운 사항 중 하나는 벌금형이 확정되거나 범죄혐의가 있다는 사실만으로도 강제퇴거대상이 될 수 있다는 점이다. 출입국관리법 제46조 제1항 제13호는 "금고 이상의 형을 선고받고 석방된 사람"을 강제퇴거대상으로 삼고 있다. 이와 관련 불구속상태에서 수사를 받고 집행유예 판결을 받은 사람도 제13호에 포함되는지가 논란이 되고 있다.[11]그런데 이와 별개로, 형사사건이 벌금형, 통고처분 또는 심지어 불기소처분으로 종결되는 경우에도 강제퇴거대상이 될 수 있다. 이 때 적용법조는 출입국관리법 제46조 제1항 제13호가 아닌 제3호에 의해 준용되는 제11조 제1항 제3호, 제4호, 그리고 출입국관리법 제46조 제1항 제14호와 시행규칙 제54조의 2 제1호이다.

먼저, 법무부 내부지침에 의하면 벌금이나 범칙금 액수가 일정 금액 이상이면 강제퇴거대상이 되는 것으로 알려져 있다. 그러나 구체적 기준은 공개되지 않는 데다 바뀌기도 하여 예측가능성이 전혀 없다. 한편, 피의자가 무죄를 주장하는 사건이 죄의 유무에 대한 법

주하였으며, 10년 이상 거주자가 47.9%에 달하며, 전체 결혼이민자 중 40.9%가 국적을 취득하였으며 국적 미취득자 중에는 54.8%가 국적취득 계획이 있으며 21.2%는 영주권만 취득할 예정으로 조사되었다.
11) 이철우 외, 이민법, 박영사 (2016), 212.

원의 판단 없이 수사 단계에서 기소유예, 공소권없음 등의 불기소처분으로 종결되었음에도 강제퇴거명령을 받는 경우가 있다. 불기소처분에도 불구하고 출입국관리사무소장이 독자적으로 "대한민국의 이익, 미풍양속, 안전보장 등을 해칠 우려"가 있다고 판단하여 강제퇴거명령을 하는 것이다. 특히, 출입국관리법 제46조 제1항 제14호의 위임을 받은 출입국관리법 시행규칙 제54조의 2 및 제54조에서 '「성폭력범죄의 처벌 등에 관한 특례법」 위반의 죄를 범한 자', '「마약류관리에 관한 법률」 위반의 죄를 범한 자' 등을 강제퇴거대상으로 규정하고 있고, 일견 유죄판결이 있거나 확정될 것을 요건으로 하고 있지 않아, 해당 범죄의 경우 혐의만으로 출국시킬 수 있는 명시적 근거가 존재한다는 해석이 있다.12)

그러나, 유죄판결을 받은 사실이 없음에도 불구하고, 범죄혐의가 있다는 이유만으로 강제퇴거시키는 것에 대해 무죄추정의 원칙에 반한다는 비판이 가능하다.13) 특히 기소유예처분은 검찰이 위법성이 경미하여 처벌할 필요조차 없다고 판단하여 내리는 처분이다. 형사소추기관인 검찰에서 처벌할 필요조차 없다고 판단한 사안을 두고 출입국관리사무소장이 "대한민국의 이익, 공공의 안전, 경제질서

---

12) 범죄의 중요성 때문에 그렇게 규정한 것으로 보이지만[이철우 외, 앞의 글, 213], 범죄가 중대할수록 오히려 바로 강제퇴거시키기보다 형사재판을 거쳐서 유무죄를 가리고 합당한 처벌을 받도록 할 필요가 있다고 본다.

13) 무죄추정의 원칙은 우선 형사절차를 지배하는 원칙이지만, 범죄경력 유무 및 그로 인한 불이익 부과는 확정된 유죄판결을 기준으로 판단하는 일반적인 원칙으로도 작용한다. 유죄의 확정판결이 있기도 전에 유죄로 취급되어 부당한 처우를 받는 상황이 허용되는 경우에는 '인간의 존엄성'은 찾을 길이 없게 되기 때문이다[허영, 한국헌법론(전정2판), 박영사 (2006), 360]. 헌법재판소도 무죄추정의 원칙이 적용되는 불이익은 "형사절차상의 처분에 의한 불이익뿐만 아니라 그 밖의 기본권제한과 같은 처분에 의한 불이익도 입어서는 아니된다는 의미도 포함된다"고 판시한 바 있다.(헌법재판소 1990. 11. 19. 선고 90헌가48 결정)

나 사회질서, 선량한 풍속을 해치는 행동을 할 염려가 있다고 인정할 만한 상당한 이유"라고 "재평가"하는 것이 적절한지 의문이다. 피의자가 기소유예처분을 다툴 수 있는 방법이 헌법소원 외에 없다는 점에서도 불공정하다. 나아가, 범죄혐의가 있다는 이유로 강제퇴거대상으로 삼는다는 것은 무죄추정의 원칙이 대한민국의 이익이나 미풍양속 등을 해칠 "우려"로 대체됨을 의미하며, 해당 외국인은 강제퇴거절차에서 소명의 기회가 주어진다 하더라도 무죄임을 입증해야 하는 부담을 안게 된다.

3. "이탈신고"와 강제퇴거 - 재량 불행사의 문제

출입국관리법 제19조에 따르면 외국인을 고용한 자는 고용된 외국인의 소재를 알 수 없게 된 경우 그 사실을 안 날부터 15일 이내에 지방출입국·외국인관서의 장에게 그 사실을 신고하여야 한다. 「외국인근로자의 고용 등에 관한 법률」 제17조 제1항 및 같은 법 시행령 제23조 제1항도 이와 유사하게 외국인근로자가 5일 이상 무단결근하거나 그 소재를 알 수 없는 경우 사용자에게 직업안정기관(지방고용노동청)의 장에게 신고하도록 의무를 부과하고 있다. 이 때 그 신고사실이 출입국관리법 제19조 제1항 각 호에 따른 신고사유에 해당하는 때에는 사용자가 같은 항에 따른 신고를 한 것으로 보며, 신고를 받은 직업안정기관(지방고용노동청)의 장은 그 사실을 관할 지방출입국·외국인관서의 장에게 통보하여야 한다(「외국인근로자의 고용 등에 관한 법률」 제17조 제2항 및 제3항).

위 규정들은 외국인을 고용한 사람에게 해당 외국인의 체류관리를 위해 일정한 의무를 부과하는 것이나,[14] 고용주의 이탈신고가 거

---

14) 이철우 외, 앞의 책, 177.

의 자동으로 해당 외국인의 강제퇴거로 이어지는 방식으로 운영되다 보니 사용자가 외국인 노동자에 대한 관계에서 절대적 우위를 점하는 계기로 변질되었다. 예를 들어 고용주가 산재를 당한 이주노동자에 대해 이탈신고를 한 후 숙소에서 내쫓거나, 휴가를 준 후 이탈신고를 하는 등의 사례들이 보고되는 바,[15] 의사소통도 쉽지 않은 노동자 입장에서 그러한 사정이나 고용주의 악의를 입증하는 것은 매우 어렵다. 외국인 노동자와 사용자 간에 분쟁이 발생하거나, 외국인 노동자가 부당한 처우에 대한 구제를 구하는 과정에서 근로제공을 거부한 것에 대한 보복이나 대응으로 고용주가 이탈신고를 하는 경우 상황은 더욱 복잡해진다. 근로제공 거부가 출입국관리법 제19조에 따른 "소재불명"에 해당하지 않음이 분명하지만, 출입국관리당국은 앞뒤를 따지지 않고 '체류자격의 범위를 벗어난' 체류로 간주하기 때문이다. 위와 같은 문제는 사업장변경을 원칙적으로 허용하지 않는(극히 예외적인 경우에만 허용하는) 현행의 외국인 고용 관련 법제로 인해 더욱 가중된다. 외국인 노동자는 고용주를 바꾸거나 근로계약을 해지할 자유가 인정되지 않다 보니, 부당한 처우나 열악한 노동조건을 벗어나기가 매우 힘들고, 참다못한 근로제공 거부마저 부당한 처우를 한 장본인인 고용주의 이탈신고로 너무나 쉽게 피해자인 노동자의 강제퇴거로 귀결되는 것이다.

여기서 문제의 본질은 외국인 체류관리가 노사관계에 적극적으로 개입하는 수단이 되고 있다는 데 있다. 그러나 출입국당국은 그러한 인식이 전혀 없는 것으로 보인다. 출입국당국의 위와 같은 일반적 인식은 구체적 사안에 대한 강제퇴거결정에서는 극히 한정적

---

15) 서한솔, '일하다 다친 이주노동자 쫓아내는 게 합법? 이주노동자 옥죄는 악랄한 족쇄, 고용허가제를 폐지하라!', 〈노동자 연대〉 198호, 2017. 5. 10. 최종확인, https://wspaper.org/article/18398; 김고운, '이주노동자들이 노예제도라 부르는 이것', 오마이뉴스, 2017. 5. 10. 최종확인, http://m.ohmynews.com/NWS_Web/Mobile/at_pg.aspx?CNTN_CD=A0002268384#cb 등.

사실관계에 획일적이고 형식적인, 외국인 체류관리에만 초점이 맞추어진 잣대를 대고 판단을 내리는 결과로 나타난다. 거꾸로 말하면 강제퇴거결정에서 반드시 고려되어야 하는 사정을 충분히 고려하지 않는 것이다. 그러나 법이 행정기관에 재량권을 부여하고 있는 경우 복수행위간의 형량, 즉 "이익형량"은 행정기관의 의무가 된다.16) 따라서, 고용주의 이탈신고에 대해 노사관계를 고려한 별도의 평가나 사실관계 확인을 거치지 않고 강제퇴거명령을 내리는 것은, 부여된 재량을 제대로 행사하지 못하고 있다고 평가할 수 있다.

4. 체류허가 등의 취소와 강제퇴거
   - 또 다른 재량의 근거

출입국관리법 제89조 제1항에 따르면 (1) 신원보증인이 보증을 철회하거나 신원보증인이 없게 된 경우 (2) 거짓이나 그 밖의 부정한 방법으로 허가 등을 받은 것이 밝혀진 경우, (3) 허가조건을 위반한 경우, (4) 사정 변경으로 허가상태를 더 이상 유지시킬 수 없는 중대한 사유가 발생한 경우, (5) 제1호부터 제4호까지에서 규정한 경우 외에 출입국관리법 또는 다른 법을 위반한 정도가 중대하거나 출입국관리공무원의 정당한 직무명령을 위반한 경우 법무부장관은 해당 외국인에 대한 사증발급, 사증발급인정서의 발급, 입국허가, 상륙허가, 체류허가 등을 취소하거나 변경할 수 있다. 이 권한은 출입국관리법 제92조 및 동법 시행령 제96조에 따라 출입국사무소장 및 출장소장에 위임되어 있다. 이와 관련, 이주선원에 대한 출입국관리사무소장의 체류허가처분취소처분의 존부 및 이를 전제로 한 강제퇴거명령의 적법 여부가 문제된 사안에서 광주고등법원17)은 다음과

---

16) 김남진, 행정법I(제6판), 법문사 (1998), 234(주 23).

같이 판시하며 출입국관리사무소장의 형성적 행위로서 행정처분인 체류자격 취소처분이 존재하지 않는다고 판단한 바 있다.

"살펴건대, 위 인정사실 및 을 제5호증의 기재에 변론 전체의 취지를 종합하여 알 수 있는 다음과 같은 사정, 즉 ① 구 출입국관리법 제7조 내지 제10조, 제12조 내지 제14조의2, 제20조, 제21조, 제23조 내지 제25조, 제89조, 같은 법 시행령 제12조 별표1의 규정에 의하면 외국인은 위 별표1에서 정한 요건을 갖춘 경우 별도의 체류자격허가 등 절차를 거칠 필요 없이 체류자격을 취득하고(따라서 위와 같이 체류자격을 취득한 자에 대하여 사증·사증발급인정서의 발급, 입국허가, 체류자격외 활동허가 등을 개별적으로 취소하는 외에 포괄적으로 체류자격 자체를 취소하는 근거 규정은 없다), 사후에 위 별표1에서 정한 요건을 충족하지 못하게 되면 체류자격을 상실하게 되는바(이 경우 출입국관리사무소장 등은 구 출입국관리법 제46조 제1항 제1호, 제17조 제1항에 따라 외국인을 강제퇴거시킬 수 있다), 이와 같은 사유의 발생으로 체류자격이 상실되었음을 통보하는 것은 관념의 통지에 불과하고 그로 인하여 비로소 체류자격이 상실되는 행정처분은 아니라고 할 것인 점, ② 따라서 피고가 원고에 대하여 구두고지 등을 통해 체류자격 취소처분을 하였다고 하나 이는 법적 근거가 없는 것으로서 단지 체류자격이 상실되었다는 사실을 통보 내지 고지한 것에 불과하다고 볼 것인 점, ③ 한편, 이 사건 공고문의 내용과 형식, 구 출입국관리법 제89조 제2항에서 법무부장관은 체류허가 등의 취소에 필요하다고 인정하면 해당 외국인을 출석하게 하여 의견을 들을 수 있다고 규정하고 있는 점 등에 비추어 이 사건 공고문은 위와 같은 의견청취를 위하여 원고에게 출석을 요구하면서 출석요구에 응하지 않을 경우 의견청취 없이 별도의 처분을 통하여 체류자격이 취소될 수 있음을 고지하는 취지로 해석될 뿐

---

17) 광주고등법원 2015. 1. 29. 선고 2014누6318 판결.

이고 [피고의 사무처리 기준인 체류외국인 관리지침(예규, 을 제5호증) 상으로도 무단이탈 외국인이 출석요구에 응하지 않는 경우 출석 공고 절차를 거쳐 소재불명자 처리 완료 후 체류허가를 취소하고 그 취소사 실을 공고하도록 되어 있어 출석요구를 위한 공고와 체류허가 취소를 위한 공고가 별개의 절차에 의하여 이루어지는 것을 전제로 하고 있다], 구 출입국관리법 제91조 제1항, 제2항에 의하면 문서 등의 송부는 본인, 가족, 신원보증인, 소속 단체의 장의 순으로 직접 내주거나 우편으로 보 내는 방법에 따르며 이와 같은 방법에 의한 송부가 불가능하다고 인정 되는 경우 송부할 문서 등을 보관하고 그 사유를 청사 게시판에 게시하 여 공시송달을 하도록 규정되어 있는바, 피고의 주장처럼 피고가 원고 에 대한 체류자격을 취소하였다고 한다면 그 체류자격 취소처분서를 보관하고 있어야 할 것임에도(원고에게 구두로 고지하였다고 하더라도 마찬가지이다) 피고는 이 사건 공고문 이외에 별도의 체류자격 취소처 분서가 없다고 진술하고 있어 피고가 원고에 대한 체류자격 취소라는 이름으로 어떠한 처분행위를 하였는지조차도 의심스러운 점 등을 종합 하면, 피고의 원고에 대한 형성적 행위로서 행정처분인 체류자격 취소 처분은 존재하지 않는다고 할 것이다."

출입국관리법 제23조에 따른 체류 중 체류자격 부여나 제25조에 따른 체류기간 연장허가를 받은 등의 경우가 아니면 출입국관리사 무소장이 체류자격을 취소할 수 있는 별도의 법적 근거가 없다는 취지로 이해된다. 외국인은 통상 현지 주재 한국대사관을 통한 사증 발급, 입국, 외국인등록, 체류기간 연장 등의 과정을 거쳐 체류하는 데, 사증발급 및 입국허가는 체류를 전제로 하는 처분이고, 최초의 체류기간은 통상 사증발급 또는 입국허가[18]시 부여되는 데서 오는

---

18) 출입국관리법 시행령 제7조 제2항, 제15조 제3항.

일종의 법적 공백일 수는 있으나(이와 관련 사증발급 또는 입국허가가 체류허가를 겸하고 있다고 볼 수 있는지 등의 논란이 있을 수 있다), 체류기간 연장허가, 한국 체류 중 체류자격 부여 및 그 취소에 관한 근거규정을 두면서 최초의 체류허가 및 그 취소나 철회에 대한 법적 근거가 없는 것은 선뜻 이해가 안가는 측면이 있다.

한편, 출입국당국은 출입국관리법 제89조를 근거로 체류자격 자체를 취소하는 처분을 해왔으며, 위 판결 이후에도 실무가 크게 바뀌지 않은 것으로 보인다. 위에서 본 바와 같이 강제퇴거사유와 마찬가지로 (체류허가 및) 체류기간 연장을 포함한 각종 허가의 취소사유는 매우 광범위하다. 양 규정이 포괄하는 범위와 서로 겹치는 구간이 넓어 구체적 사안에서 체류자격이 취소되어 체류자격이 없다는 이유로 강제퇴거명령을 발한 것인지, 아니면 체류자격의 범위를 벗어났다는 등의 이유로 강제퇴거명령을 발한 것인지 불분명한 사례들이 나타나고 있다.

5. 강제퇴거에 대한 사법적 통제

가. 들어가며

판례는 대체로 법령상 강제퇴거사유에 포섭이 되면 처분의 적법성을 인정하며 출입국당국의 결정에 대한 사법적 심사를 자제하는 경향을 보인다. 느슨한 사법적 통제는 출입국당국에 부여된 폭넓은 재량의 당연한 결과라 할 수 있다. 상고심이 대부분 심리불속행 판결로 종결되는 것은 출입국관리법상 처분을 다투는 소송의 또 다른 특징이라 할 수 있다. 아래에서 소개하는 주요 쟁점에 대해 서로 상반되는 하급심 판결이 나오는 경우가 있음에도 불구하고 이에 관한 대법원판례가 아직 없는 것으로 파악되고 있다.

나. 형사사건이 원인이 된 출국처분[19)]에 관한 판례

1) 집행유예 판결이 강제퇴거사유가 되는지 여부

위에서 언급한 바와 같이 출입국관리법 제46조 제1항 제13호는 "금고 이상의 형을 선고 받고 석방된 사람"을 강제퇴거대상으로 규정하고 있어, 불구속상태에서 재판이 진행되어 집행유예 판결을 받은 경우 강제퇴거사유가 되는지 논란이 되고 있다. 재량의 문제라기보다 전형적인 법 해석의 문제라 할 수 있다. 일부 판례[20)]를 제외하고 하급심 법원은 대체로 "석방된 사람"이란 "현재 구금되어 있는 상태에 있지 않은 사람"으로 해석하여 범행에 관한 수사 및 재판과정에서 구속된 바 없다고 하더라도 금고 이상의 형을 선고받고 현재 구금상태에 있지 않으면 강제퇴거대상이 된다고 보고 있다[21)].

그러나 집행유예 판결을 선고받은 외국인에 대한 강제퇴거명령은 반드시 염두에 둘 필요가 있는 여파가 있다. 하급심의 집행유예 판결에 대해 피고인 또는 검찰이 상소하면 상소심 재판은 불구속상태에서 진행된다. 그러나 집행유예 판결을 받은 외국인이 판결확정 전에 강제퇴거명령을 받을 경우 (강제퇴거명령에 항상 수반되는) 보호명령에 의해 외국인보호소에 구금되기 때문에 상소심을 구금상태에서 진행해야 한다. 하급심 판결을 다투고 싶어도 구금상태로 인한 방어권 침해는 말할 것도 없고, 구금을 감수해야 하는 것 자체가 권리행사에 대한 심각한 장애사유로 작용한다. 검찰이 상소하는 경우 피고인 본인이 상소를 포기하고 귀국함으로써 구금상태에서 벗어나는 최소한의 선택지마저 없어진다. 이때의 구금은 강제퇴거명

---

19) 이하 언급하는 판례 중 강제퇴거명령 외에 출입국관리법 제68조에 따른 출국명령의 취소를 구하는 청구에 관한 판결도 포함되어 있다.
20) 서울행정법원 2013. 10. 31. 선고 2013구합56041 판결 등.
21) 대구지방법원 2014. 11. 21. 선고 2014구합1675 판결 등.

령 집행을 위한 것으로 출입국관리법에 근거를 두기 때문에 형사소송법상 구속기간 상한의 적용을 받지 않는 것도 문제이다. 다만 구속 상태에서 재판을 받다 집행유예 판결의 선고로 석방되거나 벌금형을 선고받은 경우에도 발생하는 문제이므로 출입국관리법 제46조 제1항 제13호에 한정해서 논할 문제는 아니다. 보다 근본적 문제는 판결확정 전이라도 강제퇴거명령을 받을 수 있다는 데에 있다.

2) 벌금형이 강제퇴거사유가 되는지 여부

다수의 하급심 판례는 아래와 같이 벌금형도 출입국관리법 제46조 제1항 제3호에 의해 준용되는 같은 법 제11조 제1항 제3호 및 제4호에 근거하여 강제퇴거사유가 된다고 보고 있다. 이 쟁점을 명시적으로 판시한 대법원 판례는 아직 없다.

"출입국관리법 제46조 제1항은 제1호 내지 제14호에 강제퇴거의 사유를 열거하고 있는데, 위 각 호에서 규정하는 사유는 동등한 규범력을 가진 것으로 어느 하나의 사유가 다른 사유를 포섭하거나 배제·제한하는 것은 아닌바, 출입국관리법 제46조 제1항 제13호에서 '금고 이상의 형의 선고를 받고 석방된 자를 강제퇴거의 사유로 규정하고 있어 원고와 같이 벌금형의 선고를 받은 경우에는 위 사유에는 해당하지 않는다 하더라도 같은 법 제46조 제1항 다른 각호의 사유에 해당하면 강제퇴거의 대상이 될 수 있다고 할 것이다.

살피건대 원고가 2000. 2. 6. 자동차운전면허증 없이 혈중알콜농도 0.092%의 주취상태에서 자동차를 운전하던 중 다른 승용차를 충격하여 3명의 피해자에게 상해를 입혔고, 2009. 11. 29.에도 혈중알콜농도 0.063%의 주취 상태에서 자동차를 운전한 사실은 앞에서 본 바와 같은바, 원고의 이와 같은 행위는 공공의 안전 또는 사회질서를 해하는 행위로서 출입국관리법 제11조 제1항 제3호, 제4호의 입국금지 사유에 해당하여 같은 법 제46조 제1항 제3호에 따라 강제퇴거의 대상이 된다고 할 것이다. 따라서 원고의 이 부분 주장은 이유 없다." (수원지방법원 2013. 6. 26. 선고 2012구합15860 판결[22]))

다만 범행의 동기, 죄질, 종류, 횟수, 국내 거주 가족 유무 등 제반 사정을 고려하여 (예외적인 경우) 재량권 일탈·남용을 이유로 강제퇴거처분의 위법성을 인정한 하급심 판례가 있다. 예를 들어 외국인이 업무상과실장물보관죄 및 농지법위반죄로 각각 기소유예처분과 벌금형을 받은 사안에서 법원은 "강제퇴거 대상자를 정하고 있는 출입국관리법 제46조 제1항은 그 제13호가 '금고 이상의 형을 선고받고 석방된 사람'이라고 규정하고 있는 점에 비추어 볼 때, 이 사건과 같이 출국명령처분을 할 때에도 '금고 이상'이 아닌 '벌금형'으로 처벌받은 경우에는 보다 신중하게 적용할 필요가 있다"며, 범죄 사안이 경미하거나 죄질이 중하지 않고, 대한민국 국민과 혼인하여 함께 살고 있는 점 등을 들어 출국명령처분이 재량권을 일탈·남용하여 위법하다고 판단한 바 있다.[23] 재외동포가 저녁 회식 도중 식당 주인으로부터 주차 문제로 차를 빼달라는 부탁을 받고 다른 곳으로 차를 옮기는 과정에서 음주운전을 하게 되어 벌금 200만원의 약식명령을 받아 "대한민국의 안전보장, 질서유지, 공공복리, 외교관계 등 대한민국의 이익을 해칠 우려가 있는 경우" 재외동포체류자격 부여대상에서 제외토록 한 「재외동포의 출입국과 법적 지위에 관한 법률」 제5조 제2항 제3호가 문제된 사안에서도 하급심법원은 벌금형의 경우 신중하게 적용할 필요가 있다는 취지의 판시를 하였다.[24] 위 판결은 나아가 "만일 원고가 벌금 200만 원의 약식명령을

---

22) 광주고등법원 2013. 8. 22. 선고 2013누733 판결 등도 같은 취지.
23) 인천지방법원 2015. 11. 5. 선고 2015구합50805 판결.
24) 수원지방법원 2013. 2. 15. 선고 2012구합9667 판결.

받을 당시, 이로 인하여 장차 자신의 체류자격 변경신청이 허용되지 아니할 것을 예상하고 있었더라면, 당연히 정식재판을 청구하여 법원에 선처를 호소하였을 것으로 예상되는바, 정식재판을 청구하지 아니한 채 벌금 200만원의 약식명령이 확정되었다는 사정만으로 이 사건 처분을 하는 것은 가혹하다"라며 강제퇴거사유의 예견가능성이 없었음을 지적하고 있다.

유사한 취지로, 광주지방법원 2013. 3. 28. 선고 2012구합4999 사건에서 법원은 '제11조 제1항 각 호의 어느 하나에 해당하는 입국금지 사유가 입국 후에 발생한 사람'이 '금고 이상'이 아닌 '벌금형'으로 처벌받은 경우에는 보다 신중하게 적용할 필요가 있다는 전제에서, 음주 및 무면허운전으로 두 차례에 걸쳐 벌금형을 받은 원고에 대해, 출국명령처분으로 출국하게 되면 2년간의 사증규제로 국내에서 마련한 생계기반이 무너질 우려가 있고 중국에 있는 가족들을 부양하기 위해 국내에 거주하는 것이 바람직함을 들어 출국명령을 취소하였다. 그러나 항소심인 광주고등법원은 "원고가 저지른 범죄의 내용 및 죄질이 가볍지 아니하고, 재범에 의한 인명피해 등이 우려"되며, "국가가 자국 체류가 바람직하지 않은 외국인을 추방할 권리를 갖는 것은 주권의 본질적 속성상 당연한 것으로 외국인이 일반적으로 내국인과 동일한 거주·이전의 자유를 갖는 것은 아니며, 출입국관리행정은 내·외국인의 출입국과 외국인의 체류를 적절하게 통제·조정함으로써 국가의 이익과 안전을 도모하고자 하는 국가행정작용으로 특히 외국인의 출입국에 관한 사항은 주권국가로서의 기능을 수행하는 데 필수적인 것으로서 엄격히 관리되어야 하고 국가의 이익과 안전을 도모하여야 하는 공익적 측면이 강조될 수 있다"는 등의 이유로 원심판결을 파기하고 원고의 청구를 기각하였다.[25]

---

25) 광주고등법원 2013. 8. 22. 선고 2013누733 판결.

한편, 유학생이 폭행과 강제추행으로 벌금 200만원을 선고받아 강제퇴거명령을 받은 사건[26]에서 원고가 근거법률인 출입국관리법 제46조 제1항 제2호에 의해 원용되는 출입국관리법 제1항 제3호, 제4호는 불확정개념을 채택함으로써 그 내용이 지나치게 포괄적이고 광범위하여 법집행자의 자의적인 해석이 가능하므로 명확성의 원칙과 기본권제한의 입법상 한계인 최소침해의 원칙에 위배되어 위헌이라는 주장을 하였는데, 법원은 다음과 같이 판시하며 원고의 주장을 배척하였다.

"국가가 바람직스럽지 않은 외국인을 추방할 권리를 갖는 것은 주권의 본질적 속성상 당연한 것으로서 외국인이 일반적으로 내국인과 동일한 거주·이전의 자유를 갖는다고 볼 수 없고, 나아가 헌법에 의하여 보호되는 기본권이라 하더라도 헌법 제37조 제2항에 의하여 '국가안전보장·질서유지 또는 공공복리를 위하여 필요한 경우에는 법률로써 제한할 수 있는바, 국가가 출입국관리법 제11조 제1항 제3, 4호에 해당하는 외국인들의 입국을 제한하고 강제퇴거를 명할 수 있도록 하는 것은 국가안전보장·질서유지 또는 공공복리를 위하여 반드시 필요한 조치인 것으로 판단되고, 또한 출입국관리법 제11조 제1항 제3, 4호, 제46조 제1항의 규정이 그 자체로 처분청에 재량의 여지를 주어 개별 외국인의 특별한 사정을 고려할 수 있도록 하고 있는 점 등에 비추어 볼 때, 원고가 주장하는 사유를 모두 고려하더라도 위 법률조항들이 그 자체로 기본권제한의 입법상 한계인 최소침해의 원칙에 반한다고 보기 어렵다.
나아가 출입국관리법 제11조 제1항 제3호의 '대한민국의 이익이나

---

26) 서울행정법원 2009. 6. 5. 선고 2009구합10253 판결. 유학생인 원고가 새벽 03:10경 술에 취해 길을 가던 중 앞에서 일행과 걷고 있던 피해 여성 2명의 엉덩이와 가슴을 만져 추행하고 폭행한 사건으로 벌금형을 선고받고 강제퇴거명령을 받은 사안임.

공공의 안전을 해하는 행동을 할 염려가 있다고 인정할 만한 상당한 이유가 있는 자' 및 같은 항 제4호의 '경제질서 또는 사회질서를 해하거나 선량한 풍속을 해하는 행위를 할 염려가 있다고 인정할 만한 상당한 이유가 있는 자'라는 표현이 다소 포괄적이라 하더라도 대한민국의 이익이나 공공의 안전 내지 경제·사회질서와 관련된 행위유형이 다양하여 그 실태가 천차만별인 현실에서 강제퇴거의 대상이 되는 모든 사유를 일일이 법률로써 한정하여 규율하는 것은 입법기술상 한계가 있을 뿐 아니라, 국익을 최우선으로 하여 외교관계, 국제정세의 변천 등에 따라 신속하고 적절하게 대처해야 한다는 출입국관리행정의 특수성과 더불어 출입국관리법의 입법목적을 종합적으로 고려하여 볼 때 그 구체적 의미를 충분히 예측하고 해석할 수 있는 정도인 것으로 보이며, 더욱이 이 사건과 같이 구체적인 사실에 관하여 형사처벌까지 이루어진 경우에는 당해 형벌규정 등이 보호하고자 하는 법익을 기준으로 위 각 규정의 의미내용을 한정적으로 해석함으로써 위 요건의 충족 여부를 판단할 수 있다는 점 등에 비추어 볼 때 위 규정이 명확성을 결여하였다고는 볼 수 없다. 따라서 원고의 이 부분 주장은 이유 없다."

3) 범죄혐의가 강제퇴거사유가 되는지 여부

외국인이 강간 및 강제추행으로 고소되었으나 합의 후 고소가 취하되어 2012. 7. 25. 공소권 없음 처분을 받은 후 여러 차례 한국과 중국을 오가며 입국과 출국을 반복하다 2014. 3. 19. 위 수사경력을 이유로 강제퇴거명령 및 보호명령을 받고, 그 취소를 구하는 소송을 제기한 사안에서, 하급심인 서울행정법원은 "위와 같은 범죄사실로 고소가 제기된 후 취소되었다는 사정만으로 원고에게 대한민국의 이익, 공공의 안전, 경제질서, 사회질서 또는 선량한 풍속을 해할 염려가 있다고 보기 어렵다. … 결국, 피고는 원고에게 출입국관리법 제11조 제1항 제3호 또는 제4호에서 정한 입국금지사유가 없는데도

불구하고 이 사건 강제퇴거명령을 내린 것이므로 이 사건 강제퇴거
명령은 위법하고, 그렇다면 적법한 강제퇴거명령을 전제로 하는 이
사건 보호명령도 위법하다고 할 것이어서 이 사건 처분은 취소되어
야 한다."고 판단하였다. 재량권 일탈·남용으로 판단하지 않고 제11
조 제1항 제3호나 제4호 해당성이 없다고 본 점이 특기할만하다. 반
면 항소심인 서울고등법원[27]은 다음과 같이 판시하며 원심판결을
파기하고 강제퇴거명령 및 보호명령을 취소해달라는 원고의 청구를
기각하였다.

   "1) 처분 사유의 존부
   출입국관리행정은 내·외국인의 출입국과 외국인의 체류를 통제·조
정하여 국가의 안전을 도모하는 국가행정으로, 그중 외국인의 출입국에
관한 사항은 주권국가로서 기능을 수행하는 데 필수적이어서 엄격하게
관리되어야 하고, 이를 위하여 강제퇴거의 요건을 해석함에 있어서 피
고에게 넓은 재량이 부여되어 있다. 이 사건에 있어 원고가 강간, 강제
추행의 범죄사실로 고소되었다가 고소가 취소되어 공소권 없음 처분을
받았으나, 피해자와 그 어머니는 수사기관에서 원고가 6회에 걸쳐 강간
및 강제추행을 하였음을 일관되게 구체적으로 진술하였고, 이러한 진술
의 신빙성이 높은 것으로 보인다(당심에서 제출된 을 제4, 5호증). 따라
서 원고가 행한 범죄행위의 존재가 상당한 정도로 증명된 것으로 볼 수
있고, 원고가 국내에 계속 체류할 경우 이러한 범행을 다시 할 가능성
을 배제하기 어렵다.
   그렇다면 원고가 대한민국의 이익이나 공공의 안전을 해치는 행동
을 할 염려가 있거나,경제질서 또는 사회질서를 해치거나 선량한 풍속
을 해치는 행동을 할 염려가 있다고 인정할 만한 상당한 이유가 있으므
로 출입국관리법 제46조 제1항 제3호, 제11조 제1항 제3,4호에 따른 처

---

27) 서울고등법원 2015. 4. 3. 선고 2014누65839 판결.

분사유가 존재하며, 원고의 주장과 같이 강제퇴거의 사유가 출입국관리법 제46조 제1항 제13호에 정한 '금고 이상의 형을 선고받고 석방된 경우'에 한정된다고 볼 수 없다.

2) 무죄추정의 원칙 위반 여부

출입국관리법 제11조 제1항 제3, 4호를 적용하기 위하여 그러한 사유가 있다고 인정할 상당한 이유가 있으면 충분하고, 원고가 실제 그러한 행위를 하였음이 엄격하게 증명되어야 하는 것은 아니다. 따라서 피고의 처분이 헌법상 무죄추정의 원칙에 위반되는 것으로 볼 수 없다.

3) 비례의 원칙 위반 여부

원고가 형사처벌을 받지 않았더라도 위 행위에 대한 반사회성이 높고 원고가 국내에 계속 체류할 경우 재범의 가능성을 배제하기 어려우며, 이러한 성범죄는 그 처벌이 강화되는 추세에 있다. 설령 원고가 대한민국에 입국하기 전에 유효한 체류자격을 발급받아 체류할 수 있을 것이라는 기대를 하였고 강제퇴거를 당할 경우 장래 입국이 제한되더라도 이러한 사유만으로 피고의 처분을 통하여 침해되는 원고의 사익이 그로 인하여 달성될 공익보다 크다고 보기 어렵다. 따라서 피고의 처분이 비례의 원칙에 위반된다고 볼 수 없다."

대구고등법원 2014누5416 판결[28]의 취지도 위와 같다. 이 사건에서 법원은 범죄혐의가 상당하고, 입건되지 않은 다른 성추행혐의가 있어 성범죄 성향과 폭력성이 인정된다는 등의 이유로 강제퇴거명령이 적법하다고 판단하였다.

"그러므로 보건대, 이 사건 피의사실이 불기소처분으로 종결되어 원

---

28) 대구고등법원 2015. 1. 30. 선고 2014누5416 판결.

고에게 벌금형 외에 금고형 이상의 형을 선고받은 전력은 없는 점, 이미 심사를 거쳐 한 번 입국한 외국인에 대하여 후발적으로 발생한 입국 금지사유를 근거로 강제퇴거를 명할 경우에는 입국 시와 달리 더욱 엄격한 심사가 필요한 점, 원고가 반성문을 제출하며 뉘우치고 있는 점 등은 인정된다.

그러나 그와 같은 사정을 모두 참작한다 하더라도, 앞선 인정사실 및 그 거시증거를 종합하면 인정되는 다음과 같은 사정, 즉 ①원고의 기존 처벌전력이 벌금형에 그친 것이라 하더라도 그것이 모두 폭행사건으로 그 범죄사실에 비추어 원고에게는 상당한 정도의 폭력성이 인정되는 점, ②이 사건 피의사실과 관련하여 피해자와 합의가 되어 공소권 없음의 처분을 받기는 하였으나, 그 사안이 상당히 중대할 뿐만 아니라 범행의 고의 및 경위에 관하여 일부 다투고는 있지만 피해자의 진술 등 증거가 명확하여 원고의 혐의가 상당 정도 인정되는 것으로 보이는 점, ③그 외 형사입건 되지는 않았지만 자신이 고용한 여직원 등을 대상으로 한 다른 성추행 혐의사실이 더 있음에 비추어 원고에게는 결코 무시할 수 없는 성범죄 성향이 있고, 여기에다가 위에서 본 폭력성까지 더하여 보면 이 사건 피의사실과 같은 성폭력 범죄에 대한 재범의 위험성이 있다고 보이는 점, ④이 사건이 아니었어도 원고는 1년마다 체류연장허가를 받아야 할 지위에 있어 다음 연장허가에 있어 이 사건 피의사실이 고려될 여지 또한 있는 점, ⑤원고는 이미 보호일시해제 및 제1심과 당심에서의 집행정지로 인해 사업을 정리할 충분한 시간을 부여받은 것으로 보이는 점, ⑥원고의 처와 자녀들은 미국 영주권자로서 이미 미국으로 출국해 있을 뿐만 아니라 현재 그 처가 국내에 직업을 갖고 있다거나 자녀들이 학교에 재학 중인 것도 아닌 것으로 보여 원고가 강제로 출국될 경우 그 가족들만 남거나 남아야 하는 상황에 처해 있지도 않은 것으로 보이는 점 등에 비추어 볼 때, 원고는 대한민국의 공공의 안전, 사회질서 내지 선량한 풍속을 해치는 행동을 할 염려가 있다고 인정될 만한 상당한 이유가 있는 사람에 해당한다고 봄이 상당하고, 그와 같은 전제 하에 이루어진 이 사건 강제퇴거명령 및 보호명령이 지나치게 가혹하여 재량권 일탈·남용의 위법이 있다고 할 수 없다.

따라서 원고의 위 주장은 이유 없다."

위 판시들에서 볼 수 있는 바와 같이 법원은 범죄혐의가 상당한 정도로만 입증되면 강제퇴거사유가 될 수 있음을 긍정하고 있다. 서울고등법원 판결은 "원고가 실제 그러한 행위를 하였음이 엄격하게 증명되어야 하는 것은 아니다"라고 명시하며 고소인의 진술조서 기재로 범죄혐의가 상당한 정도로 입증되었다고 보았다. 두 판결에서 모두 "재범의 가능성"을 언급하고 있는 것으로 보아 강제퇴거를 (국내에서 일어나는) 범죄 예방의 한 수단으로 보고 있음을 알 수 있다. 요컨대, 과거에 범죄를 저질렀을 가능성이 있으므로 장래에도 범죄를 저지를 가능성이 있다고 보고 범죄예방 차원에서 강제퇴거시킬 상당한 이유가 있다고 본 것이다.

한편, 위에서 본 바와 같이 기소유예처분도 출입국관리법 제46조 제1항 제3호, 제11조 제1항 제3호 및 제4호에 따른 강제퇴거명령사유가 되고 있는바, 수원지방법원 2016구합63430 사건[29])에서 법원은 아래와 같은 사정을 들어 "원고가 이 사건 기소유예처분을 받았다는 사실만으로는 이 사건 강제퇴거명령의 사유가 되는 범행을 저질렀다고 단정하기에 부족하고, 달리 이를 인정할 만한 증거가 없다"고 판시하며 기소유예처분이 원인이 된 강제퇴거명령의 취소를 구한 원고의 청구를 인용한 바 있다.

"① 원고는 최초 경찰조사를 받으면서 이 법정에 이르기까지 일관되게 강제추행 혐의를 부인하며 현장 CCTV 영상 원본을 확인하여

---

29) 수원지방법원 2016. 11. 15. 선고 2016구합63430 판결.

줄 것을 요청하고 있다.

② 원고의 강제추행 혐의에 부합하는 듯한 유일한 증거는 동영상 캡처 사진 인증등본(갑 제7호증)인데, 위 영상 중에는 원고가 강제추행 범행을 저질렀을지도 모른다는 의심이 드는 내용이 일부 있기는 하나, 위 영상의 촬영장소가 전체적으로 어두워서 원고와 피해자의 세세한 행위가 식별되지는 아니하는 점, 피해자는 원고의 접근 이후 곧바로 자리를 피하고 경찰서에 범죄신고를 하였는데 원고는 피해자가 경찰신고를 한 이후에도 별다른 동요 없이 그대로 자리에 앉아 있었던 것으로 보이는바 이는 범죄행위를 저지른 통상의 범인의 반응과는 다른 반응으로 보이는 점, 피해자는 위 경찰신고 이후 원고와 사이에 원고의 강제추행 범행에 관하여 그 피해회복을 위한 합의를 하지 않았음에도 불구하고 원고에 대한 처벌을 원하지 아니한다는 의사를 수사기관에 밝혔던 점 등에 비추어 볼 때, 위 영상만으로는 원고가 강제추행 범행을 저질렀다고 단정하기에 부족하다.

③ 위와 같은 피해자의 경찰신고로 인하여 원고에 대한 수사가 개시되었는데, 경찰수사과정에서의 피해자 진술조서가 이 사건에 증거로 제출되지 아니하여 그 구체적 진술내용을 확인할 수 없을 뿐만 아니라, 위에서 설시한 바와 같이 피해자가 별다른 이유 없이 원고에 대한 처벌을 원하지 아니하는 의사를 수사기관에 밝혔던 점, 피해자는 원고가 접근하기 직전 술에 만취하여 술집 테이블에 엎드려 자고 있었던 것으로 보이는 점 등에 비추어 볼 때, 피해자의 위 신고내용 및 진술내용을 그대로 믿기는 어려울 것으로 보인다.

④ 검사는 원고의 피의사실은 인정되나 '추행의 정도가 경미한 점'을 이 사건 기소유예처분의 사유로 삼고 있는데, 만일 피의사실이 인정된다면 '여성의 가슴과 허벅지를 만지는' 행위는 그 추행의 정

도가 결코 가볍다고 보이지 아니하는바, 위 기소유예처분사유는
선뜻 납득하기 어렵다.

⑤ 원고로서는 차라리 기소되어 형사재판을 받았더라면 적극적으로
방어권을 행사하여 자신의 결백을 밝힐 기회가 있었을 것임에도
이 사건 기소유예처분을 받음으로써 이러한 기회를 가질 수 없었
던바(외국인인 원고에게 검사의 기소유예처분으로 인한 불이익을
방지하기 위하여 헌법소원 등의 절차를 통하여 자신의 결백을 밝
힐 것을 요구하는 것은 무리일 것으로 보인다), 원고가 수사 초기
부터 자신의 결백을 주장하고 있었던 사정에 비추어 볼 때 원고
의 범행 여부를 판단할 수 있는 수사가 제대로 이루어지지 않은
상태에서 수사가 종결된 것으로 볼 여지도 있다."

다. 이탈신고로 인한 강제퇴거명령에 관한 판례

이탈신고로 인한 강제퇴거명령에 관하여 최근 주목할 만한 판결
들이 있었다. 외국인 선원이 선상 폭행, 욕설 등 비인격적 대우와 임
금체불에 대해 선장, 선주, 관리업체, 수협 등에 여러 차례 진정을
했음에도 불구하고 개선이 되지 않자 참다못해 사업장을 변경하기
위해 승선을 거부하다 선주의 이탈신고로 결국 강제퇴거된 사안에
대해 광주고등법원[30]은 다음과 같이 판시한 바 있다.

"가) 위 인정사실에 갑 제1호증(을 제1호증과 같음), 을 제9호증의
각 기재와 변론 전체의 취지를 종합하면, 피고는 원고에 대한
체류자격 취소처분에 따라 원고의 체류자격 내지 체류허가가
취소되었음을 전제로 구 출입국관리법 제46조 제8호, 제17조
제1항에 근거하여 이 사건 강제퇴거명령을 하였다고 봄이 상당

---

30) 광주고등법원 2015. 1. 29. 선고 2014누6318 판결.

한바, 앞에서 본 것처럼 피고의 원고에 대한 체류자격 취소처
분이 존재한다거나 피고의 처분으로 인하여 원고의 체류자격
내지 체류허가가 취소되었다고 볼 수는 없으므로, 이를 전제로
한 이 사건 강제퇴거명령은 위법하다.

나) 한편, 피고는 당심에서 새로이 이 사건 강제퇴거명령이 체류자
격 취소처분과는 별개로 원고가 사업장을 무단이탈함으로써 체
류자격 범위를 벗어났기 때문에 이루어진 것이어서 적법하다는
취지로 주장하나, 사업장을 무단이탈한 데에서 더 나아가 허가
받지 아니한 채 체류자격 외 활동을 하였다거나 근무처 변경 또
는 다른 체류자격에 해당하는 활동을 하였다는 등의 이유로 강
제퇴거명령을 하는 것을 별론으로 하고, 원고가 단지 사업장에
서 무단이탈하였다는 사유만으로 곧바로 체류자격이 소멸하였
다거나 체류자격의 범위를 벗어났다고 할 수는 없으므로, 피고
의 위 주장은 이유 없다.”

위 내용에서 볼 수 있는 바와 같이 피고는 당초 체류허가가 취소
되어 체류자격이 없다는 것이 강제퇴거명령사유라고 주장하다가 1
심 법원이 체류허가취소처분이 존재하지 않고, 따라서 이를 전제로
한 강제퇴거명령도 위법하다는 판결을 하자 항소심에 와서 외국인
선원이 무단이탈을 하여 체류자격의 범위를 벗어난 것이 강제퇴거
명령 사유라고 주장을 바꾸었다. 이는 아래에서 보는 바와 같이 사
실상 처분사유의 추가·변경에 해당하여 허용되어서는 안 될 것이나,
법원은 이 쟁점에 대한 판단을 하지 않고, 피고가 뒤늦게 추가한 사
유에 대해 실체적 판단을 하여 배척하였다. 이후 부산지방법원도 유
사한 사안에 대해 다음과 같이 판시하며 외국인 선원에 대한 강제
퇴거명령을 취소하고 불법으로 보호된 기간에 해당하는 일실수입에
상당하는 국가배상책임을 인정하였다.

"나) 이 사건 체류허가변경 처분의 공시송달 적법 여부에 관하여

출입국관리법 제91조 제1항, 제2항은 문서 등의 송부는 본인, 가족, 신원보증인, 소속 단체의 장의 순으로 직접 내주거나 우편으로 보내는 방법에 따르되, 그에 따른 문서 등의 송부가 불가능하다고 인정되면 공시송달을 하도록 규정하고 있다. 이 사건의 경우 김○○(○○수산)는 2015. 9. 22. 원고의 무단이탈 및 소재불명을 신고하였고, 그 후 부산출입국관리사무소 담당공무원은 ○○수산 담당직원에게 연락을 하여 원고의 연락처를 요청하고 안내받은 연락처에 문자로 원고가 이탈신고된 사실 등을 알렸는데, 위 연락처는 원고의 연락처가 아닌 ○○수산의 사업관리를 담당하고 있는 백○○의 연락처인 사실, 부산출입국관리사무소 담당공무원은 출석 요구 공고를 공시송달 한 후 이 사건 체류허가변경처분이 있기 전 ○○수산 담당직원에게 연락을 하여 원고의 계속 이탈사실을 확인한 사실은 앞서 본 바와 같고, 위 인정 사실에다가 부산출입국관리사무소 담당공무원이 ○○수산 측으로부터 안내받은 연락처에 전화를 하는 등의 방법으로 위 연락처가 원고의 연락처인지 여부를 확인하지 않은 점, 부산출입국관리사무소 담당공무원이 공시송달을 하기 전 원고가 등록한 체류지로 연락을 하였음을 인정할 증거가 없는 점, 위 담당공무원은 이 사건 체류허가변경처분 전 원고의 계속 이탈사실을 확인함에 있어서 ○○수산 담당직원을 통해서만 확인을 한 것으로 보이는 점 등을 덧붙여 보면, 피고 부산출입국관리사무소장이 공시송달을 함에 앞서 ○○수산 담당직원으로부터 받은 연락처에 전화하여 그 진위 여부와 원고의 소재지 등을 확인하거나 원고가 등록한 체류지 등으로의 송달이 가능한지 여부 등을 살펴보지 아니한 채 원고의 소재지를 알 수 없는 상태에 있다고 단정하여 곧바로 공시송달로 출석요구를 하고 이 사건 체류허가변경처분을 한 것은 위법하다고 할 것이다. 위와 같이 피고 부산출입국관리사무소장의 공시송달이 위법한 이상 처분사유 및 불복방법 기재에 관한 원고의 나머지 주장을 살펴볼 필요 없이 이 사건 체류허가변경처분에는 절차상 하자가 존재하고, 원고의 이 부분 주장은 이유 있다.

다) 이 사건 체류허가변경처분의 처분사유 존부에 관하여

출입국관리법 제89조 제1항 제4호는 사정 변경으로 허가상태를 더 이상 유지시킬 수 없는 중대한 사유가 발생한 경우 체류허가 등을 변경하거나 취소할 수 있다고 규정하고 있는데, 원고가 ○○호에 승선하지 아니하고 ○○수산의 사업장 및 등록된 주소지에서 이탈하고 상당 기간 복귀하지 아니한 사실은 앞서 본 바와 같으나, 원고가 기존 사업장을 무단이탈한 데에서 더 나아가 허가받지 아니한 채 체류자격외 활동을 하였다거나 다른 체류자격에 해당하는 활동을 하였음을 인정할 증거가 없는 점, 원고가 단지 기존 사업장에서 무단이탈하였다는 이유로 선원취업이라는 체류자격의 범위에서 대한민국에 체류할 의사가 없음을 명백히 드러냈다고 단정할 수도 없는 점 등에 비추어 보면, 위 인정 사실만으로는 원고에게 출입국관리법 제89조 제1항 제4호에 규정된 허가상태를 유지시킬 수 없는 중대한 사유가 발생하였다고 인정하기에 부족하고, 달리 이를 인정할 증거가 없다. 따라서 이 사건 체류허가변경 처분은 처분사유가 존재하지 않는 하자 또한 존재하고, 원고의 이 부분 주장도 이유 있다.”

위 판례는 모두 “무단”이탈이나 근로제공 거부만으로 곧바로 체류자격의 범위를 벗어났다고 볼 수 없다는 것을 명확히 했다는 점에서 의미가 크다. 두 판결에서 명시하고 있지는 않지만 강제근로금지, 사용자와 노동자간의 불균형적 지위의 보완 등 근로기준법을 비롯한 노동법의 근간을 이루는 기본원칙과 법리와의 정합성에 대한 고려도 있었다는 추측을 해본다.

라. 출입국관리법상 행정처분에 대한 취소소송에서 발생하는 처분사유 추가·변경의 문제

"행정처분의 취소를 구하는 항고소송에 있어서는 실질적 법치주의와 행정처분의 상대방인 국민에 대한 신뢰보호라는 견지에서 처분청은 당초 처분의 근거로 삼은 사유와 기본적인 사실관계가 동일성이 있다고 인정되는 한도 내에서만 다른 사유를 추가하거나 변경할 수 있을 뿐, 기본적 사실관계와 동일성이 인정되지 않는 별개의 사실을 들어 처분사유로 주장함은 허용되지 아니한다"는 것이 대법원 판례의 확립된 입장이다.31) 기본적 사실관계의 동일성에 대한 판단은 처분사유가 된 사실관계가 처분 당시 제시됨을 전제로 한다. 그런데 출입국관리법상 처분은 구체적 근거와 사유가 무엇인지 불분명할 때가 있다.

행정절차법의 적용을 받는 일반적 행정처분의 경우 의무를 부과하거나 권익을 제한하는 처분이면 사전통지와 의견제출의 기회를 주어야 하며, 행정청은 처분을 할 때 원칙적으로 처분의 근거와 이유를 제시하여야 한다.32) 그런데 출입국관리법에 따른 처분은 대체로 행정절차법의 적용을 받지 않는다.33) 출입국관리법은 강제퇴거명령을 비롯한 일부 처분에 대해 별도의 절차규정을 두고 있지만, 규정방식에서 행정절차법과 차이가 있고, 적용방식도 다르다. 예를 들어 강제퇴거명령은 문서로 당사자에게 교부하고 있으나 처분이유란에는 통상 처분의 원인이 된 사실관계에 대한 적시가 없고 처분근거가 된 법조문만 나열되어 있다.34) 이에 강제퇴거명령을 다투는

---

31) 대법원 2009. 2. 12. 선고 2007두17359 판결.
32) 행정절차법 제21조, 제23조.
33) 행정절차법 제3조 제2항 제9호, 「행정절차법 시행령」제2조 제2호.
34) 「출입국관리법 시행규칙」별지 제110호 서식(강제퇴거명령서), 별지 제123호 서식(출국명령서).

소송은 먼저 구체적 처분사유가 무엇인지부터 파악해야 하는 양상으로 진행된다. 이는 판례에 의해 확립된, 실질적 법치주의와 신뢰보호를 위해 처분사유의 추가·변경을 허용하지 않는 행정구제법의 일반법리가 형해화되는 결과를 낳고 있다. 그런데 처분청이 소송 도중 사실상 처분사유 추가·변경에 해당하는 주장을 하여도, 법원은 대체로 처분사유의 변경이 아닌 주장의 변경으로 다루고 있다.[35]

마. 소결

출입국관리법상 행정청에 부여된 재량의 광범위성에서 기인한 사법적 통제의 한계는 분명하다. 특히 출입국관리법 제46조 제1항 제3호가 같은 법 제11조 제1항 각 호의 입국금지사유가 입국 후 발견된 경우뿐만 아니라 입국 후 발생한 경우 모두를 강제퇴거사유로 삼고 있는 것은 재고할 필요가 있다고 본다. 벌금형이 확정된 사람도 강제퇴거대상으로 삼을 것인가, 불기소처분을 받았음에도 불구하고 범죄혐의가 있다는 이유만으로도 강제퇴거대상으로 삼을 것인가의 판단은 각 지방출입국·외국인관서의 장에게 맡길만한 성질의 것인지 의문이다. 이와 관련 특히 범죄혐의를 이유로 한 강제퇴거명령에 관한 법원의 판결에서 "바람직스럽지 않은 외국인"인지를 누가 무슨 기준을 가지고 판단할 것인가에 대해 별다른 고민의 흔적을 찾아볼 수 없는 점이 아쉽다. 오히려 출입국관리당국이 제시한 증거를 보니 '내가 생각해도 바람직하지 않은 것으로 보인다'는 식의 판단을 한 것이 아닌지 의구심이 든다.

한편, 벌금형의 경우 법무부 내부지침으로 액수에 따라 퇴거대상 여부가 갈리는데, 기준이 공개되어 있지 않아 약식명령을 받거나 기소를 당한 외국인은 벌금형으로 인해 차후 강제퇴거대상이 되는지

---

35) 위 광주고등법원 2015. 1. 29. 선고 2014누6318 판결 등.

를 알 수 없어 정식재판을 청구하거나 항소할 것인지 결정하는 데 장애가 된다. 이와 관련, 미국 대법원의 Padilla v. Kentucky[36] 판결은 직접적으로는 영미법계에 고유한 제도인 유죄협상제(plea bargain; 유죄를 인정하는 대신 검사로부터 더 경한 죄로 기소되거나 구형을 낮추는 등의 양보를 얻어내는 제도)와 형사절차에서 변호인의 조력을 받을 권리의 범위를 다루고 있지만, 외국인이 자신에 대한 형사판결이 출입국관리법상 지위에 미치는 영향에 대해 사전에 충분히 알 필요가 있음을 정면으로 인정했다는 점에서 참고할만하다. Padilla v Kentucky 판결은 "이 나라에서 너무 오래 살았기 때문에 출입국 문제는 걱정하지 않아도 된다"는 변호인의 설명을 듣고 유죄협상에 응한 이주민이 강제퇴거명령을 받자 변호인으로부터 잘못된 자문을 받아 유죄협상에 응했고, 그렇지 않았다면 무죄를 주장하였을 것이라며 유죄인정의 무효화를 구한 사안이었다. 이에 대해 하급심인 켄터키주 최고법원은 강제퇴거의 위험은 부수적 사안에 불과하므로 이에 관한 자문을 받지 못했다 하더라도 변호인으로부터 효과적인 조력을 받지 못했다는 주장은 성립하지 않는다고 보았다. 반면 미국 대법원은 강제퇴거의 가혹성에 주목하여 변호인이 의뢰인에게 유죄인정에 강제퇴거의 위험이 따르는지에 대해 정보를 제공하여야 하고, 그러한 자문을 받지 못했다면 "적격이 있는 변호인으로부터 효과적인 조력"을 받지 못한 것이라고 판단하였다. 장기간 거주하여 경제적 사회적 생활기반을 이룬 이주민과 그 가족에게 강제퇴거가 낳는 결과의 심각성을 인정하고, 일반적 법리를 확립하는 데 반영하였다는 점에서 의미가 크다고 할 수 있다.

　이탈신고에 대한 판례들은 출입국관리법과 근로기준법을 비롯한 노동관계법 간의 정합성 확보를 위해 보다 진지한 고민이 필요함을

---

36) Padilla v Kentucky, 559 US 356, 130 S.Ct. 1473, 176 L.Ed.2d 284 (2010).

보여주고 있다. 제도적 제약으로 외국인 노동자는 근로계약 해지마저도 자유롭게 허용되지 않는 독특한 지위에 있다. 사용자와 정부를 포함한, 외국인 고용에 관여하는 (노동자 본인을 제외한) 민간과 공공의 이해관계자 및 관련 제도는 모두 외국인을 한 직장에 묶어두기 위해 작동하고 있고, 이는 「외국인근로자의 고용 등에 관한 법률」등 관련 법령에 의해 뒷받침되고 있다.37) 다른 모든 장애를 극복했다 하더라도 최종 결정은 체류기간 연장 및 체류자격변경허가권을 가지고 있는 출입국·외국인관서의 장에 달려 있는데, 이와 관련해서도 노동법과의 정합성이 확보될 수 있도록 할 필요가 있다.

III. 강제퇴거명령에 대한 이의신청제도의 형해화

폭넓은 재량은 행정청에 마음대로 처분할 수 있는 권한이 부여되었음을 의미하지 않는다. 출입국관리가 고도의 전문적인 판단을 요하는 행정작용이 아니라고 할 때, 당국에 넓은 재량권이 부여된 것은 구체적 사정을 고려하여 상황에 맞게 가장 적절한 처분을 하라

---

37) 예를 들어 「외국인근로자의 고용 등에 관한 법률」제25조 제1항 제1호는 사용자의 근로계약 해지 또는 근로계약 만료 후 갱신거절을 사업장변경사유로 규정하고 있다. 사실상 외국인 노동자의 근로계약 해지권과 심지어 근로계약 갱신거절권을 박탈하고 있는 것이다. 나아가 위 법의 위임을 받은 고용노동부장관의 고시(「외국인근로자의 책임이 아닌 사업장변경 사유」)는 사업장 변경사유 중 하나로 2개월 이상의 임금체불을 들고 있는바, 임금체불은 기간과 관계없이 근로기준법에 따라 형사처벌까지 가능한 행위임에도 위 고시의 규정은 결과적으로 2개월간의 임금체불을 허용함으로써 (외국인 노동자 여러 명을 고용하면 사용자 입장에서 상당한 금액을 무이자로 대출받는 효과까지 얻을 수 있다) 사용자가 근로기준법상 형사처벌되는 행위를 범한 경우에도 노동자의 사업장변경이 허용되지 않는 이상한 결과를 낳고 있다.

는 주문이고, 사법적 개입의 최소화는 이를 전제로 하는 것이다. 사법기관이 판단을 자제할수록 행정부 내부에서 작동하는 통제작용의 중요성이 커질 수밖에 없다. 나아가, 처분의 상대방에게도 재량행사에 고려되어야 하는 구체적 사정을 제시하며 결정에 반영시킬 수 있는 충분한 기회가 제공될 필요가 있다.

이러한 의미에서 강제퇴거명령에 대한 이의신청제도는 출입국관리사무소장의 상급기관인 법무부장관에 강제퇴거명령의 위법·부당성을 호소함과 더불어, 재량권을 적절히 행사해줄 것을 신청할 수 있는 경로가 될 수 있다. 그러나 출입국관리법 및 그 위임을 받은 시행령은 이의신청의 방법만 규정할 뿐이어서, 법적 근거가 전혀 없는 명백히 불법적인 경우 외에 이의신청에 대한 심사에서 어떤 요소들이 고려되거나 고려되지 않는지 알 수 있는 방법이 없다. 법무부 통계에 의하면 2012년부터 2016. 8.말까지의 이의신청 인용률은 0%라는, 어떤 행정작용에서도 보기 어려운 수치를 보이고 있다.[38] 이는 무엇보다 폭넓은 재량에 대한 내부적 통제가 전혀 이루어지고 있지 않음을 시사하고 있다. 다만, 법무부장관이 대한민국 국적을 가졌던 사실이 있거나 그 밖에 대한민국에 체류하여야 할 특별한 사정이 있다고 인정되면 외국인의 체류를 허가할 수 있도록 한 출입국관리법 제61조[39]을 근거로 체류허가가 부여된 사례가 있다.[40]

---

38) 노회찬 의원에 대한 법무부의 질의회신.
39) 「출입국관리법」
　　제61조(체류허가의 특례) ① 법무부장관은 제60조제3항에 따른 결정을 할 때 이의신청이 이유 없다고 인정되는 경우라도 용의자가 대한민국 국적을 가졌던 사실이 있거나 그 밖에 대한민국에 체류하여야 할 특별한 사정이 있다고 인정되면 그의 체류를 허가할 수 있다.
　　② 법무부장관은 제1항에 따른 허가를 할 때 체류기간 등 필요한 조건을 붙일 수 있다.
　　「출입국관리법 시행령」
　　제76조(체류허가의 특례) ① 법 제61조제1항에 따른 그 밖에 대한민국에 체류

그러나 구체적으로 어떠한 경우 위 규정에 따라 특별체류허가를 부여받을 수 있는지, 특별체류허가가 어떠한 절차를 거쳐 무슨 기준에 따라 이루어지는지에 대해 공개된 정보가 없다.

IV. 나오며

외국인은 체류, 취업, 공부, 취학 등 국내에서 하는 모든 활동을 위해 별도의 허가를 받아야 한다. 그 결과 외국인이 체류자격과 조건의 범위를 넘어서는 활동을 하지 않도록 통제하고 감시하는 출입국당국은 외국인의 일상생활에 깊숙이 개입하게 된다. 출입국관리행정의 성질상 일정부분 피하기 어려운 결과라 할 수 있다. 문제는, 관련 조건이나 제약들이 필요최소한에 그치지 않을 경우에 발생한다. 그 대표적 예로「외국인 근로자의 고용 등에 관한 법률」에 따른 사업장변경제한을 들 수 있다. 고용노동부의 '사업장 변경 신청기간 및 구직기간 초과자 현황'에 따르면, 2010년부터 2015년 6월까지 사업장 변경 신청기간(1개월) 초과 노동자의 수는 총 26,466명이었으

하여야 할 특별한 사정은 다음 각 호의 어느 하나에 해당하는 경우로 한다.
1. 용의자가 별표 1 중 28의3. 영주(F-5) 체류자격을 가지고 있는 경우
2. 용의자가 대한민국정부로부터 훈장 또는 표창을 받은 사실이 있거나 대한민국에 특별한 공헌을 한 사실이 있는 경우
3. 그 밖에 국가이익이나 인도주의(人道主義)에 비추어 체류하여야 할 특별한 사정이 있다고 인정되는 경우
② 법무부장관은 법 제61조제1항에 따라 체류허가를 한 때에는 체류자격, 체류기간과 그 밖에 필요한 준수사항을 적은 특별체류허가서를 발급하여 사무소장·출장소장 또는 보호소장을 거쳐 그 용의자에게 교부하여야 한다.
③ 법무부장관은 제2항에 따른 허가를 한 때에는 제75조제2항에 따른 결정서에 그 뜻을 적어야 한다.
40) 노회찬 의원에 대한 법무부의 질의회신.

며, 구직기간(3개월) 초과 노동자는 같은 기간 동안 총 16,530명이었
다. 사업장 변경 과정에서 발생한 미등록자 수가 이 기간에만 모두
42,996명에 달한다. 이들은 미등록자가 될 의도를 가진 이들이 아니
며, 경직된 제도의 한계로 인해 본의와 다르게 미등록자가 된 것으
로 보인다.[41] 출입국관리행정은 그 외에도 노동자와 사용자간의 관
계에 큰 영향을 미치고 있지만, 외국인 근로자가 관리되어야 한다는
"공익"은 항상 외국인 노동자의 노동권보다 우선시되어 왔다.

한편, 범죄경력이 있거나 범죄혐의가 있는 외국인을 해외로 내보
내는 것은 일견 효과적인 범죄예방수단으로 다가올 수 있으나, 한
국가에서의 범죄처벌 및 예방이 일차적으로 형사법체계를 통해 구
현된다고 할 때, 형사법체계에서 소추할 필요가 없거나 소추해서는
안 되는 것으로 결정된 사안임에도 범죄예방을 이유로 강제퇴거시
킬 필요가 있다고 하는 것은 형사법체계의 효과성에 대한 부정을
내포하고 있다는 점에 주의할 필요가 있다.[42] 특히, 범죄사실의 존
부를 판단하는 명확한 기준의 부존재는 법적 안정성과 법제도에 대
한 신뢰성을 해칠 위험을 안고 있다. 범죄혐의를 강제퇴거사유로 삼
으려면 적어도 강제퇴거가 형사정책적 관점에서 범죄예방수단으로
서 효과성이 있는지에 대한 연구가 선행되어야 한다고 본다.

특정 공동체가 지배하는 영토에 아직 발을 들여놓지 못한 사람에
대해 기존 사회구성원들이 그 진입을 막는다 하더라도 해당 사회에
미치는 영향이 없거나 미미할 것이어서,[43] 적어도 해당 공동체의 입

---

41) 우삼열, '이주노동자의 노동권 보장을 위한 고용허가제 개선 방안', 이주노
동자 노동권 향상을 위한 세미나 (2015), 58-59.
42) Chacón, Jennifer M., Unsecured Borders: Immigration Restrictions, Crime Control
and National Security. Connecticut Law Review, Vol. 39, No. 5(2007), 1887 참조
(https://ssrn.com/abstract=1028569)
43) 물론 공동체에 진입하려는 사람이 구성원의 가족이라는 등의 사정이 있는
경우에는 다르게 볼 필요가 있다.(이철우 외, 앞의 책, 227)

장에서 크게 고민할 이유가 없겠지만, 이미 공동체에 진입한 사람을
이유가 무엇이건 일방적 결정으로 배제하거나 추방하는 경우 그러
한 행위 또는 그러한 행위의 대상이 되는 집단의 존재가 사회 전반
에 미치는 영향에 대한 진지한 고려가 필요하다. 최근 법무부를 비
롯한 이주민 관련 정책을 담당하는 정부기관들이 사회통합을 강조
하며 각종 프로그램과 지원방안을 내놓고 있지만, 정작 외국인에 대
한 "체류관리", "고용관리" 등이 노동권 등 다른 권리에 미치는 영
향에 대한 고려가 미미하다. 그러나 외국인의 체류나 고용관리를 이
유로 가해지는 권리에 대한 제약은 결국 사회구성원 중 일부가 국
적이 없다는 이유로 제도적으로 차별받고 있음을 의미한다는 점에
대해 분명히 인식할 필요가 있다. 차별만큼 사회통합을 저해하는 요
소가 없기 때문이다.

참고문헌

홍정선, 행정법원론(상) (제18판), 박영사 (2010).

차용호, '한국이민법', 법문사 (2015).

이철우 외, 이민법, 박영사 (2016).

김남진, 행정법I (제6판), 법문사 (1998).

우삼열, '이주노동자의 노동권 보장을 위한 고용허가제 개선 방안', 이주노
동자 노동권 향상을 위한 세미나 2015).

Chacón, Jennifer M., Unsecured Borders: Immigration Restrictions, Crime Control
and National Security. Connecticut Law Review, Vol. 39, No. 5, 2007.

이주민의 노동권[*]

전형배[**]

I. 들어가며

통계[1])에 의하면 2015년을 기준으로 세계에는 약 2억 4천 4백만 명의 이주민이 있으며, 이 숫자는 2000년의 1억 7천 3백만 명과 비교하면 매우 빠른 속도로 증가하고 있음을 알 수 있다. 지역별 분포를 보면 전체의 약 3분의 1이 유럽(7천 6백만 명)이나 아시아(7천 5백만 명)에 거주하고 있으며 다음으로 북아메리카(5천 4백만 명), 아프리카(2천 1백만 명), 라틴아메리카와 카리브 해 지역(9백만 명), 오세아니아(8백만 명) 순이다.

이는 전 세계 인구의 약 3.34%가 자신의 국적과 다른 타국에 거주하고 있다는 의미이며 국제노동기구(ILO)는 이 중 약 1억 5천만 명이 이주노동을 한다고 추산하고 있다. 그리고 이주노동자[2])의 대

---

[*] 본 글은 저자의 "외국인근로자의 노동인권", 노동법논총 제18집(2010. 4.)을 바탕으로 작성한 것으로 본문에서 위 글을 인용할 때 별도의 각주 표기를 하지 아니하였다.

[**] 강원대 법학전문대학원 교수

1) Department of Economic and Social Affairs Population Division, *International Migration Report 2015*, United Nations (2016).
2) 이 글에서는 '이주노동자'와 '외국인근로자'를 혼용하여 사용하는데 실정법을 언급할 때에는 법률의 용어대로 외국인근로자를 사용하고 그 이외에는

부분인 1억 1천 2백만 명 정도(약 74.7%)는 우리나라를 포함한 58개 국의 고소득 국가로 분류되는 국가에 거주하고 있는데 이는 해당 국가들의 평균 노동인구의 16.3%를 차지하는 비율이다.[3]

우리나라는 약 625,000명의 외국인이 취업을 목적으로 체류하고 있고 이 숫자는 경제활동인구 25,879,000명[4]과 비교하면 약 2.42% 정도 되는 비율이다. 이주노동자가 3D라고 불리는 업종에 주로 종사한다는 점을 고려하여 해당 업종에 대한 비율을 산정한다면 이들이 차지하는 비중은 2% 대를 훨씬 넘어설 것이다.

그런데 이들 이주노동자들은 아래에서 살펴보는 것처럼 국내노동시장에서 내국인노동자의 부족한 노동력을 보완한다는 취지에서 국내 취업을 제한적으로 허가를 받는 사람들이기 때문에 내국인노동자와 비교하여 노동권 전반에서 현실적으로는 부당한 차별을 받을 여지가 많다. 이 글에서는 이들의 노동권을 개별적 노동권과 집단적 노동권으로 나누어 살펴보고자 한다. 각 노동권의 내용을 살펴보면서 국내규범과 국제규범의 내용을 검토하고 그 내용상 혹은 제도상 문제점이 없는지를 알아보면서 개선이 필요한 사항을 지적하였다. 다만, 국제규범을 언급하면서 다룬 ILO와 UN의 각 협약은 우리나라가 아직 비준을 하지 아니한 것이 많아서 국내법으로서 효력이 있는지 다툼의 여지가 많지만 적어도 그 내용이 향후 조건이 성숙하면 우리나라도 이주노동자 정책을 수립·집행하면서 추구하여야 할 방향이라는 점엔 큰 이론이 있을 수 없다고 보아 검토의 대상에 포함시켰다. 먼저, 국내 체류 이주노동자의 현황을 간단히 살펴보고 이들의 노동권 문제를 다룬다.

이주노동자라는 용어를 사용하였다.

3) Department of Statistics, *ILO Global Estimates on Migrant Workers*, International Labour Organization (2015).

4) 통계청(http://kosis.kr/statHtml/statHtml.do?orgId=101&tblId=DT_1DA7001& conn_path= I2) 통계(2016. 2. 기준) 참조(2016. 2. 6. 확인).

II. 국내 체류 이주노동자 현황

법무부 통계[5]에 따르면 2015. 12. 31. 기준으로 취업자격이 있는 체류 외국인[6]은 약 1,180,000명 정도이고, 그 중 단순기능인력으로 분류되는 사람[7]이 약 577,000명 정도이다. 단순기능인력 중 2006년부터 실시된 고용허가제로 입국한 사람(E-9)이 약 276,000명인데 이 숫자는 2007년부터 실시된 방문취업(H-2)으로 입국한 사람 약 285,000명 다음으로 많은 숫자다.

고용허가제 및 방문취업 이주노동자 체류 현황을 보면 아래 〈표 1〉과 같다.[8]

---

5) 법무부/출입국·외국인정책본부, 2015 출입국·외국인정책 통계연보 (2016).
6) 출입국관리법과 시행령 상 취업활동을 할 수 있는 체류자격은 단기취업 (C-4), 교수(E-1), 회화지도(E-2), 연구(E-3), 기술지도(E-4), 취재(E-5), 예술흥행(E-6), 특정활동(E-7), 비전문취업(E-9), 선원취업(E-10), 방문취업(H-2), 그리고 거주(F-2), 재외동포(F-4), 영주(F-5), 결혼이민(F-6), 관광취업(H-1) 등이다 (출입국관리법 시행령 제23조 제1항부터 제4항 참조).
한편, 법무부는 2015년부터 '외국인 계절근로자제도'를 실시하고 있다. 즉, 이들에게 단기취업(C-4) 비자를 주고 90일 이내 특정 농가에 배정되어 노동을 제공하는 것인데 2015년에는 시범실시로 충청북도 괴산군과 보은군에 합계 약 50명의 외국인 계절근로자의 입국을 허용하였다(법무부 보도자료, "외국인 계절 근로자 제도 시험 실시", 체류관리과 (2015. 10. 14.)). 괴산군 사례만 보면 이후 2016년 전반기에 21명, 후반기에 47명이 입국하여 노동을 제공하였다("괴산군, 하반기 농업분야 계절근로자 48명 입국", 괴산타임즈 (2016. 10. 15.)).
7) 비전문취업(E-9), 선원취업(E-10), 방문취업(H-2)을 말한다.
8) 이 인원에는 체류기간 도과 등 체류자격 없는 체류자도 포함하고 있다.

〈표 1〉고용허가제 및 방문취업 이주노동자 체류 현황

연도	고용허가제 근로자(명)	방문취업 근로자(명)	합계(명)
2011	234,295	303,368	537,663
2012	230,237	238,765	469,002
2013	246,695	240,178	486,873
2014	270,569	287,670	558,239
2015	276,042	285,342	561,384

〈표 1〉에서 확인할 수 있는 것처럼 고용허가제 실시 이후, 고용허가를 받아 입국한 외국인근로자 수는 2011년 이후 꾸준히 증가하고 있으며, 방문취업 근로자는 2012년 감소이후 다시 꾸준히 증가세에 있다. 그 이전 통계와 비교하여 보면 방문취업 근로자는 2007년 시행 초기부터 약 30만 명 내외를 유지하고 있다고 평가할 수 있으나 외국인 근로자는 시행 초기 인원이 약 16만 명인 것을 고려하면 크게 증가하고 있다는 것을 알 수 있다.

한편, 체류자격 없는 체류로 분류되는 미등록 이주노동자9)에 대한 통계를 살펴보면 〈표 2〉와 같다.

〈표 2〉 미등록 이주노동자 체류 현황

연도	고용허가제 근로자(명)	방문취업 근로자(명)	합계(명)
2011	45,105	3,658	48,763
2012	53,960	5,425	59,385
2013	55,058	6,263	61,321
2014	52,760	6,773	59,533
2015	49,272	5,090	54,362

---

9) 이 글에서는 '체류자격 없는 체류'와 '미등록(non-documented)' 이라는 2가지 용어를 혼용하여 사용하였다. 국내 문헌에서 '불법체류'라고 기술하고 있는 부분을 언급할 때는 체류자격 없는 체류라고 표기하였고, 그 외에는 미등록 이라고 표기하였다.

〈표 2〉의 통계에 나타나 있듯이 고용허가제로 입국한 근로자 중 체류자격 없는 체류 상태에 있는 노동자는 약 5만 명 정도를 유지하고 있고, 방문취업 근로자는 약 5천 명 정도를 유지한다. 국내 입국한 후 체류기간 도과 등 때문에 체류자격 없는 체류로 분류되는 자의 비율은 11.3% 정도인데 고용허가제로 입국한 근로자는 17.8%, 방문취업 근로자는 1.8% 정도가 체류자격 없는 체류로 분류된다. 상대적 비율만 고려하면 기술연수(D-3)와 예술흥행(E-6)으로 입국한 외국인의 체류자격 없는 체류 비율이 각 53.6%와 35.2%로 상당히 높은 편이지만 절대 숫자만 고려하면 취업을 목적으로 입국한 자 중 비전문취업(E-9) 자격을 가진 자의 체류자격 없는 체류자 수가 가장 많다.[10)]

Ⅲ. 이주노동자 고용법리[11)]와 노동권

1. 이주노동자 고용에 있어 보충성의 원칙

가. 현행 법령의 규정

보충성의 원칙은 '내국인근로자 우선고용의 원칙'이라고 많이 표현된다.[12)] 이 원칙은 외국인근로자 고용 등에 관한 법률(이하 '외국

---

10) 숫자만 따지면 사증면제(B-1)의 체류자격 없는 체류자가 56,307명으로 가장 많다.

11) 이 내용은 전형배, "외국인근로자 고용정책", 저스티스 제109호 (2009. 2.), 295-298을 요약·보충하였다.

12) 표명환, "현행 외국인고용제도의 법적 문제", 토지공법연구 제21집 (2004. 3.), 490; 정진화, "외국인력 고용의 결정요인", 경제연구 제23권 제1호 (2005. 3.), 150.

인고용법'이라고 한다)에 주로 표현되어 있다. 외국인고용법 제6조 제1항은 외국인근로자를 고용하고자 하는 자는 직업안정법 제4조 제1호의 규정에 의한 직업안정기관에 우선 내국인 구인신청을 하여 야 한다고 규정하고, 직업안정기관의 장은 제1항의 규정에 의한 내국인 구인신청을 받은 경우에는 사용자가 적정한 구인조건을 제시할 수 있도록 상담·지원하여야 하며(제2항), 구인조건을 갖춘 내국인이 우선적으로 채용될 수 있도록 직업소개를 적극적으로 행하여 야 한다고 규정하고 있다. 제8조는 제6조 제1항의 규정에 따라 내국인 구인신청을 한 사용자는 동조 제2항의 규정에 따른 직업소개에도 불구하고 인력을 채용하지 못한 때에는 고용노동부령이 정하는 바에 따라 직업안정기관에 외국인근로자 고용허가를 신청하여야 한다고 규정한다.

한편, 출입국관리법 제18조 제1항은 취업활동을 할 수 있는 체류자격이 없는 외국인의 국내 취업을 금지하고, 제2항은 원칙적으로 지정된 근무처 외에서 근무하지 못하도록 하여 외국인근로자 고용에 있어 보충성의 원칙을 간접적으로 전제하고 있다. 보충성의 원칙은 내국인의 근로가 가능한 분야에 내국인 인력부족을 이유로 외국인 근로자의 취업을 인정한다는 것이므로 이 원칙을 구체적으로 집행할 때는 외국인근로자가 국내 노동시장에 미치는 영향을 고려하지 않을 수 없게 된다.

보충성의 원칙은 우리나라 입법에서만 확인할 수 있는 이주노동자 고용의 원칙은 아니고 각 국가가 채용하고 있는 일반적인 원칙이라고 볼 수 있다. 화폐의 통합을 바탕으로 단일시장 통합을 강력하게 추진하였던 유럽연합마저도 국적을 기준으로 노동의 국제이동에 대해서는 정도의 차이는 있으나 여전히 위 원칙을 관철하고 있다. 이것은 고용정책의 수립과 집행이 여전히 국가단위로 이루어지고 있고 여기에 소요되는 막대한 비용 또한 국가단위로 조달되기 때문이다. 하지만 보충성의 원칙은 아래에서 서술한 것처럼 그 집행에 있어서 이주노동자와 내국인 노동자의 고용에 대한 차별을 불러일으킬 소지를 안고 있어 적용에 있어 노동권을 비롯한 인권적 고려가 매우 중요하다.

나. 보충성의 원칙과 노동권의 긴장관계

고용정책은 연구자마다 조금씩 정책의 외연을 다르게 파악할 수 있겠지만 기본적으론 실업을 방지하고 고용을 유지·증진하려는 노동시장에 관한 법률·제도 정책이라고 표현할 수 있다. 고용정책에 관한 기본법이라고 할 수 있는 고용정책기본법 제1조도 노동시장의 효율성 향상과 인력 수급의 균형을 도모하는 것을 주요한 고용정책의 목적으로 제시하고 있다. 국가의 시책을 규정한 같은 법 제6조 제1항 제3호도 실업의 방지와 고용안정을 중요하게 고려하고 있다.

이처럼 고용정책의 기본 틀은 실업의 방지와 안정적인 일자리의 제공이라고 볼 수 있는데 이주노동자의 일자리가 내국인의 것과 분리되어 별도의 노동시장을 형성한다면 모를까 양자가 하나의 노동시장에서 경쟁하게 되면 이주노동자 고용정책은 이주노동자에게 차별적 취급을 강요하는 수단으로 이용될 수 있다. 즉, 보충성의 원칙을 관철하기 위해서는 언제든지 내국인 근로자가 해당 영역에 들어서면 보완적이고 임시적인 노동력 제공인인 이주노동자를 우선적으로 고용에서 배제하여야 하기 때문이다.

나아가 한 직장에서 배제된 이주노동자가 일정 기간 내에 구직을 하지 못하면 구직의 최종적 책임을 이주노동자에게 전가하여 강제출국을 시키는 방식으로 보충성의 원칙을 형식적으로 관철한다. 이처럼 보충성의 원칙은 거시적인 고용정책 원리로서 이주노동자 고용에 결정적인 영향을 미친다. 그러나 이 원칙을 지나치게 형식적으로 해석하고 기계적으로 적용하면 이주노동자의 고용문제는 외국인 개인과 사용자 양자 간에 자유롭게 성립된 근로계약 문제로만 바라보게 되고 이런 관점은 내국인근로자와 달리 상당한 제약 아래에서만 근로를 제공할 수 있는 이주노동자의 노동권을 비롯한 각종 인권을 침해할 소지가 크다. 따라서 이주노동자 고용과 인권의 긴장관계라는 문제는 양자의 조화로운 균형점을 찾는 시각이 있어야 해결할 수 있다.

다. 보충성 원칙의 왜곡과 노동권

한편, 보충성의 원칙이 이주노동자 고용절차에서 제대로 관철되지 않으면 부족한 인력의 확보라는 본래의 이주노동자 채용 취지에서 벗어나 저임금 노동력의 조달을 통한 내국인근로자의 대체현상도 초래할 수 있다.

원래 이주노동자를 도입하게 된 이론적 취지는 소위 3D업종을 중심으로 내국인근로자가 취업을 기피했고 이 때문에 중소기업에서 주로 생기는 인력난을 해소한다는 것이다. 그러나 만일 사용자가 구인단계에서 임금 수준을 노동시장에서 요구하는 일반적인 기준 이하로 제시하면 내국인근로자는 해당 직무에 취업을 시도하기 어렵게 되고 사용자는 내국인구직자가 없다는 점을 쉽게 이용하여 구인노력을 한 것으로 주장하면서 이주노동자를 채용할 수 있다. 현재 이주노동자의 도입은 산업인력공단이 각 지역별로 사용자들이 요구하는 이주노동자의 수를 산정한 후 외국인인력정책위원회의 의결을 거쳐 결정하는데 산업인력공단의 수요조사는 특별히 보충성의 원칙을 엄격하게 심사하지 않고 사용자의 요구를 그대로 반영하기 때문에 제도의 실제는 보충성의 원칙을 반영하기 어렵다. 이것을 다르게 표현하면 보충성 원칙이 노동시장에서 실질적으로 관철되지 못하면서 이주노동자 고용제도가 저임금 노동력 확보를 위한 수단으로 왜곡되어 운영된다는 것을 의미한다.

보충성의 원칙이 훼손되면, 이 원칙을 기계적으로 관철하는 것만큼이나 이주노동자의 노동권 등 인권을 침해할 개연성도 높아진다. 즉, 이주노동자의 도입이 저임금 노동력의 확보를 위한 수단으로 전용되면 내국인근로자와의 근로조건 격차는 점차 심해질 수밖에 없고, 저임금 장시간 노동이 수반하는 각종 인권 침해적 결과를 불러올 수밖에 없다.

2. 차별금지와 노동권

한편, 이주노동자의 노동권 침해의 문제는 차별이라는 측면에서 더욱 크게 부각된다. 차별금지의 법리는 이주노동자 고용에서만 적용되는 고유한 법리는 아니지만[13] 외국인이라는 신분상 제약, 특히 현실적으로 저임금 노동을 위해 입국하는 이주노동자라는 신분은 근로과정 전반에서 차별이라는 문제를 일으킬 소지가 매우 크다. 외국인고용법도 이점을 고려하여 사용자는 외국인근로자라는 이유로 부당하게 차별적 처우를 하여서는 아니 된다고 규정하고 있다(제22조). 나아가 이주노동자에 관한 국제규범도 기본적으로 이주노동자의 차별적 처우를 금지하고 해당 국가에 이를 개선할 것을 요구하는 내용을 강조하고 있다. 이처럼 이주노동자의 노동권 문제는 크게 보충적 노동이라는 신분상의 제약과 노동과정에 수반되는 각종 차별적 조치들의 철폐와 연결된 문제라고 파악할 수 있다. 2003년 모

---

13) 근로기준법 제6조는 사용자가 근로자에 대하여 국적 등을 이유로 근로조건에 대한 차별적 처우를 하지 못한다고 규정하고, 노동조합 및 노동관계 조정법 제9조는 노동조합의 조합원은 어떠한 경우에도 인종, 종교 또는 신분에 의하여 차별대우를 받지 아니한다고 규정하고 있다.

든 이주노동자와 그 가족의 권리보호에 관한 국제협약(이하 '이주노
동자·가족 협약'이라고 한다)14) 제7조는 "당사국은 자국의 영토 내
에 있거나 관할권 하에 있는 모든 이주노동자와 그 가족에 대하여
성, 인종, 피부색, 언어, 종교 또는 신념, 정치적 또는 기타의 의견,
민족적, 종족적 또는 사회적 출신, 국적, 연령, 경제적 지위, 재산, 혼
인상의 지위, 출생 또는 기타의 신분 등에 의한 어떠한 구별도 없이
인권에 관한 국제문서에 따라 이 협약에서 인정되는 권리를 존중하
고 보장할 것을 약속한다."라고 규정하고 있다. 나아가 제25조에서
는 특히 임금과 근로시간 등 주요 근로조건에서 취업국 국민보다도
불리한 취급을 받지 아니한다고 규정하고 있다.

3. 정주화금지 원칙

이주노동자 고용정책의 기본원칙으로 정주화금지의 원칙을 많이
언급하는데 내용을 요약하면 이렇다. 현행법은 외국인근로자의 체
류기간을 원칙적으로 최장 3년으로 정하고 이 기간을 도과하면 특
별한 사정이 없는 한 해당 외국인근로자의 출국을 강제하면서(제18
조) 특례를 두어 최장 5년 미만의 기간 동안 취업활동을 할 수 있도
록 규정하고 있다(제18조의2).15) 이렇게 이주노동자로 입국하여 근

---

14) International Convention on the Protection of the Rights of All Migrant Workers
and Members of Their Families. 우리나라가 비준하고 있지 아니한 협약이다.
15) 2년 연장 특례 적용 대상자는 2가지 유형이 있다. 첫 번째 유형은 고용허가
를 받은 사용자에게 고용된 외국인근로자로서 취업활동 기간 3년이 만료되
어 출국하기 전에 사용자가 고용노동부장관에게 재고용 허가를 요청한 근
로자가 있고, 또 다른 유형은 '특례고용가능확인'을 받은 사용자에게 고용
된 외국인근로자로서 취업활동 기간 3년이 만료되어 출국하기 전에 사용자
가 고용노동부장관에게 재고용 허가를 요청한 근로자이다. '특례고용가능
확인'이란 내국인 구인 신청을 한 사용자가 직업안정기관의 장의 직업소개
를 받고도 인력을 채용하지 못한 경우에는 고용노동부령으로 정하는 바에

로를 하는 경우 그 기간은 최장 5년 미만인데 해당 외국인이 대한민
국 국민의 국적을 취득하려면 5년 이상 계속하여 대한민국에 주소
가 있을 것이 요건(국적법 제5조 제1호)이므로 대한민국 국적이 있
는 자와의 혼인 등 특별한 사유가 없으면 대한민국에 정주하면서
대한민국 국적을 취득할 수 없다. 한편, 출입국관리법 제46조 제1항
제7호도 외국인근로자에 대하여 체류자격과 범위의 한도 내에서 체
류를 인정하고 이를 위반할 경우 강제퇴거의 대상으로 삼고 있다.
이처럼 현행 이주노동자 고용정책은 이민정책과 단절되어 운영되고
있으며 나아가 이민으로 전화되는 것을 방지하고 있다.

정주화금지 원칙은 보충성의 원칙과 더불어 이주노동자의 근로
조건 협상에서 매우 불리하게 작용하는 요소가 된다. 노동법은 근로
기준법을 통하여 최저 근로조건을 정하고, 노사의 교섭을 통하여 그
이상의 근로조건이나 기타 작업환경, 복지에 관한 사항의 향상을 꾀
하는 구조로 되어 있다. 교섭을 통한 근로조건의 개선은 안정적인
고용이 보장되어야 성취될 개연성이 높은데 외국인고용법과 국적법
은 이주노동을 원칙적으로 3년으로 제한하기 때문에 이주노동자들
의 노동조합 설립이나 가입이 어렵고 나아가 이주노동자가 가입한
노동조합의 실효적인 교섭도 어렵게 만든다. 정주화금지 원칙은 노
동법의 근로조건 상향을 위한 구조가 작동하기 어려운 장애물로 작
용하고 이는 이주노동자의 노동권을 제한하는 결과를 가져온다.

정주화금지 원칙과 바로 연결되는 사항은 아니나 이주노동이 비
정규노동일 가능성이 높은 점을 고려하여 이주노동자·가족협약 제

따라 직업안정기관의 장에게 받는 확인이다. 특례고용가능확인을 받은 사
용자는 방문취업(H-2)의 사증을 발급받고 입국한 외국인으로서 외국인구직
자 명부에 등록된 사람 중에서 근로자를 채용하고, 외국인근로자가 근로를
시작하면 고용노동부령으로 정하는 바에 따라 직업안정기관의 장에게 신고
를 한다. 특례고용가능확인의 유효기간은 3년이다(외국인고용법 제12조 제3
항부터 제5항).

25조 제3항은 "당사국은 이주노동자의 체류 또는 취업이 비정규적이라는 이유로 인하여 이 원칙으로부터 파생되는 어떠한 권리도 박탈당하지 않을 것을 보장하기 위하여 모든 적절한 조치를 취하여야 한다. 특히 그러한 비정규성을 이유로 사용자는 법률상 또는 계약상의 의무를 면제받을 수 없으며, 그들의 의무가 어떠한 방법으로든 제한되지 아니한다."라고 규정하고 있다.

Ⅳ. 노동제공과정과 노동권

그렇다면 이주노동자의 노동권을 보호하기 위해서는 어떤 사항을 고려하여야 할까? 이 문제에 대한 답을 찾기 위해서 먼저 노동권의 의미를 나름대로 확정해보려고 하였다. 이를 위해서 국내규범이 이미 예정하고 있는 노동권보장의 내용과 국제법규가 추구하는 고용에 관한 원칙들이 무엇인지를 검토하였다.

국내규범을 검토하는 이유는 무엇보다 실정법이 보호하고 있는 원칙조차 제대로 이행이 되지 않고 있다면 먼저, 그것부터 온전히 이행될 수 있도록 강제하는 것이 보다 실효성이 있기 때문이다. 다음으로 국제법규는 우리나라보다 먼저 이주노동을 경험한 국가들의 반성적 고려를 반영하여 만들어진 것으로 우리나라가 그것을 비준하여 국내법적 효력이 있는지에 관계없이 법규의 내용을 음미하고 그것을 일부라도 현실에 반영하기 위해 노력하는 것이 제도 운영과 개선에 매우 실천적인 대안이 될 수 있기 때문이다.

1. 인권으로서 노동권의 보호영역

인권은 인간이 단지 인간이라는 이유로 가지는 권리이다. 따라서 인권은 천부적, 불가침, 불가양의 성격을 갖는다.[16] 인권은 인간으로서 당연히 누리는 천부적 권리라는 점에서 국민을 전제로 하여 헌법에 보장목록을 규정하는 기본권 보다는 포괄적 의미가 있다. 따라서 인권법이라고 하면 개별 법 영역에 구애되지 않고 법 영역 전체를 대상으로 인권문제를 연구한다.[17] 그러나 현대 헌법은 인권의 내용을 대부분 수용하고 있고 우리 헌법 제37조 제1항이 규정하고 있는 것처럼 국민의 자유와 권리는 헌법에 열거되지 아니한 이유로 경시되지 않기 때문에 기본권은 시대의 변화에 따라 꾸준히 그 범위를 확장한다는 것을 고려하여 이 글에서는 인권의 의미를 기본권과 같이 사용하고자 한다.

인권을 기본권과 같은 의미로 이해하면 그 주체를 확정함에 다소 문제가 있을 수 있다. 즉, 우리나라 헌법은 기본권의 주체로서 국민을 상정하고 있으므로 국민이라면 원칙적으로 이와 같은 인권을 행사하는데 제한이 있을 수 없다. 하지만 이주노동자와 같은 외국인이라면 상황은 달라진다. 헌법학에서 많이 논의되어 왔던 것처럼, 자유권적 인권은 인간의 권리로서 보장되기 때문에 외국인인 이주노동자도 대부분 그 향유 주체가 된다는 점에는 큰 이견이 없을 것이지만, 국민이라는 법적 정체성을 중시하는 정치적 인권, 사회적 인권, 경제적 인권의 일부는 행사에 제한이 있을 수 있다. 헌법재판소는 외국인산업기술연수생 도입기준과 관련한 헌법소원 사건에서 헌법 제32조 제1항의 근로의 권리에는 '일할 자리에 관한 권리'만이 아니라 '일할

---

16) 오승진, 인권법강의, 진원사 (2014), 5.
17) 박찬운, 인권법, 도서출판 한울 (2008), 19.

환경에 관한 권리'도 함께 내포되어 있는 바, 후자는 인간의 존엄성에 대한 침해를 방어하기 위한 자유권적 기본권의 성격도 갖고 있어 건강한 작업환경, 일에 대한 정당한 보수, 합리적인 근로조건의 보장 등을 요구할 수 있는 권리 등은 이주노동자도 향유할 수 있는 권리 주체라는 의견을 제시하고 있다.[18] 따라서 이러한 견해에 따르면 이주노동자는 내국인 근로자와 달리 바로 국내 노동시장에 대한 접근권을 노동권의 하나로서 주장하기는 어렵게 된다.[19]

그러나 노동시장에 대한 진입이 이루어진 후에는 내국인 근로자와 동일한 노동권을 향유할 수 있는 주체가 되며 따라서 개별적 근로관계와 집단적 노사관계에 관련한 노동권을 향유할 수 있다.[20] 여기에 보태어 노동과 관련이 있는 사회보장 인권 그리고 경영참가를 고려할 수 있다.

한편, '이주노동자'라는 사회적 신분의 특수성 때문에 차별의 문제가 주된 이슈가 될 수밖에 없는데 따라서 각 노동권 고유의 사항에 대한 보장과 아울러 포괄적으로 각 영역에 대한 헌법 제11조 평등권의 해석·적용이 중요한 과제가 된다.[21] 그리고 이주노동이라는 특성 때문에 가족생활의 보호가 중요한 이슈가 될 수 있다.[22] 아래

---

18) 헌법재판소 2007. 8. 30. 선고 2004헌마670 결정. 따라서 외국인 산업연수생의 보호 및 관리에 관한 지침(노동부예규) 제4조, 제8조 제1항 및 제17조를 평등원칙에 반하여 헌법에 위반된다고 결정하였다.
19) 같은 취지로 한국헌법학회, 헌법주석(Ⅰ), 박영사 (2013), 1079.
20) 최문기외 6인, 인권과 법, 세종출판사 (2003), 249 이하 제13장(노동인권)은 헌법학과 노동법학에 다루는 노동의 권리와 노동3권을 노동인권의 내용으로 다루고 있다. 인권법교재발간위원회(이원희 집필부분), 인권법, 아카넷 (2006), 341 이하 노동과 인권도 동일한 범주를 내용으로 하고 있다.
21) 게다가 외국인고용법 제22조는 사용자는 외국인근로자라는 이유로 부당한 차별적 처우를 하여서는 아니 된다고 규정하고 있다.
22) 최문기외 6인, 인권과 법, 세종출판사 (2003), 269 이하 제14장(외국인근로자의 인권)에서는 이주노동자의 출입국, 법률구조, 인권침해사범의 단속, 권리보호 홍보활동, 체류자격 없는 체류자 출국유예를 다루고 있다.

에서는 위와 같은 기준으로 이주노동자의 노동권을 하나씩 검토해 보고자 한다.[23]

2. 이주노동자의 개별적 노동권

근로기준법 제6조는 사용자는 근로자에 대하여 국적이나 사회적 신분을 이유로 근로조건에 대한 차별적 대우를 하지 못하도록 규정하고 있다. 이러한 차별금지의 원칙은 근로계약의 성립, 전개, 소멸이라는 세 국면에 모두 적용되는 것으로 헌법 제11조가 개별 법률에 투영된 예라고 설명할 수 있다. 이주노동자가 근로기준법에서 말하는 근로자라는 사실에는 다툼이 없는데 그렇다면 근로기준법의 차별금지 원칙은 당연히 이주노동자에게도 적용된다. 정부가 사용자에게 제공하는 외국인근로자 표준근로계약서에 따르면 표준근로계약서에 정함이 없는 사항은 근로기준법이 정하는 바에 의하도록 하여 근로계약의 내용에도 근로기준법의 적용을 예정하고 있다. 따라서 개별적 노동권을 다루는 국내법규로서 근로기준법을 중심으로 그 내용을 살펴보고자 한다. 이주노동자 개별적 노동권의 국제법규로는 여러 가지가 있으나 여기서는 앞서 언급한 바 있는 이주노동자·가족 협약을 주로 살펴본다.[24]

---

23) 앞서 언급한 "외국인 계절근로자제도" 또한 본문에서 언급하고 있는 동일한 노동권 문제를 안고 있는데 관련 활동가들은 종전의 외국인산업기술연수생제도의 병폐가 부활할 수 있다는 지적을 하고 있다(김사강, "외국인 계절노동자 도입을 둘러싼 쟁점과 농업 이주노동자 인권 보호 방안", 외국인 계절노동자 도입과 관련한 문제점과 향후 방안 토론회 자료집, 이주공동행동/장하나 의원실 (2015), 3 이하 참조). 특히, 외국인 계절노동자의 경우 단기체류라는 특성 때문에 권리침해 구제가 어려울 가능성이 매우 높다.

24) 이주노동자·가족협약 이외에도 많이 논의되는 국제법규로는 다음과 같은 것이 있다. 1919년 성립한 ILO 헌장은 타국에서 고용된 근로자의 보호에 관한 점을 강조하고 있으며 이주노동자에게 적용가능한 일반적인 협약으로서

가. 근로계약의 성립과 근로조건 사전고지

근로기준법 제4조는 근로조건은 근로자와 사용자가 동등한 지위에서 자유의사에 따라 결정하여야 한다고 규정하고 있다. 자유로운 계약의 체결을 위해서는 먼저, 근로조건이 명확하게 확정되고 근로자가 근로계약의 내용을 충분히 이해할 수 있어야 한다. 그러기 위해서는 사용자가 근로계약의 내용을 명시하여 설명할 필요가 있다. 이에 따라 근로기준법 제17조는 사용자는 근로계약을 체결할 때에 근로자에게 임금, 소정근로시간, 제55조에 따른 휴일, 제60조에 따른 연차 유급휴가, 그 밖에 대통령령으로 정하는 근로조건을 명시하여야 하도록 규정하고 이 경우 임금의 구성항목·계산방법·지급방법, 소정근로시간, 제55조에 따른 휴일 및 제60조에 따른 연차 유급휴가에 관한 사항은 서면으로 명시하고 근로자의 요구가 있으면 그 근로자에게 교부하여야 한다고 규정한다. 또, 근로기준법 제14조에 따르면 사용자는 근로기준법과 근로기준법에 따른 대통령령의 요지와 취업규칙을 근로자가 자유롭게 열람할 수 있는 장소에 항상 게시하거나 갖추어 두어 근로자에게 널리 알려야 한다. 그리고 대통령령 중 기숙사에 관한 규정과 근로기준법 제99조 제1항에 따른 기숙사 규칙을 기숙사에 게시하거나 갖추어 두어 기숙하는 근로자에게 널

강제노역금지 협약(Convention concerning Forced or Compulsory Labour, C29), 아동노동의 금지 협약(Minimum Age Convention, C138; Convention concerning the Prohibition and Immediate Action for the Elimination of the Worst Forms of Child Labour, C182), 차별철폐 협약(Equal Remuneration Convention, C100; Discrimination (Employment and Occupation) Convention, C111) 등이 있고, 이주노동자를 직접 대상으로 한 협약으로는 고용이주협약(Migration for Employment Convention, C97)과 학대적 조건의 이주와 이주노동자의 기회 및 처우 균등 증진에 관한 협약(Convention concerning Migration in Abusive Conditions and the Promotion of Equality of Opportunity and Treatment of Migrant Workers, C143) 등이 있다.

리 알려야 한다.

국제법규도 비슷한 취지의 규정을 두고 있다. 고용이주협약[25] 제 2조는 고용에 관한 정확한 정보를 이주노동자에게 무료로 제공하도록 규정하고 있고, 제3조는 체약국에게 출입국에 관련하여 잘못된 정보(misleading propaganda)가 유포되지 않도록 모든 적절한 조치를 취하도록 규정하고 있으며 이를 위해 다른 체약국과 협력하도록 하고 있다. 학대적 조건의 이주와 이주노동자의 기회 및 처우 균등 증진에 관한 협약[26] 제12조(c)는 체약국이 이주노동자에게 고용, 사회보장, 근로3권, 문화적 권리, 개인적 혹은 집단적 자유에 관한 정책을 교육하도록 하고 나아가 거기서 파생되는 권리와 의무, 효과적인 권리 실현을 위한 절차 등에 관해서도 교육하도록 하고 있다. 이주노동자·가족 협약 제33조도 협상의 권리, 체류 조건, 이주노동자의 권리와 의무 등에 관한 정보를 제공받을 권리가 있다고 규정한다.

그런데 현행 외국인근로자 고용관리 시스템은 이러한 이주노동자의 알권리를 실질적으로 실현하지 못하고 있다. 이주노동자의 국내취업은 표준양식으로 작성된 근로계약서의 내용만 보고 근로계약을 체결한 이후 사증을 받아 입국하여 근로계약서 작성의 상대방인 사용자의 사업장에 배치되어 일하는 방식이다. 따라서 이주노동자는 실제로 입국을 하여 사업장에 직접 가기 전까지는 실질적인 근로조건이나 작업환경을 확인할 길이 없는데 지금의 표준근로계약서는 이를 확인할 수 있는 구체적인 내용이 실려 있지 아니하다. 반면, 외국인 교포 등을 대상으로 하는 특례외국인의 국내취업은 먼저 국내에 입국을 한 후 고용센터 등을 통하여 자유구인구직을 하고 사용자와 직접 근로계약을 체결하기 때문에 근로조건이나 작업환경에 대한 정보를 보다 명확하게 알 수 있다. 일반외국인과 특례외국인

---

25) 우리나라가 비준하고 있지 아니한 협약이다.
26) 우리나라가 비준하고 있지 아니한 협약이다.

취업은 이주노동이라는 본질이 동일함에도 근로계약 체결 단계부터 다른 취급을 하고 있으나 이에 관하여 설득력 있는 이유는 제시되고 있지 아니하다. 실제로 이주노동자도 송출 당시 자신들이 들었던 근로조건보다 훨씬 열악한 근로조건에서 일하고 있다고 진술하고 있으며[27], 농축산업 이주노동자에 대한 실태조사 결과는 상황이 심각하다는 점을 잘 드러낸다.[28]

근로조건이 애초 예정한 것과 다르다면 이론적으로 근로계약을 해지하고 다른 사업장으로 이동을 하면 되지만, 현실적으로 사업장 이동이 매우 제한적으로 이뤄지고 있고 설령 근로계약을 해지할 수 있다고 하더라도 새로운 근로계약을 일정한 기간 내에 체결하지 못하면 출국을 하여야 하는 부담 때문에 사실상 강제노동을 강요하는 결과를 초래한다. 강제노동 금지는 근로기준법 제7조와 각종 국제협약이 금지하고 있는 노동에 관한 가장 기본적인 사항이다.

근로조건은 이주노동자가 이주노동을 선택할 때, 따져야 하는 경제적 득실 평가에 가장 중요한 요소이다. 이것을 제대로 고지하지 아니하면 이주노동의 시작 단계부터 노동권 침해가 있을 수 있다. 한편, 이주노동자의 보고에 의하면 입국 전 교육은 한국에서 노동운

---

27) 민주노총, 이주노동자 송·출입과정과 민주노총의 개입과제-워크샵 자료집 (2008), 29.

28) 자세한 내용은 국가인권위원회, 농축산업 이주노동자 인권상황 실태조사보고서 (2013) 참조. 주요사항만 요약하면 근로계약서가 번역이 제대로 되어 있지 아니하거나(41.5%), 기본적인 노동조건에 대한 내용이 빠져있는 계약서를 작성하였다(25.2%)는 응답자도 있었고, 아예 계약서를 작성하지 아니하였다(8.7%)는 응답자도 있었다. 그 밖에도 절차와 시간에 쫓기는 바람에 근로계약서의 내용을 충분히 인지하지 못하거나 사업주의 종용으로 내용 확인도 하지 못한 채 계약서에 서명을 한 경우도 있었다. 그리고 입국 후 계약을 체결한 노동자의 76.1%는 계약서 1부를 교부받지 못했다고 밝혔다. 근로계약을 체결했음에도 가장 기본적인 노동조건인 임금, 근무시간, 휴일 등을 알지 못한 채 일을 시작하게 될 수도 있는데 설문 응답자의 33.5%가 여기에 해당되었다.

동이나 노조활동을 하지 말라는 주의와 문제가 생기면 대사관이나 산업인력공단을 통해 해결하라는 등 매우 형식적인 내용이 많다는 주장이 있다. 근로조건을 포함하여 보다 포괄적이고 섬세한 입국 전 교육이 있어야 한다. 현재까지 이주노동자를 내보내는 국가에서 어떤 교육이 구체적으로 이뤄지고 있는지, 그 내용이 타당한지, 타당하지 아니하면 어떤 내용의 교육이 이뤄져야 하는지 논의가 그다지 없다. 이주노동이 갖는 취약성을 고려하여 적어도 양 국가의 담당기관 간 교육의 주요 부분에 관한 협의가 있어야 한다.

나. 근로시간과 임금

근로계약의 전개에 있어서 가장 중요한 요소는 근로시간과 임금이다. 근로시간의 인권적 규제는 근로기준법이 정한 한도를 초과하는 과중한 근로시간을 부여하고 있는지 여부와 내국인과 차별적인 근로시간을 적용하고 있는지 여부로 요약된다. 한편 임금과 관련해서는 임금의 최저하한을 규정한 최저임금법이 제대로 준수되고 있는지, 동일(가치)노동 동일임금이 이주노동자에게 적용되고 있지는 여부를 검토할 수 있다. 이처럼 근로시간과 임금에 있어 이주노동자에게 제기되는 중요한 이슈는 차별의 문제이다. 앞서 언급한 이주노동자·가족 협약 제7조 이외에도 고용이주협약 제6조는 체약국에 대하여 국적, 인종, 종교, 성별 등을 이유로 적법하게 체류 중인 이주노동자를 내국인근로자보다 불리하게 차별하여서는 아니 된다고 규정하고 있다. 차별금지를 규정한 내용을 살펴보면 법률, 명령, 규칙 등에 규정된 것으로 임금 및 근로관계에 터 잡은 각종 급부, 근로시간, 시간외근로, 휴가수당, 근로가능최저연령기준, 수습 및 훈련에 관한 규정, 여성과 연소자 노동, 기숙사제공, 근로소득세 및 각종 연금부담금, 사법구제절차 등이다. 학대적 조건의 이주와 이주노동자의 기회 및 처우 균등 증진에 관한 협약 제10조도 적법한 체류자격을 가진 이주노동자 및 그 가족에 대해서 동일한 기회와 대우를 보장하도록 규정하고 있다.

근로기준법이 정한 근로시간을 초과한 근로에 대해서는 마땅히 시간외 근로수당을 지급하여야 하고 내국인근로자과 동일한 임금을 받기 위해 내국인보다 더 긴 시간을 일해야 한다면 역시 내국인근로자를 기준으로 환산한 임금액과의 차액을 지급하여야 한다. 이주노동자의 고용을 허가하는 취지는 부족한 국내인력을 보충하기 위한 것이지(보충성의 원칙), 내국인근로자보다 적은 임금을 지급하고 동일한 질과 양의 노동력을 제공받기 위해서가 아니다. 보충성의 원칙이 온전히 관철되기 위해서는, 차별적인 장시간 저임금을 노린 이주노동자 고용을 봉쇄하여야 한다. 최근의 보고서에 의하면 농촌이주노동자의 경우 시간외근로수당의 지급을 면탈하는 방법으로 법정수당에 해당하는 금액을 숙식비 등으로 공제하는 문제점을 지적하고 있다.29) 전형적인 장시간 저임금 노동을 노린 수법이라고 하겠다.

이주노동자에게도 당연히 최저임금법은 적용된다. 최저임금법 제2조에서는 최저임금법이 적용되는 근로자의 범위를 근로기준법 제2조의 근로자와 같다고 규정하고 있기 때문이다. 지속적으로 이슈가 되고 있는 숙식비를 최저임금액 산정에 포함시키는 문제는 법률로 적용대상을 이주노동자로 한정하지 않는다고 할지라도 실제 적용대상이 대부분 이주노동자라면 차별 문제를 제기할 수 있다.30) 만일, 숙식비를 임금액으로 환산하여 최저임금액 산정에 포함시키게

---

29) 국가인권위원회, 농축산업 이주노동자 인권상황 실태조사보고서 (2013), 156 이하.

30) 현행 최저임금법 시행규칙(2017. 2. 3. 고용노동부령 제179호) 별표1에 따르면 급식수당, 주택수당 등 근로자의 생활을 보조하는 수당 또는 식사, 기숙사, 주택제공, 통근차운행 등 현물이나 이와 유사한 형태로 지급되는 급여 등 근로자의 복리후생을 위한 성질의 것은 최저임금액에 산입되지 아니한다.

되면 숙식비의 법적 성격은 후생복리적 현물이 아니라 임금이 되는 것이고 정기적, 일률적인 속성이 있으므로 각종 법정수당 산정의 기준이 되는 통상임금에도 해당하고 나아가 퇴직금 산정의 기준이 되는 평균임금에도 포함된다. 따라서 이런 효과를 부인하면서 최저임금 산정에 한하여 숙식비를 포함시킨다면 이주노동자를 이중으로 차별하는 문제가 생긴다.[31]

이주노동에서 동일(가치)노동 동일임금의 문제는 아직까지 크게 이슈화되지 않고 있지만, 이것은 이주노동의 본질에 관한 것이다. 왜냐하면 법상으론 이주노동자가 필요한 이유를 부족한 인력난을 해소하기 위한 것으로 보고 있지 저임금 노동의 확보로 보지는 않기 때문이다. 동일(가치)노동을 제공하고 있는데도 이주노동자라는 이유로 내국인근로자보다 적은 임금을 지급받는다면 당연히 차별이 된다. 차별의 여부를 판단하기 위해서는 동일(가치)노동인지를 평가하여야 하는데[32] 동일(가치)노동에 대하여 우리나라가 가지는 '유권적 기준'은 아래에서 살펴보는 고용노동부예규 제422호와 대법원 2003. 3. 14. 선고 2002도3883 판결이 있다. 고용노동부예규의 내용을 먼저 살펴본다.

구 남녀고용평등법[33] 제8조 제1항은 사업주에게 동일한 사업장 내의 동일가치의 노동에 대해서는 동일한 임금을 지급하도록 규정

---

31) 숙식비뿐만 아니라 숙식의 질 또한 큰 문제가 되고 있다. 즉, 온전한 근로제공의 전제가 되는 음식과 숙박 환경이 매우 열악하다는 지적인데 특히, 농축산업 이주노동에서는 그 상황이 매우 심각하다는 보고가 있다. 국가인권위원회, 농축산업 이주노동자 인권상황 실태조사보고서 (2013), 270이하.

32) 관련 논문으로는 김희성, "영국 동일임금법에 관한 연구", 경영법률 제19집 제2호 (2009. 1.); 김희성, "남녀 동일가치노동에 대한 동일임금원칙에 관한 연구", 노동법논총 제14집 (2008. 12.); 송강직, "동일가치노동 동일임금원칙과 한국적 과제", 강원법학 제28권 (2009. 6.) 참조.

33) 이 법률은 현재 남녀고용평등과 일·가정 양립 지원에 관한 법률로 명칭을 변경하고 일·가정 양립에 관한 내용이 대폭 추가되었다.

하고, 제2항에서 동일가치 노동의 기준으로 "직무수행에 요구되는 기술, 노력, 책임 및 작업조건 등"을 제시하고 있었다. 고용노동부예규 제422호 제5조는 그 기준을 좀 더 자세하게 규정하고 있는데 먼저 동일(가치)노동의 범주를 3가지로 분류하고 있다. 즉, ① 서로 비교되는 남녀 간의 노동이 동일한 경우, ② 서로 비교되는 남녀 간의 노동이 거의 같은 성질의 노동인 경우, ③ 서로 비교되는 남녀 간의 업무가 다소 다르더라도 직무평가 등의 방법에 의해 본질적으로 동일한 가치가 있다고 인정되는 노동이다.

위 3가지 범주 중 평가에서 크게 문제가 되는 것이 3번째 것이다. 예규는 동일가치노동을 판정하는 기준으로서 법률이 규정하는 기술을 자격증, 습득된 경험 등 업무수행 능력 또는 솜씨의 객관적 수준으로, 노력을 업무수행에 필요한 육체적·정신적 힘의 작용으로, 책임을 업무에 내재한 의무의 성격·범위, 사업주가 당해 직무에 의존하는 정도로, 작업조건을 소음, 열, 물리적·화학적 위험의 정도 등 당해 업무에 종사하는 근로자가 통상적으로 처하는 작업환경으로 정의(제5조 제3항)하고 나아가 4가지 기준 외에 당해 근로자의 학력, 경력, 근속연수 등을 종합적으로 고려하여야 한다고 규정한다(제5조 제4항).

고용노동부 예규의 내용은 2003년 대법원 판결에 그대로 반영되었다.34) 즉, 대법원도 '동일가치의 노동'이라 함은 당해 사업장 내의 서로 비교되는 남녀 간의 노동이 동일하거나 실질적으로 거의 같은 성질의 노동 또는 그 직무가 다소 다르더라도 객관적인 직무평가 등에 의하여 본질적으로 동일한 가치가 있다고 인정되는 노동에 해당하는 것을 말하고, 동일가치의 노동인지 여부는 같은 조 제2항 소

34) 이에 대해 박은정 교수는 행정예규에 사실상 구속력을 부여한 것이라는 평가를 하였다. 박은정, "동일노동 동일임금의 판단에 관한 소고", 노동정책연구 제5권 제1호 (2005. 3.).

정의, 직무 수행에서 요구되는 기술, 노력, 책임 및 작업조건을 비롯하여 근로자의 학력·경력·근속연수 등의 기준을 종합적으로 고려하여야 하며, '기술, 노력, 책임 및 작업조건'은 당해 직무가 요구하는 내용에 관한 것으로서, '기술'은 자격증, 학위, 습득된 경험 등에 의한 직무수행능력 또는 솜씨의 객관적 수준을, '노력'은 육체적 및 정신적 노력, 작업수행에 필요한 물리적 및 정신적 긴장 즉, 노동 강도를, '책임'은 업무에 내재한 의무의 성격·범위·복잡성, 사업주가 당해 직무에 의존하는 정도를, '작업조건'은 소음, 열, 물리적·화학적 위험, 고립, 추위 또는 더위의 정도 등 당해 업무에 종사하는 근로자가 통상적으로 처하는 물리적 작업환경을 말한다고 판단하였다.

이처럼 동일(가치)노동의 평가는 실무적으론 기술, 노력, 책임, 작업조건을 이라는 항목으로 나눠서 하는데 평가대상자가 이주노동자라는 특성 때문에 한국어 의사소통능력, 해당 직군의 교육과 경험, 숙련도 등이 각 요소를 평가하는데 이주노동자에게 불합리하고 불리하게 작용할 수 있다. 따라서 이주노동의 가치평가에 대해서는 이주노동의 고유한 특징을 고려한 섬세한 기준을 정립할 필요가 있다.

다. 근로과정과 비인격적 처우

근로계약의 전개과정에서 자주 문제가 되는 것이 비인격적 대우이다.[35] 보통 명예훼손 혹은 모욕적 발언을 수반하는 대우인데 그것이 형법상 명예훼손 혹은 모욕죄를 구성하면 형사처벌의 대상이 되고 민사상 불법행위를 구성하면 손해배상의 대상이 되는 것은 당연

---

[35] 근로제공 과정에서 일어나는 폭언, 폭행, 성희롱 등에 관한 자세한 실태는 국가인권위원회, 농축산업 이주노동자 인권상황 실태조사보고서 (2013), 185이하 참조. 위 보고서는 농축산업 이주노동자의 75.8%가 욕설이나 폭언을 경험한 바 있으며 여성이주노동자의 30.8%가 직접 성희롱이나 성폭행을 당한 경험이 있다고 보고하고 있다.

하다. 그러나 형사처벌이나 손해배상 절차는 장기체류가 보장되지
않는 이주노동자가 사용하기에는 절차의 진행이 매우 느리고 복잡
하며, 사안의 경중에 따라 다를 수는 있지만 처벌이나 배상의 내용
도 매우 제한적이어서 실효성이 떨어진다.

따라서 별도의 실효적 제도를 고려할 필요가 있는데 비인격적 대
우가 지속적으로 발생하는 사업장의 사용자에 대해서는 향후 고용허
가제를 사용할 수 없도록 제재하는 방안을 적극 검토하여야 한다. 현
재 외국인고용법이 정하고 있는 고용제한 사유는 고용허가서를 발급
받지 아니하고 외국인근로자를 고용한 때(제20조 1항 1호), 사용자가
입국 전에 계약한 임금 그 밖의 근로조건을 위반하거나 사용자의 임
금체불 그 밖의 노동관계법의 위반 등으로 근로계약의 유지가 어렵
다고 인정되거나 거짓 그 밖의 부정한 방법으로 고용허가를 받아 고
용허가가 취소된 적이 있는 때(제20조 1항 2호, 제19조 1항 각 호),
외국인고용법 혹은 출입국관리법을 위반하여 처벌된 때(제20조 1항
3호), 외국인근로자 고용허가서를 발급받은 날부터 6월 이내에 내국
인근로자를 고용조정으로 이직시키거나 외국인근로자에 대하여 근
로계약에 명시된 사업 또는 사업장외에서 근로를 제공한 때(제20조
1항 4호, 시행령 25조)로 한정되어 있다. 따라서 비인격적 대우로 문
제가 되는 사업장을 지속적으로 관찰·파악하여 고용허가제 사용을
제한하는 것이 보다 효과적인 제재수단이 될 수 있을 것이다.

한편, 이주노동자에 대한 비인격 대우는 특히 미등록일 경우 발생
의 개연성이 더욱 높다. 따라서 미등록 상태의 이주노동자의 이주를
불법적으로 돕는 행위의 규제도 필요하다. 국제규범도 비인격적 대
우에 관해서 특히 미등록 이주자(Undocumented migrants)에 대한 여
러 규정을 두고 있는데 미등록 체류 혹은 고용이 비인격적 대우의
근본적 원인이라고 보기 때문이다. 학대적 조건의 이주와 이주노동
자의 기회 및 처우 균등 증진에 관한 협약 제2조는 체약국에 불법적

으로 고용된 근로자를 체계적으로 찾아야 한다고 규정하면서 이와 관련하여 노사대표 단체에 관련 정보를 제공하도록 하고 있다. 제3조에서는 이주자의 불법적 고용 및 고용을 위한 비밀스런 이동을 억제하고 이를 조직하는 자를 제재하도록 규정하고, 제4조는 이를 위한 국제적 협력을 규정하고 있다. 제5조는 불법적 고용이나 이동을 행하는 자를 어느 국가나 처벌(prosecute)할 수 있다고 규정한다.

라. 근로계약의 해지와 실업

근로계약의 해지에 따른 법적 지위는 내국인근로자와 이주노동자의 차이를 보여주는 중요한 지점이다.

근로계약이 종료되면 새로운 사업장에 취업을 하여야 하는데 외국인고용법 및 출입국관리법상 이주노동자는 사업장 이동에 중대한 제약이 있다. 즉, 근로계약기간이 만료하여 그 사업 또는 사업장에서 정상적인 근로관계를 지속하기 곤란한 때에는 직업안정기관에 다른 사업 또는 사업장으로의 변경을 신청할 수 있는데(제25조 제1항 제1호). 다른 사업 또는 사업장으로의 변경을 신청한 날부터 2월 이내에 출입국관리법 제21조의 규정에 의한 근무처 변경허가를 받지 못하거나 사용자와 근로계약 종료 후 1월 이내에 다른 사업 또는 사업장으로의 변경을 신청하지 아니한 이주노동자는 출국하여야 한다(제25조 제3항). 이주노동자의 다른 사업 또는 사업장으로의 변경은 3년의 기간 중 원칙적으로 3회를 초과할 수 없다(제25조 제4항 본문). 다만, 상해 등으로 외국인근로자가 해당 사업 또는 사업장에서 계속 근무하기는 부적합하나 다른 사업 또는 사업장에서의 근무는 가능하다고 인정되는 경우에는 총 4회까지 변경을 할 수 있다(시행령 제30조 제1항, 제2항).

고용정책적 관점에서 보면 방문취업 이주노동자도 고용허가제

이주노동자와 마찬가지로 국내 노동시장에 편입되어 활동하는 외국인 경제인구라는 점을 감안하면 방문취업 이주노동자에 대해서는 사업장 이동에 사실상 아무런 제한을 두지 아니하면서 고용허가제 이주노동자만 이를 엄격하게 제한하는 것은 이주노동자의 직업의 자유를 침해할 소지가 있다. 따라서 1년 단위로 근로계약을 갱신하되 고용허가제 이주노동자에게도 갱신거절권을 부여하고 이 경우 사업장의 이동을 허용하는 방안이 유력하게 제기되고 있다.36) 이렇게 이동을 허용한다고 해도 업종을 변경할 수 없는 데다 사업장을 이동할 때는 종전 사용자와 해당 이주노동자 양자에게 사업장 이동신고를 하도록 하고, 사업장 이동신고 없이 이주노동자가 취업을 하거나 사업주가 채용을 하면 고용허가를 취소하는 등의 제도적 보완을 하면 보충성을 바탕으로 한 노동시장의 질서도 유지될 수 있다.

총 이동횟수를 4회로 제한한 것도 이주노동자의 직업선택의 자유를 과도하게 침해하는 문제가 있다.37) 법률이 정한 정당한 이동사유가 발생하는 한 횟수의 제한을 두지 않고 이동할 수 있게 하는 것이 합리적이다. 그리고 사업장의 이동을 위해 구직을 할 수 있는 기간이 2개월로 매우 짧은 반면 사업장 이동의 가부는 해당 이주노동자의 경제적 이익에 큰 영향을 미친다는 점을 고려할 때 신속하게 권리구제를 할 수 있는 절차를 마련할 필요가 있고 해당 구제절차가 진행되는 동안에는 2개월의 구직기간은 정지되는 것으로 하여야 한다.

이주노동자의 실업보호와 관련하여 내국인근로자는 근로계약이 종료하면 고용보험의 보호를 통해서 이후의 취업준비를 하게 되지

---

36) 민주사회를위한변호사모임 노동위원회, 외국인근로자의 고용 등에 관한 법률 개정 법률안에 대한 의견서 (2008), 5; 김희성, "이주근로자의 고용에 관한 법적 문제점과 개선방안", 경영법률 제18권 제3호 (2008. 4.), 292.

37) 이에 대하여 고용노동부는 사업장 이동 제한을 풀면 이주노동자가 내국인 근로자의 일자리를 대체할 수 있다는 입장인데 구체적인 논거는 정확히 제시하지 아니하고 있다.

만, 이주노동자는 근로계약이 해지되고 일정 기간 내에 재취업이 되지 아니 하면 강제출국의 대상이 되지 재취업의 지원대상이 되지 아니 한다. 이주노동자를 고용보험의 보호대상으로 삼는다고 하여도 구직기간에 대한 제한을 완화하지 아니하는 한 재취업 지원의 문제는 쉽게 해결되지 아니한다.[38] 무엇보다 재취업을 하려면 충분한 취업준비기간이 있어야 하는데 외국인고용법은 원칙적으로 2개월의 구직기간만 허용하므로 설사 고용보험을 강제 적용한다고 하더라도 실효성이 많이 떨어진다.

물론 이주노동자에게 고용보험법을 적용할 것인가는 이주노동자 고용정책의 중요한 축인 보충성의 원칙과 충돌되는 문제도 있다. 보충성만을 고려하면 국가가 한시적 노동력을 제공하는 것을 목적으로 하는 이주노동자에게 입국 전에 예정한 단순기능인력 이상의 새로운 취업교육을 제공하여 이를 바탕으로 이주노동자의 새로운 취업을 알선할 의무를 부담한다고 쉽게 단정할 수 없기 때문이다. 그러나 국가가 아무런 제한 없이 이주노동자에 대하여 적극적인 직업교육의무를 부담한다고 해석할 수는 없을 지라도 적어도 외국인고용법 제9조 제3항이 정하고 있는 1년이라는 계약기간 내에 근로계약이 해지 된 때에는 나머지 기간에 대해선 실업급여의 지급, 취업촉진을 위한 적극적 조치 등을 고려할 수 있다고 생각한다. 왜냐하면, 현재의 이주노동은 내국인근로자의 근로계약과는 달리 계약당사자인 이주노동자와 사용자의 협상을 통해 이뤄지는 것이 아니라 국가의 주도하에 근로계약이 체결되고 이후 국가의 고용관리를 받기 때문이다. 자신의 경제적 이익을 위해서 이주노동을 유인한 국가

---

38) 고용보험법은 이주노동자를 원칙적으로 적용대상에서 제외하면서(고용보험법 제10조 5호, 시행령 제3조 2항 1호) 비전문취업 이주노동자 등 일부에 대해서는 임의가입을 허용한다(고용보험법 시행령 제3조 2항 1호 나목, 출입국관리법 시행령 제23조 1항).

는 스스로 법률을 통해 정한 최초의 근로계약기간 1년 동안에는 이
주노동자가 당초 약정한 근로를 제공하고 임금을 지급받을 수 있도
록 필요한 조치를 취하여야 하고 그것이 어려울 때는 고용보험의
보호를 통해 이주노동자에게 생긴 1년이라는 최소한의 근로제공기
간에 대한 정당한 기대권을 보호하여야 한다.

이주노동자·가족협약 제52조 제3항은 취업허가가 기한부인 이주
노동자에 대하여 자유롭게 유급활동을 선택할 수 있는 권리를 보장
하도록 규정하고 있으며, 제54조는 해고로부터의 보호, 실업수당, 실
업대책으로서의 공공근로계획에의 참가 등을 취업국의 국민과 동일
하게 보장할 것을 규정하고 있다.

3. 이주노동자의 집단적 노동권

가. 국내외 규범의 현황

집단적 노동권은 근로3권을 이주노동자가 향유할 수 있느냐의
문제이다. 이에 대한 국내법규로는 헌법 제33조 제1항과 노동조합
및 노동관계 조정법을 주요한 내용으로 언급할 수 있고, 국제규범으
로는 앞서 개별적 노동권을 논할 때 언급한 ILO과 UN 협약 및 단결
의 자유 및 단체권 보장에 관한 ILO 협약[39]을 예로 들 수 있다.

헌법 제33조 제1항은 근로자는 근로조건의 향상을 위하여 자주
적인 단결권·단체교섭권 및 단체행동권을 가진다고 규정한다. 문리
해석상 이주노동자의 단결권, 단체교섭권, 단체행동권을 제한하지
않고 있으며 위 규정을 구체화한 노동조합 및 노동관계 조정법 제5
조도 근로자는 자유로이 노동조합을 조직하거나 이에 가입할 수 있

---

[39] Freedom of Association and Protection of the Right to Organize Convention(C87).
우리나라가 비준하고 있지 아니한 협약이다.

다고 규정하고 있기 때문에 이주노동자는 신분 때문에 노동조합의 가입이 부정되거나 노동조합을 설립 못하는 것은 아니다. 게다가 노동조합 및 노동관계 조정법 제9조는 노동조합의 조합원은 어떠한 경우에도 인종, 종교, 성별, 연령, 신체적 조건, 고용형태, 정당 또는 신분에 의하여 차별대우를 받지 아니한다고 규정하여 노동조합 가입 후의 차별을 금지하고 있다. 특히 이 규정에는 인종, 신분에 의한 차별금지가 규정되어 있는 만큼 실정법은 이주노동자의 노조가입 및 노조설립을 허용하고 있다는 해석이 가능하다.

이주노동자·가족협약 제26는 이주노동자와 가족의 노조활동권 보장을 규정하면서 다만 국가의 안전보장, 공공복리 또는 타인의 권리와 자유를 보장하기 위한 목적으로만 법률에 따라 제한할 수 있다고 규정한다. 그 밖에 고용이주협약 제6조(1)(a)(ii)는 적법한 체류자격이 있는 이주민은 차별을 받지 아니하고 노동조합에 가입하고 단체교섭권을 향유할 수 있다고 규정하고 있으며, 학대적 조건의 이주와 이주노동자의 기회 및 처우 균등 증진에 관한 협약 제10조는 이주노동자와 그의 가족이 노동활동에 있어 내국인과 동등한 기회와 대우를 받는다고 규정하고 있다. 단결의 자유 및 단체권 보장에 관한 협약 제2조도 근로자들의 차별 없는 단결권, 조합선택권을 보장하고 있다.

나. 체류자격 없는 취업자의 집단적 노동권 문제

이주노동자의 노동조합 활동에 대하여 정부는 외국인 취업자 중 적법한 체류자격이 있는 취업자는 근로자로서의 지위에 있기 때문에 노동조합에 가입하는 등 노동조합법의 적용을 받을 수 있으나 체류자격 없는 취업자의 경우는 출입국관리법을 위반하고 있어 노동조합 가입 등 노동조합 활동을 실질적으로 할 수 없을 것이므로 노동조합법의 적용문제는 논란의 대상이 되지 않는다는 입장이었다.[40] 이러한 입장은 미등록 이주노동자로 구성된 노동조합(서울경기인천 이주노동자노동조합)이 노조설립신고서반려처분을 다투는 제1심에서도 지지되었다. 즉, 서울행정법원 2006. 2. 7. 선고 2005구합18266 판결은 출입국관리법 제18조는 외국인이 대한민국에서 취업하고자 할 때에는 일정한 체류자격을 받아야 한다고 규정하고 있고, 위와 같은 체류자격을 가지지 아니한 외국인을 고용하거나 고용을 알선 또는 권유하여서는 아니 되며 이를 위반할 경우 형사처벌된다고 규정하고 있는 점을 고려하면, 이처럼 취업자격이 없는 외국인을 고용할 수 없다면 이들에 대해서는 향후 근로관계를 체결할 가능성이 없는 것이고 따라서 노조를 설립하거나 가입할 최소한의 요건도 갖춘 것이 아니라고 보았다.

비슷한 입장으로 학계에서는 '미등록 이주노동자'에게 근로3권이 인정되어 새로운 노동조합의 설립에 참여하거나 기존 노동조합에 가입하여 단결활동을 하는 것은 문제가 없지만 '미등록 이주노동자'만으로 구성된 노조를 설립하는 것은 '미등록 이주노동자'에 대한 근로관계에 대해 근로관계 정지설을 채택하고 있는 대법원 판례에

---

40) 고용노동부질의회신(노조 01254-1564, 1994. 12. 9). 언론보도에 따르면 2005년 서울 강남구 삼성동에 있는 외국어학원의 외국인강사들이 노동조합을 설립한 바 있으며, 인천의 외국어학원에서 근무하는 외국인 강사들이 2009년에 외국인강사만으로 구성된 노동조합을 설립하였다는 언론보도가 있고, 인천의 외국어학원 강사 노조는 단체협약을 체결하였다는 언론보도도 있다(매일노동뉴스 홈페이지(http://www.labortoday.co.kr/news/artic leView.html?idxno=97304)기사 참조(2017. 2. 17. 확인). 이주노동자가 2010년 산별노조인 금속노조의 경남지부 한국보그워너씨에스, 경주지부 영진기업지회, 대구지부 삼우정밀지회 등에 가입한 사례도 있으며 금속노조(영진기업지회)가 체결한 단체협약에는 이주노동자들을 적용대상으로 하는 조항(근로계약의 체결 및 해지에 대한 합의조항, 하기휴가 및 휴가비 조항, 명절 휴가비 및 선물 조항)이 있다(금속노동자 홈페이지(http://www.ilabor.org/news/articleView.html?idxno=255), 2017. 2. 17. 확인).

비추어 보면, 사용자는 언제든지 근로계약을 해지할 수 있으므로 장래 근로조건의 개선이라는 노조의 본질적 목적을 달성할 수 없으므로 불가하다는 견해가 있었다.[41)

반면, 위 판결의 항소심 판결인 서울고등법원 2007. 2. 1. 선고 2006누6774 판결은 출입국관리법의 취지는 취업자격이 없는 외국인의 고용이라는 사실적 행위 자체를 금지하는 것에 불과할 뿐이지 여기서 더 나아가 사용자와 대등한 관계를 이루어 근로조건을 향상시키기 위한 근로자단체를 결성하는 것까지 금지하려는 규정으로 보기 어렵다는 판단을 했다. 항소심 판단의 전제에는 취업자격이 없는 외국인이 적법하지는 아니하더라도 사실상 근로를 제공하고 있는 경우에 취업자격이 없다는 이유로 고용계약이 당연 무효라고 할 수 없다는 대법원의 판례가 있는 것으로 보인다. 즉, 대법원은 이전부터 취업자격이 없는 근로자라고 하더라도 현실적으로 근로를 제공하였다면 근로기준법의 보호를 받을 수 있고, 산업재해 발생 시 관련 법령에 따라 요양 등을 받을 수 있다는 판결[42)을 하였는데 항소심은 이러한 대법원의 판례에 터 잡아 개별적 근로조건을 보호받을 수 있다면 집단적으로 그 보호를 요구할 수 있는 권리도 인정해야 한다는 논리를 폈던 것으로 판단된다.

최종심 판결인 대법원 2015. 6. 25. 선고 2007두4995 판결은 서울고등법원의 판단 논리를 거의 그대로 사용하고 있는데 조합원의 체류자격에 관하여 다음과 같이 판단하였다. 노동조합 및 노동관계 조정법상 근로자의 개념(제2조 제1호), 노동조합의 자유로운 설립과 가입 규정(제5조), 차별금지 규정(제9조), 그리고 출입국관리법의 취업자격에 관한 규정의 내용, 체계, 취지를 종합하여 보면, 노동조합

---

41) 박종희·강선희, "이주근로자 인권보호에 관한 법제도 운영과 개선방안", 고려법학 제50호 (2008), 436.
42) 대법원 1995. 9. 15. 선고 94누12067 판결.

및 노동관계 조정법상 근로자에는 일시적으로 실업상태에 있는 사람이나 구직 중인 사람을 포함하여 노동3권을 보장할 필요성이 있는 사람도 포함된다.43) 그리고 출입국관리법에서 정한 취업자 규정은 취업자격이 없는 외국인의 고용이라는 사실적 행위 자체를 금지하려는 것이지 나아가 사실상 근로를 제공한 외국인의 근로자로서의 신분에 따른 노동관계법상의 제반 권리 등의 법률효과까지 금지하려는 것으로 보기는 어렵다.44) 따라서 취업자격의 유무에 따라 노동조합 및 노동관계 조정법상 근로자의 범위가 결정되는 것은 아니므로 외국인근로자의 취업자격을 확인할 목적으로 조합원 명부의 제출을 요구하고 이에 대하여 이주노조가 거부한 것을 이유로 이주노조의 설립신고서를 반려한 처분은 위법하다는 것이다.

서울행정법원 판례나 이를 지지하는 견해처럼 미등록 이주노동자만의 노조에 대해선 "장래 근로조건의 개선을 목적으로 하는 근로3권의 보장 질서를 실현할 수 없어 제한될 수밖에 없다."는 논증을 할 수도 있지만 만일, 사용자가 임의로 교섭에 응한다면 문제 상황은 달라진다. 이들이 장래의 근로조건 개선을 위한 활동을 할 수 없다는 것은 사용자가 미등록 이주노동자임을 이유로 근로계약을 해지할 수 있다는 점에 착안한 의견이다. 그러나 이것은 사용자가 근로계약을 '해지할 수' 있을 뿐 미등록임을 이유로 당연히 근로계약이 '해지되는 것'은 아니다. 따라서 미등록 이주노동자가 노동조합을 통해 근로조건을 개선할 수 있다는 점을 완전히 부인하기는 어렵다. 한편, 사용자가 근로계약관계를 종료시키고 단체교섭에 응하지 않는 것과 근로조건의 유지 혹은 개선을 위해 관련 근로자들이 단결하는 것은 별개의 문제라고 생각한다. 단결을 하였으나 근로

---

43) 대법원 2004. 2. 27. 선고 2001두8568 판결; 대법원 2014. 2. 13. 선고 2011다 78804 판결; 대법원 2015. 1. 29. 선고 2012두28247 판결 등 참조.
44) 대법원 1995. 9. 15. 선고 94누12067 판결 참조.

계약의 해지로 교섭을 할 상대방이 없다는 것은 단결의 실효성이라는 사실상의 문제이지 단결권이라는 기본권의 행사를 부인할 문제는 아니라고 생각한다.[45]

이주노동자의 인권에 대해 가장 포괄적인 내용을 담고 있는 이주노동자·가족 협약도 미등록 이주노동자의 단결권에 대해선 규정하는 것이 없고 오히려 등록 이주노동자에게 보장되는 단결권을 비롯한 각종 권리에 관한 규정이 미등록 이주노동자나 불법적 이주노동자의 그러한 권리를 묵시(implying)하는 것으로 해석되지 아니한다고 규정하고 있는 점(제35조)을 고려하면 대법원 판결은 매우 의미 있는 진전이라고 평가할 수 있다.

V. 나가며

지금까지 서술한 이주노동자의 노동권을 정리하면 다음과 같다. 먼저, 이주노동자가 충분한 정보를 바탕으로 합리적인 근로계약을 체결할 수 있도록 입국 전에 이주노동자에게 자신이 근무할 직장의 근로조건에 대한 실질적인 사전 정보제공절차가 마련되어야 한다. 다음으로 이주노동자의 고용은 국가가 주도하여 이뤄지는 특수성이 있는 만큼 법률이 정하는 최초의 근로계약기간인 1년 동안은 해당 기간 동안 취업이 중단되더라도 체류를 보장하여야 하며 실업상태에 있는 이주노동자에 대해서는 고용보험법을 적용하여 실업수당을

---

45) 서울경기인천 이주노동자노동조합에 2017. 4. 경 문의하여 본 결과, 각 기업별로 이주노조의 하부조직인 지부를 조직하는 일이 쉽지 않고, 지부를 조직하여도 현행 교섭창구단일화제도에서는 소수의 이주노동자로 조직된 지부 등이 교섭대표노동조합으로 활동하는 것도 매우 어려워 아직까지는 이주노조가 당사자가 되어 체결한 단체협약은 없다고 한다. 그래서 기존 내국인 노동조합에 이주노동자가 가입하여 활동하는 사례가 있다는 설명을 들었다.

제공하고 취업촉진을 위한 서비스를 제공하여야 한다. 이주노동자의 동일(가치)노동 동일임금에 대한 현장조사가 필요하며 노동의 가치평가에 대한 적정한 기준을 연구해야 한다. 장시간 근로와 저임금 노동, 열악한 거주환경 등 이주노동자의 노동권을 반복적으로 침해하는 사용자에 대해서는 고용허가제의 사용을 제한하는 입법적 보완이 필요하다. 대법원이 미등록 이주노동자의 집단적 단결권을 인정한 데에는 이들의 노동권과 인권을 침해하는 현실에 대한 반성이 있었다는 점을 인식하고 미등록 이주노동이라는 점을 이용하여 노동권을 침해하는 사례에 대한 적극적 근로감독이 필요하다.

참고문헌

국가인권위원회, 농축산업 이주노동자 인권상황 실태조사보고서 (2013).

김사강, "외국인 계절노동자 도입을 둘러싼 쟁점과 농업 이주노동자 인권
　　　보호 방안", 외국인 계절노동자 도입과 관련한 문제점과 향후 방안
　　　토론회 자료집, 이주공동행동/장하나 의원실 (2015).

김희성, "남녀 동일가치노동에 대한 동일임금원칙에 관한 연구", 노동법논
　　　총 제14집 (2008. 12.).

김희성, "영국 동일임금법에 관한 연구", 경영법률 제19집 제2호 (2009. 1.).

김희성, "이주근로자의 고용에 관한 법적 문제점과 개선방안", 경영법률 제
　　　18권 제3호 (2008. 4.).

민주노총, 이주노동자 송·출입과정과 민주노총의 개입과제-워크샵 자료집
　　　(2008).

민주사회를위한변호사모임 노동위원회, 외국인근로자의 고용 등에 관한 법
　　　률 개정 법률안에 대한 의견서 (2008).

박은정, "동일노동 동일임금의 판단에 관한 소고", 노동정책연구 제5권 제1
　　　호 (2005. 3.).

박종희·강선희, "이주근로자 인권보호에 관한 법제도 운영과 개선방안", 고
　　　려법학 제50호 (2008).

박찬운, 인권법, 도서출판 한울 (2008).

법무부/출입국·외국인정책본부, 2015 출입국·외국인정책 통계연보 (2016).

법무부 보도자료, "외국인 계절 근로자 제도 시험 실시", 체류관리과 (2015.
　　　10. 14.).

송강직, "동일가치노동 동일임금원칙과 한국적 과제", 강원법학 제28권
　　　(2009. 6.).

오승진, 인권법강의, 진원사 (2014).

인권법교재발간위원회(이원희 집필부분), 인권법, 아카넷 (2006).

전형배, "외국인근로자 고용정책", 저스티스 제109호 (2009. 2.).

전형배, "외국인근로자의 노동인권", 노동법논총 제18집(2010. 4.).

정진화, "외국인력 고용의 결정요인", 경제연구 제23권 제1호 (2005. 3.).

최문기외 6인, 인권과 법, 세종출판사 (2003).

표명환, "현행 외국인고용제도의 법적 문제", 土地公法硏究 제21집 (2004. 3.)

한국헌법학회, 헌법주석(Ⅰ), 박영사 (2013).

Department of Economic and Social Affairs Population Division, International Migration Report 2015, United Nations (2016).

Department of Statistics, ILO Global Estimates on Migrant Workers, International Labour Organization (2015).

이주민의 사회보장권
기타 사회권에 관한 연구

노호창*

I. 서론

2017년 1월말 기준으로 체류 외국인은 2백만 명을 넘는 것으로 집계되고 있다. 체류 외국인은 1백만 명이 넘는 외국인등록자, 37만 명이 넘는 외국국적동포 국내거소신고자, 50만 명에 육박하는 단기 체류자로 구성되어 있다.[1] 외국인의 수가 많지 않을 때는 외국인의 법적 지위나 권리 문제 등이 그다지 관심 사안이 아닐 수 있으나 오늘날 고령화, 저출산, 노동인구 감소, 경기침체 등 사회경제적 위기 상황과 맞물려 결코 적다고 할 수 없는 수의 외국인이 우리 사회에 정착하여 생활의 기반을 형성하고 있고 그밖에 여러 목적으로 장단기 체류를 하고 있는 모습은 체류 외국인에 대한 관심을 대단히 높이고 있다고 하겠다. 이처럼 다양한 외국에서 들어온 외국인이 함께 우리 사회에서 살아가고 있는 사회현상에 대해 '다문화사회'라는 명칭을 부여하여 관련 입법 및 정책까지 시행 중에 있다.[2]

* 호서대 법경찰행정학부 교수
1) 법무부, 출입국·외국인정책본부, 출입국·외국인정책 통계월보 (2017. 1.), 2.
2) 다문화사회의 개념이나 유형에 대해서는 여러 사회과학에서 다양하게 논의

외국인은 축자적으로는 해당 국가의 국민이 아닌 사람이라는 의미가 되는데, 국민의 자격을 독일처럼 헌법(기본법)에 명시하고 있는 경우도 있으나(기본법 제116조) 우리나라의 경우 헌법에는 국민에 대한 정의가 없고 국적법에 위임하고 있다. 외국인은 대한민국 국적을 가지지 않은 자연인으로 정의할 수 있는데, 이에는 외국국적자와 무국적자가 있다. 대한민국의 국적을 가진 복수국적자의 경우에는 일률적으로 외국인이다 아니다 단언할 문제는 아닌데, 일정한 경우 국민으로 취급된다.3) 「국적법」(법률 제14407호, 2016. 12. 20., 일부개정)에서는 복수국적자에 대하여 대한민국 법령 적용에 있어서 대한민국 국민으로만 처우하며(동법 제11조의2 제1항) 또 그가 복수국적을 인정받을 수 있기 위해서는 국내에서는 대한민국 국적만을 행사하고 외국국적을 행사하지 않는다는 서약을 하도록 명시하고 있다(동법 제13조 제1항).

법률적 정의 규정은 없으나, 우리 사회에 체류하고 있는 외국인의 경우 외국에 거주하고 있는 외국인과 구분하며 체류자격을 불문하고 통칭한다는 의미에서 이주민이라고 명명할 수 있다.4) 그리고

되고 있다. 관련 연구로는 예컨대, 전경옥, "젠더의 관점에서 본 다문화사회의 통합", 아시아여성연구 제46권 1호 (2007, 5.), 12; 한건수, "비판적 다문화주의", 다문화사회의 이해, 유네스코 아시아·태평양 국제이해교육원 (편), 동녘 (2008), 153면 이하. 다만 소수 언어의 권리와 소수 인종과 민족의 문화적 정체성의 보존까지를 염두에 둔 것인지 아니면, 사회적 소수자에 대한 인권(사회적 기본권 등)의 보장으로 족한 것인지가 불분명하다. 또한, 아직 우리 현행법상 '다문화' 혹은 '다문화사회'의 개념에 대한 법률적 정의는 존재하지 않는다.

3) 최윤철, "외국인의 법적 지위", 이민법, 박영사 (2016), 44.

4) 이와 관련하여, 이주민과 정착민(settler)을 구분하는 논의가 있다. 즉 자신의 출신 사회를 등지고 새로운 사회에 들어가서 동화되고자 하는 자를 이주민이라고 한다면, 자신의 출신 사회를 등지고 새로운 사회로 들어왔지만 새로운 사회에 동화될 의사가 없이 자신의 고유한 가치와 문화를 새로 진입한 사회에서도 그대로 유지하고자 하는 자를 정착민이라고 한다는 것이다. 사

이주민이라는 명칭을 사용하는 것은 외국인이라는 명칭을 사용할 때보다 선명성이 더욱 부각된다고 본다. 왜냐하면 외국인의 국내법적 지위 내지 법률관계는 어디까지나 외국인이 우리나라에 입국한 이후의 문제이기 때문이다.[5]

여하튼 이주민을 받아들이는 우리 사회의 입장에서는 이주민이 우리 사회에 조화롭게 동화적 통합을 이루는 것이 매우 중요한 과제일 것이다. 왜냐하면 이주민이 우리 사회에 조화롭게 동화되지 못한다면 우리 사회는 극심한 혼란 및 엄청난 사회적 비용 등으로 대단히 어려운 상황에 처할 수 있기 때문이다. 우리 사회에서 장기적으로 체류하고 있는 이주민들은 어떠한 형태로든 우리 사회의 구성원이 되어가고 있는데, 이런 상황은 '정주화(定住化) 방지'라는 관점에서 통제한다고 하더라도, 통제의 필요성과는 별개로, 통제의 효과나 실익을 제대로 구현하지 못할 수 있다. 더구나 실질적으로 우리 사회의 구성원이 된 이주민을 영원한 이방인으로 취급하는 것은 인권침해와 차별의 문제를 내포하고 있으며, 장기적으로 심각한 사회적 갈등의 원인이 될 수 있다.

그렇다면 이주민이 우리 사회에 조화롭게 동화되는데 있어 법적인 관점에서 중요한 방법론은 무엇일까. 그 중에 유용한 한 가지는 이주민이 우리 사회에 동화되어 우리의 생활공동체 안으로 포섭될 수 있도록 촉진하는 방법으로서 사회보장 기타 사회권을 인정하는 것을 제시할 수 있겠다. 인간다운 생활 보장 기타 어려운 상황에 처한 인간에 대한 사회적 배려를 제공해 준다는 문제에 있어서는 국민과 이주민을 구별할 이유가 없을 것이다. 이주민이 우리 사회에서

회학이나 경제학 등 분야에서는 이주현상분석에 있어 중요한 구분일 수 있을 것이다. Paul Collier(김선영 번역), 엑소더스-전 지구적 상생을 위한 이주 경제학, 21세기 북스 (2014), 125-131.

5) 정종섭, 헌법학원론, 박영사 (2016), 332.

어느 정도로 생활의 기반을 형성하여 동화되어 있는가 기타 개별
제도의 수급요건에 따라 정도의 차이가 있을 수는 있으나 이주민에
대한 처우의 기본이 인간으로서 인간답게 생활할 수 있는 최소한의
사회적 배려라는 점은 분명할 것이라 본다.

II. 이주민의 사회보장권 기타 사회권의 주체성

1. 문제의 소재

우리 헌법은 '국민의 권리와 의무'라는 제하에 여러 기본권을 나
열하고 있을 뿐, 기본권의 분류에 대해서는 언급한 바 없다. 그렇지
만 각각의 기본권에 대해서 그 성격과 내용을 분석하여 강학상 자
유권, 사회권,6) 참정권, 청구권 등으로 구분되고 있다.

사회권에 속하는 것으로는 흔히 교육을 받을 권리(헌법 제31조),
근로의 권리(헌법 제32조), 노동3권(헌법 제33조), 인간다운 생활을
할 권리(헌법 제34조), 환경권(헌법 제35조), 보건권(헌법 제36조 제3
항)이 언급되고 있다.7) 이들 헌법상의 기본권을 근거로 하여 각 분
야마다 이를 구체화하여 현실에서 구현하기 위해 다양한 하위 법령
들이 제정되어 있다.

한편, 사회권은 자유권과는 달리 본래 존재하던 자연적인 권리를
확인한 것이 아니라 사회의 변화와 발전에 따라 사회적 필요성에 기
초하여 사회구성원의 합의로 본래 존재하지 않던 것을 새롭게 만들
어 낸 것이다. 그런 이유로 자유권이 국가에 대한 부작위 요구 및 소

---

6) 사회적 기본권이라고 지칭하는 경우도 있으나 본고에서는 편의상 사회권으
   로 지칭한다.
7) 정종섭, 앞의 책, 242.

극적 제한의 문제가 쟁점이 된다면 사회권은 적극적 형성의 문제가
쟁점이 된다.[8] 특히 사회권의 실현에 속하는 각종 구체적 법제도들
이 결국은 사회국가원리에 바탕을 둔 것으로 해석되고 있는데,[9] 사
회국가원리는 그 본질상 경찰국가적·관권국가적 후견 하에 국민의
자유를 어떤 측면에서는 제한하는 대신 국민에게 부족한 것을 국가
를 통해 보충 및 형성하는 것, 소위 '생존배려'(Daseinsorge)해줄 것을
헌법적으로 요청하는 것이기 때문이다.[10] 사회권의 이러한 성격과
관련하여 헌법재판소는 '사회보장수급권은 헌법 제34조 제1항 및 제
2항 등으로부터 개인에게 직접 주어지는 헌법적 차원의 권리라거나
사회적 기본권의 하나라고 볼 수는 없고, 다만 위와 같은 사회보장·
사회복지 증진의무를 포섭하는 이념적 지표로서의 인간다운 생활을
할 권리를 실현하기 위하여 입법자가 입법재량권을 행사하여 제정하
는 사회보장입법에 그 수급요건, 수급자의 범위, 수급액 등 구체적인
사항이 규정될 때 비로소 형성되는 법률적 차원의 권리에 불과하다
할 것'이라고 설시하거나,[11] '헌법 제34조 제1항에서 규정한 모든 국
민이 "인간다운 생활을 할 권리를 가진다."라는 것은 인간의 존엄에
상응하는 최소한의 물질적인 생활의 유지에 필요한 급부를 요구할
수 있는 권리를 의미하는데 이러한 권리는 국가가 재정형편 등 여러

---

8) 전광석, 복지국가론, 신조사 (2012), 130-131.
9) 허영, 한국헌법론, 박영사 (2016), 163-164. 헌법재판소도 우리 헌법이 특히
   제119조 제2항을 통해서 사회국가원리를 수용하고 있다고 판시한 바 있다
   (헌법재판소 1998. 5. 28. 선고 96헌가4 등 결정).
10) 전광석, 앞의 책, 13; 노호창, "사회보험수급권의 재산권적 성격에 관한 소
   고", 노동법연구 제31호 (2011. 9.), 311. 생존배려(Daseinsorge)의 개념을 토대
   로 하여, 국가 내지 정부로 하여금 국민에 대한 급부책임 소위 생존책임
   (Daseinverantwortung)을 부여하는 것이 가능하다. Rainer Schröder, Verwaltung
   srechtsdogmatik im Wandel, Tübingen (2007), 157. 생존배려 개념에 대한 보다
   심도있는 논의로는 양천수, "생존배려 개념의 기원", 영남법학 제26호
   (2008. 4.), 101-126.
11) 헌법재판소 2003. 7. 24. 선고 2002헌바51 결정.

가지 상황들을 종합적으로 감안하여 법률을 통하여 구체화할 때에 비로소 인정되는 법률적 권리'라고 설시한 바 있다.12)

그런데, 생존배려라는 관점에서 보자면, 사회권에 속하는 권리라 하더라도 노동권이나 환경권의 경우 사용자에 대한 규제를 통해 근로관계에서의 대등한 지위를 설정하거나, 공정한 근로대가의 보장을 요구하거나, 환경침해자에 대한 통제를 하는 등 사회권에 속하는 다른 권리들과는 그 내용상 다소 차이가 있고 또한 별도로 노동법 및 환경법의 영역에서 깊이 있게 논의되고 발전되고 있다. 따라서 생존배려의 관점에 보다 가까운 의미에서의 사회권에 속하는 것으로는 교육에 관한 권리, 인간다운 생활에 관한 권리, 건강에 관한 권리 등으로 그 논의범위를 다소 좁힐 수 있겠다.

사회권의 구체화로는 사회보장을 들 수 있다. 우리 헌법은 제34조에서 '인간다운 생활을 할 권리'와 특별히 '사회보장·사회복지의 증진에 노력할 국가의 의무'를 규정하고 있는데, 이러한 헌법적 요청을 규범적 기초로 하여 사회보장 전반에 걸친 지도원리, 지침, 방향 등을 제시한 기본법으로서 「사회보장기본법」을 지적할 수 있다. 동법에서는 '사회보장'의 의미를 정의하고 있는바, '사회보장'이란 "출산·양육·실업·노령·장애·질병·빈곤 및 사망 등의 사회적 위험으로부터 모든 국민을 보호하고 국민 삶의 질을 향상시키는 데 필요한 소득·서비스를 보장하는 사회보험, 공공부조, 사회서비스"를 말한다고 규정하고 있다(동법 제3조 제1호).13) 여기서 출산과 양육이 왜 사회적 위

---

12) 헌법재판소 2004. 10. 28. 선고 2002헌마328 결정.

13) 사회보장 이외에 일상적으로는 사회복지라는 용어가 보편적으로 사용되고 있다. 다만 '사회복지'라는 용어는 법적으로 정의되어 있지는 않다. 예컨대, 실정법에서 '사회복지'라는 용어가 사용되는 대표적인 법은 「사회복지사업법」이지만 '사회복지'의 정의 규정은 없다. 일반적으로 '사회복지'는 사회정책과 마찬가지로 사회문제를 해결하기 위한 총체적인 영역을 의미하기도 하고, 사회보장의 한 방법으로 이해되기도 한다. '사회복지'가 사회보장의

험인가와 관련하여서는 의문의 여지가 있을 수 있으나, 출산과 양육으로 인해 소득상실의 위험이 있다는 점에서 사회적 위험으로 규정된 것으로 선해할 수 있다. 「사회보장기본법」에서는 사회보장이 사회적 위험으로부터 '국민'을 보호하는 것이라고 규정하고 있으나 사회적 위험은 사실 '이주민'에게도 마찬가지로 존재하는 것이다. 사회보장기본법은 사회보장의 세 가지 방법에 대해 설명하고 있는데, 이는 '사회보험', '공공부조', '사회서비스'이다. 첫째, '사회보험'이란 국민에게 발생하는 사회적 위험을 보험의 방식으로 대처함으로써 국민의 건강과 소득을 보장하는 제도를 말한다(사회보장기본법 제3조 제2호). 관련 법률로는 「산업재해보상보험법」, 「고용보험법」, 「국민건강보험법」, 「국민연금법」 등이 있다. 둘째, '공공부조'(公共扶助)란 국가와 지방자치단체의 책임 하에 생활 유지 능력이 없거나 생활이 어려운 국민의 최저생활을 보장하고 자립을 지원하는 제도를 말한다(사회보장기본법 제3조 제3호). 관련 법률로는 「국민기초생활보장법」, 「의료급여법」, 「주거급여법」, 「긴급복지지원법」 등이 있다. 셋째, '사회서비스'란 국가·지방자치단체 및 민간부문의 도움이 필요한 모든 국민에게 복지·보건의료·교육·고용·주거·문화·환경 등의 분야에서 인간다운 생활을 보장하고 상담·재활·돌봄·정보의 제공·관련 시설의 이용·역량 개발·사회참여 지원 등을 통하여 국민의 삶의 질이 향상되도록 지원하는 제도를 말한다(사회보장기본법 제3조 제4호).[14) 사

한 방법으로 이해되는 경우 신체적, 정신적, 사회적인 불리한 여건 때문에 정상적인 일상생활을 영위하기 힘든 집단을 보호하기 위하여 필요한 급여, 그 중에서도 특히 서비스급여를 제공하는 영역으로 이해된다고 한다. 이는 기존에 사회사업(social work)으로 지칭되어 왔던 영역과 동일성이 인정된다. 요컨대, '사회복지'라는 용어는 실정법적 용어이지만 정의규정이 없기 때문에 그 개념에 대한 이해방법은 주관적일 수 있는데, 사회정책과 같은 범주로 넓게 이해할 수도 있고, 사회보장과 동일하게 볼 수도 있으며, 좁게 보면 대인적인 서비스를 필요로 하는 자에 대한 보호체계로 이해할 수도 있다고 한다. 전광석, 한국사회보장법론, 법문사 (2010), 77. 참조.

회보험과 공공부조로 분류되지 않는 나머지 사회보장제도들이 사회
서비스 분야로 분류될 수 있다. 관련 법률로는 「장애인복지법」, 「아
동복지법」, 「노인복지법」, 「응급의료에 관한 법률」, 「한부모가족지원
법」, 「다문화가족지원법」, 「사회복지사업법」 등이 있다. 이에 더하여
사회보장기본법은 평생사회안전망 개념도 도입하고 있는데,15) 포괄
적으로는 사회서비스의 범주에 속하는 것으로 이해된다.

핵심적 요소를 기준으로 각각의 내용을 정리하자면, 사회보험은
개인의 노동에 의한 자기기여(사회보험료 납부)를 핵심으로 한다.
사회보험의 경우 각 제도의 취지가 다르고 보호되는 사회적 위험이
서로 다르기 때문에 적용요건에도 차이가 조금씩 있다. 공공부조는
국가의 자산조사를 통하여 자신의 경제적 상태가 일정한 빈곤선 하
에 있으며 부양의무자가 없거나 부양의무자로부터 부양을 받을 수
없다는 상태에 있다는 것이 핵심적인 요건이다. 이 두 가지 범주를
제외한16) 나머지 제도들은 '사회서비스 및 평생사회안전망'(이하
'사회서비스') 분야에 속하게 된다. 사회서비스 분야에 속하는 제도
들은 그때그때의 필요에 따라 일정한 인구학적 기준이 충족되면(아
동, 장애인, 노인 등) 기여금과 관계없이 또한 자산조사 없이 현금급
여, 현물급여, 서비스 등이 제공되는데 국가 부담(일반조세)으로 혹
은 수익자 일부 부담 등 방식을 혼용하여 급여가 필요한 특정한 범

---

14) 종래에는 「사회보장기본법」에서 '사회복지서비스'라는 용어를 사용하였으
나 2012년 1월 26일 법률 제11238호로 개정된 「사회보장기본법」에서부터
사회서비스로 용어가 변경되었다.

15) 사회보장기본법 제3조(정의) 제5항. "평생사회안전망"이란 생애주기에 걸쳐
보편적으로 충족되어야 하는 기본욕구와 특정한 사회위험에 의하여 발생하
는 특수욕구를 동시에 고려하여 소득·서비스를 보장하는 맞춤형 사회보장
제도를 말한다.

16) 우리 사회보장법 형성 초기에 있어서 「사회보장에관한법률」에서는 사회보
장의 구성체계를 사회보험과 공공부조의 2가지로만 파악하는 것에서 출발
하였다.

주의 대상자에게 금전, 물품, 서비스, 시설수용 등 다양한 방식으로 급여가 제공된다.

개념과 관련하여 사회보장이라는 개념에 교육에 관한 권리(헌법 제31조)나 건강에 관한 권리(헌법 제36조 제3항)의 구체적 내용이 포함될 수 있을 것인가 의문이 있을 수 있는데, 사회보장 중 사회서비스의 개념이 포괄적이고 열려있기 때문에 사회보장이라는 개념 자체가 헌법 제34조 이외의 나머지 사회권의 구체적 내용들도 상당 부분 포섭하고 있거나 그와 중첩될 수 있다고 생각된다.

이상에서 간략히 살펴본 바와 같이 사회보장권 기타 사회권의 특징은 헌법의 규정으로부터 직접 구체적인 청구권 내지 권리가 도출된다고 보기 어렵고 그와 관련된 입법적 결단이 있어야 함을 알 수 있다. 왜냐하면, 국민의 경우에도 사회권의 주체성이 부정되지 않지만 어떤 국민에게 어떤 사회보장적 혜택이 주어질 것인가는 결국 입법적 형성이 필요한 것이기 때문이다. 그렇다면 사회권의 특성이 이러하므로 이주민의 사회권 주체성은 일률적으로 부정된다고 판단하고 이주민의 사회권 주체성에 대한 논의는 더 이상 할 필요가 없다고 단정할 수 있을 것인가. 그렇게 볼 수는 없다고 본다. 왜냐하면 사회권의 주체가 되지 못한다고 하더라도 입법적 결단에 따라 얼마든지 사회보장의 혜택이 이주민에게 주어질 수 있는 것이고 또한 사회권의 주체가 된다고 하더라도 곧바로 헌법상의 관련 규정으로부터 직접 어떤 청구권을 도출해낼 수 있는 것은 아니고 여전히 그 구체적인 내용 형성을 위해서는 입법적 결단이 있어야 하기 때문이다. 예컨대, 이주민이 교육의 권리의 주체인가 하는 문제가 좋은 예이다. 이주민이 교육의 권리의 주체가 될 수 없다면 이제 그 이주민 자녀에게 교육의 기회를 부여할 것인가는 전적으로 입법권에 유보된다. 이에 비해서 이주민이 교육의 권리의 주체로 인정된다면 그 이주민 자녀에게 교육의 기회와 관련하여 입법형성권이 인정되기는

하지만 교육의 기회 자체를 부여하지 않는 것은 헌법에 위반된다는
판단이 가능해진다. 따라서 사회권의 구체적 실현과 관련된 특성이
이주민의 사회권 주체성을 좌우하지는 않는 것이므로 이주민의 사
회권 주체성에 대한 논의는 여전히 유효하고 필요하다. 이런 점에서
현행 「사회보장기본법」이 '모든 국민은 사회보장에 관한 관계법령
이 정하는 바에 의하여 사회보장의 급여를 받을 권리(사회보장수급
권)를 가진다'(동법 제9조)고 규정한 것을 두고 이주민에 대해서는
사회보장수급권을 부정하는 취지로 해석해서는 곤란할 것이다.

2. 관련 국제규범의 태도

이주민(외국인)에 관하여 현행 헌법에서는 유일하게 제6조 제2항
에서 언급하고 있는데, "외국인은 국제법과 조약이 정하는 바에 의
하여 그 지위가 보장된다"고 규정하고 있다. 그렇다면 이주민의 지
위를 정하고 있는, 국제노동기구나 국제연합 등의 주요한 국제규범
은 어떻게 규정되어 있는지를 확인해볼 필요가 있다.

우선 국제노동기구(ILO)의 국제문서 중에서는 1952년에 채택된 제
102호 협약(「사회보장 최저기준에 관한 협약」), 1962년에 채택된 제
118호 협약(「사회보장에 있어서 내외국인 평등대우에 관한 협약」),
1982년에 채택된 제157호 협약(「사회보장권리의 보전을 위한 국제체
제 확립에 관한 협약」), 1988년에 채택된 제168호 협약(「고용촉진 및
실업보호에 관한 협약」)이 주목된다. 제102호 협약에서는 "근로자를
피보호자로 하는 갹출제의 사회보장제도에 대해서는 당해 절의 의무
를 수락한 다른 회원국의 국민인 피보호자는 당해 절에 관하여 자국
인과 동일한 권리를 가져야 한다. 다만, 이 절의 적용에 대해서는 상
호주의를 규정한 양국간 또는 다수국가 사이의 협정의 존재를 조건

으로 할 수 있다."고 규정하여 상호주의 채택을 명시하고 있다(동협약 제68조 제2항). 제118호 협약에서는 "1. 이 협약은 상호주의를 조건으로 하지 아니하며 이민 및 무국적자에게 적용한다. 2. 이 협약은 공무원이나 전쟁희생자를 위한 특별제도 또는 공적부조에는 적용하지 아니한다. 3. 이 협약은 어떠한 회원국에 대해서도 국제문서의 규정에 따라 그 회원국의 사회보장에 관한 국내법령의 적용으로부터 제외되고 있는 자에게 이 협약의 규정을 적용할 것을 요구하는 것은 아니다."라고 규정하여 상호주의를 채택하지 않는 태도를 취한 듯 보였으나 최종적으로는 상호주의를 배제하는 것이 아님을 밝히고 있다(동협약 제10조). 제157호 협약에서는 "1. 관련 회원국들은 각 회원국의 법령에 따라 시행되고 있는 다음의 각 사회보장분야에 관하여 본 협약 제3부의 제규정을 제고한 후 각국의 법령에 의거하여 획득한 권리보전(의료, 질병급여, 출산급여 및 업무상 상해에 관한 연금 및 사망급여 이외의 연금)을 위한 제도에 참여할 수 있다. 이와 같은 제도는 관리국이외의 회원국 중 한 국가에 거주하거나 또는 일시적으로 거주하는 사람에게, 관련된 국가 간의 상호협정에 따라 정한 조건하에서, 그리고 정한 범위 내에서 이와 같은 급여를 보장하여야 한다. 2. 현행 법령이 명확하지 않은 경우 1항의 상호주의 원칙에 따라 다른 회원국의 법령 하에서 제공되는 급여를 보장할 수 있는 조치를 상대국과의 협정에 따라 취하여야 한다."라고 규정하여 상호주의 채택을 명시하고 있다(동협약 제10조). 제168호 협약에서도 "1. 회원국은 모든 피보호자가 인종, 피부색, 성, 종교, 정치적 견해, 출신국, 국적, 인종 또는 사회적 신분, 장애 또는 연령에 근거한 차별이 없이 평등한 대우를 받을 수 있도록 보장하여야 한다. 2. 제1항의 규정은 제12조 제2항에서 규정한 제도 하의 집단에 적용되는 특별한 조치의 채택 또는 노동시장에서 특수한 문제를 가진 종류의 자, 특히 보호가 필요한 집단의 특수한 수요를 충족시키기 위한 특별한 조치의 채택을 방해하지 아니하며, 상호주의 원칙에 근거한 실업급여와 관련한 쌍방간 또는 다자간 협정의 체결을 방해하지 아니한다."라고 규정하여 역시 상호주의를 인정하고 있다(동협약 제6조). 요컨대, 사회보장과 관련된 ILO의 주요 협약들은 상호주의에서 벗어나 있지 않은 태도를 이어오고 있음을 알 수 있다.

　그러나 ILO의 기준에 비해, 국제연합이 채택한 조약은 다른 성향을 보이고 있다. 국제연합의 조약들은 내외국인평등의 원칙(Principle of Equality of Treatment), 즉 자국 내에 거주하는 외국인, 즉 이주민을 그 국가의 국민과 같이 대우한다는 원칙 위에 서있다. 우선 국제연합은 세계의 모든 사람을 위한 인권 및 기본적 자유를 존중하는 것을 촉진·장려하는 것에 있어 국제협력을 달성하는 것을 사명으로 하고 있다(국제연합 헌장 제1조 제3항). 국제연합은 1948년「세계인권선언」을 채택하면서 "… 민족적 또는 사회적 출신에 의한 차별없이 …"(동선언 제2조 제1항), 모든 사람은 "사회의 일원으로서 사회보장을 받을 권리"를 가진다고 선언하였다(동선언 제22조). 이것에 뒤따라 제정된 국제인권규약에서도 사회보장에 대한 적극적인 규정을 두었다. 우리나라도 비준한「경제적·사회적 및 문화적 권리에 관한 국제규약」(이하 '사회권규약', 1990. 4. 10. 비준)에서는 "이 규약의 체약국은 이 규약에서 정하는 권리가 … 민족적 또는 사회적 출신에 의한 어떠한 차별도 없이 행사되는 것을 보장하는 것을 약속한다."(제2조 제2항)고 한 후에 "이 규약의 당사국은 모든 사람이 사회보험을 포함한 사회보장에 대한 권리를 가지는 것을 인정한다."(제9조)라고 규정하고 있다. 이처럼 국제연합의 주요 문서에서는 이른바 상호주의에 대한 어떠한 언급도 없이 사회보장에 관해서 '모든 사람'의 권리로서 인정하고 있다. 또한 1976년에 국제연합은「난민의 지위에 관한 조약」을 채택하면서 그 제23조 공공부조 및 제24조 사회보장에 있어서 내외국인평등 대우원칙을 규정하였다. 난민이라는 점으로부터 당연하지만, 상호주의를 채택하지 않았다. 나아가 국제연합은 1990년 12월 18일 제69차 총회에서 이주노동자권리조약을 채택하였는데,[17] 그 제27조 제1항도 이주민의 사회보장의 권리를 정하고 있다.[18] 결국 국제연합이 채택한 국제규범의 입장에서는 이주민의 사회보장권 기타 사회권의 주체성에 대해서 특별히 의심하지 않고 있음을 알 수 있다.

국제규범과 관련해서는, 특히 1990년 우리나라에 대해서도 발효된 사회권규약이 이주민의 사회보장과 관련하여 가지는 국내법적 효력에 주목하게 된다. 우리 헌법 제6조 제1항은 "헌법에 의하여 체결·공포된 조약과 일반적으로 승인된 국제법규는 국내법과 같은 효력을 가진다."라고 규정하고 있으므로, 국내법적 효력이 있는 국제법과 조약의 내용에 따르면, 우리나라는 내외국인평등의 원칙을 적용해야 하거나 아니면 적어도 이에 도달하기 위한 조치를 취해야 할 것이다.

---

17) 이 조약의 원래 명칭은 「모든 이주노동자와 그 가족의 권리보호에 관한 국제조약(International Convention on the Protection of the Rights of All Migrant Workers and Members of their Families)」(UN Doc. A/RES/45/158)이다.

18) 이주노동자권리조약은 "사회보장에 관하여, 이주노동자와 그 가족은 적용 가능한 그 국가의 법률 및 2국간 또는 다국간 조약에 의해 규정된 요건을 충족하는 한, 고용국에서 국민에게 인정되는 것과 동일한 취급을 향유한다"고 정하고 있다(제27조 제1항). 이는 사회보장에 대하여 내외국인평등의 원칙과 상호주의 원칙의 조화를 도모한 것으로 볼 수 있다. 그리고 이 조항은 미등록 이주민 근로자를 포함한 모든 이주민 근로자의 보호를 정하고 있는 제3부에 규정된 내용이며, 미등록 이주민 근로자를 특별히 제외하고 있지 않다.

3. 헌법적 논의

가. 문제의 소재

이주민은 자신이 본래 살던 사회를 떠나 새로운 사회로 들어온 자인데 이들에 대해서 원주민과 동등한 사회권적 보호 내지 배려를 해주어야 하는 것인가에 대해서는 다양한 견해가 존재할 수 있다.

이주민이 본래 살던 사회가 원주민 사회보다 후진적인 곳이라면 보다 나은 사회로 들어오는 것을 받아준 것 자체가 배려인데 추가적으로 무슨 배려가 왜 필요할 것인가라는 주장이 제시될 수 있을 것이다. 그러나 이런 견해는 원주민이 사는 사회보다 나은 사회에서 지식과 기술 및 경제력을 가지고 원주민 사회로 들어오는 경우도 있다는 점에서 설득력을 가지기 어렵다.

이주민에 대해 사회권을 인정할 것이냐의 문제를 법적 문제가 아니라 단순히 국가정책 문제로 보는 견해도 있을 수 있다.[19] 그런데 정책 설정 자체가 최종적으로는 법령에 근거한 것이기 때문에 이주민에 대해서 사회권에 속하는 어떤 법적 지위나 권리를 인정한다고 했을 때 그 지위나 권리의 실체적 형성 단계에 따라 헌법적 차원의 것, 법률적 차원의 것, 시행령 차원의 것 등 그 층위는 다를 수 있으나 법적 지위나 권리라는 점에서는 공통적일 수밖에 없을 것이다. 또한 이주정책의 문제는 국가의 상황에 따라 이주하려는 사람들의 상태에 따라 집단적으로 얼마든지 유동적으로 변할 수 있는 문제다. 그렇지만 일단 이주하여 국내에 들어와 있는 이주민에 대한 법적 지위나 권리의 인정 여부는 개별적으로 다르게 정해질 것이지만 그에 관련된 논의는 일정한 기준에 속하는 집단을 대상으로 진행될

---

19) 정종섭, 앞의 책, 330.

수밖에 없다.

한편, 이주민에 대해서 사회권의 주체성이 될 수 있는가라는 일반적이고 획일적인 문제와 어떤 이주민에게 구체적으로 어떤 사회권이 인정될 수 있는가의 문제는 서로 다르다고 본다. 우선 사회권의 주체성이 될 수 있는지 여부가 규명된 후에 그렇다면 정책적인 관점에서 어떤 사회권 다시 말해서 사회권에 속하는 어떤 권리를 인정할 수 있을 것인지 논의가 가능하기 때문이다. 만약 국민이라면, 사회권의 주체성 문제와 어떤 사회권을 인정할 것인가는 서로 구별할 필요성이 없는 문제이겠으나 이주민이라면 사회권의 주체로 인정된다 하더라도 그에게 인정할 필요성이 있는 사회권의 종류와 내용은 국민의 그것과는 다를 수 있다고 본다.

나. 외국인의 법적 지위에 관한 헌법 제6조 제2항의 해석론

현행 헌법 제6조 제2항은 "외국인은 국제법과 조약이 정하는 바에 의하여 그 지위가 보장된다."라고 규정하고 있다. 동조항은 우리 헌법에서 이주민(외국인)에 관하여 언급하고 있는 유일한 조항이다. 다만 여기서 규정된 외국인이 일반적이고 추상적인 의미에서의 외국인인지 아니면 우리나라에 입국하여 체류하고 있는 외국인 즉 이주민을 의미하는지 법문상 구별되어 있지는 않다. 특이한 점은 동조항의 규정이 1948년 건국헌법 제7조에서 "외국인의 법적 지위는 국제법과 국제조약의 범위 내에서 보장된다."고 규정된 이래로 지금까지 내용이 변한 바 없이 이어져 내려오고 있다는 점이다. 1948년 건국헌법 제정 당시 국제법과 국제조약이 발전되어 있었다고 평가할 수 있을지 의문이 있으나 당시 국회속기록을 살펴보면, "외국인의 법적지위를 보장하는 그러한 의미에 있어서 「국민」이라는 것이 외국인에게까지 미치지 못할 염려가 있어서 그 「국민」이라는 구절을

「인민」으로 고치자는 것을 제안했읍니다. 그러나 그것이 통과되지 못하고 부결이 되었읍니다.", "우리가 헌법을 제정하는 데 있어서 외국인의 법적지위를 보장하지 않는 것은 밖으로 헌법 체제에 있어서 좋지 못한 그런 점이 있고 또는 우리 헌법이 세계의 한 법으로 되어가지고 이러한 조항이 없으면 대단히 유감스럽다고 생각이 있어가지고", "국제상 관계로 남의 나라에 우리나라 사람이 살고 있는 이때에 그런 조문이 없다고 하면 남들이 생각하드라도 우리만 생각한다는 웃음을 받을 것이니까 어떤 나라에서도 보통 어떤 사람이든지 자기 시민뿐만 아니라 그 나라 안에 사는 사람들은 일체로 보호한다고 헌법에 규정이 드러가는 것이니까 우리도 이 조문 하나를 넣으면 대단히 좋을 것 같읍니다." 등의 언급이 있는바, 당시 입법자의 생각을 엿볼 수 있다.[20]

그리고, 헌법 제6조 제2항의 법적 성격에 대해서는, 이주민의 지위에 관한 국제법상의 일반원칙을 우리 법질서가 수용하기 위한 헌법상의 근거조항으로 보고 있으며 이주민의 보호와 관련하여 국제법적으로 확립된 관례가 상호주의 원칙이기 때문에 우리 헌법도 상호주의 원칙을 존중하겠다는 뜻을 밝힌 것으로 일단 이해되고 있다고 한다.[21] 그런데 문제는 이 조항이 1948년 제정된 이래로 관련 '국제법'이 무엇인지, 관련 '조약'이 무엇인지에 대해서는 그동안 특별한 논의나 검토가 진행된 바 없이 만연히 상호주의를 규정한 것으로 해석되어 왔다는 점이다. 이러한 기존의 해석론이 과연 타당한지는 재검토되어야 할 것이라고 본다.

이상에서 본 바와 같이, 이주민(외국인)의 법적 지위와 관련하여서는 우리 헌법에서 명확하게 규정한 바가 없다. 그렇기 때문에 그동안 한정된 조문을 가지고 해석론이 전개될 수밖에 없었을 것이라

---

20) 제1대 국회 제1회 제27차 "국회본회의 속기록", (1948. 7. 7.), 3-4.
21) 허영, 앞의 책, 191.

고 본다.

헌법 제6조 제2항의 해석과 관련하여 동조항에서 규정된 '지위
보장'을 이주민에 대해서도 기본권 주체성을 인정한다는 의미로 받
아들일 수 있을 것인가. 헌법에서는 이에 관해 전혀 언급이 없지만
이주민에 대한 국내법상의 지위가 동조항에만 근거를 두고 있는 것
은 아니고 다른 기본권 규정과도 관련이 있다고 한다.22) 이주민의
국내법적 지위나 권리는 헌법상의 지위, 하위 법령상의 지위, 국제
조약에 의해서 인정되는 국내법적 지위로 구별될 수 있다는 전제에
서 특히 이주민의 기본권 주체성 여부는 헌법이 보장하는 국내법적
지위를 의미한다는 견해가 있다.23)

결론적으로 헌법 제6조 제2항을 통해 분명히 알 수 있는 것은, 이
조항은 적어도 이주민, 즉 우리나라에 입국하여 체류하고 있는 외국
인에게 우리나라 영토 내에서 자신들의 권리를 주장할 수 있는 헌
법적인 근거로는 제시될 수는 있을 것이라는 점이다.24)

다. 학설상 논의

이주민에 대해서 사회권의 주체성이 인정되느냐라는 문제와 관
련해서는 이주민의 기본권 주체성 인정여부의 문제가 먼저 논의될
것을 필요로 한다. 이와 관련하여 이주민의 기본권 주체성 여부가
외국인의 지위 보장에 관하여 규정한 헌법 제6조 제2항과의 관계에
서 정합적으로 해석되어 논의되고 있는지는 분명하지 않은 것 같
다.25) 동조항 자체가 불분명하게 규정되어 있는 것이 주된 이유일
것으로 본다.

---

22) 허영, 앞의 책, 191.
23) 정종섭, 앞의 책, 331.
24) 노호창, "외국인의 사회보장", 이민법, 박영사 (2016), 454.
25) 노호창, 앞의 책, 454.

헌법학계에서 주로 참고하고 있는 독일의 (구)헌법이론에서는 법실증주의, 통합과정론, 결단주의 등 어느 입장이냐에 따라 이주민의 기본권 주체성에 대해서는 서로 다른 논리가 전개되고 있다. 예컨대, 법실증주의적 논리라든가 통합과정론적 논리(R. Smend)에 따르면 이주민은 기본권의 주체가 될 수 없다는 해석으로 귀결된다고 하며, 기본권을 인간의 천부적이고 선국가적인 자유와 권리로 이해하면서 그 비정치성을 강조하는 C. Schmitt의 입장에서는 인간이라면 누구나 누려야 마땅한 절대적 기본권에 대해서는 이주민에게도 인정된다고 하지만 민주시민권으로서의 참정권이라든가 국가의 적극적 급부를 요구하는 사회권은 절대적 기본권에 속하는 자유권과는 본질과 기능을 달리하므로 이주민에 대해서 제한없이 인정될 수 있는 것은 아니라는 논리 귀결이 된다고 한다.[26]

국내의 일부 헌법학자들도 과거 독일의 이론들을 그대로 답습하고 있는 듯하다. 국내의 견해 중에서는 사회권은 국민의 사회적·경제적 지위를 보장하기 위하여 규정한 것이므로 이주민에게는 원칙적으로 기본권의 차원에서는 인정될 수 없고 다만 국가정책적으로 법률을 제정하여 법률상의 권리로 인정해줄 수는 있다는 견해가 있다.[27] 또한 기존의 공동체에 새로이 유입된 이주민이 당연히 사회적 기본권의 주체가 될 수 있는지에 대해 소극적인 입장을 보이는 견해도 있다.[28] 이러한 견해들이 제시될 수 있는 것은 사회적 기본권이 가지는 몇 가지 특성 때문으로 보인다. 예컨대 이미 언급한 바와 같이 사회적 기본권은 국가의 적극적인 행위를 통해서만 실현될 수 있다는 점, 헌법 자체는 사회적 기본권의 목표와 기본방향만을 정할 뿐 구체적인 실현은 입법자에게 유보되어 있다는 점, 사회적 기본권

---

26) 허영, 앞의 책, 250-251.
27) 정종섭, 앞의 책, 330.
28) 성낙인, 헌법학, 법문사 (2015), 916.

의 실현은 공동체의 다른 구성원의 일정 정도 희생과 부담을 전제
로 한다는 점 등이 그러하다.[29]

　물론, 입법권자를 비롯한 모든 국가권력을 기속하는 기본권의 가
치규범적 성격을 전제로 할 때 헌법상 기본권이 이주민에게도 인정
되느냐 여부를 논하는 것 자체가 실질적인 의미를 가질 수 있다고
보는 입장에서는 이주민이라 하더라도 하나의 생활공동체 내에서 동
화적 통합을 해치지 않고 이를 촉진시킬 수 있는 범위 내에서 그 기
본권 주체성을 인정하는 것이 타당하다고 주장하는 견해가 있기는
하다.[30] 그렇지만 이 견해도, 참정권의 경우 우리 사회가 추구하는
동화적 통합의 방향에 그릇된 영향을 미칠 가능성이 있으므로 이를
허용하기 어렵고, 다른 기본권의 경우에도 동화적 통합의 여건이 상
황에 따라 달라질 수 있으므로 구체적으로 어떤 기본권을 이주민이
향유할 수 있을 것인가는 개별적으로 결정할 것이지 처음부터 획일
적으로 정할 수는 없는 것이라고 보고 있어서[31] 이주민에게 사회권
주체성이 인정되는지 여부를 명시적으로 밝히고 있지는 않다.

　그런데 우리에게 많은 영향을 준 독일의 경우, 최근 연방헌법재
판소에서 기본법(헌법)상 인권의 존엄성 규정을 근거로 난민신청자
에 대하여 사회권에 속하는 생활보호급부청구권을 인정하는 판단을
내림으로써,[32] 이주민의 사회권 주체성을 전면적으로 인정하는 것

---

29) 전광석, "다문화사회와 사회적 기본권", 한국헌법학회·국가인권위원회 공동
　　학술대회 (2010. 3. 12. 발표), 126.
30) 허영, 앞의 책, 252.
31) 허영, 앞의 책, 253.
32) 연방헌법재판소 2012. 7. 12. 판결(BVerfGE 132, 134). 동판결에서는 난민신
　　청자급부법(Asylbewerberleistungsgesetz)상의 현금급여의 수준이 1993년 법
　　시행 이후로 증가된 바가 없어서 난민신청자의 최저생활보장이 어려워
　　진 것을 이유로 동법률이 기본법 제20조 제1항에 규정된 사회국가원리
　　(Sozialstaatsprinzip)와 연결된 기본법 제1조 제1항의 인간의 존엄성을 침해하
　　는 것이 아닌지 문제되었는데, 동판결에서는 '기본법 제1조 제1항에서 명시

으로 보아도 좋을 만한 유권적 판단을 내리고 있다는 점에서 우리에게 시사하는 바가 적지 않다고 볼 것이다.

라. 헌법재판소의 견해

헌법재판소는 "국민과 유사한 지위에 있는 외국인은 기본권주체가 될 수 있다. 인간의 존엄과 가치, 행복추구권은 인간의 권리로서 외국인도 주체가 될 수 있고, 평등권도 인간의 권리로서 참정권 등에 대한 성질상의 제한 및 상호주의에 따른 제한이 있을 뿐이다."라고 판시한 바 있다.[33] 그런데 헌법재판소의 이러한 견해는 기본권주체성 여부에서 '국민-국민과 유사한 지위에 있는 외국인(이주민)-국민과 유사한 지위에 있지 않은 외국인(이주민)'으로 대상을 구분하게 되는데, 이주민이 헌법상 권리를 보유할 수 있는가 없는가를 판단함에 있어 이주민을 구분하여 '국민과 유사한 지위에 있는 자'와 '그렇지 아니한 자'를 구분하는 것은 논리적으로 타당하지 않고 인종주의적 견해라는 비판을 받을 수 있다.[34]

이후 등장한 헌법재판소 결정에서는 "근로의 권리가 '일할 자리에 관한 권리'만이 아니라 '일할 환경에 관한 권리'도 함께 내포하고 있는바, 후자는 인간의 존엄성에 대한 침해를 방어하기 위한 자유권적 기본권의 성격도 갖고 있어 건강한 작업환경, 일에 대한 정

하고 있는 인간의 존엄성 불가침은 독일에 거주하는 독일인과 이주민 모두에게 동일하게 적용되는 것이며, 기본법 제20조 제1항의 사회국가원리와의 관련 하에서 인간의 존엄성 불가침이라는 국가의 객관적 의무에 상응하여 누구나 존엄한 최소한의 삶을 누리는 것을 보장하는 기본권이 인정되며, 존엄한 최소한의 삶의 설정에 있어서 체류자격에 따른 차별은 인정되지 않으며, 획일적으로 이해되어야 하는 인간의 존엄한 삶은 독일에 체류하는 순간부터 실현되어야 하는 것'이라고 판단하였다.

33) 헌법재판소 2001. 11. 29. 선고 99헌마494 결정.
34) 정종섭, 앞의 책, 329.

당한 보수, 합리적인 근로조건의 보장 등을 요구할 수 있는 권리 등을 포함한다고 할 것이므로 외국인 근로자라고 하여 이 부분에까지 기본권 주체성을 부인할 수는 없다. 즉 근로의 권리의 구체적인 내용에 따라, 국가에 대하여 고용증진을 위한 사회적·경제적 정책을 요구할 수 있는 권리는 사회권적 기본권으로서 국민에 대하여만 인정해야 하지만, 자본주의 경제질서 하에서 근로자가 기본적 생활수단을 확보하고 인간의 존엄성을 보장받기 위하여 최소한의 근로조건을 요구할 수 있는 권리는 자유권적 기본권의 성격도 아울러 가지므로 이러한 경우 외국인 근로자에게도 그 기본권 주체성을 인정함이 타당하다."라고 판시함으로써[35] 사회권의 경우 국민에 대하여만 인정된다는 입장을 명시적으로 표명한 바 있다.

이와 같은 '인간의 권리vs국민의 권리'라는 기본권 이분법은 헌법재판소 결정에서 고수되고 있다. 예컨대, 이주민 근로자에 대한 사업장 변경 회수를 제한하고 있는 구「외국인근로자의 고용 등에 관한 법률」상의 관련 조항에 대한 위헌성을 다툰 사건에서 "직업의 자유 중 이 사건에서 문제되는 직장 선택의 자유는 인간의 존엄과 가치 및 행복추구권과도 밀접한 관련을 가지는 만큼 단순히 국민의 권리가 아닌 인간의 권리로 보아야 할 것이므로 권리의 성질상 참정권, 사회권적 기본권, 입국의 자유 등과 같이 외국인의 기본권 주체성을 전면적으로 부정할 수는 없고, 외국인도 제한적으로라도 직장 선택의 자유를 향유할 수 있다고 보아야 한다."라고 판시하거나[36] 이주노조의 간부로 활동하는 미등록 이주민에게 행해진 출입국관리법상 긴급보호 및 강제퇴거 조치에 대한 위헌성을 다툰 사건에서 "외국인의 기본권 주체성이 당연히 인정되는 인간의 권리에 해당하는 기본권은 해당 외국인의 대한민국 내에서의 체류자격과

---

35) 헌법재판소 2007. 8. 30. 선고 2004헌마670 결정.
36) 헌법재판소 2011. 9. 29. 선고 2007헌마1083 결정.

관계없이 인정되는 것으로 불법체류자라 하더라도 인정되는 것"라
고 판시한 것[37) 등이 그러하다.

4. 소결

다문화사회에서 이주민에 대한 사회보장권 기타 사회권 인정 여
부에 관한 논의에는 다음과 같은 특수성이 작용한다. 이미 언급했듯
이 사회권은 대부분의 경우 입법 등 국가작용에 의하여 구체적으로
그 내용이 확정되고 실현될 수 있다. 이 점이 헌법에 의하여 그 내
용이 확정되는 자유권과 구분된다. 또한 이주민의 사회통합과 관련
하여서도 헌법 규정 자체로부터 이주민 개인에게 직접 영향을 미치
는 구체적인 언명이 도출되는 것도 아니다.

이와 같이 사회권은 헌법에 규정된 그 자체로는 개인의 법적 지
위에 어떤 구체적이고 직접적인 영향을 주지는 않는다. 그 결과 이
주민이 사회권의 주체인가라는 헌법적 질문이 갖는 의미는 상대적
일 수 있다.[38) 이 질문에 대하여 긍정한다고 해서 우리 헌법의 관련
규정으로부터 구체적인 청구권이 직접 도출되는 것은 아니기 때문
이다.[39)

어찌되었든 우리 헌법에서 이주민의 사회보장권 기타 사회권에

---

37) 헌법재판소 2012. 8. 23. 선고 2008헌마430 결정. 동 결정에서는 신체의 자
유, 주거의 자유, 변호인의 조력을 받을 권리, 재판청구권 등은 성질상 인간
의 권리에 해당한다고 볼 수 있으므로 이 기본권들에 관하여는 청구인들의
기본권 주체성이 인정된다고 하였으나 이 사건 긴급보호 및 강제퇴거 조치
는 청구인들의 노동3권을 직접 제한하거나 침해한 바 없음이 명백하다는
이유로 기본권 주체성 여부 및 본안에 대한 판단은 하지 않았다.
38) 전광석, 앞의 글, 127.
39) 헌법재판소 2003. 7. 24. 선고 2002헌바51 결정; 헌법재판소 2004. 10. 28. 선
고 2002헌마328 결정.

대해서는 구체적인 언급을 하고 있지 않은 상황이므로 이주민에 대한 사회권은 헌법적 지침 없이 입법권을 포함한 단계적 결정에 전면적으로 유보될 위험이 상존하고 있다. 전면적인 유보에 따라 이루어지는 입법 및 행정적 결정 그리고 그 구체화를 통하여 이주민의 법적 지위가 사실상 결정되는 사회권의 이러한 상황은 다문화사회에서 법치국가원리가 갖는 가능성과 한계를 동시에 보여준다. 법제화를 통하여 이주민 개인이 법적 안정성을 가질 수는 있지만 그의 기본권 실현에 영향을 미치는 구체적인 사회보장적 조치에 대한 법제화가 반드시 가능한 것은 아니기 때문이다.40) 또한 사회권은 주로 이를 실현하는 구체적인 국가작용과의 연계 속에서 의미를 가지게 되고, 입법단계에서뿐만 아니라 행정적 결정의 단계에서도 다양한 가치의 충돌과 조정 및 관철이 이루어진다는 점에서 사회권의 실현구도는 다면적이고 다층적이어서 사회권은 단지 절차적 원리에 불과한 것은 아닌가 의문이 들기도 한다.41)

그렇지만 거꾸로 사회권의 주체가 아니라는 논리는 입법자에게 이주민을 보호해야 할 헌법적 필연성을 의무지울 수 없다는 의미를 가질 뿐이지, 입법자가 스스로 입법적 결단 내지 정책적 판단에 의하여 이주민을 적극적으로 우리 법질서에 편입시키는 것을 금지하는 것은 아니라는 점은 주의할 필요가 있다.42) 그러므로 이주민의 사회권 주체성에 관한 논의는 여전히 필요하고 이를 과소평가할 것은 아니라고 본다. 게다가 오늘날 우리 현행 사회보장법제를 보면 여러 구체적 입법에서 이주민에 대한 적용을 인정하고 있는 상황이므로, 굳이 이주민의 사회권 주체성을 부정한다는 것이 어떤 실익이 있는지 의문이며, 기본권 자체를 인간의 권리와 국민의 권리로 이분

---

40) 전광석, 앞의 글, 127.
41) 전광석, 앞의 글, 127.
42) 전광석, 앞의 글, 128.

하여 사회권의 경우 국민의 권리이므로 이주민에게는 그 주체성이 부정된다고 논하는 것이 현실적 문제 해결에 있어서 어떤 규범적 의미를 가지는지 의문이 아닐 수 없다.

국민의 경우에도 마찬가지이지만, 사회권을 이주민에게 인정한다고 하여도 사회권의 추상적 성격으로 인하여 헌법의 관련 규정으로부터 개인에게 사회권의 구체적인 실현을 주장하는 권리가 도출되는 것이 아니다. 입법을 통하여 이주민이 공동체의 일원으로서 국민과 동일한 사회적 부담 등을 하고 있고 또한 입법을 통해서 이주민에게 사회권의 적용범위를 인정하고 있는 것이 법현실이라는 점을 감안한다면, 이주민도 원칙적으로 사회권의 주체가 된다고 보는 것이 타당하다.[43]

III. 이주민에 대한 사회보장권 기타 사회권 관련 법제도 현황

1. 「재한외국인 처우 기본법」의 취지와 한계

이주민에 관한 사회보장권 기타 사회권이라는 주제와 관련하여 그 인적 주체에 특히 초점을 맞추면 우선 떠오르는 법률은 「재한외국인처우기본법」(이하 '외국인처우법'이라 한다)이다. 법률 명칭만 보면 사회보장에 관한 내용을 담고 있을 것으로 일응 추정된다. 이 법은 우리나라에서 체류하고 있는 외국인의 처우에 관한 기본법으로서 2007. 5. 17. 법률 제8442호로 제정되었고 현재까지 몇 차례에 걸쳐 개정된 바 있다.

---

43) 같은 취지로 최윤철, 앞의 책, 55 참조.

외국인처우법은 "재한외국인에 대한 처우 등에 관한 기본적인 사항을 정함으로써 재한외국인이 대한민국 사회에 적응하여 개인의 능력을 충분히 발휘할 수 있도록 하고, 대한민국 국민과 재한외국인이 서로를 이해하고 존중하는 사회 환경을 만들어 대한민국의 발전과 사회통합에 이바지함을 목적"으로 하고 있다(동법 제1조 참조). 외국인처우법은 법 제3장(재한외국인 등의 처우)에서 재한외국인 등의 인권옹호(동법 제10조), 재한외국인의 사회적응 지원(동법 제11조), 결혼이민자 및 그 자녀의 처우(동법 제12조), 영주권자의 처우(동법 제13조), 난민의 처우(동법 제14조), 국적취득 후 사회적응(동법 제15조), 전문외국인력의 처우 개선(동법 제16조), 과거 우리나라 국적을 보유하였던 자 등의 처우(동법 제17조)에 관한 노력·지원·배려 의무를 규정하고 있다. 동법은 비록 기본법이라는 성격으로 인해 추상적인 내용과 노력의무 정도까지만 규정하고 있긴 하지만, 이주민의 법적 지위를 보장하고 이주민의 사회적응과 우리 국민의 이민사회에 대한 이해를 지원하기 위한 목적에서 출발한 본격적인 최초의 입법적 시도라는 점과 기본법이라는 취지에 맞게 이주민의 사회적 처우에 관한 방향과 철학을 제시하고 있다는 점에서 그 의의를 찾을 수 있겠다.44)

그런데 외국인처우법은 그 법률 명칭이 주는 어감과는 달리 이주민의 사회보장에 대한 국가 및 지자체의 권한이나 책임 그밖에 국민 또는 이주민의 권리·의무를 직접적·구체적으로 규정하고 있지는 않다. 그렇지만 구체적인 사회보장서비스의 향유권에 대해서는 개별법에서 외국인에 대한 특칙으로 규정하는 것이 입법체계나 사회보장서비스의 다양성 측면에서 오히려 바람직할 수 있는 만큼 굳이 외국인처우법에서 국가나 지자체의 책임이나 이주민의 구체적인 권

---

44) 노호창, 앞의 책, 456.

리·의무를 직접 규정할 필요는 없을 것으로 보인다. 따라서 외국인 처우법이 '기본법'이라는 명칭에 부합하게 이주민의 처우에 대한 국가의 법제도·정책의 기본 방향만을 규정하고 있다고 할지라도 특별히 문제점은 없다고 판단되며 다만 법률에서 '처우'라는 용어를 사용하고 있고 법률의 목적에서 '상호이해와 존중' 및 '사회통합'을 제시하고 있으므로 향후 사회보장에 관한 약간의 언급이라도 추가할 필요는 있을 것으로 본다.45)

2. 사회보험

가. 산업재해보상보험

산업재해보상보험(이하 '산재보험')은 모든 사용자를 강제로 가입시켜 소속 근로자에 대한 임금 총액을 기준으로 사업의 규모나 위험률을 고려하여 보험료를 부담시켜 재원을 조성하고, 어떤 근로자라도 업무상 재해를 당하게 되면 그가 누구의 근로자이든 관계없이 법령에 따라 정해진 보상을 받을 수 있도록 함으로써 그 근로자의 구제를 도모하고 사용자에 대해서는 면책을 시켜주는 방식으로, 개별 사용자의 자본의 위험을46) 사회보험방식으로 총 자본의 차원에서 분산시켜 놓은 사회보험이다.

산재보험의 경우 노동재해로부터 근로자를 보호하는 것이 근본 취지이기 때문에 인적 적용범위 자체가 '근로자'이면 되므로 법률 자

---

45) 노호창, 앞의 책, 456.
46) 만약 산재보험이 존재하지 않는다면, 어떤 근로자의 업무상 재해에 대해 개별 사용자가 직접 보상을 해줘야 하는데, 만약 이 상황에서 그 개별 사용자가 재산을 은닉한다거나 무자력인 경우 피재 근로자는 제대로 보호받기 어렵게 된다.

체에서 이미 적용 대상을 '국민'으로 한정하고 있지 않다(산재보험법 제1조, 제5조). 즉 산재보험법은 근로자를 보호대상으로 하고 있기 때문에 노동평등의 원칙상 이주민을 배제할 이유가 없다.[47] 그런 이 유로 판례도 일찍부터 소위 미등록 이주민 근로자에게까지 산재보험 의 적용대상이 된다고 확립한 바 있다.[48] 즉, 산재보험은 합법적인 체류자격을 요구하지 않고 모든 이주민 근로자에게 적용된다.

다만 산재보험법은 기본적으로 상시 1인 이상 근로자를 사용하는 모든 사업 또는 사업장에 대해 사업주 의사와는 무관하게 적용되지 만, 위험률이나 규모 등에 따라 대통령령으로 정하는 사업에 한하여 적용이 제외되므로(동법 제6조) 해당 이주민 근로자가 만약 적용제 외 사업장 소속이라면 산재보험의 적용을 받지 못하는 경우가 생길 여지는 있다. 또한 판례의 입장에 따를 때, 관계 법령에 의하여 사업 이 금지되어 있고 그 금지규정을 위반한 때 형사처벌이 따르는 경우 에는 산재보험법이 적용될 수 있는 사업이 아니라고 밝히고 있는 바[49] 만약 해당 이주민 근로자가 이러한 불법 혹은 무허가 사업장 소속이라면 산재보험의 적용을 받지 못하는 경우가 생길 수 있다.

물론, 산재보험의 경우 체류자격과 무관하게 보장받을 수 있는 제 도이기는 하나, 요양급여 신청을 하는 과정에서 체류자격이 드러날 것 에 대한 우려 때문에 강제송환을 두려워하는 이주민 근로자 본인 및

---

47) 노호창, 앞의 책, 463.
48) 대법원 1995. 9. 15. 선고 94누12067판결. "외국인이 취업자격이 아닌 산업연
   수생으로 입국하여 구 산업재해보상보험법(1994. 12. 22. 법률 제 4826호로
   전문개정되기 전의 것)의 적용대상이 되는 사업인 회사와 고용계약을 체
   결하고 근로를 제공하다가 작업 도중 부상을 입었을 경우, 비록 그 외국인
   이 구 출입국관리법상의 취업자격을 갖고 있지 않았다 하더라도 그 고용계
   약이 당연히 무효라고 할 수 없고, 위 부상 당시 그 외국인은 사용종속관계
   에서 근로를 제공하고 임금을 받아 온 자로서 근기법 소정의 근로자였다 할
   것이므로 구 산재보험법상의 요양급여를 받을 수 있는 대상에 해당한다."
49) 대법원 2010. 8. 19. 선고 2010두8393 판결.

산재보상에 따른 보험료 부담과 미등록 이주민 근로자 고용으로 인한
처벌을 회피하기 위한 사업주 양자 간의 이해관계가 일치하여 산업재
해를 신청하지 않고 합의로 은폐되는 경우가 발생할 수 있다.[50]

나. 고용보험

고용보험은 실업의 예방, 고용의 촉진 및 근로자의 직업능력의
개발과 향상을 꾀하고, 국가의 직업지도와 직업소개 기능을 강화하
며, 근로자가 실업한 경우에 생활에 필요한 급여를 실시하여 근로자
의 생활안정과 구직 활동을 촉진함으로써 경제·사회 발전에 이바지
하는 것을 목적으로 마련된 사회보험이다(고용보험법 제1조). 고용
보험은 전통적 의미의 실업보험(실업급여) 외에 고용안정사업과 근
로자의 직업능력개발사업을 연계하여 실시하는 예방적이고 적극적
인 성격을 가지고 있다. 그런데 고용보험의 여러 제도 가운데 개별
근로자에게 가장 중요한 것은 실업급여인데, 이는 실직자들의 생계
를 유지하고 구직활동을 용이하게 하기 위해서 실직자에게 지급되
는 급여를 말한다(동법 제4장 실업급여 부분 참조).

고용보험도 원칙적으로는 근로자에게 적용되는 것이지만 이주민
근로자에게는 일정한 제한이 규정되어 있다. 이주민 근로자에게 고
용보험은 적용이 안 되는 것으로 되어있지만(고용보험법 시행령 제3
조 제2항 제1호) 합법적인 체류자격을 가진 이주민 근로자 중에서
일정한 경우에는 고용보험 가입이 가능하다. 그런데 이주민 근로자
의 경우 체류기간이 종료되면 귀국하는 것이 원칙이기 때문에 실업

---

50) 이러한 문제점을 해결하기 위해 자진신고 및 산업재해 신청에 협조하는 사
    용자에게는 처벌을 감면하는 식의 인센티브를 제공하자는 견해가 제시되고
    있다. 노재철, "미등록외국인근로자의 문제점과 해결방안", 노동법논총 제
    18호 (2010. 4.), 68 이하; 이다혜, "시민권과 이주노동", 박사학위논문, 서울
    대학교 (2015), 180.

중의 생계보장이라는 실업급여의 취지와는 맞지 않는 면이 있다. 그렇지만, 예컨대 실업상태에 처하게 되었으나「외국인근로자의 고용 등에 관한 법률」(이하 '외국인고용법')상 이주민 근로자에게 고용관계 종료의 책임을 지울 수 없고 외국인고용법 및「출입국관리법」상 체류 제한에 걸리지 않는 경우라면 실업급여를 받을 필요성이 존재할 수 있다.[51] 일정한 체류자격이나 취업활동을 할 수 있는 자격을 갖춘 이주민에게 고용보험에 가입할 수 있도록 길을 열어두고 있는 점은 이주민 근로자라 하더라도 실업의 위험이 존재할 수 있음을 배려한 것이라고 볼 수 있다.

다. 국민건강보험

질병 등에 대한 치료는 고가의 전문적인 서비스를 필요로 하기 때문에 일반 국민이 오로지 민법상의 계약에만 의지하여 의료기관과 양자 간의 법률관계에서 그 비용을 모두 부담해야 한다면 이는 경제적으로 대단히 부담스러운 일이 될 수밖에 없다. 그래서 국민의 건강권을 보호하기 위하여 국가는 의료서비스를 국민에게 제공하기 위한 공적인 보장 방법을 고안하게 되었고 우리나라의 경우 사회보험에 해당하는 국민건강보험(NHI, National Health Insurance) 방식을 채택하고 있다. 우리나라의 경우 현재 전체 국민의 약 97%가「국민건강보험법」(이하 '건강보험법'이라 한다)에 따라 국민건강보험(이하 '건강보험'이라 한다)의 적용을 받고 있으며, 그 외에 국민기초생활보장수급자 등에 속하는 국민은 공공부조에 해당하는「의료급여법」에 의하여 의료서비스를 제공받고 있다.[52]

---

51) 노호창, 앞의 책, 467.
52) 국민건강보험공단·건강보험심사평가원, 2015년 건강보험통계연보 (2016), 6-7 참조.

건강보험의 구조는 '정부-국민-요양기관(의료기관 등)'의 3면 관계로 이루어져 있다. 건강보험 제도의 전체적인 책임은 보건복지부에서 관장하고 있지만, 구체적으로는 국민건강보험공단(이하 '건보공단'이라 한다)에서 보험관리업무를, 건강보험심사평가원(이하 '심평원'이라 한다)에서 보험급여에 대한 심사평가업무를 맡고 있다. 건강보험에 가입된 국민은 직장가입자 또는 지역가입자 둘 중 하나에 속하며, 매월 소득에 비례하여(직장가입자) 또는 보험료부과점수에 따라(지역가입자) 부과되는 건강보험료를 건보공단에 납부한다. 가입자의 가족은 피부양자(직장가입자의 경우) 또는 세대원(지역가입자의 경우)으로서 건강보험의 적용을 함께 받게 된다.

그런데 여기서 중요한 점은 건강보험법에 따라 전국민은 원칙적으로 강제가입되고 보험료도 강제적으로 납부하여야 하지만, 질병 등으로 의료서비스가 필요하여 요양기관에 가서 의료서비스를 제공받더라도 그 비용에 대해 건강보험이 전적으로 책임을 지는 것은 아니라는 점이다. 즉, 건강보험제도 하에서 어떤 의료서비스를 제공받을 때 그 비용에 대해 건강보험이 상당 부분을 책임지는 것이 있고 전혀 책임지지 않는 것이 있다. 이처럼 요양기관을 통해서 제공되는 의료서비스 중에서 건강보험을 통해 그 비용의 상당 부분을 혜택받을 수 있는 것을 '요양급여'라고 한다(건강보험법 제41조, 제44조 참조). 요양급여의 경우 건강보험에서 본인이 일부 본인부담금을 의료기관에 납부하면[53] 나머지 비용은 건보공단이 심평원의 심사·평가를 거친 후 요양기관에 지급한다. 이런 점에서 건강보험은 전부보험이 아니고 일부보험에 해당하지만, 건강보험은 국민의 의료서비스 비용을 대폭 줄여주는 방식으로 국민으로 하여금 의료서

---

53) 본인에게 일부 본인부담금을 납부하게 하는 것은 의료서비스 남용으로 인한 건강보험 재정 파탄을 방지하여 적정한 의료를 보편적으로 제공하기 위한 것이다.

비스에 접근할 수 있도록 하고 있고 국민의 건강권을 보장하려고
한다.54)

그리고 건강보험제도 하에서 요양기관은 건강보험체제에 당연
편입되며 정당한 이유 없이 국민의 의료서비스 제공 요청을 거부할
수 없다(건강보험법 제42조 참조). 의료서비스 제공이 종료한 후 해
당 국민은 요양기관에 전체 의료비 중 일정한 액수의 본인부담금만
납부하고(건강보험법 제44조) 나머지 의료비는 요양기관이 건보공
단에 청구하여 지급받게 된다. 이 과정에서 요양기관이 해당 국민에
게 제공한 의료서비스가 법령에 맞게 제대로 제공된 것인지 그밖에
청구하는 의료비가 적정한지 등을 심평원이 심사·평가한다.

건강보험의 경우 '국내에 거주하는 국민'은 당연가입되고(건강보
험법 제5조), 이주민의 경우 특례에 따라 가입이 인정되는데 법이
개정되는 추이를 보건대 정책적 고려가 가미되는 것으로 보인다. 현
행 건강보험법(법률 제14557호, 2017. 2. 8., 일부개정)은 제109조에
서 이주민에 대한 특례를 규정하고 있다.

동법 제109조 제1항은 "정부는 외국 정부가 사용자인 사업장의
근로자의 건강보험에 관하여는 외국 정부와 한 합의에 따라 이를

---

54) 이와 관련하여, 건강보험제도 하에서 의료서비스를 제공받더라도 그 비용
을 건강보험으로부터 전혀 혜택을 볼 수 없는 경우도 있는데, 이를 '법정비
급여'라고 한다. 즉 이 경우는 본인이 의료비용을 전적으로 책임져야 한다.
법정비급여에 해당하는 경우로는 업무 또는 일상생활에 지장이 없는 경우
(단순한 피로 또는 권태, 사마귀, 여드름, 노화현상으로 인한 탈모, 단순 코
골음 등), 신체의 필수 기능개선 목적이 아닌 경우(미용목적의 성형수술과
그로 인한 후유증 치료, 외모개선 목적의 악안면 교정술 및 교정치료 등),
예방진료로서 질병·부상의 진료를 직접 목적으로 하지 아니하는 경우(본인
의 희망에 의한 건강검진, 예방접종, 구취제거, 치아 착색물질 제거, 치아
교정 및 보철을 위한 치석제거, 구강보건증진 차원에서 정기적으로 실시하
는 치석제거 등), 보험급여 시책상 요양급여로 인정하기 어려운 경우(보조
생식술 비용, 친자확인을 위한 진단 등) 등이 있다.

따로 정할 수 있다.”라고 규정하고 있다. 이 경우 근로자에는 국민뿐만 아니라 이주민도 포함되므로 이주민 근로자의 건강보험에 관해서는 외국정부와 우리 정부가 합의한 바에 따라 정해진다.

동법 제109조 제2항에 따르면, 국내에 체류하는 외국인 즉 이주민이 적용대상사업장의 근로자, 공무원 또는 교직원이고 “1. 고용기간이 1개월 미만인 일용근로자, 2.「병역법」에 따른 현역병(지원에 의하지 아니하고 임용된 하사를 포함한다), 전환복무된 사람 및 군간부후보생, 3. 선거에 당선되어 취임하는 공무원으로서 매월 보수 또는 보수에 준하는 급료를 받지 아니하는 사람, 4. 그밖에 사업장의 특성, 고용 형태 및 사업의 종류 등을 고려하여 대통령령으로 정하는 사업장의 근로자 및 사용자와 공무원 및 교직원”이 아니면서 “「재외동포의 출입국과 법적 지위에 관한 법률」 제6조에 따라 국내거소신고를 한 사람,「출입국관리법」 제31조에 따라 외국인등록을 한 사람”의 경우 직장가입자가 된다.

건강보험법 제109조 제3항에 따르면, 동조 제2항에 따른 직장가입자에 해당되지 아니하는 이주민이 ‘보건복지부령으로 정하는 기간[55] 동안 국내에 거주하였거나 해당 기간 동안 국내에 지속적으로 거주할 것으로 예상할 수 있는 사유로서 보건복지부령으로 정하는 사유에[56] 해당’되고 다음으로 ‘「재외동포의 출입국과 법적 지위에 관한 법률」 제6조에 따라 국내거소신고를 한 사람’ 또는 ‘「출입국관리법」 제31조에 따라 외국인등록을 한 사람으로서 보건복지부령으로 정하는 체류자격이[57] 있는 사람’에 해당하는 경우 건보공단에 신청하여 지역가입자가 될 수 있다. 이와 관련하여 「재외동포의 출입

---

55) 3개월 이상의 기간을 말한다(건강보험법 시행규칙 제61조의2 제1항).
56) 「출입국관리법 시행령」 별표 1 제28호의4에 따른 결혼이민의 체류자격을 받은 경우 또는 보건복지부장관이 정하여 고시하는 유학을 하게 되는 경우를 말한다(건강보험법 시행규칙 제61조의2 제1항.).
57) 건강보험법 시행규칙 별표9에 따른 체류자격을 말한다.

국과 법적 지위에 관한 법률」제14조에서도 "주민등록을 한 재외국민과 국내거소신고를 한 외국국적동포가 90일 이상 대한민국 안에 체류하는 경우에는 건강보험 관계 법령으로 정하는 바에 따라 건강보험을 적용받을 수 있다."고 규정하고 있다.

건강보험법 제109조 제4항에 따르면, 이주민이 직장가입자와의 관계가 배우자, 직계존속, 직계비속과 그 배우자, 형제·자매인 동시에 보건복지부령이 정하는 피부양자 자격의 인정기준에[58] 해당하는 경우 공단에 피부양자 신청을 할 수 있다.

다만, 동법 제109조 제5항에 따르면, 국내체류가 법률에 위반되는 경우로서 대통령령으로 정하는 사유가 있는 경우와[59] 이주민인 직장가입자(동조 제2항 해당자)로서 국내에 근무하는 기간 동안 외국의 법령, 외국의 보험 또는 사용자와의 계약 등에 따라 요양급여에 상당하는 의료보장을 받을 수 있어 사용자가 보건복지부령으로 정하는 바에 따라 가입 제외를 신청한 경우에는 가입자 및 피부양자가 될 수 없다.

[별표] 〈개정 2016. 9. 23〉

지역가입자가 될 수 있는 외국인의 체류자격(제61종의 2제2 관련)

외국인의 체류자격(기호)
1. 문화예술(D-1), 유학(D-2), 산업연수(D-3), 일반연수(D-4), 취재(D-5), 종교(D-6), 주재(D-7), 기업투자(D-8), 무역경영(D-9), 구직(D-10)
2. 교수(E-1), 회화지도(E-2), 연구(E-3), 기술지도(E-4), 전문직업(E-5), 예술흥행(E-6), 특정활동(E-7), 비전문취업(E-9), 선원 취업(E-10)
3. 방문동거(F-1), 거주(F-2), 동반(F-3), 재외동포(F-4), 영주(F-5) 결혼이민(F-6)
4. 관광취업(H-1, 방문취업(H-2)

58) 건강보험법 시행규칙 제2조(피부양자 자격의 인정기준 등) 참조.
59) 건강보험법 시행령 제76조(외국인 등의 가입자 및 피부양자 자격취득 제한) 법 제109조 제5항 제1호에서 "대통령령으로 정하는 사유"란 다음 각 호의 어느 하나에 해당하는 경우를 말한다.
　1. 「출입국관리법」 제25조 및 「재외동포의 출입국과 법적 지위에 관한 법률」 제10조 제2항에 따라 체류기간 연장허가를 받지 아니하고 체류하는 경우
　2. 「출입국관리법」 제59조 제3항에 따라 강제퇴거명령서를 발급받은 경우

기타 가입자 등 자격취득 및 상실시기, 절차, 보험료 징수 등에 대해서는 동법 제109조 제6항부터 제9항, 동법 시행령 제76조의2, 제76조의3에서 규정하고 있다.

한편 건강보험가입자는 동시에 노인장기요양보험법(법률 제13647호, 2015. 12. 29., 일부개정)에 따라 노인장기요양보험에도 가입된다. 따라서 건강보험가입자는 건강보험료에 더하여 일정한 액수의 노인장기요양보험료를 함께 납부하게 된다.[60] 이는 건강보험법 제109조에 따라 건강보험에 가입되는 이주민에게도 마찬가지로 해당하는 내용이다(노인장기요양보험법 제7조 제3항 참조). 다만 건보공단은 외국인고용법에 따른 이주민 근로자 등 대통령령으로 정하는 이주민이[61] 신청하는 경우 보건복지부령으로 정하는 바에 따라 장기요양보험가입자에서 제외할 수 있다(노인장기요양보험법 제7조 제4항 참조). 이주민 근로자는 원칙적으로 고용기간 종료 후 귀국이 전제되어 있으므로 65세 이상 노인 등의 장기요양을 위한 노인장기요양보험에 대한 부담까지 지우는 것은 적절치 않기 때문이다.[62]

이주민의 경우 소위 합법적인 체류가 건강보험 가입의 기본전제가 되므로 미등록 이주민은 건강보험에 가입될 수 없다. 즉 사회보

---

60) 노인장기요양보험은 '65세 이상 노인'과 '65세 미만의 자 중에서 노인성 질환(치매·뇌혈관성질환 등)을 가진 자'에게 사회보험재원을 바탕으로 신체활동·가사활동의 지원 또는 간병 등의 서비스나 이에 갈음하여 지급하는 현금 등을 제공하는 사회보험제도로서 2008년 8월부터 시행되고 있다.

61) 노인장기요양보험법 제3조의2(외국인의 범위)법 제7조 제4항에서 "「외국인근로자의 고용 등에 관한 법률」에 따른 외국인근로자 등 대통령령으로 정하는 외국인"이란 다음 각 호의 어느 하나에 해당하는 사람을 말한다.
   1. 「외국인근로자의 고용 등에 관한 법률」에 따른 외국인근로자로서 「국민건강보험법」 제109조 제2항에 따라 직장가입자가 된 외국인
   2. 「출입국관리법」 제10조에 따라 산업연수활동을 할 수 있는 체류자격을 가지고 지정된 산업체에서 연수하고 있는 외국인으로서 「국민건강보험법」 제109조 제2항에 따라 직장가입자가 된 외국인

62) 노호창, 앞의 책, 472.

험에 해당하는 건강보험의 적용을 받을 여지는 없다는 의미가 된다. 그렇지만 이주민 자신이 의료비 전액을 부담하여 의료를 받는 것이 금지되는 것이 아니고 또한 건강보험에 의하지 않은 의료서비스도 받을 수 없다는 의미도 아니다. 미등록 이주민의 경우처럼 건강보험에 가입이 불가능한 자라도 보건복지부의 '외국인근로자 등 소외계층 의료 서비스 지원 사업'의 대상이 되기 때문에 응급상황에 대해 지원을 받을 수 있다.63) 또한 「응급의료에 관한 법률」(법률 제14329호, 2016. 12. 2., 일부개정)에서는 관련 규정의 해석상 미등록 이주민까지 응급의료를 받을 수 있는 것으로 되어 보호되고 있다(동법 제3조).64) 더구나 비공무원인 의사 등의 경우 미등록 이주민 발견사실에 대한 통보의무가 없고 공무원의 경우에도 의료서비스를 이용하는 미등록 이주민에 대해 통보의무를 면제받고 있으므로(「출입국관리법」 제84조 제1항 단서, 동 시행령 제92조의2 제2호) 의료보장을 받을 기본적인 권리는 적어도 법률적 차원에서는 보장하려고 하는 것을 알 수 있다. 그렇지만 이러한 의료서비스 지원의 경우 항상 추방의 불안을 안고 사는 미등록 이주민의 입장에서는 그 이용이 반드시 쉽지만은 않을 것으로 보인다.

---

63) 대한민국정부, "외국인 근로자 등 소외계층 의료 서비스 지원 사업 안내", 정부24, http://www.korea.go.kr/service/serviceInfo/SD0000006941, (2017. 03. 17. 확인). 이 사업은 보건복지부 보건의료정책실 공공보건정책관 공공의료과 소관이며, 이주민 근로자 및 그 자녀(18세 미만), 국적 취득 전 여성 결혼이민자 및 그 자녀, 난민 및 그 자녀 등으로서 건강보험, 의료급여 등 각종 의료보장제도에 의해서 의료혜택을 받을 수 없는 자가 그 대상이다.

64) 응급의료에 관한 법률 제3조(응급의료를 받을 권리) 모든 국민은 성별, 나이, 민족, 종교, 사회적 신분 또는 경제적 사정 등을 이유로 차별받지 아니하고 응급의료를 받을 권리를 가진다. 국내에 체류하고 있는 외국인도 또한 같다.

라. 국민연금

우리나라에서는 1953년에 제정된 근로기준법에서 퇴직금이 규정
된 이래로 연공서열형 임금체계, 종신고용, 경제성장, 퇴직금누진제,
개별적 노동보호의 강화 등 분위기에서 일시금으로 지급되는 퇴직
금이 노후소득보장 수단으로 기능하였고 이는 일종의 기업복지로도
인식되었다. 그런 이유로 노후소득보장수단으로서의 국민연금의 필
요성은 상대적으로 덜 한 편이었다.[65] 물론 국민연금제도 시행을 위
한 시도가 없지는 않았으나 본격적인 시행은 1988년 1월 1일 「국민
연금법」 시행부터였다.

2017년 현재는 종신고용이 깨어진 지 오래되었고 비정규직 및 비
공식고용이 만연해있으며 퇴직금제도마저 퇴직연금제도로 전반적
으로 전환되었는데, 또한 평균수명도 확대되어 소득활동을 하기 힘
든 상태에서 노후를 보내야 하는 기간이 증가하였다. 따라서 이제는
국민연금의 중요성이 커졌다.

국민연금은 초기에 10인 이상 사업장의 근로자를 가입대상으로
하였지만, 그 후 지속적으로 가입범위가 확대되어, 현재는 특수직역
연금가입자(공무원, 교직원, 군인, 별정우체국직원 등)를 제외한 18
세 이상 60세 미만의 국내에 거주하는 국민을 가입대상으로 한다
(「국민연금법」 제6조). 국민연금에는 가입요건을 충족한 국민이 강
제가입되며 소득을 고려하여 매월 일정한 액수의 보험료를 납부하
게 되고 추후 수급자격을 취득하게 되면 가입자 본인과 전체 가입
자의 소득을 함께 고려하여 결정된 일정한 액수의 연금을 매월 받
게 된다.[66]

---

65) 노호창, 앞의 책, 472.
66) 국민연금의 급여의 종류는 노령연금, 유족연금, 장애연금, 반환일시금으로
나누어지고 노령연금도 그 요건에 따라 완전노령연금, 조기노령연금, 재직

이주민에 대한 국민연금의 적용에 대해서는 「국민연금법」 제126
조(외국인에 대한 적용)와 제127조(외국과의 사회보장협정)에서 규
정하고 있다. 「국민연금법」 제126조에서는 이 법의 적용을 받는 사
업장에 사용되고 있거나 국내에 거주하는 이주민으로서 대통령령으
로 정하는 자 외의 이주민은 「국민연금법」 제6조(가입대상)에도 불
구하고[67] 당연히 사업장가입자 또는 지역가입자가 된다는 점을 명
시하고 있다(국민연금법 제126조 제1항 본문 참조). 다만, 이 법에
따른 국민연금에 상응하는 연금에 관하여 그 이주민의 본국 법이
우리나라 국민에게 적용되지 아니하면 그러하지 아니하다고 하여
상호주의의 입장을 명시하고 있다(국민연금법 제126조 제1항 단서
참조). 여기서 대통령령으로 정하는 바에 따라 국민연금의 당연 적
용에서 제외되는 이주민은 '「출입국관리법」 제25조(체류기간 연장허
가)에 따라 체류기간연장허가를 받지 아니하고 체류하는 자', '「출입
국관리법」 제31조(외국인등록)에 따른 외국인등록을 하지 아니하거
나 같은 법 제59조(심사 후의 절차) 제2항에 따라 강제퇴거명령서가
발급된 자', '「출입국관리법 시행령」 별표 1에 따른 외국인의 체류자
격이 있는 자로서 보건복지부령으로 정하는 자'를 말한다(국민연금
법 시행령 제11조 참조).

2016년 국민연금법 개정(법률 제14214호, 2016.5.29., 일부개정)에
서는 국민연금에 가입 중이거나 가입한 적이 있는 이주민(이하 '이
주민 가입자')에 대한 장애연금 지급요건을 신설하였고(동법 제126
조 제2항), 이주민 가입자가 국내 거주 중 사망한 경우에 있어서의
유족연금 지급에 관한 사항을 신설하였다(동조 제3항).

자노령연금, 감액노령연금, 분할연금으로 구분된다.

67) 국민연금법 제6조(가입 대상) 국내에 거주하는 국민으로서 18세 이상 60세
미만인 자는 국민연금 가입 대상이 된다. 다만, 「공무원연금법」, 「군인연금
법」 및 「사립학교교직원 연금법」을 적용받는 공무원, 군인 및 사립학교 교
직원, 그밖에 대통령령으로 정하는 자는 제외한다.

　　이주민의 입장에서 우리나라의 국민연금에 사업장가입자 자격이
든 지역가입자 자격이든 강제가입되어 보험료를 납부하여야 하는
경우 상당히 부담감을 가지게 될 것으로 보인다. 왜냐하면, 국민연
금으로 보호하고자 하는 세 가지 사회적 위험인 장애, 사망, 노령 중
장애와 사망에 대해서는 산재보험의 적용을 받는 경우가 더 많을
것이고, 노령과 관련해서는 「출입국관리법」이나 외국인고용법에 따
라 체류자격이나 취업기간 등의 제한을 지속적으로 받을 수밖에 없
는 상황에서 굳이 우리나라에서의 노후생활에 대비하여 최소 가입
기간 10년, 수급연령 60세를 충족할 수 있는 가능성이나 유인이 있
다고 보이지는 않기 때문이다.68) 따라서 설사 우리나라에서 국민연
금에 강제가입되어 보험료를 납부하였다 할지라도 가입기간과 수급
연령을 충족하지 못하고 본국으로 귀환할 것이 예정되어 있는 이주
민의 경우에는 자신이 그동안 납부했던 보험료를 돌려받고 싶어할
것이다. 이러한 경우 '반환일시금'을 지급받는 것이 가능하다. 반환
일시금의 지급과 관련하여 국민연금법 제126조 제4항에서는 원칙적
으로 이주민 가입자에 대해 반환일시금의 지급에 관하여 적용하지
않는다는 입장을 취하고 있으나(국민연금법 제126조 제4항 본문 참
조) 예외적으로 '이주민의 본국 법에 따라 대한민국 국민이 급여(노
령연금, 장애연금, 유족연금)의 수급권을 취득하지 못하고 반환일시
금 지급의 요건에 해당하게 된 때에 그 대한민국 국민에게 일정 금
액(가입기간 중 낸 연금보험료에 기초하여 산정한 금액)을 일시금으
로 지급하도록 그 나라 법에서 규정하고 있는 경우의 이주민', '외국
인고용법에 따른 이주민근로자로서 「국민연금법」을 적용받는 사업
장에 사용된 자', '「출입국관리법」 제10조에 따라 산업연수활동을 할
수 있는 체류자격을 가지고 필요한 연수기간 동안 지정된 연수 장

---

68) 노호창, 앞의 책, 474.

소를 이탈하지 아니한 자로서 「국민연금법」을 적용받는 사업장에 사용된 자'에 대하여는 반환일시금의 지급을 인정한다(국민연금법 제126조 제4항 단서 참조). 요컨대 반환일시금과 관련하여서는 상호주의의 태도와 연금수급권의 재산권적 성격에[69] 대한 고려가 적절히 절충되어 있다고 평가할 수 있겠다.[70]

한편, 「국민연금법」에서는 이주민의 국민연금 적용에 대하여 이러한 내용들을 규정하고 있는 외에, 우리나라가 외국과 사회보장협정을 맺은 경우에는 「국민연금법」에도 불구하고 국민연금의 가입, 연금보험료의 납부, 급여의 수급 요건, 급여액의 산정, 급여의 지급 등에 관하여는 그 사회보장협정에서 정하는 바에 따르도록 하고 있다(국민연금법 제127조 참조). 그런데 사회보장협정과 관련해서는 현재 그 명칭과 실질이 부합하지 않고 있다. 명칭은 사회보장협정(social security agreement)이라고 하고 있지만, 연금에 대해서만 인정되고 있기 때문이다. 물론 명칭과 관련하여, 외국의 경우 특히 영미권에서는 social security라고 하면 소득보장에 치중된 의미를 가지고 있지만[71] 우리의

---

69) 연금수급권과 관련하여 헌법재판소는 다음과 같은 논리로 그 재산권성을 인정하고 있다. "공법상의 권리가 헌법상의 재산권보장의 보호를 받기 위해서는 다음과 같은 요건을 갖추어야 한다. 첫째, 공법상의 권리가 권리주체에게 귀속되어 개인의 이익을 위하여 이용가능해야 하며(사적 유용성), 둘째, 국가의 일방적인 급부에 의한 것이 아니라 권리주체의 노동이나 투자, 특별한 희생에 의하여 획득되어 자신이 행한 급부의 등가물에 해당하는 것이어야 하며(수급자의 상당한 자기기여), 셋째, 수급자의 생존의 확보에 기여해야 한다. 이러한 요건을 통하여 사회부조와 같이 국가의 일방적인 급부에 대한 권리는 재산권의 보호대상에서 제외되고, 단지 사회법상의 지위가 자신의 급부에 대한 등가물에 해당하는 경우에 한하여 사법상의 재산권과 유사한 정도로 보호받아야 할 공법상의 권리가 인정된다. 즉 공법상의 법적 지위가 사법상의 재산권과 비교될 정도로 강력하여 그에 대한 박탈이 법치국가원리에 반하는 경우에 한하여, 그러한 성격의 공법상의 권리가 재산권의 보호대상에 포함되는 것이다." 헌법재판소 2000. 6. 29. 선고 99헌마289 결정; 헌법재판소 2009. 5. 28. 선고 2005헌바20 결정 등.

70) 노호창, 앞의 책, 474.

경우 건강보장까지 포함하는 의미로 사용하고 있기에(사회보장기본
법 제3조) 향후 협정 당사국 상호간에 건강보장까지 포함하여 확대
개편하는 것이 필요하다고 본다. 특히 건강보장의 문제는 국민이든
이주민이든, 이주민이라도 그가 등록이든 미등록이든 관계없이 누구
나 보장받아야 할 인권 중의 인권이기 때문이다. 그러므로 심지어 미
등록 이주민에 대해서도 보다 확실하고 제대로 된 의료서비스를 제
공해주고 그 비용을 해당 미등록 이주민의 본국에 청구할 수 있는 방
식으로 사회보장협정을 확대해 나가는 것이 필요하다.

3. 공공부조

가. 국민기초생활보장

공공부조의 대표적인 법률은 「국민기초생활보장법」이다. 공공부
조에 있어서는 원칙적으로 '국민'을 적용대상으로 하고 있고 이주민
의 경우에는 아주 엄격한 요건 하에 특례를 두어 적용 대상으로 규
정하고 있다. 예컨대, 국민기초생활보장급여의 경우 국내에 체류하
고 있는 등록 이주민 중 '대한민국 국민과 혼인하여, 본인 또는 대한
민국 국적의 배우자가 임신 중이거나, 대한민국 국적의 미성년 자녀
를 양육하고 있거나, 배우자의 대한민국 국적인 직계존속(直系尊屬)
과 생계나 주거를 같이하고 있는 자' 또는 '대한민국 국민인 배우자
와 이혼하거나 그 배우자가 사망하였는데 대한민국 국적의 미성년
자녀를 양육하고 있거나 사망한 배우자의 태아를 임신하고 있는 자'

---

71) Paul Spicker, How Social Security Works, The Policy Press (2011), 3-4 참조. 미
　　국의 경우에는 사회보험으로서의 건강보험은 존재하지 않으며 대공황 때
　　등장했던 Social Security Act는 경제 활성화를 위한 보조금 지급의 근거법률
　　이었다.

중 어느 하나에 해당하여야 한다(「국민기초생활보장법」제5조의2, 동법 시행령 제4조 참조). 물론 이러한 인적 요건을 충족하였다 할지라도 추가적으로 공공부조의 기본원리상 소득 요건과 부양의무자 요건도 갖추고 있어야 한다.

그런데 이러한 엄격한 요건은 상호주의가 적용된 것도 아니고 오히려 그보다도 후진적인 입법적·정책적 태도일 수 있다. 최저생활보장은 인권적 성격을 갖는 권리이며, 이른바 거주지 기준 원칙에 의하여 해당 영토에 체류 혹은 거주하는 모든 자가 보호되어야 한다는 취지에 맞지 않는다. 또 설사 인권적 성격을 부인하고 편입 여부를 보호의 기준으로 하더라도, 이들은 국민과 혼인하여 가족을 구성하였다는 사실 자체로 자연적 관계에 근접하여 국민에 유사한 지위에 있다고 보아야 한다. 그럼에도 불구하고 동법은 거주 요건에 더하여 미성년 자녀 양육 등으로 우리 사회에 기여할 것까지를 조건으로 최저생활보장의 여부를 결정하므로 이는 국민기초생활보장의 이념에 비추어 보아도 상당히 문제가 있다.[72]

한편, 국민기초생활보장법은 2014. 12. 30. 개정되면서 수급권자 요건 중 소득기준과 관련하여 최저생계비 부분이 삭제되고 중위소득의 일정 비율로 변경되었고, 급여가 종류별로 수급요건이 달라지는 개별급여화되면서, 현재는 급여의 종류별로 수급자 선정기준 및 최저보장수준이 결정되는 방식으로 변경되었다. 이에 따라 종래부터 존재하던 의료급여법도 개정되고 주거급여법도 신설되었으나 이주민에 대한 적용 여부는 기본적으로 국민기초생활보장법과 연동되어 있다.

---

72) 같은 축지로 전광석, 앞의 글, 146-148 참조.

나. 긴급복지지원

그밖에 생계곤란 등의 위기상황에 처하여 도움이 필요한 사람을 신속하게 지원함으로써 이들이 위기상황에서 벗어나 건강하고 인간다운 생활을 하게 함을 목적으로「긴급복지지원법」이 제정되어 있다(동법 제1조 참조). 법의 취지와 내용으로 보건대, 공공부조에 속하는 것으로 분류하는 것이 타당하다.[73]

동법에서 '위기상황'이란 본인 또는 본인과 생계 및 주거를 같이하고 있는 가구구성원이 '주소득자(主所得者)가 사망, 가출, 행방불명, 구금시설에 수용되는 등의 사유로 소득을 상실한 경우', '중한질병 또는 부상을 당한 경우', '가구구성원으로부터 방임(放任) 또는 유기(遺棄)되거나 학대 등을 당한 경우', '가정폭력을 당하여 가구구성원과 함께 원만한 가정생활을 하기 곤란하거나 가구구성원으로부터 성폭력을 당한 경우', '화재 등으로 인하여 거주하는 주택 또는 건물에서 생활하기 곤란하게 된 경우', '보건복지부령으로 정하는 기준에 따라 지방자치단체의 조례로 정한 사유가 발생한 경우', '그밖에 보건복지부장관이 정하여 고시하는 사유가 발생한 경우' 중 어느 하나에 해당하는 사유로 인하여 생계유지 등이 어렵게 된 것을 말한다(동법 제2조 참조). 위기상황에 처한 자로서 이 법에 따른 지원이 긴급하게 필요한 자를 '긴급지원대상자'라 한다(동법 제5조 참조). 다만「재해구호법」,「국민기초생활 보장법」,「의료급여법」,「사회복지사업법」,「가정폭력방지 및 피해자보호 등에 관한 법률」,「성폭력방지 및 피해자보호 등에 관한 법률」 등 다른 법률에 따라 이법에 따른 지원 내용과 동일한 내용의 구호·보호 또는 지원을 받고있는 경우에는 이 법에 따른 지원을 하지 아니한다(동법 제3조). 이주민 중에서는 대통령령으로 정하는 자가 긴급지원이 필요한 경우

---

73) 노호창, 앞의 책, 481.

에도 긴급지원대상자가 될 수 있다(동법 제5조의2 참조). 긴급지원
대상자에 해당하는 이주민의 범위는 '대한민국 국민과 혼인 중인 사
람', '대한민국 국민인 배우자와 이혼하거나 그 배우자가 사망한 사
람으로서 대한민국 국적을 가진 직계존비속(直系尊卑屬)을 돌보고
있는 사람', 「난민법」 제2조제2호에 따른 난민(難民)으로 인정된 사
람', '본인의 귀책사유 없이 화재, 범죄, 천재지변으로 피해를 입은
사람', '그밖에 보건복지부장관이 긴급한 지원이 필요하다고 인정하
는 사람'의 다섯 가지로 한다(동법 시행령 제1조의2 참조).

4. 사회서비스

사회보장제도 중에서 사회보험과 공공부조에 속하는 것을 제외
하면 나머지는 모두 사회서비스 분야에 속한다. 사회서비스 분야의
경우 개별 법률에 따라서 이주민에 대한 적용 여부와 정도는 조금
씩 다르다. 몇 가지 예를 들어보자.

「교육기본법」은 교육 및 교육제도에 관한 기본적 사항을 정한 법
률이다. 이 법률의 제4조 제1항에서는 "모든 국민은 성별, 종교, 신
념, 인종, 사회적 신분, 경제적 지위 또는 신체적 조건 등을 이유로
교육에서 차별을 받지 아니한다."고 규정하여 인종, 사회적 신분 등
에 따른 교육적 차별을 금지하고 있다. 그러나 교육권의 적용 대상
이 '모든 국민'으로 설정되어 있기 때문에 등록 이주민의 자녀와 미
등록 이주민의 자녀는 국민이 아니므로 교육권을 적용받지 못하는
것으로 보인다.

다만 「초·중등교육법」에 의하면, 교육서비스의 경우 이주민 자녀
도 기본적으로는 유치원부터 고교 교육까지 받을 수 있는 것으로
해석되고(「초·중등교육법」 제2조, 제60조의2 참조), 초중고에 재학

중인 미등록 이주민의 자녀에 대해서도 관계 공무원의 통보의무가 면제되므로(「출입국관리법」 제84조 제1항 단서, 동 시행령 제92조의2 제1호) 미등록 이주민의 자녀라고 해서 학교교육 자체를 배제하는 것은 아닌 것으로 볼 수 있다. 그러나 미등록 이주민의 자녀라면 현실적으로 어려움은 매우 클 것으로 본다.74)

장애인복지서비스의 경우 외국인이라도 등록장애인이 될 수 있으면 서비스를 제공받을 수 있다(「장애인복지법」 제32조의2 참조). 따라서 미등록 이주민만 아니면 된다.

한부모가족지원서비스의 경우 이주민 중에서 우리 국민과 혼인하여 우리 국적의 아동을 양육하고 있는 자로서 출입국관리법 제31조에 따른 외국인 등록을 마친 자의 경우에도 법상 요건에 해당하면 지원을 받을 수 있다(「한부모가족지원법」 제5조의2 제3항, 동법 시행령 제10조 참조).

5. 소결

이상으로 사회보장제도의 개별적이고 구체적인 국면에서 이주민에게 사회보장의 각 내용이 어느 정도로 어떻게 적용되는지 살펴보았다. 우선 공통적인 특징으로 사회보장에 있어서는 각 사회보장제도의 핵

---

74) 현재 법상으로는 미등록 이주민의 자녀가 교육이나 의료보장을 받을 수 있고 관계 공무원의 통보의무도 면제되는 것으로 되어 있으나, 관계 기관의 선처나 호의에 의존할 수밖에 없는 상황이고 부모의 법적 지위를 자녀도 따라간다는 전제에서 미등록 아동이나 미등록 이주민이 우리나라에서 출산한 자녀에 대한 법적 규율이 전혀 마련되어 있지 않아서, 일관되고 장기적인 정책이 불가능한 상황이다. 특히 「출입국관리법」제33조와 관련하여 그들이 17세 이후에 외국인등록을 할 수 있는지 불분명하고, 외국인등록을 할 수 있다는 근거가 없어서 결국 추방으로 이어질 것 같은데 사회통합 관점에서나 그들 개인의 인생 관점에서나 부작용이 크므로 법적 고민과 대안마련이 시급하다고 본다.

심적인 요건에 해당하는지 여부가 기준이 되지 인적 특성 자체는 부
차적이라는 점이다. 따라서 이주민에 대한 적용여부에 있어서, 예컨대,
전문인력이냐 단순인력이냐는 구분기준이 되지 않는다. 다만 체류자
격을 보유하고 있느냐 여부는 기본적인 적용 대상 자체를 가르는 기
준이 되기도 한다는 점에서 대단히 중요한 의미를 가진다.

　사회보험에 있어서는, 산재보험, 고용보험, 건강보험, 국민연금이
라는 4대 사회보험이 사회보험 체계의 근간을 이룬다. 사회보험은
공식고용이라는 전제 하에 임금노동과 그에 따른 소득에서 갹출되
는 사회보험료의 연결을 필연적인 것으로 내재하고 있다. 사회보험
은 국가가 관리 및 운영하는 것이기 때문에 피보험자가 보험자(국
가)에게 보험료를 납부할 것이 요구된다. 이는 자신의 노동이 보험
가입 사업장에서 임금노동으로 공식적인 가치 평가를 받는다는 것
을 의미한다. 사회보험은 임금노동과 소득의 연결을 전제로 하는 경
제적 합리성이라는 강력한 논리를 바탕에 두고 있고 이 점이 바로
사회보험에 있어서 본질적인 기준이 된다. 즉, 사회보험의 핵심적인
본질은 자신의 노동이 국가에 의해 확인된다는 공식고용을 통한 자
기기여가 존재하는지 여부다.[75] 따라서 만약 임금노동을 통한 자기
기여 여부를 기준으로 하지 않고 국적이나 거주지를 기준으로 사회
보험에 있어서 이주민을 차별하게 된다면 이는 비본질적인 기준을
적용한 것이 되어 사회보험의 체계나 본질과 맞지 않게 된다.[76] 물
론 이주민에 대한 사회보험의 적용에 있어서는, 각각의 사회보험마
다 그 제도의 목적이나 설계 기타 세부적인 내용이 다를 수 있기 때
문에 일률적이지는 않고 사회보험의 종류에 따라 서로 다른 모습을
보이고 있다. 또한 그 적용에 있어서도 중점적 지향점이 약간씩 차

---

75) 노호창, "기본소득에 관한 개관과 입법 사례의 검토", 노동법연구 제36호
　　(2014. 3.), 409.
76) 전광석, 앞의 책, 237.

이가 나타난다. 예컨대, 산재보험의 경우 등록이든 미등록이든 관계 없이 오로지 근로자인지 아닌지 여부가 적용 여부를 결정하는데 비해, 고용보험, 국민연금, 건강보험의 경우 체류자격이 적용 여부에 있어서 중요한 기준으로 작동한다. 그리고 여기서도 고용보험의 경우 등록 이주민인 근로자일 것을 원칙적으로 요구하지만 '정주'와의 관련성을 적게 염두에 두고 있는 것으로 보이는 반면, 국민연금이나 건강보험은 '정주'와의 관련성도 보다 높게 고려하고 있는 것으로 보인다.

한편, 공식고용 영역으로 포섭되지 못하는 비공식고용의 영역에 남아있는 노동자의 경우(예컨대, 무허가 사업장에서 근로한다든가, 사업주가 근로자를 피보험자로 신고하지 않는다든가 하는 경우) 자신의 노동을 공식적으로 평가받지 못하기 때문에 사회보험의 사각지대에 놓이게 되는 난점이 있다. 이주민의 경우 특히 미등록의 문제에서 자유롭지 못할 때 이와 같은 사회보험의 사각지대에 빠지게 될 위험성이 있다.

다음으로 공공부조는 사회보험에 이은 제2의 안전망(safety net)으로서의 역할을 담당하고 있는데, 본질적인 특징으로 들 수 있는 것은 보충성 원리와 자산심사다. 이에 더하여 우리 공공부조법은 부양의무자 요건까지 충족할 것을 요구하고 있다. 공공부조의 이러한 엄격성은 상당한 부작용을 또한 가지고 있다. 보호가 필요한 자를 배제하는 방향으로 기능한다든가 심각한 낙인효과를 가져온다든가 프라이버시에 대한 심각한 침해를 한다든가 행정비용이 높다든가하는 것 등이 그러하다. 공공부조의 이러한 특성은 이주민에 대한 적용에 있어서도 대단히 높은 장벽으로 작용한다. 이와 관련하여, 인간다운 최저생활을 할 권리가 국민만의 권리가 아니라 인간으로서의 권리이기 때문에, 공공부조에 있어서는 상호주의를 적용하기보다는 모든 이주민에게 인정하는 것이 보다 발전된 입법태도라는 설득력 있는 비판이 있다.[77] 다만 이 경우 모든 이주민을 대상으로 한다고 하더라도 구체적인 지원 여부나 정도에 있어서는, 인적 요건으로서 해당 이주민의 등록 여부가 아니라 그가 우리 사회에 어느 정도로 편입되어 있는가, 즉 공동체 편입의 정도가 중요한 기준으로 제시될 수는 있겠다.

사회보장제도에 있어서 고유한 특징을 가지고 있는 사회보험과 공공부조를 제외한 나머지 제도들은 사회서비스 지원 영역으로 분류된다. 사회서비스 지원에 있어서는 보호대상 중심으로 입법된 것도 있고 서비스 중심으로 입법된 것도 있어서 분류의 체계를 일반화시키는 것이 어려운 특징이 있다. 사회보험과 공공부조에서와 마찬가지로 사회서비스 지원 영역에 속하는 각종 제도에 있어서도 이주민에 대한 적용 여부, 적용 정도는 차이를 보인다. 그렇지만 원칙적으로 상호주의를 적용하는 것보다는 모든 이주민을 대상으로 하는 것이 보다 발전된 입법태도일 것이다.[78] 다만, 주의할 점은, 사회서비스 지원의 개별법령이 이주민에게 적용되는 것이 이주민을 위한 혜택이라고 볼 여지도 있지만, 예컨대, 정신보건법의 강제입원 및 강제치료제도라든가 사회복지사업법이 제공하는 시설수용서비스는 이주민에 대해서는 우리 국민에 대해서보다도 더욱 인권침해의 소지도 발생할 수 있고 또 이러한 사회서비스의 경우 우리 법제도의 해당 내용이 국제적이고 일반적인 기준에 미치지 못하는 측면도 존재할 수 있기 때문에 일률적 적용을 강조하기는 어려운 측면도 존재한다고 본다.

---

77) 전광석, 앞의 책, 238.
78) 전광석, 앞의 책, 238.

Ⅳ. 상호주의에 대한 재검토

「사회보장기본법」은 이주민의 사회보장에 관하여 "국내에 거주하는 외국인에게 사회보장제도를 적용할 때에는 상호주의의 원칙에 따르되, 관계 법령에서 정하는 바에 따른다."라고 규정하여 '상호주의'를 명문화하고 있다(동법 제8조). 그런데 사회보장권 기타 사회권과 관련된 법제도의 현황을 이미 살펴보았지만, 사회보장기본법에서 상호주의를 명시하고 있는 것과는 달리 이주민에 대한 적용 여부나 정도는 각 개별 사회보장제도의 취지나 목적 기타 사정 등에 따라 매우 다른 것을 볼 수 있었다. 이러한 현 상황에서 상호주의가 가지는 의미를 재검토할 필요가 있다고 본다.

사회보장기본법에서 명시한 '상호주의'란 우리 국민에게 사회보장제도를 실시하는 국가의 국민으로서 우리나라에 거주하는 이주민에게는 그와 같거나 유사한 수준으로 사회보장제도를 적용한다는 의미를 가진다.

우선 상호주의를 옹호하는 논거를 살펴보면, 세 가지 정도로 파악된다. 첫째, 이주민은 체류국의 경제질서에 부분적으로 편입되어 있을 뿐이므로 체류국의 사회보장 관련법이 해당 이주민에게 전면적으로 적용될 수는 없다는 점, 둘째, 이주민이 체류국의 국가재정에 자국민과 동등한 기여를 하는 것은 아니므로 상호주의를 통해 이주민을 사회보장 대상에서 제외하여 재정손실을 방지할 필요가 있다는 점, 셋째, 상호주의를 채택하여 외국으로 하여금 자국민을 보호하도록 외교적 압력을 가하고 궁극적으로는 사회보장청구권의 보호를 위한 국제협약의 체결을 유도하겠다는 점 등이 거론된다.[79]

상호주의가 지금까지 이주민 보호에서 상당한 역할을 해왔을 것

---

79) 이흥재·전광석·박지순, 사회보장법(제2판), 신조사 (2013), 336; 전광석, 국제사회보장법론, 법문사 (2002), 280-281.

이라는 점을 부인하기는 어렵다. 이주민에 대한 아무런 보호가 없는
상태에서 상호주의를 통해 비로소 이주민의 보호가 시작되고 향상
될 수 있었기 때문이다. 이주민의 보호가 당사국간 또는 다국간 조
약을 통해 정비될 수 있다면 관련국의 국민들은 상대방 국가에서
예측가능한 보호를 받을 수도 있다. 이런 점에서 보자면, 상호주의
는 현실적인 법원리로 보일 수 있다. 그러나 사회보장에 있어서는
상호주의가 헌법적으로나 정책적으로나 더 이상 타당하지 않은 것
으로 보이고 미래지향적인 태도로 보이지도 않는다는 점은 문제다.
상호주의가 각종 국제조약들이 체결되기 시작한 초기에 각국의 가
입을 유도하기 위하여 비롯되었고, 이주민에 대한 법적 보호가 전혀
없었던 과거에는 상호주의를 통해 비로소 보호가 시작되었던 것은
맞다.80) 그런데 현실적으로 보이는 이주의 모습들을 보면, 대부분의
이주민은 개발도상국으로부터 선진국으로 유입되는 이주민들이며,
우리나라에 들어오는 이주민들 역시 사회보장제도가 제대로 갖춰지
지 않은 국가들로부터 들어온다는 사실을 고려할 때, 사회보장에서
의 상호주의는 결과적으로 우리나라에 들어온 이주민에 대한 차별
대우로 이어질 수 있다는 부작용이 쉽게 예상된다.81)

   보다 더 구체적으로, 상호주의는 다음과 같은 이유로 사회정책적
및 헌법적 타당성이 의문시된다. 첫째, 사회보험수급권은 재산권의
성격을 갖기 때문에82) 상호주의는 헌법상 재산권과 조화될 수 없으
며, 상호주의가 외국에 대해 국제협약 체결을 유도하는 기능을 수행
한다는 점도 검증된 바 없다. 오히려 정책적 고려를 통해 압박을 받
아야 하는 객체는 국가 자체인데, 이러한 압력의 결과 실제로는 개

---

80) 최홍엽, "외국인근로자의 사회보장", 민주법학 제22호, 민주주의법학연구회
    (2002. 8.), 156-157.
81) 노호창, 앞의 책, 459-460.
82) 헌법재판소 2000. 6. 29. 선고 99헌마289 결정; 헌법재판소 2009. 9. 24. 선고
    2007헌마1092 결정 등. 관련 논의로는 노호창(2011.9.), 앞의 글 참조.

인이 희생될 위험이 존재한다. 둘째, 해당 외국에서 사회보장제도가 발달하고 있지 않아서 상호주의가 적용되는 제도가 없다면 해당 국가의 국민이 외국에서 사회보장제도를 통해 보호받는 것이 원천적으로 불가능하다. 셋째, 실제 상호주의의 적용 여부는 구체적인 상황에서 법원의 최종판단에 유보되어 있으므로 어떤 동일한 수준의 보호를 예정해야 하느냐라는 질문에 대한 명확한 해답이 제시되기 곤란하다. 넷째, 무국적자를 보호할 수 없다는 점은 인류애라는 가치와 조화되지 못한다.[83] 다섯째, 개별적인 사회보장제도에 있어서는 이주민이냐 아니냐라는 인적 특성과 관계없이 제도 그 자체가 가지고 있는 본질적 성격에 따라서 적용 여부가 결정되어야 하는 경우도 있다는 점이다. 이와 관련된 대표적인 예시로는 산재보험이나 고용보험이다. 산재보험이나 고용보험이나 본래 '근로자'에 대한 산재보호 및 실업보호로부터 출발한 것이어서 상호주의와는 관련이 없는 것이고, 이미 우리나라에서도 산재보험의 경우 미등록 이주민에 대해서까지 적용을 인정하고 있다. 즉 노동관계에서 '근로자'의 지위에 있으면, 근로자의 지위에서 향유할 수 있는 사회보장권은 '상호주의'와 상관없이 적용되는 것이 원칙인 것이다.

그밖에 이주민의 지위가 관계국의 외교관계나 입법정책에 따라 유동적일 수 있다는 사실은 상호주의가 우리가 지향해야 할 법원리는 아니라는 것을 의미한다고 볼 수도 있다. 그에 반해 이미 「세계인권선언」이나 사회권규약 등 국제규범은 사회보장을 받을 권리를 "모든 사람"이 가진다고 규정함으로써 상호주의보다 전향적인 원리로서 '내외국인 평등의 원칙'을 제시한 바 있다. 이와 같이 국제규범은 상호주의로부터 내외국인 평등의 원칙을 지향해왔다는 점을 유념할 필요가 있다. 특히 기본권 영역 가운데 정치적 기본권과 사회

---

83) 이흥재·전광석·박지순, 앞의 책, 340; 전광석(2010), 앞의 책, 238-239; 전광석(2002), 앞의 책, 280-281.

권의 분야가 대표적으로 내외국인을 달리 대우하지만 근래에 이르
러 양 영역에서도 내외국인의 차이는 상당히 줄어들고 있다는 점은
특기할 만하다. 심지어 소위 미등록 이주민이라 하더라도 국내에서
장기간에 걸쳐 생활을 영위해온 경우에는 무수한 인적·물적 관계가
형성되고 자리 잡게 된다는 점에 주목해야 한다.[84]

상호주의가 가진 이러한 문제점들로 인해 우리 사회보장법은 국
적과 거주지를 연결점으로 채택하고 있고 사회보장청구권의 국제적
보장에 있어서는 폐쇄적이라는 평가를 받기도 하고 또 이주민에게
가입자격을 개방한 경우에도 급여에 있어서는 상호주의를 적용하고
있다는 비판도 있다.[85] 다만 사회보장영역에서 내외국인 평등이 지
향해야 할 이념임은 분명하나, 현실에서 곧바로 전면적으로 적용하
기에는 어려움이 따르는 것도 또한 부정하기 힘든 점이 있다.[86]

요컨대, 「사회보장기본법」에서 이주민의 사회보장에 대해 상호주
의를 규정하고 있지만 이는 어디까지나 이주민의 사회보장에 대하
여 과거에 선언되었던 입장이 흔적으로 남아있는 것에 불과하다고
선해하는 것이 타당할 것이다. 그래서 「사회보장기본법」도 상호주의
를 규정함과 동시에, '관계 법령에서 얼마든지 별도로 규정하는 것
이 가능하다는 점'을 분명히 함으로써, 개별 법령에서 이주민에 대
한 사회보장에 관한 개별적·구체적 권리나 지원을 상호주의에 입각
하여서만 인정하는 것이 아니라는 점을 밝히고 있는 것이다. 이러한
경우의 명시적인 예시로 난민의 경우를 들 수 있는바, 난민으로 인
정되어 국내에 체류하는 이주민은 「사회보장기본법」 제8조(상호주
의) 등에도 불구하고 대한민국 국민과 '같은' 수준의 사회보장을 받
는다는 점을 「난민법」은 명시하고 있다(난민법 제31조). 또한 다양한

---

84) 헌법재판소 2012. 8. 23. 선고 2008헌마430 결정의 반대의견.
85) 이흥재·전광석·박지순, 앞의 책, 341.
86) 최홍엽, 앞의 글, 156-157.

사회보장제도의 특성에 따라 개별 법령들이 그에 맞추어 법령을 정
비하고 있는데, 이를 「사회보장기본법」에서 통일적으로 담기는 어려
우나 상호주의 규정을 삭제한다고 하더라도 개별 법령에서 이주민
에 대한 적용여부를 규정하지 않을 경우 여전히 이주민에 대한 사
회보장제도 적용과 관련된 문제는 발생하므로 굳이 상호주의라는
태도를 「사회보장기본법」에서 흔적으로라도 더 이상은 가지고 있을
필요가 없다. 국민이든 이주민이든 우리나라에서 삶의 기반을 형성
하고 있는 자에 대한 처우의 기본은 인간으로서 인간답게 생활할
수 있는 최소한의 소득과 건강에 대해 보호해주는 것이 원칙이 되
어야 할 것이다. 다만 개별 사회보장제도의 본질적 성격의 차이라든
가 이주민이 우리나라에 '정주'하는지 여부에 따라 그 이주민에 대
한 사회보장적 처우의 내용이나 정도가 달라질 수는 있을 것이다.

V. 이주민의 사회보장권 기타 사회권에 관한 특수한 쟁점

1. 가족의 구성원으로 표시될 권리

현행 「주민등록법」에 따르면 우리 국민과 결혼한 이주민은 국내
에서 배우자 또는 직계비속과 함께 거주하더라도 주민등록표 등의
작성 대상이 아니기 때문에 그 배우자 또는 직계비속이 주민등록등·
초본을 발급받아도 함께 거주하고 있다는 사실이 기재되어 있지 않
았다. 이는 가족의 구성원으로 표시될 권리를 제대로 보장하지 못한
다는 측면에서 문제로 지적될 수 있었다.

이에 따라 정부는 2010년 주민등록법 시행규칙을 개정해 주민센

터에서 주민등록등본을 발급받을 경우 요청이 있을 경우에만 발급된 주민등록등본에 함께 거주하는 배우자 또는 직계존속인 이주민의 거주사항을 수기로 기재해주도록 하여 왔다. 그러나 이와 같은 경우 주민등록등본을 발급을 위해 매번 주민센터를 직접 방문해야 하는 불편함이 있고 수기로 작성된 기재사항 또한 정식 공문서로 인식되지 못하고 있는 것이 현실이었다. 이에 국민의 배우자인 이주민 또는 국민의 직계존속인 이주민으로서 함께 거주하는 경우에는 예외적으로 주민등록표 작성 대상이 될 수 있도록 하여 다른 세대구성원과 동일하게 주민등록표와 주민등록등·초본에 기재될 수 있도록 하는 주민등록법 개정안이 입법예고된 바 있고[87] 현재 국회에서 심사 중에 있다.[88]

2. 미등록 이주민의 자녀에 대한 사회보장

이주아동의 경우 체류권과 더불어 건강권, 보육권과 교육권이 문제된다. 이주아동은 자신의 의사와 상관없이 우리나라에서 태어나거나 체류하게 되고, 성장과정 중에 있으므로 특별한 보호가 필요하기 때문에, 외국인등록 여부와 상관없이 적어도 출생등록, 건강권과 교육권을 차별 없이 보장받을 필요가 있다. 보육 및 교육이 해결되지 않아서 이주아동이 방치되는 결과로 이어진다면, 나중에 이 아동이 성장하였을 때 사회로부터 차별을 받게 되고 우리 사회에 악감정을 갖게 된다면 결코 바람직하다고 볼 수 없다. 특히 이주아동이

---

87) 채이배 등 18인, "주민등록법 일부개정법률안", 국회 입법예고 시스템, http://pal.assembly.go.kr/law/endReadView.do?lgsltpaId=PRC_B1T6F1P2K2I6A1B5Z4C8I5F5M6G0N5, (2017. 03. 14. 확인).

88) 채이배 등 18인, "주민등록법 일부개정법률안", 의안정보시스템, http:// likms.assembly.go.kr/bill/billDetail.do?billId=PRC_B1T6F1P2K2I6A1B5Z4C8I5F5M6G0N5 (2017. 03. 14. 확인).

우리 사회와 소통할 수 있는 방편으로서 한국어 습득은 대단히 중요한 문제가 될 것인데, 보육시설의 교육이 특히 이주아동에게는 취학하기 전에 한국어를 습득할 수 있는 유일한 기회가 될 수 있다는 점을 진지하게 고려할 필요가 있다.

출생등록과 관련하여 현재 시행 중인 「가족관계등록법」(법률 제14169호, 2016. 5. 29., 일부개정)상의 가족관계등록제도는 국민을 중심으로 편성되어 있고, 이주민은 국민의 가족으로만 등록될 수 있다(동법 제9조 제2항). 바꾸어 말하면, 부모 모두가 이주민인 이주아동을 위한 출생등록제도는 마련되어 있지 않다는 점을 알 수 있다. 출생사실에 대한 공적 확인행위인 출생등록이 이루어지지 않는다는 점은 이주아동의 법적 지위가 그만큼 불안정할 수밖에 없음을 시사한다. 출생등록이 이루어지지 않아서 자신의 신분에 관한 기본적 사실조차 증명할 수 없는 이주아동들은 교육이나 의료와 같은 기본적인 사회보장제도에 대한 접근이 어려워진다.

출생등록과 관련하여, 유엔인권이사회는 출생등록은 '사회권규약' 및 '아동권리협약'에 따라 인정되는 기본권이며 다른 사회경제적 권리들, 예컨대, 건강권, 교육권 등과 밀접하게 연결되어 있으며 출생등록이 제대로 되지 않으면 아동의 보호는 위험에 빠질 수밖에 없다고 경고하고 있다.[89] 또한 출생등록은 연령을 증명해주기 때문에 아동을 아동노동, 조혼, 불법입양, 성착취 및 군대 징집으로부터 보호하는 기능을 하기도 한다. 같은 맥락에서, 출생등록이 없는 아동은 인신매매 또는 위법행위를 했을 때 성인으로 취급될 위험성이 더 높다. 출생등록은 또한 국적을 취득할 권리의 필수적 요소이기도 하다. 각국의 법에 따른 국적취득은 일반적으로 혈통주의 또는 출생

---

[89] "Birth registration and the right of everyone to recognition everywhere as a person before the law", Human Rights Council, Report of the Office of the United Nations High Commissioner for Human Rights, 2014, para. 3.

지주의에 따라 결정되는데, 출생등록은 부모의 국적, 출생지와 출생
시점을 증명하는 핵심적 증거가 되기 때문이다. 국적을 가지고 있다
는 것이 기본적인 사회보장서비스를 받을 수 있는 전제가 될 수 있
다는 점에서 출생등록의 중요성은 더 말할 필요가 없다.[90]

유엔아동권리위원회도 우리의 현행 법제와 실무가 어떠한 상황
이라도 생물학적 부모가 등록할 수 있는 보편적 출생등록제도로서
적절하지 못하고 난민, 난민신청자 또는 미등록 이주민이 실제로 또
는 일관적으로 이용할 수 있는 출생등록방법이 없다는 점에 대해
우려를 표명하고 있으며 부모의 법적 지위 또는 출신과 상관없이
모든 아동들의 출생등록이 가능하도록 조치를 취할 것을 권고하기
도 하였다.[91]

교육권과 관련하여 「초·중등교육법 시행령」 제19조가 2008. 2. 22.
대통령령 제20635호로 개정되면서 미등록 이주민 자녀라도 입국기
록이나 거주사실 확인 서류를 제출하면 초등학교에 입학할 수 있도
록 되었고 이는 현행 「초·중등교육법 시행령」(대통령령 제27546호,
2016. 10. 18., 일부개정) 제19조에서도 마찬가지다.[92]

---

90) "Birth registration and the right of everyone to recognition everywhere as a
person before the law", Human Rights Council, Report of the Office of the
United Nations High Commissioner for Human Rights, 2014, para. 17-35.

91) "Concluding Observations: Republic of Korea", Committee on the Rights of the
Child(CRC), Consideration of reports submitted by States parties under article 44
of the Convention, CRC/C/KOR/CO/3-4, 2011, para, 36-37.

92) 초중등교육법 시행령 제19조(귀국 학생 및 다문화학생 등의 입학 및 전학)
① 다음 각 호의 어느 하나에 해당하는 아동이나 학생(이하 이 조에서 "귀
국학생등"이라 한다)의 보호자는 제17조 및 제21조에 따른 입학 또는 전학
절차를 갈음하여 거주지가 속하는 학구 안에 있는 초등학교의 장에게 귀국
학생등의 입학 또는 전학을 신청할 수 있다. 〈개정 2010.12.27., 2013.10.30.〉
1. 외국에서 귀국한 아동 또는 학생
2. 재외국민의 자녀인 아동 또는 학생
3. 「북한이탈주민의 보호 및 정착지원에 관한 법률」 제2조제1호에 따른 북

그리고 「초·중등교육법 시행령」 제75조가 2010. 12. 27. 개정되면서 중학교 입학절차에 대해서도 초등학교 입학에 관한 절차를 준용하도록 한 이후부터 비로소 미등록 이주아동의 중학교 입학이 가능해졌다. 현행 「초·중등교육법 시행령」 제75조도 미등록 이주민 자녀가 출입국에 관한 사실이나 거주사실 확인 서류를 제출하면 입학이 가능하도록 규정하고 있으므로 내용은 동일하다.

그러나 고등학교의 경우는 미등록 이주민 자녀가 진학할 수 있는지 여부에 대한 명시적인 언급이 없다. 「초·중등교육법」 및 동법 시행령에 따르면 고등학교의 진학자격자는 중학교 졸업자, 이와 동등한 학력이 인정되는 시험합격자, 기타 이와 동등 이상 학력 인정된자(이하 '중학교 졸업자 등')인데(동법 제47조 제1항) 입학방법과 절차에 대해서는 학교장에게 맡기고 있다(동법 제47조 제2항, 동법 시행령 제77조). 따라서 미등록 이주민 자녀라고 하더라도 중학교 졸업자 등에 해당한다면 고등학교에 진학할 자격은 인정된다.

다만 미등록 이주민 자녀의 고등학교 입학은 학교장의 재량에 해당하는 것이어서 실제로 입학이 가능한지, 얼마나 입학을 하고 있는지 등은 불분명하다. 더구나 실태조사에 따르면 이주민 자녀는 외국

한이탈주민인 아동 또는 학생
4. 외국인인 아동 또는 학생
5. 그 밖에 초등학교에 입학하거나 전학하기 전에 국내에 거주하지 않았거나 국내에 학적이 없는 등의 사유로 제17조 및 제21조에 따른 입학 또는 전학 절차를 거칠 수 없는 아동 또는 학생
② 제1항의 신청을 받은 초등학교의 장은 「전자정부법」 제36조제1항에 따른 행정정보의 공동이용을 통하여 「출입국관리법」 제88조에 따른 출입국에 관한 사실증명 또는 외국인등록 사실증명의 내용을 확인하여야 한다. 다만, 귀국학생등의 보호자가 그 확인에 동의하지 않을 때에는 다음 각 호의 어느 하나에 해당하는 서류를 첨부하게 하여야 한다. 〈신설 2010.12.27.〉
1. 출입국에 관한 사실이나 외국인등록 사실을 증명할 수 있는 서류
2. 임대차계약서, 거주사실에 대한 인우보증서 등 거주사실을 확인할 수 있는 서류

인등록 여부와 관계없이 언어장벽, 학교의 소극적 태도 등 다양한 요인으로 우리의 교육제도에 적응하고 진학하는데 어려움이 있는 것으로 보인다.[93] 특히 문제는 미등록 이주민이 갖는 신분노출의 우려 때문에 미등록 이주민 자녀가 학교에 입학하는 것은, 설사 그 자녀가 입학 자격이 있다고 할지라도, 현실적으로 쉽지 않은 상황이며, 미등록 이주민의 자녀가 고등학교에 진학한 경우에도 만약 그가 17세가 넘게 되면 외국인등록 문제가 그 자신의 신분에 관한 법적 문제로 전면적으로 등장하기 때문에 그가 고등학교를 계속 다닐 수 있을지 여부 자체가 불투명해진다는 점이다. 또한 미등록 이주민 자녀가 용케 고등학교를 졸업했다 할지라도 그가 우리 사회에서 학력을 인정받고 직업을 구하여 사회에 참여한다는 것은 더욱 어려운 일이 될 수밖에 없을 것이다. 그에게는 미등록이라는 꼬리표가 달려 있기 때문에 합법의 영역에서 일자리를 구한다는 것은 거의 불가능하기 때문이다.

건강권과 관련하여 현재 미등록 이주민 자녀의 건강권을 특별히 보호하기 위한 제도적 장치는 존재하지 않고 있다. 사회보험에 해당하는 건강보험의 적용은 규범적으로 불가능하고 다만 소외계층 의료서비스 지원이라든가 응급의료 등이 예외적으로 적용될 수 있을 뿐이다. 물론 선량한 의료기관에서 자선의 취지로 의료서비스를 무상으로 제공해주는 경우도 존재할 수는 있을 것이다.

만약 미등록 이주민 자녀가 어린 경우 특히 중요한 의미를 가지는 것은 예방접종이다. 예방접종은 건강보험 적용대상이 아니고(법

---

[93] 2015년 초·중·고에 재학 중인 우리나라 다문화 학생은 총 82,536명으로 전체 학생 대비 다문화학생의 비율은 1.35%를 차지하고 있다. 전체 학생 수는 매년 감소하고 있는데 비해 다문화 학생 수는 연간 10,000명 이상씩 증가하고 있다. 그런데 학교급별 다문화 학생의 비율은 초등학교 2.2%, 중학교 0.9%, 고등학교 0.5%로 상급학교로 갈수록 떨어지는 상황이다. 교육부, 2015년 교육기본통계자료 (2015), 9.

정비급여 항목), 「감염병의 예방 및 관리에 관한 법률」 제24조, 제25 조에 따라 특별자치도지사 또는 시장·군수·구청장이 보건소를 통하여 실시하도록 하고 있다. 법령상으로는 이주민을 배제하는 규정은 없으나, 현실적으로 미등록 이주민 자녀에 대한 예방접종 실시 여부는 해당 지자체에 맡겨져 있다. 그 결과 미등록 이주민 자녀는 외국인등록번호 요구 등 이러저러한 방법으로 차별적으로 예방접종에서 배제될 수도 있다.

나아가 건강보험에 가입될 수 없는 미등록 이주민 자녀의 경우 의료기관 이용에 제약이 존재할 수밖에 없을 것이고 건강보험에 가입될 수 없다는 사정은 안전사고에 대한 책임을 부담스러워 하는 보육시설의 입장 때문에 보육시설 입소에도 장애 요인으로 작용할 수밖에 없다.

3. 정주화(定住化)의 정주권(定住權)으로의 고양

현실적으로 이주민의 사회보장권 기타 사회권 보장의 전제가 되는 것이 체류자격이라는 점을 부인하기 어렵다. 개별 사회보장제도에 따라서 약간씩 차이는 있지만 이주민의 사회보장권은 체류자격과 분리해서 논하기 어렵다. 그런데 체류자격은 결국 정부의 이주민에 대한 정주(定住) 통제와 관련이 되는 것인데, 정부가 통제이익의 관점에서 이주민에 대한 정주화 방지를 위한 다양한 수단이나 노력들을 경주하고 있으나 어느 정도 실효성이 있는지는 의문이다. 이주 노동자 문제만 보아도 단기순환을 표방하고 정책을 수행해 왔으나 실제로 단기 순환이 잘 되지도 않을뿐더러 오히려 현실은 장기체류 내지 정주화를 인정하지 않을 수 없는 방향으로 진행되어 오고 있다.

현실적으로 미등록 장기체류 내지 정주화된 이주민의 경우 국민과 마찬가지로 생활기반을 형성하고 있고 때로는 사회적 부담을 하고 있음에도 불구하고 미등록이라는 이유로 여러 가지 불이익을 받을 위험에 상시적으로 노출되어 있다. 특히 미등록 이주민 자녀의 경우, 자신의 귀책사유가 존재하지 않음에도 불구하고 그 부모의 미등록이라는 이유로 인해 함께 불법의 멍에를 쓰고 여러 가지 불이익을 받아야 하는 경우가 많다. 미등록 이주민 자녀에게 특히 건강권이나 교육권 등은 중요한 문제일 수밖에 없는데, 부모가 미등록 이주민이라는 신분, 그로 인한 지속적인 단속 및 도피 등의 불안정한 상태는 미등록 이주민 자녀의 학업 중단, 건강관리 소홀 등으로 이어지므로, 미등록 이주민 자녀에 대한 사회보장제도를 통한 인권확보를 위해서는 적어도 그 자녀에 대한 안정적인 체류라도 보장할 수 있도록 하는 방안을 마련하는 것이 핵심적인 과제가 된다.

이주민의 체류가 장기화되어 우리 사회의 일원으로 편입될수록 안정적인 체류가 문제되므로 이를 정주권(定住權)으로 고양시켜 논의해 볼 필요도 있다. 다만 이 때 정주권이 인정되기 위한 요건으로서 사회의 일원으로의 편입 정도를 평가함에 있어서는 체류기간도 중요할 것이지만 체류의 태양(態樣)도 함께 고려해야 할 것이다. 예컨대, 결혼이주민과 난민은 기본적으로 장기체류와 우리 사회의 일원이 되는 것을 전제로 하고 있을 것이고, 이주아동의 경우라면 안정적 환경에서 성장이 보장되어야 한다는 점과 우리나라에서 성장함으로써 오히려 본국의 것보다 우리 사회와 문화를 체화하게 되는 점을 주목해야 할 것이다.

4. 다문화인정을 통한 복지

이주민의 동화적 통합을 위한 사회보장제도의 구축도 중요하지만 동시에 이주민 고유의 언어, 문화나 정체성에 대한 보존 및 이주민 간의 부분사회 형성 및 교류를 위한 제도적 여건 조성 또한 사회보장의 문제로 다루어질 수 있다.

그런데, 다문화사회 지향이 이념적인 측면에서 정당성을 가질 수 있는지는 별론으로 하고, 과연 우리 사회통합에 긍정적 기능을 할 것인가를 생각해본다면 의문이 드는 측면도 있다. 왜냐하면 우리 헌법이 지향하는 가치를 담고 있는 헌법 전문(前文)에 나타난 내용은 다문화사회의 지향과는 조금 다른 것 같기 때문이다. 우리 헌법전문은 오히려 단일민족 국가로서의 정체성을 강조하고 있으며, 다문화사회를 지향하는 방향과는 맞지 않는 것으로 보인다. 예컨대, 전문에서 "유구한 역사와 전통에 빛나는 우리 대한국민은", "동포애로써 민족의 단결을 공고히 하고", "우리들과 우리들의 자손의 안전과 자유와 행복을 영원히 확보할 것을 다짐하면서"라는 표현을 명시하고 있는데, 이러한 표현은 한민족을 중심으로 하고 이주민을 별로 고려하지 않는 민족국가를 염두에 두고 있었다고도 보인다.

다만, 세계의 여러 국가들 중에는 이주민으로 이루어진 국가들도 존재하는 만큼 민족국가 개념에 대해 지나치게 이상적으로 접근할 필요는 없을 것 같고 현재의 상황에 맞게 재해석이 요구되는 측면도 인정해야 할 것이라고 본다.

5. 법률복지

국민이든 이주민이든 자신의 권리구제를 위해서는 최종적으로 사법접근권이 보장되어야 하며 이주민의 경우 경제적 문제뿐만 아니라 언어적 문제 등으로 사법접근권이 제대로 보장되기 어려운 경우가 많다.

국민에 대해서는 이미 법률복지 차원에서 법률구조사업이 시행되어 왔다. 이주민의 법률복지를 위하여도 법무부를 중심으로 무료 법률상담을 해주는 '외국인을 위한 마을변호사' 제도가 이미 시행되어 왔고, 2017.3.13.부터는 국내에 거주하는 전체 이주민으로 대상을 확대하여 운영하고 있다.[94]

VI. 결론

우리 사회가 이주민의 유입을 거부할 수 없고 또한 이주민이 사회의 구성원으로서 점점 자리매김하고 있는 상황에서 우리 사회가 나아갈 바람직한 방향을 고려할 때 사회통합을 배제할 수 없을 것이다.

이주민과의 사회통합을 위한 한 가지 방편으로서 중요하게 제시될 수 있는 것은 이주민에 대한 사회보장 기타 사회권의 확보일 것이다. 사회보장제도는 사회구성원이 우리 사회에서 안정적으로 삶을 영위할 수 있도록 조력하는 제도적 장치이기 때문이다.

이주민에 대해서 사회보장권 기타 사회권의 주체성이 인정되는가의 문제와 관련해서는 기본권을 국민의 권리와 인간의 권리로 이분화시켜 사회보장권 기타 사회권은 국민의 권리이므로 이주민에게는 인정될 수 없다는 식의 견해가 여전히 존재하고 있다. 그러나 사회권의 기본적인 성격상 적어도 우리 해석론 하에서는 아직도 헌법규정 자체에서 구체적인 청구권을 도출할 수 없고 입법적 형성이 필요하며 또한 각종 사회보장관련 구체적 입법에서 이주민에 대한 다양한 적용 국면을 인정하고 있는 법현실에서 굳이 이주민에 대해

---

94) 법무부 보도자료, "외국인을 위한 마을 변호사 전국 확대 시행" 출입국외국인정책본부 이민통합과 (2017. 3. 12.)

사회권의 주체성을 부정한다고 하는 것이 어떤 실천적 의미를 가지는지 알 수 없다.

현행 사회보장제도를 보면, 사회보험, 공공부조, 사회서비스라는 세 가지 큰 틀에서 건강과 소득을 보장하고 복지, 보건의료, 교육, 고용, 주거, 문화, 환경 등 다양한 분야에서 서비스를 제공함으로써 인간다운 삶의 질을 높이고자 하고 있고 이주민에 대한 적용 여부나 적용 정도에 있어서는 각 제도의 핵심적인 특징과 요건에 따라 약간씩의 차이를 보이고 있다. 산재보험의 경우 체류자격과 관계없이 오로지 근로자냐 아니냐라는 그 본질적 기준에 따라 적용여부가 결정되고 고용보험의 경우에도 체류자격이 중요하긴 하지만 근로자라는 기준이 본질적이다. 반면 건강보험이나 국민연금의 경우 체류자격도 중요하지만 정주와의 관련성도 높게 고려되고 있는 것으로 보인다. 공공부조의 경우 국민에 대하여 기본적으로 요구되는 자산심사 요건과 부양의무자 요건 외에 이주민에게는 자녀양육 등이라는 요건까지 추가적으로 요구하고 있어서 제도의 본질이나 취지와 맞지 않는 모습이 보이기도 한다. 사회서비스 영역의 경우, 예컨대, 합법적인 체류자격을 가진 이주민에게만 적용될 수 있는 건강보험이 포괄하지 못하는 미등록 이주민에 대한 긴급의료의 경우처럼 사회보험이 포괄하지 못하는 영역을 보충하거나, 이주민의 개별적 사정과 요건에 따라 다양하게 급부가 제공될 수 있는 입법적 장치들이 마련되어 있다고 보인다. 그러나 사회서비스 영역에서도 현실적으로는 체류자격의 구비 여부가 실제로 서비스를 적절히 제공받을 수 있는지 없는지를 좌우할 가능성이 크다.

한편, 상호주의와 관련해서는, 이를 점점 폐지하는 국제규범의 추세를 보거나 상호주의의 문제점이 비판되고 있는 상황이라든가 사회권과 관련된 우리 입법의 구체적인 상황들을 토대로 평가해볼 때, 이제는 더 이상 흔적의 차원에서도 법문으로 규정될 필요는 없다고 본다.

그밖에 이주민들이 우리 국민과 가족을 이루어 살아가게 되는 경우에 있어서의 구성원으로서 편입될 때의 형식적 신분표시의 문제, 미등록 이주민의 자녀에 대한 교육과 건강보호의 문제, 어떤 사유로든 장기간 체류하여 정주화된 경우의 정주권으로의 고양의 문제, 자신의 고유한 문화나 정체성을 누릴 수 있도록 하는 것과 관련된 문제, 법률복지 차원에서의 사법접근권 보장의 문제 등도 향후 이주민의 사회통합과 관련하여 사회보장권 기타 사회권의 차원에서 충분히 논의될 필요가 있다고 본다.

참고문헌

교육부, 2015년 교육기본통계자료 (2015).

국민건강보험공단·건강보험심사평가원, 2015년 건강보험통계연보 (2016).

노재철, "미등록외국인근로자의 문제점과 해결방안", 노동법논총 제18호 (2010. 4.).

노호창, "기본소득에 관한 개관과 입법 사례의 검토", 노동법연구 제36호 (2014. 3.).

_____ , "사회보험수급권의 재산권적 성격에 관한 소고", 노동법연구 제31호 (2011. 9.).

_____, "외국인의 사회보장", 이민법, 박영사 (2016).

법무부 보도자료, "외국인을 위한 마을 변호사 전국 확대 시행" 출입국외국인정책본부 이민통합과 (2017. 3. 12.).

법무부, 출입국·외국인정책본부, 출입국·외국인정책 통계월보 (2017. 1.).

성낙인, 헌법학, 법문사 (2015).

양천수, "생존배려 개념의 기원", 영남법학 제26호 (2008. 4.).

이다혜, "시민권과 이주노동", 박사학위논문, 서울대학교 (2015).

이흥재·전광석·박지순, 사회보장법(제2판), 신조사 (2013).

전경옥, "젠더의 관점에서 본 다문화사회의 통합", 아시아여성연구 제46권 1호 (2007, 5.).

전광석, "다문화사회와 사회적 기본권", 한국헌법학회·국가인권위원회 공동학술대회 (2010. 3. 12. 발표).

_____, 국제사회보장법론, 법문사 (2002).

_____, 복지국가론, 신조사 (2012).

_____, 한국사회보장법론, 법문사 (2010).

정종섭, 헌법학원론, 박영사 (2016).

제1대 국회 제1회 제27차 "국회본회의 속기록", (1948. 7. 7.).

최윤철, "외국인의 법적 지위", 이민법, 박영사 (2016).

최홍엽, "외국인근로자의 사회보장", 민주법학 제22호, 민주주의법학연구회 (2002. 8.).

한건수, "비판적 다문화주의", 다문화사회의 이해, 유네스코 아시아·태평양 국제이해교육원 (편), 동녘 (2008).

허 영, 한국헌법론, 박영사 (2016).

대한민국정부, "외국인 근로자 등 소외계층 의료 서비스 지원 사업 안내", 정부24, http://www.korea.go.kr/service/serviceInfo/SD0000006941, (2017. 03. 17. 확인).

채이배 등 18인, "주민등록법 일부개정법률안", 국회 입법예고 시스템, http://pal.assembly.go.kr/law/endReadView.do?lgsltpaId=PRC_B1T6F1P2K2I6A1B5Z4C8I5F5M6G0N5, (2017. 03. 14. 확인).

Paul Collier(김선영 번역), 엑소더스-전 지구적 상생을 위한 이주경제학, 21세기 북스 (2014).

Paul Spicker, How Social Security Works, The Policy Press (2011).

Rainer Schröder, Verwaltungsrechtsdogmatik im Wandel, Tübingen (2007).

"Birth registration and the right of everyone to recognition everywhere as a person before the law", Human Rights Council, Report of the Office of the United Nations High Commissioner for Human Rights, 2014.

"Concluding Observations: Republic of Korea", Committee on the Rights of the Child(CRC), Consideration of reports submitted by States parties under article 44 of the Convention, CRC/C/KOR/CO/3-4, 2011.

이주여성 인권의 관점에서 바라 본
다문화법제도의 변천과 과제

소라미*

I. 서론

　정부는 2006년 결혼이민자 지원 종합대책을 마련하면서 결혼이민자 지원정책을 다문화정책으로 수용하기 시작했다. 하지만 정부가 정책 대상으로 삼은 '다문화가족'은 결혼이민자 또는 귀화 한국인이 대한민국 국적을 취득한 자와 가족관계를 맺고 있는 경우로 제한되었다. 이주노동자, 유학생, 난민 등 다양한 유형의 이주민은 포함되지 않았다. 다문화가족지원법의 제정을 전후로 범부처 차원에서 다문화 정책 열풍이 불기 시작했다. 지난 십 수 년 간 진행된 다문화정책의 열풍은 역으로 다문화주의나 다문화 관련 논의에 대한 피로감과 반감을 불러일으켰다.[1) 온라인을 중심으로는 정부의 다문화정책에 대한 조직적인 반대 여론이 형성되었다. 반 다문화주의 정서와 맞물려 정부 내에서도 부처 간 다문화에 대한 유사·중복 사업이 존재한다, 예산 낭비라는 지적이 제기되었다. 이러한 지적에

---

* 공익인권법재단 공감 변호사

따라 최근 정부는 다문화 관련 사업을 통합·정비하고, 예산을 축소하고 있다. 2014년 1월 '다문화가족정책 개선방안'을 수립한 이후, 유사·중복 사업을 조정해 한국어교육 등 4개 부처, 16개 사업에 대해 조정을 추진했다. 여성가족부는 2016년 부처 간 유사·중복되는 다문화 사업 조정을 추진했으며, 관련 부처 10개 과제를 통·폐합할 계획이라고 밝혔다.[2]

문제는 우리사회가 제대로 된 다문화주의 정책을 추진도 해보지도 못한 채 다문화 '혐오' 현상에 직면했다는 점이다. 이주 관련 단체 활동가들은 '다문화 열풍'의 본질에 대해 깊은 회의에 빠졌다. 다문화주의는 "한 나라에 여러 집단이 평화롭게 공존하는 것을 지향하거나 하나의 국가에서 다양한 인종, 민족, 문화 간 관용과 평화적 공존을 수용하고 이를 증진하려는 이데올로기"로 정의된다.[3] 이 글에서는 다문화라고 말하고 실제로는 결혼이주여성에 대한 정책을 추진해온 정부 주도의 다문화정책과 법제도를 평가하면서, 결혼이주여성을 둘러싼 관련 법제도의 현황 및 과제를 검토해보고자 한다. 그러한 다문화정책이 추진된 결과 과연 한국사회에서 이주민들은 좀 더 인간다운 대우를 받게 되었는지, 다양한 문화 구성원으로 인정받으며 공존하게 되었는지 질문하고자 한다. 나아가 결혼이주여성의 인권을 보장하기 위해 진행되어온 이주여성인권운동의 대응 내용과 과제를 평가해보고 시민사회운동과 정부의 정책이 나아갈 방향을 타진해보고자 한다.

---

2) 이희용, "다문화정책 3개 부처… 10개 과제 통폐합, '효율성 제고'"(2017. 4. 26. 확인) - ⟨http://www.yonhapnews.co.kr/bulletin/2016/09/08/0200000000AKR20160908033500371.HTML⟩

3) 박종대, 박지해, "한국 다문화정책의 분석과 발전 방안 연구", 문화정책논총 28권 제1호 (2014), 37.

Ⅱ. '다문화' 법제도의 도입과 한계

1990년대부터 시작된 국제결혼은 우리사회의 새로운 결혼 풍속도로 자리 잡았다. 중앙 정부와 지방 정부는 농어촌의 공동화 현상과 낮은 출산율 및 고령화의 대책으로서 국제결혼을 적극적으로 장려했다. 그 결과 1990년에는 전체 혼인 건수 대비 1.2%에 불과했던 국제결혼이 2010년대 전후로 전체 혼인 건수의 10%를 넘어서며 크게 급증했다. 국제결혼의 급증을 포함해 외국인의 국내유입이 증가하면서 외국인을 출입국관리의 대상에서 나아가 사회통합의 일원으로 포섭해야할 필요성이 제기되었다. 정부는 결혼이주여성과 다문화자녀의 사회통합문제를 해결하기 위해 국민들에게 거부감 없이 전달되고 전 세계적 경향에 부합하는 '다문화'라는 이름의 정책을 펼쳤다.4) 이에 따라 2006년 4월 대통령 주재로 국무총리와 여성가족부, 보건복지부, 법무부 등 관계부처 장관, 빈부격차차별시정위원회 위원 등이 참석한 가운데 '혼혈인 및 이주자의 사회통합 기본방향'과 '여성결혼이민자 가족의 사회통합 지원 대책'이 확정되었다.5)

그 이후 각 부처에서는 다문화가족을 위한 사업이 경쟁적으로 이루어졌다. 여성가족부는 결혼이민자가족지원센터를 설치했고 법무부는 결혼이민자 및 그 자녀의 조기 사회적응을 위해 전국 14개 출입국에서 결혼이민자 인적 네트워크를 구축했다. 문화부는 2007년 다문화정책팀을 신설했다. 보건복지부는 2008년 여성가족부로부터 가족정책을 이양 받은 후 결혼이민자 가족지원사업의 예산을 7배 이상 늘렸다. 여성부는 이주여성 긴급전화 1366을 통해 외국인 이주

---

4) 김희정, "한국의 관주도형 다문화주의: 다문화주의 이론과 한국적 적용", 「한국에서의 다문화주의-현실과 쟁점」, 한울아카데미 (2007), 58-93.
5) 송지현, 이태영, "다문화가족지원법의 제정과정 분석", 사회복지정책, vol. 39, No. 3 (2012), 163.

여성들의 폭력 피해를 다루었다. 교육인적자원부에서는 지역인적자원개발센터를 통해, 문화관광부에서는 지방문화원을 통해, 농림부에서는 방문교육도우미 지원 사업을 통해 한국어 교육을 비롯한 한국요리강습, 전통문화체험과 상담 서비스 등을 제공하기 시작했다.[6]

1. 재한외국인 처우 기본법의 제정 및 한계

현재 우리나라의 대표적인 다문화 법제로 꼽히는 것은 법무부 주관의 외국인정책과 여성가족부 주관의 다문화가족지원정책이다. 2006년 5월 26일 대통령 주재 제1회 외국인정책회의에서 '외국인정책 기본방향 및 추진체계'가 마련되었다. 당시 사회적으로 프랑스 이민자 소요사태가 부각되면서 이민자의 사회적응지원 및 통합정책의 중요성이 논의되었다. 또한 각 부처가 개별적·단편적으로 추진해오던 외국인 정책이 충돌·중복하는 현상을 방지하기 위해 종합적·거시적 시각에서 외국인정책을 수립하기 위한 체계를 구축할 필요성이 대두되었다.[7] 이러한 배경에서 2007. 5. 17. '재한외국인처우기본법'이 제정되어 7월 18일부터 시행되었다. '재한외국인처우기본법'은 제1조에서 "재한외국인이 대한민국 사회에 적응하여 개인의 능력을 충분히 발휘할 수 있도록 하고, 대한민국 국민과 재한외국인이 서로를 이해하고 존중하는 사회 환경을 만들어 대한민국의 발전과 사회통합에 이바지함을 목적으로 한다."고 밝힘으로써 '사회통합'을 최우선 입법 목적으로 선언하고 있다. 재한외국인의 사회통합을 지원하기 위해 동 법 제3장에서 재한외국인 등의 처우 등의 제목하에 인권옹호, 사회적응지원과 함께 결혼이민자 및 자녀, 영주권자,

---

6) 김이선, "제자리를 찾아야 할 여성결혼이민자정책", 『젠더리뷰』 봄호 (2007), 26.

7) 송지현, 이태영, 앞의 글, 162.

난민 등 외국인에 대한 지원을 규정하고 있으나 그 실행을 담보할 어떠한 제도나 장치를 마련하고 있지 않아, 권고적·선언적 규정으로 그치고 있다.8) 나아가 '사회통합'을 목표로 하는 지원 내용은 한국에 적응하고 동화되는 데 도움이 되는 한국어 교육 및 상담, 정착지원 중심으로 이루어지고 있어 다문화적 특성을 지닌 외국인들을 한국화하는 정도의 지원 정책에 머무르고 있다는 비판을 받았다.9)

또한 이 법은 적용대상으로서 재한외국인과 결혼이민자를 규정하고 있다. 재한외국인에 대하여는 "대한민국의 국적을 가지지 아니한 자로서 대한민국에 거주할 목적을 가지고 합법적으로 체류하고 있는 자"로 정의하고 있으며, 결혼이민자에 대하여는 "대한민국 국민과 혼인한 적이 있거나 혼인관계에 있는 재한외국인"이라고 규정하고 있다(동법 제2조). 나아가 법 적용 대상을 '합법적' 체류 외국인으로 한정하고 있으며 '불법'체류 외국인은 보호대상에서 제외했다. 한국인과 사실혼 관계에 있는 자, 한국인과 사이에 태어난 자녀를 양육 중인 자, 이주아동·청소년 등이 '불법' 체류자라는 이유만으로 동 법의 적용 대상에서 배제되었다. 정부는 외국인 정책의 대상인 외국인을 '합법' 체류 외국인과 '불법' 체류 외국인으로 이분하여 관리·통제 하고자 하겠다는 의지를 법에 반영한 것이다.10) '합법' 체류 외국인은 '선한 이민'으로 '불법' 체류 외국인은 '부정적인 이민'으로 구별 짓고, 이를 출입국관리 정책뿐만 아니라 인간적인 처우에 있어서까지 차등적인 대우로 연결 짓고 있는 것이다.11) '합법' 체류 이민자만을 정책 지원의 대상으로 삼고 '불법' 체류의 경위, 내용, 유형을 불문하고 모든 경우를 법 적용 대상에서 배제하는 것은

---

8) 유의정, "다문화정책의 역사적 변천 과정과 다문화 법제- 한국과 서구의 정책·법 사례 비교를 중심으로", 서양사학연구 30권 (2014), 228.
9) 박종대, 박지해, 앞의 글, 52.
10) 윤인진, "한국적 다문화주의의 전개와 특성", 한국사회학, 42(2) (2008), 70.
11) 윤인진, 앞의 글, 70.

과도한 인권침해의 소지가 있다.

2. 다문화가족지원법의 제정 및 한계

2006년 정부가 '여성결혼이민자 가족의 사회통합 지원 대책'을 확정하고 종합대책을 발표한 이래, 여성결혼이민자 정책은 가족정책 차원에서 여성가족부에서 주관하게 되었다. 이에 따라 여성가족부는 시·군·구 단위로 결혼이민자가족지원센터를 설치하였고, 이를 부처의 핵심 업무로 키웠다.12) 여성가족부는 2007년 1월 26일 다문화가족지원법 제정을 위한 입법 공청회를 개최했다. 당시 공청회에 참석한 토론자들은 독자적인 다문화가족지원법의 제정 취지에는 동의하나 결혼이민자에게 일방적인 문화흡수를 요구하고 있다고 지적했다.13) '다문화가족지원법'은 2007년, 17대 국회 고경화 의원이 대표 발의한 '이주민가족의 보호 및 지원 등에 관한 법률안'과 장향숙 의원이 발의한 '다문화가족지원법안'이 병합·심사되어 여성가족위원장이 제시한 대안 입법안이 통과됨으로써 2008. 3. 21. 제정되었다. "다문화가족의 구성원이 우리 사회의 구성원으로 순조롭게 통합되어 안정적인 가족생활을 영위할 수 있도록 가족상담, 부부교육, 부모교육 및 가족생활교육 등을 추진하고, 문화의 차이 등을 고려한 언어통역, 법률상담 및 행정지원 등의 전문적인 서비스를 제공"하는 것을 제정 이유로 제시하고 있다.14)

우리 사회에서 '다문화주의'라는 말이 처음 등장하게 된 것은 단

---

12) 송지현, 이태영, 앞의 글, 163.
13) 송지현, 이태영, 앞의 글, 163.
14) 국가법령정보센터, 다문화가족지원법(2017. 4. 23. 확인)
     http://www.law.go.kr/lsInfoP.do?lsiSeq=85988&ancYd=20080321&ancNo=08937&
     efYd=20080922&nwJoYnInfo=N&efGubun=Y&chrClsCd=010202#0000>

일민족주의, 순혈주의가 팽배한 한국사회에 이주노동자, 난민, 결혼이주여성에 대한 차별과 인권침해를 알리기 위해 시민사회단체가 제안하면서이다.[15] 2003년 한 시민사회단체가 '혼혈아'라는 표현이 인권 침해적이라고 주장하면서 국가인권위원회에 '다문화가족'으로 호칭할 것을 요구하는 진정을 제기했던 것이다.[16] 2006년 이후 다문화정책을 주도하기 시작한 정부는 '다문화'라는 용어를 적극적으로 차용하기 시작했다. 단일문화주의의 폭력성에 대항하기 위해 시민사회가 제안한 '다문화'는 정부에 의해 정착형 이민자인 결혼이주자에 대한 논의로 협소화되었다.[17]

시민사회단체는 '다문화가족'을 결혼이주여성뿐만 아니라 한국에 이주해 온 다양한 외국인, 즉 이주노동자, 유학생, 난민을 포괄하는 넓은 의미로 사용하였으나, 다문화가족법에서는 '합법적' 결혼이주자로 그 범위를 한정했다. 법 제정 당시 다문화가족지원법은 '다문화가족'에 대한 정의를 "대한민국 국민과 혼인하여 가족을 이루고 있는 외국인 또는 귀화자"로 한정했다. 고용허가제에 따라 이주한 이주노동자, 이주노동자 부부 사이에서 출생한 아동, 외국인 유학생과 그 동반가족, 무국적 외국인과 그 가족의 문제는 다문화가족지원법의 적용 대상에서 배제되었다. 그 결과 다문화 가족 제도 밖에 놓인 다양한 이주민 문화는 한국사회가 인정하는 다문화로 포섭되지 못한 채 바깥의 문화, 이질적인 문화로 남겨지게 되었다.[18] 2011년 다문화가족지원법의 개정으로 귀화자로 이루어진 가족도 다문화가족 서비스를 받게 되었으나, 다문화로 포섭되는 이주민의 범위는 여전히 제한적이다.

---

15) 김현미, "한국사회 다문화담론과 정책", 세계인권선언 60주년 기념 2008 제주인권회의 자료집 (2008), 324.
16) 김현미, 위의 글, 325.
17) 김현미, 위의 글, 324.
18) 박종대, 박지해, 앞의 글, 39.

또한 다문화가족지원법 역시 '합법적' 체류 자격의 외국인만을 법적용 대상으로 한정했다. '체류자격'을 기준으로 정착 지원 서비스를 제공하게 되면 가정폭력 등의 이유로 체류연장 신청을 하지 못하고 초과체류 상태가 된 결혼이주자, 미등록 이주노동자 사이에서 출생한 이주 아동은 지원에서 배제된다. 이는 모든 아동을 차별 없이 건강하게 발달하고 교육받고 사회에 참여할 수 있도록 보호해야한다고 선언하는 유엔아동권리협약에도 위배된다. 인간으로서 누려야할 기본적 권리는 체류 상태에 좌우될 수 없는 성질의 권리이다. '불법' 체류자라는 이유로 권리를 향유할 기회를 박탈하는 다문화 법제 현실은 우리 사회의 취약한 인권 수준을 반영하고 있다.

여성가족부는 제1차 다문화정책 기본계획에 따라 전국의 다문화가족지원센터를 거점으로 하여 한국어교육 및 아동양육 방문교육 사업, 다문화가족 자녀 언어발달 지원 사업 및 결혼이민자 통번역 서비스를 실시했다. 여성가족부의 대부분의 사업은 다문화가족 구성원의 한국 생활 적응에 초점을 맞추고 있다. 한국에 거주하는 외국인들이 겪는 가장 큰 어려움이 언어 장벽인 점에 비추어 보았을 때, 다문화 사업의 최우선순위를 한국 내 정착 지원으로 선정한 취지가 이해는 간다. 그러나 이러한 다문화 정책의 시행은 한국 정착을 지원하기 위해서는 자문화와 모국어의 사용을 유예하거나 제거해야하는 모순을 발생시킨다.[19] 다문화적 특성을 지닌 이주민들을 한국적인 틀에 맞추고자 하는 한국 정부의 다문화정책은 다문화주의가 아닌 자민족중심주의라는 비판에서 자유롭지 않다.[20]

---

19) 박종대, 박지해, 앞의 글, 43.
20) 박종대, 박지해, 앞의 글, 43.

3. 이주여성인권운동의 대응과 한계[21]

2000년대 이전 한국사회에는 별도의 이주여성인권운동이 형성되어 있지 않았다. 이주여성의 이슈도 이주노동 문제의 일환으로만 다루어져 왔던 것이다. 국제결혼이 늘어나면서 결혼이주여성의 가정폭력 피해 사례가 증가하기 시작했다. 여성의 관점에서 이주 문제를 바라보고 접근하는 이주 '여성' 인권 옹호 운동의 필요성이 대두되었다. 그에 따라 2001년 '이주·여성인권연대'라는 네트워크 모임이 발족되었다. 네트워크는 발족 당시 '한국 내 이주여성 및 국제결혼 가정 문제와 대책'이라는 주제로 정책워크숍을 진행했다. 상설 단체는 아니었으나 이주 여성만을 위한 단체 간 첫 연대모임이었다. 2003년 한국이주여성인권센터가 서울외국인노동자센터에서 독립하여 별도의 단체로 설립되었다. 센터는 첫 여성인권 상설 단체로서 이주여성 노동자 모성보호와 인권침해를 받는 국제결혼 이주여성을 상담하고 지원하는 활동에 본격적으로 나섰다.

2005년 여성부가 정부 최초로 국제결혼이주여성 지원 사업을 진행하였고, 같은 해 보건복지부는 '국제결혼이주여성 실태조사'를 진행했다. 복지부의 실태조사를 통해 결혼이주여성의 가정폭력 피해 경험이 12%로 드러났다. 정부 주도의 다문화정책이 범람하고 결혼이주여성의 가정폭력 피해가 대두됨에 따라 결혼이주여성의 인권에 관심을 갖는 단체가 늘어났다. 기존의 여성단체들이 이주여성인권운동에 결합하면서 이주여성들이 안전하게 이주하고 안전하게 거주하기 위한 운동이 본격적으로 시작되었다.

정부가 다문화정책을 추진하기 시작하면서 다문화가족지원법과

---

21) 이하 각 장의 '이주여성인권운동의 대응과 한계' 챕터 부분은 2004년부터 이주여성인권운동에 관여해 온 필자의 경험과 2017년 발간된 한국이주여성 인권센터 한국염 대표의 "우리 모두는 이방인이다"를 참고해 작성했다.

재한외국인처우기본법의 제정을 논의했던 2006년, 2007년, 이주여성
인권운동단체들은 단체를 생성하는 단계에 있어 한 목소리로 정부
의 정책에 대항하거나 개입하는데 한계가 존재했다. 준비된 몇몇 이
주여성단체와 이주노동자 단체, 전문가들은 다문화가족지원법에 대
해 다양한 이주민을 포괄하지 않고 있어 시민사회에 협소한 다문화
를 유포할 우려를 제기했다. 또한 '불법' 체류 이주민들을 일괄적으
로 배제한 점과 '사회통합'에만 초점이 맞춰진 지원 정책에 대해 비
판했으나 정책에 반영되지 못했다. 당시 다문화가족지원법 제정을
추진하던 여성가족부는 이미 인프라를 구축하고 서비스사업을 시작
한 '결혼이민자 가족지원센터'에 대한 법적 근거를 마련해야할 긴급
한 필요성에 법 제정을 강력하게 추진했다. 이주여성인권단체는 다
문화가족지원법이 가진 한계 지점은 명백하나, 전국적으로 설치되
어 결혼이주여성에 대한 정착지원을 맡겠다는 '결혼이민자 가족지
원센터'의 설립을 거부할 명분이 부족하여 강력하게 법 제정에 반대
하지 못했다. 결국 정부가 주도한 대로 '다문화' 없는 다문화가족지
원법이 제정되었고, 그 이후 한국 사회에는 왜곡된 다문화 정책이
시행·확산되기 시작했다.

III. 국제결혼 과정에 대한 정책 및 과제

1. 국제결혼 중개 과정상의 문제점

국제결혼이 2000년대 초반에 급증하게 된 데에는 우후죽순으로
늘어난 상업적인 국제결혼 중개 브로커 또는 국제결혼중개업체에도
원인이 있다. 국제결혼 중개업자들은 보다 많은 남성 고객을 모으기

위해 선정적인 광고를 무분별하게 진행했다. 고객 유치를 위해서 현수막 게시, 지면 광고, 인터넷 홈페이지 광고 등 온라인부터 오프라인까지 다양한 매체를 활용했다. 그 과정에서 성 차별적·인종 차별적인 광고(예: '베트남 처녀와 결혼하세요. 초혼, 재혼, 장애인 환영', '연령제한 없이 누구나 가능', '만남에서 결혼까지 7일', '베트남 절대 도망가지 않습니다.', '신부보증제' 등)를 서슴지 않았다. 차별적인 국제결혼 광고는 결혼이주여성에 대해 부정적이고 왜곡된 인식을 확산하는 데 일조했다.

한편 국제결혼 중개업체가 결혼하고자 하는 양 당사자에게 제공하는 정보의 질과 양은 종종 문제적이었다. 중개업자가 제공하는 정보 내용은 부정확하고, 때때로 과장되거나 날조되기도 했다. 정보제공은 한국인 남성과 이주여성에게 차등적으로 이루어졌다. 이주여성의 경우 최종 배우자가 결정되기 전까지 상대방 남성에 대한 어떠한 정보도 제공받지 못하기도 했다. 통역서비스의 미비로 인해 결혼당사자들이 결혼 과정에서 전문적인 통역자의 조력을 충분히 받지 못했다. 결국 국제결혼을 하고자 하는 남녀 모두에게 심각한 '정보의 부족'을 야기하며, 불충분한 정보는 결혼 당사자들이 결혼 과정에서 일어나는 부당한 대우나 착취에 적절히 대응할 수 없는 근본적인 원인으로 작동했다.

상업적인 국제결혼 중개가 시작된 이래 한국인 남성이 3~6일 동안 이주여성이 거주하는 현지를 방문하여 단기·속성으로 배우자를 결정하는 진행 방식에는 변함이 없다. 그 기간 동안 맞선을 보고, 현지 혼인식을 치루고, 비자 신청을 위한 절차를 진행한다. 그 중 배우자를 선택하는 데 걸리는 시간은 불과 수 분 내외, 길어봤자 십 여 분이다. 이때 두 사람 사이에는 제대로 된 대화조차 이루어지지 않는다. 가장 빠른 시간 내에 가장 많은 이윤의 추구라는 상업화된 국제결혼 중개 서비스의 이윤 추구적인 성격이 반영된 결과이다. 결혼 당사자들에게 의사결정에 필요한 시간은 허용되지 않는다. 이러한 의미에서 현재의 결혼 중개시스템은 의사소통이 불가능하고 정보가 불충분한 상태에서 '속성으로 배우자 선택이 강제되는' 구조라 할 수 있다.

현지 결혼식 후 한국인 남성은 먼저 귀국해 배우자 초청을 위해 비자 수속을 진행한다. 한국입국 비자가 나오기까지 소요되는 2개월 안팎의 기간 동안 결혼이주여성들은 종종 결혼중개업자가 현지에서 운영하는 숙소에서 공동생활을 한다. 한국어와 한국 문화 교육을 명목으로 하나, 입국할 때까지 이주여성의 신변에 변동이 생길 것을 우려한 중개업자들의 담보책이다. 만약 이주여성이 변심을 해서 입국을 하지 않으면 결혼중개업자는 한국인 남성에게 실비용 이외의 수수료는 받지 못하고 다른 여성과의 재맞선과 혼인을 주선해야하기 때문이다.

2. 결혼중개업의 관리에 관한 법률의 제정 및 한계

2005년 대통령자문 빈부격차·차별시정위원회의 연구 용역 의뢰로 '국제결혼중개시스템: 베트남·필리핀 현지 실태조사'가 진행되었다. 문화인류학자, 여성학자, 법률전문가, 현장활동가가 공동으로 참여한 실태조사를 통해 상업적인 국제결혼 중개 구조의 실태가 드러났다.[22] 이후 시민사회단체는 본격적으로 한국사회에 국제결혼 중개 구조의 문제점을 공론화하기 시작했다. 2007년 유엔 여성차별철폐위원회도 한국 정부에게 문제적인 국제결혼 중개 행태에 대한 정부의 개입을 촉구했다. 17대 국회 김춘진 의원은 2007년 건전한 결

---

22) 고현웅, 김현미, 소라미, 김정선, 김재원, "국제결혼중개시스템: 베트남·필리핀 현지 실태조사" 보고서(2005. 12), 대통령 자문 빈부격차·차별시정위원회.

혼문화의 형성에 기여하고자 하는 목적으로 「결혼중개업의 관리에 관한 법안」(이하 '중개업법')을 발의했다. 국회 본 회의를 통과한 동 법은 2008년 6월 15일부터 시행되기 시작했다. 법 제정 당시 법률의 주요 내용을 살펴보면 결혼중개업에 대한 관리방안을 이원화했다. 관할 지방자치단체가 '국내' 결혼중개업에 대하여는 '신고제'로, '국제' 결혼중개업은 '등록제'로 관리·감독하도록 했다. 결혼중개업자에게는 ①신고필증을 게시할 의무(제8조) ②명의 대여 금지 의무(제9조) ③계약 내용 설명의무 및 표준계약서 작성 의무(제10조) ④외국 현지법령 준수 의무(제11조) ⑤허위·과장된 표시·광고 및 거짓 정보 제공의 금지(제12조) ⑥개인 정보 보호 의무(제13조) 등을 지키도록 의무화했다.

　법 제정 이후 국제결혼 중개업체가 한국 남성의 '지적' 장애 사실을 이주여성에게 전달하지 않아 조기에 혼인 관계가 파탄 나게 된 피해 사례가 발생했다. 제정된 중개업법은 국제결혼 알선업자가 거짓 정보를 제공한 경우 사후적인 행정적 규제 장치만을 두고 있어 사전적인 예방이 불가능했다. 광고에 대한 규제도 도입되었으나, 거리의 현수막이나 벽 스티커와 같이 눈에 바로 드러나는 광고만 순화되었을 뿐, 온라인 상 국제결혼 중개업체의 홈페이지나 카페를 통해 이루어지는 여성인권 침해적인 광고는 현재까지도 계속되고 있다.

　보다 근본적으로 이주여성 인권 단체는 중개업법이 문제적인 중개행태에 대하여 실효적인 규제는 하지 못하면서 국제결혼 중개업을 '등록'된 영업으로 합법화만 시켜주는 것은 아닌지 우려했다. 또한 동법 제11조의 현지법령 준수 의무 조항의 실효성에 대해서도 회의적이었다. 동 조문에 따르면 국제결혼중개업자는 외국 현지에서 국제결혼중개를 하는 경우 외국 현지 형사법령을 준수하여야 한다. 그런데 한국인 남성과 결혼 하는 이주여성의 주요 출신국인 중국, 베트남, 필리핀, 캄보디아, 몽골의 경우, 현지 법령을 통해 영리를 목적으로 하는 국제결혼 알선 행위를 금지하고 있다. 현지 법령과 한국의 중개업법 제11조 사이에 존재하는 이 모순을 어떻게 극복할 것인지에 대해 이주·여성인권단체는 수차례 정부부처에 확인을 구했으나 부처 관계자는 국제결혼을 금지할 수는 없지 않느냐는 무기력하고 안일한 답변을 내놓았다.

2007년 법 제정 이후, 2010년 법 개정을 통해 중개업자로 하여금 혼인경력, 건강상태, 직업, 폭력 관련 범죄 경력 등에 대하여는 반드시 사전에 정보를 제공하도록 의무화했다(동법 제10조의 2 신설). 또한 국제결혼중개업자로 하여금 결혼 당사자 간의 원활한 의사소통이 가능하도록 통·번역 서비스를 제공하도록 의무화했다(동법 제10조의 3). 2012년에는 한국인 남성 1명이 백화점에서 상품 고르듯 이주여성 수 십 명 중에 한 명을 선택하는 방식인 '일대 다수'의 맞선 방식에 제동을 걸기 위해 단체 맞선을 금지하도록 법 개정이 이루어졌다(동법 제12조의 2). 더불어 결혼중개를 목적으로 2명 이상의 외국인을 같은 장소에 기숙시키는 행위에 대하여도 금지 규정을 추가했다. 국제결혼의 특성 상 대한민국 영토를 넘어 국제결혼 중개가 이루어진다. 한국인의 맞선 상대가 되는 이주여성 출신국에서 맞선, 성혼 결정, 결혼식 등 대부분의 중요한 결혼중개 행위가 이루어진다. 따라서 입법 목적인 국제결혼 중개 구조의 '건전화'를 위해서는 현지에서 이루어지는 중개행위를 어떻게 규제할 것인가에 대한 진지한 고민과 대책이 필요하다. 그러나 현행 법률은 현지에서 이루어지는 법 위반 행위에 대해서는 어떻게 규율할 것인지에 대하여는 속수무책이다. 한국 내에서 발생하는 법률 위반의 중개행위에 대하여도 관할 지방자치단체가 관리·감독을 실질적으로 하고 있지 않아 중개법 대부분이 선언적인 효력에 그치고 있다.

3. 이주여성인권운동의 대응 및 한계

2006년 이주·여성 인권단체와 시민사회단체는 공동으로 국제결혼중개업체들의 선정적이고 여성 차별적인 광고에 대해 대응하기 시작했다. 2006. 5. 20. 국가인권위원회 앞에 모여 인권을 침해하고 여성을 상품화하는 국제결혼 광고를 즉각 중단하라는 취지의 기자회견을 진행하고 '선의의 파파라치' 캠페인을 시작했다.23) 전국의 시민들이 사는 곳이나 일하는 곳 주변에서 눈살을 찌푸리게 만드는 국제결혼 광고 현수막, 벽 스티커 등을 발견하면 사진으로 찍어 제보할 수 있도록 온라인 플랫폼을 마련했다. '선의의 파파라치' 캠페인을 통해 취합된 사진을 증거자료로 첨부해서 국가인권위원회에 진정을 제기했다. 진정의 취지는 1. 국제결혼중개업자의 여성·외국인을 상품화하는 국제결혼 중개 행위 및 국제결혼 광고 행위는 성별·출신지역 등을 이유로 한 여성, 베트남·필리핀 등 외국인에 대한 차별 행위에 해당한다는 점, 2. 각 지방자치단체장의 옥외 광고물에 대한 관리·규제 의무 해태로 인하여 여성, 베트남·필리핀 등 외국인의 인격권, 행복추구권 등이 침해되었다는 점, 3. 국제결혼 중개업자들의 국제결혼 중개행위와 온라인·오프라인 상에서 이루어지는 국제결혼 광고 행위는 여성·외국인에 대한 인격권·행복추구권을 침해하고 우리 사회에 여성과 외국인에 대한 차별적 인식을 확산하는 것으로서, 정부는 이와 같은 인권 침해적이고 차별적인 국제결혼 중개행위 및 광고행위를 단속·규제할 수 있는 통합적 정책을 시급히 마련해야한다는 점이었다.24) 이와 같은 대중적인 인식개선 캠페인

---

23) 2006. 5. 20. [성명서] '인권을 침해하고 여성을 상품화하는 국제결혼 광고를 즉각 중단하라'
24) 2006. 7. 11. 한국여성의전화연합, 한국이주여성인권센터, 언니네트워크, 민주노동당 여성위원회, 나와우리, 공익변호사그룹 공감 공동 제기한 국가인

결과 국제결혼 광고 현수막에 대하여 결혼중개업체 자체적으로 검열·정비되기 시작했다.

2006년 경상남도에서 '노총각 혼인사업 지원조례'가 최초로 제정되었다. 국제결혼을 하면 1인당 6백만원의 결혼중개수수료를 지원해주는 사업이었다. 유사한 내용의 조례와 정책이 저출산·고령화의 문제를 해결하고자 하는 전국의 지자체에 확산되었다. 17대 국회 민주노동당 최순영 의원을 통해 확인한 결과, 당시 3개 광역시도, 60개 시군에서 농어민 국제결혼비용 지원 정책이 시행되었고, 기초자치단체의 경우 전국 246개 중 24.7%(전국 기초자치단체 중 4분의 1에 해당)가 유사한 정책을 추진하고 있는 것으로 파악되었다.25)

2007년, 지방자치단체의 국제결혼비용지원사업에 대한 문제제기를 위해 여러 이주·여성인권단체와 시민사회단체가 다시 모였다. 같은 해 4월 25일 '농촌총각 국제결혼 지원 조례·정책 제대로 보기'라는 주제로 제 1차 토론회를 진행했고, 6월 7일에는 '농어민 국제결혼비용지원사업 무엇이 문제인가'라는 주제로 제 2차 토론회를 개최했다. 7월 26일에는 962명의 청구인을 모아 감사원을 상대로 '농어촌 총각 장가보내기 사업'에 대한 공익감사 청구를 진행했다.26)

이러한 시민사회단체의 대응 속에서 2007년 김춘진 의원은 독자적으로 '결혼중개업의 관리에 관한 법률안'의 제정을 추진했다. 당시 이주·여성인권단체 및 관련 전문가들은 의원실에 문제적인 국제결혼중개 행태를 규제하기 위해서는 '등록제' 수준의 관리·감독은 너무 미약하므로 '허가제' 수준의 강력한 개입이 필요하다는 의견을 개진했다. 하지만 김춘진 의원실은 이미 이익단체로 집단화 된 결혼

권위원회 진정서.

25) 최순영, "전국 농어민 국제결혼비용 지원 정책 현황", '농어민 국제결혼비용 지원사업, 무엇이 문제인가' 토론회 자료집 (2007. 6).

26) 2007. 7. 26. 농어촌 총각 장가보내기 사업에 대한 공익사항에 관한 감사원 감사청구서

중개업체협회의 반발이 우려되며, 그럴 경우 국회 본회의를 통과할 가능성이 낮아진다는 이유로 '등록제' 법안을 강행했다. 뒤늦게 이주여성인권단체들은 김춘진 의원의 법안에 더 이상 개입이 어렵다고 판단하고, 별도의 TF를 구성해서 독자적인 법안 발의를 추진했다. 당시 쉽게 결론 내리지 못했던 논의 주제는 영리를 목적으로 하는 결혼중개를 전면적으로 금지할 것인지에 대해서였다. 일부 이주여성인권 활동가는 '등록제' 방식의 규율은 문제적인 결혼중개업체에게 오히려 '합법'이라는 날개만 달아주고, 결국 국제결혼 중개 영업은 더욱 활성화되고 조장될 것이라는 우려를 제기했다. 그러므로 대만 정부가 시행 중이었던 '영리를 목적으로 하는 국제결혼 중개행위의 전면 금지'를 한국에서도 도입해야한다고 주장했다. 이에 대하여는 국제결혼 중개 행위를 전면 불법화할 경우 결혼 이주의 통로가 전면적으로 통제된 결과, 한국으로의 결혼이주를 원하는 이주여성들이 탈법·불법적인 루트를 통해 국제결혼을 하게 되어 결국 가장 취약한 지위에 있는 이주여성이 더욱 심각한 인권 침해에 노출될 수 있다는 의견이 대립했다. 쉽게 논의가 정리되지 않던 차에 김춘진 의원이 제안한 법안이 국회를 통과했다는 소식이 들려왔고 시민사회단체의 별도 법안 작업은 추진력을 잃고 말았다. '등록제' 방식으로 국제결혼 중개업체를 관리하는 법이 제정된 이후, 이주여성인권단체와 관련 단체들은 지속적으로 결혼중개업법의 미비점을 지적해왔고, 몇 차례 법이 개정되는 동안 사전정보제공, 단체맞선금지, 현지법령준수의무 등 시민사회단체가 제기한 많은 내용이 법제도로 수용되었다. 하지만 '인신매매적' 국제결혼 중개 행태를 '등록제' 방식의 입법 방식으로 규제가 가능한지에 대한 근본적인 회의는 해소되지 않았다.

2012년, 필리핀 여성과 한국인 남성의 국제결혼을 알선하던 대전지역의 국제결혼중개업체 대표가 자신이 운영하는 필리핀 마닐라 소재 기숙사에서, 성혼 후 초청 비자 발급을 기다리며 공동생활 중이던 필리핀 여성을 강제 추행한 사건이 발생했다. 당시 더욱 충격적이었던 것은 이 대표가 필리핀 여성들이 '처녀'인지 출산한 적이 있는지 여부를 가리겠다는 명목으로 여성들의 상하의 속옷을 탈의시키고 육안 검사를 진행했다는 것이다. 언론을 통해 '알몸 검사'라고 보도되었던 이 검사는 한 여성을 상대로 2차례에 걸쳐 이루어졌다. 필리핀 현지에서 맞선 볼 여성을 모집하는 과정에서 대표가 여성을 사전 면접할 때 한 차례, 그리고 필리핀 현지 결혼식을 하는 당일 오전에 두 번째 검사가 이루어졌다. 이후 여성이 입국 후 남편에게 그 사실을 알리면서 형사사건화 되었고, 결혼중개업체 대표는 공동 숙소에서 이루어진 강제추행죄에 대해 2년의 징역형을 선고받았다. 하지만 '알몸 검사'에 대하여는 피해자들의 동의가 있었던 것으로 보이기 때문에 무죄라고 결론 났다.[27]

　혼인을 주선하는 상대가 한국인 여성이었다고 하더라도 이 국제결혼중개업체 대표는 '알몸' 검사를 진행할 수 있었을까. 한국인 여성에게는 말도 꺼내지 못했을 가능성이 높다. 만약 '알몸' 검사를 요구받았다면 한국인 여성은 당장 항의를 하거나, 경찰에 신고를 했을 것이다. 필리핀 이주여성에게는 그래도 될 것이라 생각했고 서슴지 않고 행했다. 같은 여성을 합리적 이유 없이 다르게 대우하는 것, 이것이 바로 '차별'이다. 또한 국제결혼중개업자는 이주여성에게 있어서는 '갑'의 지위를 갖는다. 한국인 남성과 결혼을 원하는 필리핀 여성에게 한국인 남성과의 맞선을 가능하게 하는 유일한 통로이기 때문이다. 중개업자는 자신의 권력을 이용하여 자신의 보호·감독 아래에 있었던 이주여성을 상대로 폭력을 행사한 것이다. 이 사건을 통해 국제결혼중개업체가 '문제없는' 여성을 한국인 남성에게 공급한

---

27) 대법원 2014. 7. 10. 선고 2014도5644 판결.

다는 명목으로 이주여성을 상대로 비슷한 인권침해를 행하고 있다
는 사실이 드러났다. 이러한 문제에 대하여 현행 결혼중개업법은 속
수무책이다.

IV. 결혼이주여성의 체류 관련 법제의 현황 및 과제

1. 결혼이주여성의 체류 관련 문제점

결혼이민자의 가정폭력 경험 비율이 2005년 보건복지부의 '전국
결혼이민자 실태조사'에서는 22.3%, 2006년 여성가족부의 '결혼이민
자 실태조사'에서는 16.9%, 2007년 여성가족부의 '전국가정폭력 실
태조사'에서는 47.7%, 2008년 '서울시 여성가족재단 실태조사'에서
는 21.1%인 것으로 드러났다.[28] 다문화가족을 상대로 13개 언어로
한국생활 정보제공, 폭력피해 이주여성 긴급지원 및 상담을 진행하
는 여성가족부 산하 다누리콜센터의 상담 통계를 보면 총 상담 건
수 중 폭력피해와 관련한 상담 건수가 2014년 10.7%, 2015년 12.4%,
2016년 10.3%로, 평균 11.1%를 차지하는 것으로 드러났다.[29] 결혼이
주자가 경험하는 가정폭력의 형태는 유형적 물리적 폭력에서부터
무형의 언어적·경제적·성적 학대까지 포괄한다.

한국인과 혼인한 결혼이주자는 혼인을 유지한 상태로 국내 2년
거주 기간을 채우면 간이귀화를 신청할 수 있다.[30] 귀화신청 접수

---

28) 황정미, "결혼이주여성의 가정폭력에 피해에 대한 재고찰", 한국여성학 31
   권 4호 (2015), 6.
29) 여성가족부, "다누리콜센터 1577-1366' 통합 이후 연간 상담실적 38% 증가"
   (2017. 4. 27. 확인) - 〈http://www.mogef.go.kr/nw/enw/nw_enw_s001d.do?mid=mda700〉

후 허가 결정까지 심사에 소요되는 1~2년 기간을 귀화에 필요한 거
주요건 기간(2년)과 합하면 약 3~4년 기간 동안 결혼이주여성은 '외
국인'의 신분으로 국내 체류한다. 국적 취득 전에 이혼을 하는 등 혼
인이 파탄하면 본국으로 귀국해야하거나 불법 체류자로 전락할 위
험에 처한다. 결혼이주여성의 불안한 법적 지위는 인권 침해적인 상
황에 능동적이고 적극적인 대처를 어렵게 한다. 결혼 이주여성이 가
정폭력 등 피해에 대하여 경찰에 신고하기 위해서는 본국으로 쫓겨
날 것이라는 두려움이 해소되어야 한다. 자신의 신분과 체류가 안전
하다는 판단이 들지 않는 한 결혼 이주여성은 가정폭력의 고리를
끊어내려는 결단을 할 수 없기 때문이다.

국제결혼 관계가 파탄 난 경우 결혼이주자는 혼인 파탄에 본인의
귀책사유가 없다는 점을 증명할 수 있으면 귀화 신청이 가능하다.
이에 따라 가정폭력 피해를 입은 결혼이주자는 폭력 피해를 입증할
수 있는 진단서, 사진, 형사·가사소송의 판결문 등을 법무부에 제출
해야한다. 문제는 증명할 수 없는 가정 폭력에 노출된 경우이다. 가
시적인 육체적인 폭력 피해에 노출된 경우에는 그나마 출입국관리
사무소에서 요구하는 진단서, 사진 자료 등을 제출할 수 있으나, 비
가시적인 정서적 학대, 경제적 학대, 언어적 학대, 성적 학대에 대하
여는 증거 자료를 수집·제출하기 어렵기 때문이다. 결국 현행 국적
법상 간이귀화 제도는 결혼이주자에게 가정폭력 피해가 발생했다
하더라도 증거자료가 충분해질 때까지 참고 폭력을 당하라고 권하
고 있는 꼴이다. 실제로 가정폭력 피해에 저항하지 못하고 결국 살
해까지 당하는 결혼이주여성의 극심한 피해 사례가 언론에서 종종

---

30) 국적법 제6조 제2항 제3호
    제1호 또는 제2호의 기간을 충족하지 못하였으나, 그 배우자와 혼인한 상태
    로 대한민국에 주소를 두고 있던 중 그 배우자의 사망이나 실종 그 밖에 자
    신의 귀책사유 없이 정상적인 혼인생활을 할 수 없었던 자로서 제1호 또는
    제2호의 잔여기간을 충족하고 법무부장관이 상당하다고 인정하는 자

보도되었다.

2. 결혼이주여성의 체류 관련 법제 현황과 과제

1997년 국적법 개정 전에는 한국인 남성과 결혼한 외국인 여성이 귀화하는 데에는 별도 거주기간이 필요 없었다. 반면 한국인 여성과 결혼한 외국인 남성에게는 거주기간을 요구해 헌법재판소에서 남녀 평등에 위배된다는 판정을 받았다. 1997년 개정된 국적법은 외국인 남성이건 여성이건 한국인과 결혼한 결혼이주자는 모두 동일하게 혼인 상태를 정상적으로 유지하면서 2년 동안 국내 거주하면 귀화 신청이 가능하도록 했다. 2004년 국적법 개정으로 혼인생활이 파탄 난 결혼이주자가 귀화할 수 있는 길이 열렸다. 혼인 파탄에 대해 결혼이주민에게 귀책사유가 없거나, 결혼이주민 홀로 대한민국 국적의 자녀를 양육하는 등 일정한 사유가 있는 경우 귀화 신청이 가능하게 되었다.31) 외국인 배우자의 인권보장과 아동보호 차원에서 국적취득을 허용한 것이다. 국적법 개정에 따라 출입국관리지침을 보완해서 혼인 파탄 난 결혼이주자가 위와 같은 사유를 증빙하는 서류를 제출하면 체류 연장 허가를 신청할 수 있게 되었다. 이러한 취지가 출입국관리법에 명시된 것은 비교적 최근에 들어서이다. 2011년 가정폭력 피해 결혼이민자에 대한 특칙 조항이 출입국관리법에 추가되었다. 가정폭력을 이유로 법원의 재판, 수사기관의 수사 또는 그 밖의 법률에 따른 권리구제 절차가 진행 중인 대한민국 국민의 배우자인 외국인은 그 권리구제 절차가 종료할 때까지 체류기간 연장 허가를 구할 수 있다는 취지이다.32) 지침에 따라 이루어져 온 출

---

31) 국적법 제6조 제2항 제3, 4호 신설.
32) 출입국관리법 제25조의 2.

입국 관행의 근거를 비로소 법에 명시한 것이다. 성폭력피해자에 대한 특칙은 2014년 출입국관리법 개정 때 신설됐다. 성폭력범죄를 이유로 법원의 재판, 수사기관의 수사 또는 그 밖의 법률에 따른 권리구제 절차가 진행 중인 외국인은 권리구제 절차가 종료할 때까지 체류기간을 연장할 수 있게 되었다.33) 성폭력 특칙에서는 피해자가 결혼이민자일 것을 조건으로 하고 있지 않다. 성폭력 피해를 입은 모든 외국인에게 개정된 특칙이 적용되는 것이다. 반면 가정폭력 특칙 조항은 법 적용 대상을 '대한민국 국민의 배우자인 외국인'으로 한정하고 있다. 외국인 부부 사이에서 가정폭력 피해를 입은 이주민은 동 특칙에 따라 체류 연장 허가를 신청할 수 없다. 두 조문의 취지가 인도적인 차원에서 가정폭력·성폭력과 같은 여성인권 침해를 외국인에게 인권 구조의 기회를 보장하자는 취지에서 도입된 것이라면 가정폭력 특칙 조문의 적용대상을 한국인과 결혼한 외국인 배우자로 한정할 필요는 없을 것이다.

2010년 법무부는 국제결혼에 대한 올바른 인식을 제고하고 국제결혼의 부작용을 최소화하며, 바람직한 다문화가정을 형성할 수 있도록 지원하겠다는 취지로 외국인 여성과 결혼한 한국인 남성을 상대로 '국제결혼 안내 프로그램'을 실시하기 시작했다. 처음에는 교육에 참여한 한국인의 외국인 배우자에게 체류기간을 상대적으로 길게 부여해주는 인센티브 방식으로 진행이 되었으나, 2011년 3월 7일부터는 프로그램 이수가 의무화되었다. 외국인 배우자를 초청하기 위해서 한국인 배우자는 반드시 교육 프로그램 이수증을 제출해야만 한다. 총 3시간으로 이루어진 교육은 국제결혼 관련 현지 국가의 제도·문화·예절 등을 소개하고 결혼사증 발급 절차 및 심사 기준 등 정부 정책을 소개하고 한국인 배우자의 경험담을 소개하는 것으

---

33) 출입국관리법 제25조의 3.

로 구성되어 있다.[34] 교육 이수대상자는 '국제결혼자 중 상대적으로 이혼율이 높거나 한국국적을 다수 취득한 국가(중국, 베트남, 필리핀, 캄보디아, 몽골, 우즈베키스탄, 태국)의 국민을 결혼 동거 목적으로 초청하려는 한국인 배우자이다.

같은 목적에서 법무부는 2013년에 혼인 비자 정책을 강화했다. 구체적인 내용은 ① 결혼이민자에게 일정한 수준 이상의 한국어 능력 요구 ② 초청하고자 하는 한국인 배우자(이하 '초청자')는 정상적인 주거 공간을 확보할 것 ③ 초청자의 연간소득이 법무부장관이 고시하는 일정 소득액을 초과할 것 ④ 첫 번째 초청 이후 5년 경과하지 않은 경우 초청 제한, 기간 무관하게 이전에 이미 두 명을 초청한 적이 있으면 세 번째부터는 초청 제한 ⑤ 국적 또는 영주자격을 취득한 결혼이민자의 타 국가 배우자 초청 제한이다. 당시 이주여성 인권단체는 이미 현지에서 혼인식과 법률상 혼인신고까지 마치고 한국에 입국을 대기 중인 결혼이민자들이 한국어 능력을 충족시키지 못하거나 초청자가 소득요건 또는 주거 요건을 충족시키지 못해서 입국을 하지 못하는 사례가 발생할 수 있다고 우려를 제기했다. 그러나 법무부는 무리하게 정책을 강행했다. 그 결과 결혼한 이주여성이 입국하지 못하게 되자 비관 자살을 한 한국인 남성의 사례가 보도되어 사회적으로 파장을 일으키기도 했다. 한편 전문가들은 헌법상 위헌 가능성도 제기했다. 한국인 간의 혼인과 비교했을 때 국제결혼에 대한 과도한 개입과 제한은 차별이 될 수 있다는 지적이었다. 법에서 정하는 연령 요건, 중혼 금지 규정 등에만 저촉되지 않으면 한국인들 간에는 당사자의 자유로운 의사에 따라 혼인이 가능하기 때문이다.

---

34) 외국인을 위한 전자 정부 'Hi Korea', "국제결혼 안내프로그램"(2017. 4. 27. 확인) http://www.hikorea.go.kr/pt/InfoDetailR_kr.pt?categoryId=1&parentId=1294&catSeq=&showMenuId=8

3. 이주여성인권운동의 대응과 한계

2010년 한 베트남 결혼이주여성이 한국에 온 지 일주일 만에 정신질환을 앓고 있던 남편에 의해 살해당했다. 2011년 청도에서 또다른 베트남 결혼이주여성이 출산한 지 19일 만에 남편이 휘두른 칼에 살해당했다. 2012년에는 두 명의 중국 동포 출신 결혼이주여성이 잇달아 남편에게 살해당했다. 결혼이주여성들이 가정폭력 피해로 사망하는 사건이 연이어 발생하면서 2012년 이주여성인권 관련 단체들은 '이주여성이 안전하게 살 권리'를 보장하라는 취지의 연대 활동을 펼치기 시작했다(이하 '이주여성 안전연대'). 이 전부터 결혼이주여성의 체류권 이슈는 이주여성인권 운동의 가장 핵심적인 주제였다. 이주여성 인권활동 초기부터 이주여성에게 안정적인 체류자격을 보장할 것을 지속적으로 요구해왔다. 정부 차원에서는 2004년 국적법 개정, 2005년 출입국관리지침의 변경으로 혼인 파탄 난 결혼이주여성에게도 일정한 경우에 체류연장과 귀화 신청의 길이 열렸으니 할 바 다했다는 입장이었다. 그러나 정서적·경제적 학대와 같이 입증이 어려운 폭력 피해에 노출된 결혼이주여성들은 여전히 체류 연장과 귀화 신청을 할 수 없었다. 한편 각 지방의 출입국관리사무소 담당자는 바뀐 법과 지침의 내용을 정확하게 숙지하지 못한 경우가 많았다. 유사한 사안에 대해 어느 지역에서는 귀화·체류연장 신청 접수 처리가 되었다는데 다른 지역에서는 거부되었다는 소식이 전해졌다. 한국인 지원 단체가 함께 하느냐에 따라 결과가 달라지기도 했다. 이 모든 것이 출입국 행정에 광범위하게 부여된 재량 때문이었다. 부당함에 대해 소송으로 다투고자 하더라도 법원은 출입국 관리의 공익 목표를 행사하는 데 있어 광범위한 재량권이 인정된다는 이유로 출입국관리사무소의 손을 들어주기 일쑤였다. 법령 상 구체적인 내용을 확인할 수 가 없는 경우가 비일비재하고, 사법적 통제로부터도 자유로운 출입국관리 행정은 법률 전문가의 눈에도 '이상한 나라의 앨리스'였다.

이러한 배경에서 이주여성 안전연대는 2012년 11월 28일 국회에서 '결혼이주민의 체류권 보장을 위한 토론회'를 개최했다. 가정폭력 피해로부터 결혼이주여성의 안전을 보장하기 위해서는 한국인 배우자에게 의존하지 않는 독립적인 법적 지위를 보장하고 안정적인 체류를 보장해야 한다는 점을 다시 한 번 확인 했다. 또한 전국의 각 지역의 출입국관리사무소별로, 같은 출입국관리사무소 내에서도 각 창구 담당 공무원 별로 결혼이주민에 대한 체류와 귀화 업무가 다르게 이루어져 문제라는 지적을 했다. 출입국 관리 행정에 광범위한 재량이 부여된 결과 공정한 기준과 투명한 처분이 보장되지 않아 결혼이주민들은 자신의 체류자격과 귀화 신청 자격에 대해 예측이 불가능하고, 부당한 처분에 대항할 수 없다는 취지였다. 이러한 문제는 현재까지 지속되고 있다.

한편 2012년 법무부는 영주자격 전치주의 도입을 위한 공청회를 개최했다. '영주자격 전치주의'란 귀화하려는 외국인은 귀화 전에 우선 영주자격을 취득해야한다는 제도이다. 영주자격 전치주의가 정부 정책에서 처음 제시된 것은 2008년 12월 국무총리 주재 외국인정책위원회에서였다. 재한외국인처우기본법에 따른 제1차 외국인정책기본계획을 심의·확정하는 자리였다. 이에 따라 법무부는 2012년 국적법 일부 개정안과 출입국관리법 일부 개정안을 입법 예고하고 공청회를 개최한 것이다. 영주자격의 대상으로 삼는 외국인은 국민 또는 영주자격자의 배우자 및 그 자녀, 외국국적동포, 우수능력보유자 및 특별 공로자, 투자가 및 전문인력만이었다. 그 외 이주민들은 영주자격을 취득할 수 없으니 그 다음 단계인 귀화 신청도 불가능하다는 이야기이다. 그러나 당시 출입국관리법과 국적법에 의하면 난민과 이주노동자도 합법적으로 국내 5년을 거주하면 일반귀화 신청이 가능했다. 더욱 선별적이고 배제적인 외국인정책으로 후퇴하는 징후가 가시화된 것이다.

법무부는 결혼이주여성의 경우 혼인 후 빠른 시간 내 영주자격을 취득할 수 있어 보다 법적 지위가 안정될 것이라고 설명했다. 당시 안에 따르면 혼인에 기한 간이귀화에 필요한 국내 거주기간을 2년에서 3년으로 상향하고 3년 중 1년 이상을 영주자격을 보유할 것이 그 내용이었다. 그러나 이주 관련 단체들은 결혼이주여성의 법적 지위에 대한 심사가 이중으로 강화된다는 점에 주목했다. 일차로 영주자격 심사를 받고, 이차로 귀화허가 심사를 받아야하는 이중 심사를 거쳐야하기 때문이다. 법무부는 해외 많은 나라가 최종적인 시민권을 부여하기 전에 영주권 단계를 거치도록 하고 있다고 논거를 제시했다. 그러나 해외의 경우 영주권자에게 다양한 정치적·사회적 권리를 부여하고 있어 귀화자와 큰 차이가 없는 경우가 대다수였다. 우리나라의 경우 영주자격을 영주권이라고 '권리'로서 말할 수 있는 상황이 아니었다. 영주자격의 경우 체류자격 연장 허가를 받아야할 의무만 면제했을 뿐 거의 모든 정치·사회적 권리로부터 배제되고 있기 때문이다. 전국의 이주 관련 시민사회단체들은 공동 연명으로 의견서를 작성하여 법무부에 제출했고, 영주자격 전치주의 도입에 반대하는 기자회견을 개최했다. 또한 국회에서 '영주자격 전치주의 도입, 이대로 좋은가'라는 토론회를 개최했다.[35] 법무부는 시민사회단체의 반발로 시행을 유보했으나 2016년 실시된 외국인정책위원회는 다시 한 번 영주자격 전치주의의 도입을 예고했다.

---

35) 2012. 11. 30. '영주자격 전치주의 도입, 이대로 좋은가' 토론회 개최, 국회다문화사회포럼 '다정다감', 이주민의 안전한 삶을 위한 연대회의, 전국이주여성쉼터협의회 공동주최.

V. 나가며-다문화법제도 운동의 현재와 과제

지난 십여년간 이주여성인권 단체들은 가정폭력 피해의 고리를 끊을 수 있도록 결혼이주여성들에게 독립적이고 안정적인 법적 지위를 보장할 것을 강력히 요구해왔다. 그 결과 국적법과 출입국관리법이 개정되어 가정폭력 피해 등 결혼이주여성의 귀책사유 없이 혼인이 파탄 난 경우 체류연장과 귀화 신청의 길이 열렸다. 나아가 가정폭력 피해 등 귀책사유가 없다는 입증자료를 구비하기가 어려운 점에 대해 문제제기해서 공인된 여성단체로부터 상담 확인서를 받아 제출할 수 있도록 제도적 보완을 이루어냈다.

최근 이주여성인권 단체가 집중하고 있는 과제는 이주여성상담소 등 이주여성지원체계의 제도화이다.[36] 2014년, 가정폭력·성폭력·성매매 등 폭력 피해 이주여성들을 위한 핫라인인 '이주여성긴급지원센터'가 '다누리 콜센터'로 통합되었다. 부처 내 유사한 다문화정책이 중복적으로 진행되어 예산 낭비라는 최근 감사 지적에 따라 정부가 관련 정책을 통합한 결과이다. '다누리 콜센터'는 다문화가족지원사업단에서 운영하는 전화상담센터로 다문화 가족의 한국사회 적응 및 생활 전반에 대해 상담을 제공하는 곳이다. 여성가족부 내 책임 부처도 여성폭력 문제를 담당하는 복지지원과에서 다문화가족과로 이관되었다. 관리 체계도 여성인권진흥원에서 건강가족진흥원으로 바뀌었다. 이는 이주여성 폭력 피해에 대한 지원을 여성 '인권'의 관점이 아니라 '건강가족유지'와 지원의 관점에서 접근하겠다는 것으로 해석 가능하다. 가정폭력 피해를 호소하는 결혼이주

---

36) 이하 이주여성긴급지원센터의 다누리콜센터로의 통합과 관련해서는 2015. 6. 12. '이주여성 지원체계 점검과 대안 마련- 이주여성 상담소 법제화 가능성과 딜레마' 토론회자료집 (한국이주여성인권센터, 국회다정다감포럼 공동 주최)을 참고했다.

여성에게 '인권적' 관점에서 상담을 제공하는 것과 '가족유지' 차원에서 상담을 제공하는 것은 내용의 차이가 발생할 수 있다.

또한 내국인 여성의 경우 폭력 피해 지원 시스템과 가족지원 서비스가 별개로 진행되고 있는 점과 비교했을 때 이주여성에 대한 차별로도 볼 수 있다. 내국인 여성의 경우에는 1차 상담 접수 핫라인으로 '1366'이 있고, 2차 상담 기관으로 성폭력·가정폭력·성매매 상담소가 각각의 법에 근거하여 전국에 설치되어 있다. 3차 기관인 쉼터의 경우에도 성폭력·가정폭력·성매매 폭력 피해별로 별도의 쉼터가 전국에 설치되어 있다. 반면 이주여성 폭력 피해에 대하여는 1차 상담신고 핫라인은 '다누리콜센터'로 통합되어 있고, 2차 상담기관에 대한 별도의 법적 근거도, 예산 편성도 없다. 3차 기관인 쉼터로는 성폭력·가정폭력·성매매 피해 여성을 종합 지원하는 '혼합' 쉼터만이 설치되어 있다. 이주여성의 폭력 피해에 대하여 '인권'의 관점에서, 안정적이고 체계적으로 지원할 수 있도록 각각 성폭력·가정폭력·성매매 관련 법령에 근거를 마련하고 전국 거점별로 상담소 설치와 쉼터 설치가 필요하다.

처음으로 돌아가서, 범람했던 다문화 정책은 결혼이주여성의 삶의 질과 내용을 보다 향상시켰을까? '다문화' 없는 다문화정책은 결혼이주여성을 '사회통합'지원 정책의 '수혜'적인 대상으로만 포섭했다. '수혜'적인 접근 방식은 일반 시민들에게 '왜 내 세금으로 외국인을 돕느냐', '나도 힘든데, 더 힘든 한국인도 많은데 왜 외국인만 지원하느냐'는 비난을 야기했다. 결국 다문화주의는 제대로 실현하지 못한 채 다문화 혐오만을 조장한 것이다. 그 결과 결혼이주여성과 그 자녀들은 고스란히 다문화 혐오의 대상으로 노출되었다. 텔레비전 예능 프로그램에 출연한 한 연예인의 모친은 아들이 국제결혼하는 것에 대해 어떻게 생각하느냐는 진행자의 질문에 대해 즉자적으로 "국제 결혼은 안된다"고 대답했다가 "아들이 결혼하지 않는 것

보다는 낫다. 일본 여자는 괜찮지"라고 말했다.[37] 국제결혼에 대한
일반인의 부정적인 인식과 편견이 잘 드러나는 순간이었다. 한국보
다 사회·경제적인 지위가 높은 이주여성과의 혼인은 상대적으로 긍
정적인 것으로 수용되는 반면, 동남아시아나 구 소련 지역에서 온
결혼이주여성에 대해서는 부정적인 인식이 존재하는 것이다.

　현재 진행 중인 베트남 결혼이주여성의 혼인취소 사건에서도 국
제결혼에 대한 편견이 드러난다. 시부로부터 강간 피해를 입은 결혼
이주여성에 대해 한국인 남편이 오히려 혼인 취소 소송을 제기했던
사건이다. 베트남 소수민족 출신인 결혼이주여성은 만 13세 당시,
베트남 소수 민족 사이에 남아 있는 '납치혼' 풍습에 의해 피해를
입고 아이를 출산했다. 여성은 남성의 폭력과 학대를 피해 아이를
낳은 지 한 달 만에 도망쳐 나와 가족과 연락을 두절하고 살았다.
그로부터 십여년이 지난 후 새로운 삶을 꿈꾸며 한국인 남성과 혼
인해 한국으로 이주했으나 시부로부터 강간 피해를 입고, 납치혼과
출산전력이 문제가 되어 남편으로부터는 혼인취소 소송을 제기 당
했다. 한국 재판부는 1심과 2심에서 결혼이주여성이 맞선 당시 납치
혼 사실과 출산 전력을 상대방에게 말하지 않은 것은 혼인을 결정
함에 있어 중대한 사실을 고지하지 않은 것으로 혼인취소 사유에
해당한다고 결정했다. 대법원에서는 혼인의 경위와 출산 경위를 면
밀히 살펴, 고지의무를 인정해야한다는 취지로 파기환송 판결을 내
렸으나 파기환송 항소심에서는 다시 한 번 한국인 남성의 손을 들
어줬다.

　　"베트남 소수민족들 사이에 빳버혼(약탈혼)이 드물지 않게 이루어지

---

37) 비즈엔터, " '미운오리새끼' 김건모, 박수홍 넘고 최고의 1분 기록", (2016.
　　9. 3. 17:24), http://enter.etoday.co.kr/view/news_view.php?varAtcId=74877#csidxb4e
　　bbbb6e1a4c798363d73e58c146ef.

고 있는 이상 어린 나이에 빳버혼을 통하여 결혼하고 출산하였다는 사실만으로 출산경력에 대한 고지의무가 면제된다고 해석하는 경우 국제결혼의 상대방 배우자로서는 혼인, 출산경력을 전혀 알지 못하는 상태에서 혼인 여부를 결정할 수밖에 없게 되어 혼인 상대방의 혼인에 관한 의사결정의 자유를 지나치게 제한하게 되는 점 (후략)"[38]

판결 요지를 살펴보면, 본 사안에서 혼인취소를 인정하면 또 다른 한국인 남성이 피해를 입을 수 있다는 우려가 내포되어 있다. 결혼이주여성이 입은 여성 폭력 피해에 대해서는 간과하고 한국인 남성의 시각에서 사건을 바라 본 것으로 재판부의 편견이 고스란히 담겨있다. 우리사회의 최고 엘리트인 판사의 인식이 이러할 진데 일반인들의 인식은 어떠할지 짐작 가능하다.

한국사회에서 발생하는 다문화 이슈는 점점 더 복잡·다양해지고 있다. 유학생 가족, 이주노동자 가족 등에서 나아가 한국에서 태어났으나 어느 곳에도 출생신고 되지 않은 이주 아동, 국적을 취득했다가 친생 부인 또는 혼인 무효 판결 결과 국적을 박탈당해 무국적이 되어 버린 이주민 또는 이주아동, 미등록 상태로 한국에서 초등·중등·고등 학창 시절을 모두 보내고 성인에 이른 이주청소년 등, 현행 다문화 정책에서 배제되는 이주민 유형은 점점 더 다양해지고 있다. 현재까지 한국의 이주정책은 체류자격에 따라 이주자들을 사회적 통합의 대상으로, 단기순환 인력의 대상으로, 범죄화의 대상으로 구별해왔다.[39] 이제는 다양한 이주민을 다문화를 제도로 포섭하지 않음으로써 야기될 사회적 불안에 대한 고려를 더욱 적극적으로 해야 할 시점이다.

다문화주의란 소수자의 문화적 다양성을 보장하면서 이들이 주

---

38) 전주지방법원 2017. 1. 23. 선고 2016르210(본소), 2016르227(반소) 판결.
39) 김현미, 앞의 글, 329.

류 사회의 의미 있는 참여자로 변화시켜 내는 것을 목표로 하는 가
치이다.40) 문화 간 상호 인정과 존중이라는 다문화주의의 이상은 구
체적인 다문화 정책과 제도적 뒷받침 없이는 실현될 수 없다. 다문
화주의 정책은 생활, 노동, 정치, 교육, 문화 등 전 영역에 걸쳐 발생
하는 차별과 편견을 해소하기 위한 정책적 노력과 인식의 전환이
필요하다.41) 문화다양성과 사회통합에 대한 국민의 인식을 높여가
는 작업이 필수적이다. 이민자와 이민자들이 가져온 다양한 문화에
대한 국민의 이해도와 개방성이 확대되지 않으면 사회통합의 효과
는 반감되고 사회적 갈등과 긴장은 고조될 수밖에 없다.42) 우리사회
의 기존 구성원이 이민자를 사회구성원으로 적극 받아들여 주고 더
불어 살아가는 수용성을 높일 때 보다 역동적이고 조화로운 사회통
합을 이루어 갈 수 있을 것이다.

---

40) 김현미, 앞의 글, 330.
41) 김현미, 앞의 글, 330.
42) 유의정, 앞의 글, 239.

참고문헌

고현웅, 김현미, 소라미, 김정선, 김재원, "국제결혼중개시스템: 베트남·필리핀 현지 실태조사" 보고서(2005. 12.), 대통령 자문 빈부격차·차별시정위원회.

김이선, "제자리를 찾아야 할 여성결혼이민자정책", 『젠더리뷰』 봄호(2007)

김현미, "한국사회 다문화담론과 정책", 세계인권선언 60주년 기념 2008 제주인권회의 자료집 (2008).

김희정, "한국의 관주도형 다문화주의: 다문화주의 이론과 한국적 적용", 『한국에서의 다문화주의-현실과 쟁점』, 한울아카데미 (2007).

박종대, 박지해, "한국 다문화정책의 분석과 발전 방안 연구", 문화정책총론 28권 제1호 (2014).

소라미, "결혼이주여성의 인권 실태와 한국 법제도 현황에 대한 검토", 법학논총 16.2 (2009), 조선대학교 법학연구원.

소라미, "국제결혼 이주여성의 안정적 신분 보장을 위한 법·제도 검토", 저스티스 2007-02 (2007), 한국법학원.

송지현, 이태영, "다문화가족지원법의 제정과정 분석", 사회복지정책, vol. 39, No. 3 (2012).

유의정, "다문화정책의 역사적 변천 과정과 다문화 법제- 한국과 서구의 정책·법 사례 비교를 중심으로", 서양사학연구 30권 (2014), 한국서양문화사학회.

윤인진, "한국적 다문화주의의 전개와 특성", 한국사회학, 42(2) (2008).

한건수, "한국사회의 다문화주의 혐오증과 실패론", 다문화와 인간 제1권 제1호 (2010).

한국염, "우리 모두는 이방인이다 - 사례로 보는 이주여성인권운동 15년", 한울아카데미 (2017. 2).

황정미, "결혼이주여성의 가정폭력에 피해에 대한 재고찰", 한국여성학 31권

4호. (2015).

최순영, "전국 농어민 국제결혼비용 지원 정책 현황", '농어민 국제결혼비용 지원사업, 무엇이 문제인가' 토론회 자료집 (2007. 6).

농업이주여성노동자 인권 실태와 성폭력*

김정혜**

Ⅰ. 머리말

농가 인구의 감소와 고령화로 인하여 노동력 부족 상태에 있는 농업 분야에서 그 빈자리를 메꾸고 있는 집단은 이주노동자이다. 농가에서 이주노동자를 고용하는 주된 이유는 한국인 노동자를 구하기 어렵기 때문인데, 한국인 노동자를 구하기 어려운 이유는 열악한 작업환경, 낮은 임금, 힘든 일, 장시간 노동 등으로[1] 농업 분야에서 일하려는 한국인이 별로 없기 때문이다. 이는 거꾸로 말하면 농업에 종사하는 이주노동자들이 작업환경은 열악하고 일은 힘들고 노동시간은 긴 반면 임금은 낮은 조건으로 일을 하고 있음을 뜻한다.

현재 고용허가제로 입국한 이주노동자 중 농업 분야 체류 자격(E-9-3)을 갖고 체류중인 사람은 모두 27,984명이다.[2] 그 외에 방문취업(H-2), 결혼이민(F-2-1, F-6), 방문동거(F-1), 단기방문(C-3) 등의

---

* 이 글은 소라미 외 공저, 이주여성 농업노동자 성폭력 실태조사, 공익인권법재단 공감 (2016) 중 필자가 집필한 부분을 수정, 보완한 것이다.
** 고려대 법학연구원 연구교수
1) 최서리 외 공저, 농업분야 외국인력 활용실태 및 정책제언: 경기도를 중심으로, IOM이민정책연구원 (2013), 100.
2) 출입국·외국인 정책본부, "등록외국인 지역별·세부체류자격별 현황(2016. 12. 31. 현재)".

체류 자격을 갖고 농업에 종사하는 이주민과 미등록 노동자 등을
포함하여 우리 사회에서 농림어업에 종사하는 외국인의 수는 모두
4만 9천 명이다. 그 중 여성이 1만 5천 명으로, 여성 비율이 전체의
30.6%에 해당한다.[3]

농업 분야의 이주노동자들은 다른 분야보다 더 열악한 노동 조건
과 낮은 임금 수준의 상황에 있지만, 그 중에서도 농업이주여성노동
자는 여성이자 저개발국 출신, 이주민, 노동자로서 성별, 인종, 민족,
계급 등에 따른 복합적인 차별에 노출된다. 농업이주여성노동자는
이주노동자로서 겪는 어려움에 여성으로서 성차별과 젠더폭력
(gender-based violence) 문제를 더불어 안고 있고, 젠더폭력 경험은
노동과 주거 문제, 성별 외의 사유로 인한 차별과 폭력 등 다른 인
권 침해 경험과도 깊이 연관되어 있다. 농업이주여성노동자가 처해
있는 사회적, 경제적 상황은 성폭력을 수월하게 하는 배경이면서 농
업이주여성노동자가 성폭력을 어떻게 경험하고 인식하며 대처하는
지에 영향을 끼치는 조건이 된다.

이 글은 고용허가제로 입국한 농업이주여성노동자들의 인권 실
태를 성폭력[4] 경험을 중심으로 살펴봄으로써 우리 사회에서 농업이
주여성노동자들이 처한 노동 현실을 알아보고, 농업이주여성노동자
에 대한 성폭력 위험을 높이며 대응력을 약화시키는 요소들을 탐색
하고자 한다. 이를 위하여 이주여성의 성폭력 경험 및 이주노동자
인권 실태를 조사한 문헌을 검토하고, 심층면접을 통하여 성폭력의
배경으로서의 노동 및 주거 환경에서의 인권 상황, 성폭력 경험, 성
폭력 및 인권 침해에 대한 농업이주여성노동자의 대응과 성폭력 피

---

3) 통계청, 외국인고용조사, "산업/성별 취업자", 2015년 5월 15일 기준.
4) 이 글에서 '성폭력(sexual violence)'은 광범위한 성적 폭력을 포괄하는 개념
   으로서 강간, 강제추행과 같은 성폭력 범죄뿐 아니라 시각적 성희롱, 언어
   적 성희롱과 같은 성적 괴롭힘을 포함한다.

해자 지원의 한계를 분석하였다.

심층면접은 농업 분야 체류 자격으로 입국하여 한국에서 농업에 종사하고 있는 이주여성노동자로서 성폭력 피해 경험자 5명과 성폭력 피해 이주여성노동자 지원 경험이 있는 활동가 3명을 대상으로 실시하였다. 면접에 참여한 이주노동자는 전원 캄보디아인[5]이며, 나이는 2~30대[6]이다. 모두 최초 입국으로 2012~2016년 사이에 입국하였다.[7] 이주여성노동자 면접은 원어민 통역자의 순차통역으로 진행되었고 면접참여자의 동의를 얻은 뒤 면접 내용을 녹음, 번역하여 한국어 녹취록을 작성하고 분석하였다.[8] 면접은 2016년 7~10월에 진행되었다.

---

5) 현재 고용허가제로 입국하는 농업 분야 이주노동자들의 송출국은 캄보디아, 네팔, 베트남, 타이, 미얀마 등이며 그 중 캄보디아인이 가장 많다. 여성노동자 중에서는 캄보디아인이 전체의 65.3%를 차지한다.

〈표 1〉 E-9-3(농업) 장단기 체류외국인 국적별 성별 현황(2016년 10월말)

(단위: 명, %)

구분	계	남	여	여성비율
계	29,189	19,475	9,714	33.3
캄보디아	12,346	6,002	6,344	51.4
네팔	6,570	5,417	1,153	17.5
베트남	4,399	3,293	1,106	25.1
타이	2,874	1,807	1,067	37.1
미얀마	2,486	2,486	0	0.0
기타	514	470	44	8.6

* 출처: 법무부 정보공개 청구자료 (2016)

6) 고용허가를 받으려면 한국어능력시험에 합격하여야 하는데 시험 응시 가능 연령이 만 18~39세로 제한되고 있으므로 이주노동자의 대부분이 2~30대이다.

7) 익명성 보장을 위하여 면접참여자별 정보는 기록하지 않으며, 본문에서는 사례번호만 표기하였다. 이주노동자는 사례1~5, 지원활동가는 활동가1~3, 활동가 면접에서 수집된 피해 사례는 사례6~9이다. 사례2와 3, 사례4와 5는 같은 농장에서 피해를 입었다.

8) 본문에 인용된 면접 내용은 모두 캄보디아어 구술을 그대로 번역해서 옮긴 것이다.

Ⅱ. 인권 상황

1. 비인간적이고 폭력적인 노동환경

가. 강도 높은 노동과 저임금

이주노동자는 근로자로서의 지위를 가지며, 「근로기준법」, 「최저임금법」 등 노동법제에 따라 노동기본권의 보호를 받는다. 「근로기준법」은 휴게시간을 제외하고 하루 8시간, 주 40시간을 근로시간의 상한선으로 두고, 당사자 간의 합의에 따라 일정 범위 내에서 근로시간을 연장할 수 있도록 하고 있다. 사용자는 근로자에게 주 1회의 유급휴일을 주어야 하며 연장근로, 야간근로, 휴일근로에 대하여 통상임금의 50% 이상을 가산하여 지급하여야 한다. 그러나 농업은 이러한 기준이 적용되지 않는다. 「근로기준법」에 따라 "토지의 경작·개간, 식물의 재식·재배·채취 사업, 그 밖의 농림 사업"은 「근로기준법」상의 근로시간 및 휴게, 휴일 규정의 적용을 받지 않는다.9) 때문에 농업이주노동자들이 장시간 근로를 하거나 그에 따른 임금의 가산을 받지 못하더라도 「근로기준법」에 위반되지 않는다.

이러한 법은 농업노동의 특성을 반영하여 만들어진 것이지만 거꾸로 농업노동에서의 장시간 근로와 적은 휴일, 저임금을 정당화하는 근거가 되고 있기도 하다. 면접참여자 중 가장 근로시간이 길었던 사례1의 경우 새벽 5:30에 출근하여 저녁 7:30에 퇴근하였고, 예정된 휴일은 월 2회였다. 점심식사 시간을 1시간으로 가정할 경우 월간 근로시간은 364시간에 이른다. 사례1은 근로계약서에 기재된 출퇴근시간도 그와 같았다고 답하였다. 하루 13시간 이상의 근로시

---

9) 「근로기준법」 제63조.

간을 기재한 근로계약서가 양국 정부가 개입하는 근로자 송출입 과정을 통과하여 그대로 계약 체결된 것이다. 사례2~5도 근로시간이 긴 편이었다. 점심시간을 포함하여 계산하면, 사례4, 5의 근로시간은 하루 12시간, 사례2, 3은 10시간이었다.

사례2, 3은 다른 사례들에 비하여 근로시간이 짧지만 「근로기준법」이 명시하는 하루 8시간보다는 길고, 정해진 휴게시간이나 퇴근시간은 잘 지켜지지 않았다고 한다. 점심시간은 12시부터 1시까지인데 식사 장소까지 이동하는 시간이 30분 정도 걸리기 때문에 1시간으로 배정된 점심시간은 식사를 하기에 빠듯하다. 그런데 일이 많을 때는 12시에 일을 멈출 수 없었던 반면 업무에 복귀하는 시각은 엄격히 지킬 것이 요구되었다. 강도 높은 신체적 노동에도 불구하고 점심시간 외의 휴게시간은 따로 주어지지 않았으며, 사업주는 화장실에 자주 가면 안 된다고 하면서 물을 많이 마시지 말라고 하는 등 생산성을 높이기 위해 노동자들의 기본적 생활을 통제했다.

> 마늘 계속 뽑았는데 5분이라도 쉬지 못 했어요. (중략) 조금이라도 쉴 수 있으면 좋은데… (쉬는 시간은?)[10] 없어요, 과자 먹고 싶어도 몰래 먹었어요. 물을 많이 마시면 안 된대요, 화장실 자주 가도 안 된다고 했어요. (사례2)

> 우리는 점심시간에 1분, 2분 정도 늦게 먹으면 사장님이 야단을 쳤거든요. 그리고 퇴근 때는 항상 늦게 퇴근 시켰어요. (사례3)

면접에 참여한 이주노동자들은 공통적으로 높은 노동 강도에 대해 어려움을 토로하였다. 마치 말을 맞추기라도 한 듯이 모든 면접

---

10) 연구자의 말은 괄호 안에 표기하였다. 이하 같다.

참여자들이 '남자가 하는 일을 시켰다'는 표현을 사용하였다.

> 퇴사 신청은 계속 하고 싶어요. 왜냐하면 사장님, 사모님도 일을 할 때 자꾸 큰 소리 지르고, 일을 도와주지 않고 한 사람이 마늘 4봉지 들고, 남자처럼 일을 시켰고 일이 너무 힘들어서 3개월에 한 번씩 생리해요. (중략) 우리한테 5봉지 실으라고 했는데, 우리는 그때 4봉지 40kg만 실었는데요, 남자 일인데 사장님이 도와주지 않았어요. (사례2)

> 남자가 하는 일인데 사장님이 저보고 일을 하라고 했어요. (남자 일은 어떤 거예요?) 비료가 한 포에 25kg 정도인데 차에 혼자 실으라고 했어요. (중략) 그때는 일이 너무 힘들어서 더 이상 일을 할 수 없는 정도라 사장님한테 말했지만 사장님이 저 보고 한국에 와서 돈을 벌고 싶으면 남자 일이건 여자 일이건 상관없고 무조건 일을 열심히 하라고 했어요. (사례4)

"남자가 하는 일"이란 한 번에 25kg 무게의 비료나 농산물을 혼자서 들어 차에 싣고, "3~4명 정도 더 있어야 하는" 대규모 하우스에서 단 2명의 이주여성노동자가 쉬는 시간도 없이 여러 사람의 몫을 해내는 것을 의미한다. 사례2는 강도 높은 노동으로 인해 생리주기가 3개월로 늘어났다. 사례4에서 나타난, 힘들어도 '한국에서 돈을 벌고 싶으면 무조건 일을 열심히 해라'는 사업주의 대응은, 돈을 벌어야 하는 이주노동자의 상황을 이용하여 최대한의 경제적 이득을 도모하는 것이 이주노동자의 인간적 노동 조건 보장보다 우선시되는 현실을 보여준다.

사례1의 경우 근로계약서에 명시된 휴일에도 '일이 없어야' 쉴 수 있었다. 사업주는 다른 농장에 일이 있으면 휴일이라도 다른 농장에서 일을 할 것을 강요하곤 했다.

일이 없으면 사장님이 2주에 하루 쉬게 해주는데 일이 많으면 저는 못 쉬어요. (중략) 다른 농장에 일이 바쁘면 사장님이 저희들을 데리고 다른 농장에 가서 일을 했어요. 그때는 저희들이 쉬는 날이었는데 사장님이 '너희들이 꼭 가야 한다'고, '다른 농장에서 일을 하면 수당을 계산해주겠다'고 했지만, 어떤 때는 제가 일을 했는데도 수당을 계산해주지 않았어요. 사장님한테 수당을 계산해달라고 해도. 저는 쉬는 날이니까 일을 하고 싶지 않다고 말했는데 사장님이 우리 방에 와서 문을 열라고 했어요. (중략) 사장님이 제 몸에 덮은 이불을 치우고 '일어나', 제 손을 잡고 일어나 일을 하라고 말을 했어요. (사례1)

평소에 근로시간이 길고 노동 강도도 높기 때문에 사례1은 월 2회뿐인 휴일에 휴일근로 수당을 받는 것보다 쉬기를 원하는 때도 있었지만, 이주노동자가 일하기를 거부하면 남성 사업주는 여성 이주노동자가 자고 있는 숙소에 무단으로 들어가 이불을 걷고 일으켜 세웠다. 강제적인 휴일근로에 대해 수당이 지급되지 않는 경우도 있었다.

사례1은 근로계약서에 이미 장시간 근로가 기재되어 있었던 반면, 사례4, 5는 근로계약서와 실제 근로 시간에 차이가 있었다. 근로계약서에서는 오전 9시부터 오후 5시까지 근무하는 것으로 되어 있었지만 실제로는 오전 7시부터 오후 7시까지 일하여 계약서상 근로시간보다 4시간 초과근로를 하였다. 그러나 초과근로에 대한 추가수당은 지급되지 않았다.

제가 월급을 120만 원 받았는데 아플 때 월급을 5만 원 정도 공제했어요. (중략) 농장에 일이 없을 때도 5만 원을 공제했어요. 다른 농장에서는 일이 없을 때 4만 원만 공제하는데요. (사례2)

사례2의 경우 일을 하지 않는 날은 급여에서 5만 원 정도를 삭감하였다고 했다. 급여의 삭감은 이주노동자 본인의 사유만이 아니라 농장에 일이 없어서 일을 하지 못하는 날에도 이루어졌으며, 삭감액은 일할계산된 일당보다 더 많았다.

농업이주노동자의 노동실태를 조사한 연구들에서도 유사한 현실이 나타난다. 소라미 외(2016)의 연구에서 농산물 재배 분야에 종사하는 이주여성노동자들은 하루 평균 9.9시간 일하고 한 달에 2.4일 쉬면서 월평균수입은 129만원에 그쳤다.[11] 이병렬 외(2013)의 조사에서도 농축산업 이주노동자들은 휴일이 월 평균 2회였고, 월간 280시간 이상 일하고 127만원을 받았다.[12] 모두 최저임금보다 현저히 낮은 액수이다.

「최저임금법」은 농업을 포함하여 근로자를 사용하는 모든 사업장에 적용된다. 이주노동자 역시 예외가 아니다. 그러나 농업 분야에서는 「최저임금법」 위반도 드물지 않게 일어난다. 2016년 최저임금은 시간당 6,030원이었다. 2016년에 성폭력 피해 농장에서 근무한 사례2~5의 경우를 보면, 사례2, 3은 주 6일 간 점심시간을 포함하여 하루 10시간씩 근무하였고, 사례4, 5는 격주 1일 휴일에 점심시간을 포함하여 하루 12시간씩 근무하였다. 시간당 최저임금을 적용하면, 사례2, 3은 월 1,411,020원 이상, 사례4, 5는 월 1,857,240원 이상의 급여를 받았어야 하지만[13] 실제로는 4명 모두 월 120만 원 정도를 받았다. 사례2는 사업주에게 최저임금 위반 문제를 제기하였다. 혼자서 사업주에게 요구하였을 때에는 수용되지 않았다가, 최근에 동료와 함께 문제 제기를 하면서 사업장 변경을 요구하고 나서야 겨

---

11) 소라미 외, 앞의 책(2016), 25-26.
12) 이병렬 외 공저, 농축산업 이주노동자 인권상황 실태조사, 국가인권위원회 (2013), 113.
13) 한 달이 30일인 달을 기준으로, 휴게시간 1시간을 무급으로 하고 법정근로시간과 무관하게 야간근무 등을 가산하지 않았을 때 산출되는 금액이다.

우 최저임금 수준의 급여를 받게 되었다고 한다.

사례4는 현재 구직 중인데, 어떤 농장에 가고 싶은지 묻는 질문에 좋은 사장님을 만났으면 좋겠고, '임금은 많이 안 줘도 되고 최저임금부터만 계약을 해주면 좋겠다'고 답하였다. 최저임금만 지급하는 사업장이 최저 기준을 겨우 지키는 사업장이 아니라 '좋은 직장'으로 분류되는 것이다. 결국 농업이주노동자에게 최저임금은 최소한의 요건이 아니라 최대한의 목표로 작용하는 셈이다.

나. 폭언 및 폭행

최대한의 생산성을 이끌어내기 위한 노동 통제는, 사용자가 원하는 대로 일이 진행되지 않을 때 폭언, 폭행으로까지 이어진다. 심층면접에서 폭언이나 폭행 경험을 알아보는 데에는 별다른 질문이 필요하지 않았다. 의사소통이 잘 되지 않거나 시키는 대로 일을 하지 않는다는 이유로 사용자가 소리를 지르며 화를 내는 것은 면접참여자들의 공통적인 경험이었고, 사용자가 별다른 이유 없이 일을 시킬 때마다 소리를 지르거나, 일의 속도가 성에 차지 않으면 물건을 발로 차고 때릴 듯이 위협하기도 하며, 나아가 농기구로 폭행하는 등 신체적 폭력을 가한 사례도 나타났다.

> 여기에서 일하기 싫어요. 일하다가 자꾸 소리를 질러서 깜짝깜짝 놀랐어요. 사장님이 화를 내면서 빨리빨리 일을 하라고 했어요. (사례2)

> 사장님이 [우리가][14] 시키는 대로 잘 안 한다고, 친구가 마늘 하나씩 뽑았는데 사장님이 화를 내면서 친구를 때리려고 했어요. 그 후에 언니

---

14) 면접대상자의 표현에서는 생략되었으나 맥락상 이해를 돕기 위하여 필요한 표현은 대괄호 안에 표기하였다. 이하 같다.

가 캄보디아에 다녀오게 되어서 사장님이 저한테 일을 시켰는데 제가 못 알아들어서 저를 때리려고 했어요. (사례3)

　사장님이 방에 들어와서 저랑 같이 일하는 언니를 때렸어요. 이렇게 생긴 건데[농기구] 사장님이 그걸 들고 와서 그 언니를 많이 때렸어요. (중략) 그때 [언니가] 병원에 갔어요. (중략) 그 문제가 생기고 나서 사장님이 그 언니를 다른 사업장으로 변경해줬어요. (사례1)

사례1은 사업주가 숙소로 커다란 농기구를 들고 들어가 동료 이주노동자를 때리고 찔러서 상해를 입혔다고 한다. 사업주는 그 전까지는 이주노동자들에게 일을 못 한다고 화를 내거나 때릴 것처럼 위협을 하면서도 사업장을 옮기도록 해달라는 요청을 번번이 거절하였는데, 자신의 폭력으로 이주노동자가 다쳐 병원까지 가게 되자 피해자에게만 사업장 변경에 협조해주었다. 다음의 사례5는 '힘들어서 더 이상 일을 못하겠다'고 하였다가 사업주가 화를 내며 몸을 끌고 가 넘어지고 비닐하우스에서 나가지 못하게 제지당했던 경험이 있다.

　… 너무 힘들었어요. 우리만이 아니고 그 전에도 다른 나라 근로자들이 와서 일을 했는데 얼마 되지 않아서 그분들이 일을 그만 두었어요. (중략) 그때는 일이 너무 힘들어서 사장님한테 더 이상 일을 못하겠다고 말했는데 갑자기 사장님이 화를 내면서 제 몸을 끌고 가서 제가 땅바닥에 넘어졌어요. (사례5)

이주노동자에 대한 직장에서의 폭언, 폭행은 선행연구에서도 여러 차례 보고된 바 있다. 이병렬 외(2013)에서는 농축산업 이주노동자의 75.8%가 욕설, 폭언을 들은 경험이 있고, 14.9%는 폭행을 당한 경험이 있는 것으로 나타났다.[15] 제조업, 건설업 등 모든 분야의 외국인노동자를 대상으로 한 전북대학교 사회과학연구소 외(2002)에서도 비한국계 산업연수생의 39.1%, 비한국계 미등록 노동자의 52.7%가 사업장에서 조롱을 받거나 욕설을 들은 적이 있었고, 비한국계 산업연수생의 25.2%, 비한국계 미등록 노동자의 35.8%가 사업장 내에서 폭행을 당한 적이 있었다.[16]

이주노동자에 대하여 널리 발생하는 사업장에서의 폭언과 폭행은 이주노동자의 비인간적 노동 조건의 일부이다. 사용자의 폭행이나 상습적 폭언은 고용허가제하의 이주노동자가 사용자의 협조 없이 사업장 변경을 신청할 수 있는 사유[17]에 해당되지만 폭언, 폭행 등 부당한 처우를 이유로 한 사업장 변경 신청 건수는 매우 적다.[18] 폭언, 폭행에 대한 이주노동자의 대응 경험은 아래의 성폭력 피해 대응 경험과 함께 살펴보도록 한다.

2. 불안한 주거 환경

농업이주노동자의 상당수는 컨테이너, 비닐하우스 등 주거용 건물이 아닌 가건물에 거주하고 있다. 소라미 외(2016)에서는 고용주가 제공하는 숙소에서 거주하는 농업이주여성노동자의 55.8%가 컨테이너나 비닐하우스에서 생활하고 있다고 응답하였고,[19] 한국외국인력지원센터 외(2013)와 이병렬 외(2013)의 조사에서도 각각 농축산업 종사 이주노동자의 70.8%, 72.0%가 컨테이너 또는 비닐하우스

15) 이병렬 외, 앞의 책(2013), 187, 190.
16) 전북대학교 사회과학연구소 외 공저, 국내 거주 외국인노동자 인권실태조사, 국가인권위원회 (2002), 104, 110.
17) 사용자의 부당한 처우를 이유로 한 사업장 변경에 대해서는 이 글 404.
18) '〈표 2〉 사용자의 부당한 처우 관련 사업장 변경 신청 현황', 이 글 405.
19) 소라미 외, 앞의 책(2016), 33.

에서 살고 있었다.[20] 이와 같은 주거 형태는 생활에 필요한 제반 시설들이 미비하고 농장 한가운데에 설치되어 있어 노동과 생활이 분리되기 어려우며 외부로부터는 고립되어 있는 경우가 많다.[21] 도시보다 어둠이 빨리 찾아오는 농장에 흩어져 있는 컨테이너 숙소는 특히 여성들에게 불안을 느끼도록 하고 자유로운 생활에 제약을 가한다.

> [숙소] 옆에 다른 컨테이너는 있는데 사람이 없어요. (중략) 밤에 너무 무서워요. 그쪽에는 낮에도 조용하니까 너무 무서워요. (사례4)

이주여성 단 2명이 농장 안 컨테이너에 거주하였던 사례4는 사업주가 밤에 자주 숙소로 찾아와 문을 두드려 두려움에 시달렸던 사례이다. 숙소는 외진 곳에 있어서 밤만이 아니라 낮에도 조용했고 항상 무서웠다고 한다. 농업이주여성노동자들의 숙소는 잠금장치도 온전하지 못한 경우가 많았다. 면접에 참여한 이주노동자들의 화장실은 모두 숙소 외부에 있는 이동식 간이화장실이었고, 사례1~3은 화장실과 샤워실이 커튼으로만 차단되는 구조였다. 사례1은 이후 다

---

20) 한국외국인력지원센터 외 공저, 외국인근로자 주거환경 및 성희롱·성폭력 실태 조사 및 제도개선 연구 보고서, 한국외국인력지원센터 외 (2013), 28; 이병렬 외, 앞의 책(2013), 152.

21) 가건물의 주거 환경은 열악하다. 숙소는 좁고, 화장실은 이동식 간이 화장실로 숙소 외부에 있거나 도저히 사용할 수 없는 상태이거나 아예 화장실이 설치되어 있지 않아 근처 도랑에 숨어서 용변을 해결해야 하는 사례, 샤워실이 따로 없어서 커튼으로 대충만 가리고 샤워를 해야 하는 사례, 배수시설이 되어 있지 않아 바닥에 물이 고이면 퍼내야 하는 사례, 기본적 집기나 가전제품이 부실하여 생활이 어려운 사례 등이 보고되고 있다. 이주인권연대 농축산업 이주노동자 권리 네트워크, 고용허가제 농축산업 이주노동자 인권백서: 노비가 된 노동자들, 이주인권연대 (2013), 44-45; 이병렬 외, 같은 책(2013), 158.

른 농장에서 일을 한 적이 있는데, 남성 노동자도 함께 숙식하는 컨테이너 숙소 내에 공간이 분리된 샤워실이 없어서 치마를 입고 샤워를 했다고 한다.

> (방문을 잠글 수 있나요?) 아니요. 잠글 수 없어요, 왜냐면 사장님이 문을 부쉈으니까요. (사례1)

> 문 잠가도 세게 당기면 열수 있어요. (사례2)

사례1은 이주여성노동자의 방 옆에 사업주의 방이 있었는데, 잠금장치가 없었다. 원래는 잠글 수 있었지만 사업주가 문을 부숴서 잠글 수 없게 되었고, 그래서 사업주가 원하면 언제든 이주여성노동자들의 방에 드나들 수 있었다. 사례2처럼 잠금장치가 있더라도 부실해서, 세게 당기면 열리기도 했다.

> 방을 잠가도 사장님이 들어갈 수 있어요. 우리가 공부하러 갈 때 문을 잠갔는데 사장님한테 열쇠가 있어서 사장님이 문을 열었어요 (중략) 그래서 그 때부터 안 잠갔어요. (사례2)

> 옷을 갈아입을 때 사장님이 문 앞에 서서 쳐다보고, 노크하지 않고 마음대로 들어왔어요. 밥을 먹을 때, 잘 때도. (중략) 옷을 갈아입을 때 한 사람이 주변을 살펴봐줘야 돼요. 안 그러면 사장님이 와서 그냥 쳐다보는 거예요. 사장님이 마음대로 문을 그냥 여는 거예요. 친구가 놀러 왔을 때 사장님의 행동을 보고 놀랐어요, 너무 힘들어요. (사례2)

사례2는 사업주가 이주여성노동자들의 숙소 열쇠를 갖고 있어서 언제든 드나들 수 있었다. 근무시간이 지나고 여성들이 머무르는 숙소에 사람이 있든 없든 남성 사업주가 노크 없이 갑자기 들어가곤 하기 때문에 이주여성노동자가 옷을 갈아입을 때는 번갈아가면서 망을 봤다.

일이 끝나면 몸에서 냄새가 나기 때문에 목욕을 하고 싶은데 사장님이 집에 가지 않고 계속 제 방에 왔다 갔다 하니까 너무 불안하고 불편했어요. (사례5)

농장에 야채 물 주러 올 때마다 항상 우리 방에 들어와요. (사례3)

(사장이 열쇠로 문 열고 들어오는 일이 자주 있어요?) 자주는 몰라요, 하지만 우리가 깜빡해서 냉방을 안 끄고 나갔는데, 아니, 껐는데 전원을 안 빼고 나갔어요. 다시 돌아왔을 때 사업주가 왜 냉방 전원을 안 뺐냐고 물어서 깜짝 놀랐어요. 그래서 [사장이 들어왔었다는 것을] 알게 된 거예요. (혹시 밤이나 휴일에, 두 분이 집에 있을 때 사장이 들어온 적도 있어요?) 네, 노크 했어요. 있는지 없는지 확인했나봐요. 전에 한번 문을 확 열어서 사람 있으니까, 그 다음엔 두드려요. (사람 있을 때는 왜 들어와요?) 잘 모르겠어요. 자주 와요, 일요일에는 자주 와요. (중략) 사장님이 여기에 올 때 너무 불편해요. (사례2)

전에 한 사람이 사업장 변경하고 짐 가져가려고 동생을 데려왔는데 그거 보고 사장님이 야단쳤어요. 왜 사람을 데려왔냐고 (사례2)

위 사례들에서 사업주는 숙소에서 전기를 많이 사용하지 않는지, 숙소에 다른 사람이 방문하지는 않는지 확인하고 주변을 둘러보곤했다. 문을 두드려 열어달라고 하거나 안에 사람이 있는데도 노크 없이 문을 불쑥 열고 들어가기도 하고, 숙소에 사람이 없으면 열쇠로 문을 열기도 하면서, 근무시간이 종료된 이후나 휴일에도 별다른 이유 없이 숙소에 드나들어서 '불안하고 불편한' 환경을 조성하였다. 사업주는 에어컨이나 세탁기를 사용하지 못하게 하고 숙소에 친구나 가족 등 다른 사람이 방문하지 못하도록 하는 등 생활에 제약을 가하기도 하였다.

컨테이너 숙소는 이주노동자들이 휴식하고 생활할 수 있는 사적 공간이라기보다는 외부에서 언제든 침범할 수 있는, 어느 정도는 개방적인 공간으로 인식되고 있었다. 비록 컨테이너와 같은 가건물이지만 이주노동자들이 숙식하는 주거지임에도 불구하고, 사업주는 자신이 제공한 숙소를 자신의 영역으로 인식하고 시설물 관리, 비용 절감, 이주노동자의 생활 통제 등을 위하여 또는 본인이 직접 공간과 시설을 사용하기 위하여 이주노동자들의 숙소에 수시로 드나드는 것으로 보인다. 숙소에 사업주의 방이 있어서 이주노동자들과 함께 머물거나, 함께 숙식하지는 않더라도 숙소 내의 시설물을 사업주가 일상적으로 사용하면, 이주노동자들은 숙소에서 휴식을 취하기가 더 어렵다. 더 나아가 숙소 시설을 이용하여 사업주가 이주여성노동자에게 요리나 청소, 세탁과 같은 일을 시키기도 한다.

> 사업주가 청소라든지, 음식 같은 거를 만들어서, 자기가 먹을 수 있도록 하는 거에 자꾸 심부름을 시킨다는 거예요, 더. 일을 하고 없는 휴게시간이든 뭐든 자기네가 쉬는 시간에도. (활동가3, 사례9)

위 사례는 숙소에 사업주의 방이 있어서 사업주가 이주여성노동자들과 같은 숙소에 머물렀다. 사업주는 휴게시간이나 근무시간 종료 후에도 이주여성노동자에게 식사를 만들어 달라고 요구하거나 사업주의 방을 청소하도록 하였다. 사업주의 숙소가 따로 있었던 사례6에서도 사업주의 작업복을 이주여성노동자들이 세탁하였다. 요리나 청소, 세탁 등은 성별화되어 있는 노동으로, 가사노동의 형태로 수행될 때에는 대가를 지불하지 않는 것이 당연하게 여겨진다. 이주여성노동자는 업무시간에는 농업노동을 하고 휴게시간이나 퇴근 후 사업주를 위한 가사노동을 하면서 이중노동을 하지만, 가사노동은 추가로 지불되어야 하는 시간 외 근로로 인식되지 않는다. 퇴근 후 시간은 노동시간의 연장이며, 업무상 관계는 자연스럽게 일상생활로 이어진다.

「근로기준법」은 사용자가 기숙사에 기숙하는 근로자의 사생활의 자유를 침해할 수 없음을 명시하고 있다. 하지만 농업이주여성노동자들의 사생활은 자주 침해되고 있었다. 사용자의 숙소 제공은 이주노동자의 생활 편의를 제공하는 것만이 아니라 이주노동자를 감시, 통제하고, 노동을 착취하고, 성폭력을 수월하게 하는 환경 조성에 기여하고 있기도 하다. 사생활이 보장되지 않는 생활공간에서 여성노동자들은 지속적으로 성적 위협을 느끼고, 생활 전반에서 주의하고 경계하는 태도를 유지하게 된다.

3. 일상적인 성적 위협과 성폭력

우리 사회 이주여성노동자의 성폭력 피해 경험은 연구에 따라 7.7~41.7%의 경험률이 보고된다.[22] 농업 분야에 종사하는 이주여성노동자의 성폭력 피해 경험을 조사한 소라미 외(2016)를 보면, 성폭

---

22) 피해 경험률의 격차는 각 연구마다 성폭력, 성희롱 등 용어의 개념이 서로 다르며 조사 범위와 초점, 조사 방법에도 차이가 있음을 감안하여 이해하여야 한다. 전북대학교 사회과학연구소 외, 같은 책(2002), 127; 양정화, 이주여성의 차별과 폭력경험에 관한 실태 조사 연구: 경남지역을 중심으로, 경남대학교 대학원 NGO협동과정 석사학위논문 (2005), 49; 이병렬 외, 같은 책(2013), 194; 한국외국인력지원센터 외, 같은 책(2013), 37; 소라미 외, 같은 책(2016), 48.

력 가해자의 80.0%가 한국인이며, 한국인 중에서도 고용주나 관리자 또는 고용주의 가족이 68.0%로 가장 많았다. 그 외에는 제3국 출신의 동료 노동자가 12.0%, 한국인 동료 노동자와 같은 나라 출신의 동료 노동자가 각 8.0%였다. 피해는 점심시간과 휴식시간을 포함하여 근로시간중에 발생한 경우가 76.0%였고 회식, 야유회 등 행사중에 발생한 경우가 16.0%로 전체의 90% 이상의 피해가 업무와 관련하여 일어나고 있음을 알 수 있다. 피해 발생 장소는 88.0%가 농장이나 농장 주변 또는 피해자의 숙소였다.[23]

소규모로 흩어져 있고 외부와의 교류가 드문 농업 환경에서, 성폭력 피해는 사업장이나 숙소에서 주로 일어나고 농업이주여성노동자와 가장 가까이에 있으면서 권력을 갖고 있는 한국인 고용주나 관리자가 가해자가 되는 경우가 많은 것으로 보인다. 그렇다면 농업이주여성노동자의 주거 환경이나 노동 관계에서의 권력 구조가 성폭력 피해 및 대응 경험에 적지 않은 영향을 줄 것임을 예측할 수 있다. 지리적으로 고립되어 있으면서도 사생활이 보장되지 못하고 사용자가 수시로 드나드는 숙소 환경, 외부와 단절된 농장의 노동 환경, 이주노동자의 체류 자격 유지에서 사용자가 갖는 권한, 이주노동이라는 경제적 상황에서 사업장 상급자가 갖는 권력, 의사소통의 어려움과 부족한 정보접근성 등은 농업이주여성노동자에 대한 성폭력 발생을 수월하게 하는 반면 대응은 어렵게 하는 조건이 되고 있다.

심층면접에서 나타난 성폭력은 대부분 한국인 남성 사업주 또는 관리자에 의하여 발생하였다. 근무 도중의 성희롱부터 강제추행, 강간 등 다양한 성폭력 피해 경험이 나타났다. 여성노동자의 몸을 만지는 추행은 매우 일상적인 행동이었고, 장기간 지속된 강간 피해

---

23) 소라미 외, 같은 책(2016), 53-54.

사례도 있었다.

> [사업주가 엉덩이 만지는 행위를] 저한테는 2~3번 정도를 했고요, 저랑 같이 일하는 언니들 엉덩이를 다 때렸어요. (중략) 사장님이 가끔 제 옆에 앉을 때 제 허벅지를 독독 긁었어요. (중략) 제가 저녁 때 일 끝나면 기숙사에 와서 쉬는데 사장님이 제 기숙사로 와서 저희들이 같이 이야기하고 그랬어요. (사례1)

사례1에서 성폭력이 발생한 곳은 사업주 부부와 이주노동자 여성 8명, 남성 1명이 같이 일하는 농장과 이주여성노동자들의 숙소였다. 남성 사업주는 이주여성노동자들에게 일을 시키면서 상습적으로 엉덩이를 만지거나 때리고, 어깨에 손을 올리거나 등을 훑고 손을 잡는 등 아무렇지도 않은 듯한 태도로 여성들을 추행했다. 업무 시간 후에는 숙소에 찾아가서 이주노동자들에게 이런저런 이야기를 하곤 했는데, 방에 앉아 있는 동안 이주여성노동자들의 허벅지에 손을 올리고 만지거나 어깨에 손을 올리는 등의 행동을 자주 하였다. 사업주는 이주노동자들에게 컨테이너 숙소를 제공하고 있었다. 사업주가 업무 시간 후에도 이주노동자들의 숙소에 자유롭게 드나들 수 있는 상황은 성희롱이나 강제추행이 일어나기 쉬운 배경이 되었다.

> 사모님이 있을 때는 우리한테 화를 내고 사모님이 없을 때 우리한테 성희롱 하고 (중략) 사모님이 잠깐 어디 쳐다보면 사장님이 우리를 이상한 눈빛으로 보고 (중략) 지난번에 냉장고 앞에서 저를 안으려고 해서 제가 깜짝 놀라서 사장님을 때렸어요. (사례2)

> 사장님이 말을 할 때 제 몸을 만진 적도 있어요. 저만 아니고 저랑 같이 일을 하고 있는 친구한테도 그랬어요. (중략) 그런데 본인이 그런

나쁜 행동을 하면서도 아마 모를 거예요. (사례4)

　낮에도 우리들이 같이 일을 하고 있는데 사장님이 자주 옆에 와서 이것저것 말을 하면서 이렇게[손으로 쓰다듬는 행동을 함] 했어요. (중략) 사장님이 항상 말을 할 때 손을 이렇게 했어요. (중략) 그때 저는 너무 무섭고 너무 불편했는데 어떻게 해야 할지 잘 모르겠어요. 사장님이 그러니까… (사례5)

　말을 하는 도중에 이주여성노동자들의 몸을 만지는 태도는 사례 1~5에서 공통적으로 나타났다. 여성 이주노동자 2명이 남성 사업주와 함께 일하였던 사례4, 5에서도 사업주가 농장에서 또는 숙소에 찾아가 이야기를 하면서 여성들의 몸을 만졌다. 사례4와 5는 한국어가 서툴러서 사업주와 의사소통이 거의 되지 않았지만, 사업주는 근무시간이 끝난 뒤에도 숙소에 드나들며 옆에 앉아 말을 걸었고 자주 손으로 여성들의 몸을 만지는 행동을 했다. 추행 행동이 매우 일상적으로 반복되었기 때문에 사례4는 사업주가 '나쁜 행동을 하면서도 아마 모를 것'이라고 평가하였지만, 실제로는 자신의 행동과 그 결과를 잘 알고 있기 때문에 그와 같은 행동이 가능해지는 것이기도 하다. 아내가 없을 때만 성희롱을 한다는 사례2의 남성 사업주는 자신의 행동이 부적절하다는 것을 이미 알고 있다. 그럼에도 이주여성노동자들을 만지거나 껴안으려는 행동을 반복할 수 있는 것은, 이주여성노동자들에 대한 자신의 우월적 지위로 인해 성적 접근을 해도 큰 문제가 생기지 않을 것이라고 믿기 때문이다.

　면접에서 나타난 농업이주여성노동자들의 경험을 살펴볼 때, 강간이나 추행과 같이 범죄 성립이 가능한 신체적 접촉 행위에만 집중하여 성폭력 피해를 분석하는 것은 이주여성들의 경험의 많은 부분을 누락시킨다. 노동과 생활이 분리되기 어려운 조건에서 농업이주여성노동자가 경험하고 경계하는 성적 위험은 훨씬 광범위하며 노동과 생활 환경 전체에 걸쳐져 있었다. 면접참여자들이 말하는 주거와 생활 환경 경험은 곧 성적 위협에 대한 것이기도 했다.

> 화장실에 갈 때 조심하지 않으면 다 보여요, 그래서 사업장 변경하고 싶어요. 월급이 많아도 더 이상 있고 싶지 않아요. (사례2)

> 가끔 우리가 목욕하고 있는데 갑자기 사장님이 욕실에 와서 문을 열었어요. 그때는 우리가 너무 깜짝 놀라고 너무 무서웠어요. (사례5)

사례2의 숙소는 화장실과 샤워실을 커튼으로만 가릴 수 있어서, 밖에서 누가 엿보거나 침입할 수 있다는 불안감을 항상 갖고 있었고 실제로 여성노동자들이 샤워하는 도중에 외부에서 커튼을 열고 들여다 본 적도 있다고 했다. 때문에 사례2는 월급이 올랐어도 더 이상 이 농장에 있고 싶지 않다고 했다. 하지만 고용허가제하에서 주거시설이나 안전 문제는 사업장 변경의 사유가 되지 않는다. 사례5의 경우 샤워실에 문이 있고 잠글 수 있지만, 샤워 도중에 사업주가 무단으로 문을 열었던 적이 있었다고 했다.

> 제가 잠을 자고 있는데 사장님이 제 방에 들어와서 제 손목을 잡고 저는 잘 때 브라를 입지 않고 자는데 그때 사장님이 들어와서 너무 깜짝 놀랐어요. 그때 당시에 사장님이 제 몸에 덮은 이불을 치우고 '일어나', 제 손을 잡고 일어나 일을 하라고 말을 했어요. (사례1)

사례1은 휴일 아침에 자고 있는 여성노동자를 깨워 일을 시키기 위해서 남성 사업주가 숙소에 무단으로 들어가 이불을 걷고 손을 잡아 일으켰던 경험을 이야기했다. 당시 사례1은 속옷을 입지 않고 있었기 때문에 매우 당황했다고 한다. 이 같은 행동은 성적 목적이 없거나 강간 또는 추행으로 이어지지 않는다 하더라도 여성노동자에게 성적 위험을 느끼도록 한다. 늦은 시간에 남성이 여성노동자들의 숙소에 기웃대는 행위 역시 그러하다.

> 제가 살고 있는 기숙사가 여자 2명밖에 없고, 어떤 날에는 밤 10시 반이나 11시에도 사장님이 제 방 앞에 와서 기숙사 문을 탕탕 때리고, 어떤 날은 제 방에 와서 문을 열었어요. 사장님이 어떤 생각을 하는지는 잘 모르지만, 저희들은 너무 무서웠어요. (중략) 어떤 날엔 일이 너무 힘들어서, 너무 피곤해서 깊게 잠을 자고 있는데 밤 11시에 사장님이 문을 계속 당기다가 열리지 않으니까 저희들을 불렀어요. (사례4)

> 밤에 잠을 못 자고 그때 저는 3일 정도 아팠어요. (중략) 밤이 되면 저는 제일 불안했어요. 혹시 사장님이 오면 어떻게 할까? (사례4)

사례4는 이주여성노동자 단 2명이 함께 일하고 같은 숙소를 사용했다. 사업주는 업무시간에 농장에서 또는 숙소에 찾아가 말을 걸면서 여성노동자들의 몸을 쓰다듬곤 했다. 사업주는 사례4에게 '사랑한다'고 말하기도 했는데, 사례4는 그런 사업주의 태도가 무서워서 가급적 동료와 떨어지지 않으려고 했다. 이들에게 더욱 공포스러웠던 것은 밤에 사업주가 숙소로 찾아오는 행동이었다. 여성 2명이 머물고 있는 인적이 드물고 어두운 컨테이너 숙소에, 사업주는 밤 10~11시에 찾아와 문을 당겨 강제로 열려고 하고, 열리지 않자 두드리면서 열어달라고 했다. 여성노동자들은 저녁 7시 30분 이후에는 문을 열어주지 않고 버텼다. 농장에서 1달 간 일하는 동안 근무시간 후에 숙소에 찾아온 횟수는 대략 15번, 그 중 밤늦은 시간에 찾아와 문을 두드린 것은 5번 정도였다. 그로 인해 사례4는 밤에 잠을 못

자고 몸이 아프기도 하고 불안에 시달리다가, 입국한 지 1개월 만에 멀리 사는 친척 남동생의 도움을 받아 새벽에 농장을 빠져나왔다.

> [사장이 나의] 어깨를 껴안거나 포옹했어요. (중략) 조심하지 않으면 큰일 날 수 있어요. (중략) 옷이나 바지를 당겨서 들여다봐요. (중략) 우리가 옷을 몇 개 입었는지 확인하는 거예요, 사장님이 정말 어이없어요. 전에도 제 엉덩이를 만졌어요. (중략) 가끔 여기도 만지고 어깨 껴안으려고, 우리가 싫어서 피하고. 저는 피하지 않으면 진짜 끝나요. (사례2)

농업이주여성노동자들이 경험하는 성폭력은 범죄로 처벌될 수 있는 강간이나 강제추행에서 시각적, 언어적 성희롱이나 성적 위협에 이르기까지 다양하다. 일상적으로 느끼는 성적 위험, 외견상으로는 가벼워 보이는 성희롱 또는 가벼운 추행은 그 자체로 폭력적임과 동시에 언제든 더 높은 수위의 성폭력으로 이어질 가능성을 예측하게 한다는 점에서 농업이주여성노동자의 생활에 상시적인 불안을 조성한다. '조심하지 않으면 큰일 날 수 있다', '나는 피하지 않으면 진짜 끝난다'는 사례2의 표현은, 사례2가 사업주의 태도에서 성적 위협을 느끼고 있고 더 큰 성폭력 피해를 입지 않기 위해 지속적으로 경계하는 생활을 하고 있음을 의미한다.

III. 대응의 어려움

1. 성폭력에 대한 대응

성폭력 피해를 입거나 성적 위험을 느꼈을 때, 강하게 항의하거

나 외부에 도움을 청하기 어려운 농업이주여성노동자가 가장 먼저
할 수 있는 대응은 가능한 한 스스로 피하고 조심하는 것이다.

어떻게 조심하냐면, 일을 할 때 만약에 사장님이 옆에 있으면 제가
사장님 옆에 있지 않고 다른 곳에 가서 일을 했어요. 사장님이 옆에 없
으면 편하게 일을 하는데 만약에 사장님이 제 옆에 오면 저는 서지 않
고, 앉아 있기만 하고. (사례1)

비닐하우스가 기니까 여기서 [사장이 자위행위를] 하면 자기가 여기
로[비닐하우스의 반대편으로] 도망가면 [사장이] 자기 혼자서 그러다가
말더래요. 그 다음부터는 그냥 그러나보다 뭐 그냥 그렇게. 근데 그게
되게 보기 싫고 역겹다고 생각했지만 그래도 이해를 해야 되고 자기가
3년 계약 관계고, 그러니까… 그냥 그렇게 뭐 참았다 하든가. (활동가1,
사례6)

농장들이 너무 많아서 사장님이 우리보고 각자 일을 하라고 했는데,
우리가 무서워서, 혹시 사장님이 나쁜 행동을 할 수 있으니까, 그래서
각자 일을 하지 않고 항상 같이 일을 했어요. (사례4)

어떤 때는 사장님이 하는 행동이 너무 이상해서 제가 방에 있지 않
고 밖으로 나왔어요. (사례4).

이전에 피해를 입었던 상황을 반복하지 않기 위해서, 이주여성노
동자는 가급적 가해자 옆에 가까이 있는 것을 피한다. 농장에서는
가해자가 다가오면 멀리 떨어지거나, 혼자 있지 않고 항상 동료 노
동자와 함께 일하거나, 가해자가 숙소에 들어왔을 때 이상한 낌새를
느끼면 밖으로 나가기도 한다.

단지 피하는 데 그치지 않고 직접 성폭력의 중단을 요청하기도 한다. 가해자에게 혼자 항의하거나 동료와 함께 대응을 하기도 한다. 가해자에게 직접 말할 수 없거나 직접 말하더라도 통하지 않을 것 같을 때에는 같은 여성인 가해자 남성의 아내에게 알리고 행위의 중단을 요구해달라고 요청한 사례도 있었다. 항의나 협상의 과정에서 의사소통의 어려움은 걸림돌이 된다. 간단한 한국어 또는 모국어와 몸짓을 섞어서 겨우 의사를 전달하지만 충분하지 못하다.

> 캄보디아 문화에서는 그런 행동[추행] 하면 안 된다고 [사업주에게] 말했어요. (중략) 캄보디아 말로 하면서 손짓으로 설명했어요. (사례5)

> 사장님이 저랑 같이 일하는 캄보디아 언니 엉덩이를 또 때렸어요. 그 후에 저는 사장님이 저희들 엉덩이를 때린 문제를 사모님에게 알렸어요. (중략) 저희들은 캄보디아 사람이고 그리고 저희가 여자니까 사장님이 저희 몸이나 엉덩이를 만지거나 때리는 것은 너무 기분이 나쁘고 너무 싫다고 말했어요. (중략) 사모님이 특별한 말은 안 했지만, 사장님한테 말을 해주겠다고, 앞으로 그런 일이 없도록 하겠다고 했어요. 그리고 저한테 미안하다고 했어요. 그런데 그 후에도, 사장님이 제 엉덩이를 때리지는 않았는데 사장님이 제 손을 만지고 제 등을 만지고 그랬어요. (사례1)

> 사모님한테 말하고 싶은데 의사소통이 안 돼서 대화하기 힘들어요. 사장님이라서, 사장님이 화가 나면 근로계약 연장해주지 않을 수도 있어요. 말하기 힘들어요. (사례2)

특히 가해자가 사업주이거나 관리자 또는 그의 가족이나 친척, 친구 등 친밀한 관계에 있는 사람일 때, 강력하게 항의를 하기는 어렵다. 가해자 옆을 피하거나 밖으로 나가는 정도의 대응에서 그치는 것도 항의하였다가 불이익을 입을지도 모른다는 우려 때문이다. 대부분의 가해자는 본인이 사업주이거나 관리자여서, 사업주나 관리자와 친밀한 관계에 있는 사람이어서, 또는 단지 사업주와 같은 한국인이어서 농업이주여성노동자에게 고용상, 생활상의 이익과 불이익을 직·간접적으로 줄 수 있는 위치에 있다. 그렇지 않더라도 자신이 이익과 불이익을 줄 수 있다고 농업이주여성노동자가 믿도록 만들 수 있다. 노동시간, 휴게시간, 휴일, 노동 강도, 임금, 숙소와 생활 조건, 심지어는 체류 자격에 이르기까지 농업이주여성노동자에 대하여 가해자가 악용할 수 있는 권한 범위는 매우 넓다. 그래서 피해자들의 항의는 종종 '상냥한 항의'에 머무른다. 성적 요구를 거부하고 행위의 중단을 요청하면서도 단호한 태도를 취하지는 못하는 것이다. 상냥한 항의는 가해자의 심기를 건드리지 않으면서 성폭력을 중단시키고자 하는 최선의 방법이지만, 성폭력은 그와 같은 방법으로는 좀처럼 중단되지 않는다.

> [이주여성노동자가 녹음한 파일을 재생해보니] 모텔 앞에다가 [사업주가] 차를 세운 거예요 [사업주가] 저기 한 번 들어가자, 한 번만 자고 가자. [이주여성노동자가] 안 돼, 당신 부인 있어요, 애기 있어요, 안 돼요, 사장님 빨리 집에 가요, 뭐, 빨리 공장 돌아가, 부인이 있어, 애기를 그렇게 하시더라고요, 부인 있어, 애기 있어, 안 돼요 그런 얘기도 아주 상냥하게 얘기를 하세요 (중략) 그래서 좀 화도 내고 좀 그러지 왜 그랬냐, 그랬더니 그렇게 화를 내거나 이러면 그거 땜에 [사업주가] 더 화가 나서 작업장 이동 허락을 안 해줄까봐… (아) 그래서 더 화를 내지는 못했다고. (활동가1, 사례7)

경제적 목적의 노동이주에서는, 어떤 문제가 발생하더라도 경제적 손실이 우려되면 문제의 해결보다 경제적 손실을 방지하는 것이 더 중요한 일이 되기 쉽다. 성폭력에 대해서도 그러하다. 상대방의 성적 접근을 거부하거나 성폭력에 대해 항의하였다가 임금을 제때 받지 못하게 되거나 더 나아가 체류 자격을 상실하게 된다면 이주의 목적을 달성하지 못할 뿐 아니라 빚만 지고 돌아갈 위험마저 있다. 한국으로의 노동 이주를 위해서는 상당한 시간과 노력이 소요되며 한국어 시험 준비, 중개 수수료, 브로커 비용 등 몇 백만 원에서 천만 원 이상의 비용이 들기도 한다.24) 그래서 입국 후 어느 정도의 기간은 대출을 갚는 데 소모된다. 의사소통도 제대로 되지 않는 타국으로까지 이주노동을 떠나도록 추동한, 이주노동자 개인들이 안고 있는 경제적인 필요는 성폭력이나 인권 침해보다도 소득 중단을 더욱 큰 위험으로 인식하도록 한다.

> [피해자가] 심리적인 안정도 취하시고 또 이렇게 법률적인 지원도 쭉 받았으면 좋겠다 생각했는데… 이분 그 때는… 이분이 항상, 계속 돈을 벌어야 된다, 막 자꾸 말씀을 하셨었어요. 그리고 다른 분들도 [피해자 지원기관에] 오셔서 고용지원센터 같은 데도 가시지만 그렇게 빨리는 안 움직이시는데 이분은 오시자마자 고용지원센터 같은 데 가서 막 등록하시고 이랬어요. (중략) 본국에 남편과 아들 둘이 있는데, 본인이 한 달이라도 돈을 안 보내면 아들들이 학교를 못 간다고 표현을 하셨어요. (중략) 돈이 계속 필요하다고 그래서 한국에서 한 1년 정도를 일을

---

24) 16년 전 산업연수생제도가 시행중이던 당시에 수행된 연구인 김재경(2001)에서는 이주노동자의 입국에 소요된 경비가 최저 60달러에서 최고 5,000달러까지 평균 1,426.5달러였다고 보고한 바 있으며, 2012년 고용노동부가 제출한 국정감사 자료에서는 고용허가제 입국비용을 최소 552달러에서 최대 1,740달러 정도로 파악하고 있다. 이병렬 외(2013)에서는 심층면접 참여자의 입국비용이 베트남의 경우 10,000달러가 넘고 그 외의 국가는 1,000~2,000달러 정도로 나타났다. 김재경, "대구지역 이주여성노동자의 현황 및 문제점들", 이주여성노동자 권리보호 방안마련을 위한 토론회, 대구여성회·대구외국인상담소 (2001), 11; 이병렬 외, 같은 책(2013), 60-63.

하셨지만 이분이 그… 돈을 거의 다 뭐 본국에 보내시고, 거의 본인이 뭐 이렇게 돈을 갖고 있는 경우는 아니셨거든요. (활동가2, 사례8)

지속적으로 폭행과 추행, 강간 피해까지 입었던 사례8은 피해 농장에서 빠져나온 뒤 몸과 마음을 추스를 새도 없이 새로운 일자리를 구하기 위해 노력했다. '한 달이라도 돈을 안 보내면 아들들이 학교에 못 가기' 때문에, 피해의 회복보다도 당장 일을 하는 것이 더 중요한 문제였다.

이제 왜 1년 동안 그럼 참았냐, 그냥 딱 [성폭력이] 일어났을 때 이거 너무 이상하고 이 사장이 너무 무섭고 그럼 바로 도망 나와서 아무 마을에, 아무 사람한테라도, 한국인들한테라도, 한국인들하고 같이 일도 하고 했었기 때문에… 도와달라고 하고, 일단 현장을 빠져나와서 뭔가 했으면 좋지 않았겠느냐. 이 친구들은 일단 자기네는 돈을 많이, 굉장히 많이 투자해서 한국에 왔기 때문에 사업장 이탈하는 거 자체가 굉장한 부담이고 경제적으로 감수해야 될 여러 가지 문제들을… 그게 이 친구들이 감당이 안 된다고 생각한 것 같아요. (아) 아무리 이제 그런 문제와 심각한 일이 있다고 하더라도 월급은 받으면서 1년 정도 지나면 퇴직금도 받고 (아) 사업장도 좀… 이렇게 뭐 안 되나, 옮길 수 있지 않을까 그런 기대를 했던 것 같아요. (활동가3, 사례9)

사례9에서는 남성 사업주가 이주노동자들과 같은 숙소에서 방 하나를 혼자 사용하고 있었는데, 자신의 방으로 이주여성노동자를 불러 강간하였다. 강간은 이주여성노동자가 상담을 할 수 있게 되기까지 1년에 걸쳐 반복되었다. 사업장 이동의 어려움, 보복성 임금체불, 새로운 일자리를 얻기까지의 소득 중단, 사업장 이동 과정에서의 숙소 문제,[25] 강제 퇴거의 우려 등 성폭력이 발생한 사업장에서 벗어나기 위해 농업이주여성노동자가 감수해야 하는 경제적인 위험은 크다. 경제적 위험은 인권 침해가 발생하였을 때 적극적으로 대응할 수 없게 하는 중요한 요인 중 하나이다. 고용상 공백 없이 사업장 이동이 가능하다면 인권 침해를 감수해야 할 필요성은 훨씬 낮아질 것이지만, 지금의 체계에서는 고용상 공백이 불가피하다.

2. 고용허가제하의 사용자의 권한

성폭력, 폭언과 폭행, 열악한 주거 환경과 노동 조건 등의 문제는 사용자가 그에 상응하는 제재를 받기보다 대개 이주노동자가 농장을 벗어나는 것으로 마무리된다. 이주노동자는 사업주와의 직접 협상 또는 공공기관이나 민간기관, 이주노동자를 지원하는 개인 등의 도움을 받아 사업장 변경에 성공하거나, 합법적으로 사업장 변경을 하지 못하고 피해 사업장에 그대로 머무르거나 또는 사업장을 벗어나 미등록 노동자가 된다.

현재 우리나라의 외국인 고용 관리 체계인 고용허가제는 외국인의 국내 노동을 허가하는 방식이 아니라 한국인 사용자에게 외국인 고용을 허가하는 방식이다. 따라서 이주노동자의 체류 자격과 관련된 권한이 원칙적으로 사용자에게 주어져 있다. 이주노동자는 입국일로부터 3년의 범위에서 취업활동을 할 수 있고 최초 고용된 사업장에서 계속 근무하는 것이 원칙이며, 예외적으로 최대 3회까지 사업장 변경을 할 수 있다. 3년의 기간이 만료되면 1년 10개월 간 연장하여 체류할 수 있는데 체류 연장 요청은 이주노동자 본인이 아니라 사용자가 하여야 한다.

---

25) 사업주가 숙소를 제공한 경우, 성폭력이 발생한 사업장을 벗어나는 것은 곧 숙소를 잃는 것을 의미한다.

이주노동자의 사업장 변경은 횟수와 사유가 모두 제한되어 있다. 사업장 변경을 신청할 수 있는 사유는 ① 사용자가 정당한 사유로 근로계약기간 중 근로계약을 해지하려고 하거나 근로계약이 만료된 후 갱신을 거절하려는 경우26), ② 상해 등으로 외국인근로자가 해당 사업 또는 사업장에서 계속 근무하기는 부적합하나 다른 사업 또는 사업장에서 근무하는 것은 가능하다고 인정되는 경우27), ③ 휴업, 폐업, 고용허가 취소, 고용 제한, 사용자의 근로 조건 위반 또는 부당한 처우 등 외국인근로자의 책임이 아닌 사유로 사회통념상 그 사업 또는 사업장에서 근로를 계속할 수 없게 되었다고 인정하는 경우28)로 제한된다. ①, ②의 사유로 인한 사업장 변경은 사업장 변경 횟수에 포함되지만 ③의 사유로 인한 사업장 변경은 '외국인근로자의 책임이 아닌 사유'로서 사업장 변경 횟수에 포함되지 않는다.

성폭력이나 폭행 등 부당한 처우로 인한 사업장 변경은 '외국인근로자의 책임이 아닌 사유'에 해당될 수 있지만, 이주노동자의 정보 부족, 사유 입증의 어려움 등으로 인하여 이주노동자들은 고용센터에 성폭력, 폭행 등의 문제를 제기하기에 앞서 사용자에게 근로계약을 해지해줄 것을 요청하게 된다. 그러나 사용자에 대한 근로계약 해지 요청은 잘 수용되지 않는다. 사용자는 이주노동자를 고용하기까지 번거로운 절차를 거치며 시간과 노력, 비용을 소모하였고 이주노동자가 퇴사하면 노동력의 공백이 생기고 또다시 같은 고용 절차를 반복해야 하기 때문에 이주노동자의 사업장 변경에 협조하지 않으려 한다. 설령 성폭력이나 폭행 등의 문제가 발생하였다고 해도 사용자는 '나가고 싶으면 불법으로 나가라', '본국으로 돌아가라'고

26) 「외국인근로자의 고용 등에 관한 법률」 제25조 제1항 제1호.
27) 「외국인근로자의 고용 등에 관한 법률」 제25조 제1항 제3호, 「외국인근로자의 고용 등에 관한 법률 시행령」 제30조 제1항.
28) 「외국인근로자의 고용 등에 관한 법률」 제25조 제1항 제2호, 「외국인근로자의 책임이 아닌 사업장변경 사유」(2016. 1. 20. 고용노동부고시 제2016-4호).

할 뿐 사업장 변경은 허용할 수 없다는 태도를 취한다.

> 8번 정도 [사업장] 변경 요청했는데 안 됐어요. (중략) [체류 자격 연장을 해주지 않을 것이니] 3년 후에 캄보디아로 가라고 했어요. 그렇게 협박했어요. 다 퇴사 처리 안 해 준대요. (사례2)

> 사장님한테 사업장을 변경해달라고 부탁한 적이 있지만 사장님이 '너희들을 초청할 때 돈이 많이 들어갔다'고 했어요. (중략) 돈이 얼마 정도 들어갔는지 잘 모르지만, 사장님이 하는 말이 우리가 여기 와서 일을 한 지 얼마 되지 않는데 왜 다른 사업장으로 변경하고 싶냐고 했어요. 그리고 우리보고 '너희들이 감사할 줄 모른다'고 했어요. (사례5)

> 그때 제가 일에 문제가 많아서 사장님보고 사인을 좀 해달라고 부탁했지만 사장님이 사인을 해주지 않고 저를 때리려고 했어요. 그때도 제가 사장님한테 제가 일을 잘 못하니까 사인 좀 해달라고 말했는데 그래도 안 해줬어요. 그리고 사장님이 저보고 '다른 사업장으로 가고 싶으면 불법으로 나가라'고 했어요. 그때 제가 같이 일하고 있던 언니가 사장님한테 말을 해줬는데도 소용이 없었어요. (사례1)

성폭력 가해자가 이주여성노동자에게 '불법 만들어버린다', '너희 나라로 보내버린다'면서 성폭력을 신고하지 못하도록 위협하고 가해를 반복하여 성폭력이 장기화되기도 한다.

> 일반 폭력이라고 해야 하나요? 이제 그거는 한 세 번 당하셨고 성폭력은 한 다섯 번. 성추행이 한 세 번, 그리고 강간이 한두 번 정도 있었던 걸로 보고 있습니다. 도움을 요청하거나 그래본 경험이 있나 물어보니까, 전혀. 뭐 해보신 적이 없었고 이것이 드러났을 경우에 내가 한국

을 계속 못 있는. 그리고 그 남자도 한 번 그런 거를 저지르고 나서도
이 여성이 신고하지 않으니까 계속 그걸 빌미로 계속 추행과 이제 성폭
력이, 성폭력이 계속 있었던 걸로. 그리고 니가 말하면 뭐 너희 나라로
보내버린다라든지 그런 우리 흔히 말하는 협박, 그런 걸로 이 여성을
협박을 하셨어요. (활동가2, 사례8)

체류 자격을 박탈하겠다, 강제 출국 시키겠다는 위협은 사용자가
이탈 신고를 할 수 있기 때문에 가능하다. 「외국인근로자의 고용 등
에 관한 법률」에 따라 사용자는 외국인근로자 고용변동 신고의 의
무가 있다.29) 외국인근로자가 사용자의 승인을 받는 등 정당한 절차
없이 5일 이상 결근하거나 소재 불명인 경우 사용자는 고용센터에
신고하여야 하는데,30) 사용자가 이 조항을 악용하여 이주노동자를
통제하려 하는 것이다. 실제로 이주노동자들이 권리구제 절차가 진
행되는 도중에 사용자의 이탈 신고로 인하여 강제 퇴거 대상이 되
는 일도 발생한다.31)

그때 일을 하고 있는데 사장님이 저를 때렸어요. 사장님만 보면 항
상 무섭고 저랑 같이 일을 하고 있는 친구[사례4]도 사장님 보면 무서
워서, 친구가 동생에게 전화해서 농장으로 와서 우리를 데리고 가라고
했어요. (사례5)

---

29) 「외국인근로자의 고용 등에 관한 법률」 제17조 제1항. 신고를 하지 않거나
   거짓으로 신고한 사용자에게는 500만 원 이하의 과태료를 부과한다. 동법
   제32조 제1항 제7호.
30) 「외국인근로자의 고용 등에 관한 법률 시행령」 제23조 제1항 제3호.
31) 김사강, "외국인 계절노동자 도입을 둘러싼 쟁점과 농업 이주노동자 인권
   보호 방안", 외국인 계절노동자 도입과 관련한 문제점과 향후 방안 토론회,
   장하나 의원실 외 (2015), 8.

사장님이 '나는 사인해줄 수 없다. 다른 사업장으로 이직하고 싶으면 미등록자로 나가라'고 했어요. 그 후에 통역사 언니가 사무실에 와서 사장님한테 전화를 해서 저를 다른 사업장으로 이직을 해주라고 계속 부탁했고, 만약에 사장님이 저를 다른 사업장으로 이직을 안 해 주면 고발을 하겠다고 말했어요. 얼마 후에, 사장님이 본인의 잘못을 아마 알고 있었기 때문에, 사인을 해주겠다고 했어요. (사례4)

사장님이 이직을 해주는 대신에, 제가 일을 했는데도 1개월 월급을 받지 않고 나갔어요. (중략) 제 통장으로 110만원을 입금 받았지만 사장님이 바로 통장을 은행에 가지고 가서 제 월급을 가지고 갔어요. 저는 그 돈도 못봤어요. (사례4)

사업장 변경을 시도하는 과정에서 사용자가 대가를 요구하는 사례가 나타나기도 한다. 같은 농장에서 일하였던 사례4와 5는 사업장 변경을 요구하였으나 사업주가 들어주지 않자 입국한 지 1개월 만에 농장에서 탈출한 뒤 이주노동자 상담소의 도움을 받아 겨우 사업주를 설득하여 합법적으로 사업장 변경을 할 수 있었다. 첫 달 월급 110만원이 고스란히 사업주에게로 되돌아갔다.[32] 사업주는 근로계약 위반, 최저임금 위반, 성추행, 폭행 등의 문제가 있었음에도 불구하고, 제재가 아니라 사업장 변경에 협조하는 대가까지 받았다. 입국한 지 한 달 된 두 명의 이주여성노동자는 하루 11~12시간씩 일한 대가를 한 푼도 받지 못하고 입국할 때 가져온 용돈으로 버티며 구직을 하게 되었다. 사업장 변경이 이주노동자의 책임이 아닌 사유에 해당됨을 입증하면 사업주에게 돈을 지불하면서까지 근로계약

---

32) 이병렬 외(2013)의 조사에서는 사업장 변경 경험이 있는 응답자의 14.8%가 고용주가 돈을 요구한 적이 있었다고 답하였다. 고용주에게 지불한 금액은 평균 64만원이었다. 이병렬 외, 같은 책(2013), 218.

해지를 요청할 필요는 없다. 하지만 고용센터에 신고하고 피해를 증명하는 과정에서 도리어 이주노동자가 피해를 입을 수 있기 때문에 대가를 지불하면서 사업장을 옮기는 선택을 하게 되는 것이다. 사업주 설득에 실패한 이주노동자는 어쩔 수 없이 피해 발생 사업장에 그대로 머무르기도 한다.

> 저는 체류기간이 거의 만료돼서 퇴사 원하지 않고 화장실이나 기숙사만 제대로 해 주면 좋겠어요. (중략) 사장님이 퇴사해 주면 저도 가요. (사례2)

사례2, 3은 성추행이 있었던 농장에 계속 머무르고 있는 상태이다. 여러 차례 사업장 변경을 해달라고 요청했지만 사업주는 들어주지 않았다. 같이 일하던 동료 이주노동자 1명은 태업을 해서 겨우 이직을 할 수 있었지만, 사업주는 사례2, 3에게는 이직을 허용할 수 없고 계약 기간 3년을 채우면 더 이상 체류 자격 연장을 해 주지 않겠다고 협박하고 있다. 지금 필요한 것을 묻는 연구자의 질문에, 입국한 지 몇 달 되지 않은 사례3은 농장을 옮기고 싶다고 했지만, 사례2는 '화장실이나 기숙사만 제대로 해 주면 좋겠다'고 답하였다. 사례2는 3년의 고용허가 기간이 만료된 후 1년 10개월 간 체류 자격을 연장해서 돈을 더 벌고 본국으로 돌아갈 계획을 가지고 있는데[33] 사업장 변경을 시도했다가 체류 자격 연장이 어려워지거나 한국어 시험을 볼 자격을 잃을까봐 우려하고 있었다. 면접 당시 계약 만료까지 약 7개월 정도가 남은 상황이었기 때문에 사업장을 변경하더

---

33) 통계청의 '외국인 고용조사'에 따르면 국내 체류 외국인의 86.1%가 체류기간 만료 후 한국에 계속 체류하기를 원한다고 한다. 통계청, 외국인고용조사, "체류자격별 체류기간 만료 후 한국 내 계속체류 희망여부 및 방법", 2015년 5월 15일 기준.

라도 체류 자격 연장이 가능한 시기였지만, 사례2는 체류 연장을 하지 못할까봐 대응을 거의 포기한 것처럼 보였다. 사업장 변경과 체류 자격 연장 등 이주노동자의 고용에서 사용자가 갖는 권력은, 이주노동자가 경험하는 불법, 차별, 괴롭힘, 폭력, 비인간적 대우 등을 모두 가려버리는 결과를 낳고 있다.

3. 사용자의 부당한 처우를 이유로 한 사업장 변경의 한계

성폭력은 고용노동부고시 「외국인근로자의 책임이 아닌 사업장 변경 사유」의 '부당한 처우'에 해당된다. '부당한 처우'란 사용자로부터 폭행, 상습적 폭언, 성희롱, 성폭력 등을 당하거나 국적, 종교, 성별, 신체장애 등을 이유로 불합리한 차별대우를 받음으로써 더 이상 근로관계 유지가 어렵다고 인정되는 경우를 말한다. 동 고시는 사용자로부터 부당한 처우를 당하여 더 이상 근로관계 유지가 어렵다고 인정되는 경우에는 이주노동자가 고용센터에 사업장 변경 신청을 할 수 있도록 하고 있다. 부당한 처우가 입증되면 고용센터는 직권으로 사업장 변경을 할 수 있다. 이때의 사업장 변경은 사업장 변경 횟수에 산입되지 않는다.

그러나 고용센터에 부당한 처우를 이유로 하여 사업장 변경 신청이 접수되는 사례는 매우 적다. 〈표 2〉는 성폭력을 포함하여 사용자의 부당한 처우를 이유로 한 사업장 변경 신청 건수이다. 신청 건수가 가장 많았던 2015년에도 연간 38건에 그쳤다.

이주노동자 인권 실태 조사에서 폭행, 상습적 폭언, 성희롱, 성폭행, 불합리한 차별 등의 경험이 빈번하게 보고되고, 이주노동자들이 기껏해야 사업주에게 사업장 변경을 요구하는 방법으로 대응하고

〈표 2〉 사용자의 부당한 처우 관련 사업장 변경 신청 현황

(단위: 건)

구분	2012	2013	2014	2015	2016.10.
신청	27	37	29	38	26
허가	27	37	23	33	23
불허가	0	0	6	5	3

* 출처: 고용노동부, 김삼화 의원실 요청자료 (2016)

있다는 점을 감안하면, 실제로 성폭력 등 부당한 처우를 경험한 이주노동자가 사업장을 이동하고자 하더라도 고용센터에 부당한 처우를 이유로 한 사업장 변경 신청을 하지는 않는다는 것을 알 수 있다.

사용자에 의한 성폭력 피해에도 불구하고 부당한 처우를 이유로 한 사업장 변경 신청을 하지 못하는 이유 중 하나는 입증의 문제이다. 이주여성노동자가 성폭력 피해를 주장할 경우, 실무상 고용센터에서는 수사 및 재판 결과에 따라 진위 여부를 판단하고 있다. 따라서 성폭력을 이유로 사업장을 변경하고자 하는 이주여성노동자는 사건을 신고하고 최종적으로 유죄 판결에 도달해야만 합법적으로 사업장 변경을 마칠 수 있다. 수사 또는 재판의 결과 혐의 없음의 불기소 처분 또는 무죄 판결이 확정되면 이주노동자는 정당한 사유 없이 사업장을 이탈한 것으로 간주되고 출입국관리소에 통보되어 출국조치 된다.

이러한 절차는 특히 성폭력 사건에서 문제가 된다. 성폭력은 다른 사건들보다도 목격자나 물적 증거가 부족하여 당사자들의 진술을 중심으로 수사와 재판이 이루어지는 경우가 많은데, 우리 사회에서 성폭력 사건은 피해자가 비난과 불신의 대상이 되는 경향이 있고 농업이주여성노동자는 의사소통에서부터 불리한 위치에 놓이게 된다. 농업이주여성노동자가 체류 자격 불안, 지리적 접근성 문제, 정보 부족, 의사소통의 어려움 등으로 인해 곧바로 신고하지 못하고

한참 지나 신고하게 될 경우에는 증거 수집과 진술이 더 어려우며, 곧바로 신고하지 못한 피해자에 대한 의심은 더욱 강화된다. 때문에 피해가 있었더라도 수사, 재판의 결과 유죄 판결에는 도달하지 못할 수 있다.

사법은 유죄 아니면 무죄 둘 중 하나의 결론에 도달한다. 그러나 성폭력 피해를 이유로 한 이주노동자의 사업장 변경이 사법의 흑백 논리를 따라야 할 이유는 없다. 불기소 처분이나 무죄 판결의 선고 는 범행이 없었음을 증명하는 것이 아니라 범행이 있었음을 증명하 기에 충분하지 못함을 의미하는 데 불과하다. 그럼에도 불기소 처분 또는 무죄 판결의 선고를 이유로 이주여성노동자의 체류 자격을 박 탈하고 강제 퇴거시키는 것은 이주여성노동자의 피해 주장을 사업 장 변경을 위한 거짓으로 간주하는 태도에서 비롯된다. 이로써 모든 사람의 인권을 보장할 의무가 있는 국가는 이주여성노동자에 대한 인권 침해를 방기하고 이주노동자 보호 의무 이행에 실패한다.

고용노동부는 이주노동자의 경제적 어려움을 감안하여 최종 판 단 시까지 장기간이 소요될 것으로 예상되는 경우에는 사업장 변경 신청 1개월 후부터 사업장 이동 절차를 진행할 수 있도록 하고 있는 데, 사업장 변경 절차를 진행할 때에는 이주노동자에게 "사업장 변 경이 가능하지만 나중에 진정·소송 등의 결과에 따라 출국조치 될 수 있다"는 점을 "반드시 안내"하도록 하고 있다.34) 이러한 안내 절 차는 이주노동자에 대한 정보 제공의 의미가 있지만, 다른 한편 이 주노동자에게 가장 중요한 체류 지위의 상실 가능성을 고지함으로 써 절차 진행을 포기하도록 하는 효과를 낳는다.

> [성폭력 피해를 입증하지 못하면 체류 자격이 박탈되는 문제 때문 에] 저희도 지원하는 과정에서도 많이 생각을 해야 되고, 이게 경찰에

---

34) 고용노동부, 고용허가제 업무편람, 고용노동부 (2016), 260.

신고하는 것이 가장 좋은 방법인지 아닌지를, 피해자의 피해 상황을 좀
면밀히 검토를 해서 변호사님하고 의견을 또 나누고 사전에… 그래야
되는 상황이에요. 안 그러면 신고만 하고 뭐 이렇게[무혐의] 돼 버리면
나중에 또 조금 어려울 수 있으니까. (활동가3, 사례9)

명확한 증거를 확보하지 못한 성폭력 사건은 입증하지 못할 가능
성을 늘 염두에 두어야 하므로, 이주노동자가 고용센터에 사업장 변
경을 요청하면서 성폭력이 발생한 사업장에서 벗어나는 것은, 소득
을 포기하고 본국으로 돌아가거나 미등록 노동자가 되는 위험을 감
수할 때라야 비로소 가능한 일이 된다. 또한 이주노동자를 지원하는
지원자의 입장에서는, 이주노동자가 성폭력으로 신고를 한 후 성폭
력 피해를 입증하지 못할 경우 더 이상 한국에 체류할 수 없게 되는
문제까지 고려하여, 고용센터와 경찰에 신고를 해서 사업장 이동 시
도를 하도록 할 것인지 아니면 사업주와 협상하여 사업장 이동 협
조를 얻어내도록 하는 방법을 권유할 것인지 고민하게 된다. 그와
같은 과정에서 사업장 변경에 협조하는 사업주에게 앞서 설명한 바
와 같이 금전적 대가를 지불하기도 하는 것이다. 성폭력 가해를 한
사용자는 처벌을 받기는커녕 자신의 부당한 처우에 대한 아무런 기
록도 남기지 않은 채, 다른 이주노동자를 다시 고용하여 부당한 처
우를 반복할 수 있게 된다.[35] 유죄의 최종 판결로써 입증하라는 요

---

35) 고용노동부에서는 이주노동자 신규인력 배정 시 점수제를 시행하고 있다.
고용허가서 발급 신청 후 점수가 높은 사업장부터 고용허가서를 발급하고
점수가 낮으면 대기번호를 부여한다. 2016년 점수제 점수 항목에 따르면 사
업주 귀책사유로 인한 사업장 변경자가 있는 사업장의 경우 성희롱 및 폭
언, 폭행은 3점, 성폭행은 5점을 감점하도록 되어 있다. 하지만 성폭력 피해
를 입은 이주노동자가 입증의 어려움 등으로 인해 고용센터에 알리지 않고
사업주와 협상하여 사업장을 이동하게 되면, 점수에는 당연히 반영될 수 없
다. 고용노동부, 같은 책(2016), 70-72.

구는 결국 가해자를 처벌로부터 보호하는 결과에 도달하는 것이다.

4. 고용지원 관련 기관의 지원의 한계

성폭력 문제가 발생하였을 경우 농업이주여성노동자들이 공공지원체계 중 가장 먼저 상담을 요청하는 곳은 고용센터나 외국인력지원센터, 외국인 도움센터[36] 등으로 보인다.[37] 노동 문제가 아니라 성폭력 피해와 관련된 문제임에도 다누리콜센터[38]나 이주여성 성폭력 상담소가 아닌 고용지원 관련 기관을 먼저 찾는 것은, 노동이주 과정, 취업교육 등을 통하여 얻게 되는 정보가 주로 고용지원 관련 기관에 대한 것이고, 성폭력 피해를 입은 이주여성노동자들의 문제와 필요가 성폭력 문제에만 국한되는 것이 아니라 노동 조건, 주거 환경, 사업장 변경 등 이주노동 전반의 문제에 걸쳐져 있기 때문인 것으로 보인다. 그러나 농업이주여성노동자들이 고용센터를 비롯한 고용지원 관련 기관에서 필요한 도움을 받은 경우는 드물었다. 면접 참여자들은 '센터', '고용센터', '도움센터' 등에 전화하거나 상담한

---

36) 경찰청에서는 국내 체류 외국인이 범죄 피해를 신고할 수 있도록 다문화가족지원센터, 비정부기구 등을 외국인 도움센터로 지정하여 전국 300개소를 운영하고 있다.
37) 이주노동자들이 한국어로 된 각 기관의 명칭을 혼동할 수 있기 때문에 면접에 참여한 이주노동자들이 상담을 요청했던 기관을 명확히 파악하기는 어렵다. 따라서 이하의 인용문도 외국인력지원센터를 고용센터라고 말하거나 다른 기관의 헬프 데스크를 도움센터로 표현하는 등의 오류가 있을 수 있다는 점을 감안하여 읽을 필요가 있다. 그럼에도 불구하고 면접의 맥락상 면접참여자들이 가장 먼저, 가장 쉽게 지원 요청을 하는 곳이 고용지원 관련 기관이라는 점은 확인할 수 있었다.
38) 여성가족부의 지원으로 한국건강가정진흥원에서 운영하고 있는 다누리콜센터는 이주여성 폭력피해 상담 및 긴급지원, 다문화가족 상담 등의 서비스를 제공하는 기관이다. 연중무휴로 24시간 운영되며 한국어를 포함하여 13개 언어 통역이 가능하다.

적이 있었는데 노동 문제와 성폭력 문제 모두 도움을 줄 수 없다는 답변을 들었다고 하였다.

제가 근무한 회사[농장]는 토요일에 쉬었어요. 그런데 쉬는 날도 사장님이 저보고 일을 하라고 했어요. 토요일은 쉬는 날인데 저는 일을 하고 싶지 않아서 거부했지만 사장님이 일을 해야 한다고 했어요. 그때 일 문제로도 센터에서 일하는 상담원 언니한테 말을 했지만 그 언니는 저를 도와줄 수 없었어요. 상담원 언니가 저한테 '농업 일을 하고 있는 사람들이 꼭 토요일만 쉴 수 없고 토요일에 일이 있으면 본인이 꼭 일을 해야 한다. 만약에 본인이 일을 안 하고 농장에 있는 물건들이 문제가 있으면 본인이 사장님한테 보상해주어야 한다'고 했어요. (중략) 그래서 상담원 언니한테 '근로계약서를 보면 2주일에 하루 쉬고, 일하는 시간이 근로계약서에 나와 있는데, 만약에 그렇다면 왜 근로계약서를 만들었어요?'라고 제가 말했어요. (사례1)

그분[센터 상담원]한테 물어보니까, 사장님이 엉덩이를 때릴 때 사진이나 증거가 있어야 저를 도와줄 수 있다고, 만약에 없으면 사장님을 고발하기 힘들다고 했어요. 저는 일을 하고 있는데 어떻게 사진을 찍을 수 있냐고요? (그러면 도움을 전혀 못 받은 거예요? 그 사람들이 뭔가를 도와주지 않았어요?) 없어요. 전혀 없어요. (중략) [사업장 변경 문제로] 다른 도움센터에 가서 도움을 요청했지만 그 쪽에서 저에게 도와줄 수 없다고 했어요. (중략) 그 후에는 제가 불법체류자가 되었어요. (사례1)

사례1은 입국 후 취업교육을 받았던 장소에 있는 '센터'에 가서 성추행, 휴일 노동 강요 등에 대해 상담하였지만 상담원은 '증거가 없으면 신고할 수 없다', '농업노동자는 일이 있으면 쉬는 날이라도 일을 해야 한다'고 답할 뿐이었다. 그 다음으로는 '도움센터'에 찾아

갔고, '도움센터'의 상담원이 사업주와 통화를 하였지만 '나는 사인 못 해주겠다'는 답변만 들은 채 상담이 종료되었다.

> 아는 친구가 외국인 도움센터 전화번호를 저에게 알려줘서 제가 외국인 도움센터에 근무하고 있는 선생님에게 연락해서 힘든 문제도 말을 했는데 그분이 '참고 일을 하라. 사장님이 이직을 안 해 주면 다른 곳에 갈 수 없고, 아직도 외국인등록증이 없고 그러니까 참고 일을 하라'고 했어요. 그때는 만약에 사장님이 저에게 이직을 안 해주면 저도 계속 일을 할 수 없고 본국으로 돌아가거나 아니면 미등록자로 나가고 싶었어요. (사례4)

> 한국에 입국하고 나서 3일 동안 교육을 받았어요. 교육을 받고 나서 캄보디아 통역사 선생님이 교육생한테, 일하면서 무슨 문제 있으면 전화하라고 도와주겠다고 말했지만, 그때 제가 전화했는데 그분이 이런 문제는 도와줄 수 없고 계속 참고 일을 하라고 했어요. (중략) 그때는 사장님이 나를 성희롱 했다고 캄보디아 통역사에게 말했는데, 말을 하면서 저는 많이 울었어요. 그분은 신경써주지 않고 나보고 참으라고 했어요. (사례4)

사례4는 외국인 도움센터, 취업교육 당시의 '캄보디아 통역사 선생님'에게 상담을 요청한 경험이 있었다. 상담원과 '통역사 선생님'은, '사업주가 사업장 변경을 해주지 않으면 방법이 없다', '참고 일을 하라'는 등의 답을 하는 데 그쳤다. 사례4에게 외국인등록증이 없었던 이유는 사업주가 외국인등록증을 만들어준다는 핑계로 이주노동자들의 여권을 가져가서 보관만 하고 있었고 '2개월 후에 외국인등록증을 만들어주겠다'며 발급 신청을 미뤘기 때문이었다. 따라서 「출입국관리법」 위반도 문제가 될 수 있었지만[39] 상담원은 문제를 발견하고 지원하기보다는 사업주에게 전권이 있다는 것을 이주노동자에게 다시 한 번 확인시켜주었다. 입국한 지 얼마 되지 않았던 사례4는 당시에 너무 힘들어서 본국으로 돌아가거나 미등록 노동자로 사업장을 이탈하고 싶었다고 했다. 결국 사례4는 친척의 도움으로 새벽에 숙소를 빠져나와 사업장 변경을 위해 사업주와 협상을 하게 되었다.

이렇게 고용지원 관련 기관에 지원 요청을 하였으나 지원을 받지 못한 사례는 이주노동자들 사이에서 공유되면서, 한국에서는 도움을 받을 수 없다는 인식을 확산시켜 아예 이주노동자들의 지원 요청을 포기하도록 만들기도 한다.

> 다른 친구에게 들었는데 무슨 문제가 있어도 고용센터에 신고해도 잘 안 도와준다고 하고, 퇴사 못 해요. 증거 없어요. (중략) 사업주가 친구를 밀었는데 증거 없어서 신고 못 했어요. (사례2)

사례2는 면접 당시 성추행 피해가 있는 농장에 계속 근무하고 있었고 주거 환경이나 노동 조건에도 문제를 느끼고 있었기 때문에 사업장을 변경하고 싶어했다. 하지만 어디에 도움을 요청해야 할지 모른다고 하였다. 친구가 폭행 피해를 입어서 고용센터에 신고한 적이 있지만 증거가 없어서 도움을 받지 못했다는 이야기를 들은 적이 있어서, '고용센터는 도움이 되지 않는 곳'이라는 인식을 갖고 있

---

39) 「출입국관리법」은 외국인의 여권이나 외국인등록증을 취업에 따른 계약 또는 채무이행 확보 수단으로 제공받거나 제공할 것을 강요하는 행위를 금지하고, 위반 시 3년 이하의 징역 또는 2천만 원 이하의 벌금에 처하도록 하고 있다. 고의로 외국인등록증 발급을 미룬 것으로 보아 사업주는 고용한 지 얼마 되지 않은 이주노동자들의 이탈을 방지하기 위하여 여권을 압류하고 있었던 것으로 보인다. 이주인권연대 농축산업 이주노동자 권리 네트워크(2013)에서는 농축산업이 제조업에 비해 사업장 이탈이 많은 편이어서 신분증 압류가 보편화되어 있지만, 행정기관의 관리, 감독은 없음을 지적하고 있다. 이주인권연대 농축산업 이주노동자 권리 네트워크, 같은 책(2013), 33.

었다.

> 직권에 의한 작업장 이동은 그… 특히 성폭력 같은 경우는 제가 [성폭력 피해자인 이주여성의 사업장 변경 신청을 위해서 고용센터에] 두 번을 따라가 봤는데 두 번 다 고용센터가 달랐거든요. 그거는 저희가 '업무편람 몇 페이지를 보세요'라고 얘기를 해줘야 할 정도로 모르셨어요. (고용센터에서?) 네네. 왜냐하면 고용센터가, 그 담당하시는 분들이 자주 바뀌시나 봐요. 그분들도 '업무편람 몇 페이지를 보세요'라고 하니까 그걸 보시더니 상부에 전화하셔서, 누구한테 전화해가지고 확인을 받고 그제서야 이렇게 입력을 하고 이러시더라고요. (활동가1)

성폭력 피해 이주여성을 지원하였던 활동가1의 위와 같은 경험을 보면, '도움을 받지 못할 것'이라는 이주노동자의 예단을 이주노동자 개인의 정보 부족이나 오해라고만 치부하기는 어려울 것으로 보인다. 활동가1은 성폭력 피해를 입은 이주여성들의 사업장 변경을 지원하기 위해 고용센터를 방문한 경험이 두 차례 있었는데, 두 곳 모두 담당자가 성폭력 등 부당한 처우를 이유로 한 사업장 변경 절차에 대해 알지 못하고 있었다. 위 사례에서는 동행한 활동가1이 정보를 제공하여 사업장을 변경할 수 있었지만, 만일 이주노동자가 활동가의 동행 없이 혼자서 고용센터를 찾아갔다면 앞의 사례들처럼 증거가 필요하다, 사업장 변경을 할 수 없다는 응답을 받았을 가능성이 적지 않다.

고용지원 관련 기관은 이주노동자의 고용과 취업알선뿐 아니라 사용자의 불법을 감시하고 이주노동자의 권리를 보호하는 역할까지 하여야 한다. 고용지원 관련 기관이 경찰 신고나 성폭력 피해 이주여성 지원 기관으로의 연계, 사업주와의 협상 등을 지원한 사례도 보고된다. 그러나 고용지원 관련 기관의 지원은 담당자가 누구인가에 따라 큰 차이를 보였다. 면접 사례에서 드러나는 것처럼 고용지원 관련 기관은 종종 이주노동자의 피해가 가장 먼저 접수되는 기관임에도 불구하고 이주노동자의 권리 침해 호소에 대하여 방법이 없다, 참고 일하라는 식으로만 대응하거나 사용자와 이주노동자의 사이에서 통역 역할을 해주는 데 그치는 사례가 드물지 않은 것으로 보인다. 그로 인하여 고용지원 관련 기관이 도리어 인권 침해를 방치하고 사업장 변경을 억제한다는 비판이 제기되고 있다.

5. 의사소통의 한계와 정보 부족

농업이주여성노동자가 성폭력에 대해 외부의 지원을 받고자 할 때 의사소통의 문제, 정보 부족, 지원기관의 낮은 접근성 등은 제약이 된다. 이주여성노동자들은 주로 의사소통의 어려움과 정보 부족 때문에 도움을 요청하지 못하는 것으로 나타난다. 농업이주여성노동자의 성폭력 피해를 조사한 소라미 외(2016)에서는 성폭력 피해를 입고도 공공기관 및 지원 단체 등에 도움을 청하지 않은 이유로 가장 많은 응답이 '한국말을 잘 못해서'(68.4%), 그 다음이 '어디에 도움을 요청해야 할지 몰라서'(52.6%) 순이었다.[40] 경기도 지역 이주여성노동자의 직장 내 성희롱 실태를 조사한 박선희 외(2015)에서는 성희롱을 그냥 참거나 말없이 일을 그만둔 응답자에 대하여 도움을 요청하지 않은 이유를 물었는데, '언어가 통하지 않아서'(23.2%), '누구에게 말해야 도움이 될지 몰라서'(21.8%)가 가장 많았다.[41] 농축산업과 어업 분야는 다른 산업에 비하여 고용허가를 받기 위한 한국어능력시험의 커트라인이 가장 낮아서[42] 농업이주노동자는 다른

40) 소라미 외, 같은 책(2016), 62.
41) 박선희 외 공저, 경기도 이주여성 노동자 직장내 성희롱 실태 모니터링 보고서, 경기도외국인인권지원센터 (2015), 25.

산업의 이주노동자에 비하여 한국어 능력이 더 낮은 편이다.

> 캄보디아에서는 같은 캄보디아 사람이면 그런 문제는 해결할 수 있는데 여기서는 한국말을 잘 모르니까 어떻게 해야 할지 몰라요. (사례4)

> 만약에 캄보디아에서 그런 문제가 생기면 안전을 위해 경찰서에 가서 신고해야 한다고 생각해요. (중략) 한국에 온 지 얼마 되지 않았고 한국말도 모르고 경찰서도 어디 있는지 잘 모르니까, 그래서 신고 안 했어요. (중략) 경찰서가 어디인지 알았으면 저는 신고하고 싶었어요. (사례5)

한국어 의사소통이 어렵고 정보가 부족한 농업이주여성은, 성폭력 피해를 경찰서에 신고할 수 있다는 것도 알고 본국이라면 경찰서에 신고했을 것이라고 생각하지만, 한국에서는 경찰서가 어디에 있는지, 신고하는 방법은 어떠한지도 알지 못해 대응을 하지 못하였다고 한다.

농장은 지리적으로도 공공기관에서 멀리 떨어진 곳에 위치해 있는 경우가 많다. 고용센터 등 공공지원기관이 있는 지역으로 나가기 위해서는 시간이 많이 걸리거나 사용자 등 한국인의 도움을 받아야 한다.

> [성폭력이 시작된 지] 한 1년 후에, 어느 교회에서 외국인들한테 한국어를 가르쳐 주는데, 외국인들이 모이는 그런 교회에 가게 된 거예요. 이제 거기에 마침 캄보디아 언어를 하는 활동가가 있었다는 거죠. 그날은 이제 토요일날, 일이 끝나고 밖으로 나오게 됐고 이제 거기에서 있으면서 하룻밤을 자게 된 거 같아요. 일요일날 농장으로 안 돌아가고

---

42) 이주인권연대 농축산업 이주노동자 권리 네트워크, 같은 책(2013), 99.

그래가지고 하룻밤 자는데 이제 그 때 뭐 한국에서 별 일 없었냐, 잘 지냈냐, 뭐 이런 얘기를 이제 하는데. 자기 너무너무 힘들다고, 사장님이 자기를 괴롭히고 자기는 이걸 어떻게 했으면 좋겠는지 모르겠고 빨리 이 농장을 벗어났으면 좋겠는데 도와달라고… (활동가3, 사례9)

읍내로 나가는 교통수단을 몰라서 시장에 갈 때도 사업주가 태워주는 차를 타고 다녔던 사례9는 성폭력이 시작된 지 1년이 지나서야 피해를 외부에 알릴 수 있었다. 휴일에 외국인에게 한국어를 가르쳐주는 교회에 갔다가 모국어를 할 줄 아는 활동가를 만났고, 교회에서 하룻밤을 함께 지내며 한국 생활 이야기를 하게 되면서 성폭력 피해 사실을 처음으로 다른 사람에게 이야기하였다.

사례4, 5의 경우에도 시장이 차로 20분 거리에 있어서 시장에 가야 할 때는 사업주가 차로 태워다주곤 했다. 버스 정류장은 농장 내에 있는 숙소에서 대략 2km 정도 떨어진 곳에 있어서 걸어서 이동하기에는 멀었고 사업주의 집 앞이라 사업주 몰래 마을 밖으로 나가기도 어려웠다. 농촌 지역은 버스 정류장 간의 거리가 멀고 배차 간격은 길고 차가 이른 시간에 끊기기 때문에, 읍내나 관공서에 갈 때 사용자가 자신의 차를 태워주는 경우가 많다. 때문에 사용자 또는 사용자와 가까운 사람의 범행을 신고하고 상담할 방법을 알아보거나 사용자 모르게 신고, 상담할 시간을 내기는 쉽지 않다.

더구나 농업이주여성노동자들은 인권 침해 문제가 생겼을 때 어디에서 지원을 받을 수 있는지, 어떤 경우에 사업장 변경을 할 수 있는지에 대한 정보가 부족하다. 입국 후 농협중앙회에서 실시하는 16시간의 취업교육에는 고충처리 및 상담절차, 성희롱, 성폭력, 성매매 예방교육이 2시간 배정되어 있다. 고용노동부는 직장 내 성폭력·성희롱 판단기준, 예방요령, 대처방법 등에 대한 교육을 실시하고 있으며 고용부 외국인력지원·상담센터, 여성가족부 원스톱지원센터,

연락처 등 권리구제 및 상담기관을 안내한다고 하고 있다.

<표 3> 외국인근로자 취업교육 내용 및 시간

구분	주요 교육내용	교육시간
한국어 회화	취업현장 중심 기초 회화	2시간
한국의 직장문화	직장생활, 직장예절 및 기숙사 생활 등	2시간
관계법령 및 고충상담절차	「외국인근로자의 고용 등에 관한 법률」, 「근로기준법」, 「출입국관리법」 및 기초생활법률 * 이탈방지 교육, 전용보험 관련 교육 포함	4시간
	고충처리 및 상담절차(기관 안내), 성희롱 예방교육 * 성폭력·성매매 예방, 모성보호 교육 포함	2시간
산업안전보건 및 기초기능	〈산업안전보건〉 안전표지, 안전일반 및 작업안전(업종별) * 해외 악성가축전염병 유입방지 대책 포함 〈기초기능〉 업종별 기초기능	6시간

* 출처: 고용노동부, 김삼화 의원실 요청자료 (2016)

그러나 충분한 교육이 실시되고 있는지는 지속적인 확인이 필요한 것으로 보인다. 소라미 외(2016)의 조사에서는 농업이주여성노동자 중 성폭력 피해 대응 교육을 받은 경험이 있는 경우가 23.8%였는데 그 중 절반 이상이 본국에서 교육을 받았고 한국 정부로부터 교육을 받았다고 응답한 비율은 전체 응답자의 1.6%에 그쳤다.43) 이병렬 외(2013)에서는 연구진이 참관한 취업교육에서 성희롱예방교육이

---

43) 소라미 외, 같은 책(2016), 61.

아예 진행되지 않았고 고충처리절차는 전문 강사가 아닌 농협 통역
인이 고충처리기관의 연락처를 제공하기는 하였으나 기관의 역할에
대해서는 설명이 없었다. 설문 응답자들은 성희롱 예방 교육이 책자
에는 있었지만 교육에는 포함되지 않았다거나 "사장님이 몸을 건드
리면 피해야 한다는 것이 전부였다"고 답하였다.[44] 취업교육 프로그
램에는 성폭력 관련 교육이 포함되어 있지만 실제로는 성폭력 발생
시 대응에 필요한 정보가 충분히 제공되지 않고 있다는 것이다.

그로 인하여 이주노동자들은 문제가 발생하였을 때 어디에서 도
움을 받아야 할지 알지 못해 지원 요청을 하지 못한다. 간혹 고용센
터 등 고용지원 관련 기관에 상담을 하더라도 앞서 살펴본 바와 같
이 종종 적절한 지원을 받지 못한다. 그나마 이주노동자가 스마트폰
등으로 같은 나라 출신 이주민들과 SNS를 하거나 한국어 교육, 종
교 모임 등에 참석하면서 사업장 외부의 사람들, 모국어 소통이 가
능한 사람들과 교류를 하는 때에는 지원 가능한 자원과 연결될 가
능성이 좀 더 높아진다. 그렇지만 도심에서 멀리 떨어진 곳, 대중교
통 이용조차 불편한 위치에 소수의 인원이 분산되어 거주하는 농업
이주여성노동자들은 인적 교류를 형성하고 유지하지 못하는 경우가
많다.

> 페이스북으로 어… 캄보디아어를 하는 사람들… 전화번호가 돌아다
> 니는 거 같애요. 그리고 입소문으로 이제 막… 아는 사람, 그 동네에 있
> 는 사람이 내가 만약에 ○○○ 선생님 전화번호를 안다, 그 사람이 한국
> 사람인데 뭐… 그러면 동네 사람들 다 그 ○○○ 선생님의 전화번호를
> 다 공유를 하는 거죠. 예, 그런 식으로 그리고 또 페이스북으로 알음알
> 음 아는 경우도 있고. (활동가1)

---

44) 이병렬 외, 같은 책(2013), 71-72.

제가 한국에 사촌 동생이 있어요. 그 한국 사람이 제 사촌 동생과 친한 사이이고 그분이 제 사촌 동생을 많이 도와줬어요. (사례4)

인천에 캄보디아 일반 노동자들 상담하는 곳이 있었는데, (중략) 그 센터에도 캄보디아어 하는 여성이 있어서 친구 소개로 전화를 했었던 거고. (활동가1, 사례6)

입국 직후 피해를 입은 사례4는 앞서 한국에 입국해 있었던 사촌 동생을 통하여 이주민을 지원하는 한국인을 소개받을 수 있었다. 이주민 인권 지원 단체의 활동가이거나 또는 단체와 연계된 것으로 추정되는 '한국 사람'은 사례4의 사업주에게 연락하여 불법을 고발하겠다고 하면서 사업장을 변경할 수 있도록 협상해 주었다. 사례6 또한 친구를 통하여 같은 나라 출신 이주노동자를 지원하는 상담소 연락처를 알게 되어 상담을 하게 된 사례이다. 사례6은 경기 동부지역의 농장에서 일을 하고 있었지만 인천까지 가서야 지원을 받을 수 있었다.

고용지원 관련 기관으로부터도 도움을 받지 못하고 별다른 지원 정보를 갖고 있지도 않은 이주노동자들은 개인적인 네트워크를 이용하여 '알음알음' 도움을 구한다. 출신국 사람들이 모여 있는 SNS나 몇 명 되지 않는 지인 등 좁은 네트워크를 통해 한국어를 할 수 있는 같은 출신국 사람, 모국어로 소통 가능한 선주민, 이주민 지원 단체, 전직 이주노동자 상담원 등 '이주민을 도와주는 사람'의 연락처를 확보하여 정보를 얻고 지원을 요청하며, 사용자에 대하여 성폭력과 인권 침해의 중단, 노동법 준수, 사업장 변경 협조 등의 요구를 시도한다. 이주노동자 인권지원체계가 부족하고 제 역할을 하지 못하는 현실에서 이주노동자들은 스스로를 보호할 자구책을 알아서 마련해야 하는 상황에 있는 것이다.

Ⅳ. 형사사법절차에서의 지원의 한계

무수한 어려움과 지난한 과정을 거쳐 성폭력 사건을 신고, 상담하는 단계에 이르면, 이주여성노동자는 성폭력 피해자에 대한 지원을 받을 수 있게 된다. 성폭력 피해자에 대한 지원으로는 상담, 피난시설에서의 보호, 의료지원, 법률지원, 수사 및 재판에서의 2차 피해방지 및 진술 지원 등의 체계가 마련되어 있다. 이주여성노동자가 성폭력 피해를 입은 경우에도 이와 같은 지원체계를 이용할 수 있다. 다만 이주여성노동자는 의사소통 및 체류 자격 등과 관련하여 발생하는 몇 가지 특성이 있다. 지면의 한계상 이하에서는 이주여성 지원에서 가장 기본적이면서 가장 많이 지적되는 문제로 형사사법 절차에서의 의사소통 지원과 법률 지원 문제를 중심으로 살펴보도록 한다.

1. 의사소통 지원의 한계

한국어 능력이 낮은 이주여성 지원에서는, 상담부터 신고, 피해진술, 형사사법절차 관련 정보의 제공까지 모든 단계에서 통역이 필요하다. 설령 피해자가 한국어를 어느 정도 구사할 수 있다고 하더라도 진술을 통하여 실체적 진실을 발견해야 하는 형사사건에서는 의사소통에서의 오해를 최대한 배제하기 위하여 모국어 진술과 제대로 된 통역의 필요성이 높다. 더구나 고용허가제로 입국하여 성폭력 문제로 사업장을 벗어난 이주노동자의 경우 성폭력의 입증은 단지 가해자를 처벌하는 문제만이 아니라 피해자의 체류 자격 문제와 직결되어 있다. 앞서 살펴보았듯 확정 판결을 통해 피해가 입증되지 않으면 사업장을 무단 이탈한 것으로 간주되어 출국 당할 수 있기

때문이다. 뿐만 아니라 무혐의로 불기소 처분을 받거나 무죄 판결을
받은 한국인 가해자가 이주노동자를 무고죄로 고소할 수도 있기 때
문에 통역 지원의 부족은 성폭력 피해를 주장하는 이주노동자를 매
우 위험한 상황에 처하게 할 수 있다. 하지만 형사사법체계에서 통
역의 중요성과 필요성에 대한 인식이 아직은 부족하고 훈련된 양질
의 통역 인력도 적은 실정이다.

> 검사는 '통역 우리가 준비돼 있다' 얘기했어요. 갔는데 필리핀 여성
> 이다 보니까 법원에서는 어떻게 준비했냐면, 이것도 한 4년 전쯤인데요.
> 영어를 잘하는 한국 사람을 통역으로 딱 내놨었어요. 통역을 하는데, 이
> 여성이, 제가 아는 사안이에요, 예스라고 얘기해야 되는데 노로 얘기하
> 고 있는 거예요. 계속 다르게 얘기하고 있는 거예요. 제가 손을 들었어
> 요. 판사가 얘기하라고 해서 (중략) 필리핀 여성이 따갈로그어를 했을
> 거다. 다시 해 달라. 판사가 하는 말이, 뭔데요? 이러면서 그 필리핀 사
> 람들은 다 영어 잘 하는 거 아니에요? 이렇게 웃는 거예요. 아니라고 그
> 거 아니라고 따갈로그어 해달라고 그래서 이제 남자[피고인] 측 변호사
> 는 아 이거 그냥 사실 공방하는 건데 그냥 하자 그러는 거를 판사가 뒤
> 집었어요. (중략) 그러니까 저희 같은 지원하는 쪽이 안 붙으면 아마 이
> 런 게, 저희는 눈으로 보고 어떻게 시정하고 바로 잡지만 거의 대부분…
> (활동가2)

의사소통이 잘 되지 않는 경우, 당사자가 적절한 통역을 요구하
고 요구가 받아들여질 수 있다면 문제는 조금이나마 줄어들 수 있
을 것이다. 하지만 의사소통이 잘 되지 않는 이주노동자가 낯선 타
국의 재판정에 섰을 때, 통역에 문제를 제기하는 의사표현을 제대로
하지 못하기도 한다. 위 사례에서 필리핀 여성 증인을 위해 법원에
서는 영어 통역을 준비하였는데 필리핀 여성노동자는 영어를 잘 이

해하지 못하면서도 문제 제기 없이 대답을 하였다. 증인이 영어를 이해하지 못하고 있다고 생각한 지원자가 통역 언어 교체를 요청하자 피고인 측 변호사는 '그냥 사실 공방을 하는 것이니 그냥 하자'고 대응하였다. 지원자가 동석하지 않았다면 필리핀 여성이 제대로 이해할 수 없는 언어로 이루어진 부정확한 증언이 재판의 자료로 쓰였을 가능성이 높다. 잘못된 언어로 통역 지원이 되는 경우뿐 아니라 이주여성에게 통역이 아예 제공되지 않은 사례도 있었다.

> 결혼하고 한국 국적도 있으시고 13년이나 되니까 통역도 아예 대동 안 했던 분이에요. 그래서 제가 나중에 초동 수사 때 그 기록을 보자 해서 보니까 심지어는 이분이 여기서는 예스라고 돼있는데 경찰 수사에는 노라고 돼 있는 거예요. 못 알아들으시잖아요. 법률적인 용어니까. 그러니까 경찰들은 뭐, 봐라 이거 뭐 이 여성이 뭐 아니잖아, 성폭력 아니잖아, 이렇게라도 막 결론 내고 이랬던 경험이 있었거든요. (활동가2)

위 사례에서 피해자는 한국에 거주한 지 13년이 된 결혼이주여성이었다. 성폭력 피해의 경찰 진술에서 통역은 제공되지 않았다. 피해여성이 한국에 거주한 기간이 길고 일상적인 한국어를 어느 정도 할 수 있다고 보아 통역 없이 경찰이 직접 진술 조사를 한 것으로 보인다. 그러나 수사에서 사용되는 단어와 표현이 일상생활에서 사용하는 언어와 달라 피해여성이 질문 내용을 잘못 이해하고 답변하는 문제가 발생하였다.

> 통역이 옆에서 '그냥 이렇게 대답해.' 대답하는 방법을 가르쳐 준 거죠. 그래서 본인이, 나한테 거짓말을 안 했는데 나보고 거짓말을 했다라고 하면 나 뭐라고 대답해야 돼? 라고 이 사람이 얘기를 해요. 그런데 이 여성은 그걸 통역을 안 해요. 예. 그런 식의 일이 벌어지는 거죠. (활동가1)

위 사례에서 성폭력 피해를 신고한 이주여성은 피해를 증명하지 못하고 나중에 무고죄의 피의자로 조사를 받기까지 하였다. 성폭력 피해 진술 당시의 진술녹화 CD에 기록된 내용을 보면, 통역인은 이주여성의 말을 모두 통역하지 않고, 이주여성에게 어떻게 답변해야 하는지 알려주기까지 하였다. 수사 담당자나 판사는 이주노동자의 주요 송출국 언어를 거의 알아듣지 못하기 때문에 통역인에게 전적으로 의존할 수밖에 없다. 그래서 피해자의 진술을 전달하는 통역인의 기량은 범죄의 입증에 결정적이다. 수사와 재판에서의 언어 통역은 사실 입증을 위한 섬세한 기준이 있어야 하고 그에 맞는 훈련도 필요하지만, 형사사법절차에서의 통역을 위한 교육은 충분히 이루어지지 않고, 통역의 질은 '천차만별'이다.

각 기관에서 통역인 목록을 작성하여 운영하고 있기는 하지만, 등록된 통역인이 시간에 맞춰 출석하기 어려운 때에는 담당 경찰이 개별적으로 통역인을 구하기도 한다. 사법통역 관련 교육에 참여한 사법경찰관 27명을 대상으로 설문조사를 실시한 이지은(2015)의 연구에 따르면, 통역인을 선정할 때 통역 기술(23.8%) 외에도 가용성(23.8%), 경찰통역 경력(22.2%), 수사에 협조적인 태도(19.1%), 성실성(11.1%)[45] 등을 기준으로 선정한다는 경우도 많아서, 정확한 통역이 가능한 통역인보다도 수사 진행을 위하여 필요한 시간에 참석이 가능하거나 경찰에 협조적인 통역인이 선정될 가능성이 높아 보인다. 통역 방법으로 대면 통역이 아닌 전화 통역을 사용하는 경우도 드물지 않았다(14.8%).[46] 이 연구에서도 통역인 없이 조사를 진행하는 사례가 보고되었는데, 외국인 사건 처리 시 항상 통역인을 부른다는 응

---

45) 이지은, "경찰통역 실태와 경찰관의 인식 조사 사례 연구", T&I review 제5권 (2015), 102.

46) 이지은, 같은 글(2015), 101. 전화 통역은 관광 안내 통역, 택시 승객 통역 서비스 등 경찰 수사를 위한 통역이 이루어질 것으로 기대하기 어려운 사례가 나타났다.

답은 51.9%로 절반을 조금 넘는 데 그쳤고, 의사소통이 안 되는 언어의 경우 처음부터 통역인을 부른다는 응답이 25.9%, 한국말로 진행하다가 필요할 때 통역인을 부른다는 응답이 7.4%로[47] 수사관의 자의적인 판단에 따라 통역 여부를 결정할 가능성이 엿보인다.

법원의 경우 「통역·번역 및 외국인 사건 처리 예규」[48]에 따르면 각급법원은 매년 통역·번역인 후보자 명단을 작성하여야 하며, 후보자에 대하여 주기적으로 소송절차 전반에 관한 소양교육 및 전문법률용어의 통역·번역에 관한 교육을 실시하여야 한다. 이에 따라 법원에서는 통역·번역인을 모집하여 후보자 명단을 작성하고 있으나, 충분한 교육이 이루어지고 있는지는 의문이다. 또한 동 예규는 주로 외국인 피고인의 이해를 돕고 정보를 제공하는 데 초점이 맞추어져 있기 때문에 재판에서 한국어 소통이 어려운 피해자의 지원과 관련된 사항은 규정되어 있지 않다.

적절한 통역인을 구하기 어려운 문제는 통역 관련 예산의 편성과도 관련이 있다. 경력이 많고 통역 기술이 뛰어날수록 더 높은 비용을 받을 수 있는 일자리가 있을 가능성이 높아, 사법통역료가 적정 수준에 달하지 않으면 후순위로 밀리기 쉽다.[49] 국내 체류 외국인이 증가하고 있는 상황에서 1년 통역비 예산 부족으로 연말에 가까워질수록 통역 인력을 구하기가 어려워진다. 통역비 지급 방식도 문제이다. 성폭력 피해자에 대한 무료법률지원사업은 피해자가 외국인인 경우 사업비 범위 내에서 통역비 지급이 가능한데, 신청인이 부담 후 보전하는 방식이어서[50] 성폭력 등의 문제로 농장을 벗어나

---

47) 이지은, 같은 글(2015), 100.
48) 「통역·번역 및 외국인 사건 처리 예규」 (개정 2013.02.22. 재판예규 제1432호, 재일 2004-5)
49) 위 재판예규에서는 실 통역시간을 기준으로 최초 30분은 7만원, 이후 30분마다 5만원을 단가로 하되, 재판장이 통역의 난이도, 통역인의 전문성이나 통역의 수준 등을 감안하여 통역료를 적절히 증감할 수 있도록 하고 있다.

경제적 어려움에 처한 피해자가 통역비를 지출하기 부담스러워 통역을 이용하지 못하는 문제가 발생할 수 있다.

> 지원 기관도 세 개인가 걸쳐져 있었는데 통역은 이 세 개 지원기관에는 아무 데도 없었고 또 외부 통역을 쓸 수밖에 없었고, 외부 통역도 변호사 만나러 갈 때 또 따로, 검찰에 갈 때 또 따로, 막 이런 식으로 자꾸 되고 우리랑도 상담을 해야 되잖아요. 우리랑 상담을 할 때 또 따로 막 이러니까 되게 어려웠죠. (활동가3)

성폭력 피해 이주노동자가 통역을 필요로 하는 상황은 최초 상담부터 재판의 종결, 그 이후의 사후 처리까지 모든 단계에 걸쳐 있다. 수사가 시작된 이후에는 경찰 조사, 검찰 조사, 피해자 변호사와의 면담, 법원 증인지원관과의 상담, 법원 증언, 그리고 모든 단계의 피해자에 대한 정보 제공 등에서 통역, 번역이 요청된다. 또한 성폭력 외에 폭력, 임금 체불, 근로기준의 미준수 등 다양한 어려움을 겪고 있는 농업이주여성노동자는 여러 곳의 기관에서 지원을 받기도 하는데, 각 기관과의 상담에서도 언어 소통 지원이 필요하다. 여러 단계에서의 통역이 매번 다른 사람에 의해 이루어진다면, 매번 통역인을 새롭게 확보하여야 하는 번거로움이 생길 뿐 아니라, 통역인이 상대방과 지속적으로 소통함으로써 의사소통의 원활함을 확보할 수 있는 가능성도 낮아지게 된다.

2. 법률지원의 미흡

「성폭력범죄의 처벌 등에 관한 특례법」에 따라 성폭력범죄 피해

---

50) 여성가족부, 2016 여성·아동권익증진사업 운영지침, 여성가족부 (2016), 144.

자에게는 피해자의 변호사를 선정하여 법률적인 지원을 할 수 있다. 이주노동자 역시 피해자로서 법률적 지원을 받을 수 있고, 스스로의 권리를 보호하기에 취약한 집단이라는 점에서 법률적 지원의 필요성은 더 크다 하겠다. 하지만 성폭력 피해 이주노동자에 대한 피해자의 변호사 지원은 부족한 편이다.

> [수사중에 이주여성 상담기관에 피해자가 연계되었을 때] 외국 국적자 아동 빼놓고 변호사가 있었던 케이스가 하나도 없어서 바로 그 자리에서 저희가 변호사 연결을 해서 [법률]구조 신청하고. 그 자리에서 그렇게 됐었었죠. 한 건도 없었어요. 그런데 그건 제가 보기에 한국인 여성들도 마찬가지인 것 같아요. 그러니까 경찰이 자발적으로 변호사 연결을 안 해줘요. (중략) 외국 국적자들 같은 경우는 그게[피해자 변호사 선정 의사를 확인하는 서면이] 다국어로 안 되어 있을 걸요? 그리고 통역인들이 통역을 어떤 식으로… 그러니까 변호사가 필요하냐 안 하냐로 물어보는 거지, 당신은, 국선변호인이 있고, 무료고, 이거 그냥, 하는 게 좋다라는 것을, 그런 방식으로 하지는 분명히 않죠. (활동가1)

활동가1은 아동 피해자를 제외하고는 경찰이나 해바라기센터에서 성폭력 피해 이주여성에게 피해자 변호사를 선정해주는 것을 '본 적이 없다'고 했다. 검사는 피해자가 장애인이거나 미성년자로서 법정대리인의 보호를 받기 어렵거나 몇 가지 중한 범죄에 해당하는 때에는 피해자가 명시적으로 거부 의사를 표하지 않는 한 국선변호사를 선정하여야 한다.[51] 장애가 없고 성인인 이주노동자는 변호사 의무 선정 대상에 포함되어 있지 않다. 따라서 비장애 성인 이주노동자가 국선변호사의 지원을 받으려면 변호사 선정 신청을 해야 한

---

51) 「검사의 국선변호사 선정 등에 관한 규칙」 제8조.

다. 그러나 변호사의 지원을 받을 수 있는지, 변호사로부터 어떤 도움을 받을 수 있는지, 비용은 누가 지불하는지 등의 설명을 충분히 제공받지 못한다면 이주노동자가 알아서 변호사 선정 신청을 할 가능성은 매우 낮다.

> 저희가 검찰 조사할 때에야 변호사 신청을 했고, (중략) 그러니까 그 검찰 진술 처음 할 때부터라도 [변호사 지원이] 좀 됐으면 괜찮았는데… (중략) 마지막 진술 한 번 남았을 때 조력인이 이제 [선정]된 거기 때문에, 진술조서 복사본 열람하고 뭐 이런 거는 그 변호사님 도움 좀 받았는데… (그러면 뭐 이주민 지원을 많이 해본 변호사라든가?) 그렇게는 아니고요. (활동가3, 사례9)

1년 간 고용주에 의한 성폭력이 지속되었던 사례9는 경찰 조사를 거쳐 검찰에서의 1차 진술이 진행될 때까지만 해도 피해자의 변호사가 선정되지 않아 법률적 지원을 받지 못했다. 수사 과정의 최종 진술이었던 검찰 2차 진술에 가서야 비로소 활동가3이 변호사 선정 요청을 하게 되었는데, 검찰청의 국선변호사 예정자 명부 중에서 선정이 되었으며, 당시 변호사는 이주민 지원 경력이 많은 사람은 아니었다고 한다. 성폭력이 오랜 기간 반복되었고 피해자 진술 외에 별다른 증거가 없어 입증에 어려움이 있는 사안이었지만 이주여성 상담기관의 신청이 있기 전까지는 변호사 없이 여러 차례 피해자 진술이 진행되었고, 결국 가해자는 무혐의로 불기소 처분 되어 이주여성노동자가 강제 퇴거 되었다.

피해자의 변호사 제도는 성폭력 피해자가 형사절차상 입을 수 있는 피해를 방어하고 법률적 조력을 보장하기 위하여 도입된 제도이다. 성폭력 피해 이주노동자는 성폭력 피해와 더불어 체류 자격 등과 관련하여 형사절차에서 법적 지원 필요성이 큰 집단이다. 이주노동자의 체류 자격 등의 문제는 성폭력 문제와 분리되어 있지 않다. 이주노동자는 체류 자격 등으로 인하여 성폭력에 더 쉽게 노출되고 대응에도 더욱 어려움을 경험하기 때문에 체류 자격 등에 대한 법적 지원과 성폭력에 대한 지원은 함께 이루어질 수 있어야 한다. 그러나 현재의 체계 내에서 비장애 성인 이주노동자가 피해자 변호사의 법률 지원을 받을 가능성은 낮은 것으로 보인다.

V. 맺음말

2016년 국내 체류 외국인의 수는 처음으로 200만 명을 넘어섰다. 10년 만에 2배 이상 증가한 수치이다. 그러나 우리 사회의 이주민 정책은 결혼이주민과 그 가족에 초점을 맞추는 동화주의적 다문화 정책을 중심으로 하고 있으며, 이주노동자의 인권 보장에 대해서는 많은 관심을 쏟고 있지 않은 것이 현실이다. 이주노동자 중에서도 농업이주여성노동자들은 노동 조건과 주거 환경, 성폭력을 비롯한 인권 상황이 더욱 열악한 현실 속에 있다.

UNDP는 '인간빈곤(human poverty)' 개념에서 빈곤을, '길고 건강하고 창조적인 삶으로 이끄는, 품위 있는(decent) 수준의 생활, 자유, 존엄, 자존, 타인의 존중을 누릴 수 있도록 하는, 인간 개발에 가장 기본적인 기회와 선택을 부인당하는 것'으로 정의하였다. 소득의 차원에 제한되지 않는 이 같은 빈곤 개념에 기초하여, 우리 사회에서 농업이주여성노동자들은 건강과 의사소통, 주거 환경, 노동 환경, 정보접근성 등에서 전반적으로 열악한 빈곤 상태에 있다고 평가할 수 있을 것이다. 전면적 빈곤 상태는 농업이주여성노동자에 대한 성적 접근 가능성을 높이고, 농업이주여성노동자가 폭력적 상황에서 벗어날 능력을 약화시키며, 더 나아가 자신의 경험이 성폭력인지, 그

것이 부당한 것인지를 판단하는 데에도 영향을 끼친다.52)

성폭력에 대한 빈곤의 영향을 고려하면, 개인적, 사회적인 차원 모두에서 농업이주여성노동자에 대한 성폭력의 예방과 이주노동자의 대응 능력을 향상시키기 위해서는 성폭력 방지 조치나 성폭력 피해자 지원과 더불어 농업이주여성노동자들이 처한 복합적 인권 상황을 개선하려는 노력이 요청된다. 이하에서는 농업이주여성노동자들의 인권 상황 개선을 위한 몇 가지 대안을 제시함으로써 글을 마무리하도록 한다.

첫째, 사용자에게 막강한 권한을 부여함으로써 결과적으로 이주노동자에 대한 인권 침해를 방치하는 고용허가제의 재검토가 필요하다. 사용자에게 외국인의 고용을 허가하는 방식의 고용허가제는 이주노동자의 사업장 이동을 엄격히 제한하고 사용자가 사업장 이탈 신고를 통해 이주노동자의 체류 자격을 박탈할 수 있도록 함으로써 사용자와 이주노동자 간 권력의 비대칭성을 강화하고 사업장에서 발생하는 인권 침해에 대한 이주노동자의 대응력을 현저히 떨어뜨리고 있다. 그간 이직을 통제하는 고용허가제의 문제점에 대한 대안으로서, 사업장 변경 사유를 확대하는 방안, 2년간의 합법적 취업 후 사업장 변경을 허용하는 방안, 동일 업종 내 사업장 변경은 신고, 확인 등의 방식으로 허용하되 다른 업종으로의 이동은 노동부장관의 허가를 얻도록 하는 방안, 노동허가제로 변경하는 방안 등이 제시되어왔는데,53) 이주노동자의 체류 자격에서 사용자가 갖는 권한을 제한하고 이주노동자의 정당한 대응에 제약을 가하는 요소를

---

52) 빈곤이 여성폭력의 원인이면서 동시에 여성폭력은 빈곤의 원인이 될 수 있음을 설명한 논문으로 다음을 참조. Geraldine Terry, "Poverty reduction and violence against women: exploring links, assessing impact", Development in Practice, 14:4 (2004), 470-472.

53) 이창원 외 공저, 건설업 종사 외국인근로자 인권상황 실태조사, 국가인권위원회 (2015), 178-180.

줄이는 방향으로 대안이 도출되어야 할 것이다. 단기적으로는 '사용자의 승인 등 정당한 절차 없이 5일 이상 결근'한 경우 사용자에게 신고 의무를 부과하는 「외국인근로자의 고용 등에 관한 법률 시행령」 제23조 제1항 제3호를 삭제하고, 정당한 절차 없는 5일 이상의 결근을 강제 퇴거의 사유로 삼지 않도록 하여야 한다.[54]

둘째, 부당한 처우를 이유로 한 사업장 변경 절차를 개선하여야 한다. 성폭력 사건에서 유죄의 확정 판결이 선고되지 않으면 강제 퇴거시키는 방침은 과도한 제한이다. 성폭력 상담이나 신고만으로 사업장 변경을 허가하는 방법, 위원회의 판단을 받도록 하는 방법 등 완화된 요건을 마련하여, 입증의 부담과 체류 자격 불안으로 인해 성폭력 피해를 제기하지 못하도록 하는 불합리를 시정하여야 할 것이다. 또한 부당한 처우의 주체 범위를 확대할 필요가 있다. 고용노동부고시 「외국인근로자의 책임이 아닌 사업장변경 사유」는 본래 '사용자 등으로부터' 부당한 처우를 당한 경우를 포함하고 있었는데, '사용자 등'의 범위 해석에 논란이 발생한다는 이유로 2015. 9. 24. 개정에서 '사용자[55]로부터' 부당한 처우를 당한 경우로 수정되었다. 이에 따라 사용자가 아닌 사람이 성폭력 등을 저지른 경우에는 가해자가 같은 사업장에 있거나 또는 다른 이유로 해당 사업장에서 성폭력 피해와 관련된 불이익이 예상되는 등 근로관계 유지가 어렵다고 인정되더라도 사업장 변경을 요청할 수는 없게 되었다. 사용자에 의하여 발생하는 성폭력의 비중이 높고 사용자의 가해 시

---

54) 이병렬 외, 같은 책(2013), 285.
55) 여기에서 '사용자'는 「근로기준법」의 사용자 개념에 따라 사업주 또는 사업 경영 담당자, 그 밖에 근로자에 관한 사항에 대하여 사업주를 위하여 행위하는 사람을 말하며, '근로자에 관한 사항에 대하여 사업주를 위하여 행위하는 사람'이란 '근로자의 인사, 급여, 후생, 노무관리 등 근로조건을 결정하거나 업무상 명령 또는 지휘감독을 하는 등 사업주로부터 일정한 권한과 책임을 부여받은 사람'을 의미한다. 고용노동부, 같은 책(2016), 253.

피해자의 사업장 이동 필요성이 더 크기는 하지만, 이주노동자가 자유롭게 이직할 수 없는 제도 아래에서는 가해자가 사용자의 지위에 있지 않더라도 성폭력 피해자의 사업장 이동이 가능하도록 허용할 필요가 있다. 더불어 부당한 처우를 이유로 한 사업장 이동 허용 기간을 단축하여야 한다. 현재는 확정 판결이 날 때까지 장기간이 소요될 경우 1개월 이후부터는 이주노동자의 희망에 따라 사업장 변경 절차를 진행할 수 있도록 하여56) 피해자 보호 방안을 마련하고 있다. 그러나 1개월 동안 피해자와 가해자가 같은 사업장에서 일하도록 강제하여 피해자에게 2차 피해가 발생할 우려가 있고,57) 피해자가 사업장을 벗어나더라도 1개월 이상의 소득 중단은 경제적 위험을 야기하며 사업주가 숙소를 제공하고 있었던 경우에는 1개월 이상 머물 숙소를 따로 구해야 하는 이중의 부담이 생기게 된다. 사업장 변경 과정에서 생기는 경제적 손실은 이주노동자가 인권 문제를 제기하지 못하도록 하는 중요한 요인 중 하나이므로, 좀 더 단기간에 사업장 이동이 가능하도록 지원하여야 한다.

셋째, 농업 분야의 노동 조건 개선 방안이 요청된다. 먼저 「근로기준법」상 근로시간 및 휴게, 휴일 규정의 농업 적용 제외 조항(제63조)을 개정할 필요가 있다. 이 조항은 1953년 「근로기준법」 제정 당시부터 존재하던 것인데, 과거와 달리 상당수 농가의 규모가 대형화되고 기계화, 합리화, 다각화되어 노동밀도가 증가하고 제조업화되고 있는 추세이며, 과학기술 발달로 자연조건의 영향이 적은 영농기술이 등장하는 등의 변화를 고려하면 농업 분야의 일률적 적용 제외는 재검토하여야 한다. 현재의 농가 경영 상황에 맞추어 농업의 세부 분야별로 실태를 파악하여 적용 제외가 반드시 필요한 영역이 있는지 판별하는 과정이 필요할 것이다.58) 일부 영역에 예외를 두게

---

56) 고용노동부, 같은 책(2016), 260.
57) 소라미 외, 같은 책(2016), 112.

되더라도 농업노동자의 건강과 기본적 생활을 보장하기 위하여 근로시간 및 휴게, 휴일의 최저기준을 마련할 필요가 있다. 더불어 「근로기준법」, 「최저임금법」 등 노동 관계 법령을 위반하는 내용으로 근로계약을 체결할 수 없도록 감시 절차를 마련하여야 할 것이다.[59]

넷째, 농업이주노동자의 주거 환경을 개선하고 안전을 확보할 정책이 필요하다. 이주노동자의 숙소에 대해서는 비용, 시설 등에 대해 별다른 기준이 없다.[60] 때문에 화장실이나 배수 시설이 없는 숙소, 주거용 건물이 아닌 비닐하우스까지도 숙소로 사용되고 있고 숙소의 안전도 보장되지 못하는 실정이다. 다만 숙소가 우수 기숙사로 인정될 경우 가산점을 부여하여 신규 외국인력 배정에서 우선권을 부여하는 정도인데, 우수 기숙사의 기준인 남녀 구분 침실, 현대식 화장실 등은 우수한 주거 환경이라기보다는 최소한의 기준에 더 가까워 보인다.[61] 캐나다의 경우 농업이주노동자를 위한 숙소의 기준

---

58) 최석환, "근로시간 적용 제외 제도", 박제성 외 공저, 장시간 노동과 노동시간 단축(II): 장시간 노동과 노동법제, 한국노동연구원 (2011), 117; 임종률 외 공저, 근로기준법 적용의 합리화 방안 연구, 노동부 (2007), 72-73.

59) 이병렬 외, 같은 책(2013), 263-265.

60) 「근로기준법 시행령」에서 기숙사에 대한 몇 가지 조항을 두고 있으나, 그 내용은 남녀 방 구분, 소음이나 진동이 심한 장소를 피할 것, 취업시간을 달리하는 2개 조 이상 근로자들의 침실 분리, 침실은 1인당 2.5m² 이상, 1실 거주인원 15명 이하로 매우 간단하다.

61) 고용노동부의 우수 기숙사 인정 기준은 다음과 같다.
- 숙소유형이 단독주택, 연립·다세대 주택, 아파트 등의 주거시설일 것 (컨테이너를 개조한 시설이나 비닐하우스 내 주거시설 등은 제외)
- 사업주 소유이거나 잔여 임대기간이 20개월 이상일 것 (임대기간이 20개월 미만이더라도 지금까지의 임대기간 등으로 보아 향후 2년 이상의 재계약이 가능할 것으로 예상될 경우에는 예외적으로 인정 가능)
- 소화전, 소화기 등 소방시설을 갖추고 있을 것
- 1실당 평균 거주인원이 4명 이하일 것
- 같은 침실을 다른 국적 근로자나 다른 근무 조와 함께 사용하고 있지 않을 것
- 침실과 거실 등이 남녀 간 구분되어 있을 것

을 숙소의 크기, 조명, 난방, 대피 시설, 위생 시설, 물 공급, 화재 안
전, 잠금장치, 구역의 분리 등등으로 나누어 상세하게 규정하고 있
으며,62) 일시적 외국인 노동자를 고용하기 위해 거쳐야 하는 노동시
장영향평가에서 고용주는 지방자치단체 또는 인증 받은 민간 조사
원이 작성한 숙소 점검 보고서를 제출하여야 한다. 숙소가 최소한의
요건 미달로 불합격 처리되면 이주노동자를 고용할 수 없게 되며,
'후속조치를 전제로 합격'할 경우에는 이주노동자가 도착하기 전에
'합격'의 상태가 되도록 점검하여야 한다. 숙소 점검은 이주노동자
의 도착 전에 완료되는 것이 원칙이며, 적어도 이주노동자가 도착한
지 4주 이내에는 점검 보고서를 받아야 한다.63) 미국에서는 연방법
인 「산업안전보건법(Occupational Safety and Health Act)」의 집행을
위한 세부 기준으로서 미연방규칙 제29장에서 일시적 노동자 숙소
기준을 구체적으로 규정하고 있다.64) 연방규칙은 숙소의 위치, 주거
지, 물 공급, 화장실, 세탁, 세면, 목욕 시설 등에 대해 자세한 기준

‣ 현대식 부엌, 화장실, 목욕시설, 수도시설 및 난방시설을 갖추고 있고 화
장실과 목욕시설은 남녀 별도의 시설을 갖추고 있을 것
‣ 주거시설 설치 및 유지비용을 사업주가 부담할 것
‣ 「근로기준법 시행령」 제54조부터 제58조의 규정에 따른 주거 기준을 준수
하고 있을 것(소음이나 진동이 심한 장소가 아닐 것, 침실 넓이가 1인당
2.5m² 이상일 것 등)
‣ 그 밖에 전반적인 숙소 환경이 양호할 것
고용노동부, 김삼화 의원실 요청자료 (2016).

62) Employment and Social Development Canada, "Schedule F: Housing Inspection
Report"(EMP5598)(2014), 1-10, http://www.servicecanada.gc.ca/fi-if/index.jsp?app=
prfl&frm=emp5598, (2017. 5. 7. 확인). 숙소 기준의 번역본은 소라미 외, 같은
책(2016), 126-134.
63) Employment and Social Development Canada, "Application for a Labour Market
Impact Assessment Seasonal Agricultural Worker Program"(EMP5389) (2017), 9,
http://www.servicecanada.gc.ca/fi-if/index.jsp?app=prfl&frm=emp5389, (2017. 5. 7.
확인); Employment and Social Development Canada, 같은 글(2014), 8.
64) 29 CFR 1910.142. Temporary labor camps.

을 정하고 있다.65) 우리나라에서도 기본적인 주거 기준을 마련하여 이주노동자의 인간다운 생활과 안전을 확보할 것이 요청된다. 주거 기준은 세부적인 사항을 구체적으로 규정하고 있어야 하며, 실사를 통하여 숙소가 주거 기준에 부합할 때에만 고용허가를 하도록 하여야 한다. 또한 이주노동자가 고용 계약 체결 전에 숙소의 상태를 알 수 있도록 하고, 숙소가 주거 기준에 부합하지 않음을 이유로 한 사업장 이동을 허용하여야 할 것이다.

다섯째, 고용센터 및 외국인력지원센터 등 고용지원 관련 기관의 상담을 통한 이주노동자 인권 지원을 활성화할 필요가 있다. 인권 문제가 발생하였을 때 이주노동자들이 접근하기 가장 수월한 기관에서 적절한 대응과 충분한 정보의 제공이 이루어지는 것은 중요하다. 고용지원 관련 기관이 사용자의 편에 서거나 소극적으로 통역 역할을 하는 데서 그치지 않고 이주노동자의 인권 보호에 좀 더 적극적인 태도를 취할 수 있도록 하여야 하며, 이주노동자 인권 보호에 대한 고용지원 관련 기관 상담원의 전문성 강화 또한 필요할 것이다. 성폭력 사건 접수 시에는 다누리콜센터, 이주여성 성폭력상담소 등 관련 기관으로의 연계를 강화하여 성폭력 피해자 지원이 원활하게 이루어질 수 있도록 하여야 한다.

여섯째, 성폭력을 비롯한 인권 문제에 대하여 이주노동자의 대응력 향상을 위한 교육과 정보 제공이 실질화되어야 한다. 입국 직후 실시하는 취업교육에서 고충처리 및 상담절차, 성폭력 관련 교육을 실질적으로 시행할 필요가 있다. 단지 전화번호만 제공하거나, 이주노동자의 가해 예방에 초점을 맞추거나 소극적 회피 방법을 전달하는 데 그치지 말고 이주노동자의 권리, 이주노동자가 이용할 수 있는 자원에 대한 정보를 제공하여 문제가 발생하였을 때 활용할 수

---

65) 숙소 기준의 일부 번역본은 소라미 외, 같은 책(2016), 108-109.

있도록 하여야 할 것이다.

일곱째, 성폭력 등 이주노동자 인권 문제에 대한 사용자 교육이 요청된다. 비대칭적 권력관계에서는 이주노동자에 대한 대응 교육 실시만으로는 한계가 명확하다. 이주노동자에 대하여 권력을 갖고 있는 사용자가 이주노동자에 대한 인식을 전환하고 스스로 성폭력 등 인권 침해를 방지하며 농장 내 성폭력 사건 발생 시 사용자로서 처리 절차를 인지할 수 있도록 하는 교육이 더욱 필요하다. 농가의 사용자를 대상으로 교육을 실시하는 것이 어려운 만큼, 점수제와 연동하여 교육 이수 시 가점을 부여하거나 교육 이수를 고용허가 신청 요건으로 하는 등 교육 참여 확보를 위한 방안을 마련하여야 할 것이다.[66]

여덟째, 형사사법절차에서 이주민 성폭력 피해자에 대한 지원체계를 강화할 필요가 있다. 사법통역 교육을 확대하여 형사사법절차에서 필요한 다국어 통역 인력을 양성하고 관리하여야 하며, 수사 및 재판기관에서 이주민이 피해자 또는 피의자, 피고인이 된 경우의 통번역 관련 지침을 마련함으로써 담당자의 자의적인 판단에 따라 통번역이 지원되지 않거나 통번역이 부실하게 이루어지는 등의 문제를 방지하여야 할 것이다. 또한 성폭력 피해 이주민 지원에서 통번역은 상담, 의료, 법률 지원에서부터 수사, 재판 과정 내내 필요하므로, 매번 새로운 통역 인력을 구하지 않더라도 의사소통 지원의 연속성을 확보할 수 있는 방안이 요청된다. 더불어 이주민을 성폭력

---

66) 일례로 미국 캘리포니아주는 2016년 노동법 개정을 통하여, 농장에 노동자를 공급하는 농장 노동 계약자(farm labor contractor)의 자격 취득 시험과 의무 교육 내용에 성희롱을 포함하고, 농장 노동 계약자에게 관리직의 성희롱 예방 교육 이수를 확인할 의무 등을 부여하였다. 캘리포니아주의 성희롱 관련 교육 확대에 대한 소개는 소라미 외, 같은 책(2016), 110; Kevin O'Neill et al., "The Continuing Expansion of Sexual Harassment Training Requirements in California", Insight (2016), 1-2.

피해자 변호사 의무 선정 대상에 포함하여, 피해자가 명시적인 거부 의사를 표하지 않는 이상 피해자 변호사의 지원을 받을 수 있도록 할 필요가 있다.

참고문헌

Employment and Social Development Canada, "Application for a Labour Market Impact Assessment Seasonal Agricultural Worker Program"(EMP5389) (2016).

Employment and Social Development Canada, "Schedule F: Housing Inspection Report"(EMP5598) (2014).

O'Neill, Kevin et al., "The Continuing Expansion of Sexual Harassment Training Requirements in California", Insight (2016).

Terry, Geraldine, "Poverty reduction and violence against women: exploring links, assessing impact", Development in Practice, 14:4 (2004).

고용노동부, 고용허가제 업무편람, 고용노동부 (2016).

김사강, "외국인 계절노동자 도입을 둘러싼 쟁점과 농업 이주노동자 인권 보호 방안", 외국인 계절노동자 도입과 관련한 문제점과 향후 방안 토론회, 장하나 의원실 외 (2015).

김재경, "대구지역 이주여성노동자의 현황 및 문제점들", 이주여성노동자 권리보호 방안마련을 위한 토론회, 대구여성회·대구외국인상담소 (2001).

박선희 외 공저, 경기도 이주여성 노동자 직장내 성희롱 실태 모니터링 보고서, 경기도외국인인권지원센터 (2015).

소라미 외 공저, 이주여성 농업노동자 성폭력 실태조사, 공익인권법재단 공감 (2016).

양정화, 이주여성의 차별과 폭력경험에 관한 실태 조사 연구: 경남지역을 중심으로, 경남대학교 대학원 NGO협동과정 석사학위논문 (2005).

여성가족부, 2016 여성·아동권익증진사업 운영지침, 여성가족부 (2016).

이병렬 외 공저, 농축산업 이주노동자 인권상황 실태조사, 국가인권위원회 (2013).

이주인권연대 농축산업 이주노동자 권리 네트워크, 고용허가제 농축산업 이
　　주노동자 인권백서: 노비가 된 노동자들, 이주인권연대 (2013).

이지은, "경찰통역 실태와 경찰관의 인식 조사 사례 연구", T&I review 제5권
　　(2015).

이창원 외 공저, 건설업 종사 외국인근로자 인권상황 실태조사, 국가인권위
　　원회 (2015).

임종률 외 공저, 근로기준법 적용의 합리화 방안 연구, 노동부 (2007).

전북대학교 사회과학연구소 외 공저, 국내 거주 외국인노동자 인권실태조
　　사, 국가인권위원회 (2002).

최서리 외 공저, 농업분야 외국인력 활용실태 및 정책제언: 경기도를 중심으
　　로, IOM이민정책연구원 (2013).

최석환, "근로시간 적용 제외 제도", 박제성 외 공저, 장시간 노동과 노동시
　　간 단축(II): 장시간 노동과 노동법제, 한국노동연구원 (2011).

한국외국인력지원센터 외 공저, 외국인근로자 주거환경 및 성희롱·성폭력 실
　　태 조사 및 제도개선 연구 보고서, 한국외국인력지원센터 외 (2013).

예술흥행비자를 이용한 인신매매의 처벌 및 피해자 구제 관련 제도 개선 방안

박지연*·이한길**·이탁건***·정순문****

I. 서론

이른바 '예술흥행비자'는 외국인의 음악, 미술, 문학 등의 예술, 방송연예활동, 호텔업 시설, 유흥업소 등에서의 공연 등의 활동을 위해 발급되는 사증의 종류로서, '고급예술인' (E-6-1) 및 '특별한 기능을 갖지 못한 일반 외국 연예인' (E-6-2)에게 발급된다. 2015년 기준 약 5,000여명의 예술흥행비자 소지자들이 한국 내에 체류하고 있으며, 이중 대다수가 E-6-2 비자 소지자들이다. 예술흥행비자 제도는 그 동안 꾸준히 시민사회 및 국제사회로부터 비자 소지자들의 인권 침해가 발생하고 있다는 비판의 대상이 되어 왔다. 특히 E-6-2 비자 제도의 운용이 실질적으로 외국 여성들의 인신매매 피해를 방치하거나 조장하는 결과를 야기하고 있다는 비판의 목소리가 높다.[1] 외

---

   * 법무법인(유한) 태평양 변호사
  ** 법무법인(유한) 태평양 변호사
 *** 재단법인 동천 변호사
**** 재단법인 동천 변호사
1) 달리 명시하지 않는 경우 이 글에서 사용되는 "예술흥행비자"는 E-6-2비자를 지칭한다.

국인 연예인에 대한 허가 요건이 대폭 완화되며 예술흥행비자로 입국하는 외국인의 수가 늘어나기 시작한 90년대 말부터, 예술흥행비자 제도가 성착취 피해자를 발생시키고 있다는 비판의 목소리가 끊이지 않았다. 법무부는 수 차례에 거쳐 비자 발급 요건을 강화하거나 불법 알선 업자들을 단속하는 등 대책 마련에 나섰지만, 현재까지도 예술흥행비자 소지자들에 대한 인권 침해가 광범위하게 발생하고 있는 실정이다.

예술흥행비자 소지 피해여성들은 대부분이 필리핀 국적 여성으로, 필리핀 현지에서 오디션을 거쳐 현지 기획사와 계약을 체결한다. 지인의 소개로 '한국에서 가수로 일하면 돈을 많이 벌 수 있다'라는 말을 듣고 기획사를 접촉하게 되는 경우가 대부분이다.[2] 피해여성들은 기획사를 통해 우리나라 정부의 문화관광부 산하 영상물등급위원회의 공연허가를 받고, 법무부의 사증발급인정서 발급을 위한 심사 및 현지 한국대사관의 인터뷰를 통과한 후에야 예술흥행비자를 발급 받아 한국에 입국하게 된다. 그러나 피해 여성들은 많은 경우 한국에 입국한 이후에야 자신의 근무 장소가 유사성행위가 이루어지는 업소라는 사실을 인지하게 되며, 업주들은 다양한 억압적 기제를 통해 여성들이 유사성행위 제공을 강요하고 업소를 탈출하지 못하게 한다. 일부 피해 여성들은 이주여성 지원 단체들의 도움을 받아 업소를 탈출하고 업주들에 대한 형사고발을 진행하고 있으나, 아직 우리나라 수사기관과 법원은 예술흥행비자 제도의 운용과 이를 통해 노정되는 인권 침해에 대해 충분히 고려하지 못하고 있다는 비판이 존재한다. 즉, 피해 여성들의 모집, 이동 및 성매매 강요로 이어지는, 가해자들의 일련의 행위가 "국제연합 초국가적 조

---

2) 소라미, "일본의 인신매매 정책에 비추어 본 한국의 예술흥행비자 소지 이주여성의 인신매매 피해에 대한 대응 방안 검토", 인신매매 일본 실태조사 결과 발표 및 쟁점 토론회 (2016), 4.

직범죄 방지협약을 보충하는 인신매매 특히 여성과 아동의 인신매매 예방, 억제, 처벌을 위한 의정서"(이하 "UN인신매매의정서")[3] 등에서 정의하고 있는 인신매매에 해당한다는 인식이 수사기관 및 법원에게 부족하다는 비판이다.

아래에서 상세히 살펴 보듯이, 한국은 2000년 UN인신매매의정서에 서명하고, 이후 2014년 형법 개정을 통해 인신매매의 개념을 국내법에 도입하였다. 그러나 형법 개정 전후를 막론하고 E-6-2 비자와 관련된 인신매매의 범죄가 예술흥행비자 피해여성의 가해자들에게 적용된 경우는 찾아보기 힘들다. 이러한 사법기관의 태도는 UN인신매매의정서의 정신과 형법 개정의 취지에 부합하지 않으며, 최근 인신매매에 대한 국가의 책임을 엄격하게 인정하고 있는 국제 추세에도 역행하고 있다. 따라서 이 글은 성매매 목적의 인신매매 범죄에 대한 국제 기준과 몇 가지의 외국 입법례를 소개하고, 예술흥행비자와 관련된 우리나라의 형사처벌 현황을 비판적으로 검토한 후 이를 토대로 우리나라의 형사실무 및 제도상의 개선을 논의한다.

II. 국제기준 및 해외 입법례

1. UN 인신매매 의정서 상의 인신매매의 정의

2000년 채택된 UN인신매매의정서는 인신매매의 개념을 정의하고 의정서 가입국의 인신매매 처벌 의무를 포괄적으로 규정하고 있다. UN인신매매의정서 제3조 가호에서 규정하는 인신매매의 정의

---

3) 국제연합 초국가적 조직범죄 방지협약을 보충하는 인신매매, 특히 여성과 아동의 인신매매 방지, 억제 및 처벌을 위한 의정서, 2015. 12. 5. 발효.

는 다음과 같다.

인신매매란 착취를 목적으로 위협, 무력의 행사 또는 기타 형태의 강박·납치·사기·기만, 권력의 남용 또는 취약한 지위의 이용, 타인에 대한 통제력을 가진 사람의 동의를 얻기 위한 보수 또는 혜택의 제공 또는 접수 등의 수단에 의한 인신의 모집·운반·이전·은닉·인수를 의미한다. 착취는 최소한 타인의 매춘 또는 기타 형태의 성적 착취·강제노동 또는 서비스 노예제도 또는 노예제도와 유사한 관행, 종속 또는 장기의 절제를 포함한다.

위의 정의는 '행위', '수단' 및 '목적'의 세 가지의 구성요건으로 세분할 수 있다. 즉, '행위' 요건으로 사람의 모집, 이전, 인수 등이, '수단' 요건으로 강박, 납치, 사기, 기만, 권력의 남용 또는 취약한 지위의 이용 등이, '목적' 요건으로 착취가 규정되어 있다. 의정서는 가입국이 국내법을 통해 인신매매의 범죄를 형사 처벌할 의무를 부여하며,[4] 제3조 가호에서 포괄적으로 정의하는 인신매매의 개념이 국내법을 통해 구체화 될 것을 예정하고 있다.[5] 각 국가가 의정서의 국내 이행 단계에서 구체화한 인신매매의 정의와 그 처벌의 내용은 국가별로 상이하다.[6] 아래에서 상세히 살펴보듯이 한국도 형법 및 '성폭력 범죄의 처벌 등에 관한 특례법'의 개정을 통해 인신매매의 개념을 입법화하였으나, 수사 및 재판 단계에서 의정서에서 인신매매를 금지하는 취지가 충분히 반영되어 있지 않다는 비판을 받고 있다. 따라서 아래에서는 인신매매에 대한 형사처벌과 국가 책임을 적극적으로 인정하는 해외 입법례 및 판례를 검토하여, 우리나라 사법 실무의 개선을 위한 논의의 초석으로 삼기로 한다.

---

4) UN인신매매의정서 제1조 제3항, 국제연합 초국가적 조직범죄 방지협약 제5조 제1항
5) Allain, Jean, "No Effective Trafficking Definition Exists: Domestic Implementation of the Palermo Protocol", Albany Government Law Review, Vol. 7, 116 (2014).
6) 위의 글, 116.

2. 인신매매에 대한 국가 책임에 관한 해외 입법례

가. 유럽

유럽 평의회(Council of Europe)는 2005년 인신매매 협약7)을 채택하여 피해자 보호, 피해 조사 및 범죄자 처벌을 위한 국가 책임을 명문화하였다. 유럽연합은 2011년 '2002년 기본결정을 대체하는 인신매매 방지 및 피해자 보호에 관한 2011년 지침'8)을 채택하여, 인신매매의 정의를 넓혀 UN인신매매의정서 상에서의 정의를 수용하였다.9) 지침은 인신매매에 대하여 인권중심적 접근을 택했다고 평가 받고 있는데,10) 특히 의정서에서 규정하고 있지 않는 인신매매 피해자 보호 및 지원에 대해 상세히 규율하고 있다.11) 유럽 평의회가 제정한 인권 및 기본적 자유의 보호에 관한 유럽협약(이하 "유럽인권협약")12)은 47개 국가가 비준하였고, 비준국가는 협약에 기반하여 내려지는 유럽인권재판소의 판결에 구속된다. 유럽인권협약은 제4조에서 "노예, 인신예속적 노역, 강제노동"을 금지하고 있다. 유

---

7) Council of Europe Convention on Action against Trafficking in Human Beings (2005), CETS 197
8) Directive 2011/36/EU of The European Parliament and of the Council of 5 April 2011 on preventing and combating trafficking in human beings and protecting its victims, and replacing council framework decision 2002/629/JHA (2011), OJ L 101.
9) 지침 제2조 (인신매매와 관련된 범죄)
10) Kyriazi, Tenia, "Trafficking and Slavery: The Emerging European Legal Framework on Trafficking in Human Beings Case-Law of the European Court of Human Rights in Perspective", International Human rights Review Vol 4, 36 (2015)
11) 지침 제12조 내지 제16조
12) Convention for the Protection of Human Rights and Fundamental Freedoms (1950), U.N.T.S. 222.

럽인권재판소는 아래에서 살펴보는 2개의 결정에서, 유럽인권협약 제4조에 대한 적극적인 해석을 통해 UN인신매매의정서에서 정의하는 현대적 형태의 인신매매에 대한 국가 책임을 인정하고 있어 우리나라에도 시사하는 바가 크다.

(1) Rantsev v. Cyprus and Russia[13]

러시아 출생의 이주여성인 피해자 Rantsev는 키프로스 정부가 발급한 "연예인" 비자 ('artiste' 비자)로 키프로스에 입국하여 카바레에서 일을 시작하였다. 피해자는 3일만에 직장에서 탈출하였으나 고용주들이 일주일 후 피해자를 찾아 경찰서로 데리고 가 체류 자격을 위반했다는 이유로 강제출국시킬 것을 요구하였다. 경찰은 피해자의 합법체류 상태를 확인한 후, 고용주에게 연락하여 피해자를 데리고 돌아 가라고 지시하였다. 고용주는 피해자를 카바레 직원 숙소로 데리고 가 감금하였으며, 몇 시간 뒤 피해자는 탈출을 시도하다가 추락하여 사망하였다. 피해자의 아버지는 키프로스 정부 및 러시아 정부를 상대로 유럽인권협약 제2조, 제3조, 제4조 및 제5조의 위반을 주장하며 유럽인권재판소에 재판을 청구하였다. 사건의 전말이 재판 과정에서 알려지며, 키프로스 성매매 업계가 정부의 구조적인 지원 또는 최소한 정부의 묵인 아래 카바레 고용주들이 구 소련 국가 출신의 여성들을 성적으로 착취하고 있다는 사실이 폭로되었다.[14]

유럽인권재판소는 2005년 Siliadin 판결[15]에서 이미 협약 제4조 제1항에 대한 국가의 적극적인 이행의무를 확인한 바 있다. 재판소는 가사노동을 강제 당했던 이주 청소년이었던 청구인의 피해에 대

---

13) Rantsev v. Cyprus and Russia, Appl No 25965/04, ECtHR(2010)
14) Allain, Jean, The Law and Slavery: Prohibiting Human Exploitation, Brill Nijhof (2015), 217
15) Siliadin v. France, Appl No. 73316/01, ECtHR (2005)

해, 유럽인권협약 제4조에서 금지하는 '노예', '인신예속' 및 '강제노동'을 세분하여 적용 여부를 검토하였다. 재판소는 청구인에게 '인신예속' 및 '강제노동'의 피해가 있었음을 확인하고, 위의 범죄를 처벌하는 형법규정이 없는 프랑스 정부는 유럽인권협약 제4조를 위반했다고 판결하였다.

법원은 Rantsev v. Cyprus and Russia 판결에서 협약 제4조의 범위를 확대하여, 동 조항을 UN인신매매의정서에 규정하고 있는 '인신매매'를 금지하는 조항으로 해석해야 된다고 판단하였다.[16] 즉, 법원은 현대적 형태의 '노예제'의 개념은 광의로 해석되어야 하며, 인신매매도 본질적으로 노예제에 해당하므로 제4조의 규율 대상이라고 판시하였다.[17] 재판소는 나아가 협약 제4조는 체약국에서 구체적이고 적극적인 의무를 부여한다는 것을 재확인하며, 특히 국가는 인신매매를 처벌하는 형법 상 규정을 두는 것 외에도, 인신매매 피해자 및 잠재적 피해자들을 보호할 의무가 있으며, 피해가 합리적으로 의심되는 경우에도 피해자 구제를 위한 적절한 조치를 취하지 않는다면 협약 제4조를 위반한 것이라고 판시하였다.[18]

(2) L.E. v. Greece[19]

나이지리아 출신 이주여성인 피해자는 바에서 일할 목적으로 2004년 그리스에 입국하였다. 고용주(K.A.)는 그녀가 입국하자 여권을 압수한 뒤 성매매를 강요하였고, 피해자는 2년 간 강요된 성매매에 종사한 끝에 시민단체의 구조를 요청하였다. 그 기간 동안 피해

---

16) 즉, 사건에서의 행위가 '노예', '인신예속' 또는 '강제노동' 중 어느 범죄행위에 해당하는지 구체적으로 검토할 필요가 없다고 보았다. 위의 결정문, Para. 282.

17) 위의 결정문, Para. 281, 282

18) 위의 결정문, Para. 286

19) L.E. v. Greece Appl No. 71545/12, ECtHR (2016)

자는 3회에 걸쳐 성매매를 이유로 체포되었다가 풀려나기를 반복했으며, 2006년 11월에는 체류 자격이 없다는 이유로 송환 대상이 되어 구금되었다. 그녀는 구금된 후 고용주인 K.A. 및 그의 동료인 D.J.를 인신매매 및 성매매 혐의로 고발하였으나, 2006년 12월 검사는 증거 불충분을 이유로 불기소 처분하였다. 2007년 1월 피해자가 불기소 처분에 대해 항고하자, 2007년 8월 검사는 K.A. 및 D.J.를 기소하고, 피해 여성에게 인신매매 피해자 지위를 부여하였다. 2009년 7월에 피고인들의 신변을 확보할 수 없다는 이유로 재판이 중단되었으나, 2011년 D.J.가 체포된 후 법원은 2012년 4월 D.J.에 대한 판결을 선고하였다. 다만 법원은 D.J.는 K.A.의 공범이 아니라 K.A.의 인신매매 및 성매매 강요 피해자 중 1인이라고 판단하였다. 피해자는 유럽인권재판소에 대한 청구를 통해 경찰 수사 및 재판 단계에서의 지연과 과실로 인해 K.A.의 신변을 확보하지 못하고 D.J에 대한 잘못된 판결이 선고되었으며, 그녀의 최초 형사고발이 거부되어 인신매매 피해자 지위 인정에 지나치게 긴 시간이 소요되었다고 주장하였다.

재판소는 그리스 정부가 (i) 인신매매 처벌 및 피해자 보호를 위한 법 제도를 갖추고 있는지, 그리고 (ii) 그리스의 법제도가 피해자의 실질적인 보호를 위해 기능하였는지 나누어 판단하였다. 전자와 관련해서, 재판소는 UN인신매매의정서 및 인신매매 협약의 정의에 따른 인신매매가 국내법에서 규율되고 있는지, 피해자 보호를 위한 쉼터, 보건, 심리 및 법률 지원 등의 제도가 법으로 보장되어 있는지, 미등록 체류자인 피해자의 송환 절차의 중단이 법으로 보장되어 있는지 검토한 후, 그리스가 국내 입법 의무를 해태하지 않았다고 판단하였다.

그러나 재판소는 피해자가 이러한 법제도의 보호를 제대로 받지 못하였다고 판단하였다. 피해자는 2006년 11월 고용주를 형사 고발

하며 자신의 인신매매 피해 사실을 진술하였음에도 불구하고, 피해
자 지위를 인정 받기까지는 9개월(불기소처분에 대한 항고한 시점
으로부터는 5개월)이 소요되었다. 재판소는 이러한 사실관계에 비추
어 볼 때 인신매매 피해자 식별 절차가 지나치게 지연되었으므로 그
리스 정부는 피해자 보호 의무를 다하지 못하였다고 판단하였다.[20]

나. 미주

미주대륙 25개국이 가입한 미주인권협약[21]은 여성의 인신매매를
명시적으로 금하고 있다.[22] 또한 여성에 대한 폭력의 예방, 처벌 및
근절에 관한 범미주 협약은[23] 인신매매를 여성에 대한 성폭력의 일
종으로 인식하고 있다.[24] 협약 제3장은 여성에 대한 폭력의 근절,
피해자의 보호, 사법 접근성 보장 등을 위한 협약 가입국의 의무를
규정하고 있다.[25] 따라서 협약 가입국들은 여성에 대한 인신매매에
대해서도 위의 의무를 부담하는 것으로 해석된다.

미주인권협약 및 여성에 대한 폭력의 예방, 처벌 및 근절에 관한
범미주 협약은 협약의 위반에 대해 미주인권재판소(Inter-American
Court on Human Rights)를 통한 개인청구제도를 인정하고 있으나,[26]

---

20) 이러한 재판소의 판단에 대해, 인신매매 협약의 취지를 고려하였을 때 형사
   고발과 무관하게 피해자와 접촉한 직후 인신매매 피해자 식별이 개시되었
   어야 한다는 비판도 있다. Stoyanova, Vladislava, "L.E. v. Greece: Human
   Trafficking and the Scope of States' Positive Obligations under the ECHR",
   European Human Rights Law Review No.3 (2016), 300-304.
21) American Convention on Human Rights (1969), OAS Treaty Series No. 36; 1144
   UNTS 123; 9 ILM 99.
22) 협약 제6조 (노예상태로부터의 자유)
23) Inter-American Convention on the Prevention, Punishment and Eradication of
   Violence against Women (1994), 33 ILM 1534.
24) 협약 제2조 제b항
25) 협약 제7조

아직까지 성착취 인신매매에 대해 재판소가 구체적인 해석을 내린 경우는 없었다. 다만 2016년 10월 미주인권재판소는 최초로 강제노역 피해자에 대한 국가의 책임에 관한 결정을 내렸는데,[27] 미주인권협약에서 규정하고 있는 인신매매의 개념을 정의하고, 인신매매에 대한 국가의 적극적 책임을 인정하기 위해 UN인신매매의정서 및 유럽인권재판소의 해석을 상당히 반영했다는 점에서 한국에도 시사하는 바가 있다. 미주인권재판소는 결정문에서 UN인신매매의정서에서 규정하고 있는 인신매매의 정의를 확인하고,[28] 유럽인권재판소의 Rantsev v. Cyprus and Russia 결정을 인용하며, 유럽인권협약 내에 인신매매에 대한 구체적인 규정이 없음에도 불구하고 유럽인권재판소가 유럽인권협약 제4조의 해석을 통해 UN인신매매의정서에서 규정하고 있는 인신매매의 개념이 도출된다고 판시한 점을 참고하였다.[29] 재판소는 이어서, UN인신매매의정서 등의 국제협약과 유럽인권재판소의 해석을 고려할 때 미주인권협약의 제6조 제1항에서 금지하고 있는 "여성과 노예의 인신매매"는 "인간의 인신매매"로 광의로 해석되어야 하고,[30] 인신매매의 개념 요소는 아래와 같이 정의된다고 판시하였다.[31]

(1) 사람의 모집, 이전, 은닉, 인수
(2) 위협, 물리력의 행사 또는 기타 형태의 강박, 납치, 사기, 기만, 권력의 남용 또는 취약한 지위의 이용, 타인에 대한 통제

---

26) 미주인권협약 제8장, 여성에 대한 폭력의 예방, 처벌 및 근절에 관한 범미주 협약 제11조.
27) Trabalhadores da Fazenda Brasil Verde v. Brasil, Case 12.066, IACHR (2016).
28) 위의 결정문, Para. 284.
29) 위의 결정문, Para. 287.
30) 위의 결정문, Para. 289.
31) 위의 결정문, Para. 290. 재판소는 인신매매의 정의를 내리기 위해 UN인신매매의정서 제3조 가호를 그대로 차용하였다.

력을 가진 사람의 동의를 얻기 위한 보수 또는 혜택의 제공.
18세 미만의 사람에 대한 인신매매는 위의 수단이 인신매매
의 성립을 위한 필요 조건이 아니다.
(3) 착취의 목적. 이때 착취는 최소한 타인의 성매매에 대한 착취
또는 기타 형태의 성적 착취, 강제 노동 또는 서비스, 노예제
또는 노예제와 유사한 관행, 인신예속 또는 장기의 적출을 포
함한다.

재판소는 나아가 미주인권협약 제6조는 인신매매, 노예상태 등을
방지할 국가의 적극적 책임을 규정하고 있다고 판시하였다.[32] 특히
국가는 피해자에 대한 적절한 보호 및 범죄사실에 대한 효율적인
수사가 가능한 법 제도를 갖추어야 하며, 특정 집단이 인신매매 또
는 노예상태의 피해자라는 사실이 명백한 경우 이에 대한 방지책을
도입할 의무가 있음을 강조하였다.[33]

3. 한국의 상황

한국은 2000년 UN인신매매의정서에 서명하고, 이후 2014년 형법
개정을 통해 인신매매의 개념을 국내법에 도입하였다. 그러나 아래
에서 살펴보듯이 수사기관과 법원은 E-6 비자 관련 사건에 대해 인
신매매에 대한 처벌조항을 적용하는 것을 극히 꺼리고 있으며, 성매
매 강요 등을 이유로 수사 및 재판하는 경우에도 E-6-2 비자 여성들
의 취약한 지위를 충분히 고려하지 않고 있다. 무엇보다 현실적으로
인신매매의 통로로 사용되고 있는 E-6-2 비자 제도를 근본적인 개선

---

32) 위의 결정문, Para. 317.
33) 위의 결정문, Para. 320.

없이 계속 유지하고 있다는 것이 문제이다. E-6-2 비자 제도의 문제
점은 국제사회에서 지속적인 지적 대상이 되고 있다. 유엔인권위원
회는 2015년 대한민국의 네 번째 정기 보고서에 관한 최종 견해를
통해, "E-6 예술흥행비자로 입국하는 여성들이 종종 성산업에 예속
된다는 점"을 지적하고,[34] 이 비자 제도가 성매매 목적의 인신매매
에 사용되지 않도록 규제할 것을 한국 정부에 권고하였다.[35] 미국
국무부가 매년 발간하는 인신매매 보고서도 한국에 E-6-2 비자로 입
국하는 외국 여성들이 강제 성매매에 종사하는 경우가 있다는 점을
지적하고,[36] 한국 정부에게 감독 강화 등을 포함한 제도 개선을 권
고한 바 있다.[37]

III. E-6-2 비자를 통해 입국한 외국인 여성의
인신매매 피해 구제 관련 국내 형사실무

1. E-6-2 비자 관련 인신매매 범죄의 형사처벌 현황

가. 인신매매 범죄에 대한 형사실무 개요

인신매매 범죄에 대한 국내 형사처벌의 경우, 기존에는 '성매매
알선 등 행위의 처벌에 관한 법률'(이하 '성매매처벌법')에 '성매매

---

34) UN Human Rights Committee, Concluding observations on the fourth periodic
   report of the Republic of Korea, CCPR/C/KOR/CO/4, para. 40(a) (2015)
35) 위의 글, para. 41(c)
36) U.S. Department of State, "2016 Trafficking in Persons Report", U.S. Department
   of State (2016.6.), 229.
37) 위의 책, 230.

목적의 인신매매'의 정의 및 그에 대한 처벌조항이 규정되어 있었으나, 형법이 2013. 4. 5.에 법률 제11731호로 일부개정되면서 인신매매에 관한 처벌조항(형법 제289조)이 신설되었고, 이에 따라 성매매처벌법상 '성매매 목적의 인신매매'의 처벌조항이 삭제되었다(성매매처벌법 제18조 제3항 제3호 참조).[38]

그렇다면 형법상 성매매 목적의 인신매매(형법 제289조 제2항)를 어떻게 해석해야 할 것인지 문제될 것인바, 관련하여 성매매처벌법상 '성매매 목적의 인신매매'의 정의규정은 그대로 남아있으므로 성매매 목적의 인신매매죄의 구성요건을 해석하는데 있어서 성매매처벌법의 정의가 여전히 주요한 근거가 된다는 견해가 있다.[39] 형법상 성매매 목적의 인신매매 처벌조항과 성매매처벌법상 성매매 목적의 인신매매의 처벌조항은 사실상 그 보호법익이 동일한 점, 형법상 인신매매죄의 신설과 함께 성매매처벌법상 인신매매죄가 삭제된 점을 고려하면, 위 견해와 같이 일차적으로는 성매매처벌법상의 정의규정에 따라 형법상의 인신매매 개념을 해석하는 것이 타당한 것으로 생각된다.

다만 법률 제11731호로 개정된 형법의 개정이유는 인신매매죄의 신설이 "인신매매의정서의 이행입법"임을 명시하고 있으므로,[40] 이

---

38) 다만 '성매매 목적의 인신매매'에 관한 정의규정은 아직 남아있다(성매매처벌법 제2조 제1항 제3호).

39) 조희진, "외국인여성 인신매매범죄 처벌현황 및 문제점과 대책", 국제 인신매매범죄 처벌 및 피해방지 대책, 법무연수원 (2013), 2.

40) "2000년 12월 13일 우리나라가 서명한 「국제연합국제조직범죄방지협약」(United Nations Convention against Transnational Organized Crime) 및 「인신매매방지의정서」의 국내적 이행을 위한 입법으로서, 협약 및 의정서상의 입법의무 사항을 반영하여 범죄단체 및 범죄집단의 존속과 유지를 위한 행위의 처벌규정을 마련하는 한편, 범죄단체나 집단의 수입원으로 흔히 사용되는 도박장소의 개설이나 복표발매에 대한 처벌규정의 법정형을 상향하고, 각종 착취 목적의 인신매매죄를 신설하여 인신매매의 처벌범위를 확대함으로써 국제조직범죄를 효율적으로 방지·척결하는 동시에 국제협력을 강화하려

러한 개정취지에 부합하기 위해서는 성매매처벌법상 인신매매의 정의인 '위계(僞計), 위력(威力), 그 밖에 이에 준하는 방법으로 대상자를 지배·관리하면서 제3자에게 인계하는 행위'를 기존보다 폭넓게 해석할 필요가 있을 것이다. 즉, 성매매처벌법은 행위수단에서 UN 인신매매의정서가 제시한 '취약한 지위의 이용'이 규정되어 있지 않아 상대적으로 범죄성립이 어렵고, 행위 태양에서도 대상자를 지배 관리하면서 제3자에게 인계할 것을 요건으로 하고 있어 UN인신매매의정서가 정한 단순 모집, 운반, 인수 등의 행위를 범죄행위로 규정한 것에 비해 구성요건이 까다롭게 규정되어 있다는 지적이 제기되고 있다.41) 이에 비추어 볼 때, 형법상 인신매매는 UN인신매매의정서에 입각하여 성매매처벌법상 '성매매 목적의 인신매매'의 정의보다는 넓게 해석하는 것이 보다 입법취지에 부합하는 것으로 생각된다.

그럼에도 불구하고, 국내의 현실에서는 형법 개정 전후를 막론하고 E-6-2 비자 관련 인신매매 범죄가 성매매 목적의 인신매매로 처벌된 사례를 찾아보기 어렵다. 이는 성매매처벌법상 성매매강요죄(성매매처벌법 제18조)의 경우도 마찬가지이다. 이와 같은 현상은 예술흥행비자를 발급받고 입국하였으나 유흥접객원으로 근무할 것을 강요당한 외국인여성들을 피해자로 취급하지 않는 수사기관의 인식, 그로 인한 수사의지의 부족, 나아가 형법개정 이후에도 인신매매 조항이 지나치게 엄격하게 해석되는 것에 기인한 것으로 생각된다. 즉, UN인신매매의정서를 반영하고자 한 형법의 개정취지가 형사실무상 전혀 고려되지 않고 있고, 그로써 인신매매 범죄에 대한 적극적인 수사유도에도 실패하고 있는 것이다.

는 것임"

41) 윤덕경·장미혜·박선영, "성착취적 국제 인신매매 피해관련 법·제도 및 대책 방안", 한국여성정책연구원 (2013), 39.

그 결과 예술흥행비자를 통하여 계속해서 유사한 형태의 인신매매 범죄가 반복되고 있음에도 불구하고, 형사실무상 가해자들은 상대적으로 구성요건이 단순한 성매매알선죄나 출입국관리법 위반 정도로만 처리되고 있는 상황이며, 성매매강요죄나 인신매매죄는 매번 유사한 이유로 불기소처분되거나 무죄 판결이 선고되고 있다.

나. 인신매매범죄에 대한 형사처벌현황

본 연구에서는 예술흥행비자로 입국한 외국인여성들의 2009년부터 2016년 사이에 발생한 인신매매 범죄 약 40여건의 사건처리결과[42]를 분석하였다. 분석결과는 다음과 같다.

죄명	불기소처분	기소처분	무죄또는공소기각판결	유죄판결
성매매알선등행위의처벌에관한법률위반(성매매강요등)	17	3	3	0
성매매알선등행위의처벌에관한법률위반(성매매알선등)	40	13	0	12
성매매인신매매	11	0	0	0
(상습)강제추행	3	2	0	1
(공동)감금	0	4	2	2
파견근로자보호등에관한법률위반	8	3	0	3
출입국관리법위반	0	9	0	7
사기	1	0	0	0
폭행	1	0	0	0
폭력행위등처벌에관한법률위반(공동공갈)	0	2	0	2
성폭력범죄의처벌등에관한특례법위반(업무상위력등에의한추행)	0	1	0	1
성매매알선등행위의처벌에관한법률	2	0	0	0

---

42) 연구대상 사건들은 성착취인신매매 근절을 위해 활동하는 단체인 '두레방'으로부터 제공받았다.

위반(성매매)				
영리유인, 성매매유인	6	0	0	0
부녀매매	3	0	0	0
직업안정법 위반	1	0	0	0

위 분석결과에서 나타나는 것처럼, 성매매강요죄 및 인신매매, 그리고 인신매매와 유사한 부녀매매, 유인죄로 유죄판결이 선고된 사례는 단 한 건도 찾을 수 없었고, 대부분 기소조차 이루어지지 않았으며, 성매매알선이나 출입국관리법 위반으로 경미하게 처벌된 사례만 존재하였다.

구체적으로 보면, 성매매 목적의 인신매매 또는 부녀매매의 경우 전부 불기소처분되었는바, 앞서 살펴본 것처럼 수사기관의 인신매매 구성요건 해석이 여전히 매우 엄격하다는 점을 짐작할 수 있었다.

성매매 사실이 인정되었던 경우, 성매매강요는 혐의없음으로 불기소처분되고 상대적으로 구성요건이 단순한 성매매알선 또는 출입국관리법 위반으로만 기소된 사례들이 있었다. 이러한 사건들의 경우에는 아직 재판이 진행 중인 사건들은 제외하고 전부 유죄판결이 선고된 것으로 확인되었는데, 이는 공소제기 시점에서 이미 성매매 사실 자체를 뒷받침하는 증거가 확보된 상태이기 때문인 것으로 추측된다. 그러나 성매매알선 또는 출입국관리법 위반의 유죄판결이 선고되더라도 징역형의 집행이 유예되거나 천만원 이하의 경미한 벌금형이 선고되는 경우가 대부분이어서, 결과적으로 제대로 된 처벌로 이어진 경우는 거의 없었다.

한편 연구대상사건 상당수는 죄명과 무관하게 성매매 사실 자체가 부인되어 불기소처분되었다. 고소인들은 불기소처분된 사건 대부분에 대하여 항고를 제기하고 재정신청을 하였으나, 인용된 사례는 적었다. 불기소처분사유에 대하여는 항을 바꾸어 다시 설명하겠지만, 대체로 피해자들의 진술을 뒷받침하는 객관적 증거나 다른 진술이 없다는 이유로 혐의없음(증거불충분)으로 처분한 경우가 많았다. 이와 같은 증거부족은 피의자들에 대한 구속영장 기각, 피해자 진술과 일치하는 진술을 해 줄 수 있는 동료 유흥접객원들에 대한 설득 실패, 성구매자 진술 확보의 어려움, 피해자들의 중도 귀국 등에 기인하는 것으로 보인다.[43]

다. 불기소처분 또는 무죄 판결의 주요 근거에 대한 분석

(1) 피해자의 진술과 유흥업소에서 일하던 다른 외국인여성들과의 진술이 불일치

성매매 목적의 인신매매나 성매매강요, 성매매알선 등의 혐의가 인정되기 위해서는 기본적으로 성매매 사실을 뒷받침하는 객관적 증거가 존재해야 한다. 그러나 연구대상 사건들 중에서는 피해자와 같은 유흥업소에서 유흥접객원으로 일하던 다른 외국인여성 참고인들의 성매매 여부에 관한 진술과 피해자의 진술이 불일치한다는 이유로 성매매 사실이 인정되지 않아 결과적으로 불기소처분되거나 무죄판결이 선고된 사례가 상당수 발견되었다. 피의자 또는 피고인의 입장에서는 가장 가까이에서 사건을 지켜본 참고인으로서 다른 외국인여성 참고인들의 진술확보가 용이하기 때문에, 외국인여성들의 진술이 반대증거로 자주 활용되었을 것으로 추측된다.

반대증거로 제출되는 참고인들의 진술은 대부분 피해자의 진술과 달리 성매매 사실을 부인하는 내용인데, 문제는 재판부나 수사기관이 참고인들이 진술을 하게 된 배경을 제대로 살피지 않고 위와 같은 진술내용에 근거하여 불기소처분 또는 무죄판결을 선고한다는 것이다. 즉 피해자들과 달리 참고인들은 여전히 유흥업소에서 근무

---

43) 박수미, "인신매매 피해자 지원 경험을 통한 관련 제도 개선의 필요성과 중요 방안", 국제 인신매매범죄 처벌 및 피해방지 대책, 법무연수원 (2013), 2.

하는 상태여서 유흥업소를 운영하는 피고인 또는 피의자들에게 사
실상 종속되어 있는바, 그에 따라 협박 또는 회유에 의하여 거짓 진
술을 할 가능성이 매우 높음에도 불구하고 진술의 신빙성을 판단할
때 이러한 부분이 충분히 고려되지 않고 있다.

뿐만 아니라 재판이라는 공개된 절차에서 여성인 참고인들이 성
매매 사실을 인정하는 것은 대단히 부담스러울 것이고, 덧붙여 성매
매 강요나 인신매매가 아닌 성매매 알선으로 기소되는 사례가 많은
우리 형사 실무에 비추어 볼 때 참고인들은 성매매 피해자가 아니
라 성매매 알선에 따라 자발적으로 성을 매도한 자로 취급될 것인
바, 더더욱 성매매 사실을 인정하기 꺼려질 수밖에 없다. 여기에 성
매매 사실을 인정할 경우 출입국관리법 위반으로 강제퇴거를 당할
수 있다는 사정까지 고려한다면, 참고인들이 스스로 성매매 사실을
인정하기를 기대하는 것은 매우 어렵다.

또한, 법원에 의하여 채택된 증인에 대해서는 당사자 쌍방이 공
평하게 접근할 수 있도록 기회가 보장되어야 하며, 일방 당사자가
증인과의 접촉을 독점하거나 상대방의 접근을 차단하도록 허용한다
면 이는 상대방의 공정한 재판을 받을 권리를 침해하는 것이 되고,
부당한 인간관계의 형성이나 회유의 수단 등으로 오용될 우려도 있
다.44) 비단 판례를 원용하지 않더라도, 증인 또는 참고인 진술의 신
빙성을 판단함에 있어서 증인 또는 참고인과 사건 당사자 사이의
관계나 증인이 처한 상황, 당사자와 증인의 접근가능성이 고려되어
야 한다는 것은 상식적으로 당연하다. 그러나 그간의 형사실무는 피
고인에 의하여 접근이 독점되어 신빙성이 인정될 수 없는 참고인들
의 진술을 주요한 증거로 보아온바, 이 부분에 대한 개선이 시급하

---

44) 대법원 2002. 10. 8. 선고 2001도3931 판결 참조. 이에 따라 위 판결은 증인
의 증언이 검찰측의 헌법위반적인 증인 접근차단과 증인에 대한 편의제공
중에 이루어진 것으로서 신빙성이 없다고 판시하였다.

다고 할 것이다.

관련하여, 최근 한 하급심 판결에서 여전히 유흥업소에서 일하고 있는 증인들의 진술은 증인들의 직업 및 피고인과의 관계에 비추어 믿기 어렵다는 이유 등을 들어 성매매 알선에 관하여 무죄를 선고한 원심 판결을 파기하고 유죄를 선고한 사례가 발견되었다.[45] 증명력 판단에 대하여 구체적인 설시를 하지 않은 한계는 있으나, 위와 같은 문제의식을 전제한 것으로서 기존 형사실무에 비해 진일보한 판결로 평가할 만하다.

한편 드물게 참고인들이 성매매 사실을 인정하는 경우에는 성매매 알선 등에 관한 유죄 판결로 이어지는 경우가 다수였으나, 수사 단계에서 "필리핀 국적 여성들의 진술은 피해자를 위해 허위작성된 것일 수 있어 객관적이지 못하다"는 이유로 성매매 알선에 대하여 불기소처분을 한 사례도 존재하여, 인신매매 사건에서 참고인들의 진술에 대한 형사실무상 취급에 일관성이 없다는 점 또한 개선의 필요성이 있음을 함께 지적해 둔다.

(2) 비교적 자유로운 피해자들의 생활

피해자들이 비교적 자유로운 생활을 영위하고 있었다는 점도 성매매 강요·알선 또는 인신매매와 같은 사건에서 피해자 진술의 신빙성이 배척되거나 범죄가 인정되지 않는 근거로 자주 활용되었다. 구체적으로 근거가 된 사실관계들은 다음과 같다.

> 피해자가 미군으로부터 휴대폰을 받아 사용하고 있었던 점
> 페이스북이나 메신저로 외부와 연락이 가능하였던 점
> 업주로부터 물리적 폭력이 가해지지 않았던 점

---

45) 수원지방법원 2012. 4. 19. 선고 2011노4833 판결(상고기각으로 확정)

클럽 밖에서 미군들과 어울렸고, 탈출의 기회가 있었으나 탈출하지
않은 점

클럽에 여성단체가 방문하였으나 성매매 강요 등에 관하여 아무런
진술을 하지 않은 점

고소인이나 참고인이 자유롭게 외출이 가능하다고 진술하였던 점 등

E-6-2 비자 인신매매 피해자인 외국인여성들은 일반적인 대한민
국 국적의 여성들과는 피해를 인식하는 수준이나 상황이 다를 수밖
에 없다. 언어소통이 가능하고, 가족이나 친지 등 사회적 지지기반
이 있고, 강제퇴거의 부담이 없는 대한민국 국적의 여성들은 비록
심리적 압박을 느끼더라도 외국인여성들에 비한다면 상대적으로 피
해구제가 용이한 처지에 있다. 그러나 외국인여성들은 사회적 기반
이 전혀 없는 낯선 외국에 입국하여, 당초 체결한 근로계약의 내용
과 전혀 다른 내용의 근무를 강요당하고, 주위에 의지할만한 사람도
없으며, 피해를 호소하고 싶어도 언어적 소통이 어려울 뿐만 아니
라, 자칫하면 성매매여성이라는 불명예를 안고 강제퇴거를 당하는
사회적으로 불안정한 지위에 있다.

그리고 기획사나 유흥업소의 업주들은 피해자들의 이러한 어려
운 사정을 잘 알고, 쥬스 쿼터제나 바파인 등 할당량을 채우도록 강
요함으로써 급여를 받기 위해서는 필연적으로 성매매를 해야만 하
는 근로구조를 만들었으며, 피해자들이 성매매를 거부하는 경우 계
약위반으로 인하여 출입국비용을 포함한 손해배상책임을 져야 한다
고 기망함으로써, 결과적으로 물리적 폭력 없이도 외국인여성들을
성매매를 할 수밖에 없는 상황으로 몰아넣고 있다. 돈을 벌 목적으
로 입국했다가 성산업에 유입된 피해자들은, 가족의 생계부양 문제,
업주들의 계약위반으로 인한 배상금 압박, 강제출국 위험 등으로 인
하여, 임시적인 자유가 주어지더라도 신고할 생각을 하지 못하고 숨

어살며 계속해서 성매매를 할 수밖에 없는 상황에 처하게 된다.

그러나, 연구대상 사건들 중 개정된 형법의 취지 및 위와 같은 피해자의 절박한 상황을 고려하여 '성매매 목적의 인신매매' 조항을 적극적으로 해석하거나, 인신매매와 관련된 성매매처벌법 제2조 제1항 제3호, 제2항의 정의규정을 구체적으로 검토한 케이스는 찾을 수 없었고, '피해자를 감금하여 자유를 전면적으로 박탈한' 사실과 같은 특별한 사정이 없다면 기계적으로 성매매알선죄로 의율하여 처리하는 경향을 보였다.

외국인여성들의 인신매매 사건들의 경우, 물리적인 폭행이나 협박이 없었다는 점이나 연락할 기회가 있었다는 점은 범죄 성립여부를 판단함에 있어서 적극적인 고려요소가 될 수 없다. 앞서 본 바와 같은 환경적, 상황적 제약으로 인하여, 외국인여성들이 형식적인 탈출기회나 연락의 기회를 이용해 스스로 피해구제절차를 밟는 것은 현실적으로 기대할 수 없기 때문이다. 현행 형사실무처리가 설득력을 얻기 위해서는 외국인 인신매매 피해자들에 대한 구제절차가 제도적·실무적으로 잘 정비되어 있다는 사실이 전제되어 있어야 하나, 현실이 그러하지 않다는 것은 다언을 요하지 않는다.

같은 맥락에서, 성인인 피해여성들이 적극적으로 반대의사표시 내지는 저항하지 않았다는 이유만으로 강요된 성매매가 아니라고 단정하는 것은 외국인 여성들이 처한 구체적인 상황을 제대로 이해하지 못한 조치라는 비판이 있고,46) 나아가 피해자가 직접 여권을 소지하고 있었는지, 피의자들이 피해자에게 원래 약속한 자리와 실제 현실이 얼마나 다른지, 어떠한 부분에서 기망과 피해를 입었는지, 일한 대가의 분배가 어떻게 이루어졌는지, 약속한 임금은 지급되었는지47)를 묻는 경우는 드물다는 비판도 있다.48) 실제로 본 연구

---

46) 조희진, 앞의 글, 26.
47) 인신매매 피해를 호소한 외국인여성들은 보통 최저임금에 못 미치는 급여

과정에서 분석된 사건들에서 위에 지적된 사실들에 대하여 철저하게 수사된 사건은 찾기 어려웠는바, 타당한 지적들로 생각된다.

(3) 고소동기에 대한 의구심

연구대상 사건 중에서는 피해자들이 성매매처벌법에 따라 강제퇴거명령의 집행을 유예받기 위해서(성매매처벌법 제11조 참조) 고소 및 진술을 했을 가능성이 있기 때문에 피해자 진술의 신빙성을 인정할 수 없다고 판단된 사건들도 있었다.

그러나 일반적인 경우 성매매 여성으로 낙인찍힌 피해자가 한국에 수 개월 내지 수 년을 더 체류한다고 하여 얻을 수 있는 이익이 있다고 상정하기는 어렵다. 법적으로 취직이 불가능한 것은 아니지만, 위와 같은 상황에서 피해자가 제대로 된 근로를 하기를 기대할 수는 없기 때문이다.

무엇보다, 성매매처벌법 제11조는 성매매 피해자들이 피해 구제절차를 진행할 때 장애가 없도록 국내체류를 보장할 목적으로 입법된 규정이고, 따라서 E-6-2사증으로 입국한 성매매 피해자들은 형사소송을 진행하면서 당연히 성매매처벌법 제11조에 따라 강제퇴거를 유예받을 수밖에 없다. 이와 같은 상황에서 오히려 위 규정의 적용을 받기 위하여 피해 구제절차를 진행한다고 의심하는 것은 본말이 전도된 해석이다.

따라서 고소동기를 이유로 피해자 진술의 신빙성을 부정하려면, 성매매처벌법 제11조의 입법취지를 몰각시키지 않기 위해 '피해자

를 받게 되고, 그마저도 출입국 비용 등을 이유로 초기 몇 달간은 지급하지 않는 경우가 많다.

48) 신윤진, "인신매매에 대한 국제기준과 외국사례에 비추어 본 외국인전용 유흥업소 외국인여성 도입제도의 문제점과 법적 과제", 국제 인신매매범죄 처벌 및 피해방지 대책, 법무연수원 (2013), 26.

가 허위고소 또는 허위진술로 인한 위험을 감수하면서까지 한국에 수 개월 내지 수 년을 더 체류함으로써 얻을 수 있는 명확한 이익이 있는 경우' 등으로 한정하여 해석하는 것이 바람직할 것이다.

(4) 피해자의 진술 번복 또는 구체적이지 못한 진술

무죄판결 또는 불기소처분된 사건들은, 피해자가 성구매자들의 신병에 대해 정확한 진술을 못하거나 성구매자에게 연락이 닿지 않는다는 점, 성매매시 이용한 차량의 색깔·마마상(중간마담)에 관하여 수사과정에서 한 진술이 불일치한다는 점, 성매매의 일시·장소·성구매자 인적사항을 정확히 기억하지 못한다는 점 등 진술의 비일관성과 비구체성을 근거로 피해자 진술의 신빙성을 부정하기도 하였다. 피해자의 진술 자체의 문제는 아니지만, 심지어 한 사건의 경우 피해자가 성매매를 한 일시나 범행회수가 명시되어 있지 않아 공소사실이 불특정되었다는 이유로 공소기각의 판결이 선고(형사소송법 제327조 제2호)되기도 하였다.

최근 대법원은 "난민신청인의 진술을 평가할 때 진술의 세부내용에서 다소간의 불일치가 발견되거나 일부 과장된 점이 엿보인다고 하여 곧바로 신청인 진술의 전체적 신빙성을 부정해서는 안 되며, 불일치·과장이 진정한 박해의 경험에 따른 정신적 충격이나 난민신청인의 궁박한 처지에 따른 불안정한 심리상태, 시간 경과에 따른 기억력의 한계, 우리나라와 서로 다른 문화적·역사적 배경에서 유래한 언어감각의 차이 등에서 비롯되었을 가능성도 충분히 염두에 두고 진술의 핵심내용을 중심으로 전체적인 신빙성을 평가하여야 한다"고 판시하며,[49] 해당 사건의 원고 진술내용이 그 세부사항에서 서로 불일치하거나 스스로 제출한 증거와 맞지 않는 부분이

---

49) 대법원 2012. 4. 26. 선고 2010두27448 판결

있었지만 이것이 원고 주장사실의 전체적 신빙성을 부정할 정도라고 보기 어렵다고 결론내린 바 있다.

앞서 살펴본 것처럼 피해자들은 한국의 생활환경이 익숙하지 않고, 언어적인 소통도 어려우며, 혼자 입국하는 경우가 많아 주위에 의지할만한 사람도 없는 상황에서, 유흥업소에서 일하며 심리적 압박을 받고 있다. 그러한 피해자들에게 1년여 기간 동안 있었던 피해 내용인 성매매 상대방의 인적사항, 특징, 연락처를 정확히 기억하여 진술하도록 요구하는 것은 부당하고, 현실적으로 가능하지도 않다. 위 난민 사건 판례의 경우 행정소송에서의 판시내용이라 형사소송에 그대로 적용될 수는 없겠으나, 인신매매 범죄의 특수성을 고려해 볼 때 피해자 진술의 신빙성 평가에 대한 기준은 인신매매 범죄의 피해자 진술의 신빙성 평가 시에도 적극적으로 참고할 수 있을 것으로 생각된다.

2. E-6-2 비자 관련 인신매매 범죄 피해자에 대한 지원현황

가. 현행법상 인신매매 범죄 피해자에 대한 지원내용

인신매매 범죄 피해자들에게 일차적으로 필요한 것은 안정적인 국내 체류자격이다. 이를 위해 성매매처벌법은 외국인여성이 동법에 규정된 범죄를 신고한 경우나 외국인여성을 성매매피해자로 수사하는 경우에는 해당 사건을 불기소처분하거나 공소를 제기할 때까지 출입국관리법 제46조에 따른 강제퇴거명령 또는 같은 법 제51조에 따른 보호의 집행을 하여서는 아니되고, 위 사건에 대하여 공소가 제기된 후에는 검사가 성매매피해 실태, 증언 또는 배상의 필요성, 그 밖의 정황을 고려하여 지방출입국·외국인관서의 장 등 관계 기관의 장에게 일정한 기간을 정하여 강제퇴거명령의 집행을 유예하거나 보호를 일시해제할 것을 요청할 수 있도록 규정하고 있다(성매매처벌법 제11조 제1항, 제2항 참조).

나아가 출입국관리사무소장은 성매매피해 외국인여성에게 '기타(G-1)' 체류자격을 부여할 수 있고('출입국관리법시행규칙 별표 6의 규정에 의한 권한의 일부위임 범위' 참조[50]) 구제절차를 마칠 때까지 1회당 1년 범위 내에서 체류기간 연장허가를 할 수 있다(출입국관리법 시행규칙 제37조 및 별표1). G-1의 체류자격을 부여받은 자는 A-1부터 F-6, H-1, H-2 자격에 해당하는 취업활동을 할 수 없으나, 대신 E-7 자격으로 체류자격 외 활동허가를 받아 취업활동을 할 수 있다.

한편, 성매매피해 외국인여성에 대하여도 성매매 방지 및 피해자 보호 등에 관한 법률(이하 '성매매피해자보호법')상 피해자 보호규정들이 적용된다. 즉, 성매매피해자들은 성매매피해자보호법에 근거하여 취학지원, 지원시설을 통한 숙식제공·심리상담·의료지원·취업교육(성매매피해자보호법 제8조, 제11조) 등의 지원을 받을 수 있다. 특히 성매매피해자보호법은 외국인 성매매피해자에 대하여는 숙식을 제공하고, 귀국을 지원하는 별도의 외국인 지원시설을 마련해 두고 있다(성매매피해자보호법 제9조 제1항 제3호).

나. 피해자 지원과정의 문제점

현재 피해자 지원제도의 근본적인 문제는 '성매매 피해자'가 된 경우에 한하여 지원대상이 된다고 전제하고 있으나, 막상 형사실무

---

50) 출입국관리법시행규칙 별표 6의 규정에 의한 권한의 일부위임 범위 별표

기타(G-1)	체류자격 변경허가	성매매피해 외국인여성에 대하여 구제절차를 마칠 때까지 체류허용

상 외국인여성들이 '성매매 피해자'로 인정되는 경우가 극히 드물다
는 것이다. 성매매 피해자가 되기 위해서는 성매매처벌법상의 성매
매강요 또는 형법상 성매매 목적의 인신매매의 피해자가 되어야 한
다(성매매처벌법 제2조 제1항 제4호 가목, 라목). 그러나 앞서 사건
분석에서 볼 수 있는 것처럼, 성매매강요나 인신매매의 경우 유죄판
결이 선고되기는커녕 공소제기가 이루어진 사례도 많지 않다. 결국
이러한 경우 E-6-2 비자로 입국한 여성은 사실상 인신매매를 당하였
음에도 불구하고 형사절차상 성매매피해자로 취급되지 아니하여 성
매매피해자보호법상 지원을 받을 수 없고, G-1 등 적극적인 체류자
격을 부여받을 수도 없으며, 단지 스스로 근무처 이탈 및 성매매사
실 자백이라는 위험을 감수하며 직접 신고를 한 경우에 한하여 강
제퇴거 및 보호집행만 유예 받는(성매매처벌법 제11조 제1항 참조)
불안정한 지위에 서게 되는 것이다.

또한 외국인여성이 G-1 비자를 받는다고 하더라도 위 비자만으
로는 새롭게 취업활동을 할 수 없고, 체류자격 외 활동허가를 별도
로 받아야 비로소 취업활동이 가능하다는 점도 문제이다. 관련하여
인권침해를 당한 외국인이 체류자격 외 활동허가를 받는 대상은 '기
타(G-1)자격으로 체류자격 변경허가를 받은 자로서 성매매 강요, 상
습폭행·학대, 심각한 범죄 피해 등으로 인권침해를 당해 그 피해 구
제를 위한 소송 등의 구제절차를 밟고 있으며 외국인 인권보호 및
권익 증진협의회에 의해 구제대상자로 결정된 자'로 한정되어 있어,
[51] 요건 충족도 쉽지 않다. [52] 나아가 G-1 자격조차 얻지 못한 상태

---

[51] 법무부·출입국외국인정책본부, 외국인체류안내매뉴얼 (2016), 231.
[52] 법무부에서 공개한 2011년부터 2014년까지의 G-1비자 발급 건수를 살펴보
면, 성매매 피해자임을 이유로 G-1 비자를 발급한 사례는 위 기간 동안 단
2건에 불과하며 모두 2014년도에 발급된 것으로 나타나고 있다(이병렬·김
연주·박정형·윤명희·이혜진·홍세영, "예술흥행비자 소지 이주민 인권상황
실태조사", 국가인권위원회 (2014), 206.).

에서 강제퇴거 및 보호집행만 유예받고 있는 외국인여성의 경우에
는 체류자격 외 활동허가를 얻어 취업활동을 할 수 있는 가능성이
원천적으로 봉쇄된다.53)

심지어 수사기관이나 출입국관리사무소는 그나마 강제퇴거와 보
호집행을 막는 기능을 하는 성매매처벌법 제11조에 대해 정확히 인
지하고 있지 못하거나, 적극적으로 해석하지 않는 경우가 대부분이
어서 위 조항마저도 출입국관리실무상 잘 활용되지도 않고 있다는
지적이 있고,54) 그 결과 인신매매 피해를 신고한 외국인여성이 도리
어 출입국관리법 등의 위반으로 보호소에 구금된 상태에서 형사절
차가 진행된 사례55)도 발견되었다.

한편 인신매매 피해자인 외국인여성이 드물게 성매매피해자로
인정받는 경우라도, 수사기간 또는 재판기간이 종료되면 외국인여
성은 더 이상 G-1에 의한 체류자격을 유지할 수 없다. 법무부고시
(출입국관리법 시행규칙 별표 6의 규정에 의한 권한의 일부위임 범
위)상 G-1의 체류자격을 성매매피해 외국인여성이 구제절차를 마칠
때까지로 규정하고 있기 때문이다. 그리고 그와 같은 구제절차가 종
료한 후에 피해자인 외국인여성의 체류자격을 보장하는 제도적 장
치가 전혀 존재하지 아니하여, 오랜 소송을 통해 외국인여성이 피해

---

53) 결국 이와 같은 경우 피해자인 외국인여성은 성매매피해자로서 지원도 받
지 못하고 취업활동도 불가능하여 생계유지가 어려워질 수밖에 없다. 이는
성매매처벌법 제11조가 강제퇴거 및 보호집행 유예대상으로 '외국인여성이
출입국관리법에 규정된 범죄를 신고한 경우'와 '외국인여성을 성매매피해
자로 수사하는 경우'를 열거하고 있는 반면, 출입국관리법과 성매매피해자
보호법 등 다른 법령상으로는 '외국인여성을 성매매피해자로 수사하는 경
우'만을 지원대상인 피해자로 삼고 있어(성매매처벌법 제2조 제1항 제4호,
성매매피해자보호법 제9조 제1항 등 참조) 발생하는 제도의 사각지대인 것
으로 생각된다.

54) 이병렬·김연주·박정형·윤명희·이혜진·홍세영, "예술흥행비자 소지 이주민 인
권상황 실태조사", 국가인권위원회 (2014), 205.

55) 위 사례의 피해자는 형사절차 진행 중에 뒤늦게 보호일시해제가 되었다.

자로 인정받았다고 하더라도 소송이 종료되면 결국 출국을 강제당
하게 된다.

이처럼 현행법상 성매매피해자로 인정받지 못한 외국인여성들의
지위를 보장해주는 제도가 존재하지 않고, 나아가 외국인여성들은
성매매피해자로 인정을 받았는지, 소송에서 승소하였는지 여부와
무관하게 구제절차가 종료되면 출국을 강제당할 수밖에 없는바, 피
해자들이 적극적인 의지를 갖고 인신매매 범죄를 신고하거나 소송
대응을 하도록 유도하는 장치가 부족한 실정이다.

다. 국가인권위원회의 '인신매매 피해자 식별 및 보호지표' 활용 권고

인신매매 피해자에 대한 지원문제가 계속 지적되자, 국가인권위
원회는 2016. 6. 20.자로 법무부장관, 고용노동부장관, 여성가족부장
관, 경찰청장, 각 광역지방자치단체의 장에게, 인신매매에 대한 우리
사회의 인식을 제고하고 인신매매 피해자를 조기에 식별하여 보호
하기 위해 국가인권위원회가 제시하는 인신매매 피해자 식별 및 보
호 지표를 활용하고, 이를 구체화하기 위한 대책을 마련할 것을 권
고한다는 내용의 결정을 하였다.[56]

앞서 살펴본 것처럼 우리 형사실무상 인신매매 피해자로 인정되
기 위한 문턱이 매우 높고, 이에 따라 외국인 전용 업소에서 이루어
진 성매매 사건을 처리하는 수사과정에 성매매·인신매매 '피해자'는
존재하지 않으며, 오히려 외국인여성들은 성매매에 가담한 범죄자
로 취급당해 강제퇴거대상이 된다. 이는 기본적으로 형사재판에서
인신매매에 관한 유죄판결이 확정되어야만 비로소 그에 대응되는
인신매매 피해자가 존재한다는 논리를 전제하고 있기 때문이다.

---

56) 국가인권위원회 상임위원회 2016. 6. 20. 선고 결정, 「「인신매매 피해자 식별
및 보호 지표」 활용 권고」

비록 형식논리적으로는 가해자가 있어야 피해자가 존재하는 것
이지만, 형사재판에서는 엄격한 법률 해석과 증거법상의 문제로 실
제 가해행위를 하였음에도 불구하고 가해자를 처벌할 수 없는 경우
가 얼마든지 존재할 수 있는바, 그러한 경우에 인신매매 피해자에
대한 지원이 타당성을 잃는 것은 아니다. 죄형법정주의나 증거재판
주의가 인신매매 피해자를 특정할 때에도 적용될 이유는 없기 때문
이다. 피해자인 외국인여성에 대한 지원 여부가 해당 여성의 기본적
인 생존에 직접적인 영향을 미치게 되는바, 피해자를 특정할 때는
인신매매의 범위를 보다 넓게 해석하여 지원 가능한 피해자의 범위
를 확대하는 것이 중요하며, 이러한 방향의 법률해석이 외국인에게
도 생존 및 인간의 존엄과 가치와 밀접한 관련이 있는 기본권을 보
장하는[57] 우리 헌법의 이념에도 합치된다.

국가인권위원회에서 권고한 '인신매매 피해자 식별 및 보호지표'
의 내용을 간략히 소개해보면 다음과 같다. '인신매매 피해자 식별
및 보호지표'는 크게 (i) 총칙 및 인신매매의 정의에 대한 부분, (ii)
인신매매 피해자 식별지표에 대한 부분, (iii) 인신매매 피해자 보호
지표에 대한 부분으로 나누어진다.

먼저 (i) 총칙 및 인신매매의 정의에 대한 부분에서는 인신매매
단속과 관련된 부처들인 법무부, 고용노동부, 여성가족부, 경찰청,
지방자치단체 등의 업무추진에 있어 인신매매 피해자로 추정되는
사람을 조기에 식별하고 지원하는 것을 목표로 삼고 있다. 그리고
UN인신매매의정서에 근거하여 인신매매를 '착취를 목적으로 협박
이나 무력의 행사 혹은 다른 형태의 강제, 납치, 사기, 기만, 권력의
남용이나 취약한 지위의 이용, 또는 타인에 대한 통제력을 가진 사
람의 동의를 얻기 위한 보수나 이익의 제공이나 수락행위를 통해,

---

57) 헌법재판소 2011. 9. 29. 선고 2009헌마351 결정 참조.

사람들을 모집, 운송, 이전, 은닉 혹은 인계하는 것을 의미'한다고
폭넓게 정의한다. (ii) 피해자 식별지표 부분의 경우, 인신매매 3요소
인 행위요소·수단요소·목적요소를 열거하며 행위, 수단, 목적이 서
로 연결되어 있을 때 그 피해자를 잠재적 인신매매 피해자로 조기
에 식별할 수 있도록 돕고 있다. (iii) 피해자 보호지표 부분의 경우
인신매매 피해자 식별 후, 수사 또는 재판 절차가 진행되는 동안 피
해자의 신변 안전과 인권 보호를 위한 적절한 조치를 제공하기 위
하여 쉼터연계, 경찰관련조치, 출입국절차관련조치 등 15개 항목의
보호지표로 구성되어 있다.

물론 국가인권위원회의 권고가 완전한 구속력을 갖지 않는다는
한계가 있고(국가인권위원회법 제25조 참조), 만일 가해자가 성매매
강요나 인신매매가 아닌 성매매알선으로 처벌을 받을 경우 위 지표
에 따라 외국인여성이 피해자로 식별된다면 다른 법률상으로도 성
매매가담자가 아닌 성매매피해자로 취급할 수 있는 것인지, 그러한
해석이 성매매처벌법 제2조 제1항 제4호의 문언과 모순되지는 않는
지 등의 과제는 여전히 남아있다. 그러나 위 국가인권위원회의 권고
결정은 인신매매 범죄에 대한 형사실무상 문제점에 국가기관이 공
감해주었다는 점에서 충분히 긍정적으로 평가할만한 것으로 생각되
며, 위 권고결정이 형사실무에도 반영되어 빠른 시일 내에 인신매매
피해자들에 대한 처우가 개선되기를 기대해본다.

IV. 개선방안 제언

이상에서 살펴본 것처럼 대한민국에서 예술흥행비자(구체적으로
E-6-2 비자)는 '성 착취 목적 인신매매'의 도구로 활용되고 있는 것
이 작금의 현실이다. 그리고 인신매매에 관한 국가책임을 적극적으

로 인정하는 유럽인권재판소의 입장에 비추어 볼 때 대한민국 정부는 국가책임을 회피할 수 없는 상황인바, 현 실태를 개선하기 위한 종합적인 대책이 필요하다. 이에 본고에서는 UN인신매매의정서의 기치를 반영하여 인신매매를 방지하고, 다양한 인신매매 가해자들에게 효과적인 처벌이 확립되도록 하며 나아가 피해자를 보호하고 인권을 보장하는 것을 목적으로 한 3P(Prosecution, Protection, Prevention; 이른바 기소, 보호, 예방) 중심의 개선방안58)을 제언하고자 한다.

1. 기소/처벌(Prosecution)

앞서 III.에서 살핀 바와 같이 현재 대한민국에서 E-6-2 비자 관련 인신매매 범죄의 처벌례는 전무한 상황이다. E-6-2 비자를 소지하고 입국한 필리핀 여성 피해자가 고소한 사건들 중 피의자가 형법 또는 성매매처벌법상 인신매매죄나 성매매강요죄로 기소·처벌된 사건은 거의 없고, 그나마 성매매알선죄나 출입국관리법 위반으로 경미하게 처벌된 사건만이 극소수 있을 뿐이다. 게다가 예술흥행비자로 입국한 여성들에 대한 대부분의 인신매매범죄는 조직적 범죄로서 다양한 단계59)의 행위자들이 관여하여 발생한 결과임에도 불구하

---

58) 가장 바람직한 방향을 제시하자면 예술흥행비자의 부작용에 대한 1차적인 대책에 해당하는 기소·보호·예방(3P)을 넘어, 피해자에 대한 적극적 지원 및 인권 보장을 포함하는 구제·재활·재통합(Redress, Rehabilitation, Re-integration; 3R)까지 포괄하는 정책을 제안·실시하는 것이 실질적인 의미의 해결책이 될 것이다. 그러나 본 논문을 작성하는 저자들이 법률가로서 가지는 한계 및 현재 예술흥행비자로 인해 발생한 인신매매 현황의 심각성에 비추어 볼 때, 본 논문에서는 법률적 관점에서 구체적인 대안을 제시할 수 있는 기소, 보호, 예방(3P) 측면을 중점으로 하여 구체적인 제안을 하고자 한다.

59) 예를 들어 E-6-2 비자로 입국하는 이주여성이 '성 착취 목적 인신매매'를 당

고, 실제 기소 및 처벌의 대상은 최종적인 성 착취 단계에 관여한 유흥업소 업주 내지는 관리자에 국한되고 있다. 그러나 인신매매범죄의 구조적 특성상 최종 단계의 행위자에 불과한 유흥업소 점주 내지 관리자를 처벌하는 것만으로는 결코 문제를 근본적으로 해결할 수 없다. 이하에서는 실효적인 인신매매 범죄 행위자들에 대한 처벌을 가능하게 하기 위한 방안으로서 ① 수사단계에서의 개선 방향, ② 재판단계에서의 개선 방향, 나아가 ③ 구조적 범죄에 해당하는 예술흥행비자 관련 범죄의 특성에 비추어 다양한 단계에서 착취 구조에 관여한 행위자들의 단속 및 처벌을 위한 방안을 제안하고자 한다.

가. 수사단계에서의 개선 방향

수사기관은 실무상 인신매매범죄의 성부를 엄격하게 판단하여 증거의 부족 등을 문제삼아 불기소처분을 내리는 관행에서 벗어나, 인신매매범죄의 구조적 특성에 비추어 적극적으로 형법상 인신매매죄의 성부를 살피고 증거를 수집하여 인신매매 피해자를 식별하고 피의자를 처벌하기 위한 적극적인 수사 태도를 취할 필요가 있다. 앞서 III. 2. 다.에서 살핀 바와 같이 국가인권위원회 또한 2016. 6. 20. UN마약범죄사무소(UNODC)의 인신매매 일반적 지표 등을 판단 및 참고기준으로 삼아 인신매매의 3요소인 행위, 수단, 목적에 따라 지표를 분류하고 상호 연계된 지표를 통해 인신매매 피해자를 식별할 수 있도록 「인신매매 피해자 식별 및 보호 지표」를 구성하고, 법무부장관, 경찰청장 등 관련 부처로 하여금 위 지표를 활용하고 구

하고 결과적으로 실제로 성매매/성추행에 노출되는 것은, 이주여성 국가의 현지 기획사, 한국 기획사, 브로커, 공연업소 업주, 관리자 등 다양한 행위자들이 모집-운송-착취의 여러 단계에 관여한 결과이다.

체화하기 위한 대책을 마련할 것을 권고하였던 바 있다.

실제로 수사기관은 죄형법정주의에 비추어 인신매매죄의 성립을 매우 엄격한 조건 하에서만 인정하여 왔고, 결과적으로 인신매매 관련 범죄 피의자들의 혐의는 증거불충분으로 인하여 불기소처분이 내려지는 것이 부지기수였다. 이는 수사기관에서 피해내용(E-6-2비자를 통해 입국한 이주여성들이 성 착취에 내몰리는 현황)의 심각성이나 중요성을 인식하고 혐의를 밝히려는 노력을 기울였던 경우마저도, 무죄 선고의 위험을 피하려는 수사관행상 법률적인 판단 단계에 이르러 보수적인 입장을 취하다 보니 대부분의 사건이 불기소처분으로 종결되었던 것으로 판단된다.

구체적으로 수사기관은 피해자에게 언어적 위협만이 가해졌고 물리적 폭력이 가해지지 않았다거나, 피해자가 휴대폰을 소지하고 있었다거나, 숙소의 출입문이 자물쇠로 잠겨져 있지 않았다거나, CCTV가 피해자 주장과 달리 설치되어 있지 않았다거나, 피해자가 성매매를 위해 비해 클럽 밖으로 나가거나 다른 클럽으로 옮겨질 때 탈출의 기회가 있었음에도 더 미리 탈출하지 않았다거나, 피해자 외에 현재 업소에서 근무하고 있는 여성들이 자신은 성매매를 하지 않는다고 진술한 점 등을 관행적으로 인신매매범죄에 대한 불기소처분의 근거로 삼아 왔다.

그러나 UN인신매매의정서 제3조에서 규정한 인신매매는 "착취를 목적으로(목적 요건), 협박이나 무력의 행사 혹은 다른 형태의 강제, 납치, 사기, 기만, 권력의 남용이나 취약한 지위의 이용 또는 타인에 대한 통제력을 가진 사람의 동의를 얻기 위한 보수·이익의 제공이나 수락행위를 통해(수단 요건) 사람을 모집, 운송, 이전, 은닉 혹은 인계하는 것(행위 요건)"을 의미한다. 나아가 착취란 "성매매나 그 밖의 성 착취, 강제노동 및 노동력 착취, 노예제나 그와 유사한 관행, 예속 그리고 장기를 적출하는 행위"를 포함하며, 인신매매 피해자의 동의 여부와 관계없이 위 행위는 인신매매로 판단되고 있다. 결국 우리 수사기관이 종전에 인신매매 피의자들에 대한 불기소처분의 근거로 삼고 있는 사정들은, 대부분 오히려 고용주와 피해자의 관계, 피해자가 처한 입장 등 상황적 맥락에서 전체적으로 판단하였을 때 오히려 UN인신매매의정서상 피해자에 대한 인신매매에 해당한다고 볼 수 있는 지표들이다.

따라서 수사기관은 우선적으로 국가인권위원회의 권고에 따라 인신매매범죄의 성부에 관한 인식을 전환하여 「인신매매 피해자 식별 및 보호 지표」 해당 여부를 적극적으로 수사함으로써, 전체적인 수사 방향을 개선할 필요가 있다. 나아가 종전 수사실무의 미흡한 점을 보완하기 위한 방안으로 다음과 같은 개선책을 제안한다.

1) E-6-2비자로 입국한 이주여성의 여권 또는 이에 갈음하는 증명서(외국인등록증)를 업주나 기획사에서 보관하고 있는 경우 적극적으로 성매매처벌법상의 간주규정60)을 적용하여 피해자가 지배·관리 하에 있었다고 판단하여야 한다. 피의자들은 "여권을 맡아서 대신 보관"해 준 것이라고 부인하는 경우가

---

60) 성매매알선 등 행위의 처벌에 관한 법률
제2조(정의)
① 이 법에서 사용하는 용어의 뜻은 다음과 같다.
3. "성매매 목적의 인신매매"란 다음 각 목의 어느 하나에 해당하는 행위를 하는 것을 말한다.가. 성을 파는 행위 또는 「형법」 제245조에 따른 음란행위를 하게 하거나, 성교행위 등 음란한 내용을 표현하는 사진·영상물 등의 촬영 대상으로 삼을 목적으로 위계(僞計), 위력(威力), 그 밖에 이에 준하는 방법으로 대상자를 지배·관리하면서 제3자에게 인계하는 행위
② 다음 각 호의 어느 하나에 해당하는 경우에는 대상자를 제1항제3호가목에 따른 지배·관리하에 둔 것으로 본다. 2. 다른 사람을 고용·감독하는 사람, 출입국·직업을 알선하는 사람 또는 그를 보조하는 사람이 성을 파는 행위를 하게 할 목적으로 여권이나 여권을 갈음하는 증명서를 채무이행 확보 등의 명목으로 받은 경우

대부분이나, 사용자가 이주여성의 여권을 보관하는 행위는 출
입국관리법상으로도 금지되고 있으므로[61] 이러한 피의자의
변소를 뒷받침할 만한 특별한 사정이 없는 한 위 변소를 받아
들이지 않는 것이 바람직하다.

2) 이주여성을 성매매 목적 인신매매의 피해자로서 수사하고 그
진술을 청취하는 경우, 수사기관은 가능한 영상녹화 조사방법
을 선택하는 것이 피해자 진술의 신빙성 인정에 긍정적인 사
정이 될 수 있다는 점을 인식하고 활용하여야 한다.[62] 즉 이주
여성이 성매매 피의자를 고소하고 난 뒤 현실적으로 경제활동
을 지속하기 어려워 본국으로 출국하는 경우가 상당히 많다는
점, 기소된 피의자가 적극적으로 자신에게 유리한 증거를 제
출하고 새로운 공격·방어방법을 제출할 경우 피해자가 진술한
조서만으로는 유죄의 심증을 형성하기 어려울 수 있다는 점
등을 고려하여 수사과정에서부터 피해자가 출국할 수 있다는
점을 인식하고, 그에 대비하여 영상녹화조사를 수행하여야 하
며, 혹시라도 피해자가 출국하여 증언할 수 없는 경우에 대비하
여 법원에 증거보전절차 등을 미리 신청하여 둘 필요가 있다.

---

61) 한편 여권이나 외국인등록증을 취업에 따른 계약 또는 채무이행의 확보수
단으로 제공받거나 그 제공을 강요하는 행위는 출입국관리법상으로 금지
되고 있으며, 위반시 3년 이하의 징역이나 금고 또는 2천만 원 이하의 벌금
에 처하도록 하고 있다(출입국관리법 제94조 19호, 제33조의2 1호).
출입국관리법
제94조 (벌칙) 다음 각 호의 어느 하나에 해당하는 사람은 3년 이하의 징역
또는 2천만원 이하의 벌금에 처한다.
19. 제33조의2를 위반한 사람
제33조의2 (외국인등록증 등의 채무이행 확보수단 제공 등의 금지) Law누
구든지 다음 각 호의 어느 하나에 해당하는 행위를 하여서는 아니 된다. 1.
외국인의 여권이나 외국인등록증을 취업에 따른 계약 또는 채무이행의 확
보수단으로 제공받거나 그 제공을 강요 또는 알선하는 행위
62) 조희진, 앞의 글, 23-24 참조.

3) 앞서 살핀 바와 같이 수사기관은 성매매 목적의 인신매매 성부를 판단함에 있어 피해자의 자유가 억압되었는지 여부나 감금 여부를 범죄 성부의 요소로서 판단하는 경향이 있으나, 이러한 실무 또한 개선될 필요가 있다. 무엇보다도 성매매 목적의 인신매매는 '피해자의 감금' 내지는 '피해자가 자유의사가 억압될 것'을 구성요건으로 하고 있지 않으므로, 이러한 요건의 충족 여부에 따라 범죄 성립 여부를 결정하는 것 자체가 넌센스이다. 그럼에도 불구하고 수사기관은 피해자가 감금된 상태였는지, CCTV가 설치되어 있었는지 여부를 따지고, 피해자의 진술과 달리 CCTV가 설치되지 않았다거나 피해자가 휴대전화를 사용할 수 있었고, 페이스북이나 카카오톡에 접속하였다는 등의 사정을 들어 불기소처분을 하는 경우도 상당수 있었다.[63]

4) 범죄의 성부와 관련하여 피의자에 대한 폭행·협박의 정도를 지나치게 높게 보는 수사관행 또한 개선되어야 한다. 대부분의 예술흥행비자 소지 이주여성들은 유흥업소 점주 및 관리자로부터 성매매를 강요받았다는 취지의 진술을 하였고, 여권이나 외국인등록증을 빼앗긴 상태에서 기획사 및 업주의 지배관리 하에 있는 상태였다. 이러한 상황에서 위약금을 지불하여야 한다는 등의 심리적인 압박까지 받은 자가 '적극적'인 반대 의사 표시 내지 '저항'을 하지 않았다고 하여, 이들이 강요된 성매매의 피해자가 아니라고 단정할 수 없다. 그리고 이와 같이 성매매를 종용하는 상황의 작출과 심리적인 압박을 강요로 보지 않는 수사실무로 인하여 성매매 목적 인신매매가 사실상 방치되고 있다.

---

63) 조희진, 앞의 글, 24-25 참조.

5) 예술흥행비자를 소지한 이주여성들의 급여구조, 지배관계 등을 수사상 중요한 배경으로 고려하여야 한다.[64] 피해자가 여권을 소지하고 있었는지, 피의자들이 피해자에게 본국에서 약속한 일자리와 실제 노동환경은 얼마나 차이가 있는지, 어떠한 부분에서 기망과 피해를 입었는지, 일한 대가의 분배는 어떻게 이루어졌는지, 약속한 임금이 어떻게 지급되었는지를 수사하여 보면 피해자들이 피의자들의 지배·관리 하에 있었다는 사실이나 성매매 목적의 인신매매 피해자라는 사실이 더더욱 명백히 드러날 수 있다. 본국에서부터 열악한 환경에 처해있던 피해자들이 기획사의 말을 믿고 E-6-2비자를 발급받아 입국한 여성들이 낯선 환경에서 언어적 문화적 차이로 인한 의사소통의 장애를 가진 상태에서 기획사나 업주에 전적으로 의존하고 종속될 수밖에 없다는 점을 수사에 임하면서도 충분히 인식하여야 하는 것이다. 특히나 유흥업소에서 주스할당제, 쿼터제, 바파인 등의 급여체계에서는 피해자가 성매매를 피할 수 없는 상황이라는 점을 수사 및 기소 단계에서부터 적극적으로 고려하여야 한다.

나. 재판실무의 개선 방향

조직적 인신매매 범죄로 인해 E-6-2비자를 발급받아 대한민국에 입주한 뒤 성 착취의 피해자가 된 이주여성들을 실효적으로 구제하기 위하여서는, 수사실무뿐 아니라 사법실무의 개선, 즉 재판단계의 개선 또한 절실히 필요하다.

대한민국은 국제조직범죄협약[65] 및 UN인신매매의정서에 가입,

---

64) 조희진, 앞의 글, 27-29.
65) UN 국제조직범죄방지협약(UN Convention against Transnational Organization

서명한 뒤 인신매매범죄에 관한 독립된 법제가 없다는 국제사회의
비판을 수용하여 2012년 개정 형법66)상 인신매매죄(형법 제289조)
를 신설하였다. 그런데 법원은 형법상 대원칙인 죄형법정주의의 한
계상 인신매매죄의 처벌범위를 지나치게 협소하게 보고 있고, 그로
인해 사실상 형법상 인신매매죄 관련 규정은 사문화되고 있는 실정
이다. 그러나 죄형법정주의는 무고한 피고인을 보호하기 위한 것이
어야지, 조직적 범죄에 가담한 행위자들이 처벌망을 잠탈하기 위한
수단으로 전락하여서는 아니된다.

이를 해결하기 위한 가장 근본적인 해결책은 입법적으로 UN 인
신매매의정서상의 '인신매매' 정의를 반영하여 앞서 살폈던 「인신매
매 피해자 식별 및 보호 지표」의 행위, 수단 및 목적 요건을 충족하
는 경우 인신매매죄가 성립할 수 있는 방향으로 관련 법령을 개정
하는 것이다.

그러나 입법적 해결은 별론으로 하더라도, 법원은 '성매매 사실'
을 고소인 내지 검사가 입증하지 못하는 한 피고인이 성매매 목적
으로 인신매매를 한 사실이 입증되지 않은 것으로 보아 피고인에게
무죄를 선고하고 있는 재판 관행을 개선함으로써 인신매매범죄조직
경종을 울릴 수 있다.

무엇보다도 공소사실의 특정 등과 관련해 성매매 사실을 입증하
여야만 성매매 목적을 인정하는 것은 조직적인 인신매매 범죄의 특
성, 성매매 범죄에서 구매자인 남성의 신원을 확보하기 어렵다는 점
등을 도외시한 해석이다. 오히려 수사단계뿐 아니라 재판단계에서
도 예술흥행비자를 소지한 이주여성들의 급여구조, 지배관계 등을
피의자의 '성매매 목적'을 인정하는 근거인 간접사실로 판단하는 실
무관행이 정립되어야 한다.

Crime)
66) 2013. 4. 5.부터 시행 중이다.

특히나 유흥업소에서 주스할당제, 쿼터제, 바파인 등의 급여체계
에서는 피해자가 성매매를 강요당하지 않을 수 없는 상황이라는 점
을 적극적으로 고려하고, 위와 같은 급여구조나 지배관계에 놓인 피
해자가 강요된 성매매를 하지 않기는 거의 어렵다는 현실을 반영하
여 적극적으로 관련 구성요건을 인정하는 방향으로 법을 적용할 필
요가 있다.

다. E-6-2비자 소지 이주여성들에 대한 다층적 착취구조에 관여한 행위자들의 기소 및 처벌을 위한 방안

예술흥행비자를 소지한 이주여성들에 대한 범죄가 대부분 '모집-
운송-착취'의 단계로 조직적·구조적인 방식으로 이루어지고 있는 이
상, 최종 단계에 해당하는 '착취(성매매)' 단계에 관여한 행위자를
처벌하는 것만으로는 해당 범죄를 근절하기 어렵다. 그리고 인신매
매범죄에 관여한 가해자들을 형사 처벌함에 있어 가장 어려운 문제
중 하나는 바로 피해자 착취의 최종 단계에 관여한 행위자가 아닌
"착취 이전 단계("pre-exploitation" phase)"에 관여한 이들을 기소·처
벌하는 것이다.[67]
피해자에 대한 착취가 표면적으로 드러나는 최종 단계를 넘어 그
이전의 단계, 즉 '모집' 및 '운송' 단계에 관여한 행위자들(예를 들어
이주여성의 본국 현지 기획사, 국내 기획사, 브로커 등)을 처벌하기
어려운 것은, '모집'이나 '운송' 단계에 관여한 행위자들이 대부분
'착취' 단계에서 발생하는 범죄에 대한 고의를 부인한다는 점 및 수
사기관으로서는 문제되는 행위자의 '고의'를 직접적으로 뒷받침하
는 증거를 확보하기가 용이하지 않다는 점에 기인한다. 통상 국내

---

67) UNODC (United Nations Office On Drugs and Crime), 『Evidential Issues in Trafficking in Persons Cases』, 125.

기획사나 현지 기획사 대표는 최종 사용자인 유흥업소 업주에게 모든 책임을 전가하면서 '한국 내 업소에서 일어나는 일에 대해서는 전혀 알지 못했고 자신은 이와 무관하다'는 취지로 변소하기 마련이다. 그러나 인신매매범죄를 실질적으로 처벌하고 예방하기 위하여서는, 위와 같은 변명만으로 섣불리 다층적 구조에 관여하면서 인신매매범죄가 자행되도록 한 행위자들이 처벌을 피해 갈 수 있도록 허용하여서는 안 된다.

UN마약범죄사무소(UNODC)에서 발간한 『인신매매 사건에서의 증거법적 이슈 (Evidential Issues in Trafficking in Persons Cases)』에서도 인신매매범죄와 관련하여 착취 단계에 관여한 최종 행위자(end exploiter)의 범의를 입증하는 것은 상대적으로 용이하나, 착취 이전의 단계(모집-운송 단계)에 관여한 행위자들의 범의를 입증하기는 어렵다고 보고 있다. 이에 각 단계에 관여한 행위자 별로 범의가 인정되는지 여부를 별도로 판단하게 되면 실제로 범의가 부정되는 경우가 대부분이므로, 인신매매범죄에 관여한 행위자 중 최종 단계에 관여한 자를 제외하고는 대부분이 무죄로 의율되기 마련이다.

그러나 이스라엘 및 콜롬비아의 판결례가 인신매매범죄를 처벌함에 있어 설시한 법리는, 다층적 구조의 인신매매범죄에서 처벌의 공백이 발생하지 않도록 방지할 수 있다는 점에서 시사하는 바가 크다.

i) Burnstein v. State of Israel[68]

피고인은 성매매 업소의 업주와 매춘 목적으로 여성 2명을 매매한 자 사이에서 중개인으로 활동하였는바, 중개수수료를 전혀 받지

---

68) Burnstein v. State of Israel, 23 February 2005, Supreme Court, Israel (UNODC Case No. ISR010), UNODC (United Nations Office On Drugs and Crime), 『Evidential Issues in Trafficking in Persons Cases』, 128.

못하였고 해당 계약이 실제로 성사되지 아니하였음에도, 성매매 목
적 인신매매죄에 관하여 유죄를 선고받았다. 이스라엘 법정은 피고
인의 행위가 인신매매에 이르는지 여부를 판단함에 있어서, 형법상
"인신매매범죄 조항"을 그 목적에 따라 해석하는 것의 중요성을 강
조한 바 있다. 즉 법원은 인신매매범죄 관련 조항이 기본적 인권을
보장하기 위한 것인 만큼 중개인을 포함하여 인신매매를 용이하게
하거나 방조하는 등의 방식으로 범죄구조에 관여한 모든 자들을 처
벌하기 위한 것으로 넓게 해석하여야 한다는 입장을 취했다.

ⅱ) Garcia et al (Colombia)[69]

콜롬비아 여성들을 인신매매하여 홍콩, 싱가폴 및 인도네시아로
보내는 조직이 여성들을 모집하여 여행을 주선하고 결과적으로 착
취의 대상이 되는 업소까지 인계하였다. 이 조직은 모집인, 모집인
의 조수 및 기타 조력자들을 포함하고 있었고, 해당 사건의 피고인
들 중 일부는 종전 인신매매의 피해자이기도 하였다. 법원은 기소된
7인의 피고인 전부에 대하여 인신매매 및 범죄모의에 관한 유죄판
결을 내렸다. 피고인들은 그들이 조직화된 집단의 일원이라는 추정
없이 각 피고인별로 유죄 여부를 판단하여야 한다고 주장하였으나,
법원은 피고인들이 모두 하나의 인신매매 구조의 일부로서 기능하
였다는 점을 입증할 충분한 증거가 있는 이상, 각 피고인들이 인신
매매 범죄에 가담한 것은 결과적으로 전체 피고인들의 귀책으로 보
아야 한다고 판시하였다.

비록 위 사례와 같이 인신매매 범죄에 관여한 여러 단계의 행위
자들에게 성매매 목적 또는 성 착취에 대한 고의가 있다고 추정하
거나 해당 법문의 처벌범위를 확장하는 것은 죄형법정주의의 법리

---

69) Garcia et al, 6 March 2008, Criminal Appellate Court of the Supreme Court of
Justice, Colombia. (UNODC Case No. COL005)

에 비추어 허용되지 않는다고 볼 여지도 있지만, 법원은 적어도 위 외국판례가 시사하는 바와 같이 인신매매죄를 별도의 범죄로 규율 하기로 한 개정 형법의 취지에 비추어 해당 행위자들이 인신매매라 는 전체적인 범죄 구조에 기여한 행위가 "범죄"로 의율되어야 할 정 도인지 여부에 대하여 적극적인 입장을 취할 필요가 있다.

구체적으로 ① E-6-2 비자를 소지한 대부분의 이주여성들이 한국 입국 및 취업 후 유흥접객원으로 종사하도록 강요당하는 등 출입국 관리법위반 및 성매매 강요 등의 행태가 반복적으로 행해지고 있어 이러한 법위반 상황이 충분히 예견될 수 있는 점, ② E-6-2 비자를 소지한 이주여성들이 성매매를 통해 급여를 보전받는 점, ③ 기획사 의 급여지급 체계가 쥬스 할당제나 쿼터제, 바파인제로 이루어진 보 수 지급체계와 맞물려 있다는 점, ④ 대부분의 사건에서 기획사 대 표들이 E-6-2비자를 소지한 이주여성들이 발급된 비자의 목적과 달 리 유흥접객원으로 종사하는 사실 자체에 대하여서는 시인하고 있 는 점 등에 비추어 피해 여성들이 성매매 내지 성 착취의 피해자가 될 수 있다는 점에 대한 행위자들의 미필적 고의 및 성매매 목적을 인정하고, '착취' 단계 이전에 관여한 행위자들에 대하여서도 처벌 을 확대해나갈 필요가 있다.

2. 보호(Protection)

가. 개요

유럽인권재판소의 Rantsev v. Cyprus and Russia 판결에서 설시한 바와 같이 대한민국이 E-6-2 비자를 소지한 외국인 여성들의 가해자 에 대한 처벌 요청을 제대로 수용하지 않는 것은 그 자체로 보호의 무를 저버리는 결과로 이어질 수 있다. 인권침해를 입은 이주민이,

국가기관에 피해사실을 알리고 권리구제를 요청하면 보호할 수 있다는 믿음이 배신당하지 않을 수 있을 정도의 장치가 마련될 필요가 있다.

대한민국에서 E-6-2 비자 소지 이주여성들이 성매매 피해를 호소하며 가해자들을 상대로 형사 고소 등을 진행하는 경우, 이주민 관련 NGO에서 이주여성들에 대한 보호를 담당하고 있는 것이 현실이고 국가는 안정적 체류자격마저 제공하지 못하고 있다. 이하에서는 E-6-2비자가 사실상 성 착취 목적 인신매매의 수단으로 전락한 상황에서, 미국의 인신매매 피해자 보호조치, 국제이주기구(International Organization for Migration, 이하 'IOM')의 인신매매 방지 교육 지침 등의 내용을 간략히 살핀 뒤 대한민국에 필요한 지원 및 보호 프로그램, 피해자 보호를 위한 체류자격 개선방안 등을 제안하고자 한다.

나. 미국의 피해자 지원 및 보호 실무70)

(1) 정부기관의 지원 및 보호 프로그램

미국의 경우 다양한 정부기관에서 인신매매 피해자들을 지원하고 보호하기 위한 프로그램을 운영하고 있다. 구체적으로 i) 국토안보부 산하 이민세관집행국, ii) 보건부71) 산하 아동가족국, iii) 미 연방 수사국(Federal Bureau of Investigation; FBI), iv) 법무부 등에서 사건 조사, 범죄자에 대한 단속 및 체포를 넘어 피해자에 대한 상담 및 임시거주 지위 등 피해자 보호 프로그램을 운영하고, 피해자들의 권리에 대한 정보 제공을 넘어 법률 및 귀국지원, 이민, 주거, 취업, 교육, 취업교육 및 양육 등과 관련하여 중장기적 생활지원을 받을

---

70) 한국여성인권진흥원, "아시아-태평양 지역 성매매관련 정책 및 실태 '미국, 일본, 캐나다, 호주, 한국'" (2012), 21-24 참조.
71) US Department of Health and Human Service

수 있도록 돕는다.

(2) 인신매매 피해자 보호법에 따른 체류자격 제공

나아가 미국은 인신매매 및 기타 범죄의 피해를 입은 외국인 및 그 가족들에게 T비자[72) 또는 U비자[73)를 제공함으로써 안정적인 체류자격을 제공하고 있다. T비자의 경우 인신매매 피해자(T-1)뿐 아니라 그 가족들(T-2~T-5)에게도 미국에 합법적으로 체류할 수 있는 체류자격을 제공한다. 위 각 비자를 발급받은 자는 해당 범죄의 조사에 협조하여야 할 의무가 있다. 한편 T비자 소지자는 U비자보다 광범위하게 '공공이익'을 이용할 수 있고, 별도의 신청서를 작성하지 않더라도 자동적으로 노동허가서가 발급된다.

다. 국제이주기구(IOM)의 인신매매 교육 방지 지침[74)

국제이주기구는 이주여성들의 인신매매 피해 보호 및 예방을 위한 다양한 지침을 마련하고 있는바, 그 중에서도 피해자의 보호와 관련한 '귀환과 재통합' 관련 지침은 인신매매로 인해 피해를 입은 피해자들의 보호에 큰 참고가 되는 자료에 해당한다. 국제이주기구

---

72) Victims of Human Trafficking: T Nonimmigrant Status by USCIS. T비자를 신청하려면 1) 미국에 거주하는 2) 심각한 인신매매 피해자로서 3) 사법 당국의 인신매매 범죄 수사에 협력하고, 4) 이후 추방되면 큰 고통이 있을 것임을 밝혀야 한다. 법적으로 인신매매 피해자임이 밝혀져야 하고, 미 국토 내에서 인신매매가 된 사건이어야 T비자가 발급된다.

73) Victims of Criminal Activity: U Nonimmigrant by USCIS. 가정폭력이나 성폭행, 그리고 범죄의 결과로 상당한 육체적 혹은 정신적 고통을 겪고 있는 피해자를 위한 체류자격.

74) 국제이주기구(IOM) 한국대표부, 「귀환과 재통합(Return and Reintegration)」, IOM 인신매매 방지 교육지침서, http://iom.or.kr/wp-content/pdf/인신매매%20방지%20교육%20지침서_귀환과%20재통합.PDF, (2017. 5. 16. 확인).

에서는 체계적인 피해자 귀환과 재통합 과정을 확립하는 것이 바로
종합적인 인신매매 방지대책 마련의 핵심으로서, 피해자의 안전보
장과 보호, 기밀유지 및 인도주의적 지원 제공이 매우 중요하다고
밝히고 있다.[75]

즉 인신매매 피해자가 귀환과 재통합을 할 수 있도록 전문화된
도움과 지원이 필요하고, 그 핵심은 안전, 보안 및 인권에 기초한 접
근에 있다. 이에 따라 국제이주기구는 '피해자 식별, 쉼터와 지원 제
공, 귀환, 재통합'의 단계에 따라 전문적으로 피해자를 지원하도록
한다.

라. 제언

이하에서는 앞서 살핀 미국의 피해자 보호 및 지원 실무, 국제이
주기구의 인신매매 교육 방지 지침에 비추어, ① 성매매처벌법 제11
조에 따른 특례규정의 실질적 보장(보호처분 및 강제퇴거명령에 관
한 실무관행 개선), ② 취업활동이 가능한 안정적 체류자격 제공, ③
NGO와 연계한 국가기관의 지원 및 보호프로그램 제공을 제안하고
자 한다.

(1) 성매매처벌법 제11조에 따른 특례규정의 실질적 보장

성매매처벌법 제11조[76]는 외국인여성을 성매매피해자로 수사하

---

75) 위 교육지침서, 제2장.
76) 제11조 (외국인여성에 대한 특례)
　　① 외국인여성이 이 법에 규정된 범죄를 신고한 경우나 외국인여성을 성매
　　매피해자로 수사하는 경우에는 해당 사건을 불기소처분하거나 공소를 제
　　기할 때까지 「출입국관리법」 제46조에 따른 강제퇴거명령 또는 같은 법 제
　　51조에 따른 보호의 집행을 하여서는 아니 된다. 이 경우 수사기관은 지방
　　출입국·외국인관서에 해당 외국인여성의 인적사항과 주거를 통보하는 등

는 경우 해당 사건을 불기소처분하거나 공소를 제기할 때까지 출입
국관리법상 강제퇴거명령 및 보호처분의 집행을 금지하도록 하고
(제1항), 검사가 공소를 제기한 후 정황상 필요하다면 외국인여성에
대한 강제퇴거명령 내지 보호처분의 기간을 유예할 수 있도록 규정
하고 있다(제2항).

그러나 앞서 지적한 것처럼 위와 같은 명문의 규정에 불구하고
출입국관리실무상 성매매피해자로서 업주를 고소한 이주여성을 보
호처분 대상자로 분류하고 집행에 이른 사례가 목격된다. 그런데 일
단 외국인보호소에 보호처분이 이루어지게 되면 일차적으로 피보호
외국인이 그 환경의 열악함으로 인해 생활의 곤란을 겪게 되지만,
본질적으로는 일시해제처분을 받으려면 3백만 원 이상 2천만 원 이
하의 보증금을 예치하여야 하므로77) 사실상 보증금을 예치하지 않

출입국 관리에 필요한 조치를 하여야 한다. [개정 2014.3.18 제12421호(출입
국관리법)] [[시행일 2014.6.19]]
② 검사는 제1항의 사건에 대하여 공소를 제기한 후에는 성매매피해 실태,
증언 또는 배상의 필요성, 그 밖의 정황을 고려하여 지방출입국·외국인관
서의 장 등 관계 기관의 장에게 일정한 기간을 정하여 제1항에 따른 강제
퇴거명령의 집행을 유예하거나 보호를 일시해제할 것을 요청할 수 있다.
[개정 2014.3.18 제12421호(출입국관리법)] [[시행일 2014.6.19]]
③ 제1항 및 제2항에 따라 강제퇴거명령의 집행을 유예하거나 보호의 일시
해제를 하는 기간에는 해당 외국인여성에게 지원시설 등을 이용하게 할
수 있다.
④ 수사기관은 외국인여성을 성매매피해자로 조사할 때에는 「소송촉진 등
에 관한 특례법」에 따른 배상신청을 할 수 있음을 고지하여야 한다.
⑤ 성매매피해자인 외국인여성이 「소송촉진 등에 관한 특례법」에 따른 배
상신청을 한 경우에는 그 배상명령이 확정될 때까지 제1항을 준용한다.
77) 보호일시해제업무 처리규정[법무부훈령 제802호(2010. 10. 18.개정)]
제8조(보증금의 예치) ① 소장은 피보호자를 일시해제하려는 경우에는 다
음 각 호의 요건을 고려하여 일시해제 청구인에게 3백만원 이상 2천만원
이하의 보증금을 예치하게 하여야 한다.
1. 보증금을 예치하려는 자의 자산상태
2. 일시해제 청구된 피보호자의 출석 담보 가능성

으면 신병의 자유를 포기하여야 하는 문제가 발생한다. 따라서 애초에 출입국관리공무원 및 수사기관은 위 특례규정에 위배하여 이주여성에 강제퇴거명령 또는 보호처분을 집행하는 일이 없도록 노력할 필요가 있다.[78)

(2) E-6-2비자 소지 이주여성의 체류자격 변경 및 경제활동

나아가 예술흥행비자를 소지한 이주여성이 성매매피해자로서 구제절차를 밟고 있는 경우 '성매매 피해 외국인여성 등 인도적 고려가 필요한 자'로서 체류기간 상한이 1년인 기타(G-1)비자를 부여받게 되는데(체류자격 변경허가), 이 기타(G-1)비자만으로는 취업이 허용되지 않아 합법적인 경제활동이 불가능하다는 문제를 지적한 바 있다.

한편 체류외국인 중 성매매 강요, 상습폭행학대, 심각한 범죄 피해 등으로 인권침해를 당해 그 피해 구제를 위한 소송 등의 구제절차를 밟고 있는 자로서 관할 사무소 또는 출장소에 설치된 "외국인 인권보호 및 권익 증진협의회"의 의결에 따라 구제대상자로 결정된 자는 특정활동(E-7)자격으로 별도의 체류자격외활동허가를 받아 경제활동을 개시하는 등 취업이 허용될 수 있다.

체류자격 변경허가	체류외국인이 범죄피해 등 인권침해를 당해 소송 등 구제절차를 받기 위해 체류허가를 신청하는 경우 심사하여 기타(G-1) 자격으로 체류자격 변경허가
⇩	
체류자격외 활동허가	기타(G-1)자격 소지자가 사무소 내 "외국인 인권 보호 및 권익증진협의회" 에서 구제 대상자로 결정된 경우 특정활동(B-7)자격으로 체류자격 외 활동 허가

---

78) 다만 위와 같은 사례는 최근에는 목격되지 않아, 수사 실무상 유의하고 있는 것으로 보인다.

그런데 이주여성이 위와 같은 사증 변경절차에 대해 제대로 알지 못한 채 불법취업을 하거나, 기타(G-1) 비자를 소지한 상태에서 취업활동을 하는 등의 문제로 인해 이주여성의 생활고를 더하는 것이 바람직한지는 의문이다. 오히려 예술흥행비자 소지 이주여성들은 대부분 본국에서 생활고로 인해 이주를 결정하였던 점, 성매매피해자로서 수사기관에 업주를 고소한 이주여성의 경우 별도의 경제활동 없이는 생활을 유지하기 어렵다는 점 등을 고려할 때, 별도의 체류자격외활동허가를 받는 절차 없이 취업활동이 가능한 내용의 사증을 부여하는 것이 가장 바람직하다. 적어도 체류자격 변경 단계에서부터 체류자격외활동허가로 변경할 수 있도록 절차를 고지하여 불법취업을 예방하거나, 적어도 E-6-2 소지 이주여성이 성매매피해자로서 구제 절차를 밟고 있는 경우 부여하는 체류자격 자체만으로도 일부 취업활동은 가능하도록 개선하는 것이 바람직하다.

(3) NGO와 연계한 지원 및 보호 프로그램 개발 및 제공

나아가 관련 정부기관(출입국관리사무소, 법무부, 여성가족부 등)은 이주여성의 지원에 전문성을 가진 NGO와 연계하여 성 착취 목적 인신매매의 피해자라 할 수 있는 E-6-2비자 소지 이주여성들에 대한 상담, 임시거주 지위 지원, 인신매매 피해자들의 권리에 대한 정보 제공 및 법률 및 귀국지원, 취업, 교육 등의 측면에서 단기적인 차원은 물론 중장기적 차원에서 필요한 지원 프로그램을 개발하여 제공할 필요가 있다. 이를 위해서는 외국인 여성 상담소와 쉼터를 확충하고 내실화할 필요가 있고, 성매매 피해 외국인 여성의 체류와 취업이 법률적인 차원을 넘어 실제로도 가능할 수 있도록 다양한 정책적 보완을 가할 필요가 있다.

3. 예방(Prevention)

가. 예방프로그램 및 교육자료 개발[79]

본고는 이하 IV. 3. 다.에서 현행 예술흥행비자 제도 자체를 개선하는 것을 하나의 대안으로 제시할 것이나, 현행의 비자체계 하에서는 E-6-2비자가 성 착취 목적의 인신매매의 도구로서 사용되고 있는 것을 부인할 수 없으므로 적어도 인신매매의 피해가 우려되는 E-6-2 비자를 소지한 이주여성을 대상으로 인식제고 등을 내용으로 한 예방프로그램을 실시할 필요가 있다.

위 예방프로그램에는 인신매매의 표지가 될 수 있는 행태, 여권을 기획사나 업주에서 보관하고 반환하지 않는 행위, 근무조건을 쿼터제, 주스 할당제 등으로 운영하여 사실상 성매매 또는 성 착취를 강제하는 행위, 모집 당시 설명받은 근무내용과 실제 근무내용이 다른 경우(가수로 일하게 될 것이라고 들었으나 유흥접객원으로서 일하게 된 경우) 등을 사례로서 제시하고, 해당 행위들이 발생할 경우 인신매매 내지 형사범죄로 고소할 수 있다는 사실을 미리 안내할 필요가 있다. 나아가 E-6-2 비자로 입국한 이주여성에게 이주민의 권리와 이를 지원하는 비영리기관(NGO)에 대한 정보를 담은 다국어 팸플릿을 의무적으로 제공하는 것도 필요하다.

나아가 예술흥행비자 소지 이주민의 인권침해 비율이 높은 점을 고려할 때, 예술흥행비자 소지 이주민에 대한 구제절차를 매뉴얼화하고, 이를 지원하는 인력(법무부, 출입국관리소, 수사기관 등 유관기관 공무원, NGO 활동가 등)에 대한 역량 및 전문성 강화를 위한 훈련 프로그램을 개발할 필요가 있다.

---

79) 어진이·최민영, "인신매매 방지 및 인신매매 피해자 보호를 위한 법제화 연구", 한국형사정책연구원 (2012), 68-70 참조.

나. 공연기획사 및 업소에 대한 심사 강화[80)]

인신매매 유입 경로를 차단한다는 측면에서는 E-6-2비자를 소지한 이주여성 노동자를 고용하는 공연업소의 업주 및 외국인 여성들을 한국으로 초청하는 공연기획사(파견업체)에 대한 자격요건 심사를 강화하는 것이 하나의 방법이 될 수 있고, E-6-2 비자로 인한 문제와 관련해 가장 일차적인 대안으로서 제시되어 온 것이기도 하다. 구체적으로는 영상물등급위원회의 공연추천심사를 내실화하기 위하여, ① E-6-2 사증 발급요건을 강화하여 공연기획사(파견업체) 및 공연업소(유흥업소, 호텔 등)에 대한 감시, 감독을 철저히 하면서, ③ '외국인 전용 유흥업소' 항목을 삭제하여 해당 업소에 취업하기 위한 명목으로는 E-6-2 비자 발급을 중단하는 것이다.

예를 들어 공연기획사(파견사업주) 직원들에게 인신매매 관련 범죄, 외국인 불법취업활동 관여, 성매매 관련범죄 등의 범죄경력이 있는 경우에는 초청을 제한하도록 하고, 공연업소의 대표(사용사업주) 및 직원들에 대하여서도 범죄경력 서류를 제출하도록 하여 만약 성 착취 목적의 인신매매에 연루된 전과가 있는 등의 경우에는 사증 발급을 제한하는 것이 그 방법이 될 수 있을 것이다.

그러나 예술흥행비자가 인신매매 유입 경로로 악용된다고 하여 단순히 그 심사를 강화하는 것만으로는 진정한 해결책이 될 수 없다. 출입국 심사를 강화하여 이주의 경계를 높이는 것은 이주여성의 인권을 옹호하는 것이 아니라, 오히려 이주의 장벽만을 높여 이주여성에게 불법적인 이주를 감수하게 함으로써 더 열악한 상황으로 몰아넣을 수 있기 때문이다.

---

80) 소라미, 앞의 글.

다. 예술흥행비자 제도의 개선[81]

현행 예술흥행비자는 "고급예술인(E-6-1)"과 "특별한 기능을 갖지 못한 일반 외국 연예인(E-6-2)"으로 사증을 분리하여 운영해 왔고, 그로 인해 이른바 "고급예술인"에 대하여서는 최대한의 특혜를 부여하되 "그 밖의 일반 연예인"에 대하여서는 근로자 유입 경로는 열어 놓으면서 출입국 통제를 강화하는 방향으로 실무가 이루어져 왔다. 이로 인해 E-6-2 비자 소지 외국인 여성들이 성 착취적 인권침해 및 인신매매의 피해에 계속 노출되어 왔음에도 불구하고 현실적으로 개선된 바는 거의 없었다. 게다가 포천아프리카박물관 사태를 보면, 이른바 "고급 예술인"에 해당하는 E-6-1 비자의 경우에도 인권침해가 자행되고 있는데, E-6-2 비자의 열악함과 "고급 예술인"이라는 E-6-1 비자에 대한 오해로 인해 오히려 그 인권침해의 현실이 방치되고 있는 상황이다.

따라서 예술흥행비자를 단기공연비자와 장기공연비자로 개편하여, 모든 공연활동을 공연법에 의해 규율되도록 공연법을 개정하는 방안을 제안한다. 단기공연비자의 경우 몇 차례의 공연만으로도 비용과 수익을 마련할 수 있는 유명예술인들이 신청할 가능성이 높고, 그 경우 인신매매나 인권침해의 가능성 또한 높지 않다. 즉 인신매매의 가능성을 비롯한 인권침해의 가능성은 1개월 이상의 장기공연에서 나타날 가능성이 높으므로, 장기공연비자의 경우 비자발급과 입국과정 및 공연활동 등의 단계별로 집중적인 지원 및 관리를 기할 필요가 있다.

---

81) 이병렬·김연주·박정형·윤명희·이혜진·홍세영, 앞의 글, 177-182.

V. 결어

이른바 '코리안 드림'을 품고 대한민국에 입국한 E-6-2비자 소지 이주여성들은 인신매매의 피해자가 되어 인간으로서 존엄성을 말살 당하고 있음에도, 가해자들은 조직적으로 범죄를 획책한 뒤 교묘하게 처벌망을 피해 가고 있다. 대한민국에서 예술흥행비자(E-6-2)가 사실상 성 착취 목적 인신매매의 도구로 이용되고 있다는 자명한 현실에 불구하고, 형사실무상 대부분의 가해자들은 처벌망을 피해 가고 이주여성들의 열악한 인권침해 상황은 거의 개선되지 않고 있는 것이다. 많은 NGO와 활동가들이 E-6-2비자의 문제점을 지적해 왔고 그로 인해 해당 분야에 관한 연구가 상당 부분 진척되었음에도 현실은 제자리걸음일 뿐이다.

이에 본고는 예술흥행비자(E-6-2)제도의 문제점을 개선하기 위해 기소(prosecution), 보호(protection), 예방(prevention)의 3가지 측면에서 다각적인 대책을 마련해 나갈 것을 제안한다. 대한민국이 형법 제289조로 '인신매매의 죄'를 신설하여 독립적인 법제를 통해 인신매매를 근절하고자 했던 입법적 결단이 단순히 사문화된 규정으로 끝나서는 곤란하다. 수사단계 및 재판단계에서 구조적 범죄인 성 착취 목적 인신매매죄의 특수성을 적극적으로 고려하고, 피해자에게 안정적인 체류자격을 제공하면서 지원을 위한 전문적인 프로그램을 마련하여야 한다. 나아가 현재 E-6-2 비자를 소지하고 입국하는 이주여성들에게 인식제고 및 예방 프로그램을 개발하여 제공하고, 장기적으로는 인신매매 피해자들의 유입경로로 기능하고 있는 현행 예술흥행비자 제도 자체를 개편하여야만 인신매매에 관한 작금의 불명예스러운 현실에서 벗어나 인권선진국으로 도약할 수 있을 것이다.

참고문헌

박수미, "인신매매 피해자 지원 경험을 통한 관련 제도 개선의 필요성과 중
　　요 방안", 국제 인신매매범죄 처벌 및 피해방지 대책, 법무연수원
　　(2013).

법무부·출입국외국인정책본부, 외국인체류안내메뉴얼 (2016).

소라미, "일본의 인신매매 정책에 비추어 본 한국의 예술흥행비자 소지 이
　　주여성의 인신매매 피해에 대한 대응 방안 검토", 인신매매 일본 실
　　태조사 결과 발표 및 쟁점 토론회 (2016).

신윤진, "인신매매에 대한 국제기준과 외국사례에 비추어 본 외국인전용 유
　　흥업소 외국인여성 도입제도의 문제점과 법적 과제", 국제 인신매매
　　범죄 처벌 및 피해방지 대책, 법무연수원 (2013).

어진이·최민영, "인신매매 방지 및 인신매매 피해자 보호를 위한 법제화 연
　　구", 한국형사정책연구원 (2012).

윤덕경·장미혜·박선영, "성착취적 국제 인신매매 피해관련 법·제도 및 대책
　　방안", 한국여성정책연구원 (2013).

이병렬·김연주·박정형·윤명희·이혜진·홍세영, "예술흥행비자 소지 이주민
　　인권상황 실태조사", 국가인권위원회 (2014).

조희진, "외국인여성 인신매매범죄 처벌현황 및 문제점과 대책", 국제 인신
　　매매범죄 처벌 및 피해방지 대책, 법무연수원 (2013).

한국여성인권진흥원, "아시아-태평양 지역 성매매관련 정책 및 실태 '미국,
　　일본, 캐나다, 호주, 한국'" (2012).

Allain, Jean, "No Effective Trafficking Definition Exists: Domestic Implementation
　　of the Palermo Protocol", Albany Government Law Review, Vol. 7, 116
　　(2014).

Allain, Jean, The Law and Slavery: Prohibiting Human Exploitation, Brill Nijhof

(2015).

Kyriazi, Tenia, "Trafficking and Slavery: The Emerging European Legal Framework on Trafficking in Human Beings Case-Law of the European Court of Human Rights in Perspective", International Human rights Review Vol 4, 36 (2015).

Stoyanova, Vladislava, "L.E. v. Greece: Human Trafficking and the Scope of States' Positive Obligations under the ECHR", European Human Rights Law Review No.3 (2016).

U.S. Department of State, "2016 Trafficking in Persons Report", U.S. Department of State (2016.6.).

UN Human Rights Committee, Concluding observations on the fourth periodic report of the Republic of Korea, CCPR/C/KOR/CO/4, para. 40(a) (2015).

UNODC (United Nations Office On Drugs and Crime), 「Evidential Issues in Trafficking in Persons Cases」 (2017).

국제이주기구(IOM) 한국대표부, 「귀환과 재통합(Return and Reintegration)」, IOM 인신매매 방지 교육지침서, http://iom.or.kr/wp-content/pdf/인신매매%20방지%20교육%20지침서_귀환과%20재통합.PDF, (2017. 5. 16. 확인).

이주아동 권리 보장을 위한
법제도 개선 운동의 역사와 과제

김사강*

I. 서론

이주아동의 권리 보장은 법적으로 아무런 걸림돌이 없는 것으로 보인다. 대한민국은 1991년 유엔 아동권리협약을 비준·발효했으며, 헌법 제6조 제1항[1])에 의해 이 협약은 국내법과 같은 효력을 가진다. 그런데 유엔 아동권리협약 제2조는 협약에 비준한 당사국이 "그 관할권 내에 있는 모든 아동에 대해 인종, 피부색, 성별, 언어, 종교, 정치적 견해, 국적·민족적·사회적 출신, 재산, 장애여부, 태생이나 기타 신분 등과 무관하게 어떠한 종류의 차별도 없이" 협약이 제시하고 있는 아동으로서의 권리를 보장해야 한다고 명시하고 있다. 따라서 대한민국 국적이 없거나, 심지어 체류 자격이 없는 아동이라하더라도, 일단 대한민국의 관할권 내에 있다면 아동권리협약이 제시하고 있는 생존, 보호, 발달, 참여의 권리를 법적으로 보장받아야함은 당연하다 하겠다.

---

* 이주와 인권연구소 연구위원
1) 대한민국헌법 제6조 제1항 "헌법에 의하여 체결·공포된 조약과 일반적으로 승인된 국제법규는 국내법과 같은 효력을 가진다."

권리 보장에 대한 비차별은 비단 아동권리협약 뿐 아니라, 대한
민국이 비준한 모든 국제인권규범이 공통으로 견지하고 있는 원칙
이다. 특히 당사국의 국민이 아닌 사람도 차별 없이 권리가 보장되
어야 함은 유엔 자유권 위원회의 일반논평 제15호(규약에서 외국인
의 지위)에서 다시 한 번 강조되었는데, 이에 따르면 자유권 규약 상
의 시민적, 정치적 권리는 "당사국의 영토 내에 있으며 그 관할권에
있는 모든 개인"에게 보장되어야 하며, 일반적으로 "상호주의, 국적
이나 무국적과 무관하게 모든 사람에게 적용"된다.[2] 유엔 사회권 위
원회의 일반논평 제20호(경제적, 사회적, 문화적 권리에서의 비차별)
는 "사회권 규약 상 권리는 난민, 난민 신청자, 무국적자, 이주노동
자, 국제 인신매매의 피해자 등, 비국적자들에게 체류자격이나 등록
상태와 무관하게 적용"한다고 설명함으로써, 국적에 따른 비차별을
넘어서 체류자격에 따른 차별 역시 해서는 안 된다는 것을 분명히
하고 있다. 그러면서 권리보장의 예로 당사국에 있는 모든 아동은,
미등록으로 체류하는 아동까지 포함하여, 교육권과 건강권을 가진
다는 것을 들고 있다.[3] [4]

그러나 대한민국 정부는 여전히 국제규범과 헌법에 따라 보장되
어야 할 아동의 정치적, 경제적, 사회적, 문화적 권리에 이주아동이

---

[2] "General Comment No.15: The Position of Aliens Under the Covenant", UN HRC (1986), para. 1.

[3] "General Comment No.20: Non-Discrimination in Economic, Social and Cultural Rights (art. 2, para. 2, of the International Covenant on Economic, Social and Cultural Rights)", UN CESCR (2009), para. 30.

[4] 물론 사회권 규약 제2조 제3항은 "개발도상국은, 인권과 국가 경제를 충분히 고려하여, 비국적자들에게 이 규약이 제시하고 있는 경제적인 권리를 어느 정도까지 보장할 것인가를 결정할 수 있다"고 제한을 두고 있기는 하다. 그러나 이는 어디까지나 개발도상국의 경우로 대한민국이 이 조항을 근거로 이주아동의 경제적인 권리를 제한하는 것은 합당하지 않은 일이 될 것이다.

차별 없이 접근할 수 있도록 하는데 소극적인 자세를 취하고 있다. 이주아동에 대한 차별 금지 및 지원 근거가 되는 법률들은 대체로 그 대상이 되는 이주아동을 다문화가정의 자녀로 한정하는 경우가 많은데,5) 이들은 대부분 한국 국적을 소지한 아동들로 이미 국내 아동 관련법의 적용 대상이다.6) 결국 현행 다문화가정 자녀의 지원과 관련된 법률들은 단지 부모 중 한쪽이 이주민이라는 이유로 그 자녀들을 "일반" 아동과 구분되는 지원 대상으로 만들 뿐, 정작 기존 아동 관련 법률의 적용 대상으로 명시되어 있지 않은 외국 국적 또는 무국적 아동에 대해서는 실질적으로 보호와 지원에서 배제시키는 결과를 가져오고 있다.

　한국 국적이 없거나 한국 국적자를 부모로 두지 않은 이주아동에 대한 이러한 배제는 정부의 정책에서도 마찬가지로 나타난다. 국내

---

5) 예를 들어, 다문화가족지원법 제10조 제1항은 "국가와 지방자치단체는 아동·청소년 보육·교육을 실시함에 있어서 다문화가족 구성원인 아동·청소년을 차별하여서는 아니 된다"고 규정하고 있으며, 재한외국인 처우 기본법 제12조 제1항 역시 "국가 및 지방자치단체는 … 결혼이민자의 자녀에 대한 보육 및 교육 지원, 의료 지원 등을 통하여 결혼이민자 및 그 자녀가 대한민국 사회에 빨리 적응하도록 지원할 수 있다"고 하여 다문화 가정 자녀에 대한 처우를 별도로 언급하고 있다. 다만 동법 제13조 제2항은 "제12조 제1항은 영주권자에 대하여 준용한다."고 하고 있고, 제14조 제1항은 "「난민법」에 따른 난민인정자가 대한민국에서 거주하기를 원하는 경우에는 제12조 제1항을 준용하여 지원할 수 있다."고 하여 영주권자나 난민인정자인 아동에게도 이러한 지원을 제공할 수 있다고 언급하고 있기는 하다.

6) 다문화가족지원법 제2조 제1호는 "다문화가족"을 결혼이민자(한국 국적자와 혼인한 적이 있거나 혼인 관계에 있는 재한외국인)와 한국 국적자(출생, 인지, 귀화에 의해 국적을 취득한 사람을 모두 포함), 또는 인지나 귀화에 의해 국적을 취득한 한국 국적자와 한국 국적자(출생, 인지, 귀화에 의해 국적을 취득한 사람을 모두 포함)로 이루어진 가족으로 정의하고 있다. 이에 따라, 국내에서 태어난 다문화가정의 자녀는 출생 시 부모 일방이나 양방이 한국인으로, 출생과 동시에 대한민국 국적을 취득한 한국인인 경우가 대부분이다. 일부 예외는 결혼이주민인 부 또는 모가 한국 국적자와 혼인하기 전에 태어나 이후 한국에 이주해 외국 국적을 유지하고 있는 자녀들이다.

거주 외국인주민에 관한 기본정책을 수립·시행하고 제도를 개선하기 위한 기초자료로 활용하기 위해 2006년부터 매년 조사되고 있는 외국인주민 현황은 지자체별로 거주하고 있는 외국인 주민 자녀의 수를 집계하고 있지만 여기에는 부모 모두가 외국 국적자인 이주아동들이 제외되어있다.[7] OECD 국가 중 최하위인 아동의 삶의 만족도를 10년 내에 OECD 평균 수준으로 끌어올리겠다는 야심찬 목표로 2015년 처음 수립된 아동정책 기본계획에도 이주아동은 빠져있었다.[8] 결국 이주아동들은 국내에서 이주민(외국인)이자 아동이라는 이중의 취약 상황에 놓여있음에도 불구하고 법과 제도를 통한 보호와 보살핌을 받지 못하고 있는 것이다.

그러다보니 지난 20여 년간 이주아동의 권리 보장을 위한 노력은 시민사회의 주도로 이루어져 왔다. 1990년대 후반 미등록 이주노동자 자녀들의 교육권 보장을 요구하며 시작된 이주아동 인권운동은 이후 이주아동의 수가 증가하고 그 유형도 다양해지면서 교육을 받을 권리를 넘어 건강하게 살 권리, 출생등록을 할 권리, 안정적으로 체류할 권리, 사회보장과 보호를 받을 권리 등 실질적으로 모든 종류의 아동 권리 보장 운동으로 확대되었다. 이러한 운동은 언론을 이용한 여론 환기 및 인식 개선, 유엔 메커니즘을 통한 정부 압박, 관련된 개별법 개정 및 포괄적인 기본법 제정을 위한 입법 운동 등 다양한 방식을 병행하며 전개되었다. 그러나 이주아동의 권리 보장

---

7) 행정자치부의 외국인주민현황 조사에서 집계되는 외국인자녀에는 결혼이민자 및 한국 국적 취득자의 미성년 자녀만 포함된다.

8) 2015년 2월 보건복지부는 2015년부터 2019년까지 시행될 제1차 아동정책기본계획의 시안을 발표했는데, 비록 그 대상을 "우리나라에 거주하는 17세 이하의 모든 아동"으로 정하기는 했지만 구체적인 정책에는 이주아동이 언급되지 않은 채 다문화가정 아동에 대한 보육 및 교육지원 계획만이 포함되어 있었다. 이후 시민단체들의 반발로 최종안에 다문화가정 아동이 아닌 이주아동이 별도로 포함되기는 했지만, 이미 보장되고 있던 일부 교육권 및 건강권에 대한 내용만이 언급되었을 뿐, 새로운 계획은 제시되지 않았다.

을 위한 제도 개선은 더디게 이루어지고 있으며, 그나마 권리는 법적 근거를 통해 뒷받침되지 못한 채 수시로 위협받고 있는 것이 현실이다.

이 글은 크게 두 부분으로 구성된다. 첫째, 이주민 인권단체의 주도로 이루어졌던 이주아동의 권리 보장 운동, 특히 이주아동의 교육권과 체류권을 보장하기 위한 운동이 전개된 과정과 성과를 살펴볼 것이다. 이를 통해 운동이 이룬 성과가 법률의 개정보다는 시행령 개정이나 지침신설에 그치다보니 확보되었다고 믿었던 권리가 실제로는 언제든지 침해당할 수 있는 상황에 놓여있는 현실을 보여주려고 한다. 둘째, 이주민 인권단체와 공익변호사 그룹이 함께 추진했던 법률의 제·개정 시도를 살펴보고 그 안에서 논의되었던 이주아동의 권리들을 검토할 것이다. 특히 이주아동권리보장을 위한 포괄적인 입법 운동이 진행되었던 과정과 그 과정에서 제기되었던 법적·제도적 문제점 및 개선 방안을 다루고자 한다. 이를 바탕으로 여전히 남아있는 법적 쟁점을 다시 한 번 짚어볼 것이다. 참고로 이 글에서 언급되는 "이주아동"은 "대한민국 국적이 없이 대한민국에 체류하고 있는 만 18세 미만의 사람"으로 한정하되, 일부 논의와 관련해서는 24세 이하의 청소년까지도 확대되어 다루어질 수 있음을 밝힌다.[9]

---

9) 이주아동을 18세 미만으로 한정한 것은 아동복지법 제3조 제1호가 "아동"을 18세 미만인 사람으로 정의한 것을 따른 것이고, 이주아동에 청소년이 포함될 때 24세 이하까지 고려하겠다고 한 것은 청소년기본법 제3조 제1호가 "청소년"을 9세 이상 24세 이하인 사람으로 정의한 것을 따른 것이다.

II. 이주아동 권리보장 운동의 성과와 한계

1. 이주아동 권리보장 운동의 시작, 교육을 받을 권리

주변 아시아 국가에서 일자리를 찾아 노동자들이 한국으로 들어오기 시작한 것은 1980년대 후반부터이다. 이른바 "불법"적으로 취업해 체류하는 미등록 이주노동자들이 증가하자 정부는 공식적인 경로를 통해 이주노동자들을 들여오기로 결정하고 1993년 산업연수생제도를 도입했다. 그러나 송출비리와 인권침해로 얼룩진 이 제도는 연수생들의 이탈을 야기해 오히려 더 많은 미등록 이주노동자를 양산하는 결과를 가져왔다. 영세 사업장의 지속적인 인력난과 이주노동자에 대한 의존으로 미등록 이주노동자들을 막무가내로 추방할수는 없었던 정부는 수차례 "자진출국기간"이라는 이름의 임시 사면정책을 실시하면서 실질적으로 미등록 이주노동자의 존재를 묵인했고, 이 과정에서 국내 체류기간이 늘어난 이주노동자 가운데 결혼을 하거나 본국에서 가족들을 불러 들여와 함께 사는 이들이 생기기 시작했다. 미등록 체류자의 경우는 물론 합법적인 체류자격을 유지하고 있더라도 비숙련 이주노동자들에게는 가족동반과 정착을 허용하지 않고 있던 정부의 원칙은 "인력 수입"이 아닌 "사람의 이주"라는 현실에서는 지켜지기 힘든 것이었다.

이런 맥락에서 장기체류하고 있던 미등록 이주노동자의 자녀들이 학교에 다닐 나이가 된 1990년대 후반부터 이주아동의 교육권 문제가 수면 위로 떠오른 것은 당연한 일이었다. 이주노동자의 자녀들은 외국에서 태어난 후 이주를 했건, 한국에서 태어나 계속해서 체류했건, 동반비자를 받거나 외국인 등록을 하는 것이 불가능했기에 미등록으로 체류할 수밖에 없었다. 그러다보니 의무교육이었던 초등학교조차 입학하는 것이 쉬운 일이 아니었다. 일부 이주아동들은 학교장 재량으로 입학 허가를 받아 학교에 다니고 있기는 했지만, 정식으로 학적을 부여받지 못한 채 청강생 자격으로 학교에 다니고 있었다. 학교에서 입학을 거부해 아예 학교에 다니지 못하고 방치되는 이주아동도 있었다.

당시 교육기본법은 의무교육을 비롯한 교육의 권리를 국민에게 한정하고 있었다.10) 그리고 교육기본법에 따른 초·중등교육에 관한 사항을 정하고 있는 초·중등교육법 역시 외국인에 대한 조항을 담고 있지 않았다. 다만, 초·중등교육법 시행령에서는 재외국민 또는 외국인 자녀의 초등학교 전입학 절차를 규정하고 있었는데, 이에 따르면, 외국인 아동이 국내의 초등학교에 입학하거나 최초로 전입학하는 경우에는 "출입국관리사무소장이 발급한 출입국에 관한 사실증명서 또는 거류신고증"(외국인등록증)을 거주지 관할 해당 학교의 장에게 제출하도록 하고 있었다.11) 그런데 일선 학교에서는 출입국

---

10) 교육기본법(1997. 12. 13. 제정, 1998. 3. 1. 시행) 제3조(학습권) "모든 국민은 평생에 걸쳐 학습하고, 능력과 적성에 따라 교육받을 권리를 가진다." 및 제8조(의무교육) 제2항 "모든 국민은 … 의무교육을 받을 권리를 가진다." 참고. 이 두 조항은 현행 교육기본법(2016. 5. 29. 일부개정, 2016. 8. 30. 시행)에서도 변함없이 유지되고 있다.

11) 초·중등교육법 시행령(1998. 2. 24. 제정, 1998. 3. 1. 시행) 제19조(재외국민 자녀의 입학절차 등) 제1항 "재외국민 또는 외국인이 보호하는 자녀 또는 아동이 국내의 초등학교에 입학하거나 최초로 전입학하는 경우에는 출입국관리사무소장이 발행한 출입국에 관한 사실증명서 또는 거류신고증을 거주지를 관할하는 해당 학교의 장에게 제출함으로써 … 입학 또는 전학절차에 갈음할 수 있다." 참고. 이 조항은 2001년 3월 2일 시행령 일부개정으로 "출입국에 관한 사실증명서 또는 외국인등록사실증명서" 제출로 변경되었다. 출입국관리법상 90일을 초과해 대한민국에 체류하려는 외국인에 대한 등록제도인 거류신고제도가 폐지되고 외국인등록제도로 일원화된 것이 1993년(1992. 12. 8. 개정, 1993. 4. 1. 시행된 출입국관리법 제31조에 의해)임을 고려할 때, 최초로 제정 시행된 초·중등교육법 시행령이 이미 바뀐 출입국관리법조차 확인하여 반영하지 않았다는 것은 그만큼 교육당국이 외국인 학

사실증명서와 외국인등록증을 모두 요구하는 경우가 많았다. 미등
록으로 체류하는 이주아동들에게 외국인등록증이 있을 리 만무했
다. 법적으로나 실질적으로나 이러한 아동들의 교육에 대해서는 전
혀 고려하지 않았던 것이다.

2000년 3월, 경기도 성남의 한 이주노동자 인권단체에서 초·중등
교육법 시행령이 이주아동의 입학을 위해 제출하라고 정한 서류가
정확하게 어떤 것인지를 교육부에 질의한 결과, 출입국 사실증명서
제출만으로도 입학이 가능하다는 답변을 받았다.12) 그러나, 미등록
으로 체류하는 아동의 보호자가 출입국관리사무소를 방문해 출입국
사실증명서를 발급받는다는 것도 쉽지는 않은 일이었다. 더욱이 한
국에서 태어나 아예 출입국 기록 자체가 없는 아동들은 출입국 사
실증명서조차 뗄 수 없었다.

외국인노동자대책협의회13)를 포함한 16개 시민사회단체들은 1999
년 한국 정부가 유엔 경제적, 사회적 및 문화적 권리 위원회(이하 사
회권 위원회)에 제출한 보고서에 대한 NGO 반박보고서를 제출하면
서, 한국 정부가 미등록 이주노동자 자녀들의 교육권 보장을 위해 어
떠한 조치도 취하지 않고 있음을 지적했다.14) 2000년 9월 사회권 위

생의 전입학에 대해 무관심했다는 반증일 것이다.

12) "불법체류자 자녀들 학교에 갑니다", 한겨레21 (2000. 4. 20. 제304호)

13) 외국인노동자대책협의회는 1995년 7월 10여 개의 이주민 인권단체들로 구
성된 전국적인 연대체로 설립되었으며, 2000년 당시에는 30여개의 회원단체
를 두고 있었다. 외노협은 2004년 일부 회원단체가 이주인권연대로 분리되
어 나가기 전까지 산업연수생제도 폐지, 미등록 이주노동자 합법화 등을 주
장하며 이주노동자를 둘러싼 제도 개선을 위한 운동의 구심점 역할을 했다.

14) MINBYUN et al., "Economic, Social and Cultural Rights in South Korea: NGO's
Counter Report (Summary) to the Pre-Sessional Working Group of the UN
Committee on Economic, Social and Cultural Rights on the Second Report
submitted by the Republic of Korea under Article 16&17 of the International
Covenant on Economic, Social, and Cultural Rights", [UN CESCR에 제출한 미
발간 보고서] (August 2000), 20.

원회는 쟁점목록(List of Issues)에서 한국 정부에게 조약의 비차별 원칙을 지킬 것을 촉구하면서 이주노동자 보호를 위해 취하고 있는 조치들을 밝히라고 요구했다.15) 이에 압력을 느꼈는지 2001년 2월, 교육부는 미등록 이주노동자의 자녀라 할지라도 특정 학군에 거주하고 있다는 사실을 증명할 수 있다면 그 학군 내에 있는 초등학교에 입학할 수 있도록 하겠다고 발표했다. 다만, 법무부 등이 우려하는 불법체류자 양산을 막기 위해 초·중등교육법 시행령을 개정하는 등 법제화는 하지 않고, 각 시도교육청에 지침을 내려 보내는 방법을 취할 것이라면서, 2002년부터 중학교 의무교육이 실시되면 이들의 중학교 입학도 허용할 것이라고 밝혔다. 그리고 같은 해 4월, 한국 정부는 유엔 사회권 위원회에 제출한 쟁점목록 답변서에서 "인도주의적인 관점에서, 정부는 미등록 외국인 노동자의 자녀들에게 초등교육에 대한 접근을 허용하고 있다"고 기술했다.16)

그러나 이 답변에서 드러나듯 한국 정부는 여전히 이주아동의 교육권을 정부가 보장해야 할 의무가 있는 아동의 권리가 아닌 인도주의적인 관점에서 시혜적으로 허용하는 것으로 인식하고 있었다. 이에 대해, 사회권 위원회의 한 위원은 다음과 같은 냉소적 비평을 내놓기도 했다. "아동들의 권리는 그들의 부모들의 법적 신분과는 상관없는 대세적인 권리(rights erga omnes), 즉 보편적으로 적용되어야 하는 권리이자 국가에게 구속력 있는 의무라는 것을 알아야 한다. 다시 말해 모든 국가는 그 영토에 아동이 살고 있다는 것을 인지하는 순간부터 그 아동이 유엔 인권조약에 명시된 모든 권리를 보호받고 누릴 수 있도록 보장해야 할 의무가 있다는 것이다. 따라서 한국 정부가 인도주의적인 이유를 들먹일 이유는 전혀 없다; 이는 단순히 조약 비준에 따른 의무를 이행하는 것일 뿐이기 때문이다."17)

---

15) "List of Issues: Republic of Korea", UN CESCR (2000), para. 5.
16) "Reply to List of Issues: Republic of Korea", UN CESCR (2001).

이어서 2003년 아동권리위원회는 대한민국 정부의 2차 정기보고서에 대한 최종견해에서 "미등록 이주노동자의 자녀를 포함한 모든 외국인 아동들이 동등하게 사회 서비스에 접근할 수 있는 권리를 보장받을 수 있게 하는 구체적인 조항들을 포함하도록 국내 법률, 특히 교육과 사회복지에 관련된 법률들을 개정할 것"을 권고했다.18) 그러나 체류자격과 무관하게 "임대차계약서, 거주사실에 대한 인우보증서 등 거주사실을 확인할 수 있는 서류"만 제출하면 초등학교 입학을 허용하도록 초·중등교육법 시행령 제19조가 개정된 것은 2008년 2월의 일이었다.19) 당시 교육부는 시행령 개정 이유를 "현재 국내에서 불법체류 중인 아동의 경우에는 관련 법령에 따른 서류의 미비 등으로 국내 학교에 입학 또는 전학을 할 수 없으므로 아동의 교육 받을 권리가 사실상 침해를 받고 있는 실정"이기 때문이라고 밝혔다. 그리고 의무교육인 중학교 입학에도 시행령 제19조가 준용되기 시작한 것은 그보다도 훨씬 늦은 2010년 12월부터였다.20)

이주아동의 교육권 보장 운동이 시작된 지 10년이 지나서야 초·

---

17) "Summary Record of the Second Part (Public) of the 12th Meeting: Republic of Korea", UN CESCR (2001), para. 42.

18) "Concluding Observations: Republic of Korea", UN CRC(2003), para. 59(a).

19) 초·중등교육법 시행령(2008. 2. 22. 개정, 시행) 제19조 ① "재외국민 또는 외국인이 보호하는 자녀 또는 아동이 국내의 초등학교에 입학하거나 최초로 전입학하는 경우에는 거주지를 관할하는 해당학교의 장은 … 출입국에 관한 사실증명 또는 외국인등록사실증명의 내용을 확인함으로써 … 입학 또는 전학절차에 갈음할 수 있다. 다만, 그 재외국민 또는 외국인이 확인에 동의하지 아니하는 경우에는 출입국에 관한 사실이나 외국인등록사실을 증명할 수 있는 서류 또는 임대차계약서, 거주사실에 대한 인우보증서 등 거주사실을 확인할 수 있는 서류를 제출하도록 하여야 한다."

20) 초·중등교육법 시행령(2010. 12. 27. 개정, 시행) 제75조 "귀국학생 등의 중학교 입학·전학 및 편입학에 관해서는 귀국학생 등의 초등학교 입학 등에 관한 제19조 제1항 및 제2항을 준용한다 …." 개정 전까지 이 조항은 귀국학생 등에게 "학칙이 정하는 바에 따라" 중학교 입학·전학 및 편입학을 허용하고 있었다.

중등교육법 시행령의 개정이 이루어졌지만, 이는 반쪽짜리 승리였을 뿐이었다. 학교에 다닐 수 있다고 하더라도 이주아동들의 체류가 보장되지 않으면, 다시 말해 아동들이 미등록으로 체류하고 있다는 이유로 단속과 강제퇴거의 대상이 된다면, 언제라도 교육을 받을 권리는 박탈당할 수 있는 상황이기 때문이었다. 따라서 이주아동의 교육권 보장 운동에 이어 이주아동의 체류권 보장 운동이 시작된 것은 자연스러운 수순이었다.

2. 단속과 추방의 공포 없이 체류할 권리

이주아동의 교육권이 보호되어야 할 권리로 인정되기 전까지는 미등록 이주아동과 그들의 부모를 예외적으로 단속과 강제퇴거에서 유예시켜달라거나 체류를 허가해달라는 요구를 할 수 있는 근거가 없었다. 하지만 정부가 공식적으로 미등록 이주노동자의 자녀들이 학교에 다닐 수 있도록 허용한 이후, 이주민 인권단체들은 정부의 정책에 모순이 존재한다는 것을 지적할 수 있게 되었다. 한편으로는 이주아동들에게 교육권을 부여한다고 하면서 다른 한편으로는 아동 본인과 부모들에게 체류자격을 주지 않음으로써 교육을 지속할 수 있는 권리를 위협하는 것은 앞뒤가 맞지 않는 것이기 때문이었다. 특히 2004년 8월 고용허가제가 시작되고, 미등록 이주노동자들에게 부여하던 한시적인 체류허가 조치가 만료되어 강력한 단속이 재개된 2005년부터는 이주아동의 체류권 문제가 수면 위로 떠오르게 되었다.[21]

---

21) 한국 정부는 2002년 3월, 당시 전체 이주노동자의 80%에 달하던 미등록 이주노동자 문제를 해결하기 위한 종합 대책을 내놓았다. 우선 2003년 3월까지 1년 간 출국준비기간이라는 이름으로 한시적 체류허가를 주고, 이후 이들이 출국하면 2003년부터 고용허가제를 실시하여 새로운 이주노동자들을

2005년, 미등록 이주노동자였던 부모가 단속, 추방당한 뒤 홀로 남아 학교에 다니고 있던 이주아동들에 대한 기사가 언론에 보도되었다.[22] 이 아동들은 재한 몽골학교에 재학 중이었으며, 이들의 부모가 추방된 것은 학교가 서울시 교육청으로부터 인가를 받은 뒤였다.[23] 이주민 인권단체를 포함한 시민단체들은 미등록 이주노동자의 자녀들에게 교육권을 부여하겠다는 한국 정부의 의지에 의문을 제기하면서, 전국에서 100여개 단체들이 공동대책위원회를 구성해

받아들이겠다는 것이 그 내용이었다. 이 조치로 전체 미등록 이주노동자의 95%가 넘는 25만 5천여 명의 이주노동자들이 1년의 체류허가를 받을 수 있었다. 출국준비기간이 끝나기 직전인 2003년 3월, 고용허가제의 근거법률인 「외국인근로자의 고용 등에 관한 법률」이 2003년 8월 제정될 것으로 예상되는 가운데 한시적 체류허가도 같은 해 8월까지로 연장되었다. 고용허가제 법률안은 예상대로 국회를 통과했고, 2004년 8월부터 시행하는 것으로 결정되었다. 그리고 법률안 통과 직후인 2003년 8월, 법무부는 국내 체류기간이 4년 미만인 미등록 이주노동자 22만 7천여 명을 대상으로 한 합법화 조치를 발표했다. 당시 합법화는 미등록 이주노동자 뿐 아니라 그들을 고용하고 있던 사업주 및 이주민 인권단체들의 강력하고 지속적인 요구의 결과이기도 했지만, 현실적으로 20만 명이 넘는 미등록 이주노동자를 한 번에 단속·추방하는 것이 불가능한 상황에서 고용허가제라는 새로운 제도의 순조로운 출발을 위해서는 어떤 식으로든 미등록 이주노동자의 숫자를 최소한으로 줄여야 한다는 정부의 고육지책이기도 했다. 한국 이주 역사상 최초로 이루어진 대규모 합법화의 조건은 어떠한 경우라도 이주노동자가 한국에 5년 이상 체류해서는 안 된다는 기본적인 전제 하에 체류 기간 3년 미만인 자에게는 최장 2년, 체류기간 3년 이상 4년 미만인 자에게는 최장 1년 기한의 취업비자를 발급해주는 것이었다. 2004년 8월, 고용허가제가 본격적으로 시행되고 합법화 조치로 체류자격을 얻었던 이들의 비자기간이 만료되기 시작하면서 법무부의 미등록 이주민 단속은 본격화되었다. 특히 법무부는 2005년을 "불법체류자 감소 원년의 해"로 정해 검경 합동 단속반을 운영하면서 무자비한 단속을 이어나갔다. 그 결과 2003년 5,867명이었던 강제 퇴거 미등록 이주민의 수는 2004년 19,307명, 2005년 38,019명 등으로 크게 증가했다(Kim 2010, 107-128.)

22) "몽골학교 아이들의 눈물을 씻어 주세요", 오마이뉴스 (2005. 7. 21.)
23) 재한 몽골학교는 1999년 몽골 출신 이주노동자 자녀들의 교육을 위해 설립된 학교로 2005년 서울시 교육청으로부터 외국인학교 인가를 받았다.

이주노동자 자녀들에게 합법적으로 체류할 수 있는 길을 열어줄 것을 요구하기 시작했다. 이들은 한국에서 태어나 한 번도 불법으로 국경을 넘거나 비자가 만료된 적이 없는 아동들도 한국 국적법의 속인주의 원칙에 따라 단속과 추방의 대상이 되고 있다고 지적하면서, 최소한 이러한 아동들에게는 영주권을 허용하고 만 18세가 되었을 때 국적을 선택할 수 있는 권리를 주어야 한다고 주장했다. 또한 부모에 의해 한국에 들어왔다가 미등록이 된 아동들에게도 인도주의적인 차원에서 체류권을 부여하여 아동들이 단속과 추방의 공포에서 벗어나 안심하고 학교에 다닐 수 있는 기회를 제공해야 한다고 주장했다.[24]

　그러나 법무부는 오히려 학교에 다니는 이주아동들을 추적해 미등록으로 체류하고 있는 학부모들을 단속하기 시작했다. 2006년 경기도 교육청은 관할 내에 있는 두 곳의 초등학교에 이주노동자 자녀를 위한 특별학급의 운영을 시작했는데, 이 학급에 있던 학생들의 부모가 출입국에 단속·추방되는 사건들이 잇달아 발생한 것이다. 학생 수가 줄어들고, 남은 학생들도 불안해하면서 특별학급 운영은 곤경에 빠지게 되었다.[25] 이주민 인권단체들을 포함한 시민사회는 정부에 아직 강제출국을 당하지 않은 학부모들을 보호 일시해제 해줄 것을 요구하는 한편, 미등록 이주노동자 자녀들의 교육권을 보호할 수 있는 조치를 취할 것을 요구했다. 시작한지 몇 달 되지 않아 이주아동 특별 학급이 존폐의 위기에 놓이자, 교육인적자원부도 법무부에 학생과 학부모를 단속하는 행위를 금지해 줄 것을 요청했다.[26]

　2006년 초까지 법무부의 입장은 단호했다. 비록 학교에 다니는

---

24) "이주아동 합법체류 교육기회 보장해야", 레이버투데이 (2005. 10. 31.)
25) "불법체류 단속 아이들은 어쩌나-경기도교육청 외국인 자녀 학급 운영 곤경에", 문화일보 (2006. 4. 11.)
26) "자녀 추적 불법 체류자 단속 안 한다, 교육부 '다문화 가정' 지원대책", 경향신문 (2006. 5. 1.)

자녀를 두고 있더라도 미등록 이주노동자들은 계속해서 단속할 것
이며 그들과 자녀들에게 합법적인 체류자격을 부여하지 않을 것이
라고 못 박았던 것이다.[27] 그러나 시민사회 단체의 압력과 교육인적
자원부의 요청은 이러한 강경한 입장을 흔들었다. 2006년 4월, 교육
부는 '다문화가정 자녀교육 지원대책'을 발표하면서 이주노동자 자
녀의 교육권을 실질적으로 보호하기 위해 "불법체류자 자녀들이 단
속이 무서워 학교에 다니지 못하는 사례가 발생하지 않도록 관련부
처(법무부 등)와 협의하고, 학교 당국에도 이를 안내·홍보할 계획"
이라고 밝혔다. 이 문제는 2006년 5월 26일 열린 외국인 정책위원회
의 첫 번째 회의에서 주요한 안건으로 다루어졌다. 그리고 논의 결
과 미등록 이주노동자 자녀 가운데 초등학교에 다니고 있으며 이
미 한국 생활에 적응하여 본국으로 돌아갈 시 오히려 적응이 어렵
다고 판단되는 경우에 부모와 함께 제한적으로 일정기간 동안 체류
하도록 허용하는 방안을 마련하기로 결정되었다.

마침내 2006년 8월, 법무부는 학교에 재학 중인 미등록 이주아동
에게 "한시적 특별체류"를 허용하기로 발표했다. 학기 중에 출국하
게 될 경우 학습단절, 귀국 후 부적응 등 아동의 건전한 성장을 저
해할 우려가 있다는 것이 그 이유였다.[28] 그러나 이 특별체류 조치
는 2008년 초까지로 시기를 한정하고 있었고 그 대상도 초등학교 재
학생 및 그 학부모로 제한하고 있었다. 본질적으로 한시적 특별체류
는 이주 아동의 체류권이나 교육권을 보호하기 위해서라기보다는
미등록 이주노동자 가족이 본국으로 돌아갈 준비를 할 수 있는 시
간을 주기 위해 고안된 것이었기 때문이다. 그 결과 한시적 특별체

---

27) 법무부 보도해명자료, "의료 사각 방치된 불법체류 자녀 관련 보도 해명",
    출입국관리국 조사집행과 (2006. 2. 8.)
28) 당시 법무부의 보도자료에는 유엔 아동권리협약의 교육권(제28조 제1항),
    비차별 원칙(제2조), 발달권(제29조)이 언급되기도 했다.

류 허가를 신청한 이주아동은 법무부가 기대했던 1,130명에 훨씬 못
미치는 97명에 불과했다.29) 2007학년도에 실시된 한시적 특별체류
조치는 이후 갱신되거나 확대될 것으로 기대되었으나, 2008년 이명
박 정부 출범과 함께 역사 속으로 사라지고 말았다.

그렇다고 이주아동의 체류권 보장을 위한 법제도 개선 운동마저
끝난 것은 아니었다. 외국인노동자대책협의회는 2010년 국가인권위
원회의 용역사업으로 〈이주아동의 교육권 실태조사〉를 수행했는데,
그 결과 보고서에서 이주아동의 교육권 보장을 위한 개선 방안으로
이주아동에 대한 단속, 보호, 강제퇴거 관련 법률규정을 신설할 것
을 제안했다.30) 이를 토대로 국가인권위원회는 2011년 2월, 법무부
장관에게 "외국인에 대한 단속·보호·강제퇴거 시 아동의 처우에 대
한 내용을 관련 법령에 별도로 규정하고, 이주아동의 부모에 대한
강제퇴거 조치를 일정 기간 동안 일시 유예하는 방법을 마련할 것"
과 교육공무원을 포함해 "이주민의 권리보호나 구제를 업무로 하는
공무원에 대한 공무원 통보의무의 적용을 유보 혹은 면제한다는 내
용을 관련 법령에 규정할 것"을 권고했다.31)

이에 법무부는 이미 "이주아동 교육권 보장을 위해 그 부모가 단
속된 경우라도 아동의 해당학기 마무리 등을 위해 보호 일시해제
등의 제도를 적극 허용하고 있"으며32) "교육공무원 등에 대해 출입

---

29) 당시 발표된 법무부 자료에 따르면 2006년 7월 당시 19세 이하인 미등록 이
주아동은 8,184명이며 그 중 초등학교 재학 연령대에 속한 아동의 수는
4,188명이었다. 그 가운데 중국, 몽골, 필리핀 등 이주노동자를 보내는 국
가 출신으로 대상을 한정하여 집계한 한시적 체류허가 신청 예상 아동의
수는 1,130명이었다. 그러나 이 조치를 통해 특별 체류허가를 받은 아동은
97명(부모는 116명)에 그쳤다.

30) 이혜원 외, "이주아동의 교육권 실태조사", 국가인권위원회 (2010. 10.), 400.

31) 국가인권위원회, "이주아동의 교육권 보장을 위한 개선방안 권고", (2011. 2.
16.)

32) 실제로 법무부는 2010년 9월 7일 '불법체류 학생의 학습권 지원방안' 지침

국관리법 상 공무원이 직무수행 중 강제퇴거대상자 등을 발견할 때 출입국 기관에 지체 없이 통보하도록 하는 공무원통보의무의 적용을 유보 혹은 면제하라는 국가인권위원회의 권고를 수용한다"는 의견을 발표했다. 이후 법무부는 출입국관리법을 개정해 제84조(통보의무) 제1항에 "다만, 공무원이 통보로 인하여 그 직무수행 본연의 목적을 달성할 수 없다고 인정되는 경우로서 대통령령으로 정하는 사유에 해당하는 때"에는 출입국관리법 위반 사실을 통보할 의무가 없다는 단서를 달았다. 그리고 동법 시행령 제92조의 2(통보의무의 면제)를 신설해 대통령령으로 정하는 사유에 "「초·중등교육법」 제2조에 따른 학교에서 외국인 학생의 학교생활과 관련하여 신상정보를 알게 된 경우"를 포함시켰다.[33]

그러나 단속을 자제하고 강제퇴거를 유예하는 것은 법률이 아니라 지침일 뿐이며, 출입국관리법 시행령은 통보를 금지하는 것이 아니라 통보할 의무가 없다는 것일 뿐으로, 이주아동의 체류권 보장이 제도화 된 것은 아니었다. 또한 초등학교나 중학교에 다니지 않는 영·유아나 고등학생, 학교 밖 이주아동의 단속·보호·강제퇴거를 막을 수 있는 규정은 지침조차 마련되지 않았다. 법무부가 밝힌 2007년부터 2009년까지 외국인보호소에 구금된 아동의 수는 모두 31명이었고,[34] '불법체류 학생의 학습권 지원방안' 지침을 발표한 이후인 2011년에도 총 17명의 아동이 구금된 것으로 나타났다.[35] 이주아동에게 교육을 받을 수 있는 권리나 단속이나 추방의 공포 없이 안전

을 내놓으면서, 초·중학교 재학 불법체류 아동에 대해 단속을 자제하고, 적발 시 학생 및 그 부모에 대해 중학교 졸업 시까지 강제퇴거를 집행 유예(보호 일시해제)한다고 발표했다.

33) 통보의무와 관련해 출입국관리법은 2012년 1월에 개정(5월 시행)되었고, 동법 시행령은 2012년 10월에 개정되었다.

34) 김종철, "이주아동 구금보고서: 이주아동 구금 근절과 구금 대안을 향하여", 공익법센터 어필·월드비전 (2015), 4.

35) 공익법센터 어필 홈페이지 http://www.apil.or.kr/1434 참고.

하게 체류할 수 있는 권리 같은 것이 얼마나 쉽게 박탈될 수 있는 것
인지는 2012년 한 고등학생의 강제퇴거 사건에서 극명히 드러났다.

3. 여전히 불안정한 교육권과 체류권

2012년 10월, 고등학교에 재학 중이던 몽골 출신의 미등록 이주
아동이 폭행사건의 참고인 자격으로 경찰에 임의동행 되었다가 출
입국에 의해 강제퇴거 당하는 사건이 발생했다. 해당 아동은 7세에
아버지를 따라 한국에 입국해 한국에서 초·중학교를 졸업하고 고등
학교 1학년에 재학 중이었는데, 2012월 10월 1일 밤, 거리에서 몽골
인 친구들과 한국 청소년들 사이의 싸움을 말리다가 신고를 받고
출동한 경찰에 의해 관할 지구대로 연행되었다. 이튿날 새벽, 해당
아동은 중부경찰서로 이관되었고, 담당 경찰은 조사 과정에서 해당
아동의 출입국기록을 조회해 체류자격이 없다는 것을 확인한 뒤 해
당 아동에게 싸움의 당사자였던 다른 친구들의 통역을 도와주면 내
보내주겠다고 했다. 그러나 밤을 새워 통역을 하고난 뒤인 10월 2일
오전, 경찰은 해당 아동을 서울 출입국관리사무소로 인계했고, 출입
국관리사무소는 인계 당일 해당 아동에 대하여 강제퇴거명령 및 보
호명령 결정을 내리고 화성 외국인보호소로 이송시켰다. 10월 4일
오전, 해당 아동이 다니던 교회의 부목사가 변호사의 도움을 받아
서울 출입국관리사무소에 강제퇴거명령 이의신청 및 일시보호해제
신청을 제출했다. 해당 아동의 신원보증서와 재학증명서, 학생생활
기록부 등 학교에 재학 중임을 밝힐 수 있는 서류도 첨부한 상태였
다. 그러나 출입국 측은 일시보호해제를 위해 보증금 2,000만원이
필요하며 설사 일시보호해제를 받는다고 한들 두세 달 뒤에는 귀국
을 해야 한다며 출국을 종용했다. 결국 해당 아동은 일시보호해제

신청을 포기했고, 사건 발생 나흘 만인 10월 5일 오전, 수갑이 채워진 채 인천 국제공항으로 호송되어 몽골 행 비행기에 탑승되면서 강제 추방되었다.36)

　이 사건이 이주민 인권단체에 알려지면서 같은 해 11월, 이주민 인권단체, 공익 변호사그룹, 아동단체 등 전국 80여개 시민사회단체가 함께 〈추방 몽골인 학생 복교와 재발방지대책마련촉구 인권연대(이하 추방방지연대)〉를 발족했다. 추방방지연대는 기자회견, 서명운동, 국가인권위원회 진정, 국회토론회 개최 등 다양한 활동을 통해 정부, 특히 법무부를 압박했다. 특히 추방방지연대는 국가인권위원회에 제출한 진정서에서 경찰과 출입국관리공무원들이 해당 아동에 대한 공권력 행사 과정에서 보호자에게 관련 사실을 고지하거나 그 참여를 보장하려고 노력하는 등 해당 아동이 미성년자라는 특수성을 고려한 조치를 취하지 않았고, 법적 근거나 적법절차 없이 직권을 남용하여 불법체포·감금하였으며, 아동과 보호자에게 그릇된 정보를 제공하여 해당 아동의 법적 권리를 박탈하는 등의 피해를 입혔음을 적시했다. 그리고 이로 인해 해당 아동은 아동권리협약에 명시된 다양한 아동의 권리, 예를 들어 아동 최선의 이익 최우선 고려 원칙(제3조 제1항), 부모로부터 분리 금지(제9조), 부당한 대우 및 부당한 처벌로부터의 보호(제37조), 교육을 받을 권리(제28조) 등을 침해당했다고 지적했다.37) 그러나 국가인권위원회의 조사과정에서 경찰은 적법한 절차에 의해 공무집행을 했고 해당 아동의 보호자에게도 통보했다는 답변을 내놓았으며, 법무부는 서울 출입국관리사무소 측이 보호일시해제 제도를 학생과 대리인에게 설명했음에도

---

36) 추방 몽골인학생 복교와 재발방지대책 촉구 인권연대, "'추방 몽골인 학생 복교와 재발방지대책마련촉구 인권연대' 활동 자료 모음집" [미발간 자료집], (2013. 10. 8.), 2-3.
37) 추방방지연대, 위의 자료집, 19-25.

당사자들이 출국의사를 밝혀 출국시킨 것이라는 거짓 해명을 발표
했다.[38]

　국회인권포럼과 추방방지연대가 2013년 4월 공동으로 주최한 국
회토론회에서 추방연대 측은 해당 아동이 비록 미등록으로 체류하
고 있었지만 아동권리협약에 의거하여 교육권 등 기본적인 권리를
보장받았어야 했다고 주장했다.[39] 반면 법무부는 유엔 아동권리협
약의 비차별 원칙에 불법 체류 아동이 해당되지 않는다고 해석하면
서, "불법체류 아동에 대해 체류활동을 제한하는 것은 불법에 따른
차별이므로, 국적이나 인종 등에 의한 비합리적인 차별 또는 부당한
차별이 아니라 오히려 대한민국의 질서, 특히 체류질서 유지를 위한
합리적인 차별"이라고 주장했다. 또한, 아동권리협약에서 규정한 학
습권이 불법체류 아동에게도 보장되어야 한다고는 볼 수 있지만, 이
를 근거로 아동 본인이나 부모에게 합법적인 체류를 허용하는 것은
받아들일 수 없다는 입장을 밝히기도 했다.[40]

　토론회 얼마 뒤인 2013년 6월, 국가인권위원회는 이 사건의 침해
구제 진정에 대한 결정문을 발표하면서 법무부장관에게 "「아동의
권리에 관한 협약」 제3조 제1항에 따라 피해자의 최선의 이익이 최
우선적으로 고려될 수 있도록 적절한 구제조치를 취할 것과, 미등록

---

38) 법무부 보도해명자료, "'불법체류 몽골 고교생 혈혈단신 추방' 보도 관련
　　해명", 대변인실 (2012. 11. 8.)
39) 2013년 4월 10일 열린 "미등록이주아동의 기본권 실태와 개선방안 토론회:
　　강제추방된 미등록이주아동, 이대로 둘 것인가?" 자료집 중 추방연대 측의
　　발제문 참고.
40) 위 토론회 자료집 중 법무부 이민조사과 김재남의 토론문 참고. 아동권리협
　　약 제2조 비차별 원칙에 미등록 이주아동이 포함되지 않는다는 법무부측
　　해석의 근거는 독일이 동 협약 가입 당시, "이 협약의 어떠한 규정도 독일
　　연방공화국 영토로의 외국인에 의한 불법입국이나 불법체류가 허용되는 것
　　으로 해석되지 아니 한다"는 단서를 달았다는 것이었다. 대한민국이 협약
　　가입 시 그러한 유보 단서를 달지 않았다는 것은 언급되지 않았다.

이주아동의 경우 부모와 분리되어 단독으로 퇴거되는 사례가 발생하지 않도록 출입국관리법령에 근거 규정을 마련하고 재발 방지대책을 수립할 것"을 권고했다. 결국 법무부는 같은 해 11월 '불법체류 아동 학습권 관련 설명자료'를 통해 "초·중학교 재학 불법체류 아동의 단속을 자제하고, 적발돼도 학생과 부모에 대해 강제퇴거집행을 유예하여 중학교 졸업 시까지 학업을 계속할 수 있도록 한 현행 불법체류 학생의 학습권 지원방안 지침을 고등학생에게도 적용하겠다"며 입장을 번복했다.41)

이주아동의 교육권은 초·중등교육법 시행령의 개정으로 일부 보장되었으나, 이는 초·중학교의 전·입학 절차에 대한 규정일 뿐이다. 교육기본법은 여전히 이들을 의무교육의 대상으로 인정하지 않고 있으며, 고등학교 교육을 보장받을 수 있는 법적인 근거는 부재한다. 이주아동의 체류권은 교육권이 인정됨에 따라 중요한 권리로 인식되고 있지만, 여전히 출입국관리법 등 이주아동의 체류를 규정하는 법률에 명시되어 있지 않다. 그러다보니 아동의 의사에 반해서 갑작스럽게 교육이 단절되고 강제로 추방되더라도 국제 규범을 근거로 삼거나 인도주의적인 처분에 호소하는 것밖에는 방법이 없는 것이 현실이다. 추방당했던 고등학생은 이주민 인권단체에 사건이 알려졌고, 강제퇴거 후 끈질기게 이어진 추방방지연대의 활동에 힘입어 2년여 만에 한국에 재입국 수 있었다. 그러나 여전히 외부에 알려지지 못한 채 비슷한 상황에서 권리를 침해당하는 수많은 이주아동들이 있을 것이다. 모든 이주아동이 교육권과 체류권을 포함한 아동으로서의 기본적인 권리를 보장 받기 위해서는 확실한 법적 근거가 필요하다는 인식이 이주민 인권단체를 비롯한 시민사회에 확산되면서, 그리고 소수자의 인권에 관심을 갖는 공익 변호사 그룹의

---

41) "불법체류 학생 학습권 보장, 고등학교까지 확대", 경향신문 (2013. 11. 7.)

수가 점차 늘어나면서 법률의 제·개정 운동이 활발해지기 시작했다.

III. 법률 제·개정을 둘러싼 활동과 진행된 논의들

1. 이주아동 권리보장을 위한 기본법 제정 운동

2000년대 중반 이후 이주민의 구성이 다양해지고, 이주노동자와 재외동포, 결혼이주민 등을 위한 새로운 법률과 제도가 도입[42]되면서 주로 미등록 이주노동자의 자녀들이었던 이주아동의 유형과 체류자격도 다양해지기 시작했다. 여전히 고용허가제 등을 통해 들어오는 비숙련 이주노동자에게는 자녀를 포함한 가족동반이 허용되지 않았지만, 국내에서 태어난 자녀에 한해서는 체류자격을 부여하는 방침에 의해 합법적으로 체류하는 이주노동자의 자녀들이 생기기 시작했고, 그 밖에도 유학생의 자녀, 난민의 자녀, 결혼이주민이 한국인 배우자와 혼인 전 낳은 자녀 등도 늘어났다. 이주아동의 유형과 연령대가 다양화 되면서,[43] 이주아동의 권리와 관련된 이슈도 다

---

42) 비숙련 이주노동자의 경우 2003년 「외국인근로자의 고용 등에 관한 법률」이 제정, 2004년부터 시행되면서 고용허가제를 통해 한국에 입국하게 되었다. 중국 또는 구 CIS 국가 출신의 동포들은 2004년 「재외동포의 출입국과 법적 지위에 관한 법률」이 대한민국 정부 수립 이전에 국외로 이주한 동포도 재외동포에 포함되도록 개정되면서 동포비자로 국내에 입국하는 것이 가능해졌다. 또한, 합법적으로 장기 체류하고 있는 이주민의 경우는 2007년 제정·시행된 「재한외국인 처우 기본법」에 의해, 결혼이주민의 경우 2008년 제정·시행된 다문화가족지원법에 의해 보호와 지원 정책이 마련되었다.

43) 정기선 외(2013)에 따르면 국내에 체류하고 있는 미성년(18세 이하) 외국인은 방문동거(F-1) 비자를 소지하고 있는 경우가 가장 많지만, 동반(F-3), 거주(F-2), 영주(F-5), 일반연수(D-4), 유학(D-2), 기타(G-1) 등 다양한 체류자격을 가지고 있으며, 여전히 미등록으로 체류하는 아동들도 존재한다. 또한

양해졌다. 그러다보니 출생등록부터 보육, 교육, 건강, 보호와 지원 등을 모두 포괄하는 기본법 제정의 필요성이 제기되었다.

2009년 4월, 이주아동의 권리 보호를 위한 포괄적인 법률 제정을 통해 이주아동이 유엔 아동권리협약에 따른 권리를 보장받을 수 있도록 한다는 목표 아래 공익변호사 그룹, 이주민 인권단체, 아동단체를 포함한 7개의 시민단체가 연대하여 〈이주아동·청소년 권리보장을 위한 시민행동(이하 시민행동)〉을 발족했다.44) 공익변호사그룹 공감의 주도로 약 6개월 간 관련 법률 검토 및 대안 법률안을 작성한 시민행동은 법안 발의를 위해 당시 한나라당 소속 김동성 의원을 섭외했다. 그리고 해당 의원실의 주최로 2009년 12월 이주아동권리보장법의 제정을 위한 국회토론회를 개최하고, 2010년 3월 국회 발의를 위한 관련부처 간담회, 같은 해 4월 2차 시민토론회를 가졌다. 마침내 2010년 10월 김동성 의원을 포함한 43명의 국회의원이「이주아동권리보장법」을 발의하기에 이르렀다.

이주아동권리보장법은 이주아동을 대한민국 국민이 아닌 18세 미만의 사람으로서 국내에서 90일 이상 거주한 자로 정의하고(제2조) 이 법의 목적을 아동권리협약에 따라 이주아동의 기본적 인권을 보호하고 차별 없는 생활을 보장하는 것이라고 밝히면서(제1조), 이주아동이 아동 또는 부모의 국적, 인종, 언어, 종교, 신분, 재산, 정치적 의견 및 체류자격 등과 관계없이 어떠한 종류의 차별도 받지 않는다는 것을 기본이념으로 내세웠다(제3조). 그리고 법안에 교육을 받을 권리(제5조), 의료급여 등을 제공받을 권리(제6조), 보육을 지원받을 권리(제7조),「아동복지법」및「청소년기본법」에 따른 보호조

연령대는 영유아기(0~5세)가 39%로 가장 많으며, 초중등학령기 아동(6~14세)이 35%, 고등학령기 아동(15~18세)이 26%를 차지한다.
44) 시민행동의 발족에 참여한 단체는 공익변호사그룹 공감, 서울 YMCA, 서울 YWCA, 세계선린회, 지구촌 사랑나눔, 한국외국인지원단체협의회, 흥사단이었다.

치를 받을 권리(제8조), 인도적인 사유가 있을 경우 체류허가를 받을 권리(제10조) 등을 특별히 보장되어야 할 이주아동의 권리로 명시하면서, 국가와 지방자치단체는 이를 위한 정책을 수립·시행해야 할 책무가 있다(제4조)고 언급했다.

이주아동권리보장법은 2011년 3월 한나라당 중점 처리법안 74개 중 하나로 채택되었으며, 같은 해 4월 법제사법위원회의 회의 안건으로 상정되었다.[45] 회의에 참석한 전문위원은 "이주아동의 경우 내국인 아동보다 더 열악한 환경에 처할 위험성이 크므로 이에 대한 특별한 배려가 필요하다는 관점에서 볼 때 이 법률안의 제정 취지는 타당"하지만 "일부 규정 등은 출입국관리법 등 현행 법률체계와 충돌을 야기할 수 있다는 것에 대해서도 충분한 검토가 있어야 할 것"이라는 보고를 했다. 실제로 전문위원의 검토보고서는 부정적이었다. 우선 법안 제정의 전제 조건으로 법률 적용대상의 규모에 대한 조사·분석, 다양한 부처 간 업무조정과 협조, 이주아동의 권리보호가 불법체류의 연장 또는 합법화 수단으로 기능할 우려에 대한 검토 등이 이루어져야 한다고 지적했고, 구체적인 조문에서도 의무교육은 국민에게 주어지는 헌법상의 권리인데 국민이 아닌 이주아동에게 이 권리를 주는 것은 신중한 검토가 필요하다거나, 국내 취약계층 아동들도 제대로 보육지원을 받지 못하고 있는 상황에서 이주아동을 보육 우선제공 대상자로 하는 것은 어렵다는 등의 이유를 들며 회의적인 입장을 내비쳤다.[46] 결국 이주아동권리보장법은 국회 본회의에 상정되지 못한 채 2012년 5월 18대 국회 임기 만료로 폐기되는 운명을 맞게 되었다.

---

45) 제18대국회 제299회(임시회) 제4차, "법제사법위원회회의록", (2011. 4. 15.) 참고.
46) 허영호, "이주아동권리보장법안 (김동성의원 대표발의) 검토보고", 법제사법위원회 (2011. 4.)

그러나 시민행동은 포기하지 않고 19대 국회를 대상으로 다시 입법 운동을 시작했다. 2012년 10월 법제사법위원회 소속 의원을 대상으로 입법제안서를 발송하고, 2013년 1월 관심을 보인 민주당 박영선 의원과 접촉하며 법안 발의를 협의했다. 2013년 4월에는 참여 확산을 위해 시민행동을 해산하고 〈이주아동권리보장기본법 제정 추진 네트워크(이하 네트워크)〉로 명칭을 바꾸면서 소속 단체도 17개로 늘어났다.47) 그러나 2013년 5월 박영선 의원이 발의 의사를 철회했고, 네트워크는 같은 해 9월 새누리당의 이자스민 의원을 발의 의원으로 바꾸게 되었다. 새누리당의 2012년 대통령 선거 당시 다문화 공약 가운데 하나가 이주아동권리보장법 제정이기도 했고, 이자스민 의원이 이주민 최초로 국회의원이 되었기에 법안 제정에 적극적일 것이라는 판단에서였다. 이후 네트워크는 이자스민 의원실의 주최로 여성부, 교육부, 보건복지부, 법무부 등 관계 부처와 간담회를 가졌고, 2014년 4월 국회에서 이주아동권리보장기본법 제정 공청회를 개최했다.

공청회를 통해 처음으로 공개된 「이주아동권리보장기본법」의 내용은 2010년에 발의되었던 「이주아동권리보장법」에서 한걸음 더 나아가 좀 더 다양하고 구체적인 이주아동의 권리들을 포함하고 있었다. 예를 들어 이전 법안에 있던 체류자격을 부여받을 권리(제10조)는 물론 출생등록의 권리(제9조), 강제퇴거로부터의 보호(제11조),

---

47) 네트워크 소속 단체들은 국회 공청회가 열린 2014년 4월 20개, 법안이 발의된 2014년 12월에는 23개(경기도외국인인권지원센터, 공익인권법재단 공감, 국제아동인권센터, 국제NGO 생명누리, 대전이주외국인종합복지관, 사천다문화통합지원센터, 살레시오수녀회, 서울 YMCA, 서울 YWCA, 세계선린회, 세이브더칠드런, 아시안프렌즈, 안산이주아동청소년센터, 월드머시코리아, 이주민과함께, 지구촌사랑나눔, 프렌드아시아, 한국다문화교육학회, 한국외국인지원단체협의회, 한국이주민건강협회, 한국이주여성인권센터, 흥사단, UNHCR)로 늘어났다.

부모와 함께 살 권리(제12조) 등이 새롭게 추가되었으며, 이전 법안의 의료급여를 제공받을 권리는 건강권(제15조)으로 폭이 넓어졌다. 또한, 기본법의 실질적인 실현을 위해 국가 및 지방자치단체의 책무에 이주아동에 대한 실태조사(제8조)와 5년 단위의 기본계획 및 연도별 시행계획의 수립·시행(제5조 및 제6조)을 포함시켰으며, 구체적인 권리들이 보장될 수 있도록 권리와 관련된 각 조문마다 관련 법령을 정비하는 등 필요한 조치를 취할 것을 명시했다.[48]

〈표 1〉 이주아동권리보장법안(2010)과 이주아동권리보장기본법(2014) 비교

	이주아동권리보장법안	이주아동권리보장기본법
비차별원칙	아동 또는 부모의 국적, 인종, 언어, 종교, 신분, 재산, 정치적 의견, 체류자격 등과 관계없이 어떠한 종류의 차별도 받지 않음 (제3조 제1호)	헌법과 아동권리협약 등 기타 관계 법령에서 금지하는 어떠한 종류의 차별도 받지 않음 (제3조 제1호)
국가등의책무	이주아동의 건강과 안전, 복지증진을 위한 지원 정책 수립·시행 (제4조 제1항) 이주아동에 대한 정기적인 실태조사 실시 (제4조 제5항)	이주아동의 건강과 안전, 복지증진을 위한 지원 정책 수립·시행 (제4조 제1항) 이주아동정책에 관한 기본계획 수립·시행 (제5조 제1항) 기본계획에 따른 연도별 시행계획 수립·시행 (제6조 제1항) 정기적인 실태조사 실시 (제8조 제1항) 구체적인 권리 보장을 위해 관련 법령 정비 등 필요한 지원 (제9조 제2항 및 제14조부터 제18조까지의 제2항)
교	의무교육의 권리 (제5조 제1항)	의무교육의 권리 (제14조 제1항)

---

48) 공청회에서 공개된 법안은 이후 발의된 법안과 약간의 차이는 있지만 큰 틀과 내용에 있어서는 동일하다. 차이를 구체적으로 살펴보면, 공청회에서 보육권, 아동보호조치, 청소년 지원, 적응교육(제15조~18조)으로 발표된 부분은, 법안이 발의되면서 보호·양육권, 「아동복지법」에 따른 아동 보호조치, 「청소년기본법」에 따른 청소년 지원, 한국어 교육(제16조~19조)으로 바뀌었고, 정보제공(제19조)과 민간단체 등에 대한 지원(제21조)은 보칙(제21조~22조)에 포함되었다.

육권	국내 적응을 위한 한국어 교육을 제공받을 권리 (제9조 제1항)	국내 적응을 위한 한국어 교육을 받을 권리 (제19조 제1항)
건강권	의료급여를 제공받을 권리 (제6조)	질병 치료와 건강 회복을 위해 적절한 의료지원을 받을 권리 (제15조 제1항)
보육권	보육을 지원받을 권리 (제7조 제1항)	건강하고 안전하게 보호·양육 받을 권리 (제16조 제1항)
보호권	「아동복지법」과 「청소년기본법」에 따른 아동복지시설 및 청소년시설을 이용하고 해당 법률에 따른 보호조치를 받을 권리 (제8조 제1항, 제2항)	「아동복지법」에 따른 아동보호서비스 및 아동복지시설을 이용하고 보호조치를 받을 수 있는 권리 (제17조 제1항, 제3항) 「청소년기본법」에 따른 청소년시설 이용 및 복지지원을 받을 권리 (제18조 제1항)
체류권및신분보장	건강과 안전 보호, 교육 보장, 기타 인도적 사유가 있을 경우 체류 허가 (제10조 제1항) 강제퇴거 유예 (제10조 제1항)	출생등록의 권리 (제9조 제1항) 국내 출생, 건강과 안전 보호, 교육 보장, 기타 인도적 사유가 있을 경우 특별체류자격 부여 (제10조 제1항) 강제퇴거로부터 보호 (제11조) 부모와 함께 살 권리 (제12조 제1항)

그러나 간담회와 공청회에서 보인 정부 부처의 태도는 호의적이지 않았다. 관련부처 간담회에서 제시한 검토의견에서는 모든 부처가 이주아동권리보장기본법의 입법취지에는 공감한다고 했지만 구체적인 조문이나 권리들에 대해서는 이견을 내놓았다.[49] 공청회에서 법무부는 이미 재한외국인 처우 기본법이 있음에도 이주아동만을 위한 실태조사를 실시하거나 기본계획 등을 수립하는 것은 "정책의 혼선, 예산 및 업무의 중복 등을 야기"할 수 있다는 의견을 제시했고, 구체적인 권리에 있어서도 출생등록의 권리는 속인주의를

---

49) 황필규, "이주아동 권리보장 기본법 제정안 개관", 이주아동권리보장기본법 제정 공청회, 국회인권포럼·국회다정다감포럼·이주아동권리보장기본법 제정 추진 네트워크 (2014. 4. 3. 발표), 21.

원칙으로 하는 한국의 상황과 맞지 않으며, 출생등록 허용이나 특별 체류허가 부여, 부모와 함께 살 권리 보장 등은 출입국관리법을 무용지물로 만들고 불법체류를 조장하게 될 것이라는 우려를 밝히며 이주아동권리보장기본법의 제정에 분명한 반대 의사를 표명했다. 또, 교육부는 이주아동이 교육체제에 접근하는데 장애가 있다면 이를 줄이려는 노력은 필요하겠지만, 이주아동에 대한 교육복지 지원은 국민의 세금으로 외국인을 보호하자는 것으로 국가의 의무라고 볼 수는 없다는 입장을 밝혔다. 한편, 보건복지부는 제안한 기본법이 이주아동을 한국 아동과 차별하지 않도록 하는 조항만 있으면 될 것을 보호할 권리의 일부만을 열거하고 있어서 오히려 사각지대가 발생할 수 있다고 지적했다.[50)]

정부 뿐 아니라 사회적인 분위기도 우호적이지 않은 것은 마찬가지였다. 2000년대 후반 이후 경기 악화가 지속되고 경제 양극화가 심화되는 동안 한국 정부의 복지 정책은 후퇴하고 있었고, 그 와중에 이주민에 대한 혐오와 다문화정책에 대한 반대도 커져왔다.[51)] 반이주민, 반다문화를 표방하는 단체들은 온라인을 넘어 오프라인에서까지 활동하면서 정부나 정책입안자들을 압박했고,[52)] 이주민 인권을 보호하기 위한 정책들이 국민에 대한 역차별이라고 주장하는 그들의 목소리는 보편적인 "국민의 인식"으로 받아들여졌다.[53)] 사

---

50) 위 공청회 중 법무부 외국인정책과 구본준, 교육부 학생복지정책과 문진철, 보건복지부 아동정책과 송준헌의 토론 내용.
51) 김현미, "인종주의 확산과 '국가없음'", 2014 한국사회 인종차별 실태 보고대회, UN인종차별특별보고관 방한 대응 시민사회단체 공동사무국 (2014. 8. 12. 발표), 11-12.
52) 한건수, "한국사회의 다문화주의 혐오증과 실패론: 어떤 다문화주의인가?", 다문화와 인간 1권 1호 (2012. 6.), 122-123.
53) 외국인정책위원회가 2012년 발표한 제2차 외국인정책기본계획은 정책 환경을 분석하면서 반 다문화현상이 표출되고 외국인에 대한 균형 잡힌 정책을 요구하는 반 다문화 단체의 주장을 국민의 인식으로 정리하고 있다. [외국

회의 분위기가 소수자 인권보호에 무관심함을 넘어 분노를 표출하
는 지경에 이르렀기에 네트워크에서는 2013년 「차별금지법」 발의가
좌절되었듯 혹시 「이주아동권리보장기본법」도 발의되지 못하는 것
이 아닌가 하는 우려까지 했을 정도였다. 다행히 2014년 12월 이자
스민 의원을 포함한 23명의 국회의원에 의해 법안은 발의되었다. 하
지만 발의에 참여한 의원실에는 항의 전화가 빗발쳤고, 법안을 문제
삼는 질의서가 날아들었으며, 심지어 중앙 일간지에 이 법안을 비롯
한 이주민 관련 정책에 반대하는 전면광고가 실리기도 했다.54)

　네트워크는 국회 내에 법 제정의 필요성에 대한 인식을 제고하기
위해 국회의원을 대상으로 이주아동의 실태를 알리고 법안을 소개
하는 한편, 법제사법위원회 전문위원을 만나서 법안을 설명하는 등
국회 설득 활동에 주력했다. 그러나 2015년 4월에 발표된 법제사법
위원회 전문위원의 검토보고서55)는 2011년에 발표된 이주아동권리
보장법안에 대한 검토보고서보다 더 부정적이었다. 전문위원은 보
고서에서 법 제정 이전에 사회적 합의나 국민적인 공감대 형성이
선행되어야 할 것이라는 것을 수차례 강조하면서, 이주아동권리보
장기본법의 입법취지는 타당하나 재한외국인 처우기본법, 아동복지
법 등과 중복되는 측면이 있고, 가족관계의 등록 등에 관한 법률, 출

인정책위원회, "2013~2017 제2차 외국인정책기본계획", 법무부 출입국·외국
　인정책본부 (2012. 12.), 18.]
54) 2015년 1월 19일, 중앙일보와 동아일보에는 "이자스민·임수경 의원과 박원
　순 서울시장에 의한 「대한민국의 자살」"이라는 전면 광고가 실렸다. 이 광
　고는 이자스민 의원의 이주아동권리보장기본법안, 임수경 의원의 국적법
　개정안, 서울시의 이주민 지원 정책을 비판하면서, 이주민, 특히 이주노동
　자의 도입을 반대하는 입장을 밝혔다. 이 광고를 공동 게재한 단체들은 국
　가인권위원회 해체를 바라는 국민연대, 인권법연구회, 양성평등연대, 다문
　화정책반대·다문화반대범국민실천연대 등 총 24개에 달했다.
55) 임재주, "이주아동권리보장기본법안 (이자스민의원 대표발의) 검토보고서",
　법제사법위원회 (2015. 4.)

입국관리법과 상충되는 면이 있다고 주장했다. 나아가 이주아동 중 합법적인 체류자격을 갖고 있는 사람은 이미 국내법에 의해 보호를 받고 있기 때문에, 제정안의 주된 적용대상은 국내에 불법체류하고 있는 이주아동이라는 억측도 덧붙였다. 그러나 대표적인 아동관련 법률인 아동복지법이 이주아동을 아동의 범위에서 제외하고 있지 않다는 전문위원의 주장과는 달리 실제로 아동복지법은 국적에 따른 차별 금지를 명시하지 않고 있으며,56) 보건복지부는 동법의 정책 대상이 한국 국적을 가진 아동에 한정된다는 입장을 취하고 있다.57)

이주아동권리보장기본법이 법제사법위원회 회의에서 안건으로 심사된 이후에도58) 네트워크는 기본법 제정을 촉구하는 성명서를 발표하고, 국회에서 기획전시전을 개최하고, 정책브리프를 발간하고, 언론 인터뷰에 응하는 등 다양한 방법으로 법 제정을 위한 활동을 전개했다.59) 그러나 기본법 역시 본회의에 상정되지 못한 채 19대 국회 임기만료로 폐기되었다.60)

---

56) 아동복지법 제2조 제1항은 "아동은 자신 또는 부모의 성별, 연령, 종교, 사회적 신분, 재산, 장애유무, 출생지역, 인종 등에 따른 어떠한 차별도 받지 아니하고 자라나야 한다"고 하고 있을 뿐이며, 그나마 차별 금지 목록에 "인종"이 포함된 것도 2006년 9월 27일 일부개정(시행은 2007. 3. 28.부터) 이후였다.

57) 이여진, "입법조사회답: 이주아동권리보장법안 관련", 국회입법조사처 (2014. 2. 28.), 2.

58) 이주아동권리보장기본법안은 2015년 4월 29일 열린 제19대 국회 제332회 (임시회) 제2차 법제사법위원회회의에 상정되었다.

59) 네트워크는 2015년 5월 20일, 국회 의원회관 로비에서 〈세계인의 날 기념 "이주아동에게 차별 없는 세상을"〉이라는 제하의 기획전시전을 개최했으며, 공익인권법재단 공감, 세이브더칠드런, 안산이주아동청소년센터, 이주와 인권연구소가 공동 작성한 〈이주아동 인권보장을 위한 정책브리프〉를 배포했다.

60) 한편, 19대 국회에서는 네트워크 활동과 무관하게 이주아동의 권리를 보호하기 위한 개별법 개정 시도도 있었다. 민주당 정청래 의원이 대표 발의한 「아동복지법 일부개정법률안」 및 「의료급여법 일부개정법률안」이 그것으

이주아동 권리보장을 위한 포괄적인 법률안의 입법에 두 차례 실패하면서 네트워크는 자연스럽게 해산하게 되었다. 그러나 법률안을 만들어나가는 과정에서 네트워크 소속 단체 뿐 아니라 다양한 단위들이 이주아동이 처한 권리 침해 사안들을 공유하며 문제의식을 키웠고, 이를 해소하기 위한 법적·제도적 방안을 모색하는 연구와 토론이 활기를 띄게 되었다. 다음 절에서는 그 가운데에서 지속적으로 쟁점이 되고 있는 출생등록의 권리, 보호 및 지원을 받을 권리, 안정적으로 체류할 권리 등에 대해 권리보호의 근거, 이주아동이 처한 실태, 현재 제기되고 있는 개선 방안 등을 살펴보기로 한다.

2. 이주아동의 권리보장을 위한 구체적 논의들

가. 출생을 등록할 권리[61]

출생등록은 아동의 존재를 공적으로 인정하고 증명하는 제도로, 출생등록권은 자유권 규약 및 아동권리협약에 아동의 기본적인 권리로 명시되어 있다.[62] 실제로 출생등록은 아동의 다양한 권리를 보

로, 이주아동도 아동복지법에 따른 보호와 지원의 대상이 되도록 하며 의료급여법에 따른 수급권자에 포함되도록 하는 것을 개정안으로 제시했다. 그러나 두 개정 법률안은 소관 보건복지위원회에 안건으로 상정되지도 못한 채, 국회의 임기 만료로 폐기되었다.

61) 이 절은 김철효 외(2013), 공익인권법재단 공감 외(2015), APIL et al.(2016)을 주로 참고하여 작성하였다.

62) 자유권 규약 제24조 제2항 "모든 아동은 출생 후 즉시 등록되고 성명을 가진다." 및 아동권리협약 제7조 제1항 "아동은 출생 후 즉시 등록되어야 하고, 출생 시부터 성명권과 국적 취득권을 가지며, 가능한 자신의 부모를 알고 부모에 의해 양육 받을 권리를 가진다." 제2항 "당사국은 이 분야의 국내법 및 관련 국제문서 상의 의무에 따라 이러한 권리들이 실행되도록 보장하여야 하며, 권리가 실행되지 않아 아동이 무국적으로 되는 경우에는 특히 그러하다." 참고

호하기 위한 출발점으로, 출생등록이 되지 않은 아동은 권리 침해에 취약해질 수밖에 없다. 이러한 인식 아래 유엔 아동권리위원회는 일반논평 제7호(유년기에서의 아동권리 이행)에서 출생등록은 "모든 아동의 생존권, 발달권, 양질의 서비스에 대한 접근권을 보장하는 첫 단계"로서, 출생 즉시 등록이 되지 못하는 것은 "아동의 개인적 정체성에 부정적 영향을 끼칠" 뿐 아니라 "기본적인 건강, 교육, 사회복지의 혜택에서 배제될" 가능성을 높인다고 지적했다.63) 유니세프 또한 출생등록이 되지 않은 아동은 학대, 착취, 폭력, 납치, 인신매매 등의 위험에 쉽게 노출될 수 있다고 하면서 출생등록을 "아동 보호를 위한 열쇠"라고 주장했다.64) 국가적 차원에서도 출생등록 없이 살아가는 아동들이 늘어나는 것은 아동의 실태를 파악하고 이를 바탕으로 아동의 권리 보호를 위한 정책을 수립·시행하는데 걸림돌이 될 것이다.

그러나 한국에는 부모가 모두 외국 국적자인 아동이 국내에서 태어났을 때 출생등록을 할 수 있는 제도가 부재한다. 국민에 한해, 가족관계등록제도의 일부로 출생의 등록과 증명이 이루어지기 때문이다.65) 따라서 이주아동은 부모 국적국의 주한 대사관에서 출생등록

---

63) "General Comment No. 7: Implementing Child Rights in Early Childhood", UN CRC(2005), para. 25.

64) UNICEF, A Passport to Protection: A Guide to Birth Registration Programming (2013).

65) 가족관계의 등록 등에 관한 법률 제1조 "이 법은 국민의 출생·혼인·사망 등 가족관계의 발생 및 변동사항에 관한 등록과 그 증명에 관한 사항을 규정함을 목적으로 한다." 참고 외국인이 대한민국 국민의 부모, 배우자, 자녀인 경우 해당 국민의 가족관계를 기준으로 기록될 수 있지만(가족관계등록예규 제314호 제2조~제4조), 외국인이 사건본인인 가족관계등록 신고를 접수하면 등록이 될 수가 없고 특종신고서류편철장목록에 기록한 후 접수증을 신고인에게 교부하도록 되어 있을 뿐이다(동 예규 제8조). 따라서 외국인 부모가 자녀의 출생신고를 지방자치단체에 제출할 경우 "가족관계등록이 되어 있지 아니한 사람에 대한 신고서류" 또는 "그 밖의 가족관계등록을

을 하는 수밖에 없다. 그러나 이것이 불가능한 아동들의 실태가 알려지기 시작했다. 예를 들어 국내에서 출생한 난민66)의 자녀로 부모가 국적국으로부터 박해를 피해 온 경우 재한 국적국 대사관에 접근을 두려워 해 출생등록을 하지 못하거나, 미등록 이주민의 자녀로 부모의 국적국 대사관이 부모의 체류자격을 문제 삼으며 출생등록을 거부하거나 까다로운 서류, 지나친 수수료를 요구하여 출생등록을 하지 못한 아동 등이 대표적이다.67) 최근에는 법률혼 관계에 있지 않은 외국인 어머니와 한국인 아버지의 자녀 중 인지에 의한 국적취득에 필요한 서류를 제출할 수 없는 상황에 있는 아동들 역시 관할 기관에 출생신고 및 등록을 하지 못하고 있다는 것이 이주민 인권단체를 통해 드러나기도 했다.

한국의 출생등록 제도는 국제기구를 통해 여러 차례 개선을 요구받았다. 아동권리위원회는 2012년 2월 발표한 최종 견해에서 한국 정부의 현행법과 관행이 모든 아동에게 보편적인 출생등록을 제공하기에는 부적절하고, 특히 난민이나 미등록 이주민은 실질적으로 출생등록제도 이용이 불가능하다는 것에 우려를 표명하면서, 부모의 법적 지위나 출신과 무관하게 모든 아동들이 출생을 등록할 수 있도록 보장하는 조치를 취할 것을 촉구했다.68) 같은 해 10월 인종차별철폐 위원회도 한국 정부에게 난민인정자, 인도적 체류허가자, 난민신청자 및 미등록 이주민의 자녀들이 적절하게 출생 등록을 할

할 수 없는 신고서류"로 간주되어 특종신고서류편철장에 편철하여 보존될 뿐(가족관계의 등록 등에 관한 규칙 제69조 제1항), 출생등록이 되는 것은 아니다.

66) 이하 "난민"은 특별한 언급이 없는 한 난민신청자, 난민인정자, 인도적 체류허가자를 모두 포괄하여 지칭한다.

67) 난민 아동의 출생등록과 관련해서는 김종철 외(2008), 김현미 외(2010), 김현미 외(2013), 미등록 이주아동의 출생등록과 관련해서는 김사강(2011)의 실태조사 참고.

68) "Concluding Observations", UN CRC, 2012, para. 36-37.

수 있는 시스템과 절차를 마련하라고 권고했다.[69] 국내에서도 2013년 처음 이주아동의 출생등록과 관련된 연구가 진행된 뒤 현행 한국의 출생등록 제도를 보편적 출생등록이라는 국제적인 기준을 고려해 개선해야 한다는 주장이 제기되었다. 당시 연구진들은 현행 가족관계 등록에 관한 법률을 개정하여 '외국인 아동의 출생에 관한 등록과 신고' 조항을 신설하거나, 현행 법률을 그대로 유지하되 출생에 관한 등록과 증명에 관한 법률을 새롭게 제정해 대한민국에서 출생한 모든 아동에 대해 출생 사실에 관한 정보를 입력해 관리하는 별도의 시스템을 마련할 것을 대안으로 제시했다.[70]

이후 공익변호사그룹을 중심으로 〈보편적 출생신고 네트워크〉가 꾸려졌으며, 이들은 보편적 출생등록을 위해 가족관계의 등록 등에 관한 법률에 다음과 같은 특례 조항이 신설되어야 한다고 주장하고 있다.[71]

가족관계의 등록 등에 관한 법률 제44조의2(외국인에 대한 특례)
① 제1조에도 불구하고 대한민국 국적을 가지지 아니한 부모 사이에서 국내에서 출생한 아동에 대하여 이 법에 따라 출생신고를 할 수 있다.
② 제1항에 따른 출생신고서에는 다음 사항을 기재하여야 한다.
1. 자녀의 성명 및 성별
2. 출생의 연월일시 및 장소
3. 부모의 성명, 출생연월일, 국적
③ 제1항에 따른 출생신고는 법 제11조에 따라 전산정보 처리하여야 한다.
④ 신고인 및 출생신고된 자는 시, 읍, 면장에게 신고 서류의 열람 또는 그 서류에 기재한 사항에 관하여 증명서를 요구할 수 있다.
⑤ 출생신고의 장소, 신고 의무자 및 출생증명서 등 그 밖의 사항은 동 법의 규정을 준용한다.

---

69) "Concluding Observations", UN CERD, 2012, para. 13.
70) 김철효 외, "이주배경 아동의 출생등록", 세이브더칠드런 (2013. 6.), 99-101쪽.
71) 이탁건, "이주배경 아동 출생신고 보장 방안", 아동의 출생신고 권리보장 방안모색 토론회, 국가인권위원회·보편적 출생신고 네트워크(2016. 10. 25. 발표), 52.

그러나 정부, 특히 법무부는 보편적 출생등록에 부정적인 입장이다. 2013년 〈무국적과 이주배경 아동 출생등록에 관한 컨퍼런스〉에서 출생등록을 하지 못하고 있는 이주아동들에 대한 대책이 필요하다는 주장이 제기되자 법무부는 "(불법체류를 하고 있는) 부모가 자국 대사관에서 자녀의 출생등록을 할 수 있음에도 이를 기피하고 자기 이익을 위해서, 국내체류를 위한 방편으로 자신의 자녀를 사실상의 무국적 상태로 방치"하고 있는 것이라 주장했고,[72] 이주아동권리보장기본법이 이주아동의 출생등록에 대한 조항을 법안에 넣은 것에 대해서는 "(보편적인) 출생등록제도는 기본적으로 국적취득과 관련하여 속지주의와 부합되는 제도로서 속인주의를 원칙으로 하는 우리나라에서 … 도입할 경우 불법체류자의 자녀에 대하여도 대한민국 국적자인지 여부를 불문하고 출생 즉시 자동으로 신분관계기록을 창설해 주게 되는 문제"가 있다고 한 바 있다.[73]

그러나 보편적 출생등록은 정부가 우려하듯이 이주아동에게 국적을 부여하거나 미등록 체류를 정당화하기 위해 요구되는 권리가 아니다. 앞서 아동권리위원회나 유니세프의 설명에서 드러나듯, 출생등록은 아동에게 그 신분을 공식적으로 부여하고 아동임이 식별 가능하게 해, 그 아동이 교육, 건강, 복지 등 아동으로서 누려야 할 사회적 서비스를 제공받고, 학대 등의 상황에 놓였을 때 보호를 받을 수 있도록 하기 위한 출발점인 것이다. 그런 점에서 사실상 이주아동을 사회복지 지원이나 보호의 대상에서 배제하고 있는 국내 법·제도는 아동이 출생등록이 되더라도 여타의 권리에 대한 접근을 제한하고 있다는 점에서 문제라고 하겠다.

---

72) 무국적과 이주배경 아동 출생등록에 관한 컨퍼런스(2013. 11. 8.) 자료집 중 법무부 출입국·외국인정책본부 국적과 김진성 토론문, 83-84.
73) 이주아동권리보장기본법 제정 공청회(2014. 4. 3.) 자료집 중 법무부 외국인정책과 구본준 토론문, 103.

나. 취약한 상황에서 보호와 지원을 받을 권리

1959년 유엔 총회에서 채택된 아동권리선언은 아동은 신체적·정신적으로 미성숙하기 때문에 법과 제도를 통해 특별한 보호와 보살핌을 받아야 한다는 것을 분명히 밝히고 있다. 이 선언의 정신을 이어받은 아동권리협약은 모든 아동이 아동복지에 필요한 보호와 배려를 받을 권리와 사회보장제도의 혜택을 받을 권리를 가진다고 하면서, 특히, 폭력·학대·착취를 당한 아동, 가정환경을 박탈당한 아동, 장애아동 등은 국가로부터 특별한 보호와 지원을 받을 권리가 있다고 하고 있다.74) 한국의 아동복지법도 국가가 아동의 안전·건강 및 복지 증진을 위하여 아동과 그 보호자 및 가정을 지원해야 한다고 규정하고 있으며, 특히 보호대상아동이나 지원대상아동, 장애아동의 권익 증진이나 보호에 대한 책무를 지닌다고 명시하고 있다.75) 그리

---

74) 아동권리협약 제3조 제2항 "당사국은 아동의 부모, 후견인, 기타 아동에 대하여 법적 책임이 있는 자의 권리와 의무를 고려하여, 아동복지에 필요한 보호와 배려를 아동에게 보장하고, 이를 위하여 모든 적절한 입법적·행정적 조치를 취하여야 한다," 제26조 제1항 "당사국은 모든 아동이 사회보험을 포함한 사회보장제도의 혜택을 받을 권리를 가짐을 인정하며, 자국의 국내법에 따라 이 권리의 완전한 실현을 달성하기 위하여 필요한 조치를 취하여야 한다," 제19조 제1항 "당사국은 아동이 부모·후견인·기타 아동양육자의 양육을 받고 있는 동안 모든 형태의 신체적·정신적 폭력, 상해나 학대, 유기나 유기적 대우, 성적 학대를 포함한 혹사나 착취로부터 아동을 보호하기 위하여 모든 적절한 입법적·행정적·사회적 및 교육적 조치를 취하여야 한다," 제20조 제1항 "일시적 또는 항구적으로 가정환경을 박탈당하거나 가정환경에 있는 것이 스스로의 최선의 이익을 위하여 허용될 수 없는 아동은 국가로부터 특별한 보호와 원조를 부여받을 권리가 있다," 및 제23조 제2항 "당사국은 장애아동의 특별한 보호를 받을 권리를 인정하며, 신청에 의하여 그리고 아동의 여건과 부모나 다른 아동양육자의 사정에 적합한 지원이, 활용 가능한 재원의 범위 안에서, 이를 받을 만한 아동과 그의 양육 책임자에게 제공될 것을 장려하고 보장하여야 한다." 참고.
75) 아동복지법 제4조는 "① 국가와 지방자치단체는 아동의 안전·건강 및 복지

고 지방자치단체의 장은 보호대상아동에 대하여 상담·지도, 대리위
탁, 가정위탁, 아동복지시설 입소, 치료 보호, 입양 등의 보호조치를 하
도록 하고 있고,76) 지원대상아동에 대하여 보건, 복지, 보호, 교육, 치
료 등을 종합적으로 지원하는 통합서비스를 실시하도록 하고 있다.77)

그런데 아동복지법은 "아동"을 "18세 미만의 사람"(법 제3조 제1
호)으로 정의해 아동을 국민과 외국인으로 구분하고 있지 않기는 하
지만, 실제 법률의 적용 대상은 한국 국적을 가진 아동으로 한정하
고 있다. 앞서 언급한 바와 같이 차별 금지 조항(법 제2조 1항)에 국
적에 따른 차별이 명시되어 있지 않기도 하다. 그러다보니 국가와
지방자치단체에 의한 이주아동의 보호와 지원은 예외적인 경우에
한해 이루어지고 있으며, 그나마 관련된 타법의 적용에서 제외되어
온전한 지원을 받지 못한 채 법률이 아닌 지침에 의해 조건부로 이
루어지고 있을 뿐이다. 예를 들어, 보건복지부의 지침에 따라 보호
대상에 해당되는 이주아동이 아동보호시설이나 아동양육시설에 입
소할 수는 있으나,78) 시설보호아동에게 주어지는 생계급여, 의료급

증진을 위하여 아동과 그 보호자 및 가정을 지원하기 위한 정책을 수립·시
행하여야 한다. ② 국가와 지방자치단체는 보호대상아동 및 지원대상아동
의 권익을 증진하기 위한 정책을 수립·시행하여야 한다. ③ 국가와 지방자
치단체는 장애아동의 권익을 보호하기 위하여 필요한 시책을 강구하여야
한다."고 명시하고 있다. 동법 제3조 제4호 및 제5호에 따라 "보호대상아동"
은 "보호자가 없거나 보호자로부터 이탈된 아동 또는 보호자가 아동을 학
대하는 경우 등 그 보호자가 아동을 양육하기에 적당하지 아니하거나 양육
할 능력이 없는 경우의 아동"으로, "지원대상아동"은 "아동이 조화롭고 건
강하게 성장하는 데에 필요한 기초적인 조건이 갖추어지지 아니하여 사회
적·경제적·정서적 지원이 필요한 아동"으로 정의된다.

76) 아동복지법 제15조(보호조치) 참고.
77) 아동복지법 제37조(취약계층 아동에 대한 통합서비스지원) 참고.
78) 보건복지부에서 발표한 '아동분야 사업안내' 지침에 따르면 "보호조치가
필요한 무국적 및 외국국적, 불법체류 상태인 피해아동에 대하여 … 적절한
보호조치를 할 수 있도록 적극 노력"한다고 되어 있다. [보건복지부, 2017
아동분야 사업안내(2), 210.]

여, 교육급여 등의 지원은 받지 못한다.[79] 기초생활보장법에 따른 수급권자가 될 수 있는 외국인의 범위가 결혼이민자로 한정되어 있기 때문이다.[80] 다만, 위 지침이 시설보호 중인 외국국적 아동의 생계비를 보장시설수급자의 지원금액을 고려하여 지방비로 지원할 수 있도록 "노력"하라고 하고 있어 완전히 배제시키지는 않고 있을 뿐이다.[81]

2016년 4월 이주아동의 권리와 관련된 다양한 의제를 공유하고 법·제도 개선 활동을 통해 이주아동의 기본권을 신장시킨다는 목표로 이주민 인권단체와 공익변호사 그룹 10여 곳이 함께 〈이주배경 아동청소년 기본권 네트워크〉를 만들었다. 그리고 네트워크 내부 회의에서 부모로부터 유기, 방임, 강제노동 강요, 폭력, 성폭력 등 학대를 당하고도 본인의 체류자격을 부모에게 의존하고 있다 보니 도움을 청하지 못하고 있는 아동, 학대 피해자로 식별되어 아동보호

---

79) 시설보호 아동에 대한 기초생활 보장급여 지원은 국민기초생활 보장법 제32조 및 제33조에 규정되어 있다.

80) 국민기초생활 보장법 제5조의2(외국인에 대한 특례) 및 동법 시행령 제4조(수급권자에 해당하는 외국인의 범위)에 따르면, 수급권자가 될 수 있는 외국인은 대한민국 국민과 혼인 중인 사람으로 본인 또는 배우자가 임신 중이거나, 대한민국 국적의 미성년자를 양육하고 있거나, 배우자의 대한민국 국적인 직계존속과 생계나 주거를 같이 하는 사람, 또는 대한민국 국민인 배우자와 이혼하거나 그 배우자가 사망한 사람으로 대한민국 국적의 미성년 자녀를 양육하고 있거나 사망한 배우자의 태아를 임신하고 있는 사람으로 한정하고 있다. 동법에 언급되지 않은 외국인은 난민인정자인 경우에만 난민법 제32조(기초생활보장)에 따라 수급권자가 될 수 있다.

81) 보건복지부, 2017 아동분야 사업안내(1), 162 참고. 전국적으로 아동보호시설 및 아동양육시설에 입소해 있는 이주아동의 수는 2016년 8월말 기준 8명이었으나, 그 가운데 4명만이 생계비 지원을 받고 있었다. 이 수치는 〈이주배경 아동청소년 기본권 네트워크〉가 김상희 의원실을 통해 보건복지부 아동복지정책과에 제출하도록 요구한 자료로, 네트워크 참여 단체에서 파악하고 있는 시설입소 이주아동들 다수가 이 자료에서 누락되어 있어 실제 수치와는 차이가 있을 것으로 보인다.

시설에 입소했지만 생계나 의료 등의 지원을 받지 못하고 있는 아동, 저소득층 가정 또는 한부모 가정에서 양육되고 있지만 보육이나 교육과 관련된 지원을 받지 못하고 있는 아동, 지체장애로 활동보조 지원이 필요하지만 장애인등록을 하지 못해 지원을 받지 못하고 있는 아동[82] 등 특별한 보호와 지원이 절실함에도 현행 법률과 제도 속에서 배제되고 있는 이주아동의 사례들이 공유되었다. 그리고 이러한 사례들에서 이주아동들이 취약한 상황에서도 적절한 보호와 지원을 받지 못하는 이유가 출생등록이나 외국인등록을 하지 못해서가 아니라, 사회보장, 복지, 보호 등과 관련된 법률의 적용이 대체로 그 대상을 한국 국적자로 제한하고 있기 때문이라는 것이 다시금 확인되었다.

아동권리위원회는 2012년 발표한 최종견해에서 한국 정부에 "빈곤이나 기타 취약한 상황에 놓여있어 사회적 우대 조치를 필요로 하는 아동들에 대해 전략적인 예산 방안을 수립하고, 경제위기, 자연재해 또는 다른 긴급 상황에서도 이 예산이 지켜지도록 하라"고 권고하면서 특히 난민 또는 이주노동자의 자녀를 그 예로 들었다.[83] 국가인권위원회도 2012년 이주인권가이드라인에서 "부모가 (이주)아동을

---

82) 장애인복지법 제32조의2(재외동포 및 외국인의 장애인 등록)는 장애인 등록을 할 수 있는 외국인을 재외동포, 재외국민, 영주권자, 결혼이민자로 한정하고 있다. 해당 아동은 난민인정자로 난민법 제30조(난민인정자의 처우) 제1항 "대한민국에 체류하는 난민인정자는 다른 법률에도 불구하고 난민협약에 따른 처우를 받는다." 및 제31조(사회보장) "난민으로 인정되어 국내에 체류하는 외국인은 「사회보장기본법」 제8조 등에도 불구하고 대한민국 국민과 같은 수준의 사회보장을 받는다."에 따라 장애인복지법의 대상이 되어야 함에도 장애인등록을 거부당해 현재 변호인단의 도움으로 장애인등록 거부처분취소 소송을 하고 있다(2017구합20683). 그러나 원고 승소 판결을 받게 되더라도 이는 해당 아동이 난민인정자이기 때문인 것이지, 아동이기 때문이 아닌 것으로 여전히 문제는 남을 것이다.

83) "Concluding Observations", UN CRC(2012), para. 19(f).

보호하기 곤란한 경우 양육과 의료를 지원하는 사회복지 체제를 마련"하는 것을 핵심 추진과제로 꼽았다.[84] 그러나 정부는 취약한 상황에 처해 있는 이주아동의 보호와 지원에 대해서도 한정된 재원을 핑계로 대왔다. 앞서 언급되었듯이 이주아동에 대한 교육 지원 대책에 대해 교육부는 국민의 세금으로 이주아동을 지원하는 것에 난색을 표했고, 보건복지부는 장애아동의 지원에 대해 "재원 등 여건이 한정되어 있어 우선적으로 지원해야 하는 대상자를 선정하는 과정에서 … 제한을 두지 않을 수 없"다는 입장을 밝힌 바 있다.[85]

그러나 아동권리협약 제3조 제1항과 아동복지법 제2조 제3항이 명시하고 있듯이, "아동에 관한 모든 활동에 있어서 아동의 이익이 최우선적으로 고려되어야 한다"는 것은 아동의 보호와 지원에 있어 가장 기본적인 원칙이다. 국가의 이익이나 예산상의 손익이 아동의 이익보다 우선적으로 고려될 수 없는 것이다. 그렇기에 아동복지법과 청소년기본법 등 아동의 보호와 지원을 직접적으로 규정하고 있는 법률에 이주아동도 한국 국적을 가진 아동과 차별 없이 그 대상이 된다는 것이 명문화되어야 하며, 그러한 보호와 지원을 가능하게 하는 국민기초생활 보장법, 의료급여법, 장애인복지법, 긴급복지지원법 등 사회보장이나 복지와 관련된 법률들도 이주아동을 포함할 수 있게 개정이 될 필요가 있다. 지금처럼 지침에 의해, 예산이 허락하는 범위에서 "노력"하는 것은 아동의 이익을 최우선적으로 고려하는 조치가 아니기 때문이다.

---

84) 국가인권위원회, 이주인권가이드라인 (2012), 44.
85) 장애를 가진 이주아동의 부모가 자녀의 장애인등록과 관련해 보낸 질의에 대한 보건복지부 장애인정책과의 회신(2016. 4. 5.) 내용. 최근 국가인권위원회는 보건복지부에 난민이 장애인등록을 할 수 있도록 「장애인복지법」 제32조의2를 개정하고, 난민 장애인이 국민과 동등하게 장애인 복지사업의 지원을 받을 수 있도록 관련 지침을 정비하라고 권고한 바 있다. [국가인권위원회, "난민 장애인에 대한 장애인등록제도 개선 권고", (2017. 3. 30.)]

다. 구금과 강제퇴거로부터 보호받고 안정적으로 체류할 권리[86]

본인 또는 부모가 국내에서 미등록으로 체류하고 있는 아동은 단속, 구금, 강제퇴거의 위협에 상시적으로 노출되어 있다. 그 중에서도 출입국관리법 상 "보호"[87]라고 칭해지는, 사실상의 "구금"은 아동의 신체적, 정신적 건강과 발달에 심각한 악영향을 미친다.[88] 뿐만 아니라 외국인 보호시설에서 이주아동이 경험하는 대부분의 구금은 불법적이거나 자의적인 구금이다.[89] 따라서 유엔 아동권리위원회는 2006년 발표한 일반논평 제6호를 통해 단지 체류자격이 없다는 것을 근거로 이주아동을 구금하는 것은 정당화될 수 없으며, 예외적으로 구금을 하게 되더라도 최후의 수단으로서 최소한의 기간 동안만 허용되어야 한다고 밝힌 바 있다.[90]

특히, 아동권리위원회는 한국 정부가 출입국관리법을 근거로 이주아동을 구금하는 것에 대해 "아동에게 적당하지 않은 시설에 수용되고, 기간의 상한이 없이 퇴거명령이 집행될 때까지 구금이 되며, 구금에 대한 정기적이고 시기적절한 사법심사를 보장하는 조항이 없

---

86) 이 절에서 이주아동의 구금과 관련된 내용은 김종철(2014, 2015), APIL et al.(2015)을 참고함.

87) 출입국 관리법 제2조 제11호는 "보호"를 "출입국관리공무원이 … 강제퇴거 대상에 해당된다고 의심할 만한 상당한 이유가 있는 사람을 출국시키기 위하여 외국인보호실, 외국인보호소 또는 그 밖에 법무부장관이 지정하는 장소에 인치하고 수용하는 집행활동"으로 정의하고 있다.

88) End Immigration Detention of Children 웹사이트(http://endchilddetention.org/impact/).

89) 유엔 자유권 위원회의 일반논평 제35호(신체의 자유와 안전)은 불법적 구금을 법적 근거가 없거나 법적 절차에 따르지 않은 개념으로, 자의적 구금을 부적절, 부정의, 예측가능성·적법절차·합리성·필요성·비례성의 부재와 같은 요소를 포함한 개념으로 해석하고 있다. ["General Comment No.35: Article 9 (Liberty and Security of Person)", UN HRC(2014), para.11-12.]

90) "General Comment No.6: Treatment of Unaccompanied and Separated Children Outside Their Country of Origin.", UN CRC(2005), para. 61.

다"는 우려를 표명하면서 이주아동의 구금을 삼갈 것을 권고하기도 했다.[91] 그러나 이러한 권고에도 불구하고 외국인보호소 및 외국인 보호실에 구금되었던 이주아동은 2012년 36명, 2013년 45명, 2014년 45명, 2015년 52명으로 오히려 늘어났다. 또한 만6세 미만의 영유아가 길게는 80일 이상 구금되는 사례도 있는 것으로 드러났다.[92]

국가인권위원회는 2011년 법무부 장관에게 "장기 보호외국인과 가족동반 보호외국인, 특히 아동의 보호를 위한 대책을 강화할 것"을 권고하면서 "아동을 보호하게 될 경우 우선 대안적 보호조치를 고려하고, 보호소에 보호가 불가피한 경우 필요한 최소한의 제한 하에 아동의 부모와 같이 보호되도록 조치할 필요"가 있다고 덧붙였다.[93] 2014년에는 보호외국인은 형사 범죄자가 아닌 행정법 위반자이며, 외국인보호시설은 교정시설이 아니라는 점을 강조하면서 "아동 … 등 인권취약계층에 대한 심사기능을 강화하고, 새로운 형태의 보호시설을 검토할 것"과 "아동과 관련된 모든 행정적 조치는 아동이익 최우선의 원칙을 고려할 것"을 권고했다.[94]

출입국관리법은 1963년 제정된 이후 50여 년간 아동의 구금과 관

---

91) UN CRC(2012), 앞의 문서, para. 66-67.

92) 김종철(2015), 앞의 보고서, 5. 2015년의 수치는 10월까지를 기준으로 한 것이다.

93) 국가인권위원회, "외국인보호시설 보호외국인 인권개선 방안 권고" (2011. 11. 3.) 참고. 2007년 2월 여수 외국인보호소 화재로 구금된 이주민들 중 11명이 사망하고 17명이 중경상을 당하는 사건이 일어난 뒤부터, 국가인권위원회는 정기적으로 외국인 보호시설에 대한 방문조사를 실시하고부터 개선 방안에 대한 권고를 발표해왔다.

94) 국가인권위원회, "보호외국인의 인권증진을 위한 외국인보호시설 개선 방안 권고", (2014. 11. 25.) 참고. 동 권고에는 아동 등 특별한 보호가 필요한 외국인을 지원하기 위해 대안적 보호시설을 운영하고 있는 호주의 사례가 언급되었다. 대안적 보호시설 마련이 필요하다는 것은 국가인권위원회가 2016년 발표한 "외국인보호시설 개선방안에 대한 의견표명", (2016. 4. 12.)에서 다시 한 번 강조되었다.

련된 별도의 규정을 두고 있지 않았다. 다만, 행정규칙인 외국인보호규칙에서 아동의 교육 및 특별보호에 대한 규정을 두고 있을 뿐이었다. 그러나 국가인권위원회의 2014년 권고 이후 처음으로 출입국관리법 제56조의3에 지방출입국·외국인관서의 장은 피보호자가 "19세 미만인 사람"인 경우 특별히 보호해야 한다는 조항이 신설되었다.[95] 그리고 이 개정을 바탕으로 외국인보호규칙 역시 출입국관리사무소장 또는 외국인보호소장은 18세 미만의 아동에 대해 "아동의 나이와 능력에 적합한 교육을 실시하거나 외부의 전문복지시설에 위탁하여 교육을 실시할 수 있"으며, 19세 미만인 사람의 경우에는 "특별보호를 위하여 전담공무원을 지명"하여 "해당 보호외국인을 2주일에 1회 이상 면담"하고, "면담 결과 방 배정, 교육, 운동, 급식, 진료 등에 있어서 특별한 조치가 필요하다고 판단되는 경우 이를 문서로 소장에게 보고"하도록 개정되었다.[96]

그러나 이러한 규정이 실제로 이행되고 있는지, 그렇다면 어떤 방법으로 이행되고 있는지는 확인된 바가 없다. 또한 교육이나 특별보호가 제공된다고 하더라도 구금 자체가 아동에게 미치는 부정적 영향을 상쇄할 수는 없을 것이다. 이런 인식에서 2015년 "구금이 아닌 진정한 보호로 답(DAP)하다"라는 캠페인이 시작되었다.[97] 이주

---

95) 출입국관리법 제56조의3(피보호자 인권의 존중 등) 제2항 제4호 (2014. 12. 30. 일부개정) 참고.

96) 아동의 교육과 관련해서는 외국인보호규칙 제4조 제4항, 특별보호와 관련해서는 동규칙 동조 제5항 및 제6항 참고. 외국인보호규칙에 아동의 교육이나 특별보호에 관한 조항이 들어간 것은 2005년 9월 개정 이후이며, 교육 대상의 연령이 14세 미만에서 18세 미만으로, 특별보호 대상의 연령이 17세 미만에서 19세 미만으로 상향 조정된 것은 2015년 6월 개정 때였다.

97) 답하다 캠페인은 이주아동이 구금(Detention) 대신 대안적인(Alternative) 보호(Protection)를 받으며 지낼 수 있도록 관련 법제도와 관행을 개선하는 것을 목적으로 월드비전과 공익법센터 어필이 함께 시작했다. 웹사이트 http://dap.or.kr/ 참고.

아동의 구금과 관련해 동 캠페인이 제안하고 있는 것은 이주아동 비구금 원칙을 법제화하는 것, 예외적으로 구금하는 경우 아동친화적인 구금 환경을 제공하는 것, 구금 대신 감독을 동반해 이주아동을 석방하는 것, 석방된 아동들을 위한 지역 사회 기반의 거주시설을 제공하는 것, 그리고 그런 아동들이 교육 및 의료 서비스를 제공받고 체류와 관련된 법적 절차 과정에서 지원을 받도록 하는 것 등이다.[98]

하지만 구금을 금지하고, 구금의 대안을 마련한다고 해도, 여전히 아동이 미등록이라는 이유로 출입국관리법에 의해 그 권리를 침해받는 상황은 남을 것이다. 이주아동의 미등록 체류는 아동의 선택이 아니다. 그런데도 아동이 통제할 수 없는 상황, 다시 말해 아동의 의지와 상관없이 부모에 의해 한국에 체류하게 된 상황 때문에 처해지게 된 체류자격을 근거로 아동이 구금 또는 강제퇴거의 대상이 되는 것은 정당하다고 할 수는 없을 것이다. 이런 맥락에서 이주아동에게 안정적으로 체류할 수 있는 권리를 부여하는 것이 고려되어야 한다. 특히 한국에서 태어났거나 일정한 기간 이상 한국에서 체류한 이주아동, 부모의 방임이나 폭력 등 학대로부터 보호가 필요한 이주아동에게 안정적인 체류자격이 주어진다면 아동의 권리 접근성은 높아질 수 있을 것이다.

2014년 발의되었던 이주아동권리보장기본법은 이주아동의 체류권에 대해 다음과 같이 규정했다.

---

98) 김종철(2015), 앞의 보고서, 12-20.

> 제10조(특별체류자격의 부여) ① 법무부장관은 이주아동이 다음 각 호의 어느 하나에 해당하여 대한민국에 거주하여야 할 특별한 사정이 있다고 인정되는 경우에는 「출입국관리법」에도 불구하고 이주아동이 계속하여 거주할 수 있도록 대통령령으로 정하는 바에 따라 특별체류자격을 부여하여야 한다.
> 1. 대한민국에서 출생 후 대한민국에서 거주하고 있는 이주아동인 경우
> 2. 건강 및 안전에 현저한 위해가 발생하여 치료 및 진료의 보장이 필요한 이주아동인 경우
> 3. 대한민국에 입국 후 5년 이상 계속 거주중인 이주아동으로 건강한 발달을 위해 연속적인 교육을 보장해야 할 필요가 있는 이주아동인 경우
> 4. 그 밖에 인도적 사유로 이주아동의 한국에서의 거주를 보장해야 할 특별한 사정이 있는 이주아동인 경우
> ② 법무부장관은 이주아동이 제1항에 따라 체류자격을 부여 받은 경우에는 대통령령으로 정하는 바에 따라 이주아동 또는 이주아동 보호자의 신청에 의하여 체류기간 연장을 허가하여야 한다.

이주아동에게 한시적이나마 특별체류를 허가했던 2006년의 선례를 볼 때, 이러한 체류권의 부여가 불가능한 것은 아닐 것이다. 그리고 합법적인 체류자격을 부여받은 이주아동들이 일정 기간 체류한 뒤 귀화에 의한 국적취득 요건을 충족시키게 된다면 국적 취득도 가능하게 될 것이다. 이주아동들이 안정적으로 체류할 수 있게 하고, 이후 국적 취득까지 가능하도록 길을 열어주는 것은 이주아동 본인의 권리 보장 이상의 의미를 가질 수 있다. 최근의 연구들에서 저출산 고령화 시대의 해법으로 이민 확대가 주장되고 있고 정부도 이를 받아들이는 상황에서,[99] 이미 한국에 체류하고 있고 한국 사회에 적응한 이주아동들에게 이민의 기회를 주는 것은 사회적으로도 득이 될 것이기 때문이다.

---

99) 조경엽, "이민 확대의 필요성과 경제적 효과", 한국경제연구원 (2014) 및 정기선 외, "제3차 외국인정책 이본계획 수립 연구", 법무부 (2016) 참고.

Ⅳ. 결론

2016년 유엔 이주노동자권리위원회와 아동권리위원회는 이주아동의 인권에 대한 공동 일반논평을 발표할 것이라고 밝히면서, 이를 준비하게 된 배경을 다음과 같이 설명했다. "이주아동은 아동이자 이주민으로서 이중으로 취약한 상황에 놓여있다. 이들이 취약한 상황에 놓이게 되는 이유는 많은 국가들의 법과 정책에 이중의 결함이 있기 때문이다. 첫째, 이주민 혹은 출입국과 관련된 법과 정책에 아동을 배려하는 시각이 없다는 것, 둘째, 아동과 관련된 법과 정책에 이주아동의 특수성과 그에 따른 요구가 반영되지 못하고 있다는 것이 바로 그 결함이다."[100]

지금까지 이 글에서 살펴본 것처럼 한국에 체류하고 있는 이주아동들도 이와 같은 상황에 놓여있다. 이주민의 출입국과 체류에 관련된 법률은 이주아동에게 성인과 다를 바 없는 잣대를 적용하고 있고, 아동의 보호, 지원, 복지와 관련된 법률은 한국 국적이 없다는 이유로 이주아동을 배제하고 있는 것이 현실이다. 지난 20여 년 간 시민사회는 이주아동의 권리를 보호하기 위해 지속적으로 정부에 아동권리협약을 비롯한 국제법과 그 효력을 보장하고 있는 헌법을 준수하라고 요구해왔다. 그리고 그 결과 교육권 등 일부 권리가 이주아동에게도 주어지게 되었다. 그러나 그나마 일부 보호되고 있는 이주아동의 권리는 법률에 의해 보장되기보다는 일반에게 공개되지 않은, 때로는 일선 관련 공무원도 알지 못하는 규칙이나 지침, 내부 규정에 의해서 아슬아슬하게 보호되고 있다.

이주아동 권리 보장의 법적 근거는 이미 충분히 밝혀져 왔다. 이

---

100) "Concept Note for CMW-CRC Joint General Comment on the Human Rights of Children in the Context of International Migration", UN CMW and CRC(2015), 1쪽에서 발췌, 의역함.

주아동을 보호하는 외국의 법과 제도 또한 모범적인 선례로 공유되어 왔다. 그리고 이를 바탕으로 대안적인 법률안들도 제시되어 왔다. 정부도 정책입안자들도 그러한 법률안들의 취지가 타당하다는 것에는 공감해왔다. 이제 남은 것은 이주아동의 권리를 법률로 보장하겠다는 의지이다. 의지만 분명하다면 사회적 합의를 끌어내는 것도, 한정된 재원을 할당하는 것도 가능해질 것이다. 그 의지를 만들어 내는 것, 그리고 그 의지가 섰을 때 이주아동에게도 차별 없이 아동으로서의 권리를 보장하는 법률이 제정되고, 아동의 이익이 최우선으로 고려되는 방향의 정책들이 시행될 수 있도록 구체적인 방안들을 준비하는 것이 앞으로의 운동이 해나가야 할 과제일 것이다.

참고문헌

공익변호사그룹 공감 외, "이주아동 인권보장을 위한 정책 브리프", 이주아
동권리보장기본법 제정 추진 네트워크 (2015).

국가인권위원회, "난민 장애인에 대한 장애인등록제도 개선 권고" (2017. 3.
30.).

국가인권위원회, "외국인보호시설 개선방안에 대한 의견표명" (2016. 4. 12.).

국가인권위원회, 이주인권가이드라인(2015).

국가인권위원회, "보호외국인의 인권증진을 위한 외국인보호시설 개선 방안
권고" (2014. 11. 25.).

국가인권위원회, "외국인보호시설 보호외국인 인권개선 방안 권고" (2011.
11. 3.).

국가인권위원회, "이주아동의 교육권 보장을 위한 개선방안 권고", (2011. 2.
16.).

김사강, "부산·경남 지역 미등록 이주민 자녀들의 건강권과 보육권", 이주아
동의 인권증진을 위한 심포지엄, 국가인권위원회 부산인권사무소·
부산대학교 사회과학연구소·대구가톨릭대학교 다문화연구소 (2011.
11. 17. 발표).

김종철, "이주아동 구금보고서: 이주아동 구금 근절과 구금 대안을 향하여",
공익법센터 어필·월드비전 (2015).

김종철, "미등록 이주아동의 인권증진을 위한 구금적 대안의 모색과 적용",
유엔아동권리협약 채택 25주년, 우리사회 모든 아동의 인권상황과
그 실천적 조치를 위한 정책방향 토론회, 국가인권위원회 (2014. 11.
20. 발표).

김종철 외, "2008 국내 난민 등 인권실태조사", 국가인권위원회 (2008).

김철효 외, "이주배경 아동의 출생등록", 세이브더칠드런 (2013).

김현미, "인종주의 확산과 '국가없음'", 2014 한국사회 인종차별 실태 보고대

회, UN인종차별특별보고관 방한 대응 시민사회단체 공동사무국 (2014. 8. 12. 발표).

김현미 외, "한국 거주 난민아동 생활 실태 조사 및 지원 방안 연구", 세이브 더칠드런 (2013).

김현미 외, "한국 체류 난민 등의 실태조사 및 사회적 처우 개선을 위한 정책 방안", 법무부 (2010).

보건복지부, 2017 아동분야 사업안내(1), (2) (2017).

보건복지부, 아동의 삶과 대한민국의 미래를 바꾸는 제1차('15~'19) 아동정책 기본계획 (2015).

세이브더칠드런, 무국적과 이주배경 아동 출생등록에 관한 컨퍼런스, 세이브더칠드런·유엔난민기구·국가인권위원회 (2013. 11. 8. 발표).

이여진, "입법조사회답: 이주아동권리보장법안 관련", 국회입법조사처 (2014).

이탁건, "이주배경 아동 출생신고 보장 방안", 아동의 출생신고 권리보장 방안모색 토론회, 국가인권위원회·보편적 출생신고 네트워크 (2016. 10. 25. 발표).

이혜원 외,"이주아동의 교육권 실태조사", 국가인권위원회 (2010).

임재주, "이주아동권리보장기본법안 (이자스민의원 대표발의) 검토보고서", 법제사법위원회 (2015).

외국인정책위원회, "2013~2017 제2차 외국인정책 기본계획", 법무부 출입국·외국인정책본부 (2012).

정기선 외, "제3차 외국인정책 기본계획 수립 연구", 법무부 (2016).

정기선 외, "국내 미성년외국인의 이주 및 체류 통계 기초분석", IOM 이민정책연구원 (2013).

조경엽 외, "이민 확대의 필요성과 경제적 효과", 한국경제연구원 (2014).

추방 몽골인 학생 복교와 재발방지대책 촉구 인권연대, "'추방 몽골인 학생 복교와 재발방지대책마련촉구 인권연대' 활동 자료 모음집" [미발간 자료집] (2013).

추방 몽골인 학생 복교와 재발방지대책 촉구 인권연대, 미등록이주아동의
　　기본권 실태와 개선방안 토론회: 강제추방된 미등록이주아동, 이대
　　로 둘 것인가?, 국회인권포럼·박연선 의원실·이자스민 의원실·추방
　　몽골인 학생 복교와 재발방지대책 촉구 인권연대 (2013. 4. 10. 발표).
한건수, "한국사회의 다문화주의 혐오증과 실패론: 어떤 다문화주의인가?",
　　다문화와 인간 1권 1호 (2012).
허영호, "이주아동권리보장법안 (김동성의원 대표발의) 검토보고", 법제사법
　　위원회 (2011).
황필규, "이주아동 권리보장 기본법 제정안 개관", 이주아동권리보장기본법
　　제정 공청회, 국회인권포럼·국회다정다감포럼·이주아동권리보장기
　　본법 제정 추진 네트워크 (2014. 4. 3. 발표).
APIL et al., "Submission for the CMR-CRC Joint General Comment on the
　　Human Rights of Children in the Context of International Migration",
　　Network for the Protection and Promotion of Human Rights of Migrant
　　Children in Korea (2016).
Kim, Sagang, "Challenging Migrant Worker Policies in Korea: Settlement and
　　Local Citizenship", Ph.D. Dissertation, University of Southern California
　　(2010).
MINBYUN et al., "Economic, Social and Cultural Rights in South Korea: NGO's
　　Counter Report (Summary) to the Pre-Sessional Working Group of the
　　UN Committee on Economic, Social and Cultural Rights on the Second
　　Report submitted by the Republic of Korea under Article 16&17 of the
　　International Covenant on Economic, Social, and Cultural Rights.", [UN
　　CESCR에 제출한 미발간 보고서] (2000).
UN CERD, "Concluding Observations", CERD/C/KOR/CO/15-16 (2012).
UN CESCR, "General Comment No.20: Non-discrimination in Economic, Social
　　and Cultural Rights (art. 2, para. 2, of the International Covenant on

Economic, Social and Cultural Rights)", E/C.12/GC/20 (2009).

UN CESCR, "Summary Record of the Second Part (Public) of the 12th Meeting: Republic of Korea", E/C.12/2001/SR.12 (2001).

UN CESCR, "Reply to List of Issues: Republic of Korea" (2001).

UN CESCR, (2000), "List of Issues: Republic of Korea", E/C.12/Q/REPOFKOR/2.

UN CMW-CRC, "Concept Note for CMW-CRC Joint General Comment on the Human Rights of Children in the Context of International Migration" (2015).

UN CRC, "Concluding Observations", CRC/C/KOR/CO/3-4 (2012).

UN CRC, "General Comment No.7: Implementing Child Rights in Early Childhood", CRC/C/GC/7/Rev.1 (2005).

UN CRC, "General Comment No.6: Treatment of Unaccompanied and Separated Children Outside Their Country of Origin", CRC/GC/2005/6 (2005).

UN CRC, "Concluding Observations: Republic of Korea", CRC/C/15/ Add.197 (2003).

UN HRC, "General Comment No.15: The Position of Aliens Under the Covenant" (1986).

UN HRC, "General Comment No.35: Article 9 (Liberty and Security of Person)", CCPR/C/GC/35 (2014).

UNICEF, A Passport to Protection: A Guide to Birth Registration Programming (2013).

국적법상 국적부여와 국적취소에 관한 소고
– 국적은 축복인가 굴레인가?

차규근*

I. 들어가는 글

　2011. 1. 24. 정부 수립 이후 10만 번 째 귀화자가 나타났다. 많은 중국동포, 순수 외국인들이 이 땅으로 와서 국적을 취득하였다. 2011년부터 2016년까지 귀화허가를 받은 사람은 70,247명이므로 2017. 2. 현재 누적하여 약 17만 명이 국적취득을 한 것으로 추정된다. 이 수치는 법무부장관으로부터 귀화허가를 받은 사람들에 대한 것으로서, 1998. 6. 14. 전에 혼인신고만으로 귀화를 한 귀화자는 포함되지 않은 것이다. 국적을 확인 받아 국내에 정착하는 북한이탈주민들도 위 숫자에 포함되지 않는다. 국적을 취득한 사람들이 그 후 다시 원래 국적이나 제3국의 국적을 취득하는 사례도 있기는 하나 극소수에 불과하다. 고대하던 한국 국적을 취득하고서 귀화증서 수여식에서 감격의 눈물을 흘리는 사람도 있다. 하지만 어떤 사람들은 국적취득 과정에 하자가 있다고 하여 귀화허가를 취소당하기도 한다. 본명으로 국적을 취득하였던 사람들은 우리 국적을 취득할 때

* 법무법인 공존 대표변호사

원국적을 포기하였기 때문에 국적취소로 무국적자가 되고 만다. 이들에게 국적취득은 축복이요, 국적취소는 악몽이다.

다른 한편, 우리 국적이 있는 줄도 잘 모르고 살고 있다가 뒤늦게 우리 국적이 있는 것을 알게 되는 사람들이 있다. 외국에 오래 전에 이민 가서 정착한 미주 교민사회에 이런 사람들이 있다. 우리 국적 제도는 절대적인 혈통주의를 취하고 있기 때문에 외국에 이민 가서 현지에 정착하여 살아가고 있는 교민 사이에서 자녀가 태어났다고 하더라도 자녀의 출생 당시 부모가 아직 우리 국적을 보유하고 있었던 경우에는 국내 출생신고 여부를 떠나서 우리 국적을 가진 것으로 처리되기 때문이다. 그런데 국적법에 따른 국적선택기간이 경과한 시점에서 우리 국적의 존재사실을 알게 되는 바람에 우리 국적을 쉽게 이탈할 수 없는 사례들이 있다. 이탈하기 전까지 우리 국적을 조금 더 오래 보유하면 그만이지 무슨 문제냐고 반문할지 모르나, 국가에 따라서는 육군사관학교나 공적기관에 입학, 취업하면서 국적란에 해당 국가 국적 외에 외국국적을 가지고 있다고 기재하면 입학이나 취업허가를 받는데 어려움을 겪거나, 입학이나 취업 이후에 발견되면 입학이나 취업허가가 취소될 수도 있기 때문에 당사자에게는 간단한 문제가 아니다. 이들에게는 인식하지 못하고 있었던 우리 국적이 굴레이다.

이렇게 국적은 누구에게는 축복이며, 누구에게는 굴레가 되고 있다. 왜 신성한 국적이 굴레가 되는 현상이 발생하게 되었을까? 그 기본적인 배경은 국가 간 이주가 활발해졌다는 점에 있다. 이주가 일반화되기 전에는 부모의 출생지와 본인의 출생지가 다른 경우가 드물었고, 따라서 혈통주의에 의해 부모의 국적에 따라 본인의 국적이 결정되는 것에 별다른 문제점이 없었다. 그런데 이주가 일반화되면서 부모의 출신국 국적과는 무관하게 부모가 이주해 간 국가(본인의 출생지국)의 국적을 취득하여 그 국가에서 계속 성장하는 사례들이 많아졌다. 부모의 국적에 따라 취득하게 된 우리 국적의 존재를 뒤늦게 인식하게 되었으나 국적법상 국적이탈시기를 놓쳐 현지에서의 정착에 매우 큰 불편을 받는 사례가 생기고 있다.

또 다른 배경은 현행 국적법이 1948. 12. 20. 제정 때부터 절대적인 혈통주의를 기본으로 하고 있기 때문이다. 태어날 때 부모가 한국 국민이면 외국 어디에서 태어나더라도 출생에 의하여 한국 국적을 취득한다는 것이 현행 우리 국적법이다. 가사, 출생신고를 하지 않았다고 하더라도 말이다. 이렇게 절대적인 혈통주의 원칙으로 인하여 본인은 우리 국적 존재 사실 조차도 모르고 지내다가 뒤늦게 이를 알게 되어 낭패를 보는 사례들이 생기고 있는 것이다.

본 논문에서는 이렇게 이주가 일반화된 시대에 있어서의 국적부여와 국적취소제도의 현황 및 그 개선방안에 대하여 살펴보고자 한다.

II. 국적이 축복인 사람들

1. 유형

가. 북한이탈주민

북한이탈주민은 헌법과 대법원 판례에 의하여 우리 국적을 보유하고 있는 자이다. 즉, 북한을 이탈하여 국내로 들어왔을 때 비로소 대한민국 국적을 취득하는 것이 아니라 이미 대한민국 국적을 관념적으로 보유하고 있는 자인데, 북한을 이탈하여 대한민국에 입국하여 관련절차를 밟음으로서 대한민국 국적이 현실화하는 것이다. 북한이탈주민은 법무부에 국적판정을 받아 취적하거나 북한이탈주민

의보호및정착지원에관한법률에 따라 보호대상자로 결정되어 취적
함으로써 국민으로 처우를 받게 된다. 목숨을 걸고 탈북하여 천진만
고 끝에 국내로 입국하여 대한민국 국적자로 확인받은 북한이탈주
민에게 대한민국 국적은 축복이다. 종종 북한이탈주민으로 인정이
되어 정착지원금까지 받고 취적까지 하였지만 북한공민이 아니라
북한에 거주하던 화교라는 것이 뒤늦게 밝혀져서 국적이 무효화되
는 사례들도 있는데, 이들에게 국적말소는 악몽이다.

나. 위장결혼 국적취득자

코리안 드림을 꿈꾸며 어떻게든지 한국에 들어오려고 했던 외국
인들의 위장결혼을 통한 입국 및 국적취득 사례는 최근 들어서 그
숫자가 줄어들었지만 대한민국 국적취득이 이들에게 얼마나 간절한
목적이었는지를 여실히 알 수 있다. 이들은 뒤늦게 위장결혼사실이
적발되어 대한민국 국적이 취소되기도 하는데, 이미 대한민국 국적
을 취득할 때 원국적을 포기한 상태이기 때문에 무국적자가 되고
만다. 이들에게도 국적취득은 축복이요, 국적취소는 악몽이다.

다. 위명 국적취득자

위명(본명이 아닌 이름)의 여권을 사용하여 국내로 입국하여 체
류하다가 국적까지 취득한 자들이 있다. 출입국 당국에서는 이런 사
람들을'신원불일치자'로 지칭하는데, 국적을 취득한 현재의 이름이
본명임을 입증하지 못하면 위명으로 국적을 취득한 것으로 인정되
어 국적취소 대상이 된다. 제3자의 이름으로 국적을 취득한 것이라
면 자신의 이름이 본국에 유지되고 있을 것이기 때문에 원래의 본
명으로 재입국하여 다시 절차를 밟아야 할 것이나, 완전히 다른 사

람이 아니라 본국에서 개명절차를 통하여 이름이 변경된 것이라서 원래의 이름으로는 신분관계 서류를 더 이상 만들 수 없다고 주장하는 경우도 있다. 그러나 출입국 당국은 이를 잘 이해해주지 않는다. 우리나라처럼 법원의 판결에 의하여 개명이 이뤄지지 않는 경우가 있어 그 절차의 신빙성이 의심을 받기 때문이다. 결국, 본인은 현재의 이름으로 취득한 국적은 취소되고 현재의 이름에 대한 본국의 국적은 국적취득 당시 한 상실신고로 인하여 상실되어 있는 한편, 원래의 이름으로 된 본국의 신분서류도 개명절차로 인하여 존재하지 않는 사실상의 무국적자의 신세가 되고 만다. 이들에게도 국적취소는 악몽이다.

위명으로 국적을 취득했다가 뒤늦게 국적이 취소된 자가 제기한 헌법소원 사건을 살펴보면 아래와 같다.

2. 헌법소원 사건[1]

가. 사실관계

청구인(한국계 중국인)은 1996년경 대한민국에 입국하여 2002. 12. 31. 법무부장관으로부터 '양○옥(LIANG ○○ YU)'이라는 이름으로 일반귀화허가를 받고, 2007. 2.경 개명허가를 받아 '양□옥'으로 개명신고하였다. 그런데 법무부장관은 2013. 2. 7. 청구인에 대하여 타인 명의를 도용하고 허위의 신분관련 서류를 제출하여 대한민국 국적을 취득하였다는 이유로 귀화허가를 취소하였다. 청구인은 귀화허가취소처분취소소송을 제기하였으나 모두 기각되었는데(서울행정법원 2013구합6336, 서울고등법원 2013누47001, 대법원 2014두

---

1) 헌법재판소 2015.9.24. 선고 2015헌바26 결정.

41725), 상고심 계속 중에 귀화허가취소에 관한 근거규정인 국적법 제21조에 대하여 위헌법률심판제청신청을 하였으나 2014. 12. 24. 기각되자(대법원 2014아530 결정), 2015. 1. 8. 헌법소원을 제기하였다.

나. 청구인의 주장

이 사건 법률조항은 귀화허가취소사유를 언제까지 발생한 것에 한정하는지, 귀화허가를 언제까지 취소할 수 있는지에 관하여 기한을 정하고 있지 않아 귀화자로서는 언제 발생한 사유로, 언제까지 귀화허가가 취소될 수 있는지를 예측할 수 없으므로 명확성의 원칙에 위반되고, 귀화허가취소권의 행사기간의 제한 없이 귀화허가취소의 기준·절차와 그 밖의 필요한 사항을 모두 하위법령에 위임하고 있어 시행령의 내용을 종합적으로 살펴보더라도 취소권의 행사기간을 전혀 예측할 수 없으므로 포괄위임입법금지원칙에도 위반된다. 또한, 이 사건 법률조항은 과잉금지원칙에 위반하여 청구인의 거주·이전의 자유 및 행복추구권을 제한한다.

다. 헌법재판소의 판단(전원일치)

청구인은 이 사건 법률조항이 명확성원칙 및 포괄위임입법금지원칙에 위반된다고 주장하나, 청구인의 주장 자체에 의하더라도 이 사건 법률조항에는 귀화허가취소권의 행사기간의 제한이 없고, 시행령에 그 행사기간이 위임된 바도 없으므로, 명확성원칙 및 포괄위임입법금지원칙은 문제되지 않고, 청구인의 위 주장은 결국 이 사건 법률조항이 기간의 제한 없이 귀화허가를 취소할 수 있도록 규정한 것이 과잉금지원칙에 위반하여 청구인의 거주·이전의 자유 및 행복추구권을 침해하였다는 것이므로, 그에 대한 판단 외에는 별도로 살피지 아니한다.

(1) 목적의 정당성 및 수단의 적정성

국적취소에 관한 이 사건 법률조항은 국가의 근본요소 중 하나인 국민을 결정하는 기준임은 물론 여러 기본권 인정의 근거가 되는 국적이라는 자격취득의 중요성을 고려하여 국적취득 과정에 있어서 귀화허가신청자의 진실성을 담보하고, 국적 관리업무를 관장하는 법무부장관으로 하여금 부정한 방법을 통해 얻은 귀화허가를 취소하도록 함으로써 국적취득에 있어서의 위법상태를 해소하여 국적 관련 행정의 적법성을 확보함과 아울러 거짓이나 그 밖의 부정한 방법에 의한 귀화허가로 인하여 국적과 출입국 관리행정에서 초래될 수 있는 위험을 방지하기 위한 것으로서 입법목적의 정당성이 인정된다. 또한, 하자있는 귀화를 소급적으로 취소하게 하여 위법상태를 제거하는 것은 위와 같은 입법목적을 달성하기 위한 적절한 방법이라 할 것이므로, 그 수단의 적정성도 인정된다.

(2) 침해의 최소성

귀화허가시로부터 상당기간이 경과한 후 귀화허가에 하자가 있음이 발견되었다고 하여 귀화허가의 효력을 그대로 유지시킨 채 행정형벌이나 행정질서벌로 제재를 가하는 것은 부정한 방법에 의한 국적의 편취나 부실취득의 결과를 용인하는 결과가 되므로, 그것만으로는 하자있는 국적취득을 소급적으로 소멸시켜 국적 관련 행정의 적법성을 확보하고, 그를 통해 귀화제도의 근간을 유지하고자 하는 입법목적을 효율적으로 달성할 수 있다고 볼 수 없다.

또한, 국적법 시행령 제27조 제1항은 그 취소사유를 '귀화허가를 받을 목적으로 신분관계 증명서류를 위조·변조하거나 위조·변조된

증명서류를 제출하여 유죄판결이 확정된 사람'(제1호), '혼인·입양 등에 의하여 대한민국 국적을 취득하였으나 그 국적취득의 원인이 된 신고 등의 행위로 유죄판결이 확정된 사람'(제2호), '국적취득의 원인이 된 법률관계에 대하여 무효나 취소의 판결이 확정된 사람'(제3호), '그 밖에 귀화허가에 중대한 하자가 있는 사람'(제4호) 등으로 한정하고 있고, 같은 조 제2항은 당사자에게 소명할 기회를 주도록 하여 절차적 기회보장 또한 마련하고 있다.

나아가 거짓이나 그 밖의 부정한 방법으로 귀화허가를 받았더라도 무조건 귀화허가를 취소하여야 하는 것이 아니라, 귀화허가를 받을 당시의 위법의 정도, 귀화허가 후 형성된 생활관계, 귀화허가취소시 받게 될 당사자의 불이익 등 제반사정을 고려하여 귀화허가의 취소 여부를 결정할 수 있도록 법무부장관에게 일정한 재량을 인정하고 있다고 할 것이다. 따라서 귀화허가시부터 귀화허가에 대한 취소권을 행사하는 시점까지의 시간의 경과 정도도 법무부장관이 취소권을 행사할지 여부를 결정하는 한 요소로 참작될 여지가 있다.

한편 거짓이나 부정한 방법으로 귀화허가를 받은 사람은 귀화허가를 받을 당시 향후 그러한 하자가 발견될 경우 귀화허가가 취소될 수 있음을 충분히 예상할 수 있는 지위에 있었다고 할 것임은 물론, 귀화허가가 취소되어 대한민국 국적을 상실하더라도 체류허가를 받아 외국인의 지위에서 대한민국에 계속 체류할 수 있고, 종전의 하자를 치유하여 다시 귀화허가를 받는 데에는 장애가 없다. 위와 같은 사정에 비추어 보면, 이 사건 법률조항은 침해의 최소성 원칙에 위반되지 아니한다.

(3) 법익의 균형성

이 사건 법률조항으로 달성하고자 하는 국적취득에 있어서의 진실성 담보나 국적 관련 행정의 적법성 확보 등의 공익은 당사자가

입게 되는 불이익에 비해 훨씬 크다고 할 것이므로 법익균형성도
갖추었다.

따라서 이 사건 법률조항은 과잉금지원칙에 위반하여 청구인의
거주·이전의 자유 및 행복추구권을 침해하지 아니한다.

라. 소견

본국에서 개명을 하는 바람에 과거의 본명이 더 이상 존재하지
않는 경우가 있다.[2] 귀화허가 취소로 인하여 본인은 현재의 이름으
로 취득한 우리 국적은 취소되고 현재의 이름에 대한 본국의 국적
은 국적취득 당시 한 상실신고로 인하여 상실되어 있는 한편, 과거
의 본명으로 된 본국의 신분서류도 개명절차로 인하여 존재하지 않
는 무국적자의 신세가 되고 만다. 현재의 취소된 이름으로 본국의
국적을 회복하여 다시 비자를 발급받아 재입국하는 등의 절차를 진
행하는 것에 대하여 출입국 당국에서 이해를 해주면 다행이나, 출입
국 당국에서 현재의 취소된 이름은 입국의 편의를 위하여 사용한
위명이고 과거의 이름이 본명이므로 과거의 이름으로 본국의 국적
을 회복하여 다시 재입국 절차를 밟으라고 한다면 당사자는 매우
난감한 처지에 몰리게 될 수 있다. 국가에 따라서는 원 국적을 다시
회복하는 것이 쉽지 않은 경우도 있다. 비록 우리나라가 유엔 무국
적자의지위에관한협약에만 가입하고 유엔 무국적자의감소에관한협
약에는 아직 가입한 상태가 아니기는 하지만, 이렇게 당사자가 국적
취소로 '무국적자'로 전락하고 마는 사정도 '침해의 최소성'과 '법익
의 균형성'의 판단에 있어 주요 요소로 고려될 필요가 있다고 생각
된다.

---

2) 헌법소원의 대상이 된 사건은 본국에서 개명을 한 사례는 아니었던 것으로
파악된다.

그리고, 비록 부정한 방법으로 귀화허가를 받기는 하였으나 허가 시점으로부터 10년이 경과한 시점에서 귀화허가가 취소된 자가 법 문언에 취소권 행사에 대한 기간제한이 없는 점과 10년이 경과한 시점에서의 취소권 행사가 과잉금지원칙에 위반되지 않느냐고 하면 서 헌법소원을 청구한 사안에서 헌법재판소가 '귀화허가시부터 귀 화허가에 대한 취소권을 행사하는 시점까지의 시간의 경과 정도도 법무부장관이 취소권을 행사할지 여부를 결정하는 한 요소로 참작 될 여지가 있다.'고 판시하면서 청구를 기각한 것은 당사자를 납득 시키기에 한계가 있다고 생각된다.

참고로, 독일은 가사 부정한 방법으로 귀화허가를 받았다고 하더 라도 5년 이내에만 귀화허가를 취소할 수 있다는 명문 규정이 있다 (독일 국적법 제35조 제3항[3]). 국적취득이 부정한 방법에 의한 것인

---

3) 해당 조항의 영문 번역문은 다음과 같다(세계법제정보센터(http://world.mo leg.go.kr).

Section 35 [Withdrawal of an unlawful naturalization or permission to retain German citizenship]

(1) Any unlawful naturalization or permission to retain German citizenship may be withdrawn if the administrative act was obtained under false pretences, by threat or bribery or by providing incorrect or incomplete information which determined the issuance of this administrative act.

(2) As a rule, subsequent statelessness of the person concerned shall not preclude such withdrawal.

(3) Withdrawal is permissible only within five years after notification of the naturalization or permission to retain German citizenship.

(4) The administrative act shall be withdrawn with retroactive effect.

(5) If the withdrawal affects the lawfulness of administrative acts issued pursuant to this present Act with regard to third persons, a discretionary decision on the merits of the individual case shall be taken for every person affected. In particular, involvement of the third person concerned in committing fraud, threat or bribery or in deliberately providing incorrect or incomplete information on the one hand, and his or her legitimate interests on the other, shall be weighed in reaching the decision, also taking particular account of the welfare of the child.

지 여부는 당국에서 조사할 권한 및 책임이 있으므로 5년이 지나면 법적안정성 차원에서 더 이상 당사자에게 책임을 묻기 어렵다는 것이 그 배경이라고 한다.

III. 국적이 굴레인 사람들

국적취득이나 보유가 굴레가 되는 사례를 살펴보면 아래와 같다.

1. 헌법소원 사건

국적법 제12조는 복수국적자의 국적선택의무에 관한 조항이다. 국적선택 조항은 부모양계혈통주의 국적제도가 도입되면서 대폭 늘어갈 것으로 예상되었던 복수국적자를 제도적으로 최소화하기 위하여 1998. 6. 14.부터 시행된 제도인데, 국적선택의 구체적인 방법은 제13조(우리나라 국적선택)와 제14조(우리나라 국적이탈(포기))에서 정하고 있다. 여성의 경우는 국적선택의 시기가 만22세로서 간단 명료하나(제12조 제1항), 남성의 경우 다소 복잡하다(제12조 제2항, 제3항). 남성의 경우, '출생' 시부터 「병역법」 제8조에 따라 '제1국민역(第一國民役)에 편입되는 때로부터 3개월' 이내에 하나의 국적을 선택하거나 제12조 제3항 각 호의 어느 하나에 해당하는 때(즉 적극적으로 병역을 이행하거나 아니면 소극적으로 병역을 면제받는 등 병역의무가 해소된 때)부터 2년 이내에 하나의 국적을 선택하여야 한다. 병역의무가 있는 남성의 경우, 국적이탈이 가능한 시기가 제한되어 있는 것과 관련, 여러 차례 헌법소원이 있었으나 모두 합헌으로 결정났다.[4]

그런데, 가장 최근 사례에서 헌법재판소 재판관 4인은 국적선택의 시점을 제한한 것이 위헌이라는 반대의견을 개진한 바 있는데,[5] 동 사건의 구체적인 내용은 아래와 같다.

가. 청구인들의 주장

청구인들은 1995년과 1997년 미국에서 대한민국 국적을 가진 서로 다른 부모들 사이에서 출생한 두 명의 남성으로 출생에 의하여 대한민국 국적과 미국 시민권을 동시에 취득한 복수국적자이다. 한 명의 청구인(1995년생)은 제1국민역에 편입된 후에, 또 다른 한명의 청구인(1997년생)은 제1국민역에 편입되기 전에(만18세가 되기 전인 2014년도에) 헌법소원을 각 제기하였고, 두 사건은 한 사건으로 병합되었다.

주장 요지를 소개하면 다음과 같다.

국적법 제12조 제2항 본문은 책임 없는 사유로 국적선택 기간의 기산점을 알지 못한 경우까지 예외 없이 그로부터 3개월 이내에 국적선택을 하도록 하고 있다. 또한 국적법 제12조 제2항 본문은 미성년자가 단독으로, 그것도 3개월이라는 단기간 내에 국적을 선택하도록 함으로써,[6] 국적선택의 기회를 실질적으로 보장하지 못하고 있다. 따라서 국적법 제12조 제2항 본문은 청구인의 국적이탈의 자유 등을 침해한다.

이 사건 법률조항들은 복수국적자에 대하여 아무런 통지 등도 하

---

4) 헌법재판소 2006. 11. 30. 선고 2005헌마739 결정.
5) 헌법재판소 2015. 11. 26. 선고 2013헌마805, 2014헌마788(병합) 결정.
6) 국적이탈은 만18세가 되는 해의 1월 1일부터 3월 말까지만 가능한 것은 아니며, 만18세가 되는 해의 1월 1일 이전에도 가능하다. 따라서, 만18세가 되는 해의 1월1일부터 3월 말까지의 '3개월'만 가능한 것으로 청구인이 주장한 것은 국적법에 대한 오해이다.

지 않은 채 이 사건 법률조항들에서 정한 기간 내에 대한민국 국적을 이탈하지 않으면 병역의무를 해소한 후에야 대한민국 국적을 이탈할 수 있도록 하고 있으므로, 적법절차원칙에 위반된다. 이 사건 법률조항들은 외국을 생활기반으로 하는 선천적 복수국적자와 대한민국을 생활기반으로 하는 선천적 복수국적자는 본질적으로 다름에도 이를 합리적 이유 없이 같게 취급하고 있고, 또 이 사건 법률조항들은 복수국적자인 남성과 복수국적자인 여성을 합리적인 이유 없이 차별하고 있으므로, 청구인의 평등권을 침해한다.

나. 헌법재판소의 판단(다수의견)

현행 조항들과 같은 규제가 없다면 첫째, 병역자원의 일정한 손실을 초래하고, 둘째, 이중국적자가 생활의 근거를 한국에 두면서 한국인으로서 누릴 각종 혜택을 누리다가 정작 국민으로서 의무를 다해야 할 때에는 한국 국적을 버리는 기회주의적 행태가 허용되는 결과가 되어 병역부담 평등의 원칙이 심각하게 훼손되는 폐해가 발생하거나 발생할 우려가 높다.

국적법에 의하더라도 국적선택의 자유가 완전히 박탈되는 것이 아니며 18세가 되어 제1국민역에 편입된 때부터 3월이 지나기 전이라면 자유롭게 국적을 이탈할 수 있고,[7] 그 이후부터 입영의무 등이 해소되는 시점(36세)까지만 국적이탈이 금지되므로 일정한 시기적 제약을 받을 뿐이다.

현행 규정은 입법자가 국방과 병역형평이라는 헌법적 가치를 한 축으로, 국적이탈이라는 개인의 기본권적 가치를 다른 한 축으로 하

---

7) 헌법재판소도 '제1국민역에 편입되는 만 18세가 되는 해의 1월 1일부터 3월 말까지'만 국적이탈이 가능한 것처럼 해석될 수 있는 표현을 사용하였으나, 국적이탈은 만 18세가 되는 해의 1월 1일 이전에도 가능하다.

여 어느 한 쪽을 일방적으로 희생시키지 아니하고 나름의 조정과 형량을 한 결과라 할 수 있다.

다만 주된 생활의 근거를 외국에 두고 있는 이중국적자에 대해서는 그 정도의 국적이탈의 제한조차 부당한 것이라는 의문이 제기될 여지가 있다. 그러나 병역법에 의하면 국외에 체재 또는 거주하고 있는 사람은 징병검사 또는 징집의 연기를 통하여 36세에 이르러 징병검사 또는 입영의무를 면제받을 수 있으며, 이를 통하여 사실상 병역의무를 면할 수 있다. 그렇다면 주된 생활의 근거를 외국에 두고 있는 이중국적자들에 대하여 위 법률조항들의 적용을 명시적으로 배제하는 규정을 두지 않았다 하더라도 그 점만으로 이들의 국적이탈의 자유를 침해하는 것이라 할 수 없다.

청구인들은 주된 생활근거를 외국에서 두고 있는 등의 이유로 귀책사유 없이 국적선택기간을 알 수 없었던 경우가 있을 수 있음에도, 이에 관하여 어떠한 예외도 두지 않고 국적선택기간이 경과하면 병역의무를 해소한 후에만 대한민국 국적을 이탈할 수 있도록 하는 것은 국적이탈의 자유를 과도하게 침해한다고 주장하나, 외국의 일정한 지역에 계속하여 90일 이상 거주하거나 체류할 의사를 가지고 그 지역에 체류하고 있는 대한민국 국민은 재외공관에 이를 등록하여야 하고, 외국에 거주하는 복수국적자는 부모 쌍방 또는 적어도 일방이 대한민국 국적을 가지고 있거나, 그 외국의 한인 사회를 중심으로 생활을 영위하고 있는 경우가 대부분이므로, 복수국적자가 대한민국 국민의 병역의무나 국적선택제도에 관하여 아무런 귀책사유 없이 알지 못하는 경우란 상정하기 어렵다.

그리고 아무런 귀책사유 없이 국적선택기간을 알지 못할 정도로 대한민국과 관련이 없는 외국 거주 복수국적자라면, 그의 생활영역에서 그가 외국의 국적과 대한민국 국적을 함께 가지고 있다는 사실은 그의 법적 지위에 별다른 영향을 미치지 않을 것이며, 외국에서 복수국적자가 일정한 공직에 취임할 수 없도록 하는 경우가 있다고 하더라도 이러한 경우는 극히 우연적인 사정에 지나지 않으므로, 입법자에게 이러한 경우까지를 예상하고 배려해야 하는 입법의무가 있다고 보기는 어렵다.

한편, 구체적인 병역의무를 부담하게 되는 때인 제1국민역에 편입된 때를 기준으로 병역의무를 이행할 것인지 여부를 결정하게 하는 것이 다른 대한민국 국민인 남성과의 형평에 비추어 보아도 불합리하다고 볼 수 없는 점 등에 비추어 볼 때, 이 사건 법률조항들이 민법상 성년에 이르지 못한 복수국적자로 하여금 18세가 되는 해의 3월 31일까지 국적을 선택하도록 하였다고 하더라도, 그것이 현저하게 불합리하다거나, 국적이탈의 자유를 과도하게 제한하고 있다고 보기는 어렵다.

이상과 같은 사정들을 종합하여 보면, 앞선 2005헌마739 결정(전원일치 합헌결정)의 선고 이후에 그 판단을 변경할 만한 사정변경이 있다고 볼 수 없고, 선례의 판시 이유는 이 사건 심판에서도 그대로 타당하므로 위 선례의 견해를 그대로 유지하기로 한다.

다. 반대의견

이에 대하여 4명의 헌법재판관(박한철, 이정미, 김이수, 안창호)은 심판대상 조항(국적이탈 제한조항)이 과잉금지원칙을 위반하여 청구인들의 국적이탈의 자유를 침해한다고 반대의견을 밝혔다. 그전의 헌법소원 사건에서는 단 1명의 헌법재판관도 위헌의견을 밝히지 않았던 것에 비하면 매우 주목할 만한 변화였다. 반대의견의 요지는 다음과 같다.

주된 생활 근거를 외국에 두고 있고, 대한민국 국민의 권리를 향유한 바도 없으며, 대한민국에 대한 진정한 유대 또는 귀속감이 없이 단지 혈통주의에 따라 대한민국의 국적을 취득하였을 뿐인 복수국적자에 대하여 제1국민역에 편입된 때부터 3개월 이내에만 병역의무의 해소 없이 대한민국 국적을 이탈할 수 있도록 하여 자신의 생활 근거가 되는 국가의 국적을 선택하도록 한다면, 복수국적자에게 책임을 돌릴 수 없는 사유 등으로 심판대상조항에서 정한 기간 내에 대한민국 국적을 이탈하지 못한 경우에도 병역의무를 해소하지 않고서는 자신의 주된 생활 근거가 되는 국가의 국적을 선택할 수 없게 된다.

정부가 외국거주 복수국적자에 대하여 국적선택절차에 관한 개별적 관리·통지를 하고 있지 않은 현실에서 위와 같은 복수국적자는 자신이 대한민국 국민으로 병역의무를 이행하여야 하고, 이를 면하기 위해서는 제한된 기한 내에 대한민국 국적을 이탈하여야 한다는 사실에 관하여 전혀 알지 못할 수 있는바, 심판대상조항이 예외 없이 적용되는 것은 복수국적자에게 심히 부당한 결과를 초래할 수 있다. 예컨대 복수국적자의 주된 생활 근거가 되는 국가에서 주요공직자의 자격요건으로 그 국가의 국적만을 보유하고 있을 것을 요구하고 있다면, 심판대상조항에서 정한 기간 내에 대한민국 국적을 이탈하지 못한 복수국적자로서는 주된 생활근거가 되는 외국의 국적을 선택하기 위하여 대한민국에서의 대한민국 국적을 이탈할 수 없게 되는바, 그러한 주요공직 등에 진출하지 못하게 된다.

심판대상조항에서 정한 기간 내에 대한민국 국적을 이탈하지 못한 복수국적자에 대하여 위 기간 내에 대한민국 국적을 이탈하지 못한 데에 정당한 사유, 또는 위 기간이 경과한 후에 대한민국 국적을 이탈하여야만 하는 불가피한 사유 등을 소명하도록 하여, 그러한 사유가 인정되는 경우에는 예외적으로 대한민국 국적의 이탈을 허용한다고 하더라도 복수국적을 이용한 병역면탈은 충분히 예방할 수 있다.

이에 대하여 국적선택기간의 예외를 인정하게 되면 복수국적을 이용한 병역면탈은 더 용이해지게 되어 심판대상조항의 실효성을 떨어뜨리게 된다는 우려가 있을 수 있으나, 정당한 사유 등에 대하여 엄격한 소명자료를 요구하고, 관할관청에서 병역면탈의 의사가 있는 것은 아닌지 등을 엄격하게 심사한다면 복수국적을 이용한 병역면탈에 대한 우려를 충분히 불식시킬 수 있을 것이다.

또한, 위와 같은 문제점은 대한민국 국적을 이탈한 복수국적자에 대하여 대한민국으로의 입국이나, 대한민국에서의 체류자격·취업자격 등을 제한하는 방법으로도 해결할 수 있다. 관련 제도를 좀 더 정비하고 실질적으로 운영한다면, 대한민국을 생활영역으로 하면서도 병역의무는 면탈하는 기회주의적인 복수국적자들의 발생을 억제할 수 있다. 그렇다면 심판대상조항은 과잉금지원칙을 위반하여 청구인들의 국적이탈의 자유를 침해한다(이상이 반대의견의 요지임).

한편, 강일원 헌법재판관은 다수의견과 결론은 같이 하면서도 국적이탈의 자유는 거주·이전의 자유에 포함되는 것이 아니라 인간의 존엄과 가치 및 행복추구권을 규정하고 있는 헌법 제10조에서 도출되는 것으로 보아야 한다고 보았다.

라. 헌법소원 제기배경

이상이 헌법소원 사건에 대한 내용이다. 비록 국적이탈의 제한조항에 대하여 합헌결정이 나긴 했지만, 과거와는 달리 4명이나 되는 헌법재판관이 위헌의견을 밝혔다는 것은 주목할 만한 변화이다. 그렇다면, 왜 4명의 헌법재판관은 위헌이라고 판단하였을까?

2014. 10. 6. 국회의원회관 제1세미나실에서 김성곤 국회의원·미주 선천적복수국적 개정추진위원회 등의 주최로 열린「선천적 복수국적, 무엇이 문제인가?」라는 제목의 정책토론회 당시 주제발표를

한 전종준 미국변호사에 의하면 미국사관학교 입학이나 공직을 진출할 때 제일 먼저 하는 것이 신원조회(Security clearance)인데, 신원조회질문지에는 다음과 같은 질문이 있다고 한다. "현재 복수국적을 가지고 있거나 혹은 복수국적을 가진 적이 있나요? (Do you now or have you EVER held dual citizenships?")" 만 18세가 되는 3월말 전에 한국국적 이탈신고를 하였던 사람은 비록 한국국적이탈로 한국국적을 가지고 있지는 않지만 전에 한국 국적을 가진 적은 있었기 때문에 '복수국적을 가진 적이 있습니까?'라는 질문에 "예 (Yes)"에 표시를 해야 한다고 한다. 또한, 한국 국적법에 따라 만 18세가 되는 해의 3월 31일까지 국적이탈을 하지 않으면 만 38세까지 한국국적의 이탈이 불가능하며, 따라서 만 18세가 되는 해의 3월말 전까지 한국국적이탈신고를 하지 않은 사람은 만 38세까지 자동적으로 한국국적을 가지게 되어 '현재 복수국적을 가지고 있습니까?'라는 질문에 "예 (Yes)"를 표시해야 한다는 것이다.

그동안 수많은 한인 2세들이 공직과 사관학교 등에 진출하면서 본인 자신이 복수국적인 사실을 모르고 신원조회 질문지에 답변하면서 "지금 현재 복수국적자인가요?"라는 질문에 "아니오 (No)" 라고 하기도 하고, 혹은 복수국적자인 것을 알면서도 불이익이 두려워서 "아니오(No)"라고 표시하기도 하는데, 차후에 복수국적자란 사실이 밝혀질 경우, 신원조회 상 위증의 혐의를 받을 수 있는 심각한 상황에 처할 수도 있다.

전종준 미국변호사에 의하면, 결국 선천적 복수국적자는 국적이탈을 하던, 혹은 하지 않던 신원조회에 "현재 복수국적을 가지고 있거나 혹은 가진 적이 있다"고 표시를 해야 하며, 그로 인한 지속적인 신분확인이나 중요한 보직 발령 및 진급상의 보이지 않는 장벽 등 사실상의 불이익을 받을 것이라는 점이 명약관화하다는 것이다.8) 이러한 미주 동포사회의 호소가 과거와는 달리 4명이나 되는

헌법재판관이 국적이탈제한조항에 대하여 위헌의견을 내게 된 배경
이 아닌가 싶다.

2. 정부의 대응

이처럼 미주동포를 중심으로 현행 국적선택제도의 경직성에 대
한 문제제기가 계속하여 제기되자, 정부는 2014. 10. 국무조정실, 외
교부, 법무부, 병무청의 유관과로 구성된 관계부처 T/F를 구성하여
개선방안을 논의하였다. 그러나, 몇 달에 걸친 논의 끝에 관계부처
T/F는 2015. 6. 결국 병역의무의 형평성, 부정적 국민정서 등을 고려
하여 현행 18세 3월말 이후의 국적이탈을 제한하는 원칙은 유지하
되, 국적·병역법에 대한 홍보를 강화하여 국적이탈 시기를 놓치는
사례가 발생하지 않도록 하는 것으로 결론을 내렸다.

그러나, 헌법소원이 제기된 사례들은 자신에게 한국 국적이 있다
는 사실 조차 잘 인식하지 못한 채 현지국가에서 살아가고 있는 교
민들의 문제라는 점에서, 홍보를 강화하여 국적이탈 시기를 놓치는
사례가 발생하지 않도록 한다는 위 T/F의 결론은 미주동포들의 민
원을 해소하기는 현실적으로 분명한 한계가 있다.

자신이 선천적으로 복수국적자이며 따라서 18세가 되는 해의 3
월말까지 한국국적과 외국국적 사이에 하나를 선택하지 않으면 한
국의 병역의무가 해소되기 전까지는 국적선택을 하지 못한다는 사
실을 개별적으로 사전에 통지가 될 수만 있다면 절차상 아무 문제
가 없을 것이다. 그러나, 국가가 외국에 체류하고 있는 복수국적자
를 일일이 파악하여 개별적으로 그렇게 통지하는 것은 현실적으로

---

8) 전종준, "해외 한인 2세 공직 진출 막는 한국 국적법", 월드코리안신문 지령
   100호 기념 '선천적 복수국적, 무엇이 문제인가?' 정책토론회(2014. 10. 6. 발
   표), 4.

불가능하다. 그렇기 때문에 범정부T/F의 결론은 근본적인 해결방안이 될 수가 없다.

이처럼 현실적인 한계가 분명한 홍보 외에 실질적인 대안이 필요하다. 대안 중 하나로 과거 국적법 개정 작업 당시 논의되었던 국적유보제도를 고려해볼 수 있다.

Ⅳ. 국적유보제도

국적은 국가와 국민의 연결고리로서, 국적이 없으면 국가의 보호를 받지 못한다. 동시에, 국적이 없으면 그 나라의 국민으로서의 의무에서 자유로워지게 된다. 국내에서 태어난 국민들은 이러한 국적의 의미에 대하여 생각할 이유가 없다. 매일 마시는 공기처럼 너무나 자연스러운 것이기 때문이다.

그런데, 헌법소원 사례들처럼 영주할 목적으로 외국에서 체류하고 있던 대한민국 부모 사이에서 태어난 후 현지에서 줄곧 성장하고 살아가고 있고 대한민국에 오거나 거주할 의도도 별로 없는 경우에, 대한민국 국적은 또 어떤 의미를 지니는 것일까? 현행 국적법에 의할 때, 비록 외국에서 태어났을지라도 출생 당시 부 또는 모가 대한민국 국적을 가지고 있었다면 이들은 출생에 의하여 대한민국 국적을 취득하게 된다. 그러나, 출생지 국가의 국적제도에 의하여 그 나라 국적을 또한 가지고 있으면서 그 나라에서만 줄곧 성장한 사람의 경우는 대한민국 국적은 관념상으로만 의미를 지닌다고 볼 수 있다.

이런 경우에는 그 사람이 대한민국 국적자로서 대한민국 국가의 보호를 받는다는 것은 관념상으로만 존재할 뿐 현실에서는 거의 일어나지 않는 일일 것이다. 국민으로서의 의무 역시 일반적으로는 관

념상으로만 존재할 것이다. 그러나, 이 사람이 국적법상 국적이탈이
가능한 시점을 도과한 후에는 병역의무가 해소되기 전까지 대한민
국 국적이탈을 하지 못한다. 그 결과 현지 국적 외의 다른 나라의
국적을 보유하고 있으면 입학허가나 취업, 그리고 승진에 제한이 있
는 경우에는 관념상으로만 존재하는 우리 국적이 엄청난 걸림돌이
되고 만다. 현행 국적법의 절대적 혈통주의가 해외 한인 2세의 공직
진출을 막고 있어 선의의 피해자가 발생하는 문제점이 있다는 헌법
소원 청구인들의 주장에 공감 가는 측면이 있다.

그렇다면 절대적 혈통주의 원칙이 세계화에 따른 이주가 많이 이
뤄진 지금의 시점에서도 여전히 엄격하게 고수되어야 하는지에 대
한 근본적인 검토가 필요하다. 위와 같은 문제의식에서 종전에 국적
유보제도의 도입이 논의된 바 있다. 구체적인 내용은 아래와 같다.

1. 국적유보제도란 무엇인가?

국적유보제도란 일본 국적법 제12조에 있는 내용으로 "출생에 의
하여 외국의 국적을 취득한 일본 국민으로서 국외에서 출생한 자는
호적법이 정하는 바에 따라 일본국적을 유보할 의사를 표시하지 아니
할 때에는 그 출생한 때에 소급하여 일본국적을 상실한다"(出生により
外国の国籍を取得した日本国民で国外で生まれたものは, 戸籍法(昭和22年法
律第224号)の定めるところにより日本の国籍を留保する意思を表示しなければ,
その出生の時にさかのぼつて日本の国籍を失う.)는 것이다. 즉, 해외에서 일
본과 외국의 복수국적자로 출생한 자는 출생 직후 일본 국적을 유보
한다는 의사를 표시하여야만 복수국적자로 남게 되고, 이와 같은 의
사표시를 하지 않으면 자동으로 외국국적자로만 된다는 것이다. 다만,
만 20세 전에 일본에 주소를 가진 자는 신고에 의하여 일본 국적을

재취득할 수 있다(第12条の規定により日本の国籍を失った者で20歳未満の
ものは、日本に住所を有するときは、法務大臣に届け出ることによって、日本の
国籍を取得することができる.).

　일본의 국적유보제도는 대정 13년(1924년) 법률 19호에 의한 구
국적법 개정에 의하여 만들어진 것인데(구 국적법 제20조의 2, 당시
는 7개의 칙령 지정국9)에서의 출생에 한정되어 있었는데, 1950년
국적법 개정으로 모든 출생지주의 국가 로 확대하였음), 그 입법취
지는 미주 대륙에 이민간 일본 국민의 자손이 일본 국적을 보유함
으로써 정치적으로 곤란한 입장에 두어지는 것을 방지하고, 이민자
의 이민국에의 정착, 동화를 촉진하는데 있었다.10)

　그런데 우리나라도 과거 국적법 개정 논의시 일본의 국적유보제
도가 구체적으로 검토된 적이 있었다. 1992년 당시 법무부의 국적법
개정안은 "제13조(국적의 유보) ① 국외에서 출생하여 외국의 국적
을 취득한 대한민국 국민은 출생 후 3월내에 대한민국의 국적을 유
보할 의사를 표시하지 아니한 경우에는 그 출생 시에 소급하여 대
한민국의 국적을 상실한다. ② 제1항에 의하여 대한민국의 국적을
상실한 자는 만20세 전에 대한민국에 주소를 둘 경우에는 법무부장
관에게 신고함으로써 대한민국 국적을 취득할 수 있다."이었다. 그
러나 국적유보제도는 재일동포단체의 강력한 반발에 부딪쳐 정부안
으로 확정되지 못하였다. 1997년도에 국적법이 개정될 당시에도 국
적유보제도 도입 여부에 관한 논의가 있었으나 최종적으로 채택되
지는 않았다.11)

　당시 국적유보제도의 도입 여부에 관한 찬반 양론은 다음과 같다.12)

---

9) 미국, 아르헨티나, 브라질, 캐나다, 칠레, 페루, 멕시코.
10) 법무부, 각국의 국적관계법(Ⅱ)(1990), 200.
11) 정인섭, "국적유보제도 도입의 득실", 서울국제법연구 4권 2호(1997), 63-74
12) 여기에 소개된 찬반 양론은 모두 정인섭, "국적유보제도 도입의 득실", 서
　　울국제법연구 4권 2호(1997), 63-74에서 인용한 것임을 밝힌다.

2. 국적유보제도 찬성론

① 국적유보제도는 한국과의 결합관계가 희박한 국민의 발생을 방지하는 역할을 한다. 외국에서 출생하여 외국에 거주하는 자의 경우 우리의 문화나 언어에 익숙하지 못하고 사고 방식이나 행동양식에 있어서 일반국민과 큰 차이를 보일 것이다. 이렇듯 한국과의 결합관계가 희박한 사람에게 그의 의사와 관계없이 국적을 부여한다 할지라도 그 국적은 사실상 유명무실해질 것이므로 이러한 자에게 관연 한국국적을 인정할 필요가 있느냐는 것이다. 외국에서의 한국국적은 경우에 따라서 오히려 부담이 될 수도 있으므로 한국국적 보유의사를 가지고 있는 자에 한하여 국적을 부여하는 것이 합리적이라는 것이다. 대신 국적유보를 하지 않음으로써 한국국적을 상실한 자가 미성년 시기에 이미 한국에 주소를 두는 등 한국과의 결합관계를 회복하는 경우에는 법무장관에 대한 신고만으로써 간이하게 국적을 취득할 수 있도록 함으로써 국적 상실자를 배려할 수 있다는 것이다.

② 둘째, 국적유보제도를 통하여 국적 선택의무 대상자의 파악이 가능해지는 장점이 있다. 즉 부모 양계혈통주의 국적법을 채택함에 따른 복수국적자의 발생증가에 대한 대책으로서 당시 개정안은 국적선택제도의 도입을 예정하였는데 사실 해외에서 여러 가지 사유에 따라 발생하는 복수국적자를 정부 당국이 일일이 파악하기란 사실상 불가능하다. 그러나 국적유보제도가 도입되면 바로 한국 국적을 보유한 복수국적자가 명확하게 파악되므로 국적선택 의무 대상자도 차악이 가능해진다는 것이었다. 즉 국적유보제도의 도입이 없다면 국적 선택제도는 사실상 유명무실해질 소지가 크다는 우려였다.

③ 셋째, 다수 발생하는 복수국적자를 방치한다면 외교적 보호권 행사에 있어서 출동이 발생할 우려가 있다. 즉 복수국적자의 경우 2개의 국적국이 서로 외교적 보호권을 행사하려는 경우 자칫 외교적 마찰이 생길 수 있다는 것이었다.

④ 넷째, 호적에 등재되지 않는 국민의 발생을 방지할 수 있다. 호적과 국적이 동일한 제도는 아니나 현재 한국의 경우 사실상 호적이 국적을 증명하는 공부로서의 역할을 한다. 국외 출생 복수국적자가 한국에 출생신고를 하지 않으면 호적에 등재되지 않으며 정부 당국으로서는 국민의 숫자조차 정확히 파악할 수 없게 된다. 이러한 결과는 결코 바람직스럽지 않으므로 이에 대한 대책으로 국적유보 제도의 도입이 필요하다는 것이었다.

3. 국적유보제도 반대론

① 첫째, 결합관계가 희박한 국민의 발생을 방지하기 위하여 국적유보제도를 도입하자는 주장에 찬성할 수 없다. 사실 외국에서 복수국적자로 태어나 현지에서 계속 생활하는 자는 한국과의 결합관계가 희박할 것은 분명하다. 그의 생활의 중심은 현지 국가에 있을 것이므로 평소 자신이 한국인이라는 의식이 전혀 없을 수도 있다. 그러나 그 같은 한국인이 국외에 존재한다는 것이 국익에 어떠한 해가 되고, 우리에게 무슨 불편을 가져오기에 그의 한국국적을 출생 시부터 상실시켜야 하는지 의문이다. 선천적 국적이란 비록 형식적이고 우연적으로 부여되었다고 하여도 일단 부여되면 보통인의 사고방식에는 적지 않은 영향을 미친다. 외국에서 출생하여 현지 국적을 부여받고 그 곳에서 성장하며 생활하는 사람이 비록 가보지 못

했을지라도 또 하나의 국적이 있다면 그 같은 국적국에 대하여 일정한 애정을 갖게 마련이다. 더욱이 그 국적이 부모와의 혈연을 통하여 주어진 것일 때에는 두말할 나위가 없다. 그는 또 하나의 국적국에 도움을 주면 주었지 해가 되는 일은 삼가려 할 것이다. 그가 그 국적을 악의적으로 이용할 가능성이 과연 얼마나 클 것인가는 의문이다. 따라서 해외 출생 복수국적자와의 결합관계가 아무리 희박할지라도 한국은 그 희박한 결합관계를 북돋울 정책을 펴야지 이를 앞장서서 단절시킬 실익은 거의 없다. 본인이 스스로가 한국적을 싫어하거나 득은 없이 부담만 된다고 판단하여 한국과의 법적 결합을 단절시키겠다고 결정한다면(복수국적자의 국적 이탈) 이러한 본인의 의사는 존중될 필요가 있으나 국가로서는 적은 인연이 있는 자들까지도 가급적 국민으로 포용하는 것이 국익에 보다 도움이 되는 길이다.

② 둘째, 국적유보제도를 실시함으로써 국적 선택의무 대상자의 파악이 용이해진다는 주장은 물론 타당한 지적이다. 사실 본인의 신고가 없다면 정부로서는 국적 선택의무가 부과되는 복수국적자를 파악하기가 용이하지 않다. 그러나 누구에게 국적선택이라는 행정의무를 부과할 것인가를 파악하여야 할 1차적 주체는 정부이다. 따라서 국적 선택의무 대상자 파악을 위하여 국적유보제도를 도입하고 신고하지 않는 국민에게는 한국국적을 상실시킨다면 이는 정부의 부담을 개인에게 전가시키는 결과라는 비판을 면할 수 없다. 물론 국가가 원활한 행정을 위하여 국민에게 일정한 의무를 부과하고 이를 이행하지 않은 자에 대하여 불이익을 줄 수도 있다. 그러나 복수국적자임을 신고하지 않았다 하여 개인의 법적 지위의 출발점이라고 할 수 있는 국적을 상실시키는 조치는 균형이 상실된 불이익의 부과라 아니할 수 없다.

③ 셋째, 국적유보제도를 통하여 호적에 등재되지 않은 국민의 발생을 방지할 수 있다는 주장은 결과에 있어서는 타당하나 이것이 국적유보제도를 도입하기 위한 충분한 근거는 될 수 없다. 호적이란 국민을 확정하는 실체적 제도가 아니고 확정된 국민을 관리하는 제도에 불과하다. 따라서 호적법상의 제도 실현을 위하여 국적을 좌우시킨다는 것은 관리상의 편의를 위하여 실체적 정의를 희생시키자는 주장이라 아니할 수 없다.

④ 끝으로 국적유보제도는 남북한 관계라는 측면에서도 우리에게 바람직스럽지 못한 결과를 가져올 것이다. 과거 한반도에서의 남북대결은 해외교포에서도 영향을 미치었고 북한이 가장 큰 성공을 거둔 곳이 일본이다. 북한은 조총련이라는 단단한 조직을 구축하고 있다. 아직도 남북한 양측은 모든 재일교포가 자국민이라고 표방하고 있는데 앞으로 북일 수교가 현실화되면 북한의 대 재일교포 포섭 정책은 더욱 적극화될 것이 분명하다. 이러한 상황 속에서 한국이 한일 복수국적자의 한국국적 상실을 유도하는 국적유보제도를 실시한다면 북한에게 매우 유리한 선전의 빌미를 제공할 것이다.

4. 검토

국적유보제도 찬성론은 현재 미주동포 사회에서 제기하고 있는 사유들과 일맥상통한다. 국적유보제도 반대론은 그 같은 한국인이 국외에 존재한다는 것이 국익에 어떠한 해가 되고, 우리에게 무슨 불편을 가져오기에 그의 한국국적을 출생시부터 상실시켜야 하는지 의문이라는 입장이다. 그러나 이러한 반대론은 자신이 출생시부터 한국국적이 있다는 사실을 모른 채 살아오다가 국적선택시기를 놓

쳐서 미국 육군사관학교 입학자격에 문제가 생긴 미주동포 입장에
서는 동의하기 어려울 것으로 보인다. 반대론은 찬성론이 국가편의
주의적인 발상이라는 지적이나, 헌법소원을 제시한 미주동포의 사
례를 보면 절대적 혈통주의는 당사자의 인권침해의 문제를 야기하
고 있기 때문에 국적유보제도를 국가편의주의적인 발상으로 단정하
기도 어렵다.

　반대론이 주창한 것처럼 해외 출생 복수국적자와 한국과의 결합
관계가 아무리 희박할지라도 우리 정부는 그 희박한 결합관계를 북
돋울 정책을 펴야 한다는 점은 분명 일리 있는 지적이다. 하지만 필
자는 헌법소원 사건을 접하면서 이제는 국적유보제도의 도입을 신
중하게 검토해야 할 때가 되지 않았나 생각한다. 아래에서 그 이유
를 제시해보겠다.

가. 사정변경

　과거 국적법 개정 논의시에는 국적유보제도 도입이 무산되었으나,
당시에는 없었던 몇가지 중대한 사정변경들이 그 이후에 생겼다.

　첫째, 2007. 6. 28. 헌법재판소의 헌법불합치결정으로 개정이 된
공직선거법에 의하여 2009. 2.부터 재외국민 선거제도가 도입되었다
는 점이다. 즉, 재외국민 선거제도와 관련하여 생각해보면, '그 같은
한국인이 국외에 존재한다는 것이 국익에 어떠한 해가 되고, 우리에
게 무슨 불편을 가져오기에 그의 한국국적을 출생시부터 상실시켜
야 하는지 의문'이라는 국적유보제도 반대론은 중대한 사정 변화에
의하여 재고가 필요하다고 생각된다. 국내와는 별다른 연관성도 없
이 현지에서 세금을 내면서 살고 있는 재외동포가 단지 태어날 때
부모가 한국 국적 보유자였다는 이유만으로 한국 국적자로서 선거
권을 행사하는 것은 납세없이 권리를 행사하는 것으로서 정의의 관

념에 반하기 때문이다.

반대론이 들고 있는 다른 논거인 '국적유보제도가 한국적 해외교포의 상당수를 차지하는 재일한국인의 실정을 무시하는 제도가 될 것이다'는 주장에 대하여 살펴보면, 종래 국적법 개정 작업 시에 국적유보제도가 좌초된 결정적 계기는 '국적유보제도는 동포 기민정책이다'라는 재일동포사회의 반대 때문이었다. 재일동포사회가 생기게 된 역사적 유래를 생각해보면, 국적유보제도에 대한 재일동포사회의 반발은 쉽게 이해할 수 있다. 하지만, 단지 혈통상 동포라는 이유만으로 국내 선거에 한 표를 행사할 수 있도록 하는 것이 과연 타당한 것인지는 의문이다.

그리고 국적유보제도가 도입될 경우 일정한 기간 내에 국적유보 신고를 하지 않고 그냥 일본에서 일본인으로서 살아감으로써 당장은 한국 국적을 가지지 못하게 될 수는 있겠으나 성장과정에서 한국인으로서의 정체성을 갖고자 한다면 성년이 되기 전에 한국에 이주하여 한국 국적을 취득할 수 있는 길이 열려 있으므로 '동포 기민정책이다'라고 단정짓기도 어려울 것이다.

재일동포의 사례를 경우의 수를 나누어 살펴보면 아래와 같다.

① 아이의 부모가 모두 한국 국적인 경우

일본은 출생지주의 국가가 아니므로 아이는 출생에 의하여 한국 국적만 취득하게 될 것이며, 일본에서 생활하기 위하여는 현지 우리 공관에 출생신고를 할 수 밖에 없다. 그래야 아이는 대한민국 국적 보유자로 일본에서 외국인등록을 하고 살아갈 수 있기 때문이다. 이 경우, 국적유보제도가 도입되더라도 '동포 기민정책'이라는 비판을 받은 소지는 없다.

② 아이의 부모 일방은 한국, 다른 일방은 일본인 경우

(일본도 부모양계혈통주의이므로) 아이는 일단 출생에 의하여 일본 국적을 취득하기 때문에 일본 국민으로서 출생신고하고 일본에서 거주하는데 아무 문제가 없다. 한국 국적은 국적유보신고를 하면 취득하게 될 것인데 이때 아이는 한일 복수국적자가 될 것이다. 아이는 일본 국적포기를 하지 않는 이상 일본에서 일본 국민으로서 살아갈 것이다. 아이가 국적선택을 하지 않으면, 아이는 한국 국적은 관념상으로만 보유한 채 일본 국민으로서 살아갈 것이다. 과거에는 일정한 시점까지 국적선택을 하지 않았다고 하여 한국 국적을 자동상실시켰으나 2010. 5. 4.부터는 자동상실제도가 폐지되어 이 아이는 국적선택명령을 받지 않는 이상 계속 한국국적을 보유한 채 일본에서 일본 국민으로 살아갈 가능성이 높다.

만일, 이 경우에 국적유보신고를 하지 않으면 어떻게 될까? 아이는 일본 국적만 보유한 채 일본에서 일본 국민으로 살아갈 것이다. 그런데, 아이가 부모 일방의 국적이 한국이라는 것 때문에 한국인으로서의 정체성을 가지기 위하여 한국 국적을 원한다면 이때는 성년이 되기 전에 국적 취득신고를 함으로써 간편하게 한국 국적을 여전히 한국 국적을 취득할 수 있는 방법이 있기 때문에 이를 이용하면 될 것이다. 아이가 한국인으로서의 정체성을 별로 가지지 않으며 한국 국적도 원하지 않는다면 아이는 나중에 국적취득신고를 하지 않으면 될 것이다.

이에 대하여 재일동포 사회에서 '출생에 의하여 자동적으로 한국 국적이 부여되면 살아가면서 한국인으로서의 정체성을 더 느끼게 될 것인데, 국적보유신고와 국적취득신고 여부에 따라 한국 국적 보유 여부가 달라지게 되면 바쁜 생활 속에서 한국 국적을 취득하지 않는 동포들이 많아질 것이다. 이렇게 되면 결국 동포를 방기하는 것이 아니냐'하는 반론이 제기될 수도 있을 것이다. 그런 면도 있겠

으나, 재외국민선거제도도 도입된 상황에서 이제는 좀 달라져야 하지 않을까? 1999년도에 재외동포비자(F4)도 도입되어 본국 방문과 장기 체류에 아무런 불편이 없는데, 한국인으로서의 정체성을 뒤늦게 느껴서 모국에 방문하여 살아가고 싶다면 재외동포체류자격으로 외국인등록을 하여 체류해도 정체성을 느끼고 살아가는데 크게 불편함은 없을 것이다. 그래도 국적이 없어서 정체성을 느끼는데 한계가 있다면 미성년이라면 국적취득신고를 하면 될 것이고, 성년이라면 간이귀화를 통하여 국적을 취득하는 길이 열려있다. 국적유보제도가 도입된다면, 귀화제도를 개선하여 국적유보신고를 하지 않아 출생시에 소급하여 우리 국적이 상실된 자가 성년이 된 후에 우리 국적을 원하는 경우에는 현재보다 좀 더 빠르게 국적을 취득할 수 있도록 국적법을 개정할 수도 있을 것이다. 본인 스스로의 고민과 선택에 의하여 한국 국적 보유여부를 결정짓는다는 점에서 오히려 합리적인 면이 있다고 생각한다.

③ 아이 부모가 원래는 한국인인데 모두 일본으로 귀화한 재일동포인 경우

이 아이는 출생에 의하여 일본 국적만 취득할 것이며, 따라서 국적유보제도와는 전혀 무관하다. 아이가 한국 국적을 원한다면 부 또는 모가 대한민국 국민이었던 자이므로 간이귀화허가를 받아 귀화할 수 있을 것이다.

한편, 일본의 경우 지난 18대 대선에서 약 7,000명이 투표를 한 것으로 되어 있는데, 이들 중 대선에 즈음하여 뒤늦게 출생신고를 하여 재외선거인으로 등록을 한 자들이 몇 명이나 될까? 대부분 이미 출생신고를 하여 한국 여권을 가지고 있거나 아니면 뉴커머로서 일본에 진출한 국내 출생 국민들일 것으로 추정된다. 만일 그렇다면, 고국에의 정서적 유대감을 가지게 해주기 위하여 굳이 출생에 의하여 무조건적으로 우리 국적을 보유하게 해 줄 필요가 있는지

의문이 든다.

둘째, 1999년도에 재외동포의 출입국과 법적지위에 관한 법률('재외동포법')이 시행되었다는 점이다. 종래 국적유보제도에 대한 반대론이 제기된 것은 1999년도에 재외동포법이 제정, 시행되기 전 시점이었다. 그러나 재외동포가 원하기만 하면 출입국과 체류에 있어서 영주자격에 준하는 편의가 제공되는 준 영주자격인 재외동포 비자가 생긴 상황에서, 재일동포들이 모국과의 정서적 유대감을 느끼게 하는 것이 꼭 관념상의 국적이어야만 하는지 의문이 든다. 국적유보제도를 도입하되, 국적유보신고를 하지 않는 재일동포에게는 국적이 아닌 재외동포비자나 여타 다른 제도로서 모국과의 정서적 유대성을 느끼게 할 수 있을 것으로 생각된다. 꼭 현실적으로 실익이 없는 관념상의 국적을 부여하는 것만이 동포가 모국에 대하여 정서적 유대관계를 느끼게 하는 유일한 방법인지에 대하여는 다시 생각해보아야 한다.

셋째, 2010. 5. 4. 10차 국적법 개정에 의하여 국적선택의무 불이행자의 국적자동상실제도가 폐지되었으며 이로 인하여 관념상 우리 국적 보유자가 무한정 발생할 수 있게 되었다는 점이다. 즉, 2010. 5. 4. 전에는 선천적 복수국적자가 일정한 시점까지 국적선택을 하지 않으면 자동으로 대한민국 국적이 상실되었다. 그러나, 2010. 5. 4.에는 이러한 국적자동상실제도가 폐지되었으며 대신 국적선택명령을 받은 후 그래도 국적선택을 하지 않을 때 대한민국 국적이 상실되는 것으로 되었다. 이로 인하여 이민 간 외국에서 2, 3대 이상 거주한 부모 아래에서 출생하였으며 한국에 출생신고를 하지도 않은 채 줄곧 현지에서 성장하여 대한민국 국민으로서의 정체성은 거의 가지고 있지 않은 교포 3, 4세도 여전히 출생에 의하여 대한민국 국적을 보유하고 있는 것으로 처리되며, 그 결과 헌법소원이 제기된 것처럼 젊은 교포 청년들이 현지에서 육군사관학교 입학과 공기업이나 공직 취직, 승진에 불이익을 받는 사례가 더 많이 생길 수 있다.

여성의 경우에도 만일 미국 시민권자로서 장학생으로 선발되어 한국에 유학 내지 파견될 수 있는데, 한국 국적 보유사실 때문에 비자를 발급받을 수 없게 되어 장학생 선발기회를 놓칠 수도 있다.

넷째, 이주가 일반화됨으로써 새로운 대한민국 국민이 많이 생겼다는 점이다. 국적유보제도가 논의되던 1998년경만 하더라도 새로운 귀화자는 별로 없었다. 연 평균 귀화자가 100명이 되지 않았는데, 대부분은 국내에서 2~3대째 장기거주하고 있는 화교 후손들이었다. 하지만, 2000년대 이후 중국동포 입국문호 완화로 많은 중국동포들이 국내로 입국하여 국적을 취득하였으며, 그 외에도 결혼이민자와 외국인근로자도 많이 유입되어 국적을 취득하였다. 2011. 1. 24. 귀화허가자가 10만명을 돌파할 때의 통계자료에 의하면, 2000년대 이후 귀화허가자가 전체의 97%에 달할 정도였다. 이렇게 새로운 대한민국 국민이 많이 생겨난 상황에서 이들이 국내 부적응 등 여러 가지 사유로 다시 본국이나 기타 제3국으로 이주하는 사례도 생길 것이다. 그런데, 귀화자 부부 사이에서 자녀가 출생한 경우에 현재의 절대적 혈통주의 국적법에 의하면 그 자녀도 순수 국민 사이에 태어난 자녀들처럼 출생에 의하여 우리 국적을 취득하게 된다. 이 점에서 '혈통주의 국적제도'란 어폐가 있는 단어이다. 귀화자는 비록 대한민국 국적보유자임에는 틀림없지만 혈통적인 관점에서 볼 때는 일반 국민과는 다르다는 점이 엄연한 현실이기 때문이다. 귀화자들이 다시 외국으로 이주하여 정착하여 살아갈 때, 단지 부모가 대한민국 국적을 가지고 있다는 이유만으로 한국과의 역사적, 정서적 유대성이 약한 자녀가 출생에 의하여 대한민국 국적을 취득하게 되는 현행 국적제도는 재고되어야 할 것이다.

나. 병역제도상 문제[13]

우리나라는 국민개병주의에 입각한 징병제인 관계로 남성의 경우 병역이행의 담보를 위하여 국적선택의 자유가 완전히 보장되지는 않으며 18세가 되는 해의 4월부터 병역이 해소될 때까지는 국적이탈의 자유가 제한된다. 그러나 국내와의 유대관계가 희박하여 국내에 출생신고를 하여야 한다는 사실조차 모르는 재외국민의 경우 국적이탈 가능만기시점인 '만18세가 되는 해의 3월말'을 모르고 놓칠 가능성이 높다. 심지어 어떤 경우는 본인이 우리 국적을 보유하고 있다는 사실 자체조차 모를 가능성도 있다.

헌법소원 사건에서 다수의견은 '외국에 거주하는 복수국적자는 부모 쌍방 또는 적어도 일방이 대한민국 국적을 가지고 있거나, 그 외국의 한인 사회를 중심으로 생활을 영위하고 있는 경우가 대부분인바, 이와 같은 복수국적자가 대한민국 국민의 병역의무나 국적선택제도에 관하여 아무런 귀책사유 없이 알지 못하는 경우란 상정하기 어렵다.'고 판시하였지만, 교민들 중에는 빠듯한 생계유지와 공부에 여념이 없어 한국영사관이나 한국교민회에는 갈 시간도 없고 어디 있는지도 잘 알지 못하는 사례들이 적지 않다.

국내와의 유대가 희박할수록 국적이탈과 관련한 정보를 접할 수 없는 등의 이유로 국적이탈을 제때 할 가능성이 상대적으로 낮아, 유대한 희박한 이들이 병역의무를 오히려 더 부담하게 될 가능성이 높은 이율배반적인 결과가 초래될 수 있다.

물론, 재외국민의 경우 생활근거지가 국외이므로 병역의무를 적극적으로 이행하지 않고 병역연기를 통해 종국에는 병역을 면할 가능성이 열려있기는 하지만,[14] 앞서 헌법소원이 제기된 사례들처럼

---

13) 이 내용은 주로 이연우, "국적법상 국적선택의 자유에 관한 연구", 한국공법학회 신진학자 학술대회(2015) 발표논문을 인용한 것이다.

관념상으로 존재하는 우리 국적의 존재가 거주국의 국민으로 성공적
으로 조기 정착하는데 결정적인 장애가 될 수 있을 것이다. 뿐만 아
니라, 국가 유사시에는 이들에 대하여도 귀국명령이 내려질 수 있으
며(병역법 제83조 제2항 제10호) 그럴 경우 적극적으로 병역의무를
이행해야 하는 의무를 부담하게 되는 점 등을 고려할 때 병역의무와
관련하여서도 국적유보제도의 도입이 적극 검토될 필요가 있다.

다. 외국 입법례

외국의 입법례 중 기본적으로 혈통주의를 취하면서도 국외에서
출생한 복수국적자에 대하여는 혈통주의를 수정하여 적용하는 사례
가 많다.

(1) 독일

국외에서 출생한 자녀는 부모 중 일방이 독일인이고 그가 1999년
12월 31일 이후에 국외에서 출생하여 그곳에서 일상적으로 거주한

---

14) 병역법 시행령 제149조 제1항 .

> 병역법 시행령 제149조(국외이주자 등의 처리) ① 국외에 거주하고 있
> 는 병역의무자가 25세가 되기 전에 본인이나 그 부모가 다음 각 호의
> 어느 하나에 해당하는 경우에는 37세까지를 허가기간으로 하는 국외여
> 행허가를 받은 것으로 본다.
> 1. 본인이나 그 부모가 국외에서 영주권(조건부 영주권은 제외한다)을
> 얻거나 영주권제도가 없는 국가에서 무기한 체류자격 또는 5년 이상
> 장기 체류자격을 얻어 국외에 계속 거주하고 있는 경우
> 2. 본인이나 그 부모가 일본의 특별영주자 또는 영주자의 체류자격을
> 얻어 국외에 계속 거주하고 있는 경우
> 3. 본인이 외국에서 출생하여 해당 국가로부터 국적 또는 시민권을 받
> 아 부모와 같이 국외에 계속 거주하고 있는 경우
> (이하 생략)

경우, 그 자녀가 무국적자가 아니라면 독일 국적을 취득하지 못한다. 하지만 독일인 부모가 1년 이내에 자녀의 출생을 관할 재외공관에 신고한 경우에는 그러하지 아니하다(독일 국적법 제4조 제4항).

즉, 독일의 2000년 국적법은 부모 중 일방은 외국인이고 다른 일방이 신국적법 발효 후 국외에서 출생하였으며 국외에서 일상적으로 거주하고 있는 독일인으로서 본인도 국외에서 출생한 경우, 독일 공관에 출생신고를 하는 경우에만 국적 취득을 허용함으로써 재외 독일인의 독일 국적이 무한정 재생산되는 것을 막고 있다.[15]

(2) 중국

중국 국적법은 부모가 외국에서 체류할 때 자녀가 태어날 경우 그 자녀의 국적에 관하여 "부모의 쌍방 또는 일방이 중국의 국민으로 외국에서 출생한 자는 중국국적을 취득한다. 다만, 부모의 쌍방 또는 일방이 외국에 정주하고, 출생으로 외국의 국적을 취득한 경우에는 중국의 국적을 취득하지 아니한다"고 규정하고 있다(중국 국적법 제5조).[16]

(3) 미국

미국 이민국적법은 출생에 의하여 미국 시민권을 취득하는 자들 중 미국 밖에서 태어난 자들에 관하여 다음과 같이 규정하고 있다.[17]

미국 이민국적법 제3절(국적 및 귀화) 제1관(출생에 의한 국적과 집단적 귀화) 제1401조(선천적 미합중국 국민과 시민)

(c) 미합중국 및 그 해외 속령 밖에서 출생하였고, 부모의 쌍방이 미합중국 시민이고, 부모 중 어느 일방이 당사자의 출생이전

---

15) 이철우외 2인, "대한민국 국적제도의 개선방안", 법무부(2007), 115
16) 법무부, 앞의 책, 161
17) 법무부, 미국 국적법(2004), 47-48.

에 미합중국이나 그 해외 속령 내에 주소를 가졌던 자

(d) 미합중국 및 그 해외 속령 밖에서 출생하였고, 부모 중 일방이 미합중국이나 그 해외 속령 중 어느 곳에서 당사자의 출생 이전에 1년 동안 계속하여 실제 거주한 미합중국 시민이고 다른 일방은 미합중국의 시민이 아닌 국민인 자

(e) 미합중국의 해외 속령에서 출생한 자로 그 출생 이전 어느 때라도 부모의 일방이 미합중국이나 그 해외 속령 중 어느 곳에서 1년 동안 계속하여 실제로 거주한 미합중국 시민인자

(f) 5세가 되기 전에 미합중국에서 발견되고 부모를 알 수 없는 자로서 21세에 달하기 전까지 미합중국에서 출생하지 않았다는 사실이 입증되지 아니한 자

(g) 부모 중 일방은 외국인이고 다른 일방은 미합중국 시민인 경우로서, 부모가 모두 14세에 달한 이후에 시민인 한쪽 부모가 당사자의 출생 전에 총 5년 이상을 미합중국이나 그 해외 속령에서 실제로 거주하였던 자의 자녀로서 미합중국 및 그 해외 속령의 지역적 경계 밖에서 출생한 자. 다만 미합중국 시민인 부모가 미합중국 군대에서 복무한 기간이나 미합중국 정부에 고용된 기간, 제22편 제288조에 규정된 기간 동안 국제기구에 고용된 기간 또는 미합중국 시민인 부모의 일방이 (A) 미합중국 군대에서 복무하거나, (B) 미합중국 정부 또는 제22편 제288조에 규정된 국제기구에 고용된 부모에게 의존적인 미혼의 자녀 또는 그 가족의 일원으로서 외국에서 실제 거주한 기간도 이 목에 규정된 실제거주요건(physical-presence requirement)을 충족시키기 위하여 산입될 수 있다. 이 단서는 1952년 12월 24일 이후에 태어난 자에게도 실제거주요건에 한해서는 유효한 것으로 적용된다.

(h) 1934년 5월 24일 정오(동부표준시간 기준) 전에 미합중국의

한계와 관할권의 범위 밖에서 외국인 아버지와 출산 전에 미합중국에 거주한 미국시민권자인 어머니 사이에서 출생한 자

(4) 아일랜드

1956년의 개정 아일랜드 국적·시민권법은 해외 거주 아일랜드인은 혈통과 등록에 의해 아일랜드 국적을 인정받을 수 있게 하였는데, 독립 이전에 아일랜드에서 태어난 자로부터 출생한 해외 거주자는 등록이나 아일랜드로의 귀환을 요하지 않고도 아일랜드 국적을 보유함을 선언했다. 그리고 외국국적 취득을 아일랜드 국적의 상실 사유로부터 삭제했다. 이로써 일찍이 해외로 이산한 아일랜드인의 복수국적이 가능케 되었다. 이 법은 또 혈통에 따른 국적취득을 부계에서 부모양계로 전환했다. 이로써 해외 거주 아일랜드 국적자는 대폭 증가하였고, 국적의 대물림이 자동적으로 계속될 수 있었다. 이를 제한하기 위해 1986년의 개정법은 해외 출생 아일랜드인의 국적은 부모가 그 출생 전에 등록을 한 경우에만 허여하며 3세대 이민은 아일랜드에 대한 충성을 서약한 경우에만 국적을 취득할 수 있도록 했다. 2001년의 개정법은 이를 다시 수정하여 해외에서 출생한 아일랜드 국적의 부 또는 모로부터 출생한 자는 등록에 의해 아일랜드 국적을 갖는다고 규정했다.[18]

(5) 그리스

디아스포라 경험을 바탕으로 적극적인 재외동포정책을 추진하는 것으로 알려진 그리스는 그리스 혈통보유자(omegenis)인 외국인이 그리스에 귀화함에 있어서는 비그리스계 외국인(allogenis)과는 달리 일정기간 그리스에 거주하였거나 해야 한다는 요건의 적용을 받지

---

18) 이철우외 2인, 앞의 글, 116.

않는다. 또, 터키와 이집트 거주 그리스인이 1947년 이전에 거주국 그리스 영사관에서 등록을 하였다면 그들과 그들의 직계비속은 그리스국적을 보유하는 것으로 인정된다. 이는 재외공관에의 등록 여부에 관계없이 부모가 대한민국 국적이면 그 자녀도 출생에 의하여 바로 우리 국적을 취득한 것으로 처리하는 우리와는 차이가 있다.19)

라. 소결

과거에는 국적유보제도가 '재외동포 방기정책'이라는 재외동포 사회의 반발로 무산되었으나, 그 이후 재외국민선거제도 도입, 재외동포비자 도입, 국적자동상실제도 폐지, 새로운 귀화자 발생 등의 많은 사정변경이 생겼으며, 따라서 이제는 국적유보제도의 도입 여부를 다시 한번 신중하게 검토할 때가 되었다고 생각한다. 외국의 경우도 혈통주의 기본원칙을 견지하면서도 국내에서 태어나느냐 외국에서 태어나느냐, 또 외국에서 태어남으로 인하여 그 국가의 국적을 출생에 의하여 취득하느냐 등에 따라 국적부여의 기준을 세부적으로 달리하는 사례가 많은바, 이주가 일반화된 시대에 우리 국적제도도 정책 환경의 변화를 반영할 때가 된 것이다.

한편, 국적유보제도가 도입이 되면, 외국에서 출생에 의하여 우리 국적을 취득한 후 국내로 복귀하여 실질적으로 국내에서 장기 거주하게 되었음에도 불구하고 병역의무를 면탈하기 위하여 일부러 국적유보신고를 하지 않아 우리 국적을 상실시키고 국내에서 외국인으로 살아가는 사례가 발생할 가능성이 있다. 따라서, 실질적으로 국내에서 거주하는 것이 확인되는 경우에는 이들의 외국인등록을 허용하지 않거나 요건을 엄격하게 함으로써 사회적 위화감이 발생하지 않도록 할 필요가 있다.

---

19) 이철우외 2인, 앞의 글, 116-117.

V. 마치는 글

부정한 방법으로 취득한 국적을 취소하는 것은 법리상으로는 당연하다. 하지만 국적이란 개인을 어떤 국가의 인적 관할권에 놓이게 함으로써 개인과 국가 사이를 연결시켜주는 법적 유대라는 점에서, 국적이 취소되는 개인은 해당 국가와의 연결고리가 끊어지게 되며, 앞서 소개한 사례처럼 원래의 본명을 회복하기 어려운 경우에는 본국과의 연결고리를 다시 형성하는 것도 쉽지 않을 수가 있다. 부정한 방법으로 국적을 취득하였다고 하더라도 5년이 경과하면 국적취소를 할 수 없도록 하고 있는 독일 국적법은 적지 않은 점을 시사해 주고 있다.

한편, 출생지국가에서 태어나 그 나라 국적을 취득하고 줄곧 그 나라 시민으로 살아온 사람에게 '출생 당시 당신의 부모의 국적이 대한민국이었기 때문에 아무리 당신이 대한민국과 무관하게 살아왔다고 하더라도 당신은 대한민국 국적을 보유하고 있는 것'이라는 현행 국적법의 절대적 혈통주의는 "국적이란 어떤 사람과 국가와의 법적 유대를 의미하며, 그 사람의 종족적 출신을 가리키는 것은 아니다"('Nationality' means the legal bond between a person and a state and does not indicate the person's ethinic orgin.)라고 정의함으로써 국적을 개인과 국가 사이의 법적 유대(bond)로 규정하고 있는 유럽국적협약(1997) 제2조 a항에 비추어 보아도 합리성을 인정하기 어렵다고 생각한다(국제사법재판소도 Nottebohm사건에서 국적을 개인과 국가 간의 법적 연결고리로 정의한 바 있다).

제국 경험을 가진 국가 외에도 영토 밖에 존재하는 민족성원들과의 유대를 강화하고자 하는 국가 또는 자국을 떠난 이민자들과의 유대를 지속하고 모국에 대한 그들의 충성과 기여를 확보하고자 하는 국가들에 의해 외향형 복수국적은 널리 활용된다. 예컨대, 프랑스의 경우 재외프랑스인과 모국의 관계를 중시하여, 재외 프랑스인들의 복수국적에 제한을 두지 않으며, 다른 많은 선진국과 달리 프랑스와의 일정한 연고나 밀착을 요건으로 하지 않고 혈통에 의한 국적의 대물림을 허용하고 있다.[20]

그러나 모국과의 유대관계를 의미하는 모국의 국적이 헌법소원의 사례처럼 현지 정착과 동화에 장애가 된다면 오히려 모국의 국적은 모국에 대한 그들의 충성과 기여를 확보하는데 방해가 될 수 있을 것이다. 국민으로서의 권리를 제대로 향유하거나 행사 한 적도 없었는데 절대적 혈통주의에 따라 출생에 의하여 우리 국적을 취득한 것이니 대한국민 국민으로서의 의무를 이행하라고 강제하는 것이 보편적인 인권 차원에서 합리적이라 할 수 있을까? 나아가, 재외국민 선거와 관련하여 생각해보더라도, 단지 부모의 국적에 따라 출생에 의하여 우리 국적을 관념상 취득하였다는 이유만으로 납세 여부를 불문하고 우리의 운명을 결정짓는 대표자 선출에 재외국민으로서의 한 표를 행사하도록 하는 것이 과연 정의의 관념에 부합하는 것일까?

요컨대, 과거 국적유보제도의 도입이 무산된 이후 재외국민선거제도 도입, 재외동포법 시행, 국적자동상실제도 폐지, 새로운 귀화자들의 등장 등 많은 사정변경이 생겼다는 점, 국내와의 유대가 더 희박한 사람일수록 국적법에 따른 국적이탈의무를 알지 못하여 병역의무를 더 부담하게 될 가능성이 높은 점, 적지 않은 나라들이 국외에서 출생한 복수국적자에 대하여는 수정된 혈통주의를 취하고 있는 점 등을 고려할 때, 국적유보제도 도입의 타당성 여부를 다시 한번 신중하게 논의하는 것이 필요하다고 생각한다.

---

20) 이철우외 2인 앞의 글, 121.

참고문헌

전종준, "해외 한인 2세 공직 진출 막는 한국 국적법", 월드코리안신문 지령
　　　100호 기념 '선천적 복수국적, 무엇이 문제인가?' 정책토론회 (2014.
　　　10. 6.).
정인섭, "국적유보제도 도입의 득실", 서울국제법연구 4권 2호 (1997).
이연우, "국적법상 국적선택의 자유에 관한 연구", 한국공법학회 신진학자
　　　학술대회 (2015).
이철우외 2인, "대한민국 국적제도의 개선방안", 법무부 (2007).
법무부, 각국의 국적관계법(Ⅱ) (1990).
법무부, 미국 국적법 (2004).

집필자 약력

:: 이철우

서울대학교 법과대학 졸업 (1983)

영국 London School of Economics and Political Science 박사 (1996)

연세대학교 법학전문대학원 교수 (2006-현재)

저서: 이민법 [공저] (박영사, 2016)

How Can You Say You're Korean? Law, Governmentality and National Membership in South Korea (Citizenship Studies, 2012)

South Korea: The Transformation of Citizenship and the State-Nation Nexus (Journal of Contemporary Asia, 2010)

:: 황필규

서울대학교 법과대학 졸업 (1992)

서울대학교 법학박사 (2010)

제34기 사법연수원 수료 (2005)

공익인권법재단 공감 변호사 (2005-현재)

저서: 한국 이민정책의 이해 [공저] (백산서당, 2011)

난민의 개념과 인정절차 [공편] (경인문화사, 2011)

유엔인권권고 이행 메커니즘 확립 방안 (제2회 유엔인권권고 분야별 이행사항 점검 심포지엄, 2012)

:: 최계영

서울대학교 법과대학 졸업 (1999)

서울대학교 법학박사 (2008)

제32기 사법연수원 수료 (2003)

서울대학교 법학전문대학원 교수(2007-현재)

저서: 이민법 [공저] (박영사, 2016)

출입국관리행정, 주권 그리고 법치 - 미국의 전권 법리의 소개와 함께 (행정법연구, 2017)

:: 박영아

서울대학교 법과대학 졸업 (1998)

UCLA School of Law LL.M. (2013)

제33기 사법연수원 수료 (2004)

공익인권법재단 공감 변호사(2010-현재)

저서: 우리는 희망을 위해 변론한다 [공제], (부키, 2013)

　　　기초생활보장과 부양의무 (사회보장법학 제5권 제1호, 2016)

:: 전형배

고려대학교 법과대학 졸업 (2000)

고려대학교 법학박사 (2014)

제31기 사법연수원 수료 (2002)

강원대학교 법학전문대학원 교수(2008-현재)

저서: 노동판례연구IV (노사신문사, 2016)

　　　산업안전보건법상 도급인 사업주 책임강화 입법안 검토 (노동법포
　　　럼, 2017)

:: 노호창

서울대학교 법과대학 졸업(2000)

서울대학교 법학박사 (2011)

호서대학교 법경찰행정학부 교수 (2015-현재)

저서: 이민법 [공제] (박영사, 2016)

　　　인턴의 법적 지위 (노동법연구 제33호, 2012)

　　　외국인 고용에 있어서의 몇 가지 쟁점에 관한 규범적 검토 (행정법
　　　연구 제43호, 2015),

:: 소라미

고려대학교 법과대학 졸업 (2002)

Pennsylvania State University, LL.M. (2014)

제33기 사법연수원 수료 (2004)

공익인권법재단 공감 변호사 (2004-현재)

저서: 우리는 모두 낯선 사람들 [공제] (오월의봄, 2013),

　　　우리는 희망을 변론한다 [공제] (부키, 2013)

:: 김정혜
고려대학교 법과대학 졸업 (1999)
서울대학교 법학박사 (2015)
고려대학교 법학연구원 연구교수 (2015-현재)
저서: 장애여성 성폭력 범죄에 대한 법원의 판단 연구: 지적장애여성 성폭
력 판결을 중심으로 (서울대학교 대학원 박사학위논문, 2015)
교사에 의한 학생 성희롱 사건 처리의 문제점과 대안 (아주법학 제9
권 제3호, 2015)
혐오표현 실태조사 및 규제방안 연구 [공저] (국가인권위원회, 2016)

:: 박지연
성균관대학교 한문교육학과, 법학과 졸업 (2001)
제31기 사법연수원 수료 (2002)
University of Chicago LL.M. (2008)
법무법인(유한) 태평양 변호사 (2002-현재)

:: 이한길
서울대학교 법과대학 졸업 (2011)
제42기 사법연수원 수료 (2013)
법무법인(유한) 태평양 변호사 (2013-현재)

:: 이탁건
고려대학교 법과대학 졸업 (2010)
고려대학교 법학전문대학원 법학전문석사(2013)
재단법인 동천 변호사 (2015-현재)

:: 정순문
서울시립대학교 세무학과 졸업 (2011)
서울대학교 법학전문대학원 법학전문석사(2015)
재단법인 동천 변호사 (2017-현재)

:: **김사강**

연세대학교 건축공학과 졸업 (1997)

University of Southern California 계획학 박사 (2010)

이주와 인권연구소 연구위원 (2011-현재)

저서: Migration Policies of Korea: Integration and Exclusion (Korea Forum Special
No. 4, 2016)

농축산업 이주노동자 인권상황 실태조사 [공저] (국가인권위원회,
2013)

어업 이주노동자 인권상황 실태조사 [공저] (국가인권위원회, 2012)

부산 경남 지역 이주민의 건강권 실태와 개선방안 (성찰과 전망 9
호, 2011)

:: **차규근**

서울대학교 법과대학 졸업(1991)

일본 큐슈대학교 법학석사 (2005)

법무법인 공존 대표변호사 (2011-현재)

저서: 이민법 [공저] (박영사, 2016)

법무법인(유한) 태평양은 1980년에 인재경영, 가치경영 및 선진경영이라는 3대 경영철학을 바탕으로 설립되었으며, 설립 이후 현재까지 지속적으로 로펌의 사회적 책임을 다하기 위해 다양한 공익활동을 수행해 오고 있습니다. 2001년에는 보다 체계적인 공익활동을 위해 자원하는 변호사들로 공익활동위원회를 구성하였고, 변호사들의 공익활동 수행시간을 업무수행 시간으로 인정하였으며, 2009년에는 공익활동 전담기구인 재단법인 동천을 설립하였습니다. 2013년에는 공익활동의 선도적인 역할을 한 공로를 인정받아 대한변호사협회가 시상하는 제1회 변호사공익대상 단체부문에서 대상 수상, 아시아 법률전문매체 ALB(Asian Legal Business)가 발표하는 CSR List에 2015, 2016년 국내 로펌으로는 유일하게 2년 연속 이름을 올렸습니다. 2016년 한 해 동안 법무법인(유한) 태평양 소속 국내 변호사 384명(대한변호사협회 등록 기준) 중 72.4%인 278명이 공익활동에 참여하였고, 공익활동에 참여한 변호사들의 1인 당 연평균 공익활동 시간은 54.29시간으로 서울지방변호사회 공익활동 기준 시간인 20시간을 2.5배 에 해당하는 많은 공익활동을 수행하였습니다. 태평양 공익활동위원회는 분야별로 난민, 이주외국인, 장애인, 북한/탈북민, 사회적경제, 여성/청소년, 복지 등 7개 분과위원회로 구성되어 2017년 6월 현재 190여 명의 전문가들이 자원하여 활동하고 있습니다.

재단법인 동천은 2009년 법무법인(유한) 태평양이 국내 로펌으로서는 최초로 설립한 공익법재단으로서 '모든 사람의 기본적 인권을 옹호하고 우리 사회의 법률복지 증진과 법률문화 발전을 통해 모두가 더불어 함께 사는 세상을 만들어 나가는 것'을 목표로 전문적인 공익활동을 전개하고 있습니다. 난민, 이주외국인, 장애인, 사회적경제, 탈북민, 여성/청소년, 복지 분야에서 법률구조, 제도개선, 입법지원 등 법률지원활동을 수행하는 것과 함께 태평양공익인권상, 장학사업, 공익·인권 단체 지원사업, 공익·인권활동프로그램 공모전, 자선음악회 및 봉사활동 등 다양한 사회공헌 활동을 수행하고 있으며 2016년 12월에는 NPO(비영리단체) 법률지원의 허브를 구축하여 NPO의 성장, 발전에 기여하고자 '동천NPO법센터'를 설립하였습니다. 동천은 이러한 성과를 인정받아 2014년 국가인권위원회 대한민국인권상 단체표창, 2015년 한국인터넷기자협회 사회공헌상을 수상하였습니다.

편집위원회

■ 편집위원장 강용현 변호사 (법무법인(유한) 태평양)

■ 편집위원
  이철우 교수 (연세대학교 법학전문대학원)
  황필규 변호사 (공익인권법재단 공감)
  유욱 변호사 (법무법인(유한) 태평양)
  유철형 변호사 (법무법인(유한) 태평양)

■ 기획팀
  이희숙 변호사 (재단법인 동천)
  이탁건 변호사 (재단법인 동천)
  정순문 변호사 (재단법인 동천)

초판 1쇄 발행 2017년 6월 1일
초판 2쇄 발행 2018년 12월 26일

이주민법연구

편   자   법무법인(유한) 태평양·재단법인 동천
발 행 인   한정희
발 행 처   경인문화사
총 괄 이 사 김환기
편   집   김지선 박수진 유지혜 한명진
마 케 팅   전병관 하재일 유인순
출 판 번 호 406-1973-000003호
주   소   경기도 파주시 회동길 445-1 경인빌딩 B동 4층
전   화   031-955-9300 팩스 031-955-9310
홈 페 이 지 www.kyunginp.co.kr
이 메 일   kyungin@kyunginp.co.kr

ISBN 978-89-499-4279-7 93360
값 35,000원

* 저자와 출판사의 동의 없는 인용 또는 발췌를 금합니다.
* 파본 및 훼손된 책은 구입하신 서점에서 교환해 드립니다.